KB140540

중국중세 호한체제의 사회적 전개

중국중세 호한체제의 사회적 전개

박한제 지음

일조각

책을 펴내며

북조·수당시대사에서 다루어야 할 가장 중요한 과제는 무엇보다 호한문제라고 하시던 은사 고 민두기(閔斗基) 선생의 말씀을 듣고, 필자는 1980년대 초반부터 '호한체제(胡漢體制)'라는 작업가설을 설정하고 연구를 진행하였다. 이 작업가설로 박사논문을 집필하여 문세하였고, 이후 정년 퇴임할 때까지 학문 인생 대부분을 이 연구에 매진해 왔다. '호한체제'란 중국 후한 말 이후 중국 서북방 유목민족(호)이 중원 지역으로 진입한 후 그곳에 살고 있던 농경민족인 한족(한)과 충돌·반목의 관계를 유지하면서 공존의 길을 찾아갔던 역사적 과정을 말한다. 다시 말하면 호한체제란 호와 한의 만남에서 통합에 이르는 길고 험난했던 역정을 가리키는 것이다.

호와 한의 충돌은 후한 말 이후 점차 첨예해지고 분명해져 갔다. 중원, 특히 도성 장안이 있는 관중 지역 인구의 과반을 호족이 차지하기에 이르렀으나 한족은 호족에 대해 종래의 이적(夷狄)관을 그대로 유지하고 있었기 때문이다. 그 결과 노예와 다름없는 생활에 반발한 호족, 그 가운데 산서성으로 이주한 흉노족이 중심이 되어 반란이 일어났다. 당시 중원을 지배하던 서진은 팔왕(八王)의 난(291~306)으로 혼란에 빠져 있었고, 그 틈을 타 흉노족의 족장 유연(劉淵)이 독립할 결심을 굳히고 304년 국호를 한(漢, 후에 趙라 칭함)이라 칭하였다. 유연이 죽은 뒤 아들 유총(劉聰)이 거병하여 서진의 수도 낙양을 함락시키고 서진 황제 회제(懷帝)를 자신의 근거지인 평양(平陽: 산서성)으로 끌고 가서 죽이고 서진의 군사 10여만 명을 학살함으로써 낙양은 폐허가 되었다. 이처럼 서진 말기 회제의 영가 연간(永嘉年間: 307~312)에 호족들이 일으킨 반란을 '영가의 난'이라 한다. 그리하여 서진은 망하고 황족인 사마씨(司馬氏)는 강남으로 피한 후 건강(建康)에 도읍을 정하고 동진(東晉)을 세웠다. 그때부터 오호십육국(五胡十六國)시대가 시작되어 화북(華北)은 오랫동안 오호의 지배하에 들어가게 되었다. 오호십육국시대에는 호한갈등의 소용돌이 속에서 수많은 왕조들이 명멸하였다.

북위의 통일로 오호십육국시대는 종결되고 화북의 혼란은 어느 정도 수습되었다. 북위는 호한통합을 위해 여러 방면에서 다양한 정책을 추진하였다. 개창자 도무제는 호족의 기존 조직을 해체하는 부락 해산을 단행하였다. 특히 효문제가 추진한 '한화정책(漢化政策)'은 호족의 큰 양보를 담보로 채용된 체제개혁이었다. 그러나 정복세력으로 군림해 왔던 호족들은 효문제의 과도한 양보 정책에 반기를 들었고, 북위는 북진 진민(鎭民)이 일으킨 난으로 그 조명을 다하게 되었다. 그런 면에서 북위의 현안도 앞선 왕조들과 마찬가지로 호한문제였고, 이를 해결하지 못한 북위의 멸망으로 호한 간의 갈등 해결은 다음 호족 왕조의 사명이 되었다. 동위-북제와 서위-북주는 북위가 물려준 과제를 해결하기 위해 각각 진력을 다하였으나 승자는 서위-북주였다. 인구·물산·군사력 방면에서 상대적으로 월등했던 동위-북제는 호한문제를 슬기롭게 해결하지 못하였다. 반면 서위-북주는 호한문제를 잘 조정하여 초기의 국력 약세를 극복하고 승자가 될 수 있는 기반을 마련하였다. 그리고 이러한 서위-북주의 호한통합 노력은 통일제국인 수당세계제국으로 이어질 수 있었다.

필자는 호족이 중원에 정권을 세운 오호십육국시대부터 세계제국인 수당제국까지를 '중세'라고 지칭한다. 이 '중세'라는 용어는 사회구성체론에서 통상 말하는 중세적 특징을 보이는 시대를 지칭한 것이 아니고 필자가 봉직했던 서울대학교 동양사학과의 시대 구분에 의거한 명칭임을 밝혀둔다. 중국사에서 위진남북조-수당시대는 호한문제와 교구(僑舊)문제 등 원주민과 이주민의 상호관계에 의해 제약되는 시대였다.

이 책은 중국중세, 특히 오호십육국시대부터 수당시대까지의 호한문제를 사회적 측면에서 연구한 글들을 모은 것이다. 여기서 사용한 '사회적'이라는 용어는 경제적 측면, 사회적 측면, 그리고 문화적 측면을 포괄하고 있음을 전제해 둔다. 토지제도인 균전제(均田制) 연구가 경제적 측면이라면, 「목란시(木蘭詩)」를 분석하여 목란의 활동 시기와 종군지점 등을 추정하고, 대당제국 내에서의 번인(蕃人)생활을 분석 · 정리한 것은 사회적 측면에 해당된다. 또한 묘지명을 비롯한 석각자료를 이용하여 생활습속 면에서 호한 문제를 분석한 것은 문화적 측면에 속한다고 할 수 있다.

호족들이 주체가 되고 한족이 참여하여 추진했던 호한통합은 정치적 행위와 제도의 문제에만 국한되지 않았다. 이처럼 경제, 사회, 문화, 생활습속 등 사회 전반에까지 이르렀다. 호한 양자는 원래 거주 지역이 서로 달랐던 만큼 같은 것보다 다른 것이 더 많았다. 유목민족인 호족이 중원에 진입하여 한족 국가를 무너뜨리고 농경민족인 한족을 통치하게 되자, 그들 특유의 생각과 관습을 한족에게 강요하기 시작하였을 뿐만 아니라 한족의 통치에 적합한 방식을 여러 방면에서 찾았다. 반드시 자기(호족)에게 익숙한 방식이 아니어도 괘념치 않고 통치에 유리하다 생각되는 여러 방식을 시험하였다. 이처럼 호족은 '정복왕조'로서 자신들의 위치를 당당히 유지하였다. 호족이 실시한 대표적 정책으로 토지제도인 '균전제'를 들 수 있다. '균전'이라는 명칭은 원래 농경 한족에게 익숙한 것이었다. 그러나 호족왕조가 채용한 토지제도는 한족들의 전통방식 그대로는 아니었다. 그런 면에서 호족정권 북위에서 반포된 균전제는 정복왕조로서의 입장을 견지했다고 볼 수 있다. 즉 균전제는 호한 절충적인 토지제도였던 것이다.

필자는 북위의 균전제가 북위 초 정복을 통한 사민과정에서 시행된 '계구수전제(計口受田制)'의 정신에 기초하여 출현·시행된 토지제도였다고 보고 있다. 유목민이 정복지를 획득한 후에는 친정(親征) → 약탈(掠奪)·사민(徙民) → 계구수전(計口受田) → 권과농경(勸課農耕: 할당지액 및 할당생산량의 부과) → 생산 독려 → 양교수입(量校收入) → 전최(殿最) → 엄가상사(嚴加賞賜)라는 엄격한 독과(督課) 과정을 거쳐 피정복민에 대한 할당생산제(割當生產制)를 실시했다고 생각한다. 특히 이것은 유목민이 새외에서 활동할 때에 피정복민에게 이미 시행해 온 방식이었다고 본다. 즉 균전제는 유목민(호족)이 피정복민을 구사하여 생산에 종사시키는 방식에 한족적 균등 분할 전통이 합쳐져서 출현한 것이라 할 수 있다. 여기에서 균전제가 호한체제의 하나로 출현한 것이라는 확신이 든다.

호한체제의 대민정책 정신은 북위의 균전제에만 반영된 것은 아닐 것이다. 당시 실시된 독특한 도시구조인 방장제(坊墻制)와 다양한 예속민호(隸屬民戶)의 출현을 특징으로 하는 신분제도(양천제)에도 균전제와 유사한 정신이 반영되었을 것이다. 오호십육국·북조의 여러 왕조에서 출현한 예속민호의 구사 방법인 할당생산제는 균전농민만이 아니라 피정복민 각각의 적성에 따라 광범위하게 강요되었기 때문이다. 그리고 한정된 인민으로 가장 많은 생산량을 확보한다는 면에서 균전제, 신분제, 그리고 방장제는 유사한 형식의 정책이었을 것이다.

오호십육국·북조시대의 일반 백성, 그중 유목민족(호족) 출신의 일상생활은 어떤 모습이었을까? 그 대표적인 사례로 유명한 악부시(樂府詩)의 주인공인 목란(木蘭)은 관심을 끄는 존재라 할 수 있다. 목란은 평상시에는 베틀에 앉아 베를 짜는 평범한 소녀였지만 전쟁이 일어나자 연로한 아버지를 대신해 종군(從軍)한 강인함을 지녔다. 이 같은 그녀의 활동은 호한이 융합된 당시 여성의 모습을 보여준다. 그러나 그녀가 살았던 시대나 종군했던 전투 등은 뚜렷하게 밝혀진 것이 없었다. 필자는 「목란시」에 나타난 어구 하나하나에 의미를 찾아 목란이 활동하였던 시대와 장소를 밝히고자 노력하였다. 그리하여 그녀가 살았던 고향은 어디였고, 그녀가 종군했던 전투는 어느 시대 어느 전투였으며, 승전 후에는 어떤 대접을 받았는지를 시어를 이용하여 사료를 대조해 보는 작업을 수행하였다. 그리하여 북위 효문제 시대인 485~492년 대 유연(柔然)전투에 목란이 종군한 것으로 추정하였다. 필자의 논증이 얼마나 치밀하고 합리성이 있는지 독자들이 판단해 주기 바란다.

오호십육국·북조·수당시대는 이주민(移住民)이 폭주하는 시대였다. 호족의 중원 진입을 계기로 이주민이 많이 발생했는데, 특히 서북방 유목민과 오아시스인들이 이주민의 많은 비중을 차지하였다. 이주민들의 대거 등장과 폭발적인 활동으로 융성하게 된 나라가 대당제국이었다. 이 이주민들을 대당제국에서는 '번인(蕃人)'이라 지칭하였다. 대당제국은 이 번인들을 제국의 구성원으로 받아들였다. 이처럼 대당제국은 호한복합사회였으며, 도성 장안은 호한 양족이 만들어 낸 합작품이었다. 따라서 이 책에서 번인의 생활을 하나하나 자세하게 살피는 것은 대당제국의 진면목을 묘사하는 작업이 될 것이다. 그리고 대당제국에는 왜 그토록 많은 외국인들이 몰려들게 되었으며, 당 정부의 이들에 대한 정책은 어떠하였는가에 대해서도 검토하였다.

위진남북조시대에 들어 묘장습속에 큰 변화가 일어났다. 앞선 시대가 묘비의 시대였다면 이 시대에는 묘지명이 크게 유행하였다. 묘지명의 출현은 조조를 위시한 위정자들이 반포한 '금비령'의 영향이 컸다. 그런데 묘지명은 한족이 사용하던 묘비의 대체품으로 등장한 것이기 때문에 당연히 한족이 애용해야 할 터인데, 오히려 호족(유목)색이 짙은 북위를 위시한 북조시대에 와서 더욱 애용되고 그 형식도 완성 단계에 이르렀다. 무엇보다도 남조에 비해 북조에서 크게 유행한 사실은 의외이다. 그러면 유목민은 원래 어떤 장속을 가지고 있었기에 묘비명을 사용하게 되었으며 유행시키게 되었을까? 필자는 이 점과 관련하여 유목민들의 허장(虛葬)과 잠매(潛埋) 풍습에 주목하였다. 한편 동진·남조에서는 종실을 중심으로 신수(神獸)-석주(石柱: 華表)가 한 조가 되는 묘장습속이 유행하였다. 그런데 이것은 종실에만 허용된 묘장 형식이었다. 그런데 이런 묘장 형식이 허용되지 않았던 귀족들은 북조와 달리 묘지명을 즐겨 사용하지 않았다. 그 이유는 무엇일까? 이를 밝히고 묘지명이 동진·남조의 장구(葬具)가 아니라 유목민족이 진입한 북조의 장구임을 확인시킬 것이다. 그렇다면 남·북조의 묘장습속 차이는 양 시대를 통합한 수당시대에는 어떤 식으로 변화할까, 수당시대의 묘장습속은 남북 혼합의 형태라고 보아도 될 것인가? 이 점에 대해서도 상론할 것이다.

한대 이후 장속(葬俗)과 장구에 많은 변화가 있었다. 한대 이후 당대까지 묘비와 묘지명을 계량적으로 비교해 본 결과, 한대를 묘전 장구와 비석의 시대라고 한다면 동진·남조도 이 전통을 이었다고 여겨진다. 반면 북조는 묘지명의 시대였다. 그리고 수당시대는 묘비와 묘지명의 병존 시대라고 할 수 있다. 그런 면에서 수당제국의 묘장습속은 이전 시대 장속의 통합의 결과라고 볼 수 있지 않을까? 그렇다면 북조부터 폭발적으로 유행한 묘지명이 가지는 사료적 가치는 어느 정도일까? 묘지명은 만들어서 묻으면 2차 가공이 불가능한 만큼 그 사료적 가치가 높지만 그만큼 자의성이 강하다. 그런 면에서 묘비보다 사료로써 그 이용에 더 주의해야 하는 것은 아닌가 하는 의문도 있을 것이다. 중국 역대 왕조 가운데 북조와 수당은 가히 '묘지명의 시대'라 할 수 있다. 자기 고유의 것은 아니지만 유목민족(호족)이 도입하여 그 형식을 완성하고 유행·정착시킨 묘지명이 중국인의 보편적인 문화요소로 자리잡은 사실은 호한문화 융합의 한 사례로 그 의미를 찾을 수 있지 않을까!

오호십육국 이후 수당시대는 호한합작시대였다. 그러나 호한합작에 대한 실제 사료적 서술은 많이 부족하다. 특히 호족의 입장에서 쓴 자료는 매우 부족하다. 이 시대에 대한 기술은 문자를 장악한 한족 문인·한인 역사가들이 남긴 글이 대부분이다. 따라서 드문드문 나오는 석각사료는 역사적 기록을 보충하고 바로잡는 데 중요한 역할을 한다. 예컨대 대만 역사어언연구소에서 출간한 『당대묘지명휘편부고(唐代墓誌銘彙編附考)』(1~19, 1984~1994)는 그런 사정을 잘 대변해 준다. 이 자료는 대륙에서 수집된 석각 탁편 25,000여 장에다 이후 발굴된 것들을 수집하여 고석한 것이다. 그런데 이 묘지명들의 묘주는 90% 이상이 정사에서 이름이 보이지 않는 인물들이다. 당대와 비교할 수는 없지만 위진남북조시대의 석각사료도 질적인 면에서 그 중요성을 과소평가할 수 없다. 필자는 호한관계를 해명하는 데 석각사료의 효용성을 높게 평가한다. 먼저 석각사료를 통하여 도성제도·관제·병제(부병제)의 해명에 큰 도움을 받았다. 특히 비지(碑誌), 예컨대 「문성제남순비(文成帝南巡碑)」와 효문제의 「적비간비(弔比干碑)」는 북위시대 황제를 둘러싼 호족관료들의 활약을 엿볼 수 있는 좋은 자료이다.

이 책의 말미에 '부록'으로 균전제의 규정(『위서』 식화지 재록)을 실었는데, 이를 통해 균전제에 한족의 사고에서는 나올 수 없는 호족적인 발상이 다양하게 반영되어 있음을 볼 수 있다. 그뿐만 아니라 규정에 대한 여러 학자들의 각기 다른 견해들을 각주에 첨언하여 균전제를 보는 다양한 시각들을 정리하였다.

이 책과 함께 『중국중세 호한체제의 정치적 전개』도 일조각에서 출판되었다. 이 책들이 중국사를 연구하는 후학들에게는 좋은 길잡이가 되기를 바라며, 중국사에 관심 있는 독자들에게는 현재의 중국의 모습을 이해하는 데 도움이 되기를 바란다. 김시연 사장님과 강영혜 선생을 비롯한 편집부 여러분의 노고에 깊이 감사드리는 바이다.

2019년 11월

박한제

차례

제 3 장

「목란시(木蘭詩)」의 시대 109

— 북위 효문제 시기 대유연전쟁과 관련하여 —

제 4 장

대당제국 내 번인(蕃人)의 생활 143

제 5 장

위진남북조시대 묘장습속(墓葬習俗)의 변화와 묘지명(墓誌銘)의 유행 201

제 6 장

위진남북조-수당시대 장속(葬俗) · 장구(葬具)의 변화와 묘비 · 묘지명 — 특히 묘지명의 자료적 성격 — 249

제 1 장

계구수전제(計口受田制)와 북위(北魏) 균전제(均田制)

Ⅰ. 머리말

필자는 중국 역사상 시행되었던 전제(田制) 가운데 가장 큰 영향력을 가졌던 균전제가 왜 한인왕조가 아닌 선비(鮮卑) 탁발족(拓跋族)이 세운 북위왕조에 와서 출현·성립하게 되었는가 하는 점을 호족의 영향이라는 측면에서 고찰한 바 있다.[1] 균전제의 성립에 호족의 영향이 크다는 주장을 한 연구는 필자의 논문 외에도 있었다. 기왕의 학설을 정리하면, 대개 균전제의 전단계인 계구수전이 호족적이라든지,[2] 선비사회의 후진성이라는 북위왕조의

1 朴漢濟, 「北魏均田制의 成立과 胡漢體制」, 『東洋史學研究』 24, 1986.

2 田村實造, 「均田法の系譜—均田法と計口受田制との關係」, 『史林』 45-6, 1962.

고유한 역사적 조건—호족적(胡族的) 토지공유주의(土地公有主義)—이 균전제의 기본 이념이었다는[3] 정도의 설명이었다. 그러나 계구수전이 왜 호족적이냐 하는 점에 대해서는 별다른 설명이 없었다. 사실 '계부락수전(計部落受田)'이라면 몰라도 '계구수전'은 호족적 전통이라고 할 수 없다. 그리고 토지공유주의라는 것도 각 시대마다 정도의 차이는 있을지라도, 정전제(井田制) 이후 중국의 전통이어서 반드시 호족만의 것이라고 강변할 근거도 없다. 우선 계구수전 문제는 유목민족, 즉 호족만의 영향인가를 자세히 살펴보아야 한다. 유목민족이 정복왕조가 된 경우가 많기는 하지만 넓은 의미에서 계구수전은 '정복왕조'의 영향이지, 호족 특유의 것은 아니다. 분명히 해야 할 것은 유목민족의 독특한 관행이 작용하기는 했으나 정복왕조가 새로운 특정 영역을 영유하여 통치하는 과정에서 생긴 상황이라는 점이다. 이 점은 북위시대에 시행된 균전제의 전 단계인 계구수전이 갖고 있는 함의를 정확히 파악하면 밝혀질 문제라고 생각한다.

균전제는 서주시대 이래 전개되어 온 중국 전통적인 토지제도의 이념을 반영한 것은 누구도 부정할 수 없지만, 그렇다고 그것의 계승만으로 균전제가 성립되었다고 생각하지는 않는다. 균전제가 표방하고 있는 이념이나 운영 방법 등에는 한족적인 전통 혹은 방법으로 볼 수 없는 측면이 다분히 존재하고 있기 때문이다. 북위의 균전제를 출현시킨 또 다른 계기가 호한의 접촉 과정이라는 새로운 상황이라고 볼 때, 균전제의 특징 가운데는 호적 요소도 많이 발견되지만, 또 하나 중요시해야 할 것은 호와 한이라는 두 이질적인 문화가 접촉했을 때 나타나는 일종의 문화접변적인 현상이 표출된다는 점이다. 유목민족에게 토지제도란 성곽제도 등과 마찬가지로 익숙하지 않은 생경한 단어이다. 그럼에도 불구하고 그들이 내지로 이동하면서 농경민

3 李亞農, 「周族的氏族制與拓跋族的前封建制」, 『李亞農史論集』, 上海: 上海人民出版社, 1962; 唐長孺, 「均田制度的產生及其破壞」, 『中國歷代土地制度問題討論集』, 北京: 三聯書店, 1957.

족의 전통구조에 커다란 변화를 가져왔다. 균전제도 이런 관점에서 호족군주가 그 정복지를 통치하는 과정에서 취한 독특한 인민 파악 방법과 수취 방법에서 연유한 토지제도라고 보는 것이다. 오호십육국에서 북조에 이르는 시대의 통치형태를 '(토지)할당생산(독려)체제', 다시 말하면 '독과체제(督課體制)'였다고 본다면, 이는 전 인민에게 활동 영역(토지, 생산품목, 임무)을 할당하고 그 활동 과정을 독찰(督察)하여 최대한의 성과를 산출하도록 하고, 그 결과에 따라 상벌을 가하는 통치체제인 것이다. 따라서 균전제에 표방된 이와 같은 통치이념이 토지제도뿐만 아니라 도시의 방장제, 군제(부병제), 그리고 북조의 복잡한 신분제에도 반영되어 서로 유기적 관계를 맺고 있었다.

논자에 따라서는 오호십육국·북조시대를 요·금·원·청의 이른바 '정복왕조'와 구별하여 '침투왕조'라고 보기도 하지만[4] 그들 왕조와 굳이 구별할 필요가 없다고 보는 학자도 있다.[5] 오호십육국·북조의 왕조가 후세의 정복왕조와 똑같은 것은 아니지만, 대국적인 면에서 유사한 점이 많고, 특히 통치구조 면에서는 비슷한 점이 많기 때문에[6] 정복왕조적인 측면으로 파악해도 무방하다고 필자는 생각한다. 이런 점에서 북위시대에 출현한 여러 제도들을 여타 정복왕조의 경우와 비교하면서 종합적으로 검토할 필요가 있다. 이 작업은 균전제 이해에 매우 중요한 실마리를 제공할 것이다. 이 균전제 문제와 관련하여 북위시대의 상황은 중국의 한족왕조와는 다른 특수 상황과 연결시켜 보아야 한다. 그 특수 상황이란 첫째, 정복왕조는 초기 창업

---

4 K. Wittfogel and Fêng Chia-Shêng, *History of Chinese Society; Liao(907-1125)*, Philadelphia: The American philosophical society, 1949.

5 田村實造, 「中國征服王朝について」, 『中國征服王朝の硏究(中)』, 京都: 京都大學東洋史硏究會, 1971, pp.625~626.

6 征服王朝(Dynasties of Conquest)의 주창자인 K. Wittfogel도 정복왕조와 침투왕조(Dynasties of Infiltration)의 두 類型 사이의 境界線은 流動的인 점을 전제하고 있다. 즉 그 차이는 권력을 획득하는 방법의 차이일 뿐이고, 半平和的으로 中國에 침투한 침투왕조도 究極的으로는 征服이라는 目的을 달성한다고 보았다(K. Wittfogel and Fêng Chia-Shêng, op. cit., General Introduction, p.15).

및 통치조직 정비에 많은 자금이 필요하였다. 둘째, 정복왕조이기 때문에 대량의 피정복민(사민)이 발생하였다. 셋째, 통치의 주체가 유목민이기 때문에 유목민 본연의 관습의 강제와 영향이 컸다는 점이다. 이상의 여러 조건들이 균전제의 전신인 계구수전제식의 생산 강제 및 운용에 직간접으로 영향을 미쳤을 것이다.

새로운 통치조직을 구성하여 새로 지배하게 된 다양한 종족을 원활하게 통치하고, 그들을 통치체제하에 확실하게 귀속시키기 위해서는 많은 비용과 노력이 필요하다. 동서고금을 막론하고 한정된 기간 내에 많은 통치자금을 조달하는 데는 할당생산제보다 더 효율적인 방법은 없다. 이런 할당생산제는 중국의 역대 정복왕조들에서 공통적으로 보이는 현상이다. 할당생산에 구사되는 사람들은 주로 정복을 통해 획득한 피정복민이었다. 정복왕조의 창업이 완성되었을 때뿐만 아니라 창업해 가는 과정 중에도 피정복민들은 그 목적을 위해 철저하게 구사된다. 다시 말하자면 그들이 생산해 낸 자원이 왕조 초기 왕권 강화와 창업 기반 구축이라는 과제를 해결하는 데 크게 기여하고 있다. 북위뿐만 아니라 요·금·원·청의 경우 모두 건국자가 초기에 정복한 피정복민을 기반으로 해서 적대세력들을 제압함으로써 그 세력을 확장하였고, 다시 권력의 전제화를 도모해 갔던 것이다. 이 때문에 이들의 정복지 경영 과정을 살펴보면 가장 먼저 실시하는 정책이 바로 호구 조사였다. 호구 조사는 바로 할당생산을 위한 전제조건이다. 북위 초기에 실시된 계구수전제는 이런 배경에서 출현한 것이다. 즉 계구수전은 정복자의 피정복민에 대한 통치체제의 중요한 축의 하나였다.

할당생산은 유목민족이 새외에서 행하여 왔던 관행의 하나였다. 유목민족이 목지에서 유목생활을 영위하던 시기에 피정복민을 할당생산에 구사하고 있는 사례를 쉽게 찾을 수가 있다.

Ⅱ. 독과제(督課制)로서의 계구수전제

지금까지 학계에서는 균전제의 가장 큰 의미를 인민에게 토지를 '균등하게 분배'하는 것으로 보았다. 물론 그런 측면이 없는 것은 아니다. 그러나 이 균전제의 실시를 '균분'의 실현으로만 한정시킨다면 왜 그토록 오랫동안 한족이 간절하게 희망해 왔던 정책이 하필 이민족국가인 북위왕조에 와서야 비로소 실현되었는가 하는 점에 의문이 생기게 된다. 물론 조위의 둔전제와 서진의 점전제·과전제가 정비되고 발전한 것이라는 주장도 있다.[7] 그러나 한족국가인 남조의 여러 왕조에서는 이런 정비와 발전 과정이 계승되지 않고 이민족이 건립한 왕조인 북위에서 나타난 것이 납득되지 않는다. 따라서 균전제라는 특유의 성격을 갖는 제도가 성립될 수 있는 여건이 북위왕조에 와서야 비로소 조성되었다고 볼 수밖에 없다. 즉 균전제란 한족의 전통을 일방적으로 계승한 것도, 호족왕조의 필요에 의해서 성립된 것도 아니다. 한족왕조의 전통과 호족왕조의 관행이 함께 작용했고, 더하여 당시 통치자나 정치·사회의 절실한 필요성도 작용했을 것이라는 점이다.

종래 '계구수전(제)'을 북위 균전제의 전 단계의 토지제도의 하나로 보아 왔다.[8] 그러나 최근 우리 학계에서는 계구수전이 균전제와 상관없이 주대 정전제 이후 지속된 토지 지급 방식이라는 주장이 있으며,[9] 균전제와 직접 연결되지 않는다는 주장도[10] 제기되었다. 그러나 이 주장들이 계구수전이 균전제의 전 단계라는 주장을 충분히 반박했다고 생각되지 않는다. 필자는 계

7 宮崎市定, 「晉武帝の戸調式に就て」, 『アジア史研究(第一)』, 京都: 同朋舍, 1975.

8 田村實造, 「均田法の系譜」, 『史林』 45-6, 1962; 堀敏一, 『均田制の研究』, 東京: 岩波書店, 1975, p.107; 谷川道雄, 「自營農民と國家との共同體的關係—北魏の農業政策を素材として」, 『名古屋大學東洋史論叢』 6, 1980; 韓國磐, 『北朝隋唐的均田制度』, 上海: 上海人民出版社, 1984, p.51.

9 白允穆, 「所謂計口受田에 관한 一考察—그 名稱을 中心으로—」, 『釜山史學』 25·26(合), 1994.

10 金鐸民, 『中國土地經濟史硏究』, 서울: 고려대학교출판부, 1998, p.119~120의 주 283.

구수전을 계보상 북위 균전제의 전 단계의 토지 지급과 생산·수취 형태로 파악하는 것은 옳다고 보며, 이런 제도의 출현은 호족(유목민)의 중원(농경 지역) 지배라는 특수한 상황에서 생긴 것으로 생각한다. 결론부터 말하자면 균전제의 실시 목적은 노동력과 땅을 헛되이 놀릴 수 없다는 것, 즉 "사람에게 남는 힘이 있게 하지 말고 땅에 버려진 이득이 있게 두지 말도록[無令人有餘力, 地有遺利]" 혹은 "땅을 공터로 두지 말고 백성이 힘을 놀리는 일이 없게[土不曠功, 民罔游力]"라는 말에[11] 잘 드러나 있다고 생각한다. 그 목적을 가장 효과적으로 달성시키는 방법은 각 개인에게 토지를 할당하고 생산의 전 과정을 독려하는 생산체제, 즉 독과제의 채용이라 할 것이다. 이러한 생산제를 필자는 '(토지)할당생산(독려)제'라 부르지만, 이것을 '독과제'라 약칭해도 대강의 의미는 나타난다고 생각한다. 독과제는 계구수전제의 정신에 기초하고 있는 것이다. 물론 '계구수전'과 비슷한 용어가 사서에 간혹 보이고 있는 것도 사실이다.[12] 각주에 인용한 "구수에 따라 빈민에게 지급한다[以口賦貧民]"고 한 대상인 한대의 '빈민'과 북위시대의 계구수전민은 그 처한 상황도 다를 뿐더러 국가가 구사하려는 용도도 다르다. 즉 한대의 빈민은 편호였지만, 계구수전민은 일반 편호와 다른 특수 지위에 있었던 점을[13] 상기할 필요가 있다. 사실 계구수전민은 흔히 '신민(新民)'이라 규정하듯이 사민(徙民)과 밀접하게 관련되어 있다. 이 점은 원인(元人) 주례(朱禮)가 한대에는 계구수전이 없었다고[14] 단언하였던 데서도 입증된다.

---

11 『魏書』 卷7上 高祖紀上 太和 元年(477) 3月條, p.144, "丙午詔曰: '無令人有餘力, 地有遺利'"; 『魏書』 卷53 李孝伯傳 附 李安世傳, p.1176, "安世乃上疏曰: '… 蓋欲使土不曠功, 民罔游力. …'".

12 『漢書』 卷12 平帝紀 元始 2年條, p.353, "郡國大旱·蝗, 青州尤甚, 民流亡. 安漢公·四輔·三公·卿大夫·吏民爲百姓困乏獻其田宅者二百三十人, 以口賦貧民". 그 가운데 '以口賦貧民'에 대한 顔師古의 注가 대표적이다(師古曰: '計口而給其田宅').

13 堀敏一, 『均田制の硏究』, 1975, pp.102~107.

14 (元) 朱禮, 『漢唐事箋』(北京: 中華書局, 1991年刊 『叢書集成』本의 『漢唐事箋前後集』) 卷12 田制, pp.115~116, "當是時(前漢文帝二年), 籍田開矣, 代田則行矣. 公田則假貧民矣. 但民無

균전제가 계구수전제의 계보를 이은 것이라면 이전 역대 중국왕조에서 실시된 제도와의 차별성이 전제되지 않으면 안 된다. 그럼 균전제가 이전 전제와 다른 점은 무엇일까? 혹자는 북위 균전제는 한조(漢朝)의 한전제(限田制)나 (서)진조의 점·과전제(占·課田制)와는 조금의 공통점이 없고, 수대의 균전제와도 크게 구별되는 대단히 독특한 토지제도라 하였다.[15] 이러한 주장은 과도한 논단이라 할 수 있지만,[16] 전 시대의 토지제도와 달리 북위 균전제만이 가지고 있는 특수성에 주목했다는 점에서 이런 관점도 고려되어야 할 사항이다. 이것은 북위의 급전이 그 이전의 전제와 다르다는 시각이 종래 존재하고 있었던 것을 의미한다.

한편 북위의 균전제의 전 단계로 서진의 점·과전제를 연결시키는 관점이 한때 학계에서 유행하기도 했지만,[17] 전통시대에도 역시 존재하였다.[18] 점·과전제의 특징은 급전(給田) 및 환전(還田)의 연령 규정과 급전액(給田額)의 출현이었다. 사실 '개인별로 급전(예컨대 한대의 以口賦貧民과 같은)'하는 행위 그 자체만을 가지고 본다면 점·과전제 이전에도 존재하고 있었다. 그리고 급전뿐만 아니라 환수(還受)의 사실도 점·과전제 이전에 이미 있었다는 주장도 있다.[19] 따라서 급전-환수의 행위 자체나 연령 규정의 유무가 균전제

計口授田之制, 則亦無補於時矣".

15 李亞農, 「周族的氏族制與拓跋族的前封建制」, 1962, p.356.

16 賀昌群은 이 점에 대해 反論을 펴고 있다(「漢唐間封建國家土地所有制和均田制」, 『賀昌群史學論著選』, 北京: 中國社會科學出版社, 1985, pp.341~343).

17 宮崎市定, 「晉武帝の戶調式に就て」, 1975; 김성한, 『중국토지제도사연구—중세의 균전제』, 서울: 신서원, 1998.

18 鄭樵는 '還受之法'을 제외하고 西晉의 占田과 北魏의 均田制를 같은 것으로 본다[(元)馬端臨撰, 『文獻通考』(北京: 中華書局, 1986) 卷2 田賦考 歷代田賦之制, p.考40-上, "按夾漈鄭氏言, 井田廢七百年, 至後魏孝文納李安世之言, 行均田之法. 然晉武帝時男子一人占田七十畝, 女子三十畝, 丁男課田五十畝, 丁女二十畝, 次丁男半之, 女則不課, 則亦非始於後魏也. 但史不書其還受之法, 無由考其詳耳"].

19 鄭樵가 均田制 以前의 田制에서 還受之法이 있었는가에 대해서는 단언을 하지 않은 데 반해, 賀昌群은 『漢書』 卷24上 食貨志上, p.1120, "民年二十受田, 六十歸田"의 기사는 周의 井田制를 두고 한 말이지만, 漢代에도 受田과 歸田의 규정이 있다는 것을 의미한다고 하였다.

의 전 단계 토지제도가 갖는 특징은 아니다. 물론 북위의 균전제는 계구수전에서 점차 그 형태를 갖추어 가는 과정에서 급전뿐만 아니라 환수의 규정도, 연령의 규정도 부가해 가는 것이다. 그런 점에서 균전제는 한족적 전통을 수용해 계승한 면도 분명히 있다. 이 점을 부정하는 사람은 아무도 없을 것이다. 다만 균전제의 특색은 '독과제'에 있는 것이지, 종래 흔히 지적하듯이 연령 규정이나 환수 여부에 있는 것은 아니다.

그러면 균전제의 탄생 과정을 추적해 보자. 북위 균전제가 시행되기 전에 여러 가지 급전의 조치가 있었다. 그 가운데 균전제의 전 단계로 그 의미를 지니는 것으로 필자는 계구수전제에 주목하였다. 그러면 계구수전제란 구체적으로 어떤 것인가? 『위서』에 나오는 사료를 통해서 살펴보자.

① 『魏書』 卷2 太祖紀 登國 6年(391)條, p.24, "十有二月, 獲衛辰尸, 斬以徇 遂滅之. … 衛辰少子屈丏, 亡奔薛干部. 車駕次于鹽池. 自河已南, 諸部悉平. 簿其珍寶畜產, 名馬三十餘萬匹, 牛羊四百餘萬頭, 班賜大臣各有差".

② 『魏書』 卷2 太祖紀 天興 元年(398)條, pp.31~32, "春正月, … 辛酉, 車駕發自中山, 至于望都堯山. 徙山東六州民吏及徒何高麗雜夷三十六萬,[20] 百工伎巧十餘萬口, 以充京師".

③ 『魏書』 卷2 太祖紀 天興 元年(398) 2月條, p.32, "車駕自中山幸繁畤宮, 更選

그리고 賀氏는 『漢書』 卷99中 王莽傳中, p.4111의 "其男口不盈八而田過一井者, 分餘田予九族鄰里鄉黨, 故無田今當受田者, 如制度"라는 기사도 역시 이 점과 연관된다고 본다(「漢唐間封建國家土地所有制和均田制」, 1985, p.356).

20 『北史』 卷1 魏本紀 太祖道武皇帝本紀 天興 元年 春正月條, p.17에는 '三十六署百工伎巧'라 되어 있다. 여기서 '三十六署'는 百工伎巧가 소속되어 있는 그들의 管理機構라 보기도 한다(劉精誠, 「北魏的新民」, 『北朝研究』 1996-1, p.17); (宋)司馬光撰, 宋遺民胡三省注, 『資治通鑑』(臺北: 世界書局, 『新校資治通鑑注』本 1977 第7版) 卷110 晉紀32 安帝 隆安 2年 春正月條, p.3463에서도 "魏王珪發中山, 徙山東六州民吏雜夷十餘萬口以實代"라 하고 있어서 총계가 十餘萬이었다. 『魏書』 식화지도 같은 기사를 '十萬餘家以充京師'라 하였으니 그것을 분류하면 ① 山東民吏東六州民, 즉 漢人이 대부분을 차지하고, ② 徒何(後燕의 鮮卑 慕容氏)·高麗 등 雜夷와 ③ 後燕 三十六署에 소속된 手工業者로 구성되어 있다.

屯衛. 詔給內徙新民耕牛, 計口受田".

④『魏書』卷3 太宗紀 永興 5年(413)條, p.53, "秋七月 … 奚斤等破越勤倍尼部落於跋那山西, 獲馬五萬匹, 牛二十萬頭, 徙二萬餘家於大寧, 計口受田.[21] … 八月 癸卯, 車駕還宮. 癸丑, 奚斤等班師. 甲寅, 帝臨白登, 觀降民, 數軍實. … 辛未, 賜征還將士牛馬奴婢各有差. 置新民於大寧川, 給農器, 計口受田".

⑤『魏書』卷110 食貨志, pp.2849~2850, "初, 登國六年(391)破衛辰, 收其珍寶, 畜產名馬三十餘萬, 牛羊四百餘萬, 漸增國用. 旣定中山, 分徙吏民及徒何種人, 工伎巧十萬餘家以充京師, 各給耕牛, 計口受田. 天興初, 制定京邑, 東至代郡, 西及善無, 南極陰館, 北盡參合, 爲畿內之田, 其外四方四維置八部帥以監之, 勸課農耕, 量校收入, 以爲殿最".

⑥『魏書』卷60 韓麒麟傳, pp.1322~1333, "太和十一年, 京都大饑, 麒麟表陳時務曰: '… 今京師民庶, 不田者多, 遊食之口, 三分居二. 蓋一夫不耕, 或受其飢, 況於今者, 動以萬計. … 制天下男女, 計口受田. 宰司四時巡行, 臺使歲一按檢. 勤相勸課, 嚴加賞賜. 數年之中, 必有盈贍, 雖遇災凶, 免於流亡矣. ….'".

①에서 보면 태조 등국 6년(391)에 흉노 유위진(劉衛辰)을 격파하고 난 후 진보(珍寶), 축산(畜產), 명마(名馬), 우양(牛羊) 등 대량의 노획물을 대신들에게 분배(반사)하고 있다. 이 전쟁을 다시 거론한 ⑤『위서』 식화지를 보면 대신에게 반사하였을 뿐만 아니라 '국용(國用)'이 증가되었음을 밝히고 있다. ②에서는 그 후 후연(後燕)의 중산(中山)을 정복하고 "산동육주민리급도하고려잡이삼십육만(서)백공기교십여만구[山東六州民吏及徒何高麗雜夷三十六萬(署)百工伎巧十餘萬口]"를 경사, 즉 평성에 옮겼다고 한다. 그런데 ③의 기사

21 『魏書』卷29 奚斤傳, p.698, "車駕西巡, 詔斤爲先驅, 討越勤部於鹿那山, 大破之, 獲馬五萬匹, 牛羊二十萬頭, 徙二萬餘家而還".

를 보면 ②의 산동 지역에서의 전쟁 후 생긴 '내사신민(內徙新民)'에게 경우(耕牛)를 지급하고 계구수전을 시행한다. 이것이 계구수전에 대한 최초의 기록이다. 태조 천흥 원년(398) 2월의 일이다. ⑤의 기사도 같은 내용이다. ④는 황제의 친정이 아닌 장수가 행한 전승의 결과인데, 먼저 월근배니(越勤倍尼)부락을 격파한 후 2만여 가를 대령(大寧)과 대령천(大寧川)에다 계구수전한 것이다. ①이 직접적인 군사행동을 통한 국용의 획득이라고 한다면, ②, ③, ④, ⑤는 포획된 인민을 구사하여 국용을 생산시킨 것이다. 이 장에서 필자가 관심을 갖고 서술하려는 것은 후자이다. 이 사료에서 두 가지 점에 유의해야 한다. 첫째, 당시의 군사행동에서 친정-약탈-분배(반사)라는 유목형 군주의 군사행동을 엿볼 수 있다는 점이다. 이것은 당시 유목군주의 지위 획득과 유지에 있어서 불가결한 것이었기 때문이다.[22] 둘째, 계구수전민의 지위에 대한 것이다. 정복에서 얻은 사민은 '(산동육주)민리·도하·고려 등 잡이'와 '백공기교'라는 표현에서 알 수 있듯이 상당히 복잡한 인적 구성을 갖고 있다. 주로 한인이 중심이 된 농경민이 계구수전제에서 중요한 위치를 차지하고 있는 것은 물론이다.[23] 그런데 이들을 ③에서 '내사신민' 혹은 ④에서 '신민'으로 지칭하고 있다. 내사신민의 지위가 어떤 것이냐에 대해서는 종래부터 많은 논의가 있었다. 즉 영호(營戶)와 같은 특수 신분이었다는 설도 있고,[24] 신'민'이기 때문에 반드시 노예와 같은 신분은 아니었다는 설도[25] 있다.[26] 흔히 계구수전민이 처한 상황의 예로 드는 것이 오호의 난

---

22 朴漢濟, 「北魏王權과 胡漢體制」, 『中國中世胡漢體制硏究』, 서울: 一潮閣, 1988.

23 岡崎文夫는 漢民으로 懇土를 담당하게 하고, 徒何種으로서 官府의 工伎로 종사하게 하였다고 한다(「魏晉南北朝を通じる北支那に於ける田土問題綱要」, 『南北朝に於ける社會經濟制度』, 東京: 弘文堂, 1935, p.167).

24 河地重造, 「北魏王朝の成立とその性格について—徙民政策の展開から均田制へ」, 『東洋史硏究』 12-5, 1953.

25 唐長孺는 그들은 俘虜 출신으로 國王의 土地에 耕種하는 奴隷에 접근한 형태로 使役되고 있지만 '民'으로 지칭되기 때문에 奴隷 혹은 隷戶라고 부를 수는 없다고 한다(「均田制度的產生及其破壞」, 1957, p.333). 그렇다고 그들을 일반민으로 본 것은 아니다. 일본학계에

이후 유망(流亡)하던 한인이 모용씨(慕容氏)의 수하에서 지내게 된 상황이다. 즉 경우(耕牛)가 제공되느냐의 여부에 따라 달라지기는 하지만, 공수(公收) 7/10~8/10, 사수(私收) 2/10~3/10로[27] 착취의 정도가 심하였다. 그런 면에서 일반 편민과 같이 취급할 수 없는 특수민이었다.

특히 ④의 사료는 태종 시기에 고차족(高車族) 정벌 후에 실시한 계구수전에 대한 기록이다. 농경민족이 아닌 유목민족을 농경에 종사하도록 한 것이 특징이다.[28] 따라서 이전의 유목민이라고 해서 반드시 농경민화하는 것이 불가능하다고 해석해서는 곤란하다.

⑤의 사료를 통해서 계구수전이 어떤 형식으로 실시되었는가를 명확하게 접하게 된다. 친정(親征) → 약탈(掠奪)·사민(徙民) → 계구수전 → 권과농경

서도 計口受田民을 一般編戶로 볼 수 없다는 주장도 있고(堀敏一, 『均田制の研究』, 1975, p.107), 一般編戶로 보아야 한다는 주장(谷川道雄, 「均田制の理念と大土地所有」, 『中國中世社會と共同體』, 東京: 國書刊行會, 1976, p.261 주3)도 있다. 특히 谷川은 徙民이나 計口受田이 '純經濟的'인 목적이 아니고 제일 목적은 敵對勢力을 파괴하여 郡縣民化하는 것이며 北魏國家의 財政 基盤이 된 것은 자연스러운 결과라 하였다. 그러나 徙民을 郡縣으로 지정한 것은 平齊郡과 平原郡 뿐이고, 그것도 곧 폐지되었다. 그리고 徙民 가운데는 여러 가지 身分 形態로 驅使되고 있다는 점에서 재고되어야 할 것이다.

26 그러나 新民은 征服된 후 徙民된 사람뿐만 아니라, 北魏에 歸附한 新附之戶도 역시 新民이라 지칭된다(『魏書』 卷55 游明根傳, p.1213, "顯祖初, 以本將出爲東青州刺史 … 尋就拜東兗州刺史, 改爵新泰侯. 爲政清平, 新民樂附.").

27 (唐)杜佑撰, 『通典』(北京: 中華書局, 1988 點校本) 卷4 食貨4, 賦稅上 (西)晉孝武帝 太元二年條 自注, p.81, "前燕慕容皝在柳城, 以牧牛給貧家, 田於苑中, 公收其八, 二分入私. 有牛無地者, 亦田苑中, 公收其七, 三分入私. 記室參軍封裕諫曰: '且魏晉雖道消之代, 猶削百姓不至於七八, 將官牛田者, 官得六分, 百姓得四分, 私牛而得田者, 與中分, 百姓安之, 人皆悅樂. 臣猶曰非明王之道.'".

28 劉精誠은 유목민족들이 農業에 종사했다고 주장한다(「北魏的新民」, 1996, p.17). 그 이유로 『魏書』 卷4上 世祖紀 神䴥 2年(429) 冬10月條, p.75, "振旅凱旋于京師, 告於宗廟. 列置新民於漠南, 東至濡源, 西暨五原·陰山, 竟三千里."의 기사와 『高車傳』 p.2309의 "高車諸部望軍而降者數十萬落, 獲馬牛羊百餘萬, 皆徙置漠南千里之地. 乘高車, 逐水草, 畜牧蕃息, 數年之後, 漸知粒食, 歲致獻貢, 由是國家馬及牛羊遂至千數, 氈皮委積."이라는 기사에 주목하고 있다. 그러나 金鐸敏은 農耕에 종사한 자는 徙民되어 온 新民이거나 漢化된 胡人으로, 유목생활을 하던 北族民은 農耕에 종사하지 않았다고 주장한다(「北魏 太和 이전의 胡族의 編制와 經濟的 基盤」, 『歷史學報』 124, 1989, p.79). 그러나 越勤倍尼部를 漢化된 胡人이라 보기 힘들다.

(勸課農耕: 할당지액 및 할당생산량의 부과) → 생산 독려(生產督勵) → 양교수입(量校收入) → 전최(殿最) → (엄가)상사[(嚴加)賞賜]의 형태로 8단계를 거치는 것이었다.

⑥의 사료는 북위시대에 계구수전의 실시가 반드시 초기에만 있었던 것이 아니었고, 균전령이 반포된 직후인 효문제 태화 10년에도 있었음을 보여주는데 종래 이 사료를 두고 많은 논란이 있었지만, 역시 가장 중요한 것은 특정 지역에 대한 호구 파악을 통한 경작지에 경작자를 확인하는 작업이었다.[29] 그것 역시 계구수전이라는 것이 어떤 형태를 띠는가를 잘 보여주고 있지만, 보다 중요한 것은 계구수전과 균전제의 구체적인 연결관계이다. 계구수전이 균전제의 전 단계인가 아니면 같은 것인가가 문제인데 필자는 계구수전을 균전제 시행의 구체적인 형태로 보아 양자가 동일한 것으로 보았다.[30] 계구수전이 실시된 등국 6년에서 효문제가 균전령을 반포한 태화 9년(485)까지는 94년이나 지난 후이기 때문에 동일한 것으로 보는 것은 약간의 무리가 있다. 그러나 실행 과정에서 당시 사람들, 특히 한기린(韓麒麟)이 보기에는 큰 차이가 없다고 여겼던 것 같다.

혹자가 "균전제는 반드시 계구수전을 해야 하지만 계구수전은 반드시 균전제를 포괄하는 것이 아니다"[31]라 한 지적은 매우 시사적이다. 94년 동안 초기의 계구수전제에 비해 균전제는 많이 달라졌음은 부정할 수 없다. 가장 큰 변화는 화북통일로 인한 약탈전쟁의 종식이다. 상황 변화에 따른 여러 가지 조치들이 시행되었다. 공종(恭宗)의 과전제(課田制) 등이 그것이다. 그와 함께

29 堀敏一은 太和 9年(485) 10月에 均田詔가 발표되었지만, 均田制가 곧바로 실시된 것은 아니었다고 보고, 三長制 시행 다음 해인 太和 11년 여름과 가을 사이에 國都에 旱魃에 이은 饑饉이 들었을 때, 戶籍 作成은 아직 완성되지 않았지만, 이때 齊州刺史 韓麒麟이 '計口受田'을 실시하자고 상주한 것이다. 이것은 戶口把握을 통하여 토지 소유자를 확인하는 것으로 보고 있다(『均田制の硏究』, 1975, p.147).

30 朴漢濟, 「北魏均田制의 成立과 胡漢體制」, 1986, p.82.

31 賀昌群, 「漢唐間封建國家土地所有制和均田制」, p.340.

평성과 경기 지역의 상황도 많이 문란해졌다. 균전조령이 반포된 이후인 태화 11년 당시 경사에는 귀부지가(貴富之家)나 공상지족(工商之族)들이 사치 경쟁을 하는 반면, 유식자(遊食者)들이 득실거리고, 농부는 조강(糟糠)으로 끼니를 때우는 실정이었다. 국가가 필요로 하는 자원 확보도 문제였지만, 백성의 생활도 중요한 과제였다. 이런 난국을 극복하기 위해서는 귀부·공상 등 모두를 포함한 전 백성의 계구수전식의 지착(地着)이 당시의 당면과제였다.[32] 한편 「균전법(제)」이란 것이 북위인들이 불렀던 당시의 명칭이 아니고 '균급천하지전(均給天下之田)'이란 말에서 후세에 민간의 속칭으로 생겨난 것이라는 주장[33]이 있지만, 한기린은 균전법을 더 구체적으로 '계구수전'이란 다른 용어로 표현한 것이 아닐까 생각한다. 북위 초기에 실시된 계구수전제야 말로 균전제의 구체적인 실시 형태를 그대로 설명하는 것이기 때문이다.

북위시대에 실시된 계구수전이란 그것과 아울러 실시되는 제반 정책, 예컨대 인구(이동)의 통제, 생산품목의 책정, 생산 독려, 그 생산량에 따른 상벌, 그리고 수취 등을 아울러 살펴야 그 자체가 가지는 의미를 확실히 알 수 있다. 사실 '계구수전'과 유사한 형태의 기사가 북위 이전에도 있고,[34] 이후에도[35] 있다. 그러나 그런 것이 있다고 해서 북위 초의 계구수전과 같다고 할

32 『魏書』 韓麒麟傳, p.1333; 古賀登, 「北魏三長攷」, 『東方學』 31, 1965, pp.73~74.

33 曾我部靜雄, 「井田法と均田法」(『中國律令史の硏究』, 東京: 吉川弘文館, 1971), p.156. 실제 '均田'이란 명칭은 『漢書』 卷86 王嘉傳(p.3496)의 "(哀帝)賜(董)賢二千餘頃, 均田之制從此墮壞"에서 처음 나오고 있다.

34 『漢書』 卷4 文帝紀 後元年(B.C. 163) 詔, p.128, "夫度田非益寡, 而計民未加益, 以口量地, 其於古猶有餘, 而食之甚不足者, 其咎安在?"에서 '以口量地'나 『漢書』 卷24 食貨志, "農民戶人已受田, 其家衆男爲餘夫, 亦以口受田"에서의 '以口受田'이 그것이며, 井田制의 土地 占有 方式을 '以口數占田'으로 본 荀悅이나 '分口耕耦地'로 본 崔寔의 관점에서도 나타나고 있다(『通典』 卷1 食貨1 田制上, pp.12~13, "荀悅論曰: '… 旣未悉備井田之法, 宜以口數占田爲之立限 ….' 崔寔政論曰: '昔聖人分口耕耦地, 各相副適 ….'"). 따라서 中國 傳統시대 田制에서의 土地 支給 方式은 '計口受田'의 형태를 띠고 있다고 보아도 무방하다. 그러나 그 운용 형식이 北魏의 그것과 다르다는 점을 유의해야 한다.

35 『新唐書』 卷147 李叔明傳, p.4758, "刑部員外郞裴伯言曰: '… 臣請僧·道士一切限六十四以上, 尼女官四十九以上, 許終身在道, 餘悉還爲編人, 官爲計口授地, 收廢寺觀以爲廬舍.'".

수는 없다. 토지를 지급하면서 구수(口數)를 감안하지 않는다는 것은 아무리 미개사회에서라 하더라도 상식적으로 납득이 가지 않는 일이기 때문이다. 학자들 가운데 북위 초 계구수전을 균전제의 전 단계로 본 것은 계구수전을 단순히 "계구(計口)해서 수전(受田)한다"는 토지 지급의 통상적인 방식으로 본 것이 아니기 때문일 것이다. 그들이 북위의 계구수전을 주목한 것은 다른 시대의 그것과 다른, 즉 '독과(督課)'와 '전최(殿最)'의 정신이 관철되고 있기 때문일 것이다. 이런 계구수전의 정신이 바로 균전제가 가지는 특징이다.

필자는 앞서 북위 초에 실시된 계구수전이 사민과 밀접한 관계가 있다는 점을 강조하였다. 그러면 사민은 건국 과정에서 어떤 역할을 하는 것일까? 북위정권은 건국 초에 왜 사민의 계구수전제 실시에 집착했던가? 결론부터 말하자면 사민은 왕권 강화와 밀접하게 연관되어 있기 때문이다. 사민정책은 북위 건국 이전 탁발족이 새외에서 유목생활을 하고 있을 때부터 시작되고 있다. 즉 목제(穆帝) 의로(猗盧)가 병주(幷州) 지방에 한족과 잡거하고 있던 잡호(雜胡)를 운중(雲中)·오원(五原)·삭방(朔方) 지역으로 사민한 것이라든지,[36] 그 후 탁발부를 통일한 의로가 다시 서진 내란에 개입하여 병주자사(幷州刺史) 유곤(劉琨)을 도운 대가로 마읍(馬邑)·음관(陰館)·누번(樓煩)·번치(繁畤) 등 5개 현의 땅을 할양받음으로써 중국 북변 농경 지대 일부를 획득하고 이곳에 10만 명을 사민한 일 등이다.[37] 이 사민들이 모두 국왕에 직속됨으로써 국왕의 유력한 지지자가 되어[38] 왕권 강화에 크게 기여하였다. 그런데 정복지 지배를 위한 관료제를 정비하는 등, 보다 확고한 왕권을 확립하기 위해서는 막대한 자원의 확보가 무엇보다 중요한 과제였다. 자원의 확보

36 『魏書』 卷1 序紀 昭皇帝 元年條, p.6, "是歲, 穆帝始出幷州, 遷雜胡北徙雲中·五原·朔方".

37 『魏書』 卷1 序紀 穆皇帝 3年條, p.7, "晉懷帝進帝大單于, 封代公. 帝以封邑去國懸遠, 民不相接, 乃從(劉)琨求句注陘北之地. 琨自以託附, 聞之大喜, 乃徙馬邑·陰館·樓煩·繁畤·崞五縣之民於陘南, 更立城邑, … 帝乃徙十萬家以充之".

38 唐長孺, 「拓跋國家的建立及其封建化」, 『魏晋南北朝史論叢』, 北京: 三聯書店, 1955, pp.198~199.

는 다름 아닌 생산력의 장악이다. 한위지간(漢魏之間)에 나타난 특징적 현상은 토지 소유보다 노동력의 획득과 보유가 최대 관건으로 등장하였다는 점인데, 즉 호구를 가지면 모든 것(재력·무력·정치력)을 가질 수 있는 사회로 변화한 것이다.[39] 그런 데다 오호십육국이라는 미증유의 전란 시기를 겪은 당시의 사람들은 대체로 호족(豪族) 등 유력자 밑에 음부(蔭附)되고 있었다. 이 시기에 북방에서는 전란을 피해서 유력자를 중심으로 오보(塢堡)를 형성하여 자위·자치를 행하고 있었다.[40] 또 전연·후연시대 하북에는 왕공귀족이 음호(蔭戶)를 광점(廣占)하는 것이 보통이었으니, "간혹 100실을 합해서 한 호로 되었고 간혹 1,000정이 같은 호적에 등재되는[或百室合戶, 或千丁共籍]"[41] 실정이었다. 이런 현상을 '종주독호(宗主督護)'라 하지만, 이런 상황을 군주 측에서는 그대로 방치할 수 없는 일이었다. 합호(合戶)의 상태를 해체하는 것이 우선시된 것이다. 그 방법이 바로 계구수전이었다.

이상에서 볼 때 피사민들은 북위에 의해 자의적으로 구분되어 구사되는 과정을 거쳤다는 것은 확실하다. 그 가운데 계구수전민은 북위에 의해 국가의 가장 중요한 자원 확보원인 농업 생산에 할당되어 구사되었다. 그 방법은 친정 → 약탈·사민 → 계구수전 → 권과농경(할당지액 및 할당생산량의 부과) → 생산 독려 → 양교 수입 → 전최 → (엄가)상사의 형태를 취하는 것이었다. 이제 계구수전제에서 균전제로의 '제도적' 전환 과정을 논리적으로 설명하고, 균전제가 계구수전제와 마찬가지로 할당생산제적 성격을 띤 전제였음을 논증해 보자.

---

39 何兹全, 「漢魏之際封建說」, 『歷史硏究』 1979-1.

40 塢堡의 기초적 연구로는 金發根, 『永嘉亂後北方的豪族』, 臺北: 商務印書館, 1964가 도움이 된다.

41 『晉書』 卷127 慕容德載記, pp.3169~3170, "其尙書韓諱上疏曰: '… 而百姓因秦晉之弊, 迭相蔭冒, 或百室合戶, 或千丁共籍, 依託城社, 不懼燻燒, 公避課役 ….'".

Ⅲ. 정복왕조와 독과제

앞서 필자는 균전제를 이해하는 전제로 유목 혹은 호족보다 정복왕조라는 측면에서 그 제도의 출현 동기를 바라보아야 한다고 하였다. 즉 오호십육국·북조왕조도 당연히 정복왕조로 보아야 한다. 정복왕조의 정복정책은 피랍민을 특정한 장소, 특히 성내에 가두고 생산물을 할당시켜 최대한 많은 양의 생산량을 만들어 내도록 하는 것을 특징으로 하고 있다. 그런 면에서 중국에서 가장 먼저 출현한 정복왕조는 서주(西周)였다.

일찍이 서중서(徐仲舒)[42]와 볼프람 에버하르트(Wolfram Eberhard)[43]가 정전제를 서주가 은(상)왕조를 정복한 후 실시한 '할당생산제'였다는 점을 강조한 바 있다. 중국인에게 균분의 이상을 가장 잘 실현한 정전제라는 토지제도도 균분의 '가면'을 쓴 정복민의 피정복민에 대한 원활한 구사를 위한 교묘한 술책이었다는 것이다. 따라서 한인정통왕조가 아닌 정복왕조인 북위왕조에서 이러한 제도가 나온 것이 의외가 아니고, 당연한 것으로 이해될 수 있는 일이다. 요·금·원·청에서 실시된 토지제도도 계구수전제와 같은 의미와 목적을 가진 토지제도로 파악해야 한다. 따라서 정복왕조의 의미를 새삼 상기할 필요가 있다. 또한 이들 정복왕조에서의 피랍민의 수용소인 성에 대해 관심을 가질 필요가 있다.

유목민들이 세운 왕조들의 특징은 우선적으로 병·농의 분리라는 큰 테두리가 설정되어 있다는 사실이다. 그것은 독발선비(禿拔鮮卑)가 세운 남량(南凉) 등 오호의 여러 나라에서도 보여진다. 즉 성을 쌓아 피정복민을 성내에

42 徐仲舒, 『試論周代田制及其社會性質』(原載, 『四川大學學報』, 1955-2), 『中國的奴隸制與封建制分期問題論文選集』, 北京: 三聯書店, 1956, p.471.

43 Wolfram Eberhard, *Conquerors and Rulers: Social Forces in Medieval China*, Leiden: E. J. Brill, 1970, p.35.

수용한 후, 그들을 군국지용(軍國之用)의 생산에 속박시키고, 정복민은 대신 군사적 책무를 맡는 것이다.[44] 이것이 유목민족에게 성곽이 필요한 이유이기도 하다. 여기서 성곽이란 독과를 원활하게 실시하기 위한 인위적 장치인 것이다. 혁련발발(赫連勃勃)의 하나라에도,[45] 북위 초기에도 이와 유사한 형태가 보인다. 북위 초에는 군사를 담당하는 호족(병호)과 농상(농경)에 종사하여 군국지용을 공급하는 군국지민으로 구분되어 있었다.[46] 이것은 일종의 분업체제라 할 수 있는데, 북족의 병호와 한족의 편호 간의 군사와 농업의 분업인 것이다.[47]

우리는 이 문제와 관련하여 오호십육국·북조왕조·당왕조까지의 성곽 문제를 살펴볼 필요가 있다. 당시 인구수에 비해 성곽의 규모가 지나치게 컸다는 사실에 주목할 필요가 있는 것이다.[48] 당대 장안성 남부에 '한방(閑坊)'이 많았다는 것도 피정복민, 즉 항민(降民)의 수용과도 연관되어 있다. 실제의 수요보다 큰 성곽의 축조는 오호십육국시대 이래의 할당생산을 위해 구사할 피정복민의 수용 내지 그것과 유사한 목적을 가진 공간으로 사용된 것임을 의미한다. 정복된 복속민(예컨대 남조 진의 유민 내지 북방 돌궐의 항민)의 할당생산, 혹은 감시를 위한 집거의 모습을 생각할 수 있다.

중국 역사상 도시구조 변화의 전기가 된 것은 오호십육국시대라는 주장이

---

44 『晉書』 卷126 禿髮利鹿孤載記, p.3145, "(利鹿孤)以隆安五年(401)僭稱河西王. 其將鍮勿崙進曰, '昔我先君肇自幽朔 被髮左衽 無冠冕之儀 遷徙不常 無城邑之制 用能中分天下 威振殊境. 今建大號 誠順天心. 然寧居樂土 非貽厥之規 倉府粟帛 生敵人之志. 且首兵始號 事必無成 陳勝·項籍 前鑒不遠. 宜置晉人於諸城 勸課農桑 以供軍國之用 我則習戰法以誅未賓. 若東西有變 長算以縻之 如其强敵於我 徙而以避其鋒 不亦善乎!' 利鹿孤然其言".

45 朴漢濟, 「五胡 赫連夏國의 都城 統萬城의 選址와 그 構造—胡族國家의 都城經營方式—」, 『東洋史學硏究』 69, 2000.

46 『魏書』 卷28 劉潔傳, p.688, "郡國之民, 雖不征討, 服勤農桑, 以供軍國 …".

47 佐川英治, 「北魏的兵制與社會—從'兵民分離'到'軍民分籍'—」, 『魏晋南北朝隋唐史資料』, 武漢: 武漢大學出版社, 1996.

48 劉淑芬, 『六朝的城市與社會』, 臺北: 臺灣學生書局, 1992, pp.392~397.

있듯이[49] 유목민족의 중원 진입은 도시구조를 크게 변화시켰다. 북위 한현종(韓顯宗)의 상소에, "태조 도무제께서는 … 사인과 서인을 분별하고 잡거하지 못하게 하고 수공업자와 도부(屠夫) 상판(商販)의 거처를 각각 달리 하도록 하셨다[太祖道武帝 … 然猶分別士庶, 不令雜居, 伎作屠沽, 各有攸處]"[50]는 내용만 보아도 북위 태조 도무제가 건국이라는 어려운 시기에 사서뿐만 아니라 특히 수공업자 등을 업종별로 철저하게 구별하여 거주시키고 있다는 사실을 분명히 알 수 있다. 한현종이 신분상·직종상의 구별 문제를 거주지 문제와 연결시키고 있는 점이 매우 시사적이다. 그의 상소가 "사인과 서인을 분별하고 잡거하지 못하게 하고[分別士庶, 不令雜居]"라는 원칙만을 주장하는 것처럼 보여 기존 학계에서는 귀족제적 주민 분포를 강조하고 있는 것으로 정리하고 있다.[51] 그러나 단순히 사·서만이 아니고 수공업자의 경우와 같이 직종별 주거 지역의 구분을 말한다는 사실은 북위 후기의 수도였던 낙양에서도 실제 잘 나타나고 있다.[52] 필자는 북위에서 도시구획으로 방장제가 출현한 원인을 성시민의 할당생산제에서 찾는다. 방장제란 한대의 이제(里制)와는 달리 주민이 월장할 수 없도록 높게 방장을 쌓고 같은 직종의 사람들을 같이 수용시킴으로써 그 통치의 편리와 생산의 독과를 용이하게 만든 제도이다. 이 방장제를 특징으로 하는 도시는 가축의 우리와 같은 이른바 '함옥도시(檻獄都市)'였다.[53] 북위 초에 실시한 '분토정거'[54]를 단순히 부락 해산의 결과물로만 생각하는 것은 잘못이다. 오히려 유목민의 농업·수공업민화와

---

49 妹尾達彦, 「都市の生活と文化」, 『魏晋南北朝隋唐時代史の基本問題』, 東京: 汲古書院, 1997, p.416.

50 『魏書』 卷60 韓麒麟傳 附 韓顯宗傳, p.1341, "仰惟太祖道武帝創基撥亂, 日不暇給, 然猶分別士庶, 不令雜居, 伎作屠沽, 各有攸處".

51 宮崎市定, 『九品官人法の研究—科擧前史—』, 京都: 同朋舍, 1956, pp.440~441.

52 朴漢濟, 「北魏 洛陽社會と胡漢體制—都城區劃と住民分布を中心に—」, 『お茶の水史學』 34, 1991.

53 大室幹雄, 『檻獄都市』, 東京: 三省堂, 1994.

54 『魏書』 卷83上 外戚 賀訥傳, p.1812, "其後離散諸部, 分土定居, 不聽遷徙, 其君長大人皆同編戶".

더불어 그 과정에서의 주거 지역 배분의 의미를 갖고 있는 것이다.

계구수전제는 개인별 할당에 의한 일종의 분업체제를 기본 골간으로 하고, 철저한 감독과 생산 독려를 통하여 최대한의 생산량 획득을 목표로 하는 토지제도, 즉 독과제였다. 이 독과제는 몇 가지 특징이 있다. 첫째, 건국 초기에는 일정 지역(경사 지역), 특정 인민(피정복민, 예컨대 사민)에 국한되어 있다. 둘째, 이들의 생산을 기초로 왕권을 강화하여 전국 지배를 달성하고, 종국적으로는 그 정신에 입각한 제도를 전국적으로 확장시켜 실시하려는 것이었다. 셋째, 이 제도에서 나타나는 분업의 내용을 보면 다분히 황제 개인에 봉사하는 특징을 갖는다는 것이다. 이런 독과제야말로 이른바 '정복왕조'의 중원지배체제라고 볼 수 있는데, 필자의 이런 관점이 설득력을 가지려면 북위와 같은 유목민 출신으로 중원을 지배한 다른 정복왕조의 경우도 그와 유사한 지배방식을 보여야 할 것이다.

이런 독과제의 특징은 요·금·원·청 등 후세의 정복왕조에서도 두드러지게 나타난다. 먼저 요의 경우를 보자. 아보기(阿保機)가 즉위 이전부터 여러 차례 남침하여 하동(河東) 계북(薊北) 지역을 겁략(劫掠)하여 다수의 인호를 부획·천사한 것은 주지의 사실이지만,[55] 그 이전 당 말·오대에도 화북 지역의 쟁란을 피해서 북쪽의 그의 밑으로 도망쳐온 자도 적지 않았다. 아보기가 거란(契丹) 제부장으로부터 그 부족이 고래의 전통인 군장 교체제에서 벗어날 수 있었던 것은 배하의 한인의 교사(敎唆)와 힘이 작용했다는 것이라든지[56], 또 한인을 이끌고 '한성'을 근거로 별부(別部)를 이루었다는 거란건

55 島田正郎, 『遼代社會史硏究』, 東京: 三和書房, 1952, p.216.

56 『新五代史』 卷72 四夷附錄, p.886, "阿保機, … 是時, 劉守光暴虐, 幽·涿之人多亡入契丹. 阿保機乘間入塞, 攻陷城邑, 俘其人民, 依唐州縣置城以居之. 漢人敎阿保機曰: '中國之王無代立者.' 由是阿保機益以威制諸部而不肯代. 其立九年, 諸部以其久不代, 共責誚之. 阿保機不得已, 傳其旗鼓, 而謂諸部曰: '吾立九年, 所得漢人多矣, 吾欲自爲一部以治漢城, 可乎?' 諸部許之. 漢城在炭山東南灤河上, 有鹽鐵之利, 乃後魏滑鹽縣也. 其地可植五穀, 阿保機率漢人耕種, 爲治城郭邑屋廛市如幽州制度, 漢人安之, 不復思歸".

국설화(契丹建國說話)에[57] 의거할 때, 한인들이 그의 정치적 성장에 상당한 역할을 하였음을 짐작할 수 있다.[58] 특히 우리는 아보기가 한인을 이끌고 나와 독립한 곳이 오곡의 재배가 가능한 곳이었다는 점에서, 그에게서 경종민(耕種民)을 구사하는 두드러진 특징을 발견하게 된다. 당시 아보기는 어떤 형태의 경종방식을 취하였을까? 우리가 짐작할 수 있는 것은 계구수전의 형식일 가능성이 크다. 한인의 정치적 수완과 경제적 능력은 태조 아보기의 건국 과정에 있어서 다대한 영향력을 행사하였다. 물론 한연휘(韓延徽)·한지고(韓知古) 등 정치상·군사상 공적이 기록된 사람들의 역할도 중요하지만, 그 배후에 있던 다수의 무명 한인들이야말로 그의 정치적 성장에 크게 기여하였다. 그들은 농경과 그 외 생산, 예컨대 공예 등에 종사해서 요왕조 건국의 경제적 기반을 구축한 것이다.[59] 이들 한인은 많은 성읍을 세워 집단적으로 거주하고 있었지만, 건국설화에 나오는 '한성'은 한인의 집단거주지인 동시에 성곽에 둘러싸인 데서 유래한 것이다. 즉 성곽을 쌓고 시(市)와 이(里)를 만들어 그곳에 그들을 수용한 것이다.[60]

건국 이후 요조의 남방 침략은 더욱 활발해지고, 점령지로부터 부획해 온 인호의 수도 더욱 많아지게 되었다. 그리고 발해(渤海)를 멸망시킴으로써 또 다른 계통의 농경민을 획득하게 되었다. 유목민인 거란인으로서는 자기들이 갖고 있지 않은 여러 가지 기술을 갖춘 농경민인 한인과 발해인을 이용하는 것이 중요한 과제가 되었다. 이들 한인과 발해인의 취락은 태조 아보기의 배하에만 있었던 것이 아니고, 군장 또는 분배를 받은 장군들에게 직속되

57 『資治通鑑』卷266 後梁紀1 太祖 開平 元年(907) 5月條, p.8677에 인용된 蘇逢吉의 『漢高祖實錄』.

58 田村實造, 『中國征服王朝硏究(上)』, 京都: 京都大學 東洋史硏究會, 1964, pp.125~129.

59 田村實造, 『中國征服王朝硏究(上)』, 1964, pp.125~129.

60 『遼史』卷74 韓延徽傳, p.1231, "太祖召與語, 合上意, 立命參軍事. 攻黨項·室韋, 服諸部落, 延徽之籌居多. 乃請樹城郭, 分市里, 以居漢人之降者. 又爲定配偶, 敎墾藝, 以生養之. 以故逃亡者少".

어 있었다. 즉 군장 및 유력자의 사성(私城)은 봉건령의 형태이지만 이것이 모태가 되어 중국식 주현이 설치되었다.[61] 요조의 사민정책에 의해 그 영내에 건치된 주현들을 '투하주(投下州)'라고 하지만,[62] 이것은 원대에도 존속한 '북족적 봉령(封領)'이라 할 수 있다. 이 봉령은 제왕 · 후비 · 부마 · 외척 · 공신 및 제부추장의 영지로 사민자는 영민(領民)이 되는 것이지만, 이들을 직접 부획한 자 밑에 배속되는 것이 일반적이었다.[63] 따라서 이들 동족 곤제(昆弟)들이 소유한 사령지와 사부민은 중앙집권체제 강화에 커다란 장애가 되었다. 태조는 질자부(迭剌部)와 소속 한인을 배경으로 제부에 대항하면서 자립을 도모한 끝에 즉위할 수 있었지만, 즉위 5년째부터 동족 곤제의 반란이 계속 일어난 것은 두말할 나위도 없이 아보기의 중앙집권화 추진에 반발한 증좌이다. 그 결과 아보기는 제부나 자기의 투하주 · 군(投下州 · 軍)의 한인 가운데 호건(豪健) 2,000명을 선발해서 시위군(侍衛軍: 斡魯朶)으로 삼아 행궁을 방어하게 하는[64] 한편, 질자부를 오원부(五院部)와 육원부(六院部)로 이분하고, 거란족의 유력 부족인 을실부(乙室部)의 세력을 삭감함으로써 그의 지위를 안정시키고 있다. 이 집권화 과정에서 아보기 세력의 중추가 되었던 것은 한인 등 농경민이었다. 이들의 구사 방법은 아직 명확히 알려져 있지 않지

---

61 島田正郎,『遼代社會史硏究』, 1952, p.219.

62『遼史』卷37 地理志1 序, p.438, "又以征伐俘戶建州襟要之地, 多因舊居名之; 加以私奴置投下州. 總京五, 府六, 州·軍·城百五十有六, 縣二百有九, 部族五十有二, 屬國六十. …".

63『遼史』卷37 地理志1 頭下州, p.448, "頭下軍州, 皆諸王·外戚·大臣及諸部從征俘掠, 或置生口, 各團集建州縣以居之".

64 遼朝의 斡魯朶는 構成宮戶와 소속의 州縣 및 部族으로 되어 있는데, 宮戶란 해당 斡魯朶를 직접 구성하는 人戶여서 契丹, 本族, 漢人, 渤海人과 그외 俘虜 獻進의 生口, 혹은 범죄에 의해 몰입된 자들이었다. 이들은 皇帝를 近侍扈從하는데 宮主인 皇帝가 崩去하면 그 后妃를 따라 奉陵邑의 주체가 된다. 奉陵邑이란 皇帝, 后妃 등의 陵寢에 奉仕하기 위해 建置된 城邑 내지 州縣이다(田村實造,『中國征服王朝硏究(上)』, 1964, pp.292~293). 이와 같이 遼朝는 지방행정상에서 中央政府 소속의 州縣 외에, 皇帝 직할의 州縣, 諸王, 后妃, 公主, 駙馬, 外戚, 功臣들이 領有하는 州縣, 各皇帝의 陵寢에 속하는 州縣 등 매우 복잡한 구조를 갖고 있다. 이런 州縣의 多元化는 遼朝의 國家體制가 中央集權化되어 감에 따라 一元化의 길을 밟는다.

만, 이들이 '사노(私奴)'라 칭해지듯이[65] 신분적으로 매우 낮은 것으로 볼 때, 착취의 심도를 짐작하게 한다.

다음으로 몽골(蒙古: 원왕조)의 경우를 살펴보자. 칭기즈칸 이래 지속되어 오던 금조에 대한 정복활동은 오고타이 6년(1234)에 종결되고 금조의 구영역[漢地]은 거의 몽골 소유로 귀속되었다. 같은 해 바로 오고타이는 한지의 호구 조사를 실시하고 그 결과에 기초하여 2년 후(1236)에 조세제도를 시행하였다. 이와 같이 한지에 대한 지배는 호구통계로부터 시작하고 있다는 것이 특색이지만, 이것에 기초해서 징세를 시행한 것이다. 사실 유목적인 징세 방법은 정(丁) 단위이지 호(戶) 단위가 아니다.[66] 반면 당대 양세법 실시 이후 빈부의 차를 공식적으로 인정하는 현실에서 정(丁) 단위의 균등한 부세 부과는 현실적으로 맞지 않는 것이었다. 따라서 정(丁) 대상이냐 아니면 호(戶) 대상이냐라는 문제를 두고 한지의 부세를 담당한 야율초재(耶律楚材)와 몽골 대신 간에 쟁론이 일어났고, 결국 호 단위로 결정되었다.[67] 그러나 화북 한지와 강남의 징세 방법이 달랐던 것은[68] 몽골 고유의 징세 방법 내지 정복왕조로서의 인식이 작용한 것이다.

오고타이는 한지의 호구와 지역을 칭기즈칸 일문의 제왕이나 공신들에게 분여하였다. 이러한 봉읍제도를 '투하(投下)'제도라고 하지만, 막북에서의 칭기즈칸의 국가 기본구조를 모방한 것이었다.[69] 이러한 분지분민(分地分民)

65 『遼史』 卷37 地理志1, p.438, "又以征伐俘戶建州襟要之地, 多因舊居名之; 加以私奴置投下州".

66 大島立子, 「モンゴルの征服王朝」, 東京: 大東出版社, 1992, p.150.

67 『元史』 卷146 耶律楚材傳, pp.3459~3460, "甲午, 議籍中原民, 大臣忽都虎等議, 以丁爲戶. 楚材曰: '不可. 丁逃, 則賦無所出, 當以戶定之.' 爭之再三, 卒以戶定"; 『元史』 卷93 食貨志1 稅糧, p.2357, "元之取民, 大率以唐爲法. 其取於內郡者, 曰丁稅, 曰地稅, 此倣唐之租庸調也. 取於江南者, 曰秋稅, 曰夏稅, 此倣唐之兩稅也. 丁稅·地稅之法, 自太宗始行之. 初, 太宗每戶科粟二石, 後又兵食不足, 增爲四石. 至丙申年, 乃定科徵之法".

68 『元史』 卷2 太宗本紀 太宗 元年條, pp.29~30, "秋八月己未, … 命河北漢民以戶計, 出賦調, 耶律楚材主之; 西域人以丁計, 出賦調, 麻合沒的滑剌西迷主之".

69 松田孝一, 「モンゴルの漢地統治制度－分地分民制度を中心として」, 『待兼山論叢』 11-2, 1978, p.33.

제도는 몽골 지배하의 다른 지역에도 실시되었다. 이와 같이 새로 확보된 정착 농경 지대에서는 유목 지대의 방식처럼 분지를 보유한 제왕이 직접 통치하거나 직접 조세나 부역을 징수하지 못하고, 단지 분지로부터 나오는 수입의 일부를 얻을 뿐이었다. 즉 정착 농경 지대는 칸의 관료인 다루가치[達魯花赤]가 통치하고 있었던 것이다.[70] 이러한 제도가 나타난 배경에는 새로이 편입된 농경 지역이 왕권 강화를 위한 중요한 근거지라는 칸의 인식이 자리하고 있었다. 농경 지역 지배에서 토지제도의 운영이 계구수전식이라는 연구는 발견할 수 없으나 제색호계제(諸色戶計制)를 보면 분명해질 것이다.

우리는 또 다른 정복왕조인 청조의 대한인 지배책 가운데, 이른바 '계정(구)수전[計丁(口)授田]'[71]정책을 살펴볼 필요가 있다. 이것은 북위 초의 계구수전과 유사한 명칭이기 때문에 더 관심을 끈다. 누루하치는 살이전(薩爾戰)에서 승리한 후 그의 근거지를 요동 지역으로 이동하기 위해 천명(天命) 6년(1621) 3월에 요양성으로 천도한다. 요양성으로의 천도는 요동의 경제력을 장악하여 자신의 경제적 기반을 확보하려는 데 목적이 있었다. 그러한 누루하치의 의도가 구체적으로 나타난 것이 천명 6년 7월 14일에 나온 '유(諭)'이다. 요동지배기, 즉 후금시대의 대한인정책의 기조를 이루는 '계정수전'책은 항복한 한인을 사민시켜 급전하고 세역을 부과하는 것으로 북위의 계구수전제를 연상시킨다. 즉 1하하(haha: 丁男)에게 6치마리(cimari=晌; 5~6畝)의 전과 1/3치마리의 알반 이 우신(alban i usin: 公田)을 균등하게 분급해주고 그에 대응되는 알반(alban: 公的負擔)을 부과하는 것이다. 이 계정수전책은 한인에게만 실시된 것은 아니었다. 청조는 한인을 요동의 각 지역에 이

70 符拉基米爾佐夫, 『蒙古社會制度史』(劉榮焌譯, 北京: 中國社會科學出版社, 1980 中譯本), p.160; 주채혁 역, 『몽골사회제도사』, 서울: 대한교과서주식회사, 1990, p.172.

71 이 土地政策의 원명은 滿洲文으로 되어 있는데 학자에 따라 '計丁授田' 외에 '計口授田', '均田制'라 칭하기도 한다(金斗鉉, 「遼東支配期 누르하치의 對漢人政策—'計丁授田'과 '編丁立莊'策의 再檢討—」, 『東洋史學研究』 25, 1987, p.68 주4).

주시키는 사민정책과 함께 만주 고토에서 이동해 온 만주족을 요동의 한인과 함께 특정 일부 지역에 합주시키는, 이른바 만한합주정책을 취하였다. 한인에게 전을 규정대로 균분했을 가능성은 의문시되나 알반 이 저쿠(alban i jeku: 公課의 穀物) 및 요역과 병역의 부과 등 수전에 대응하는 알반의 부과는 상당히 엄격하게 시행되었던 것으로 이해된다. 이것은 한마디로 인적 · 경제적 자원을 확보 · 장악하려는 정책이었다. 즉 니루(niru: 牛彔)조직을 통한 만주족 지배와 대비되는, 개개의 하하(haha: 丁男)를 지배의 기본단위로 설정하는 대한인정책이었다.[72]

또 하나 관심을 끄는 것은 알반의 내용이다. 알반 이 이한(alban i ihan: 公課의 牛), 알반 이 모린(alban i morin: 公課의 馬), 알반 이 리요(alban i liyoo: 公課의 馬糧), 알반 이 답순(alban i dabsun: 公課의 鹽), 알반 이 아이신(alban i aisin: 公課의 金), 알반 이 멍군(alban i menggun: 公課의 銀) 등의 징발 방법이다. 이것은 북위의 예속민호 및 수공업자의 운용정책이나 원대의 제색호계를 통한 물자생산정책과 유사한 측면이 있다. 알반의 징수와 관리 · 감독하는 말단책임자는 한인 중에서 임명된 백장(百長: bejang), 천장(千長: ciyanjang)이었는데, 이들은 병역이나 요역의 징발뿐만 아니라 징발된 인원을 기한 내에 지정된 지역으로 이동시키는 책임도 맡았다. 이들은 지역 관할자인 관인과 함께 한인 지배의 하부말단기관이었다. 이것은 북위의 삼장제를 상기시킨다. 이 시기의 대한인 수전은 새로이 이주한 한인을 토지에 고착시키기 위한 정책이었고, 수전에 상응하는 알반의 부과를 위한 것이었다는 점에서 계정수전책은 수전의 의미보다 알반의 부과, 즉 노동인력의 병력으로의 확보, 그리고 알반 이 저쿠의 징수에 의한 경제자원의 확보가 최종 목표였다.[73]

72 金斗鉉, 「遼東支配期 누르하치의 對漢人政策—'計丁授田'과 '編丁立莊'策의 再檢討—」, 1987, p.97.

73 金斗鉉, 「遼東支配期 누르하치의 對漢人政策—'計丁授田'과 '編丁立莊'策의 再檢討—」, 1987, pp.91~92.

이상에서 보았듯이 누루하치 시기 청조의 대한인정책의 하나인 '계정수전'책이 북위시대의 '계구수전'제와 똑같을 수는 없지만, 매우 유사한 일면이 있었음을 주목할 필요가 있다. 첫째, 왕조 창립 초기라는 시기의 유사성이다. 둘째, 주된 대상이 피정복민이라는 것이다. 셋째, 제왕의 권력 강화를 위한 경제적 기반 확보가 최종 목표라는 것이다. 넷째, 생산 과정에 엄격한 감독[督課]과 상벌을 행한다는 점이다. 다섯째, 감독관은 주로 지배족으로 구성된다는 것이다. 여섯째, 사민과 밀접한 관계에 있다는 점이다. 일곱째, 수전을 행한다는 사실이다. 따라서 종래 계구수전민을 둔전과 같은 특수 목적으로 분류시킨 것은[74] 일면 유사성이 있음에도 불구하고 여러 가지 면에서 차이가 나기 때문에 잘못이라 할 것이다.

우리는 또 다른 '계구수전'의 사례에 주목할 필요가 있다. 『문헌통고』 권330 사예고(四裔考) 소인(所引) 「계해우형지(桂海虞衡志)」에는 송대 서원만(西原蠻) 농지고(儂知高)의 종족에 대해서 계구수전한 기사를 전하고 있다.[75] 즉 농지고 반란을 평정한 후 송조는 농지고가 이끄는 서원만민에게 토지를 지급한 사실이다. 이때 송조가 취한 조처를 해석함에 있어 토지를 균분했다고 보는 관점이 있는가 하면,[76] 반드시 그런 것이 아니고 공동체적인 점유로부터 개발자의 사유재산으로 인정하는 사유제로의 진행을 보이고 있다는 관점이 있다.[77] 그러나 우리가 관심을 가져야 하는 것은 이 당시의 '민전계구급(民田計口給)'이라는 조처가[78] 송조의 화남 소수민족에 대한 기미정책의 일환으로 취해졌던 것만은 부정할 수 없는 사실이라는 점이다. 그 당시 이른바

74 馬長壽, 『烏桓與鮮卑』, 上海: 上海人民出版社, 1962, p.267.

75 『文獻通考』 卷330 四裔考7 西原蠻, p.考2588-中·下, "石湖范氏桂海虞衡志曰: 儂知高反, 朝廷討平之, 因其疆域參唐制, 分析其種落, 大者爲州, 小者爲縣. … 民田計口給, 民不得專賣, 惟自開荒者由己, 謂之祖業口分田".

76 河原正博, 「漢民族華南開發史硏究」, 東京: 吉川弘文館, 1984, p.132.

77 佐竹靖彥, 『唐宋變革の地域的硏究』, 京都: 同朋舍, 1990, p.667.

78 이 문장의 讀法도 "民田計口給民, 不得專賣"(佐竹靖彥, 1990, p.667)라고 읽은 것과 "民田計口給 民不得專賣"(河原正博, 1984, p.132)로 약간 다르다.

'계구수전'을 행한 이후에 어떤 방식으로 그들을 구사하였는지는 명확하지 않다. 사실 그들은 생활방식과 풍속 면에서 일반 주군민과 상당한 차이가 있어서[79] 이 당시의 계구수전을 곧바로 연결시키기는 힘들다. 다만 그들에 대한 토지 지급이 그들을 안착시킬 뿐만 아니라, 그들이 갖고 있는 무력과 노동력을 이용하고 탈취하기 위한 것임은 분명하다.[80]

이상에서 보듯이 계구수전이 호족 특유의 전통에서 나온 것이 아니라는 것은 분명하다. 송대의 사례에서 보듯 한인 조정이 새로이 통치권 내로 편입된 만족에게 시행한 적도 있다는 점에서 더욱 그러하다. 다만 정복과 피정복의 관계라는 상황에서 정복민이 피정복민에게 우선적으로 행하는 정복사업 조치인 것은 부정할 수 없는 사실이다.

Ⅳ. 계구수전제에서 균전제로의 전환

그러면 북위에서는 계구수전제에서 균전제로의 전환이 어떤 경로를 거쳐 완성되었는가? 즉 계구수전제와 균전제는 어떤 상관관계에 있는 것일까?

앞에서 설명한 것처럼 북위 초기의 계구수전제는 시일이 지남에 따라, 또 왕조가 처한 상황이 바뀜에 따라 파괴와 보완 노력이 동시에 이루어졌다. 우선 정복전쟁의 종식이라는 상황의 변화이다. 437년, 태무제에 의한 화북의 통일은 두 가지 의미를 지니는 사건이다. 첫째, 대규모의 피정복민, 즉 사민

79 『文獻通考』 卷330 四裔考7 西原蠻, p.考2588-中, "石湖范氏桂海虞衡志曰: … 人物獷悍, 風俗荒怪, 不可盡以中國敎法繩治, 故羈縻之而已".

80 『文獻通考』 卷330 四裔考7 西原蠻, p.考2588-中·2589-上, "石湖范氏桂海虞衡志曰: '… 此州縣雖曰羈縻, 然皆耕作省地, 歲輸稅米於官 ….'". 즉 羈縻州民(峒丁)이 省地(漢地·王地)를 耕作해서 매해 稅를 내고 있다. 따라서 郡縣 外側에 있는 羈縻州民은 省民(漢民·王民)과 거의 같은 지위에 있었다. 한편 아직 토벌되지 않은 蠻人과 당시 점차 강대해지는 交趾勢力에 대처하기 위한 목적으로 이들의 武力을 이용하여 州縣의 外側에 배치한 것이다(同上, p.考2588-中, "州縣洞五十餘所, 推其雄長者爲首領, 籍其民爲壯丁, 以藩籬內郡, 障防外蠻.").

의 공급 중단이다. 따라서 황제의 통치에 필요한 자원의 생산을 주로 사민에게 의존하던 기존 정책의 전환이 불가피해졌다. 둘째, 경영 지역의 확대와 대상민의 수적 증가라는 현실적인 문제가 부가되었다. 이 두 가지 상황의 발생으로 더 이상 기존과 같은 계구수전제의 실시가 어려워졌다. 이제 고식적인, 임시방편적인 제도에서 보다 보편적인 제민 지배의 틀을 마련하지 않으면 안 되었다.

그러면 계구수전에서 균전제로의 전환 과정을 살펴보자. 먼저 계구수전의 실시 지역 문제를 살펴보자. 계구수전이 사민과 밀접한 관련이 있다는 점은 이미 상술하였다. 사민의 대상 지역은 "(그들로) 경사를 채웠다[以充京師]"[81] 혹은 "대도에다 … (그들을) 옮겼다[徙 … 于代都]"[82]라는 구절에서 보듯이 태조 시기에는 경사, 즉 대도(평성)가 그 대상 지역이었다. 계구수전제가 시행된 곳은 주로 경기(기내) 지역에 한정되었던 것이다. 이곳은 북위왕조의 건국 중추세력의 직접 지배 지역이다. 진한제국과 수당제국도 마찬가지지만, 경기 지역의 중점적 경영으로 산출된 역량을 바탕으로 하여 지배영역을 확대하고 그 지역에 대한 지배를 강화하는 형태가[83] 북위의 경우에도 적용되었다. 즉 '근거지로서의 경기' 경영체제가[84] 바로 그것이다. 이 점에서는 오히려 진한제국과 같은 중국전통왕조보다 북위와 같은 정복왕조의 지배방법이 더 전형적이다. 그렇지만 태종 이후에는 경사에만 한정된 것은 아니었다. 예

81 『魏書』 卷2 太祖紀 天興 元年 正月條, p.32.

82 『魏書』 卷2 太祖紀 天興 元年 12月條, p.34, "徙六州二十二郡守宰·豪傑·吏民二千餘家于代都".

83 朴漢濟, 「中國歷代首都의 類型과 社會變化—唐宋變革期를 中心으로—」, 『歷史와 都市』, 서울: 서울大學校出版部, 2000, pp.49~68.

84 閔斗基, 「前漢의 陵邑徙民策」, 『歷史學報』 9, 1957; 同氏, 「前漢의 京畿統治策」, 『東洋史學硏究』 3, 1969; 崔在容, 「西漢 京畿制度的特徵」, 『歷史硏究』 1996-4; 大櫛敦弘, 「前漢'畿輔'制度の展開」, 『出土文物による中國古代社會の地域的硏究』, 平成2·3年度科學硏究費補助金一般硏究(B)硏究結果報告書(代表: 日本 愛媛大學 牧野修二敎授), 1993.

컨대 태종 시기에는 '대령(大寧)',[85] '대령천(大寧川)'[86] 등이 대상 지역이었는데, 이들 지역은 평성 성내가 아님은 물론, 당시 경기[87]지방에도 속하지 않는 외곽 지대였다. 이와 같이 계구수전 지역이 외곽으로 밀려나간 것은 태조 시기에는 평성 자체가 아직 정비되지 않아 수도 전체가 거의 공지나 다름없었지만, 태종 시기가 되면 수도가 정비되어 도시의 면모를 갖추었기 때문에 가경 지역이 외곽으로 이동되어야 할 수밖에 없는 상황이 되었기 때문이라고 생각된다. 또 시간의 흐름에 따라서 반드시 나타나는 제도 자체의 이완화 문제가 부각되었다. 여기다 점차 정복자라는 입장은 후퇴하고 피정복자 측을 고려해야 한다는 상황이 전개된다.

437년 화북이 통일되자 이제 사민 조치가 극히 제한적으로 시행될 수밖에 없게 되었다. 따라서 이제 사민에 의존하여 국가가 필요로 하는 물자를 생산하는 형식은 더 이상 유효하지 못하게 된다. 여기에 공종(恭宗)의 과전(課田) 형식이 나타난 것은 당연한 것이다. '과전'이라는 용어에서 이 제도가 할당생산제의 특징을 갖는 것임을 짐작할 수가 있지만, 이 제도의 실시를 주도한 공종의 말에서도[88] 농(農)·포(圃)·공(工)·상(商)·목(牧)·빈(嬪)·형(衡)·우

85 『魏書』 卷3 太宗紀 永興 5年 秋7月條, p.53. 大寧은 (北魏)酈道元撰, 『水經注』(臺北: 世界書局, 1970) 卷13 㶟水條(p.175)에 㶟水의 支流 于延水邊에 소재하는 것으로 되어 있는데 이것은 京畿 지역에 포함되지 않는다. 이 점에 대해서는 唐長孺, 「拓跋國家的建立及其封建化」, 『魏晉南北朝史論叢』, 北京: 三聯書店, 1955, p.223 참조할 것. 劉精誠은 大寧이 현재의 河北省 張家口市로 비정하고 있다(「北魏的新民」, 1996, p.17).

86 『魏書』 卷3 太宗紀 永興 5年(413) 8月條, p.53.

87 『魏書』 卷110 食貨志, p.2850, "天興初, 制定京邑, 東至代郡, 西及善無, 南極陰館, 北盡參合, 爲畿內之田".

88 『魏書』 卷4下 世祖紀下, 恭宗景穆帝 晃傳, pp.108~109, "初, 恭宗監國, 曾令曰: '周書言: 任農以耕事, 貢九穀, 任圃以樹事, 貢草木; 任工以餘材, 貢器物, 任商以市事, 貢貨賄, 任牧以畜事, 貢鳥獸, 任嬪以女事, 貢布帛; 任衡以山事, 貢其材, 任虞以澤事, 貢其物. 其制有司課畿內之民, 使無牛家以人牛力相貿, 墾殖鋤耨. 其有牛家與無牛家一人種田二十二畝, 償以私鋤功七畝, 如是爲差, 至與小·老無牛家種田七畝, 小·老者償以鋤功二畝. 皆以五口下貧家爲率. 各列家別口數, 所勸種頃畝, 明立簿目. 所種者於地首標題姓名, 以辨播殖之功.' 又禁飮酒·雜戲·棄本沽販者. 墾田大爲增闢".

(虞)의 생산 과정에서의 구별을 어느 정도 감지할 수가 있다. 물론 그는 그 제도 시행의 논리적 근거로 『주서(周書)』, 즉 『주례』의 일부 구절을 인용하고 있어, 그것이 중국의 전통적인 분업체계인 것처럼 말하고 있지만,[89] 그렇지 않다는 것은 공종의 이른바 과전제 운영방식에서 찾아낼 수가 있다. 즉 그는 유사(有司)를 통하여 "그 가별의 구수를 열거하여 경작을 권할 바의 경무(耕畝)의 내용을 명확하게 정하였다. 그리고 땅의 머리에다 경작자의 성명을 표기하여 파종과 생산한 성과를 판별했다[各列家別口數 所勸種頃畝 明立簿目. 所種者於地首標題姓名 以辨播殖之功]"고 함으로써 할당생산제의 특징을 그대로 드러내 보여주고 있다. 계구수전에서 균전제도로 접근해 가는 과정에서 독과체제가 더욱 정비되고 있는 것이다.

다음으로 주의해야 할 것은 효문제 태화 원년의 이른바 '일부치전사십무(一夫治田四十畝: 일부가 40무를 경작하게 한다)' 조치이다.[90] 그 조치에서 특히 '중남이십무(中男二十畝)'라는 연령과 급전량의 규정이 보이고 있다는 면에서 서진의 점·과전제의 영향을 상당히 받았으며, 그 점에서 균전제에 상당히 접근하고 있음을 알 수 있다. 그러나 독과의 정도는 전혀 줄어들지 않았다. 태화 원년 3월에 반포된 조칙에 나오는 "사람에게 남는 힘이 있게 하지 말고, 땅에 버려진 이득이 있게 두지 말도록[無令人有餘力 地有遺利]"[91]하라는 것이 바로 그 점을 말해준다. 그리고 균분보다도 그 능력에 따라 생산품과 그 양을 배정하는 것이 주된 내용이다. 즉 "그 칙령은 농부에게 독과하는 데 그 목적이 있다. 소를 가진 자는 평상의 해보다 더 열심히 하고 소를 가지지

89 전통시대 중국인에 의해 均分이나 輕稅의 표본으로 칭송되어 온 井田制도 西周의 殷 정복 후, 정복민으로부터 가혹한 수취를 하기 위한 토지정책이었다고 보는 학자도 있다(Wolfram Eberhard, *Conquerors and Rulers: Social Forces in Medieval China*, 1970, p.35).

90 『魏書』 卷7上 高祖紀上 太和 元年(477) 3月條, p.144, "詔曰: '… 一夫制治田四十畝, 中男二十畝, 無令人有餘力, 地有遺利.'".

91 『魏書』 卷7上, 高祖紀上 太和 元年 3月 丙午 詔曰, p.144.

않은 자도 보통의 해보다 배나 노동하도록 한다. 정남 한 사람에게 경전 40무, 정남이 아직 안 된 사람에게는 경전 20무를 배당한다[其敕在所督課田農 有牛者加勤於常歲 無牛者倍庸於餘年. 一夫治田四十畝 中男二十畝]"[92]라 한 것은 소를 가진 사람과 안 가진 사람, 나이에 따라 그 능력에 따른 생산량을 배당한 것이지 균분에 목적이 있는 것이 아니었다.

그러면 농민들에 대한 제재는 구체적으로 어떠했을까? "조칙을 따르지 않으면 그 한 가문 내의 사람은 죽을 때까지 벼슬을 할 수 없다[不從詔, 一門之內終身不仕]"[93]라거나 "백성 가운데 관장의 교화를 따르지 않고 농상에 게으른 자가 있으면 법에 정해진 대로 죄를 처벌한다[民有不從長教 惰於農桑者 加以罪刑]"[94]라는 것이 그것이다. 이러한 독과의 방식은 강약의 차이는 있지만 균전제가 시행되기 전에도 지속적으로 행해지고 있었다. 태화 원년의 조령이 그러했고,[95] 균전조령에도 분명히 나타나고 있다.[96]

이러한 계구수전식 독과체제는 균전제와는 어떤 관련성이 있는가? 균전조가 반포된 것은 효문제 태화 9년(485)이지만, 이보다 11년이 지난 태화 20년에 반포된 조칙에 의하면 독과-전최의 형식은 전혀 변한 바가 없다. 즉 "경종에 나태하면 장형을 처하고[惰業者申以楚撻]", "경작에 힘쓴 자는 이름

92 『魏書』 卷7上, 高祖紀上 太和 元年 3月 丙午 詔曰, p.144.

93 『魏書』 卷7上 高祖紀上 延興 3年 2月 癸丑詔條, p.138.

94 『魏書』 卷7上 高祖紀上 太和 元年(477) 春正月條, p.143, "辛亥, 詔曰: '今牧民者, 與朕共治天下也. 宜簡以徭役, 先之勸獎, 相其水陸, 務盡地利, 使農夫外布, 桑婦內勤. 若輕有徵發, 致奪民時, 以侵擅論. 民有不從長教, 惰於農桑者, 加以罪刑.'".

95 『魏書』 卷7上 高祖紀上 太和 元年(477) 3月條, p.144, "丙午, 詔曰: '朕政治多闕, 災眚屢興. 去年牛疫, 死傷太半, 耕墾之利, 當有虧損. 今東作既興, 人須肆業. 其敕在所督課田農, 有牛者加勤於常歲, 無牛者倍庸於餘年. 一夫制治田四十畝, 中男二十畝. 無令人有餘力, 地有遺利.'".

96 『魏書』 卷7上 高祖紀上 太和 9年(485) 冬10月條, p.156, "丁未, 詔曰: '朕承乾在位, 十有五年. 每覽先王之典, 經綸百氏, 儲畜既積, 黎元永安. 爰暨季葉, 斯道陵替, 富強者并兼山澤, 貧弱者望絶一廛, 致令地有遺利, 民無餘財, 或爭畝畔以亡身, 或因飢饉以棄業, 而欲天下太平, 百姓豐足, 安可得哉? 今遣使者, 巡行州郡, 與牧守均給天下之田, 還受以生死爲斷, 勸課農桑, 興富民之本.'".

을 적어 위에 보고하라[力田者具以名聞]"는 등 오히려 더 강화된 측면도 보인다.[97] 계구수전제가 특정 지역에 사민된 자를 대상으로 하였다면, 그 정신을 이어받은 균전제는 그 대상과 범위가 전 백성, 전 지역으로 확대된 것이다.

이와 같이 점차 기존의 경기 지역과 새로이 강역으로 편입한 지역을 이원적으로 지배하는 체제를 극복하고 일원적인 지배체제를 구축해 가는 과정에서 필연적으로 나타나는 제도의 이완현상을 저지하려는 시도가 바로 북위 효문제 시기에 실시된 일련의 개혁이다. 여기서 주목되는 것은 태화 11년에 한기린이 올린 상주이다. 그는 평성과 경기 지역에 다시 계구수전을 실시하자고 주장하였다.[98] 이 주장이야말로 균전제가 계구수전의 정신을 그대로 계승했음을 보여주는 결정적인 단서인데, 시일이 지남에 따라 이완을 거듭해 온 계구수전제를 다시 정비하여 실시하자는 것이기 때문이다. 전술한 대로 계구수전제는 토지를 할당하고 생산을 독려하는 체제인데, 균전제 시행을 선포한 이른바 '균전조'가 반포된 효문제 태화 9년(485)보다 11년이 지난 태화 20년에 반포된 조칙에서도 독과의 끈을 조이고 있음을 볼 수 있다. 즉 전게한 "경종에 나태하면 장형에 처하고", "경작에 힘쓴 자는 이름을 적어 위에 보고하라"는 등의 조칙이 그것이다. 계구수전제의 정신(배당 → 감독 → 전최의 형식)이 그대로 유지되고 있을 뿐만 아니라 오히려 더 강화된 측면도 보인다.

따라서 계구수전제가 특정 지역에 사민된 자를 대상으로 한다면, 균전제는 그 대상과 범위가 전 백성, 전 지역으로 확대된 것이지만 그 근본 시행 방법이나 그 제도가 지향하는 정신은 크게 변한 것이 없다. 균전제의 실시 동기

---

97 『魏書』 卷7下 高祖紀下, p.179, "(太和二十年) 五月丙子, 詔曰: '農惟政首, 稷實民先, 澍雨豐洽, 所宜敦勵. 其令畿內嚴加課督, 惰業者申以楚撻, 力田者具以名聞.'".

98 『魏書』 卷60 韓麒麟傳, pp.1332~1333, "太和十一年, 京都大饑, 麒麟表陳時務曰: '… 今京師民庶, 不田者多, 遊食之口, 三分居二. 蓋一夫不耕, 或受其飢, 況於今者, 動以萬計. … 制天下男女, 計口受田. 宰司四時巡行, 臺使歲一按檢. 勤相勸課, 嚴加賞賜. 數年之中, 必有盈贍, 雖遇災凶, 免於流亡矣 ….'".

와 목적을 균분과 이재민 발생의 방지를 위해 "농상을 권해서 부과하여 백성을 일으켜 부하게 하는 근본[勸課農桑 興富民之本]"[99]이라고 내걸지만, 종국의 목적은 경작이 가능한 땅에 백성을 동여맴으로써 그곳에서 생산해 낼 수 있는 모든 이득을 다 뽑아내자는 것이기 때문이다. 효문제 태화 원년 3월 조칙에 나오는 "사람에게 남는 힘이 있게 하지 말고 땅에 버려진 이득이 있게 두지 말도록"이라는 것이 바로 그 증거이다. 시행규정도 균분보다도 그 생산능력에 따라 배정하는 것을 주된 내용으로 하고 있다.

이와 같이 북위의 화북통일 이후에 시행된 일련의 토지정책은 계구수전제의 정신을 유지하면서 보다 보편적인 토지이념(均分)을 첨가시켜 가는 과정을 밟고 있다. 다시 말하면 균전제의 출현은 계구수전적인 배당생산제의 계승과 정비인 동시에 피정복자[中原 漢族]의 오랜 희망인 '균분'의 혼합의 결과물인 것이다. 즉 이렇게 하여 호한혼합의 전제인 균전제가 출현한 것이다.

V. 독과제와 삼장제

이제 다시 독과제 문제로 돌아가 보자. 북위 초기에 시행된 토지정책이 단지 유망민을 지착시키는 것이거나 균분을 위한 것이라면, 국가의 급전행위는 그 자체로 대충 마무리된다. 그러나 계구수전이 우리의 관심을 끄는 것은 그것만으로 끝나지 않았기 때문이다. 계구수전이란 당초 정벌 과정에서 부획되어 사민된 자들 가운데 농민 혹은 농업으로 전환시킨 자들에 대한 조처였다. 그 과정은 사민-계구수전-독과-전최라는 형식을 띤다는 점은 이미 전술하였다. 여기서 가장 중요한 핵심은 독과의 담당자이다. 그리고 계구수

99 『魏書』 卷7上 高祖紀上 太和 9年 10月 丁未條, p.156, "今遣使者, 循行州郡, 與牧守均給天下之田, 還受以生死爲斷, 勸課農桑, 興富民之本".

전에서 공종의 과전을 거쳐 효문제의 균전제에 이르기까지 이 독과의 담당자가 누구인가가 문제인 것이다.

독과라는 행위는 당연히 감독관의 존재가 전제된 것인데, 그 감독관으로 먼저 '팔부수(八部帥)'가 거론되고 있다.[100] 수도 평성 및 평성 사방, 즉 경기 지역에 팔부수를 두었는데, 이것을 '팔부대부(八部大夫)'라 칭하기도 한다.[101] 팔부수의 역할은 "농경을 권하여 배당하고 수확량을 계산한 후 그 등위를 매긴다"는 것이었고, 그 감림(監臨)지구를 당시에는 '팔국(八國)'이라 불렀다.[102] 생산을 감독하는 자를 「식화지」에서는 '팔부수'라 하였지만, 「태조기」에서는 따로 '둔위(屯衛)'라 하고 있다.[103] 공종의 과전에서는 감독관이 팔부수에서 유사(有司)로[104] 바뀌고 있음이 주목된다. 유사가 무엇을 가리키는가는 명확하지 않지만, 후세의 사료를 통해서 보면 '목수영장(牧守令長)'인 것은 분명한 것 같고, 그들도 감독을 소홀히 했을 때, 즉 "수재가 독찰을 하지 않으면 그 관직을 면한다[守宰不督察 免所居官]"라 하듯이 엄격한 제재와 처벌을 받았음을 보여주고 있다.[105]

균전제가 균분 자체보다도 할당생산에 그 주요 목적을 둔 제도라고 볼 때, 균전제 실시 시기에 와서 할당하고 감독하는, 즉 '독과'하는 직책은 어떻

100 『魏書』 卷110 食貨志, p.2850, "天興初, 制定京邑, 東至代郡, 西及善無, 南極陰館, 北盡參合, 為畿內之田;其外四方四維置八部帥以監之, 勸課農耕, 量校收入, 以為殿最".

101 『魏書』 卷113 官氏志, p.2972, "(天興元年)十二月, 置八部大夫 … 其八部大夫於皇城四方四維面置一人, 以擬八座, 謂之八國常侍. 待詔侍直左右, 出入王命".

102 王仲犖, 「北魏初期社會性質與拓跋宏的均田」, 『中國歷代土地制度問題討論集』, 北京: 三聯書店, 1957, p.302.

103 『魏書』 卷2 太祖紀 天興 元年(398) 2月條, p.32, "車駕自中山幸繁時宮, 更選屯衛. 詔給內徙新民耕牛, 計口受田".

104 『魏書』 卷4下 世祖紀下 恭宗景穆帝 晃傳, pp.108~109, "其制有司課畿內之民, 使無牛家以人牛力相貿, 墾殖鋤耨. 其有牛家與無牛家一人種田二十二畝, 償以私鋤功七畝, 如是為差, 至與小, 老無牛家種田七畝, 小·老者償以鋤功二畝".

105 『魏書』 卷7上 高祖紀上, p. 138, "(延興三年 二月) 癸丑, 詔牧守令長, 勤率百姓, 無令失時. 同部之內, 貧富相通. 家有兼牛, 通借無者, 若不從詔, 一門之內終身不仕. 守宰不督察, 免所居官".

게 변화하는가? 이전의 형태를 그대로 유지하였는가 아니면 일대 변화가 왔는가? 결론적으로 말하면, 이전의 '팔부수'에서 '유사'로, 다시 균전제에서는 '삼장(三長)'으로 변화하는 것이라고 본다. 이른바 '삼장제(三長制)'의 출현이다. 삼장제의 출현을 종주독호제(宗主督護制)의 극복으로 보는 것은『통전』권3 향당(鄕黨)에서의 "후위[북위]의 초에는 삼장을 세우지 않았고 오직 종주를 세워 독찰하였을 뿐이다[後魏初 不立三長 唯立宗主督護]"라는 언급이나『위서』이충전(李沖傳)의 "옛날에는 삼장이 없고 오직 종주를 세워 독호할 뿐이었다[舊無三長 惟立宗主督護]"라는 기사를[106] 통해 명백하게 드러난다. 그러면 종주독호란 북위 전기에 전국적으로 실시된 사회 기층조직 형태인가? 그리고 종주가 바로 균전제 실시 이전의 독과제에 있어서 독과의 책임자인가? 우선 이 점을 살피기 위해 종주독호제란 과연 어떤 것인가를 살펴야 할 것 같다.

우선 종주독호제의 원류에 대한 문제이다. 혹자는 종주독호제는 이른바 화하전통의 정치제도가 아닐 뿐만 아니라 탁발(拓跋) 구제(舊制)에서 발원되어 중원국가로 진행됨에 따라 나타난 일종의 부족제에서의 기층조직이라 하였다.[107] 북위 탁발족 부족이 부락 해산을 통해 유목에서 분토정거(分土定居)로 나아가게 된다. 그런 변화에 따라 종주독호제가 나타나게 된 것이며, 종주독호제는 본래 유목에서 농업으로, 부락연맹에서 국가 시기로 진입하는 과정에서 나타나는 과도기적 산물로[108] 보는 것이다. 다른 한편으로는 초원

106『魏書』卷53 李沖傳, p.1180, "舊無三長, 惟立宗主督護, 所以民多隱冒, 五十·三十家方爲一戶. 沖以三正治民, 所由來遠, 於是創三長之制而上之. 文明太后覽而稱善, 引見公卿議之. … 沖曰 '民者, 冥也, 可使由之, 不可使知之. 若不因調時, 百姓徒知立長校戶之勤, 未見均徭省賦之益, 心必生怨. 宜及課調之月, 令知賦稅之均 …' 太后曰: '立三長, 則課有常準, 賦有恒分, 苞蔭之戶可出, 僥倖之人可止, 何爲而不可?' 羣議雖有乖異, 然有以變法爲難, 更無異議. 遂立三長 公私便之".

107 嚴耀中,『北魏前期政治制度』, 長春: 吉林教育出版社, 1990, pp.97~98.

108 逯耀東,「北魏平城對洛陽規建的影響」,『從平城到洛陽—拓跋魏文化轉變的展開』, 臺北: 聯經出版事業公司, 1979, p.146.

유목민족이 중원에 진입한 후 여전히 부락 군거 상태를 유지한 것에 영향을 받기는 했지만, 기본적으로 오호십육국·북조시대 전란의 조건이 종족조직의 강화를 가져옴에 따라 둔취자보(屯聚自保)의 오벽(塢壁) 등이 나타나는 사회현상과 연관된 것으로 보는 관점이 있다.[109] 그러나 혹자는 오호의 중원 침략 이후 한족사회에 일반적으로 유행하던 것이 북위 초의 부락 해산 이후 그 유속(類屬)에 따라 구분하여 종주독호를 설치했다는 것이다.[110] 따라서 이것은 유목민족 특유의 것이 아니고, 호한 양족에 다 통용되는 제도라는 것이다.[111] 다시 말하면, 이른바 '종주'로 활약했던 자는 한인이 상당수를 차지한다는 점에서[112] 이것을 호족만의 전통으로 볼 수 없다는 것이다. 주된 논점은 부락 해산 후의 평성과 경기 지역에 거주하는 호족들의 편제인 '팔국체제(八國體制)'를 종주독호제로 보느냐 아니냐의 차이에서 비롯된 것 같다.[113] 다만 삼장제가 실시된 이후인 북위 말까지 종주와 같이 활약한 사람은 여전히 부락조직을 갖고 있는 부락장의 경우가 많기[114] 때문에 이런 부락조직[領民酋長制]을 종주독호제의 한 형태로 본다면, 한족에게만 적용된 제도라고 볼 수 없다. 그러나 순수한 의미의 종주독호제는 역시 한족이 그 대상이었다고 보는 것이 합리적이라 생각된다.

그러면 종주독호제가 전국적으로 실시된 것인가 아니면 일부 지역에 국

---

109 李凭,「論宗主督護」,『北魏平城時代』, 北京: 社會科學文獻出版社, 1999, p.375.

110 陳守實,『中國古代土地制度關係史稿』, 上海: 上海人民出版社, 1984, p.119.

111 余遜,「讀魏書李沖傳論宗主制」,『歷史語言硏究所集刊』 20-下, 1948.

112 가장 대표적인 것이『北史』卷33 李靈傳 附 李顯甫傳, p.1202, "(顯甫)豪俠知名, 集諸李數千家於殷州西山, 開李魚川方五六十里居之, 顯甫爲其宗主."이다.

113 金鐸民은 漢族社會나 遊牧(胡族)社會에 공히 宗主制가 존재하였다고 보는데(「北魏 太和 이전의 胡族의 編制와 經濟的 基盤」, 1989, p.77) 이것은 '八國體制'를 宗主督護制로 보기 때문이다.

114 이 가운데 가장 유명한 자는 尒朱榮이라 할 것이다(『魏書』卷74 尒朱榮傳, p.1643, "北秀容人也. 其先居於尒朱川, 因爲氏焉. 常領部落, 世爲酋帥. 高祖羽健, 登國初爲領民酋長."). 領民酋長制에 대해서는 周一良,「領民酋長與六州都督」,『魏晋南北朝史論集』, 北京: 中華書局, 1963 참조.

한된 것인가? 일부 지역이라 하더라도 수도를 포함한 경기 지역인가, 아니면 중원의 한족지구인가[115]라는 문제가 남는다. 사실 "옛날에는 삼장이 없고 오직 종주를 세워 독호할 뿐이었다[舊無三長 惟立宗主督護]"라 되어 있기 때문에 이 문장만 보면 삼장제 실시 이전에 종주독호제가 전국적으로 실시된 것처럼 보인다. 그러나 혹자는 종주독호제는 삼장제 실시 이전에는 평성과 경기 지역에만 실시되었는데, 사민들은 매우 엄격한 지배와 통제를 받는 자들이기 때문에 해당되지 않는다고 보았다.[116] 그런데 평성과 경기 지역에만 종주독호제가 실시되었다고 보는 것은 무리지만 사민된 자들이 종주독호제의 대상이 아니었다는 것은 옳은 분석이다. 그럼 경기 지역으로 눈을 돌려 좀 더 자세하게 살펴보자. 계구수전된 한족의 경우 정장(亭長) 혹은 이정(里正) 등의 기층관료가 없었다. 사실 경사로 사민될 당시에는 종족의 의미는 별로 없고, 있다 하더라도 그들의 기존 권익을 정부 측에서 그대로 유지해 주었을 리도 없다. 중앙고관으로 활약한 한인귀족들도 장원 등 경제력을 가지지 못하였고,[117] 신임 받는 관료들도 '밀찰(密察)'을 받는 실정이었다.[118] 따라서 중원 지역처럼 경기 지역에서도 한인 혹은 권세가에게 독과를 담당시킬 수는 없었다. 물론 경사로 사민된 '신민(新民)'은 모두 한족인 것은 아니었다. 그 가운데 유목민 출신도 있었다. 그들도 계구수전된 경우도 있지만 그대로 부락제를 유지하고 있는 경우도 있었다.[119] 즉 유목민족은 종주독호제와 다른

115 李凭, 「論宗主督護」, 1999, p.382.

116 古賀登, 「北魏三長攷」, 1965, pp.67~68. 즉 古賀氏는 八國體制야말로 진정한 宗主督護로 보는 것이다. 따라서 그의 三長制 施行의 의의는 "(李沖의 獻策으로) 國初 이래 그 宗黨에 대한 督護權을 인정받은 鮮卑의 宗主들은 그 特權을 잃게 되었다. … 요컨대 豪族 支配下에 蔭附戶를 석출하여 課稅 均等을 꾀하기 위해 宗主制를 폐지하고 '外來의 魏人' 간에도 중국적인 三長制를 행하여 村落支配를 재편성하려는 것"(p.70)이라 하였다.

117 사실 北魏 조정에서 활약한 漢人貴族의 경우 貧寒한 경우가 허다하였다(『魏書』 卷48 高允傳, p.1089, "顯祖平青·齊 徙其族望於代 時諸士人流移遠至 率皆飢寒.").

118 『魏書』 卷24 崔玄伯傳, p.621, "太祖嘗使人密察".

119 예를 들어 高車 柔然 等 遊牧民族이 京師 지역으로 徙民되었으나 그대로 部落制를 유지하고 있고, 그 部落大人이라는 宗主의 지위를 유지하고 있다(『魏書』 卷3 太宗紀 神瑞 3年

영민추장제(領民酋長制)를 유지하면서도 탁발군대나 관원들의 감시를 받고 계구수전민과는 달리 독립성을 유지하고 있었을 것으로 생각된다. 이들 유목민족 중 일부는 '부락 해산'을 통하여 편호화(編戶化)되는 과정을 겪었다. 편호화되었다는 것은 종주가 독호하는 형식, 즉 종주독호제에서 탈피했다는 의미이다.

북위시대의 중원 지배는 군부나 행대(行臺) 등 북위의 군사 거점 부근에 국한되어 있었고, 그 외 지역은 이른바 한족 호강[120]세력과의 제휴를 통해 그 통치가 이뤄지고 있었다.[121] 따라서 종주독호제는 명원제(明元帝) 시기부터 문명태후(文明太后) 통치 시기까지 중원 지구에 주로 실시된 제도라고[122] 본다. 『북사』 이충전에는 "오직 종주를 세워 독호를 맡게 하였다[唯立宗主 主督護]"[123]라 되어 있기 때문에 종주독호제는 '종주로 하여금 (일정한 지방을) 독호하도록 한다'는 의미로 이해하는 것이 바람직하다. 그러면 종주독호제와 독과제는 관계가 있는 것인가? 종주독호제는 일종의 장원 형식이지, 국가가 인민을 생산에만 묶어 두는 독과제와는 근본적으로 성질이 다른 것이다. 따라서 종주독호제의 내용을 요약하면 다음과 같다. 첫째, 북위 중앙권력의 침투가 미약한 중원 지역을 기존 세력가[宗主豪强]를 통하여 간접 지배하는 방식이고, 둘째, 종주호강과의 마찰을 피하고 피차 공생하는 관계에 기반을 둔 방식이다. 셋째, 이것은 중앙정부 측에서 볼 때 한시적인 것이지, 영구적으

條, p.58, "帝自長川詔護高車中郎將薛繁率高車丁零十二部大人衆北略, 至弱水."). 이뿐만 아니라 北周시대의 叱列伏龜의 경우, "代郡西部人也, 世爲部落大人. 魏初入附, 遂世位第一領民酋長. 至龜. … 嗣父業, 復爲領民酋長."(『周書』 卷20 叱列伏龜傳, p.341)이었고, 尒朱榮은 "北秀容人也 … 常領部落, 世爲酋帥. 高祖羽健, 登國初爲領民酋長 …. 曾祖鬱德, 祖代勤, 繼爲領民酋長."(『魏書』 卷74 尒朱榮傳, p.1643)이었다.

120 豪强(『魏書』 卷110 食貨志 p.2855, "魏初不立三長, 故民多蔭附. 蔭附者皆無官役, 豪强徵斂, 倍於公賦.")은 豪族의 의미이다.

121 李凭, 「論宗主督護」, 1999, p.390.

122 李凭, 「論宗主督護」, 1999, pp.388~393.

123 『北史』 卷100 序傳 李沖傳, p.3329, "舊無三長, 唯立宗主, 主督護". 물론 校勘記(p.3348)에는 "魏書卷五三李沖傳不疊'主'字, 此誤衍."이라 되어 있다.

로 고정해 둘 성질의 것은 아니었다. 따라서 종주독호제가 실시되는 지역은 독과제가 실시되는 지역일 수가 없었다. 독과제는 평성과 경기 지역에 주로 시행된 제도였다. 독과를 담당하는 '팔부수'가 유목적인 부족제에 연원하고 있는 것은 사실이다. 『위서』 관씨지에 나오는 팔국체제와[124] 밀접하게 연관되어 있기 때문이다. 따라서 종주독호제가 신점령지인 경기 지역에 실시되어 어느 정도 효력을 발생한 후 전국적인 제도가 된 것이라고 보는 것은[125] 무리이다. 결론적으로 종주독호는 한족호강세력이 강한 중원 지역에 군림했던 지방세력이었던 것이다.

효문제 개제 중에서 균전제와 함께 쌍벽을 이루는 삼장제에 대해서 살펴보자. 종래 삼장제와 균전제 출현의 선후 문제, 그리고 그 관련성에 대하여 다른 견해들이 존재해 왔다. 『위서』 고조기에는 태화 9년 10월에 균전제 시행의 조가 반포되고, 익년인 태화 10년 2월에 삼장이 세워졌다고 되어 있다.[126] 그런데 문제는 『남제서』 위로전에는 남제 고제 영명 3년, 즉 북위 효문제 태화 9년에 이미 삼장제가 출현했다고 되어 있다는 것이다.[127] 종래 『남제서』 위로전의 사료적 신빙성에 대해서는 상반된 견해가 있는 것도 사실이지만,[128] 균전제의 실시를 주장한 이안세의 상소에도 "삼장이 이미 세워

124 『魏書』 卷113 官氏志, p.2974, "(天賜元年) 十一月, 以八國姓族難分, 故國立大師·小師, 令辯其宗黨, 品擧人才. 自八國以外, 郡各自立師, 職分如八國, 比今之中正也. 宗室立宗師, 亦如州郡八國之儀".

125 馬長壽, 『烏桓與鮮卑』, 1962, p.278.

126 『魏書』 卷7上 高祖紀上 太和 9年(485)條, p.156, "冬十月丁未, 詔曰: '朕承乾在位, 十有五年. … 今遣使者, 巡行州郡, 與牧守均給天下之田, 還受以生死爲斷, 勸課農桑, 興富民之本.'"; 『魏書』 卷7下 高祖紀下 太和 10年(486) 2月 甲戌條, p.161, "初立黨·里·隣三長, 定民戶籍".

127 『南齊書』 卷57 魏虜傳, p.989, "(永明)三年, 初令鄰里黨各置一長, 五家爲隣, 五隣爲里, 五里爲黨. 四年, 造戶籍".

128 趙翼은 『廿二史箚記』(北京: 中華書局, 1984, 王樹民校證) 卷9 「齊書書法用意處」에서 魏虜傳이 '傳聞之譌'을 거듭하고 있다고 지적하고 있으나, 松本善海는 魏虜傳의 서술에 상당한 신빙성이 있다고 주장하고 있다(『中國村落制度の史的研究』, 東京: 岩波書店, 1977, pp.260~264).

져[三長旣立]"라는 말이 있기 때문에[129] 이것에 의하면 상소 당시에 삼장제가 이미 선포·실시되고 있었다는 것이다.[130] 사료가 명백하게 지적하고 있는 사실을 그냥 무시하기는 힘들다.

균전제와 표리관계에 있는 삼장제의 실시는 종주독호제의 폐지를 전제로 한다. "50·30가가 바야흐로 일호로 되고 있다[五十三十家方爲一戶]"는 "백성이 유력자의 그늘에 덮여 있는[民多蔭冒]", 즉 '음부(蔭附)'현상을 더 이상 용인하지 않겠다는 의미이다. 균전제·삼장제의 실시는 경기 지역에 기왕에 실시된 독과제의 전국적인 확대라고 본다면, 전국적인 실시에 따라서 독과제의 본래 뜻은 많이 퇴색되었다는 점은 부정할 수 없다. 어떤 면에서 독과보다는 세수의 증대에 그 실시 목적이 있는 것처럼 보인다. 북위 초 균전제 실시에 이르는 기간에 발생한 북위 정부와 종주호강 사이의 모순은 양자간의 부세와 인구의 쟁탈 과정으로 표현할 수 있다. 종주독호제와 구품차조법(九品差調法)은 같은 차원의 제도이다.[131] 구품차조는 구품혼통(九品混通)으로 칭해지기도 하는데 표면상으로 "많아서 남는 것을 깎아 부족한 것에 보태 주는[裒多益寡]" 것을 목표로 하고 "부자가 함부로 빈자를 독책하거나 강

129 '三長旣立'에 대해 『册府元龜』(臺北: 臺灣中華書局, 1981 臺三版) 卷495 邦計部13 田制(p.5924)에는 '三長'을 '子孫'으로 쓰고 있는데, 『魏書』의 校勘者는 『魏書』 高祖紀下에 均田制가 太和 9년 10월에 반포되고, 三長制는 太和 10년 2월로 되어 있기 때문에 李安世 上疏 중에 '三長旣立'은 '解釋不通'이므로 "疑作'子孫旣立'是"라고 하고 있다(『魏書』 卷53 校勘記8, p.1191). 그러나 『册府元龜』는 이 기사를 "文成時, 主客給事中, 李安世." 운운하고 있어서 반드시 신빙할 것은 못된다.

130 『魏書』 卷53 李孝伯傳 附 李安世傳, p.1176, "時民困飢流散, 豪右多有占奪, 安世乃上疏曰: '臣聞量地畫野, 經國大式; 邑地相參, 致治之本. 井稅之興, 其來日久; 田萊之數, 制之以限. 蓋欲使土不曠功, 民罔游力. … 竊見州郡之民, 或因年儉流移, 棄賣田宅, 漂居異鄕, 事涉數世. 三長旣立, 始返舊墟, 廬井荒毁, 桑榆改植. … 愚謂今雖桑井難復, 宜更均量, 審其徑術, 令分藝有準, 力業相稱, 細民獲資生之利, 豪右靡餘地之盈. …' 高祖深納之, 後均田之制起於此矣".

131 李沖이 宗主督護制의 폐지를 주장하는 상소를 올렸을 때, 著作郎 傅思益은 "民俗旣異 險易不同, 九品差調, 爲日已久, 一旦改法, 恐成擾亂."(『魏書』 卷53 李沖傳, p.1180)이라 반대하였다.

자를 피하고 약자를 침해하는 것[縱富督貧 避强侵弱]"을 방지하기 위한 제도처럼 되어 있지만,[132] 실제로는 50 · 30가가 1호로 되는 것이므로 그 효력은 커녕, 실제로는 빈민의 수탈을 용인하는 제도였다. 그런 데다 화북통일 후 정복전쟁의 종식과 더불어 약탈과 부락 공납의 감소로 인하여 북위왕조의 경제는 중원 지구의 부세 수입에 더욱더 의존하게 되었다. 특히 효문제 재위 시에는 민호의 검괄 조칙이 누차 내려지고 그 내용마저 더욱 엄격해지지만 그 효력은 미미하여 근본적인 해결책이 될 수가 없었다. 여기에 삼장제 출현의 당위성이 있는 것이다. 사실 당시 이런 제도의 실시가 가능한 여러 가지 조건이 국내외적으로 갖춰지고 있었다. 우선 효문제 시기가 남조에서는 송 · 제 교체기였기 때문에 남조왕조의 북고(北顧)의 겨를이 없었고, 막북의 유연도 쇠약해져 강적이 버티고 있는 남방보다 서방으로 그 진출 방향을 잡고 있었기 때문에 대외적으로 큰 문제가 없었다. 종주독호제가 실시된 70여년간 각지의 종주호강세력이 팽창하기는 하였지만, 그들의 역량은 분산되어 중앙정부에 대적할 구심체가 형성되지는 않았다.

그렇다고 삼장제가 완벽하게 중앙정부의 이익을 대변할 수 있었던 것은 아니었다. 삼장으로 지정된 자들이 "그 장은 향인 가운데 세력이 강하고 근신한 사람을 뽑았던 것[長取鄕人强謹者]"인데,[133] 여기서 '강(强)'은 세력 있는 사람이고, '근(謹)'은 북위왕조에 복종하는 사람들이란 의미이다.[134] 여기서 삼장제라는 것도 종주호강들과 북위 정부 사이에 이뤄진 타협에 의한 합작품이라는 것을 알 수 있다.

132 『魏書』 卷4上 世祖紀上 太延 元年 12月 甲申條, p.86, "若有發調, 縣宰集鄕邑三老計貲定課, 裒多益寡, 九品混通, 不得縱富督貧, 避强侵弱".

133 『魏書』 卷110 食貨志, p.2855, "魏初不立三長, 故民多蔭附. 蔭附者皆無官役, 豪强徵斂, 倍於公賦. 十年, 給事中李沖上言: '宜準古, 五家立一隣長, 五隣立一里長, 五里立一黨長, 長取鄕人强謹者. 隣長復一夫, 里長二, 黨長三. 所復復征戍, 餘若民 …'. 書奏, 諸官通議, 稱善者衆. 高祖從之, 於是遣使者行其事. 乃詔曰: '夫任土錯貢, 以通有無; 井乘定賦, 所以均勞逸. 有無通則民財不匱, 勞逸均則人樂其業. ….'".

134 李凭, 「論宗主督護」, 1999, p.407.

독과, 즉 할당과 독려[督讓]를 담당하는 삼장제는 본래 한인 사이에 이전부터 행해지고 있던 것인데, 태화 10년에 반포된 조칙을 통해 유목민족 등 외래의 위인(魏人)까지 포함해서 전국적으로 재편성하였다.[135] 할당생산제의 하나인 균전제에서 할당과 독려의 책임을 삼장에게 맡긴 것은 시간의 흐름에 따른 상황 변화의 결과였다. 삼장제는 호적제도의 정비를 전제로 한다.[136] 그런데 삼장제와 호적 정비라는 두 제도가 전국적으로 실시되는 시기적 선후관계(동시인지 아니면 호적제도의 정비가 먼저인지 뒤인지)는 확실하지 않다.[137] 사실 삼장은 호수에 따라 설치되는 것이므로 호적이 정비된 후 삼장이 결정된다는 설이[138] 설득력이 있다. 사실 삼장제 실시 이전에 호적제도의 정비[139] 혹은 호구 조사가[140] 몇 차례 시도되었다. 호적 정비 과정에서 중앙정부에서 '호적대사(戶籍大使)'를 파견하곤 하였는데[141] 주목할 것은 북위 정부가 호적 정비에 힘쓴 지역이 중원 지역이었다는 점이다.[142] 이것은 북위 정부가 종주독호제를 시행했던 지역까지 지배력을 확대하려는 시도로 해석된다. 삼장제는 균전제 실시와 동시에 출현한 독과조직이며 독과제도였다. 삼

---

135 三長制가 漢族 고유의 것이고, 일부 사람들에 국한되어 실시되던 것이 전국적으로 실시된 점은 사료상으로 나타나고 있다(『魏書』 卷53 李沖傳, p.1180, "沖以三正治民, 所由來遠, 於是創三長之制而上之. … 中書令鄭羲·秘書令高祐等曰: '沖求立三長者, 乃欲混天下一法 ….'"). 한편 清水泰次(「北魏均田考」, 『東洋學報』 20-2, 1932)와 古賀登(「北魏三長攷」, 1965, p.75) 등도 이 점에 동의한다.

136 『魏書』 卷7下 高祖紀下 太和 10年 2月 甲戌條, p.161, "初立黨·里·隣三長, 定民戶籍".

137 三長制 組織 制定과 戶籍 調査와의 先後관계에 대해서는 『南齊書』 卷57 魏虜傳, p.989에서 "(永明)三年(太和九年), 初令隣里黨各置一長, … 四年, 造戶籍."이라 하였지만 그 밀접한 관계는 부정할 수 없는 것이다.

138 西村元佑, 「北魏の均田制度—均田制成立期の問題」, 『中國經濟史研究—均田制度篇』, 京都: 東洋史研究會, 1968, pp.130~131.

139 『魏書』 卷7上 高祖紀上 太和 5年 7月 甲戌條, p.151, "班乞養雜戶及戶籍之制五條".

140 『魏書』 卷7上 高祖紀上 延興 3年 9月 辛丑條, p.139, "詔遣使者十人循行州郡, 檢括戶口. 其有仍隱不出者, 州·郡·縣·戶主並論如律".

141 『北史』 卷80 外戚 閭毗傳 附 莊傳, p.2675, "太和中, 初立三長, 以莊爲定戶籍大使, 甚有時譽".

142 『魏書』 卷42 堯暄傳, p.954, "太和中, 遷南部尚書. 于時始立三長, 暄爲東道十三州使, 更比戶籍".

장제는 원래 계구수전이 표방하는 독과를 담당함과 동시에 종주독호제가 가지는 문제점을 극복하려는 목적에서 출현한 제도였다. 그런 면에서 원칙상 호족과 한족 모두가 독과의 대상이 된 것이다.

균전제는 그 시행 조칙에 균전제를 "농상을 권해서 부과하여 백성을 일으켜 부하게 하는 근본[勸課農桑 興富民之本]"이라 하였듯이 균전을 표방하고 있는 것은 부정할 수 없는 사실이다. 그리고 삼장제의 시행으로 백성들에게 "요역을 균등하게 하고 부세를 줄여 주는 이득[均徭省賦之益]"[143]과 "토지와 인구에 따라 부세를 징수하는 것[井乘定賦]"[144]을 가져다주는 부민정책인 것은 사실이다. 그렇다고 두 정책을 시행한 목적 속에 조세 수탈이 없다고 보기는 힘들다.

균전제는 북위 황제가 통치를 위해 필요로 하는 자원을 확보하기 위해 시행한 계구수전제가 발전하여 성립된 제도였다. 흔히 균전제의 시행정신을 노동력과 땅을 헛되이 놀릴 수 없다는 것, 즉 "사람에게 힘이 남아 있게 하지 말고, 땅에 버려진 이득이 있게 두지 말도록[無令人有餘力, 地有遺利" 혹은 "땅을 공터로 두지 말고 백성이 힘을 놀리는 일이 없게[土不曠功, 民罔游力]"라는 말에 잘 드러나 있다고 보는 시각은 타당하다. 다만 그것이 어떤 방법으로 시행되었는가를 살핀다면 이전의 한족왕조에서 시행하던 권농정책과는 다르다는 것을 알게 된다.

균전제의 가장 큰 특징은 할당생산에 있다. 균전법규상에 상전 20무에 상 50수, 조 3주, 유 3근을 강제 규정하고[145] 그것을 위반했을 때는 그에 상응하는 벌칙을 가하였다.[146] 이러한 규정은 그 이전 왕조들의 어떤 토지정책에도

143 『魏書』 卷53 李沖傳, p.1180.

144 『魏書』 卷110 食貨志, p.2855.

145 『魏書』 卷110 食貨志, p.2853, "諸初受田者, 男夫一人給田二十畝, 課蒔餘, 種桑五十樹, 棗五株, 楡三根. 非桑之土, 夫給一畝, 依法課蒔楡棗. 奴各依良. 限三年種畢, 不畢, 奪其不畢之地. 於桑楡地分雜蒔餘果及多種桑楡者不禁".

146 『魏書』 卷110 食貨志, p.2853, "諸應還受之田, 不得種桑楡棗果, 種者以違令論, 地入還分".

없는 규정이다. 사실 작물별 생산을 위해 '상전' 등 전토를 구별한 것은 북위시대가 처음이다. 균전제 실시 과정에서 당시 민을 구사하는 원칙은 바로 '분(分)과 예(藝)' 그리고 '역(力)과 업(業)'의 상칭(相稱)이라는 말에[147] 잘 표현되어 있다. 이 가운데 역과 업을 합치시키는 것은 균분으로 중국 고래의 전통일 뿐만 아니라 일반적인 토지정책이라 할 수 있지만 '분(分: 토지)과 예(藝: 작물)'의 합치는 이 시대에 새삼 강조된 독특한 정책이다.[148] 일개 보통 농호[一丁戶]에게 이와 같이 상(혹은 마) 등을 심도록 배당을 강제하는 규정은 북위에서 당대까지의 균전령에 공히 나타나 있다.[149] 이것이 균전제가 중국 역대 토지제도사에서 갖는 특징인 것이다.

---

147 『魏書』 卷 53 李孝伯傳 附 李安世傳, p.1176, "令分藝有準, 力業相稱".

148 '力'이란 勞動力, '業'이란 土地를 가리킨다. '分'은 개인에게 배당한 토지(分地 혹은 分田), '藝'란 배당된 농작물을 말한다(陳連慶, 『魏書食貨志校注』, 長春: 東北師範大學出版社, 1999, p.276).

149 『文獻通考』 卷2 歷代田賦之制, 所引 武德 7年 「均田令」, "永業之田, 樹以楡桑棗及所宜之木". 그 형태는 北魏와 비슷하다.

제 2 장

북위의 대민정책과 균전제

Ⅰ. 머리말

균전제는 독과를 통한 할당생산제의 특징을 갖고 있다고 본다. 그것을 확실하게 하기 위해서는 몇 가지 사항을 보완 증명해야 한다. ① 신분제상 예속민의 기능상 다양한 분화와 독과제와의 관련성, ② 균전제상의 작물별 구분, 즉 일반 곡물(粟 · 稷 등)과 상(桑) · 마(麻) · 유(楡) · 조(棗) · 과(菓) 등을 재배하는 전지(田地)의 구분이 중국 전제사상 최초로 나타난 원인, ③ 독과제와 도시구획제도인 방장제(坊墻制) 출현과의 연관성, ④ 당시 국제무역의 교역품과 균전제와의 연관성 등이 그것이다. 이러한 상황들은 모두 북위왕조의 독특한 '대민정책'과 깊은 연관이 있다. 균전제를 단순히 전제(토지제도)로

만 이해할 것이 아니라 북위왕조가 추구하여 시행한 대민정책의 하나로 파악해야 균전제가 지닌 의미를 제대로 규명해 낼 수 있을 것이다.

Ⅱ. 다양한[諸色] 예속민호의 출현

오호십육국·북조시대는 중국 이민(사민)사 측면에서 보면 수적으로 가장 많고 가장 빈번하게 사민을 행한 시대였다.[1] 대규모의 사민이 발생한다는 것은 곧 당시 정부가 지배하는 민이 종족적·기능적(직능적)으로 다양하다는 의미이기도 하다. 정복 과정에서 거추장스럽기만 하고, 쓸모없는 노약자는 피사자의 범위에서 대체로 제외되고,[2] 건장하거나 특수 기능을 가진 자들이 사민의 주된 대상이었다. 그들은 기간산업인 농업의 생산, 고부가가치의 수공업의 생산, 그리고 군사활동 등에 주로 구사되었다. 할당생산이 적용되는 가장 중요한 부문은 역시 농경과 수공업이다. 이런 활동에는 어김없이 할당(생산)제가 운용되었다. 할당생산제에서 구사하기 어려운 존재는 '갱살(坑殺)' 등 폐기의 대상이 되는 것은 당연하다. 북위시대에 이른바 '공교(工巧)', 즉 '백공(百工)'의 사민이 대규모로, 그리고 빈번하게 행해진 것은[3] 그 유용성 때문이다. 그 결과 다양한 예속민호가 존재하게 되었다는 것은 주지의 사실이다.[4] 이러한 북위의 현상을 이해하기 위해서는 유목민족의 일반적인 관행과 후대 유목민족 출신 정복왕조의 경우를 살펴보는 것도 나름 의미가 있

1 李凭은 北魏 早期의 移民이 ① 時間的 集中, ② 次數의 頻繁, ③ 數量의 큼이란 면에서 '史無前例'였다고 하였다(『北魏平城時代』, 北京: 社會科學文獻出版社, 2000, pp.350~351).

2 高敏은 戰役之後에 행한 이런 현상을 '坑士之風'이라 하였다(『魏晋南北朝兵制研究』, 鄭州: 大象出版社, 1998, pp.246~247).

3 대표적인 예를 들면 『魏書』 卷4下 世祖紀下, (太平眞君) 7年 3月條, p.100, "徙長安城工巧二千家於京師"이다.

4 辛聖坤, 「南北朝時代 官私隸屬民에 관한 研究」, 서울大學校 大學院 東洋史學科 博士學位論文, 1995.

을 것이다.

유목민족이 이렇게 기술자를 우대한 것은 그 나름으로 수요가 있었기 때문이겠지만, 필자는 이들을 관리·활용하는 방법에 대해 특별히 주목하고자 한다. 할당생산은 유목민족이 새외에서 행하여 왔던 관행의 하나였다. 유목민족이 목지에서 유목생활을 영위하던 시기에 피정복민을 할당생산에 구사하고 있는 사례는 쉽게 찾을 수가 있다. 흉노가 피랍된 한인을 농경에 종사시킨 것은 유명한 사례이지만,[5] 유목민족은 일반적으로 그 지배영역 내로 들어 온 새로운 인민 내지 세력에게 생산물을 배정하는 형식을 취해 왔다. 예를 들어 유연(柔然)은 일찍이 그 영역에 들어온 돌궐(突厥)민에게 철(鐵)의 생산을 강제하였다. 즉 그들을 '철공(鐵工)'으로 지정했던 것이다. 철공을 '단노(鍛奴)'라고 부르기도 하였다.[6] 유목시대에도 이른바 '종속집단'[7]으로 새로 편입된 피정복집단을 그 특기에 따라 기능별로 구분·배치하고 생산에 종사시켜 공납하도록 한 것이다. 돌궐인에게 철 생산 능력이 있다는 점은 당시 유목사회에서 잘 알려져 있었다. 이후 돌궐은 키르기스[黠戞斯]에게도 철의 공납을 강요받았다.[8]

그러면 이른바 정복왕조의 경우를 살펴보자. 먼저 오호십육국시대의 각국

---

5 江上波夫,「匈奴の飲食」,『ユウラシア古代北方文化-匈奴文化論考』, 東京: 山川出版社, 1948, pp.109~111.

6『北史』卷99 突厥傳, pp.3285~3287, "突厥者, … 姓阿史那氏, … 或云突厥本平涼雜胡, 姓阿史那氏. 魏太武皇帝滅沮渠氏, 阿史那以五百家奔蠕蠕. 世居金山之陽, 爲蠕蠕鐵工. … 時鐵勒將伐蠕蠕, 土門率所部邀擊破之, 盡降其衆五萬餘落. 恃其强盛, 乃求婚於蠕蠕主. 阿那瓌大怒, 使人詈辱之曰: '爾是我鍛奴, 何敢發是言也!' …";『周書』卷54 異域下 突厥傳, pp.907~908, "突厥者, 蓋匈奴之別種, 姓阿史那氏. 別爲部落. … 臣於茹茹. 居金山之陽, 爲茹茹鐵工".

7 古代 遊牧國家의 部族聯合體의 構造는 A) '核心集團', B) '聯盟集團', C) '從屬集團', D) '附傭集團' 등으로 되어 있는데, 從屬集團은 核心集團과 聯盟集團에 의한 征服戰爭의 결과 服屬되어 帝國의 일원이 되었지만, 양 집단과는 달리 文化的·血緣的 일체감을 느끼지 못하는 집단을 말한다. 이 集團들의 槪念과 範圍에 대해서는 金浩東,「古代遊牧國家의 構造」, 서울大學校 東洋史學硏究室編,『講座中國史2』, 서울: 知識産業社, 1989, p.270을 참조하라.

8『新唐書』卷217下 回鶻下 黠戞斯傳, p.6147, "黠戞斯, 古堅昆國也. 地當伊吾之西, 焉耆北, 白山之旁. … 有金·鐵·錫, 每雨, 俗必得鐵, 號迦沙, 爲兵絶犀利, 常以輸突厥".

에서는 특히 수공업자를 확보하는 데 많은 신경을 썼다. 예컨대 모용황(慕容皝)이 국가에 필요한 '백공상고(百工商賈)'의 적정 인원을 확보하려 했다라는 것이든지,[9] 유유(劉裕)가 후진(後秦)을 멸망시켰을 때에 후진이 집중관리하고 있던 백공을 옮겨오게 한 것에서 보듯이[10] 이들은 수공업자를 독립적 소생산자로 방치하지 않고 국가의 엄격한 통제 아래에 두었다. 그리고 전쟁 중 포로가 되었을 때는 백공은 그 기술 덕분에 죽음을 면하기도 하였다.[11]

다른 예를 들어보자. 청나라 강희 연간에 준가르(準噶爾)가 이리(伊犁)에 회민(回民) 수천 명을 이끌고 가서 땅을 개간하여 세금을 바치게[墾地輸賦] 하고 있고,[12] 건륭제(乾隆帝)가 이리 지방의 회부(回部)를 평정했을 때에 이미 그곳에는 백득이격(伯得爾格: 貿易人), 탑리아심(塔哩雅沁: 種地人), 오사극(烏沙克: 勇戰人) 등 3종의 탑합리극인(塔哈里克人)이 존재하고 있었음을 확인할 수 있다.[13] 이것은 이리 지방에 본거지를 두고 있던 준가르가 투르키스탄 지역에 살고 있던 회인들을 끌어다가 그 기능에 따라 역할을 주고 구사한 것임을 짐작할 수 있다. 이와 같이 이리 지방에는 준가르가 지정한 경작자로 탑리아심이란 위구르인이 있었을 뿐만 아니라,[14] 원래 종예(種藝)로서 생활하고 있

9 『晉書』 卷109 慕容皝載記, p.2825, "(皝記室參軍封裕諫曰) '… 百工商賈, … 宜量軍國所須, 置其員數, 已外歸之於農, ….' 皝乃令曰: '… 百工商賈數, 四佐與列將速定大員, 餘者還農. ….'".

10 『太平御覽』(臺北: 臺灣商務印書館, 1975年刊 臺三版) 卷850 布帛部2 '綿'條, p.3755-下右, 引 『丹陽記』 曰: "鬪場錦署, 平關右, 遷其百工也".

11 『太平廣記』(北京: 中華書局, 1961) 卷110 南宮子敖條, pp.755~756, "南宮子敖, 始平人也. 戍新平城, 爲狒狒(赫連勃勃)虜兒長樂公所破, 合城數千人皆被誅害. … 爾時長樂公親自臨刑, 驚問之. 子敖聊答云: '能作馬鞍.' 乃令原釋".

12 (淸)魏源, 『聖武記』(北京: 中華書局, 1984) 卷4 「外藩」, 『乾隆戡定回疆記』, p.162, "康熙三十五年噶爾丹敗後, 其質伊犁之回酋阿布都實特自拔來投, … 噶爾丹策零復襲執而幽之, 並羈其二子, 使率回民數千墾地輸賦".

13 『回疆志』(臺北: 成文出版社, 1968, 中國方志叢書 西部地方1) 卷1 城池, p.31, "乾隆二十四年, 定邊將軍武毅謀勇公兆等平定回部, 具奏招撫附從逆酋和集占等久住伊犁, 叛伏無常之伯得爾格(貿易人也)·塔里雅沁(種地人也)·烏沙克(勇戰人也)等三種塔哈里克(回人以此三等人謂之塔合里克)回人, 并多蘭回子搬往屯住".

14 佐口透는 이들을 일반민에 비해 3배나 공납하는 '小作人'이라 규정하였다(『十八-九世紀 東

던 회민들도 준이(準夷)에 구사집역(驅使執役)되어 경전(耕佃)을 익히는 자가 수없이 많았다고 한다.[15]

이런 직종에 따른 신분제의 성립 배경에 대한 지식을 확보하기 위해 원대(元代)의 이른바 '제색호계(諸色戶計)'[16]제도에 대해서 알아볼 필요가 있다.[17] 원대 문헌에 나오는 호계의 명칭은 83종이 되며, 그 가운데 정권의 필요에 의해 직접 분류한 것만 해도 29종이나 된다고 한다.[18] 이러한 호계제도는 우선 중국 전통 한인왕조의 호적제도와는 차이가 난다. 이러한 호계의 명칭에는 그 호계가 담당하는 특수한 역, 생산물, 습득한 특수 기술, 신봉하는 종교, 소속된 민족, 관리하는 기구[衙門], 부담하는 조부(租賦)의 용도 등을 나타내는 관사(冠詞)가 붙어 있다.[19] 원대의 생산호계 및 생산인구는 피정복된 한인(漢人) 혹은 남인(南人)이 대부분을 차지한다.[20] 이러한 제색호계가 '나누어 구별되는[分揀]' 이유에 대해서 ① 각종 직업인구의 장악, ② 실제적인 필요, ③ 농경민족과 초원민족의 관습의 차이라는 세 가지를 드는 경우도 있고,[21] 제색호계는 직능별로 구분하고 고정적인 향리적관(鄕里籍貫)에 거주지를 한정시켜 통치계급의 다양한 수요를 충족시키기 위한 여러 가지 봉건적 부역

トルキスタン社會硏究』, 東京: 吉川弘文館, 1963, p.202).

15 『高宗實錄』(北京: 中華書局, 1986) 卷612 乾隆 25年 5月上, p.882~上 左右, "蓋回人等, 本以種藝爲生, 自爲準夷驅使執役, 伊犁各處, 習耕佃者, 延袤相望".

16 이것은 軍戶, 民戶, 站戶, 打捕戶, 蒲萄戶 등 매우 복잡한데, '諸色戶計' 외에 '諸項戶計', '諸色戶', '諸色人戶', '諸色人等' 등으로 지칭된다. 여기서 諸色이란 '여러 가지'란 의미로 쓰인다.

17 元代의 현상을 北魏를 곧바로 대입할 수는 없다. 예컨대 北魏의 兵戶, 金朝의 樂戶 등은 一般民戶와 別籍된 特殊戶였다. 그런 분류는 元代처럼 기본적인 戶口 分類도 아니었고, 徭役에 따라 細分하는 특징을 가지고 있지도 않았다(大島立子, 「元朝漢民族支配の一考察―軍戶を中心として」, 『東京女子大學史論』 23, 1971, p.2). 그러나 유사한 측면이 있음도 부정할 수 없다.

18 黃清連, 『元代戶計制度硏究』(國立臺灣大學文史叢刊 45), 臺北: 國立臺灣大學文學院, 1977, pp.1·10.

19 黃清連, 『元代戶計制度硏究』, 附錄(1) 「元代諸色戶計名稱及其功能出處表」, 1977.

20 黃清連, 「元代戶計的劃分及其政治社會地位」, 『國立臺灣大學歷史學系學報』 2, 1975, p.115.

21 黃清連, 『元代戶計制度硏究』, 1977, p.1.

을 수탈했다는 주장도 있다.[22] 사실 중국을 제외하고는 어느 곳에서도 기능 인력을 호(戶) 단위로 파악하지 않았다는 점에서, 수취 대상을 호 단위로 파악한 중국적 관행과 몽골정권의 기술 인력의 수요라는 두 가지 요소가 작용한 것이라는 연구 결과는 설득력이 있다.[23] 특히 특수 기능인이 포로가 된 경우나 귀부했을 경우 수도인 카라코룸의 공장 거주 지역에 거주시켜 관리하거나 대신들로 하여금 분장케 하였다. 몽골 황실이나 귀족들이 필요로 하는 각종 사치품이나 희귀품의 생산 노동을 호 단위로 일일이 분담시켰던 것이다.[24] 원대의 이와 같은 제색호계적 지배(수취)체제는 생산물 형태로 거두기보다는 생산주체나 생산수단 자체를 거두어 장악하는 형태가 일반적이었는데, 이는 토지보다 사람을 중요시여기는 유목민족의 전통적인 관습에 연유한 것이다. 이는 울루스(ulus, 部族)의 확대가 가장 중요한 목표이기 때문이다. 원대의 호계제도는 정복민을 효과적으로 지배하고 수탈하기 위하여 강구된 방법임에는 틀림없지만 구체적으로 볼 때, 호계의 차별에 따라 특정 요역의 부담과 차별적 지배, 즉 관료 진출의 제한이나 상이한 법 적용 및 우대, 그리고 상이한 세역체계의 적용 등과 밀접하게 연관되어 있었다.[25]

오호십육국·북조시대의 백공기교의 관리 형태를 원대의 그것에 비교한 학자도 있지만,[26] 그것에 대한 상세한 분석은 아직 없다. 오호 여러 나라의 관부수공업(官府手工業) 작장(作場)에 대해서는 우리가 아는 것이 많지 않지만,[27]

22 湯明檖,「元代田制戶籍賦役略論」,『史學論集』, 廣州: 廣州人民出版社, 1980, p.32.

23 李玠奭,「元代儒戶에 대한 一考察—戶籍을 中心으로—」,『東洋史學硏究』 17, 1982, p.96.

24 李玠奭,「元代儒戶에 대한 一考察—戶籍을 中心으로—」, 1982, p.99.

25 李玠奭,「元代儒戶에 대한 一考察—戶籍을 中心으로—」, 1982, p.94 주 30.

26 Pearce Scott, "Status, Labour and Law: Special Service Households under the Northern Dynasties", HJAS 51-1, 1991, p.95. 그리고 唐長孺도 '蒙古(中原)進入時'의 정황과 비교하고 있다(「魏晉至唐官府作場及官府工程的工匠」,『魏晋南北朝史論叢續編』, 北京: 三聯書店, 1959, p.42).

27 五胡政權下의 工匠의 使役 상황은 일치하지 않지만, 그 來源은 俘虜, 刑徒, 徵發 세 가지를 벗어나지 않았다(唐長孺,「魏晉至唐官府作場及官府工程的工匠」, 1959, p.43).

북위시대의 그것에 대해서는 비교적 상세한 상황을 알 수 있다. 아무튼 오호십육국·북조시대에 다양한 예속민호가 존재했다는 것은 주지의 사실이다. 그 종류로는 이호(吏戶)·잡호(雜戶)·예호(隸戶)·기작호(伎作戶)·악호(樂戶)·태상민(太常民)·염호(鹽戶)·금호(金戶)·역호(驛戶)·별호(別戶)·둔호(屯戶)·금은공교호(金銀工巧戶)·목호(牧戶)·잡색역예호(雜色役隸戶)·평제호(平齊戶)·사호(寺戶)를 비롯해 수공업 가운데 방직에 종사하는 자들은 능라호(綾羅戶)·세견호(細繭戶)·나곡호(羅穀戶) 등으로 세분되어 있었다. 이들은 주현에 소속되지 않고 특수 기구와 그 장관 아래 소속되어 있었다.[28] 그 장관을 잡호수(雜戶帥) 혹은 영호수(營戶帥)라고 하는 것을 보니 공장은 군사편제로 되어 있는 것 같다.[29] 방직에 종사하는 능라호·세견호·나곡호 등은 태조 천흥 원년(398)의 후연(後燕) 정벌 이후 사민된 '백공기교십여만구'에서 내원한 것임은 분명하다.[30] 이들은 평성에 옮겨진 후, 고정된 지구에 거주했던 것은 사실이지만,[31] 그 출입이 그렇게 엄격했느냐는 이견이 있을 수 있다.

이처럼 정부의 수공업자에 대한 통제가 상당히 강하였음을 알 수 있는데, 이것은 최소 "수공업과 상업 그리고 잡기에 종사하는 자가 농업으로 바꾸는 것을 모두 허락한다[工商雜伎, 盡聽赴農]"라는 조칙이 내려진 효문제 연홍 2년

---

28 『魏書』 卷94 閹官 仇洛齊傳, pp.2013~2014, "魏初禁網疏闊, 民戶隱匿漏脫者多. 東州旣平, 綾羅戶民樂葵因是請採漏戶, 供爲綸綿. 自後逃戶占爲細繭羅穀者非一. 於是雜·營戶帥遍於天下, 不屬守宰, 發賦輕易, 民多私附, 戶口錯亂, 不可檢括. 洛齊奏議罷之, 一屬郡縣".

29 唐長孺, 「魏晉至唐官府作場及官府工程的工匠」, 1959, p.43.

30 『魏書』 卷94 閹官 仇洛齊傳 가운데 '東州旣平'이라는 기사가 바로 『魏書』 卷2 太祖紀 天興元年의 '後燕征伐' 기사를 말하는 것이다.

31 『魏書』 卷60 韓麒麟傳 附 子顯宗傳, pp.1340~1341, "又曰: '伏見洛京之制, 居民以官位相從, 不依族類. … 仰維太祖道武帝創基撥亂, 日不暇給, 然猶分別士庶, 不令雜居, 伎作屠沽, 各有攸處. 但不設科禁, 賣買任情, 販貴易賤, 錯居混雜. …'". 이 기사에서 볼 때 北魏 건국 초창기인 太祖 道武帝 시기에 伎作屠沽가 指定된 一定 地區 內에 거주하도록 되어 있었음을 확인할 수 있다. 그러나 그 管理가 그렇게 엄격하지 않았기 때문에 간혹 스스로 물품을 생산하여 판매했을 가능성이 있다.

(472)까지는 그러했다고 할 수 있다.[32] 사실 이런 수공업자는 황실, 특히 황제의 중요한 개인재산이었을 뿐만 아니라, 황자가 특히 신경 쓰는 부분이기도 하였다.[33] 그것이 어떻게 구별되는 것인지는 고찰의 대상이지만, 이런 수공업품의 생산자를 직업적으로 세습·고정시키려는 것이[34] 대수공업자정책의 기조였다.[35]

그러면 효문제의 낙양 천도 이후에 수공업자들의 관리는 어떠하였는가? 평성에 도읍하고 시일이 지남에 따라 점차 느슨해져 가던 이들에 대한 통제를 다시 다잡아가고 있음을 알 수가 있다. 이른바 '낙양의 도읍제도[洛京之制]'를 정함에 있어 '기작을 분별[分別伎作]'해야 한다는 한현종의 주장은[36] 『낙양가람기』의 분석에 의하면 어느 정도 진실성이 드러난다.[37] 그뿐만 아니라 세종 선무제 시기에도 일반민과 달리 기작호의 거주지에 대한 제한 규제가 있었다.[38] 기작호가 일반민과는 다른 지위에 있었고, 다른 취급을 받고

---

32 『魏書』 卷7上 高祖紀上, p.137, "(延興二年) 夏四月庚子, 詔工商雜伎, 盡聽赴農. 諸州郡課民益種菜果".

33 『南齊書』 卷57 魏虜傳, p.984, "(平城)殿西鎧仗庫屋四十餘間, 殿北絲布絹庫土屋一十餘間. 僞太子宮在城東, 亦開四門, 瓦屋, 四角起樓. 婢妾住皆土屋. 婢使千餘人, 織稜錦販賣, 酤酒, 養猪羊, 牧牛馬, 種菜逐利. 太官八千餘窖, 窖四千斛, 半穀半米. 又有懸食瓦屋數十間, 置尙方作鐵及木. 其袍衣, 使宮內婢爲之. 僞太子別有倉庫".

34 『魏書』 卷4下, 世祖紀下, p.97, "[太平眞君五年(444)春正月] 戊申詔曰: '… 自王公已下至於庶人, 有私養沙門, 師巫及金銀工巧之人在其家者, 皆遣詣官曹, 不得容匿 …'. 庚戌, 詔曰: '… 其百工伎巧, 騶卒子息, 當習其父兄所業, 不聽私立學校. 違者師身死, 主人門誅.'".

35 唐長孺에 의하면 孝文帝 延興 2年까지는 ① 手工業者의 轉業이 불가능하였고, ② 당시의 轉業도 農業으로 국한하였고, ③ 수공업자의 보충에는 문제가 없어졌고, ④ 工商雜伎, 즉 手工業者가 土地 獲得이 가능하게 되었거나 약간의 토지를 원래 가지고 있었던 것으로 정리하고 있다(唐長孺, 「魏晉至唐官府作場及官府工程的工匠」, 1959, p.45).

36 『魏書』 卷60 韓麒麟傳 附 子顯宗傳, p.1341, "又曰: '伏見洛京之制, 居民以官位相從, 不依族類. … 今稽古建極, 光宅中區, 凡所徙居, 皆是公地, 分別伎作, 在於一言, 有何爲疑, 而闕盛美".

37 朴漢濟, 「北魏 洛陽社會와 胡漢體制—都城區劃과 住民分布를 중심으로」, 『泰東古典研究』 6, 1990.

38 『魏書』 卷19 任城王雲傳 附 子澄傳, p.475, "(澄)又奏利國濟民所宜振擧者十條. … 六曰逃亡代輸, 去來年久者, 若非伎作, 任聽即住".

있었던 것은 북위 전 시대에 걸친 현상이었다.[39]

이상에서 보듯이, 위진남북조시대 그 가운데 오호십육국·북조시대에는 다양한 관부 예속민이 광범하게 존재하고 있었고, 이들의 지위와 역할이 다른 시대의 그것과는 크게 구별되는 일면이 있는 것은 사실이다.[40] 이들 인호의 인구수가 전국 총인구수에서 점하는 비중은 다른 시대와 비교할 수 없을 정도였다.[41] 이들은 첫째, 특수 노역을 제공하는, 예컨대 병역(兵役)과 이역(吏役)을 담당하는 병호(兵戶: 軍戶, 營戶, 鎭戶, 府戶, 堡戶)와 이호(吏戶), 농목노역(農牧勞役)을 제공하는 둔호(屯戶)와 목호(牧戶)가 있고, 전치노역(傳置勞役)을 제공하는 역호(驛戶) 등이 있었다. 둘째, 특수 산품을 생산하는 금호(金戶)·은호(銀戶)·세호(細戶)·능라호(綾羅戶) 등이 있었다. 그러면 왜 이 시대에 이렇게 다양한 하층신분이 등장하고 활동하였는가? 그것은 단순히 정치적 분열이나 사회경제적 발전에 따른 계층 분화의 산물이라는 일반론적인 관점으로는 설명할 수 없다. 즉 이 당시 예속민이 지닌 일반 주군민과의 차별성, 혹은 예속성의 강도에 못지않게 다양한 명칭으로 나눠진 그들의 직장이 표현하고 있는 것처럼 왜 국가가 그것을 필요로 했던가를 규명하지 않으면 안 되는 것이다.

이러한 제도가 북조, 특히 북위시대에만 한정되었다면 그 유목민의 할당생산제의 관행이 중국 사회에 끼친 영향의 의미는 축소될 것이다. 그러나 후대의 세역제도와 어떤 연관성이 있는지, 수당대 혹은 그 이후 사회에 어떤 영향을 끼쳤는지를 생각해 보아야 한다. 우선 당대의 색역제도(色役制度)와

---

39 北魏 末인 普泰 元年(531)까지도 伎作戶, 즉 百雜之戶는 民으로 간주되지 않았다(『魏書』 卷11 前廢帝紀, pp.274~275, "詔曰: '… 改建明二年爲普泰元年. 其稅市及稅鹽之官, 可悉廢之 … 百雜之戶, 貸賜民名, 官任仍舊 …'. (三月)己卯, 詔右衛將軍賀拔勝并尚書一人募伎作及雜戶從征者, 正入出身, 皆授實官, 私馬者優一大階".

40 Pearce Scott, "Status, Labour and Law: Special Service Households under the Northern Dynasties", 1991.

41 鄭學檬主編, 『中國賦役制度史』, 厦門: 厦門大學出版社, 1994, p.148.

의 연관성을 상정할 수 있다.

당나라 초기에는 직역에 따라 취역하는 것을 '색역(色役)'이라 하여 '본색(本色)'에 따른 복역이 이루어지고 있다.[42] 따라서 수당적인 신분질서에서도 이전의 역속민적인 신분질서의 흔적이 강하게 남아 있는 것처럼 보인다. 수당의 양천제(良賤制)는 단순히 고대 중국의 신분질서의 완성형이라기보다는 위진 이래 역속민적인 신분질서의 종결이라는 의미가 있는 것이다. 이들은 호적제도상 일반 민호와 분리되어 등재되고 국가로부터 통제를 받았는데, 이들이 담당하고 있는 직역이 그들의 호칭에 반영되어 있다.[43] 이 시기 노동력을 의미하는 역(役)과 병력을 의미하는 역(力)이 연칭되면서 관부에서 복무하거나 관료에게 분배되기도 한 이(吏)의 명칭은 50~60종에 달한다. 첫째, 직리(職吏)·산리(散吏)·문리(文吏)·무리(武吏) 등 이(吏)에 일반명사를 붙인 이명(吏名), 둘째, 송고(送故)·휼리(恤吏)·친신(親信)·간동(幹僮) 등 이의 존재 형태에서 유래된 이명, 셋째, 창감(倉監)·현동(縣僮)·문리(門吏)·부리(府吏) 등 이전 하급이원의 명칭이 보존된 이명, 넷째 서동(書僮)·의(醫)·복(卜) 등 복역의 종류에 따른 이명, 다섯째, 방합(防閤)·장신(仗身)·영하(鈴下) 등 군사와 유관한 이사(吏事)에서 전화된 이명으로 분류된다.[44]

당대의 신분제는 '양천제'이다. 양천제는 '서노제(庶奴制)'-'양노제(良奴制)'의 과정을 거쳐 출현한 것으로 되어 있는데 이 두 가지 신분제가 어느 시기에 상정되느냐는 학자에 따라 그 견해가 다르지만,[45] 위진남북조시대의 양

42 色役이란 명칭은 唐代에 출현하였지만, 白直, 防閤, 仗身 등의 色役은 魏晋南北朝시대가 唐代보다 훨씬 성행하였으며 색역의 특징의 하나가 '專門性'에 있다. 위진남북조시대 이 色役의 종류는 '百役' 혹은 '衆役'으로 사료상 常用되기 때문에 '百'으로 셀 수 있는 수였을 것이라고 추정하고 있다(鄭學檬主編, 『中國賦役制度史』, 1994, p.135).

43 이러한 特殊戶口가 얼마나 될 것인지는 확실히 알 수 없지만, 이들을 가리켜 '百雜之戶'(『魏書』 卷11 前廢帝紀 普泰 元年(531) 3月 (卽位) 詔曰, p.274, "… 可大赦天下 … 百雜之戶, 貸賜民名, 官任仍舊 …")라 하였다.

44 辛聖坤, 「南北朝時期 官私隷屬民에 관한 硏究」, 서울대학교 박사학위논문, 1995년 8월.

45 尾形勇, 堀敏一, 川本芳昭 등은 그 成立 時期에 대한 견해차를 보이고 있다. 尾形勇은 身分

노제가 수당대의 양천제로 변했다는 사실에 대해서는 이설이 없다. 그렇다면 위진남북조와 수당의 양민(인)층에는 별다른 변화는 없지만, 노층(奴層)은 천인층으로 확대 재편되었다는 것이 된다. 특히 관천민으로 태상음성인(太常音聲人)·잡호(雜戶)·공호(工戶)·악호(樂戶) 등 특수 기능직[戶]이 천인층으로 등장한 것이 주목된다. 이런 변화에는 호족적인 신분질서 관념의 영향이 있을 것이다.

신분제와 직접 관련된 것은 아니지만 정부에 의한 인민의 직능별 할당이라는 면에서 궤를 같이하는 관료제에 대해서 약간 검토할 필요가 있다. 북위의 관제 가운데 어떤 면에서는 가장 북위적인 것이지만, 『위서』에서 그에 대한 기술이 결락된 것이 있는데 『남제서』 권57 위로전에 보이고 있는 '직진(直眞)' 등 '□□진(眞)'이라는 명칭의 북위 관직이 그것이다.[46] '진' 자는 몽골어 내지 투르크어에서 '특정 사물을 맡는', 혹은 '어떤 특정 임무를 행하는' 직책을 나타내는 관직명의 접미어이다. 이것은 『원사(元史)』 병지(兵志)에 나오는 '적(赤: ci)'과 동일한 관직이다.[47] 응준(鷹隼)을 맡는 자[昔寶赤], 역사(譯史: 怯里馬赤), 문사(文史: 必闍赤), 군 담당자[兀剌赤], 마 담당자[莫倫赤], 낙타 사육자[帖麥赤], 목양자(牧羊者: 火爾赤), 도적 잡는 자[忽剌罕赤], 음악 연주자[虎兒赤]가 그 예이다. 북위의 '□□진'은 원대의 '□□적'이라는 관명

制의 變遷을 庶奴制(秦漢)-良奴制(北魏)-良賤制(隋唐)으로 圖式化한 반면, 堀敏一은 良奴制를 三國成立期로 보았다.

46 『南齊書』 卷57 魏虜傳 p.985에 "國中呼內左右爲'直眞', 外左右爲'烏矮眞', 曹局文書吏爲'比德眞', 檐衣人爲'樸大眞', 帶仗人爲'胡洛眞,' 通事人爲'乞萬眞', 守門人爲'可薄眞', 僞臺乘驛賤人爲'拂竹眞', 諸州乘驛人爲'咸眞', 殺人者爲'契害眞', 爲主人出受辭人爲'折潰眞', 貴人作食爲'附眞', 三公貴人, 通謂之'羊眞'. 佛狸置三公·太宰·尙書令·僕射·侍中, 與太子共決國事. … 又有俟懃地何, 比尙書; 莫堤, 比刺史; 郁若, 比二千石; 受別官比諸侯. 諸曹府有倉庫, 悉置比官, 皆使通虜漢語, 以爲傳驛. … 又置九豆和官, 宮城三百里內民戶籍不屬諸軍戍者, 悉屬之".

47 白鳥庫吉, 「東胡民族考」, 『塞外民族史硏究 上』(白鳥庫吉全集 4), 東京: 岩波書店, 1970, pp.170~171. 그리고 Boodberg는 특히 언어학적 측면에서 이 점을 증명하고 있다(The Language of the T'o-pa Wei, *Selected Works of Peter A. Boodberg*, Berkeley: University of California Press, 1979, pp.224~230).

이 갖고 있는 의미와 그 역할이 비슷하다고 할 수 있는데, 이는 유목적인 것이라고 해도 무방하다. 원대의 '□□적'이 주로 ① 목축과 밀접하게 관계된 것과, ② 가한[皇帝]의 근시인 것이 대부분인데, 이것은 첫째, 유목적인 유풍을 그대로 유지하고 있는 상황이라는 점과 둘째, 아직 조직적인 관료체제가 완비되지 않은 상황에서 당시 필요에 따라 임시로 설정한 관료들이라는 점에서 그 출현 및 존속의 동기에서 양 시대는 동일한 측면을 공유하고 있다.

물론 북위시대나 원대에 나타나는 '□□진'과 '□□적' 등의 관직은 잡호 등 북위의 예속민호와 원대의 제색호계 등과 다른 측면도 있다. 우선 전자는 탁발씨를 비롯한 선비인들 혹은 몽골인들이 맡았지만, 후자는 착취의 대상인 한인들이 주로 편성의 대상이다. 그리고 이들 피정복민(특히 한인)에 대한 파악도 북위와 금조, 원대는 약간의 차이가 있다. 즉 북위의 예속민호와 금조의 맹안모극(猛安謀克)의 군호, 악호 등은 민호와 별적(別籍)의 특수 호구인데 비해, 원대의 제색호계는 기본적으로 일반 호구의 분류였다. 그러나 전후자 모두 당시 필요에 따라 임시로 특정 임무를 부과하는 형태로 매우 유사한 점이 있다고 할 것이다.

Ⅲ. 전토의 분화: 상전(桑田)·마전(麻田)·유전(楡田)·조전(棗田)의 출현

균전제의 특징 가운데 하나는 바로 작물에 의한 전토의 구분이라 할 수 있다. 즉 상과 마 그리고 유나 조·과를 생산해야 하는 전토를 엄격하게 구분해 놓고 생산을 할당하고 있다는 것이다. 이것은 실로 중국 전제사상 최초의 일이다. 물론 견 등을 공납하도록 한 세제는 이전에도 있었다. 후한 말 삼국시대에 호당 견 2필, 면 2근을 강제한 예도 있으며,[48] 유명한 서진의 호조식에서도 정남의 호에 견 3필과 면 3근을 규정하였다.[49] 이것은 동진·남조 계열의 왕조에서도 역시 시행되었다.[50]

그리고 어떤 특정 작물을 심을 것을 명령한 사례도 있다. 이미 전국시대의 맹자가 지적한 적이 있고[51] 한대(漢代)에도 그런 예는 보인다.[52] 그리고 정부 차원이 아닌 지방장관이 특정 작물을 생산하도록 하는 경우도 있었다.[53] 그러나 그것들은 영구적으로 상전 등을 지정한 것은 아니었다. 그리고 그것은 균형적인 생업의 유지를 위한 것이었지, 국가가 필요로 하는 물자를 분류하여 어느 누구에게 무엇을 얼마씩 생산하라고 강제한 것은 아니었다.

그러면 그 점에 유의하며 북위 균전법령상의 규정을 살펴보자(표 2-1). 〈표 2-1〉에 해당하는 것은 3조, 4조, 5조, 6조이다. 사유지가 없는 빈민이 처음 토지를 지급 받을 때는 남부(男夫) 1인에게 20무를 지급하고 상(桑)은 50수(樹), 조는 5주(株), 유는 3근(根)을 심도록 부과하였다. 상을 심을 수 없는 땅에는 부(夫)마다 1무를 지급하여 법에 의해 유와 조를 심을 것을 부과하였

48 『三國志』 卷1 武帝紀 建安 9年 9月條, p.26 注引, "魏書載公令曰: '… 其收田租畝四升, 戶出絹二匹·綿二斤而已, 他不得擅興發. 郡國守相明檢察之, 無令彊民有所隱藏, 而弱民兼賦也.'".

49 『晉書』 卷26 食貨志, p.790, "又制戶調之式: 丁男之戶, 歲輸絹三匹, 綿三斤, … 夷人輸賨布, 戶一匹, 遠者或一丈. …"; 『初學記』(臺北: 新興書局, 1972) 卷27 寶器部 第9絹, p.1478, "晉故事, 凡民丁課田, 夫五十畝, 收租四斛, 絹三疋, 綿三斤".

50 『隋書』 卷24 食貨志, pp.673~674, "晉自中原喪亂 … 其課, 丁男調布絹各二丈, 絲三兩, 綿八兩, 祿絹八尺, 祿綿三兩二分, 租米五石, 祿米二石. 丁女並半之". 이 稅制의 실시 시기에 대해서는 東晉 元帝 大興 4年(321) 說과 南齊 武帝 年間 說이 있다.

51 『孟子』 卷3 公孫丑 「廛無夫里之布」의 注疏, "鄭氏(鄭玄)謂: '宅不種桑麻者, 罰之, 使出一里二十五家之布, 民無常業者, 罰之, 使出一夫百畝之稅 ….'".

52 『漢書』 卷5 景帝本紀 後3年(141) 春正月條, pp.152~153, "詔曰: '… 其令郡國務勸農桑, 益種樹, 可得衣食物. ….'"; 『漢書』 卷89 循吏 龔遂傳, p.3640, "遂見齊俗奢侈, … 乃躬率以儉約, 勸民務農桑, 令口種一樹榆·百本薤·五十本葱·一畦韭, 家二母彘·五雞".

53 『後漢書』 卷76 循吏 王景傳, p.2466, "明年(83), 遷廬江太守 … 景乃驅率吏民, 修起蕪廢, 教用犁耕, 由是墾闢倍多, 境內豐給. …. 又訓令蠶織, 爲作法制, 皆著于鄉亭, …"; 『後漢書』 卷76 循吏 仇覽傳, pp.2479~2480, "年四十, 縣召補吏, 選爲蒲亭長. 勸人生業, 爲制科令, 至於果菜爲限, 雞豕有數, … 其剽輕游恣者, 皆役以田桑, 嚴設科罰".

〈표 2-1〉 북위 균전제 급전 규정

<table>
<tr><th colspan="2">대상 地目</th><th>男夫</th><th>婦人</th><th>奴婢</th><th>丁牛</th></tr>
<tr><td rowspan="2">露田</td><td>正田</td><td>40畝</td><td>20畝</td><td rowspan="4">良人과 동일</td><td>30畝</td></tr>
<tr><td>倍田</td><td>40畝</td><td>20畝</td><td>30畝</td></tr>
<tr><td colspan="2">桑田</td><td>20畝</td><td></td><td rowspan="3"></td></tr>
<tr><td colspan="2">麻田</td><td>10畝</td><td>5畝</td></tr>
<tr><td colspan="2">園宅地</td><td colspan="2">3人에 1畝</td><td>5人에 1畝</td></tr>
</table>

다. 3년을 한정해서 심는 것을 마치도록 하되, 마치지 못하면 그 마치지 못한 땅을 뺏는다고 하였다. 상·유의 땅의 분(分)에 섞어서 여과(餘果: 桑이나 楡 이외의 과일)를 심거나, 규정보다 많이 상과 유를 심는 것은 금하지 않는다는[54] 여지를 두었다. 이 전토를 상전이라 한다. 상전은 환수를 하지 않는다.[55] 상전의 규정은 매우 엄격하여 현재의 구수에 따라서 지급 받는데 그 분량은 미달해서도 안 되고 넘어서도 안 되게 규정하였다. 부족분은 사서라도 그 규정분을 채우고, 그 법령에 규정된 대로 작물을 무조건 심도록 하였다.[56] 또 환수하는 땅, 즉 상전이 아닌 땅에는 상이나 유, 조 등의 과일을 심을 수가 없으며, 심으면 규정[令]을 어긴 것으로 하여 그 땅을 환수한다[57]고 하였다. 다만 상이 재배되지 않는 지역에는 이상의 규정을 그대로 강요할 수가 없었다. 이것은 인력으로 어찌할 수 없는 일이기 때문이다. 그래서 '그곳[麻布之土]'[58]

54 『魏書』 卷110 食貨志, p.2853, "(제1조) 諸初受田者, 男夫一人給田二十畝, 課蒔餘, 種桑五十樹, 棗五株, 楡三根. 非桑之土, 夫給一畝, 依法課蒔楡棗. 奴各依良. 限三年種畢, 不畢, 奪其不畢之地. 於桑楡地分雜蒔餘果及多種桑楡者不禁".

55 『魏書』 卷110 食貨志, p.2853, "(제3조) 諸桑田不在還受之限".

56 『魏書』 卷110 食貨志, p.2854, "(제6조) 諸桑田皆爲世業, 身終不還, 恒從見口. 有盈者無受無還, 不足者受種如法. 盈者得賣其盈, 不足者得買所不足. 不得賣其分, 亦不得買過所足".

57 『魏書』 卷110 食貨志, p.2853, "(제5조) 諸應還受之田, 不得種桑楡棗果, 種者以違令論, 地入還分".

58 『魏書』 卷110 食貨志, pp.2852~2853에 "太和八年, … 所調各隨其土所出. 其司·冀·雍·華·

에는 마를 심는 땅을 지정하였다. 즉 남부가 과년(課年)에 다다르면 따로 마전 10무를 지급하고, 부인에게는 5무를 지급하였다.[59] 즉 상을 심을 수 없는 지역에 지급하는 마전의 대상, 수량, 연령 및 환수 방법을 규정한 조항이다. 또 하나의 할당 생산품은 채소였다. 균전법령 12조에 나오는 이 규정은 신거자(新居者)에 한정된 것이지만 남녀 나이 15세 이상이 된 자는 그들이 지급 받은 땅[園宅地]의 분량에 따라서 그 1/5만큼의 땅에 채(菜)를 심는 것을 부과한 것이다.[60]

북위 균전제의 특징 가운데 하나는 노·비와 경우(耕牛) 등에 대한 규정도 마련하고 있다는 점이다. '노비는 양인의 기준에 따른다[奴婢依良]'는 것이나, 경우에게 토지를 지급하고 환수하는 규정 등이 그것이다. 이것은 1조의 노전 규정이나 2조의 환수의 규정, 4조의 상전 규정, 7조의 마전 규정, 9조의 환수 규정, 12조의 신거자 규정 등에 누차 나타난다.

이상의 규정을 보면, 균전농민이란 작물을 선택할 여지를 빼앗긴 채, 정부가 한정한 땅에 지정한 작물을 심어야 하는 완전 부자유인이다. 그 규정적 지배가 얼마나 철저한가를 짐작할 수가 있다. 이런 규정이 중국의 전통적인 전제 발달 과정에서 점차 정비되어 나타난 것이라면 당연히 북위 이후에 북제, 수당 혹은 그 이후 시대에 규정이 더 세밀해져야 할 것이다. 그러나 이 세밀도는 같은 균전 규정이라 하더라도 북위의 것이 단연 압권이다. 따라서 균

定·相·泰·洛·豫·懷·兗·陝·徐·青·齊·濟·南豫·東兗·東徐十九州 貢綿絹及絲, 幽·平·幷·肆·岐·涇·荊·涼·梁·汾·秦·安·營·豳·夏·光·郢·東泰·司州萬年·雁門·上谷·靈丘·廣寧·平涼郡·懷州邵上郡之長平, …. 皆以麻布充稅"라 되어 있다. '麻布之土'는 주변 군이 많다. 朴漢濟는 桑田地區[桑田鄉]은 19州, 非桑之土[麻田鄉]는 18州였으며, 桑田鄉 가운데 司州(후기의 恒州·朔州·燕州)·懷州·泰州(이상 후기의 司州)·東徐州·雍州·華州 8州의 일부 郡과 縣은 麻田鄉에 속하여 中原의 桑田과 麻田지구는 각각 반 정도를 차지한다고 보았다(朴漢濟, 「北魏均田制의 成立과 胡漢體制」, 『東洋史學研究』 24, 1986, p.64).

59 『魏書』 卷110 食貨志, p.2854, "(제7조) 諸麻布之土, 男夫及課, 別給麻田十畝, 婦人五畝, 奴婢依良. 皆從還受之法".

60 『魏書』 卷110 食貨志, p.2854, "(제12조) 諸民有新居者, 三口給地一畝, 以爲居室, 奴婢五口給一畝. 男女十五以上, 因其地分, 口課種菜五分畝之一".

전 규정에서의 '할당우선주의'는 다른 시대의 전제와 비교할 수 없는 이 시대가 갖는 하나의 특징으로 볼 수 있다.

이런 할당 규정을 가진 균전제의 실시 목적은 말할 것도 없이 "땅을 공터로 두지 말고, 백성이 힘을 놀리는 일이 없게[土不曠功 民罔游力]"[61] 하는 것이었다. 오호의 중원 진입 이후 경지의 황폐화로 노는 땅이 많고, 농민도 놀고 있는 모순현상이 나타나고 있었다. 즉 "사람에게 남는 힘이 있게 하고 땅에 버려진 이득이 있게 두는[人有餘力 地有遺利]" 현상이 가장 큰 문제였던 것이다.[62] 그러면 이런 모순을 극복하는 방안은 무엇인가? 그것이 북위 정부가 창안해 낸 민의 구사 방법이었다. 즉 북위 특유의 대민정책이다. 균전제 실시 과정에서 당시 민을 구사하는 원칙은 바로 " '분(分)과 예(藝)'에 기준이 있고 그리고 '역(力)과 업(業)'의 서로 균형이 맞는[分藝有準, 力業相稱]"이라는 말에[63] 잘 표현되어 있다. 이 가운데 역과 업을 합치시키는 것은 중국 고래의 전통일 뿐만 아니라 일반적인 토지정책이라 할 수 있다. 흔히 계구수전제를 특수 지역, 특수 시기의 권의적인 토지정책인 둔전제(屯田制)와 유사한 제도로 생각하기 쉽다. 그러나 조위의 둔전제야말로 역(力)과 업(業)이 상칭되는 토지제도라 할 수 있다.[64] 그뿐만 아니라 조위의 둔전제를 이은 서진의 점·과전제도 엄격하게 말하자면 역업 상칭에 합당한 제도이다. 그러나 그것들은 '분(分)과 예(藝)'가 합치하는 토지제도는 분명 아니다. '분예유준(分藝有準)'이야말로 균전제가 출현하는 북위시대에 새삼 강조된 독특한 정책이

61 『魏書』 卷53 李孝伯傳 附 李安世傳, p.1176.

62 『魏書』 卷7上 高祖紀上 太和 元年(477) 3月條, p.144, "詔曰: '… 一夫制治田四十畝, 中男二十畝, 無令人有餘力, 地有遺利.'".

63 『魏書』 卷53 李孝伯傳 附 李安世傳, p.1176, "安世乃上疏曰: '… 令分藝有準, 力業相稱 ….'".

64 『晉書』 卷47 傅玄傳, pp.1320~1321, "泰始四年 … 玄復上疏曰: '… 其四曰, … 近魏初課田, 不務多其頃畝, 但務修其功力, 故白田收至十餘斛, 水田收數十斛. 自頃以來, 日增田頃畝之課, 而田兵益甚, 功不能修理, 至畝數斛已還, 或不足以償種. ….'".

다.[65] 일개 보통 농호[一丁戶]에게 배당된 '토지[分]'에 이와 같이 상(桑: 혹은 麻) 등 '작물(藝)'을 심도록 배당을 강제하는 것은 북위에서 당대까지의 균전령에 공히 규정되어 있다.[66] 이것이 균전제가 중국 역대 토지제도사에서 갖는 가장 큰 특징이다.[67]

필자는 균전제의 특징이 '분예유준'의 원칙에 있다고 보았다. 그런데 혹자는 중국 당대까지의 토지제도의 성격을 '분전(分田)' 개념으로 파악하고 있다.[68] 이 분전 개념을 통해서 전국부터 수당에 이르는 시대의 상급토지 소유권과 소농민 경영의 토지 소유 이념의 기초를 명확히 함으로써 균전제의 새로운 성격의 규명을 시도한 것이다. 그에 의하면 당대 균전제에서 구분전(口分田)은 '구분(口分)의 전(田)'이 아니라, '구(口: 個人)에 배당된 분전(分田)'이라는 것이고, 직분전도 '직분의 전'이 아니고, '직(무)에 배당된 분전'이라는 것이다.[69] 이런 분전 개념은 전국기에 형성되었지만, 전국 이래의 백무지분(百畝之分: 土地之分)에서 후한 말 이후 일인지분(一人之分) 내지 구분(口分)으로 변모한다는 것이다.[70] 국가적 토지 소유와 소농민 경영의 세습적 토지 점유와의 관계를 관념적으로 표현한 분전[71] 개념이 전국·진한시대뿐

65 제1장에서 언급하였듯이 '力'이란 勞動力, '業'이란 土地를 가리키고 '分'은 개인에게 배당한 토지(分地 혹은 分田)를 가리키며 '藝'란 배당된 농작물을 가리킨다(陳連慶, 『魏書食貨志校注』, 長春: 東北師範大學出版社, 1999, p.276).

66 『文獻通考』 卷2 歷代田賦之制, 所引 武德 7年 均田令, "永業之田, 樹以楡桑棗及所宜之木". 그 형태는 北魏와 비슷하다.

67 均田制가 실시된 역대 왕조에서의 桑·楡·棗의 의무적 재배 규정에 대해서는 周一良, 『魏晋南北朝史札記』, 北京: 中華書局, 1985, 「魏書札記」의 '粟 穀 楡 棗'項을 참조하라.

68 分田이란 ① 명확한 境界 設定을 기초로 해서 百畝로 구획된 均等私田이고, ② 一夫一婦의 分業(男耕女織)을 기초로 하는 小經營農民에 의해서 保有 用益되는, ③ 그 保有 用益에 대해서 王權(國家)에 대한 일정한 貢租·貢賦·軍役義務가 부과되고, ④ 王權에 體現된 國家的 土地 所有와 相互規定的 관계에 있는 小農民의 私的 土地 占有의 觀念的 表現이라고 하였다(渡邊信一郞, 「分田農民論」, 『中國古代社會論』, 東京: 靑木書店, 1986, p.111).

69 渡邊信一郞, 「分田農民論」, 1986, p.97.

70 渡邊信一郞, 「分田農民論」, 1986, pp.121~122.

71 分田이라는 용어는 『漢書』 卷24上 食貨志上, p.1143에 "下令曰: '漢氏減輕田租, 三十而稅一, 常有更賦, 罷癃咸出, 而豪民侵陵, 分田刦假, 厥名三十, 實什稅五也. ….'"라는 형태로 초출한

만 아니라 당대 균전제에까지 관통하고 있는지는 고찰의 대상이지만,[72] 양시대의 가장 큰 차이는 첫째, '분'의 대상이 토지에서 개인으로 변화한 것이고 그 기점이 후한 말이라는 사실이다. 후한 말 이후 전란의 시기가 계속되자 토지 소유보다 노동력의 획득과 보유가 당시 최대의 관건으로 등장하여 호구를 가지면 모든 것(재력, 무력, 정치권력)을 가질 수 있는 사회로 변했기[73] 때문이다. 그러나 분전 개념은 100무라는 개인의 토지 소유 확보 문제만을 강조할 뿐, 균전제에 반영된 노동력에 부가된 특정작물의 생산 할당이라는 문제는 감안하지 않고 있다.

다음으로 제기되는 문제는 '상전'이란 오로지 상만을 심는 땅인가, 아니

다. 이것이 어떤 것이냐 하는 점은 쟁론이 많다. 顔師古는 토지가 없는 貧人이 富人의 토지를 빌려서 경작하여 함께 그 수확을 나누는 형태라고 보고 있다(p.1144, "師古曰: '分田, 謂貧者無田而取富人田耕種, 共分其所收也. 假 亦謂貧人賃富人之田也. 劫者, 富人劫奪其稅, 侵欺之也.'") 대부분의 학자들은 顔師古說에 의거하여 富人이 貧人에게 田을 임대해서 小作시켜(分田) 수확물의 5/10의 소작료를 강탈한 것으로 보고 있다(郭沫若, 「論西漢不是奴隸社會」). 그러나 일부 중국의 학자들 가운데는 分田된 것이 私田이 아니라 公田이라고 보고 있다. 즉 侯外廬는 "劫假之義舊說難曉, 所假公田于民, 民假公田之後, 劫其工作日或勞動生產物之一部分"이라 하여 顔師古說에 異議를 제기하면서(『中國古代社會史論』, 北京: 人民出版社, 1955, p.72) 國有土地(公田)를 농민에게 分給하고 조세를 징수하는 것으로 보는 것이 그 대표적이다. 賀昌群도 같은 입장이다(「漢唐間封建國家土地所有制和均田制」, 『賀昌群史學論著選』, 北京: 中國社會科學出版社, 1985, pp.343~347).

72 渡邊氏는 分田觀念의 역사적 전개상 前期인 戰國-秦漢의 阡陌制에서 後期인 五胡-隋唐의 均田制로의 변화를 가져온 원인이 後漢시대에 나타난 分田의 社會的·實體的 基礎의 消滅(趙過의 代田新法을 劃期로 犁耕農法의 擴大에 의한 阡陌制의 붕괴와 阡陌制의 담당자인 中農層의 沒落·階層分化)에서 찾고 있지만(渡邊信一郞, 「分田農民論」, 1986, p.121) 戰國시대에 나타난 계층 분화에 따른 小農의 崩壞에 대해서는 홀시하는 것은 문제가 있다. 또 唐代 均田制 상의 口分田을 私田으로 본다면 永業田은 무엇이며, 私田을 왜 국가에서 還收하는 것인지에 대해서는 별다른 설명이 없다. 그리고 1人之分의 北魏 均田制와 口分의 隋唐 均田制로의 변화도 이해할 수 없다. 한편 賀昌群氏가 唐代 口分田의 源流를 計口受田에 둔 이론을 分田의 本質을 잘못 파악한 것이라고 한 것은(渡邊信一郞, 「分田農民論」, 1986, p.120) 일방적인 견해이다. 渡邊氏도 顔師古마저도 分田의 의미를 정확히 이해하지 못할 정도로 分田 觀念이 變貌되었다고 자인하고 있듯이(渡邊信一郞, 「分田農民論」, 1986, p.128), 渡邊氏가 전개한 分田 觀念 자체가 實在하지 않았던 모호한 개념이거나 있었다 하더라도 唐代人에게는 전혀 觀念으로 남아 있지 않았다는 것이 된다.

73 何茲全, 「漢魏之際封建說」, 『歷史硏究』 1979-1.

면 곡물도 같이 심는 땅인가 하는 점이다. 상전이란 명칭은 상이라는 작물의 종류에 의해서 설정된 토지라는 것은 부정할 수 없다. 중국에는 예부터 '상재(桑梓)'라든가 '상유(桑楡)' 등의 용어에서 상이 선조로부터 내려오는 가재(家財) 내지 고리(故里)를 표현하는 단어라는 점을 들어 단순히 사유 내지 영업전을 의미하는 것 외에 딴 뜻이 없는 것으로 이해하는 자도 있지만,[74] 이럴 경우 마전은 무엇을 의미하느냐는 문제가 발생하기 때문에 받아들이기 어렵다. 상(전)의 대체지로서의 마(전)의 규정이 문제이다.

문제는 균전령에 나타난 상전의 규정으로 볼 때, 상만을 심기에는 그 면적이 지나치게 넓다는 데 있다. 역대 균전령의 규정에 한 정남의 호[一丁戶]는 상전 20무를 받도록 되어 있다.[75] 그리고 상 50주를 심도록 되어 있다.[76] 논자에 따라서는 50주의 상수를 20무의 상전에다 심는 것으로 보기도 하고, 20무의 상전에 1무당 상 50주을 심는 것으로 보기도 한다.[77] 심지어는 50~950주를 심는 것으로 보기도 한다.[78] 앞으로 고찰이 심화되어야 할 사

74 韓昇, 「北魏の桑田について」, 『(日本)唐代史硏究會會報』 5, 1992, p.13.

75 『文獻通考』 卷2 歷代田賦之制, 所引 武德 7年 均田令 「永業之田, 樹以楡桑棗及所宜之木.」.

76 『魏書』 卷110 食貨志, p.2853, "諸初受田者, 男夫一人給田二十畝, 課蒔餘, 種桑五十樹, 棗五株, 楡三根. 非桑之土, 夫給一畝, 依法課蒔楡棗. 奴各依良".

77 전자는 『魏書』 食貨志, 『隋書』 食貨志 등에 근거한 것이고, 후자는 『通典』, 『冊府元龜』 등에 근거하고 있다. 전자를 주장하는 사람들은 『通典』 등에 '每畝'가 들어간 것은 잘못이라고 하고, 후자를 주장하는 사람은 『魏書』 등에 '每畝' 두 자가 脫漏되었다고 보는 것이다. 예컨대 宮崎市定은 '每畝'를 넣어 읽어야 한다고 주장한다. 『通典』에 보이는 唐 開元 25年(737) 令에 "每畝課種桑五十根以上, 楡棗各十根以上, 三年種畢."(『通典』 卷2 食貨2, p.30)라는 문장이 있고, 또 「非桑之土」에도 夫마다 1畝를 주어 法에 의해 楡·棗를 심도록 한 것을 볼 때 '每畝'가 들어가는 것이 합당하다. 즉 후자의 설을 채택하게 되면, 一丁戶에 1,000株의 桑樹를 심는 것이 된다.

78 李伯重은 北魏 均田令의 "於桑楡地分雜蒔餘果及多種桑楡者不禁"이라는 규정으로 볼 때, '課桑 50株', 즉 種桑樹 下限 50株(이보다 많이 심는 것은 더욱 권장)가 北魏에서 唐初까지의 均田令의 일관된 규정이라고 하고, 20畝의 桑田(永業田)에 1畝의 楡·棗를 심을 땅을 제외하면 50~950株가 된다고 하였다[「略論均田法的'桑田二十畝'與'課種桑五十根'」, 『魏晉南北朝隋唐史』(人民大學 複印報刊資料) 1984-12, pp.310~311].

항이다.[79] 다만 상전이 그 일부는 곡전(穀田)으로 구성되었다는 견해도 있다. 어찌 되었건 상전의 이름값에 해당하는 작물을 심고 그것을 바탕으로 해서 산물을 생산해 내야 하는 것이다. 이것이 '분예유준'이다.

또 하나의 문제는 상의 재배 지역 문제이다. 균전제의 실시 목적의 하나가 비단 생산에 있었다고 한다면 그 실시 지역이 문제가 된다. 종래 균전제의 주 실시 지역이 북위 초기 수도인 평성과 경기 지역에 한정되었다고 보는 학자도 있었기 때문이다.[80] 중국의 전통적인 잠상 지역은 황하와 장강 양대강 유역이지만, 위진 이래 인구 이동으로 인하여 지역적 확대를 가져온 것으로 짐작된다.[81] 사염해(史念海)의 연구에 따르면, 수도 평성 지역도 위진남북조시대의 상전 지대였다고 한다.[82] 십육국시대 잠상업 지역의 분포는 동북으로는 요하 유역에 달하고, 서로는 농산 이서(隴山以西) 지역까지 도달하고 있는 것으로 정리된다.[83] 사실『위서』식화지에 나오는 면견공납(綿絹貢納)의 19주 중에 포함된 사주(司州: 치 平城, 현재 大同市)와 동진주(東秦州: 치 蒲坂, 현

79 (北魏)賈思勰,『齊民要術』(繆啓愉 校釋, 北京: 農業出版社, 1998年刊『齊民要術校釋』本) 卷5 種桑 柘 第45, p.317, "率十步一樹, 行欲小掎角". 또 같은 條(p.326)에 "『氾勝之書』曰: '種桑法 … 治肥四十畝, 荒田久耕者尤善, 好耕治之.'"라 되어 있으니 어느 정도 계산이 가능할지도 모른다.

80 대표적인 학자가 賀昌群이다. 그는 "漢唐間均田制的實施主要在畿內"라는 節을 내걸고 있다(賀昌群,「漢唐間封建國家土地所有制和均田制」, 1985, p.422).

81『晉書』卷124 慕容寶載記, p.3097, "先是, 遼川無桑, 及(慕容)廆通于晉, 求種江南, 平州桑悉由吳來";『晉書』卷125 馮跋載記, p.3131, "跋又下書曰: '今疆宇無虞, 百姓寧業, 而田畝荒穢, 有司不隨時督察, 欲令家給人足, 不亦難乎! 桑柘之益, 有生之本. 此土少桑, 人未見其利, 可令百姓人殖桑一百根, 柘二十根.'".

82 史念海氏는 北魏初의 司州(平城)는 蠶桑이 가능한 燕代 以西 지역이라 이 이전의 사료에는 蠶桑 기재가 없었으나, 이때 綿絹을 調로 낼 수 있었던 것은(『魏書』食貨志) 北魏 都城의 人戶가 太行山 동쪽에서 옮겨와 기존의 風俗이 改變된 것으로 보고 있다. 蠶桑 지역의 북쪽으로의 확대는 北魏 이전인 五胡十六國시대, 즉 前燕~北燕시대까지 거슬러 올라가니(『晉書』卷124 慕容寶載記; 卷125 馮跋載記) 이미 大凌河 流域에 種桑도 가능하였으니, 이곳은 平城의 훨씬 이북이었으니 種桑에는 문제가 없는 것으로 본다(「黃河流域蠶桑事業盛衰的變遷」,『河山集』, 北京: 三聯書店, 1963, p.260).

83 鄒逸麟,「有關我國歷史上蠶桑業的幾個歷史地理問題」, 復旦大學中文系編,『選堂文史論苑』, 上海: 上海古籍出版社, 1994, p.199.

재 永濟縣) 두 주는 지금의 황토고원인 산서성에 속해 있다. 그리고 태조 천흥 원년(398)의 후연 정벌 이후 경사 지역으로 사민한 자 중에는 '백공기교 10여만 구'가 들어 있고, 백공기교 10만 속에는 지역적으로 방직에 종사하는 능라호(綾羅戶)·세견호(細繭戶)·나곡호(羅穀戶) 등이 포함되어 있었을 것이다.[84] 따라서 설사 평성 및 경기 지방이 주 실시 지역이라 하더라도 별 문제는 없다.

필자는 균전제란 비단, 마포, 유엽(楡葉)과 유피(楡皮), 유목(楡木), 조실(棗實) 등을 될 수 있는 한 많이 생산하기 위한 할당생산의 토지제도였다고 생각한다. 그러면 당시 이들 산물이 왜 그렇게 필요했던 것일까? 사실 비단을 제외하고 이 점을 확실하게 설명해 주는 사료는 없다. 그만큼 그 정책의 의도는 철저하게 비밀스럽게 포장되어 있었기 때문이다. 마포는 서민들의 의복[褐]을 만드는 데 주로 쓰였을 것이다. 다음으로 유와 조의 문제를 살펴보아야 할 것이다. 먼저 유란 무엇에 쓰였는가? 그 용도가 다양하다는 것은 익히 알려져 있지만,[85] 유의 경우 그 목재가 견실해서 기물(器物: 특히 車轂의 재료)을 만들거나 건축용으로 쓰였으며 유엽과 유피는 식용, 혹은 약용으로 쓰였다.[86] 북위 당시 하북인(河北人)이 유엽을 잘 먹는다는 기사는[87] 균전제에서

---

84 『魏書』 卷94 閹官 仇洛齊傳 가운데 "東州既平"이라는 기사가 바로 『魏書』 卷2 太祖紀 天興 元年의 後燕征伐 기사를 말하는 것이다.

85 『說文解字注』(臺北: 藝文印書館, 1976) 第6篇上, '楡'字條, p.249-下, 「楡, 白枌」의 段玉裁注, "楡莢可食, 亦可爲醬."이라 되어 있다. 한편 諸橋轍次, 『大漢和辭典』(東京: 大修館書店, 1955) 卷6, p.6176, '楡'字條에는 "그 用途는 넓고, 그 實은 翅果. 材는 細工, 薪炭 등에 쓰인다"고 하였다. 그리고 『漢語大詞典』(北京: 漢語大詞典出版社, 1989) 卷4, p.1186, '楡'字條에 의하면, "木材는 堅實해서 器物을 만들거나 건축용으로 쓰이고, 果實과 樹皮와 樹葉은 藥用 혹은 食用으로 쓰인다"고 하였다. 식용으로는 救荒食品으로 쓰인 듯하다(『漢書』 卷26 天文志, p.1310, "至河平元年三月 旱 傷麥 民食楡皮."). 그리고 塞上에 楡樹를 심어 방어용으로 쓰기도 하였다(『漢書』 卷52 韓安國傳, p.2401, "累石爲城, 樹楡爲塞, 匈奴不敢飮馬於河.").

86 周一良은 楡木은 良材로, 楡錢은 飼料用으로 보고 있다(『魏晋南北朝史札記』, 1985, 「魏書札記」의 '粟 穀 楡 棗'項, p.396).

87 『魏書』 卷14 神元平文諸帝子孫 天穆傳, p.355, "先是, 河南人常笑河北人好食楡葉".

유수가 어떤 의미를 가지는지 알려 준다. 유목도 평성 지역에서는 일반적으로 재배되는 수목인 것 같다.[88] 북위 당시 하북 사람들은 유엽·유실을 먹는 것을 좋아했으며, 특히 흉년 시에는 구황식품으로 쓰였다는 기록이 있다. 북조-수당시대뿐만 아니라[89] 지금도 산서 지방에서는 유엽과 유피를 가루로 만들어 밀가루에 섞어서 국수(楡麵)를 만들어 먹는다고 한다. 그런데 유의 재배지는 엄격하게 조정할 필요가 있었던 듯하다. 유목이 자라는 곳에는 오곡이 제대로 자랄 수 없었기 때문에[90] 특정한 곳을 찾아야 하였다.[91]

대추열매[棗實]는 제대로 된 과실이 생산되지 않았던 북방 지역에서 생산되는 거의 유일한 과일이었다. 북위 정부가 이런 작물의 재배를 강제했던 것은 일면 인민의 최소한의 식량을 확보한다는 측면과 함께 국가가 필요로 하는 물품을 확실하게 확보해 두겠다는 계산이 전제된 것이라 볼 수 있다. 특히 조(棗)는 아무 곳에나 심어도 잘 자라는 작물의 하나였다.[92] 그리고 북위왕조는 건국 초부터 상과 함께 조의 재배와 확보에 특별히 신경을 쓰고 있었다.[93]

이처럼 북위 정부는 당시 제반 경제상황을 고려하여 백성들에게 전토를

---

88 北魏 初期 京畿 지역의 하나인 參合陂에 楡木이 없는 것을 세상 사람이 기이하게 여겼다고 하니 이 지역에 유목이 많았음을 짐작할 수 있다(『魏書』 卷1 序紀 昭皇帝 祿官 11年條, p.7, "是歲, 桓帝崩. 帝英傑魁岸, 馬不能勝. 常乘安車, 駕大牛, 牛角容一石. 帝曾中蠱, 嘔吐之地生楡木. 參合陂土無楡樹, 故世人異之, 至今傳記.").

89 楡의 用途와 唐代 이것의 재배를 통해 巨富가 되었던 竇乂의 致富譚에 대해서는 妹尾達彦, 「唐代長安の店鋪立地と街西の致富譚」, 『布目潮渢博士古稀記念論集—東アジアの法と社會』, 東京: 汲古書院, 1990, pp.213~238을 참조하라.

90 『齊民要術』 卷5 種楡 白楊 第46, p.338, "楡性扇地, 其陰下五穀不植(注 隨其高下廣狹 東西北三方所扇 各與樹等), 種者, 宜於園地北畔"; p.341, "又種桑法, 其於地畔種者, 致雀損穀, 旣非叢林, 率多曲戾, 不如割地一方種之. 其白土薄地不宜五穀者, 唯宜楡及白楡".

91 『齊民要術』 卷5 種楡 白楊 第46, p.342, "『術』曰: 北方種楡九根, 宜蠶桑, 田穀好."(『藝文類聚』 卷88, 『太平御覽』 卷596에 『雜五行書』을 인용하면서 "舍北種楡九株, 蠶大得"이라 하였다.); 『齊民要術』 卷4 種棗 第33, p.264, "『雜五行書』曰: '舍南種棗九株 辟縣官 宜農桑".

92 『齊民要術』 卷4 種棗 第33, p.263, "其阜勞(他本作旱勞, 或 旱澇)之地, 不任耕稼者, 歷落(필자 주: 稀疏散布의 뜻)種棗則任(필자 주: 可以의 뜻)矣".

93 『魏書』 卷2 太祖紀 皇始 元年(386) 冬十有一月條, p.28, "別詔征東大將軍東平公儀五萬騎南攻鄴, 冠軍將軍王建·左軍將軍李栗等攻信都, 軍之所行 不得傷民桑棗".

지급한 것이고, 그에 따라 생산할 작물을 배당한 것이었다. 여기에 상전, 마전, 유전, 조전 등이 출현한 당위성이 있는 것이다.

Ⅳ. 방할(方割)과 균전제·방장제(坊墻制)의 관계

북위는 정복왕조였다. 소수의 정복자가 다수의 피정복민을 통치하는 체제를 견지해야 하였다. 그러나 소수의 정복자라 하더라도 그 구성원이 잡다하였다. 그리고 그들은 유목에서 정주로 생활방식을 바꾸어야 하였다.

북위 정부가 중원으로 진출한 후 취한 정책 가운데 가장 두드러진 것 두 가지가 부락 해산과 사민정책이었다. 물론 여기서 사민이 모두 계구수전된 것은 아니지만,[94] 사민이 계구수전제 실시의 주요 대상이라는 사실은 이미 밝혀진 대로이다. 문제는 북위 건국의 주요 멤버를 주축으로 하는 부락민의 정주화인 것이다. 그들이 북위라는 정주국가에 어떻게 자리잡느냐의 문제이다. 여기서 고찰해야 할 것이 부락 해산의 문제인데, 그 대상은 구체적으로 무엇이며, 그 실행의 진정한 목적은 무엇인가도 설왕설래로 아직 명확하지 않다. 부락 해산을 다룬 사료도 계구수전과 마찬가지로 많지 않다. 부락 해산을 알리는 사료는 『위서』 권113 관씨지[95]와 『위서』 권103 고차전(高車傳),[96] 그리고 『위서』 권83상 하눌전(賀訥傳)[97]의 기록이 고작이다. 그래서 그에 대한 이해도 각각이었다.

94 古賀昭岑, 「北魏における徙民と計口受田について」, 『九州大學東洋史論集』 1, 1973, p.29.

95 『魏書』 卷113 官氏志, p.3014, "凡此四方諸部, 歲時朝貢, 登國初, 太祖散諸部落, 始同爲編民".

96 『魏書』 卷103 高車傳, p.2309, "後詔將軍伊謂帥二萬騎北襲高車餘種袁紇烏頻, 破之. 太祖時, 分散諸部, 唯高車以類粗獷, 不任使役, 故得別爲部落".

97 『魏書』 卷83上 賀訥傳, pp. 1812~1813, "賀訥代人, 太祖之元舅, 獻明后之兄也. 其先世爲君長, 四方附國者數十部. … 訥從太祖平中原, 拜安遠將軍, 其後離散諸部, 分土定居, 不聽遷徙, 其君長大人皆同編戶. 訥以元舅, 甚見尊重, 然無統領. 以壽終於家".

첫째, 제업(帝業)을 이룬 주력 부족이라고 할 수 있는 탁발부를 포함한 전 부락이 부락 해산의 대상이었는가, 둘째, 분토정거(分土定居)된 구부락 출신들이 농경민 혹은 반목반농민화되었는가,[98] 셋째, 부락 해산된 부락수(部落帥)들도 문자 그대로 편호제민(編戶齊民)이 되었는가 등이 문제가 된다. 이 문제와 관련하여 북위 초에 시행된 부락 해산이 구체적인 법령, 즉 전국에 통일적으로 시행하기 위해 '부락해산령'이 반포된 것은[99] 아니라는 주장이[100] 제기되었다. 낙양으로의 천도 이후 수용(秀容) 지역의 이주영(尒朱榮) 가문과 같은 예에서 보듯,[101] 많은 부락영민 추장들이 활발히 활동하고 있었다. 이는 도무제(道武帝) 시기의 부락 해산 조처가 지방까지는 미치지 못했다는 한계를 나타내는 것이다.[102] 사실 정복왕조의 경우 정복을 통해 그 강역에 편입시켰다고 해도 곧바로 일률적인 정책을 시행하기는 어려운 일이다. 경기 지역의 중점적인 개발과 제도 실시가 우선시되었다. 그렇다면 부락 해산 조치는 무엇인가? 당시 부락 해산은 북위정권 성립에 크게 작용한 외척세력인 동시에 그 정권의 전제화에 가장 큰 장애물로 등장한 강력한 부족인 하란부(賀蘭部)와 독고부(獨孤部) 등에 한정되었다는 견해가[103] 상당히 설득력을 갖는다. 즉 부락 해산은 북위 초에 실시된 '자귀모사(子貴母死)'제와 함께 북위 초라

98 金鐸敏은 遊牧民의 農耕民化를 반대하고 있다(「北魏 太和以前의 胡族의 編制와 그 經濟的 基盤—均田制와 三長制의 理解를 위한 前提—」, 『歷史學報』 124, 1989).

99 古賀昭岑, 「北魏の部族解散について」, 『東方學』 59, 1980, p.62

100 田餘慶은 「部族解散令」이 없었다고 말할 수도 없지만, 있다고 말하기도 어렵다고 하였다. 그러나 '離散部落'의 具體的, 統一的인 法令의 有無를 알리는 사료는 없다고 하였다(「獨孤部落離散問題—北魏'離散部落'個案考察之二—」, 『慶祝鄧廣明教授九十華誕論文集』, 石家莊: 河北教育出版社, 1997, p.57 注 1).

101 『魏書』 卷74 尒朱榮傳, p.1644, "父新興, 太和中, 繼爲酋長. … 及遷洛後, 特聽冬朝京師, 夏歸部落 … 秀容第一領民酋長. …".

102 周一良, 「領民酋長與六州都督」, 『魏晋南北朝史論集』, 北京: 中華書局, 1963, p.181.

103 田餘慶, 「賀蘭部部落離散問題—北魏'離散部落'個案考察之一—」, 『歷史研究』 1997-2; 「獨孤部落離散問題—北魏'離散部落'個案考察之二—」, 『慶祝鄧廣明教授九十華誕論文集』, 石家莊: 河北教育出版社, 1997 참조.

는 특수한 현실에서 나타난 제도라는 관점이다.[104] 그들은 해산되어 특정 지역에 배치되었을 것이다.

그러면 탁발부의 경우는 어떠했을까? 이 논리에 의하면 탁발부는 부락 해산의 대상에서 제외되었을 것이다. 그러나 그들 대부분이 북위왕조의 관료귀족으로 전화하였다고 하면 그들도 부락 상태를 유지하기는 힘들었을 것이다. 그들의 본업을 모두, 완전히 버리기는 힘들었겠지만 상당수가 유목에서 벗어났음은 틀림이 없다. 부락해산령이 '① 이산부락(離散諸部) → ② 분토정거(分土定居) 불청천사(不聽遷徙) → ③ 군장대인(君長大人)=편호화(編戶化: 無統領) → ④ 수종어가(壽終於家)'의 공식이라면 부락해산령에 의해 그들이 어떤 직업에 종사하든 이동하는 유목민에서 '분토정거'하는 정착민으로 전화한 것은 분명한 사실이다. 이들은 주로 경사, 즉 대도(代都)나 그 근방에 분토정거했을 것이다. 그러면 이들을 어떻게 포치(布置)하는가가 북위왕조의 중요한 과제였을 것이다. 그런 데다 정복왕조의 성격을 띤 북위왕조의 초기 수도인 대도, 즉 평성 성내에 천사된 피정복민은 대체로 적성(敵性)이 강한 분자라고 해도 과언이 아니다. 북위 정부로서는 이들을 회유하는 동시에 통제하는 조처가 국가 발전과 안정을 확보하는 데 불가결하였고, 이에 따라 방장제의 출현과 그 실시는 당연한 수순이었다.

다음은 사민정책이다. 사실 사민의 구성 요소는 다양하였다. 농경민의 사민에 한정시켜 보아도 정복된 지역의 수재(守宰: 관리)도 있고, 호걸(豪傑: 호족지주), 이민(吏民) 및 의부민(依附民) 등 다양하였다.[105] 따라서 북위 정부의 대사민정책은 복잡할 수밖에 없는 것이다. 어떤 경우는 이들 사민을 위해서

104 田餘慶에 의하면 道武帝가 帝業을 이루어 가는 과정에서 外敵으로는 그렇게 강력한 세력은 없었으나 外戚部族, 즉 妻族인 獨孤部, 母族인 賀蘭部, 祖母族인 慕容部 등의 존재가 문제가 되었고, 그중 賀蘭·獨孤部가 離散部落의 주요 대상이었다고 한다(「北魏後宮子貴母死之制的形成和演變」, 『國學硏究』(北京大學中國傳統文化硏究中心) 5, 1998, p.395).

105 『魏書』 卷2 太祖紀 天興 元年 12月條, p.34, "徙六州二十二郡守宰·豪傑·吏民二千餘家于代都".

특별하게 군현을 설치하기도 하였다. 평원군(平原郡)과 평제군(平齊郡)의 경우가 그것이다. 평원군은 태무제 초기 흉노의 휴도(休屠)·욱원(郁原) 등을 토벌해서 그 여당(餘黨) 1,000여 가를 탁록(涿鹿) 지방에 옮겨서 설치한 것이고,[106] 평제군은 원래 남조의 송나라편에 서서 북위에 항전했던 산동(山東) 역성(歷城) 방면의 민을 헌문제가 황흥 3년(469)에 정복하여 북방으로 옮겨서 살게 한(평제민) 지역에 둔 군이다. 평제군 밑에 역성의 민은 귀안현(歸安縣)에, 양추(梁鄒)의 민은 회령현(懷寧縣)에 두고, 평제군 태수에 역성의 수장(守將)인 최도고(崔道固)를, 귀안현령에는 승성(升城)의 수장 방숭길(房崇吉)을,[107] 회령현령에는 양추의 수장 유휴빈(劉休賓)을[108] 두었다. 처음 평제군을 둔 곳은 평성 서북 북신성(北新城) 지역이었지만 후에 평성 서남 음관현(陰館縣)의 서쪽으로 옮겼다고 한다.[109] 이처럼 피사된 사람들 가운데는 객례(客禮)를[110] 받고 우대되어 북위 관료로 높은 지위에 올라 부귀를 누린 자도 있지만,[111] 예호(隷戶)·동예(僮隷)·노비(奴婢) 등으로 사여의 대상이 된 자도 있고,[112]

106『魏書』卷15 昭成子孫列傳 常山王素傳, p.375, "世祖初, 復襲爵. 休屠郁原等叛, 素討之, 斬渠率 徙千餘家於涿鹿之陽, 立平原郡以處之".

107『魏書』卷43 房崇吉傳, p.975, "及立平齊郡, 以歷城民為歸安縣, 崇吉為縣令".

108『魏書』卷43 劉休賓傳, p.966, "白曜送休賓及宿有名望者十餘人, 俱入代都為客. 及立平齊郡, 乃以梁鄒民為懷寧縣, 休賓為縣令".

109『魏書』卷50 慕容白曜傳, pp.1118~1119, "平東將軍長孫陵·寧東將軍尉眷東討青州, 白曜自瑕丘進攻歷城 … 道固固守不降, 白曜築長圍以攻之. … 二年, 崔道固及兖州刺史梁鄒守將劉休賓並面縛而降. 白曜皆釋而禮之. 送道固·休賓及其僚屬于京師. 後乃徙二城民望於下館, 朝廷置平齊郡, 懷寧·歸安二縣以居之. 自餘悉爲奴婢, 分賜百官";『魏書』卷24 崔道固傳, p.630, "旣而白曜送道固赴都, 有司案劾, 奏聞, 詔恕其死. 乃徙青齊士望共道固守城者數百家於桑乾, 立平齊郡於平城西北北新城. 以道固爲太守, 賜爵臨淄子, 加寧朔將軍. 尋徙治京城西南二百餘里舊陰館之西."

110『魏書』卷58 楊播傳 附 弟椿傳, p.1289, "(楊)春臨行, 誡子孫曰: '我家入魏之始, 卽魏上客, 給田宅, 賜奴婢·馬牛羊, 遂成富室. 自爾至今二十年, 二千石·方伯不絶, 祿恤甚多.";『魏書』卷43 房法壽傳, p.970, "及歷城·梁鄒降, 法壽·崇吉等與崔道固·劉休賓, 俱至京師. 以法壽為上客, 崇吉為次客, 崔劉為下客".

111 康樂,『從西郊到南郊-國家祭典與北魏政治』, 臺北: 稻鄕出版社, 1995, pp.76~80.

112 堀敏一,『均田制の研究』, 東京: 岩波書店, 1975, pp.181~182, 注20과 21을 참조.

성민,[113] 병호[114] 등이 되어 천대받는 경우도 있다. 특히 평제군의 폐지 이후 평제호가 승지호(僧祗戶)로[115] 이행했다는 것은[116] 그들이 낮은 신분으로 배속되었다는 것을 말해준다. 이렇게 다양한 신분과 다양한 지역으로 구분된 것은 북위 정부의 의도적인 개입이 있었다는 의미이다.

이처럼 피사된 사람들은 북위 정부에 의해 자의적으로 구분되어 구사되는 과정을 거쳤다는 것은 확실하다. 그 가운데 계구수전민은 북위 정부에 의해 국가의 가장 중요한 자원 확보원인 농업 생산에 할당되어 구사되었던 자들이다. 즉 북위 초에 실시된 계구수전의 의미는 유목민 출신의 정복군주가 정복지의 물적 재화를 장악하기 위해서 단행한 호구 조사와 의도적인 토지 배정의 일환으로, 다시 말하면 '할당생산제'였고, 이 계구수전이 곧 균전제로 전환된 것이다.[117]

계구수전에 대한 사료가 주로 북위 초기의 기사 중에 나오기 때문에 북위 초기의 특수 상황으로 국한시키려는 견해도 있다.[118] 즉 계구수전제가 정복 과정에서 나올 수 있는 전제여서 그것을 균전제로 연결시키는 데는 문제가 있다는 인식도 있을 수 있다. 사실 계구수전민과 균전농민의 국가에 대한 부

113 『魏書』 卷52 劉昞傳 附 子貳歸傳, p.1161, "少歸仁, 並遷代京. 後分屬諸州, 爲城民".

114 『魏書』 卷68 高聰傳, p.1520, "大軍攻克東陽, 聰徙入平城, 與蔣少遊爲雲中兵戶, 窘困無所不至".

115 『魏書』 卷114 釋老志, p.3037, "曇曜奏: 平齊戶及諸民, 有能歲輸穀六十斛入僧曹者, 卽爲'僧祗戶', 粟爲'僧祗粟', 至於儉歲, 賑給飢民. 又請民犯重罪及官奴以爲'佛圖戶', 以供諸寺掃洒, 歲兼營田輸粟. 高宗並許之. 於是僧祗戶·粟及寺戶, 徧於州鎭矣".

116 塚本善隆, 「北魏の僧祗戶·佛圖戶」, 『支那佛教史硏究—北魏編』, 東京: 淸水弘文堂書房, 1969, pp.176~181.

117 朴漢濟, 「胡漢體制의 展開와 그 構造」, 서울大學校 東洋史學硏究室編, 『講座中國史2』, 서울: 知識產業社, 1989, p.97; 「北魏 均田制成立의 前提—征服君主의 資源確保策과 督課制」, 『東亞文化』 37, 1999, pp.39~50.

118 西村元佑는 '計口受田制는 征服王朝가 중국에 침입해서 그 地盤을 구축하는 시기에 행하는 상투적 수단이어서 이것이 그 후 평상시의 일반적인 農業政策의 형태로 종합되는 것'으로 정리하고, 따라서 '魏晉 時期에 당초 軍國財政의 중요한 기반이었던 屯田이 전쟁의 終熄과 華北 平定에 의해서 그 權宜的 役割이 완료되니 전국적인 勸農政策이 전개되어 占課田法의 성립에 도달하는 것과 같은 것'이라 하였다(「北魏の均田制度」, 『中國經濟史硏究—均田制度篇』, 京都: 京都大學東洋史硏究會, 1970, p.107).

담이나 신분적 지위 면에서 다른 점이 많다.[119] 그러나 균전제는 계구수전제가 가지는 고유의 정신을 그대로 계승한 것이라 볼 수 있다.

그렇다면 대도에 사민된 각종 부류의 사람들에 대해서도 그들을 장악하기 위한 유사한 형태의 조처가 취해졌을 것이라는 점을 상정하지 않을 수 없다. 그런데 사민대책에 있어서 수많은 사민을 한 덩어리로 통제한다는 것은 그 효율성도 떨어질 뿐만 아니라 그 자체가 어려운 일이다. 따라서 먼저 지역을 일정한 규모로 분할하고, 그 수나 성분에 따라 사민을 채워 넣었을 것이다. 지역을 일정한 규모의 토지로 분할하는 조처를 이른바 '방할(方割)'[120]이라 부른다. 이러한 것은 도시와 농촌에서 약간의 차이가 있었겠지만, 기본적인 착상은 동일한 것이라고 생각한다. 즉 농촌에는 계구수전제 및 균전제라는 '방할' 조처가, 성읍에는 방장제라는 '방할' 조처가 시행되었다고 볼 수 있다.

여기서 '방할'이란 용어는 역사적으로 어떠한 의미를 가지고 있는지에 대해서 살펴볼 필요가 있다. 정방형 혹은 장방형의 토지(경지나 도시 구역)를 몇 개로 구분하는 방법은 사실 중국에서만 보이는 특징도 아니다. 인류 공통의 토지 분할 방법이라 할 수 있다.[121] 그렇다고 방할 방법상에 나타나는 시대와 장소, 처한 환경의 차이를 경시해서도 안 된다. 그것이 채용되는 목적 또한 반드시 일치하지 않기 때문이다.

북위의 역사를 기술한 『위서』에서 '방할' 기사는 『위서』 공손수전(公孫邃傳)에 보이는 것이 유일하다. 그 내용을 분석해 보면 방할의 실시 지역은 '기

119 河地重造에 의하면 초기의 計口受田民은 『晉書』 慕容皝載記에 나오는 '80%의 公收와 20%의 私入(流寓者는 70%와 30%)'의 '營戶'로서 良民 이하의 '특수한 신분계층'의 자(「北魏王朝の成立とその性格について-徙民政策の展開から均田制へ-」, 『東洋史硏究』 12-5, 1953, p.29)이기 때문에 均田農民과는 다를 것이다. 그러나 土地의 分配나 인민의 구사, 수취 방법에 있어서는 均田農民도 그들과 크게 다를 바가 없다고 본다.

120 『魏書』 卷33 公孫表傳 附 公孫邃傳, p.786.

121 豊崎卓, 「均田地割考」, 『山本(達郞)博士還曆記念東洋史論叢』, 東京: 山川出版社, 1972, p.306.

내 및 경성 3부(畿內及京城三部)'라 하였고, 실시 시기로는 효문제 시기, 특히 문명태후가 살아 있던 490년 9월 이전이라는 것이다.[122] 그러나 이 시기는 계구수전제나 방장제의 출현 이후 상당한 시일이 지난 때지만, 한기린의 상표(上表)가 그러하듯이 공손수의 상표도 이미 실시된 제도를 재점검하고 다잡는 의미로 이 시기를 볼 수 있다. 방할을 실시한 동기는, ① '기내 및 경성 3부' 인민의 이산하는 상황과 담당 주사(主司)가 함부로 함이 많은 까닭에 독찰을 고루 정비하기가 어렵다. 그래서 ② 방할의 조치를 취하게 되니, ③ 중부(衆賦)를 쉽게 처리할 수 있게 되어 실로 큰 이익이 생기는 효과를 거두었다는 것이다.[123] 즉 이 방할 조치를 ① 지역, 상황과 문제점, ② 해결 방안, ③ 효과로 구분해 볼 수 있을 것이다. 그러면 방할은 계구수전 및 균전제와는 어떤 관계에 있는 것일까? 먼저 방할과 계구수전의 관계를 밝히기 위해서는 방할과 거의 같은 시기에 그 실시가 제기된 효문제 때의 계구수전 조치를 살펴야 할 것이다. 태화 11년(487)에 제주(齊州)[124]자사였던 한기린이 올린 상주(上奏)를 보면 그는 평성과 경기 지역에 다시 계구수전을 실시하자고 주장하였다.[125] 한기린의 주장을 분석해 보면, ① 경사 지역에 농사짓지 않는 사

122 堀敏一은 488년에서 490년 사이에 畿內·京城에(恭宗時와 같은 國有地 經營이 아니고, 自營農을 對象으로) 土地의 分割을 행한 것으로 보고 있다(『均田制の研究』, 1975, p.148). 한편 松本善海는 太和 11년(487) 5월~12년(488) 4월 사이에 일어난 일로 본다(「北魏における均田三長兩制の制定をめぐる諸問題」, 『中國村落制度の史的研究』, 東京: 岩波書店, 1976, p.291).

123 『魏書』 卷33 公孫表傳 附 公孫邃傳, p.786, "後高祖與文明太后引見王公以下. 高祖曰: '比年方割畿內及京城三部, 於百姓頗有益否?' 邃對曰: '先者人民離散, 主司猥多, 至於督察, 實難齊整. 自方割以來, 衆賦易辦, 實有大益.' 太后曰: '諸人多言無益, 卿言可謂識治機矣.'".

124 吉田虎雄은 韓麒麟이 특히 齊州刺史였던 점을 주의하여 '처음 京師 부근에 均田制가 행해지고 점차 각 지방에 미치게 되었는데, 齊魏交界의 땅은 그 실시가 늦었기 때문에 韓麒麟이 上陳한 것이 아닌가'하고 추측하고 있다(「北魏の租調」, 『魏晋南北朝租稅の研究』, 大阪: 屋號書店, 1943, p.87). 그러나 분명히 '京師民庶'라는 구절이 있기 때문에 이것은 부당한 견해이다.

125 『魏書』 卷60 韓麒麟傳, pp.1322~1333, "太和十一年, 京都大饑, 麒麟表陳時務曰: '… 今京師民庶, 不田者多, 遊食之口, 三分居二. 蓋一夫不耕, 或受其飢, 況於今者, 動以萬計. … 制天下男女 計口受田. 宰司四時巡行, 臺使歲一按檢. 勤相勸課, 嚴加賞賜. 數年之中, 必有盈贍,

람[不田者]은 많고 떠돌아다니면서 밥을 먹는 사람들[遊食之口]이 인구의 2/3나 된다. ② 농사짓지 않는 자와 떠돌아다니면서 밥을 먹는 사람들에게 다시 계구수전하고 재사(宰司)가 사시순행하고 대사(臺使)를 파견하여 안검(按檢)하면 ③ 실시 후 수년 내에 반드시 '차고 넘쳐 넉넉할[盈贍]' 것이니 비록 재흉(災凶)을 만나더라도 유망자(流亡者)의 출현을 막을 수 있다는 내용으로 이해된다.

이상에서 보았듯이, 공손수가 주청한 이른바 '방할'과 한기린이 상주한 '계구수전'은 매우 유사한 조처임을 알 수가 있다. 실시 동기, 실시 지역, 실시 시기 등은 모두 같은데 다만 다른 점이 있다면 공손수전에는 "여러 가지 부세를 쉽게 처리할 수 있게 한다[衆賦易辦]"라는 목적이 있는 반면, 한기린전에는 유망자의 출현을 막는다는 의도만 나타난다.

사실 485년 10월에 균전제 시행의 조칙이 반포되었고, 487년 여름에서 가을까지 국도 지역에 한발로 기근이 들자 한기린이 계구수전을 다시 시행하자고 주장한 것이었다. 혹자가 주장하듯이 "균전제는 반드시 계구수전해야 하지만 계구수전은 반드시 균전제를 포함하는 것은 아니다"[126]라 한 것은 두 제도의 선후관계를 시사하는 발언이다. 다만 계구수전과 균전제의 실시 방법의 유사성 때문에 한기린의 계구수전이 효문제의 균전령의 철저한 실시를 촉구한 것이라는 주장을 하게 된 것이다.[127] 북위 초기 선비정권이 가장 중시했던 것은 인민의 장악이었음은 다른 여타 정복왕조의 사례에서 익히 알 수 있다. 인민의 효율적인 장악을 위해서는 먼저 호구 조사를 실시해야 한다. 호구 조사 후에는 호적을 만드는 것[造籍][128]이 그 다음 순서이다. 그

雖遇災凶, 免於流亡矣 ….'".

126 賀昌群, 「漢唐間封建國家土地所有制和均田制」, 1985, p.340.

127 朴漢濟, 「北魏均田制의 成立과 胡漢體制」, 1986, pp.81~82.

128 『魏書』 卷7下 高祖紀下 太和 10年 2月 甲戌條, p.161, "初, 立黨·里·隣三長, 定民戶籍"이라 했지만, 『南齊書』 卷57 魏虜傳, p.989에는 "(永明)三年, 初令, 隣里黨, 各置一長, 五家爲隣, 五隣爲里, 五里爲黨. 四年, 造戶籍. 分置州郡."이라 하여 '定戶籍'과 '造戶籍'의 표현이

리고 '계구수전'[129]하는 것이다. 그러나 초기에 실시한 이런 제도들이 시일이 지남에 따라 문란해지고, 이 점을 공손수나 한기린 등이 걱정하여 제시한 것으로, 건국 초기에 실시한 제도에서 제시된 원칙에 충실하자는 것이었다.

한기린의 주장이야말로 균전제가 계구수전의 정신을 그대로 이었음을 보여주는 결정적인 단서이다. 즉 시일이 지남에 따라 이완을 거듭해 온 계구수전제를 다시 정비하여 실시하자는 것으로 보이기 때문이다. 전술한 대로 계구수전제는 토지를 할당하고 생산을 독려하는 체제인데, 균전제 시행을 선포한 이른바 '균전조'가 반포된 효문제 태화 9년(485)에서 11년이 지난 태화 20년에 반포된 조칙에서도 "경종에 나태하면 장형을 처하고[惰業者申以楚撻]", "경작에 힘쓴 자는 이름을 적어 위에 보고하라[力田者具以名聞]"는 등 계구수전제의 정신(배당-감독-전최의 형식)이 그대로 유지되고 있는 것이다.[130]

전근대시대에는 어떤 제도가 공포된다고 해서 금방 실시되고 그 효과가 나타나는 것은 아니다. 계구수전도 균전제도 모두 마찬가지이다. 다시 태화 12년(488) 2월에 내린 효문제의 조칙에[131] 주목해 보자. 이 조칙에는 '구정지식(丘井之式)'이란 용어가 나온다. 혹자는 이 '구정지식'을 바로 균전법규 제15조의 명칭으로 보고 있다.[132] 그 가부는 알 수가 없지만 이 '구정지식'에 의거해서 사자를 지방에 파견하여 숨은 인구와 빠진 인정[隱口漏丁]을 부적(付籍)시켰던 것은 확실하다. 또 이것은 선무제 시기(500~515)에는 '지령(地

약간 다르다. 魏虜傳의 기사는 당시 지방제도의 개편, 즉 '分置州郡'과 함께 새로운 戶籍제도의 '造'에 강조점을 두고 있다.

129 松本善海는 均田法에는 '計口受田'이 아니라 당연히 '計夫受田' 혹은 '計丁受田'이지 않으면 정확하지 않다고 주장하고 있지만(松本善海, 「北魏における均田三長兩制の制定をめぐる諸問題」, 1976, p.315) 夫나 丁과 口의 차이는 그리 크지 않다고 생각한다.

130 『魏書』 卷7下 高祖紀下 太和 20年 5月 丙子條, p.179, "詔曰: '其令畿內嚴加課督, 惰業者申以楚撻, 力田者具以名聞.'".

131 『魏書』 卷7下 高祖紀下, p.167, "(太和十有四年: 488) 十有二月壬午, 詔依準丘井之式 遣使與州郡宣行條制, 隱口漏丁, 卽聽附實. 若朋附豪勢, 陵抑孤弱, 罪有常刑".

132 松本善海, 「北魏における均田三長兩制の制定をめぐる諸問題」, 1976, p.317.

令)'이 되어 시행되었고,[133] 효명제 희평 연간(516~517)에는 다시 이 지령에 '분급(分給)'과 '수수(授受)'에 관한 조항이 추가로 첨가되어 '제(制)'로 시행되었다.[134] 이와 같이 균전제는 하나의 조칙으로 반포되어 점차 '식(式)'과 '령(令)'으로 다시 '제(도)[制(度)]'로 정착해 갔다. 이 과정에서 여러 가지 시행세칙도 부가되어 제도로 완비되어 갔던 것이다.

앞서 보았듯이, 방할이 구체적으로 논의된 것은 효문제 시기였지만 이런 정책의 방향은 국초부터 논의되고 시행되었다. 계구수전제가 그러했고, 방장제가 그러했기 때문이다. 계구수전의 가장 큰 특징은 호구 조사를 통한 '조적(造籍)'과 토지의 '방할'이 전제된 것이고 여기에 '독과'가 수반되는 것이라 할 수 있다.

정착민은 크게 보아 농경민과 도시민으로 이분할 수 있다. 농경민을 정착시키는 방법이 계구수전이라는 독과체제라면 도시에서는 어떤 방식으로 정착민을 통제할 것인가? 도시는 농촌에 비해 직업상 복잡한 인적 구성을 가지고 있기 때문에 인민의 통제 방법도 매우 복잡하고 어려웠을 것이다. 방할에 의한 도시의 분토(分土)가 다름 아닌 방장제인 것이다. 이것은 말할 것도 없이 통제의 한 단위이다. 도시를 몇 개의 지구로 나누는 것은 이 시대에 비롯된 것은 아니다. 비슷한 예로 한대의 수도 장안에도 여러 개의 이(里)가 있었다. 그러면 이와 방(坊)은 같은 것인가? 아니면 다른 성격의 것인가? 학계에서는 같은 계열로 보는 관점도[135] 있지만, 전혀 다른 차원의 것이라는 주장도[136]

---

133 『魏書』 卷41 源思禮(懷)傳, p.926, "懷又表曰: '景明以來, 北蕃連年災旱, … 諸鎭水田, 請依地令, 分給細民, 先貧後富 ….'".

134 『魏書』 卷19中 任城王澄傳, p.477, "又奏墾田授受之制八條, 甚有綱貫, 大便於時"; 『魏書』 卷57 崔孝芬傳, p.1266, "熙平中, 澄奏地制八條, 孝芬所參定也".

135 대체로 中國大陸學者들이 그러하다(朱姶姶, 「坊里的起源及其演變」, 『中國古都硏究』 3, 杭州: 浙江人民出版社, 1987).

136 日本(妹尾達彥, 「都市の生活と文化」, 『魏晋南北朝隋唐時代史の基本問題』, 東京: 汲古書院, 1997)이나 臺灣 學者들[逯耀東(「北魏平城對洛陽規建的影響」, 『從平城到洛陽—拓跋魏文化轉變的歷程—』, 臺北: 聯經出版事業公司, 1979), 劉淑芬(『六朝的城市與社會』, 臺北: 臺灣學

있다.

물론 '방'이란 명칭은 이미 후한 초기의 문헌에서부터 보이기 시작하여 위진남북조시대에 널리 사용되고 있기 때문에[137] 북위시대에 비로소 쓰이기 시작하는 것은 아니다. 그러나 북위 이전에 쓰인 방의 용례는 주위에 견고하고 높은 장원(墻垣)을 두른 소구역을 의미하는[138] 단순한 구역을 표시하는 경계선이 아니라, 군사적 방어 내지 경찰적 감시를 위한 누벽(壘壁)이었다.[139] 그런 면에서 쉽게 넘나들 수 있는 한대의 이(里)의 토벽[140]과는 질적으로 다른 것이다.[141]

도시의 외곽성 내의 전역에 걸쳐 이런 방의 존재가 확인된 것은 북위 평성 이후의 일이다.[142] 도성인 평성의 외곽성에 방제가 전면적인 구획으로 등장

生書局, 1992)]의 입장이 그러하다.

137 宮崎市定,「漢代の里制と唐代の坊制」,『東洋史硏究』 21-3, 1962, p.33.

138 坊이란 명칭은 後漢 後期에 출현하여 後漢-西晉代에는 宮闕의 한 建物의 이름을 뜻하였다(『太平御覽』 卷157 州郡部3, 坊附, "『漢宮閣名』曰: 洛陽故北宮有九子坊. 『晉宮閣名』曰: 洛陽宮有顯昌坊·修成坊·綏福坊·延祿坊·休徵坊·承慶坊·桂芬坊·椒房坊·舒蘭坊·藝文坊").

139 坊은 원래 '防' 字와 통하는 것인데, 防禦와 關禁의 뜻이다(『廣韻』 卷2 坊, 同防; 『說文』 防, 堤也). 즉 城市 가운데 주위를 堤防과 같은 圍墻으로 둘러싼 일 단위를 말한다. 방어라기보다는 關(關所의 의미)과 禁(嚴重取締의 의미), 즉 '警察的 監督'의 의미가 더 강하다고 본다(宮崎市定,「漢代の里制と唐代の坊制」, 1962, p.34); 曾我部靜雄,「都市里坊制の成立」,『中國及び古代日本における鄕村形態の變遷』, 東京: 吉川弘文館, 1963, p.423.

140 그 대표적인 遺跡이 河北省 武安縣 午汲古城(孟浩·陳慧·劉東城,「華北武安午汲古城發掘記」,『考古通訊』 1957-4, 1957)인데 현재 남아 있는 夯土墻은 後漢시대의 것이다. 里壁이 낮고 사람들이 뛰어넘을 수 있다는 점은 李成珪,「秦의 地方行政組織과 그 性格—縣의 組織과 그 機能을 中心으로—」,『東洋史學硏究』 31, 1989, p.33; 五井直弘,「後漢王朝と豪族」,『岩波講座 世界歷史』 4 古代4, 東京: 岩波書店, 1970, pp.420~421 참조.

141 漢代에도 里와 里를 분리하는 城牆이나 里內의 各家 사이에도 牆垣이 있기는 하다. 그러나 당시는 外城壁도 빈약했지만, 이들 城牆과 牆垣은 그에 비해 매우 빈약하였다. 물론 越牆 혹은 踰牆은 重刑에 처한다는 규정도 있었다. 宮崎市定은 범하려면 쉽게 범할 수 있는 죄에 중한 형를 가하는 것은 시민 상호간의 權利尊重, 治安維持를 위한 것 외에, 牆垣은 神聖不可侵이라고 하는 일종의 宗敎的인 觀念이 작용한 것으로 설명한다(宮崎市定,「漢代の里制と唐代の坊制」, 1962, pp.31~32).

142 逯耀東은 "都市坊里制度來由已久, 是中國邑居最基本的自然區分. 不過大規模有計劃而相當整齊的坊里制, 則創始於北魏洛陽."(「北魏平城對洛陽規建的影響」, 1979, p.145)이라 하였다.

한 것은 유목민의 화북 진출 이후에 나타난 신제도로 한대의 이제와는 다른 것이다.[143] '방장제'가 도시를 규획하는 '제도'로 정착할 당시에는 단순히 행정의 편의나 '치안'의 용이함보다 분할 통치에 그 주된 목적이 있었을 것이다. 왜냐하면 흔히 '방제(坊制)'라고 지칭되는 이 폐쇄적 도시구조는 '방장제'라고 불러야 그것이 가지는 특징을 나름으로 표현할 수 있고, 그런 면에서 양자 사이에는 구조상의 큰 차이가 있음을 분명히 알 수 있기 때문이다. 즉 한대의 이제에서 오호십육국·북조시대의 방제로의 전환은 단순한 명칭상 변화가 아니라 구조상 변화가 있는 것이다. 사실 도시를 방형으로 구분하는 것은 동서고금의 보편적인 현상이고, 특히 '계획도시'에서 반드시 채용하는 방식인 데다[144] 나름대로 많은 장점이 있다.[145] 그러나 북위시대의 방제란 단순한 방형의 도시구조만을 가리키는 것이 아니다. 방할에 의한 인민 구사의 방식이 달라졌기 때문이다.

---

143 朴漢濟, 「北魏 洛陽社會와 胡漢體制—都城區劃과 住民分布를 중심으로」, 『泰東古典研究』 6, 1990.

144 이러한 都市의 전형적인 모습은 唐代 長安에서 볼 수 있다. 長安의 시가지 모습에 대해서 白居易는 "百千家似圍棋局, 十二街如種菜畦."(「登觀音臺望城」[『白居易集』(北京: 中華書局, 1979) 卷25 律詩, p.560]이라고 생동감 있게 묘사하였다. 또 『長安志圖』의 기록에서도 "畦分碁布閭巷"이라 하였다. 이런 도시구조를 중국에서는 '方格網系統'(賀業鉅, 『考工記營國制度研究』, 北京: 中國建築工業出版社, 1985, p.42) 혹은 '棋盤式(道路網)'이라 하였고(同書, p.2), 妹尾達彦은 '方格狀町割(grid plan)'이라 하였고, D. Stanislawski는 'grid-pattern town'이라고 하였다("The Origin and Spread of Grid-Pattern Town", *Geographical Review* 36, 1946, pp.106~107). 혹은 'grid system'이라는 용어로도 쓰인다(矢守一彦, 『都市プランの研究』, 東京: 大明堂, 1970, p.113). 우리는 '격자형', '석쇠꼴', '창살꼴' 등으로 부른다.

145 일반적으로 이 grid-pattern town은 ① 가장 초보적인 測量器具·技術로 layout이 가능하여 지리적인 조건을 고려하지 않을 가능성이 많고, ② 土地配分·所有 및 租稅 賦課에 편하고, ③ 計劃都市의 기본적 pattern을 변경하지 않고 市街를 계속 밖으로 확대할 수 있는 이점이 있고, ④ 方形의 건축물을 가장 compact하게 受容할 수 있고, ⑤ 軍事的·政治的 支配에 가장 유리하다는 이점이 있다(矢守一彦, 『都市プランの研究』, 1970, p.115).

Ⅴ. 동서무역·유목경제와 균전제의 기능

북위 당시 국내외에서 비단의 수요가 폭발적으로 증가하였다. 우선 북위 내에서 비단의 수요가 늘어났고, 둘째, 동서 교역에서 비단이 차지하는 몫이 날이 갈수록 많아졌다. 동서 교역을 통해 중국의 특산품으로 서양인에게 널리 알려진 비단의 수요는 엄청났기 때문이다. 따라서 북위 통치자에게는 비단의 생산이 수지맞는 산업이었다. 고대부터 중국의 비단은 값비싼 상품이었다. 금(錦: 비단), 견(絹: 명주), 사(絲: 명주실)의 가격 차이 또한 컸다.[146] 특히 여러 색깔을 섞어 짠 무늬 있는 비단[錦]은 그 가격이 금(金)과 같았다고 한다.[147] 이런 국내외 환경 속에서 출현한 북위 정부는 균전제를 창제하였고, 균전제는 바로 이 비단 생산을 위해서 만들어진 토지제도라 해도 과언이 아니었다.

첫번 째, 북위 내의 비단 수요에 대해 알아보자. 북위는 유목민족이 세운 국가이다. 유목민족이라면 흔히 모(毛)와 피(皮)로 된 의복을 입는 것으로 생각하기 쉬우나 사실 그들은 비단을 더 좋아하였다. 그 점은 유목민족과 남방 정주국가와의 교역을 흔히 '견마무역(絹馬貿易)' 혹은 '차마무역(茶馬貿易)'이라 지칭한다는 데서 잘 드러난다. 북방 유목 지역이 전마(戰馬)의 산지였고, 육류를 주식으로 하여 비타민 C가 부족했기 때문에 차마무역이 성립된 것은 당연하다. 그러면 유목민에게 왜 비단이 필요한가? 우선 의복 재료로 사용되었다. 유목민들은 주로 가죽으로 만든 옷을 입는다. 그러나 그런 옷으

146 北朝 後期 著作인 『張丘建算經』에 따르면, "錦一匹, 直絹九匹, 中錦一匹, 直絹七匹, 下錦一匹, 直絹四匹."이라 하였고, "絲一斤八兩, 直絹一匹. 今持絲一斤, 裨錢五十, 得絹三丈."이며, "(絹)一匹二丈六尺六寸大半寸. … 一匹直七百五錢十七分錢之十五."라 하였다[王仲犖, 『金泥玉屑叢考』(北京: 中華書局, 1998) 卷4 魏晋南北朝物價考, pp.78~79].

147 (後漢)劉熙撰, 『釋名』(上海: 上海古籍出版社, 1989, 王先謙補, 『釋名疏證補』) 卷4 釋采帛 14, p.1057-下, "錦, 金也. 作之用功重, 其價如金, 故制字從帛與金也".

로는 지위의 고하와 빈부의 차를 나타내기가 쉽지 않다. 또 가한(可汗)은 비단에 금으로 상감한 옷을 입기를 좋아하였다. 가한이 그러하니 귀족이나 일반 목민들도 그것을 좋아하는 것은 당연하였다. 가한의 친정 때 약탈품 중에 항상 비단이 주 종목을 차지하고, 가장 중요한 하사품이 바로 비단이 된 것도 그 때문이다. 유목민의 재부의 상징이 비단과 도자기, 보석[珍珠]이었던 것은 이런 배경에서이다. 또 '지손(只孫: 質孫)'이라 불리는 가한이 주재하는 유목민들의 연회 관행에는 대단히 많은 비단이 필요하였다.[148] '지손'이라는 말 자체가 '한 가지 색깔의 옷[一色服]'이라는 의미인데, 연회가 열리게 되면 가한은 위로 훈척(勳戚)·대신(大臣)·근시(近侍)부터 아래로 악공(樂工)·위사(衛士)에 이르기까지 모두 같은 색깔의 옷을 하사하여 입힌다.[149] 이때에 엄청난 양의 비단이 쓰인다.

또한 비단은 파오[包]의 재료이다. 가한이나 고급 귀족도 역시 파오에 살기는 하지만 그 파오를 묶는 끈과 내부를 장식하는 데 평민과는 달리 많은 비단이 필요하였다.[150] 오르도스 에진호로치에 있는 칭기즈칸 사당에 가보면 그들이 살던 게르 내부가 완전히 비단으로 장식되어 있음을 볼 수 있다.

북위 황제의 유목적 군사행동상의 친정(親征)-약탈(掠奪)-반사(班賜)의 공식에서[151] 반사품의 변화가 주목되는데, 초기의 마·우·양에서 점차 포백(布帛), 회포(繪布), 회백(繪帛) 그리고 주릉견포(紬綾絹布) 등으로 바뀌고 있다.[152]

---

148 (元)陶宗儀撰, 『輟耕錄』(臺北: 世界書局, 1978) 卷30 只孫宴服, p.463, "只孫宴服者, 貴臣見饗於天子, 則服之, 今所賜絳衣, 是也".

149 『元史』 卷78 輿服志1 '冕服 質孫', p.1938, "質孫, 漢言一色服也, 內庭大宴則服之. 冬夏之服不同, 然無定制. 凡勳戚大臣近侍, 賜則服之. 下至於樂工衛士, 皆有其服. 精粗之制, 上下之別, 雖不同, 總謂之質孫云".

150 內藤みどり, 『西突厥史の研究』(東京: 早稻田大學出版部, 1987) 附論, 「東ローマと突厥との交渉に關する史料: Menandri Protectoris Fragmenta 譯註」, p.380.

151 朴漢濟, 「北魏王權과 胡漢體制」, 『中國中世胡漢體制研究』, 서울: 一潮閣, 1988.

152 朴漢濟, 「北魏 戰役·掠奪·班賜表」, 『中國中世胡漢體制研究』, 1988, pp.245~351.

황제의 일반적인 하사품이나[153] 위로 및 조의 등의 일에도[154] 견포가 많이 보이고 있다. 그리고 조공사에 대한 회사품, 남북 왕조 상호간의 교빙 시에도 비단이 쓰였다.[155] 북위시대의 관리의 봉록은 내외 백관 모두 전(錢)이 아니고 견(絹)으로 받았다. 관리들의 견에 대한 욕망은 그 봉록으로 만족하지 못하고 주군민들이 조(調)로 '관부에 납부한 견(官絹)'을 사사로이 취득한 후 염색하여 사적으로 판매하는 일도 흔하게 발생하였다.[156]

북위시대에 처음 전화(錢貨)가 나타난 것은 효문제 태화 19년(495)이지만, 북위에서 동전(銅錢)보다 견이 실질적으로 표준통화의 역할을 하였다.[157] 그리고 당시 상거래의 대상이 된 주요 물자는 바로 미곡과 견이었다.[158] 당시 견은 일정한 규격(1匹: 2尺 2寸×40尺)을 단위로 하여 가치의 표준으로 사용되었다.[159] 백색비단[白綾]보다 염색이 된 견포(絹布)가 상거래의 대상이 되었다. 영군(領軍)이었던 종실(宗室) 원차(元叉)가 권세를 이용하여 붉은색[緋色]

153 『魏書』 卷7上 高祖紀上 太和 3年條, p.147, "(五月)辛酉, 詔曰: '… 今賜國老各衣一襲, 綿五斤, 絹布各五匹"; 『魏書』 卷7上 高祖紀上 太和 4年條 p.148, "(六月) … 以紬綾絹布百萬匹及南伐所俘賜王公已下".

154 『魏書』 卷19上 景穆十二王上 陽平王新成傳 附 衍傳, p.442, "轉徐州刺史, 至州病重, 帝敕徐成伯傳療. 疾差, 成伯還, 帝曰: '卿定名醫' 賚絹三千匹."; 『魏書』 卷83上 馮熙傳, p.1820, "(太和)十九年, (馮熙)薨於代. … (高祖)又敕代給綵帛前後六千匹, 以供凶用".

155 『魏書』 卷101 吐谷渾傳, p.2239, "太和五年, 拾寅死, 子度易侯立, 遣其侍郎時眞貢方物 … 賜錦綵一百二十匹". 그리고 南北朝의 왕조 간에도 서로 金銀과 絹布를 주고받기도 하였다(『魏書』 卷19下 南安王 元略傳, p.507, "略之將還也. (蕭)衍 … 賜金銀百斤. … 遣其右衛徐確率百餘人送至京師. 肅宗. … 又敕徐州賜絹布各一千匹. … 賜帛三千匹, 宅一區, 粟五千石, 奴婢三十人.").

156 『魏書』 卷33 王憲傳 附 雲傳, p.776, "出爲 … 兗州刺史 … 在州 … 又取官絹, 因染割易, 御史糾劾, 付廷尉. …".

157 『魏書』 卷110 食貨志, p.2863, "魏初至於太和, 錢貨無所周流, 高祖始詔天下用錢焉. 十九年, 冶鑄粗備. 文曰: '太和五銖' 詔京師及諸州鎭皆通行之, 內外百官祿皆準絹給錢, 絹匹爲錢二百".

158 佐藤圭四郎, 「北魏時代における東西交涉」, 『東西文化交流史』(松田壽男博士古稀紀念出版委員會編), 東京: 雄山閣, 1975, p.380.

159 『魏書』 卷110 食貨志, p.2852, "舊制, 民間所織絹·布, 皆幅廣二尺二寸, 長四十尺爲一匹, 六十尺爲一端, 令任服用. 後乃漸至濫惡, 不依尺度. 高祖延興三年秋七月, 更立嚴制, 令一準前式, 違者罪各有差, 有司不檢察與同罪".

염색기술로 이름 높은 양주(涼州)에 백색비단을 보내어 염색을 시도했던 것은 이 점을 말해 준다.[160]

440년까지 북위가 정복전쟁을 수행하는 시기에는 고가의 진기품을 얻는 주된 방법은 약탈이었다. 통일은 정복전쟁과 약탈의 종식을 의미한다. 그리고 남조왕조와의 전쟁은 약탈전과는 거리가 멀었다.[161] 따라서 국가가 필요로 했던 물건을 교역(朝獻을 포함)이나, 영내에서 직접 생산활동을 통해 획득해야만 하였다.

북위시대에 견포(絹布)가 중요한 산업으로 등장하게 된 것은 태조 도무제 황시 2년(397) 모용덕(慕容德)의 근거지인 중산성(中山城)을 함락한 후 다음해 천흥 원년(398)까지 부근 육주(六州)를 평정하고부터이다. 당시 이곳에는 견직업자들이 많이 있었는데, 이들을 일반 군현의 적에 올려 정규의 부세를 공과하게 하지 않고 윤(綸)과 면(綿)만을 납부하도록 하는 시의책을 썼다.[162] 이런 제도를 신점령지에 널리 시행함에 따라 군현의 편호보다 비교적 가벼운 견직물 납입만을 의무로 하는 잡영호(雜營戶)가[163] 북위 영내에 많이 나타나게 되었다. 시광(始光) 3년(426) 구락제(仇洛齊)의 건의에 의해 이들 모두를 군현의 적으로 올려 공과를 물도록 하였다.[164] 이전에는 잡영호에 포괄된 수

160 『魏書』 卷26 尉古眞傳 附 族玄孫 聿傳, pp.659~660, "是(肅宗)時, 領軍元叉秉權, 百僚莫不致敬, 而聿獨長揖不拜. 尋出爲平西將軍, 東涼州刺史, 涼州緋色, 天下之最, 叉送白綾二千匹, 令聿染 拒而不許".

161 Wolfram Eberhard, *A History of China*, Berkeley: University of California Press, 1977, p.144.

162 『魏書』 卷110 食貨志, pp.2850~2851, "天興中, 詔採諸漏戶, 令輸綸綿. 自後諸逃戶占爲紬繭羅縠者甚衆. 於是雜營戶帥徧於天下, 不隷守宰, 賦役不同, 戶口錯亂."; 『通典』 卷5 食貨5 賦稅中, p.91, "後魏道武帝天興中, 詔採諸漏戶, 令輸綸綿. 自後諸逃戶占爲紬繭羅縠者甚衆, 於是雜營戶帥徧於天下, 不隷守宰, 賦役不同".

163 『魏書』에 나오는 이른바 '雜營戶'란 '營戶'와는 다른 형태의 신분으로 進駐해 온 軍營에 새로이 蔭附한 戶이다(濱口重國, 『唐王朝賤人制度』, 京都: 京都大學東洋史硏究會, 1966, p.334).

164 『魏書』 卷94 閹官 仇洛齊傳, pp.2012~2013, "魏初禁網疏闊, 民戶隱匿漏脫者多. 東州旣平, 綾羅戶民樂葵因是請採漏戶, 供爲綸綿. 自後逃戶占爲細繭羅縠者非一. 於是雜·營戶帥遍於

공업자들은 군현관(郡縣官)의 관할에 속하지 않고 중앙의 관부(官府)나 지방의 호족(豪族)에 개별적으로 예속되어 각종의 견직물을 납부하는 의무를 졌다.[165]

북위에는 일찍부터 견(絹)을 조(調)로 납부할 의무가 있었는데, 주자사가 주군민에게 조견(調絹)을 징수할 때 민간에 현물이 없는 경우도 있었다. 이 때 자사가 상인(대상부고)에게서 고리로 견을 차용하여 납부할 것을 강요하고 심지어 상인과 결탁하여 그 고리를 나누어 취하는 경우가 발생하면서 큰 사회적 문제가 되는 바람에 이에 대한 금령이 내려지기도 하였다.[166] 또 관견(官絹)을 저리로 대여한 후 다시 받는 형식으로 하자는 이표(李彪)의 상주를 받아들여 시행하기도 하였다.[167] 북위의 도량형은 『주례』에 규정된 고대의 도량형보다 장대하였으니 백성의 부담을 줄이기 위해 효문제 태화 19년 단소(短小)한 주례제도로 복귀하였다. 그러나 군국상(軍國上) 마포는 필수품이기 때문에 척도가 짧아진 대신 견포(絹布) 1필에 면(綿) 8량과 마포 1필당 마 15근을 부가세로 추징하지 않으면 안 되었다.[168] 도량형도 얼마 안 가 이전대로 복귀되었다.[169] 군국의 비용으로 견이 쓰임에 따라 국용으로 견의 비축

天下, 不屬守宰, 發賦輕易, 民多私附, 戶口錯亂, 不可檢括. 洛齊奏議罷之, 一屬郡縣".

165 岡崎文夫, 『魏晋南北朝通史』, 東京: 弘文堂, 1932, pp.672~673.

166 『魏書』 卷5 高宗紀, p.119, "(和平)二年(462), 春正月乙酉, 詔曰: '刺史牧民, 爲萬里之表. 自頃每因發調, 逼民假貸, 大商富賈, 要射時利, 旬日之間, 增贏十倍. 上下通同, 分以潤屋. 故編戶之家, 困於凍餒, 豪富之家, 日有兼積, 爲政之弊, 莫過於此. 其一切禁絶, 犯者十疋以上皆死, 布告天下, 咸令知禁.'".

167 『魏書』 卷61 李彪傳, pp.1385~1389, "(彪又表曰): '臣以爲宜析州郡常調九分之二, 京都度支歲用之餘, 各立官司, 年豊糴積於倉, 時儉則加私之二, 糶之於人, 如此, 民必力田以買官絹, 又務貯財以取官粟, 年登則常積, 歲凶則直給. …' 高祖覽而善之, 尋皆施行".

168 『魏書』 卷78 張普惠傳, pp.1735~1736, "普惠以天下民調, 幅度長廣, 尙書計奏, 復徵綿麻, 恐其勞民不堪命. 上疏曰: '… 仰惟高祖廢大斗, 去長尺, 改重秤, 所以愛萬姓, 從薄賦. 知軍國須綿麻之用, 故云幅度之間, 億兆應有綿麻之利, 故絹上稅綿八兩, 布上稅麻十五斤. … 自玆以降, 漸漸長闊, 百姓嗟怨, 聞於朝野. … 總常俸之數, 千俸所出, 以布絹麻, 亦應其一歲之用. ….'".

169 (淸)趙翼撰, 『廿二史箚記』(北京: 中華書局, 1984, 王樹民校證,) 卷15 魏齊斗秤條, p.318, "然則魏斗秤, 自孝文改從周制後, 仍未久而變, (孔)穎達所謂(魏齊斗秤於古)二而爲一者, 蓋宣武

이 중요하게 되었기 때문이다. 비축을 위해 심지어는 백관의 봉록을 깎는 일 마저 생겼다.[170]

다음으로 북위에서 비단의 수요가 이처럼 폭발적으로 늘어난 이유는 무엇일까? 동서무역로를 '사주지로(絲綢之路: Silk Road)'[171]라고 부르는 말에서 보듯이 동서무역에서 가장 중요한 교역품은 견포였다. 동로마제국의 비단 수요에 대해서는 익히 아는 바이다.[172] 오호십육국·북조에 들어서 이른바 '서역'과의 동서통상무역은 하서[173] 주랑 지역을 장악한 세력에 의해 주도되고 있었다. 이 시대에는 하서 지역에 목축과 농경을 함께 경영하는[174] 소국가가 성립되어 있었고, 그들이 동서무역로의 중개 교역 중심으로 부상하였다.

4세기 초 고장성(姑藏城)에 근거를 둔 장궤(張軌)의 전량(前涼)이 이 지역의 통상로를 장악하더니, 이후 전진(前秦)이 전량을 대신해서 하서의 지배자가 되고, 전진이 망하면서 여광(呂光)의 후량(後涼)이, 그리고 아주 잠깐 동안 이고(李暠)의 서량(西涼)이, 다음으로는 저거씨(沮渠氏)의 북량(北涼)이 고장성에 근거하면서 하서 무역로를 장악하였다. 북량은 북위의 태무제에게 항복할 때까지 하서를 통한 무역을 지배하였다. 특히 북량의 지배자들은 통과하는 상고(商賈)들에게 상세(商稅)를 거두어들였고, 또 많은 금·은·주옥 등 진

孝明時已變之制也".

170 『魏書』 卷31 于忠傳, p.743, "初, 太和中軍國多事, 高祖以用度不足, 百官之祿四分減一, … 舊制, 天下之民絹布一匹之外, 各輸綿麻八兩".

171 실크로드란 유라시아 대륙의 동서교역로로 중국의 특산품인 비단이 그 길을 따라 운송되어 붙여진 이름이다. 19세기 말 독일의 지질학자 페르디난트 폰 리히트호펜(Ferdinand von Richthofen; 1833~1905)이 명명하였다. 중국에서는 '絲綢之路(Seidenstrassen)'라 한다.

172 內藤みどり, 『西突厥史の研究』, 1987, p.376.

173 北魏시대의 '河西'란 종종 陝北 綏遠 南部(현재 오르도스)를 가리키는 경우가 있고, 흔히 '河西四郡' 혹은 '河西回廊'으로 불리는 涼州 지역은 당시 '河右'로 불렸다(康樂, 「北魏的'河西'」, 『大陸雜誌』 84-4, 1992, pp.184~185).

174 前田正明, 「五胡十六國と河西-前涼を中心として」, 『歷史教育』 15-5·6, 1967, p.33.

보류를 그 부고(府庫)에 집적하고 있었다.[175] 북위가 건국 이후 혁련씨(赫連氏)의 하(夏)와 끊임없이 쟁투를 벌였던 것은 혁련하가 북위의 서역 진출로를 가로막고 있었고, 또 당시 하국의 수도 통만성이 서역 물품의 집결지였기 때문이다. 북위 도성에서 서역으로 가는 가장 빠른 길은 통만성을 통과하는 것이었다.[176] 혁련발발(赫連勃勃)은 용동(隴東) 방면에 보다 많은 힘을 쏟았는데, 그곳이 그의 또 다른 세력 근거지인 고평(高平)에 인접하고 있기도 하지만, 오르도스로부터 서역으로 향하는 통상로('오르도스 砂漠南緣路')가 이 지역을 통과하고 있었기 때문이다.[177]

431년 혁련하가 멸망하고 439년 북량이 멸망한 후 태무제 태평진군 원년(440) 이래 북위가 경영하는 대(對)서역 관영무역이 개시되었지만, 이것은 형식상 '조공' 혹은 '조헌' 등으로 표현되고 있다. 조공이란 자국의 특산물을 헌상하는 것으로 그 답례로 중국 측에서는 견 등을 주었다.[178] 그러나 서양의 폭발적인 비단 수요는 이런 관영무역만으로는 충족될 수 없었다.

서양인이 중국을 지칭하는 용어는 대체로 '시나(Cina)', '세레스(Seres)', '토가스트(Taugast)' 등 세 가지이다. 그중 시나는 중국의 첫 통일왕조인 진(秦)의 전사음이라는 것이 종래의 통설이었다. 그러나 진이 출현하기 이전인 기원전 4세기부터 페르시아나 인도에서 중국의 비단 생산과 관련된 단어인 '진(Cin)'이나 '지나(Cina)'가 중국을 지칭하는 말이었다는 주장이 나옴으로

175 『魏書』 卷99 沮渠牧犍傳, pp.2207~2208.

176 朴漢濟, 「五胡 赫連夏國의 都城 統萬城의 選址와 그 構造—胡族國家의 都城經營方式—」, 『東洋史學硏究』 69, 2000, p.97.

177 前田正名은 오르도스砂漠 南緣邊을 통과하는 교통로를 '오르도스砂漠 南緣路'라 지칭하고, 이 교통로를 통해 유통하는 西域珍寶類와 이 교통로를 둘러싼 문제를 다루고 있다(『平城の歷史地理學的硏究』, 東京: 風間書房, 1979, pp.154~166). 統萬城이 동서와 남북을 잇는 중요 교통요지로 關中과 塞外의 '中轉點'의 하나이고, 중국의 서북지구와 關中 간의 중요한 商道에 위치하고 있었다는 점에 대해서는 李學江의 견해(「大夏國都統萬城興起的地理基礎」, 『西北史地』 1992-1(總44), p.12)를 참조한다.

178 前田正名, 「北魏官營貿易に關する考察—西域貿易の展開を中心として—」, 『東洋史硏究』 13-6, 1955, p.47.

써 이 설은 부정되고 있다.[179]

그 후 그들은 중국을 '세레스'[180] 혹은 '세라(Sera)'라고 불렀는데,[181] 이는 비단과 결부시켜 '비단국민(Silk-people)' 또는 '비단나라(The Land of Silk)'라는 뜻이다.[182] 비단이 로마에 처음 등장하자 로마인들은 그것을 '세리카(Serica)'라고 불렀다. 이것은 한자어 '사(絲)', '잠(蠶)' 혹은 '기(綺)'가 여러 경로를 거쳐 로마까지 전달되면서 음사 과정에서 생긴 용어였다.[183] 전한시대에 들어 한과 서역 간의 교류가 시작되어 한금(漢錦: 漢代의 비단)이 서방에 다량 수출되면서 한에 대한 로마인들의 관심이 높아졌다.

로마인에게 비단은 염료나 유리잔과 마찬가지로 사치품의 하나였다. 로마인들이 이렇게 비단을 비롯한 동양 사치품에 취미를 갖기 시작하면서 교역이 갑자기 활발해졌다. 14년에 티베리우스 황제(Tiberius, r.14~37)와 원로원은 남자들이 비단옷을 입으면 여자같이 보인다 하여 착용을 금지했지만, 그 후계자 칼리굴라(Caligula, r.37~41)는 비단옷을 입은 최초의 로마 황제가 되었고 남자들도 비단옷(Tunica)을 입기 시작하였다. 이렇게 되자 비단 교역은 줄어들지 않았고, 2세기 이후 로마에서는 반견(斑絹) 제품을 입지 않는 사람은 수도사로 여길 정도로 유행하게 되었다.[184] 비단이 '최고의 세련된' 옷감

179 정수일, 『고대문명교류사』, 서울: 사계절, 2001, p.325.

180 Seres는 英國의 언어학자 W. B. Henning(The Date of the Sogdian Ancient Letters, *BSOAS* XII, 1948)의 연구에 의하면 소그드어의 '宮殿'의 뜻인 'Sry'로, 소그드 상인들이 西漢의 수도 長安을, 후에는 後漢의 수도 洛陽을 가리키는 칭호였다가 다시 Silk를 專稱하는 것으로 변하였다고 한다(陳海濤, 「漢唐之際粟特地區諸國與中原王朝的關係」, 『敦煌學輯刊』(蘭州) 1999-1, p.115).

181 세레스라는 말이 그리스 저작 중에 가장 먼저 출현한 시기는 B.C. 130~87년으로 西漢 武帝 元光 5년~後元 2년에 해당된다(W. W. Tarn, *The Greeks in Bactria and India*, Cambridge: Cambridge University Press, 1951, p.118).

182 Wolfgang Franke 저, 金源模 역, 『東西文化交流史』, 서울: 檀國大出版部, 1991, p.1.

183 沈福偉, 『中西文化交流史』, 上海: 上海人民出版社, 1985, p.28.

184 장-노엘 로베르 저, 조성애 역, 『로마에서 중국까지』, 서울: 이산, 1998, pp.256~257.

으로 인정되자, 비단은 같은 무게의 금(金)과 가격이 같았다.[185] 당시 가장 명성을 떨쳤던 비단은 다양한 색깔로 염색한 실로 짠 중국산이었다. 특히 쇠락해 가는 로마에 사치풍조가 만연하면서 비단은 유행상품으로 급속하게 보급되었다.[186]

이러한 비단 수요는 북위시대에 극점에 달하는 것으로 보인다. 6세기 동로마제국의 연대기 작가 테오필락토스(Theophylactos)는 자신의 연대기 속에서 '토가스트'라는 나라와 그 지배자들에 대해서 설명하고 있다. 이 명칭은 북중국에 건립된 북위(Toba-Wei, 즉 Tabgachi)에서 비롯되었다는 것이 중론이다.[187] 북위가 서양에게 중국을 대표하는 국가로 비친 이유도 역시 비단과 연관이 있는 것이라고 할 수 있다.

유목민족의 중원 통치는 동서무역을 더욱 활발하게 만들었다. 중국은 '크고 물건이 풍족한[地大物博]' 나라이기 때문에 그들은 스스로 상행위를 위해 외국에 나가지 않았다. 그러나 유목민들은 그렇지 않았다. 잘 알다시피 원초적으로 물자가 부족한 유목민족은 농경민족에 비해 통상무역에 재주를 발휘하였다. 로마인들이 비단에 매료되기 이전에 북방 초원 지대를 떠돌아다니던 유목민인 흉노족이 먼저 중국의 비단에 매료되었다. 흉노족은 중원왕조를 침략하여 더 많은 비단을 얻으려 하였다. 흉노족은 이렇게 모은 잉여 비단을 이용해 서쪽 지역의 다른 유목민족과 물물교환을 하였다. 이 유목민족이 서양에 비단을 전해 주었던 것이다. 중국과 서양을 오가는 비단 상인들의 여행이 시작된 것은 바로 이들의 영향이었다.

유목민족은 민족적 구별이나 차별을 그렇게 심하게 하지 않는다. 잘 알다시피 북위 수도 낙양에는 수많은 이국인, 특히 서방인들이 살고 있었다. 이

185 護雅夫, 「古代における東西文物の交流」, 『漢とローマ』, 東京: 平凡社, 1970.

186 장 피에르 드레주 저, 이은국 역, 『실크로드—사막을 넘은 모험자들—』, 서울: 시공사, 1995, pp.15~16.

187 Wolfgang Franke 저, 金源模 역, 『東西文化交流史』, 1991, p.4.

풍경을 다룬 『낙양가람기』는 총령(葱嶺: 파미르)에서 서쪽 대진(大秦: 동로마제국)에 이르기까지 백국천성(百國千城)의 상호판객(商胡販客)들로서 귀화한 자가 만여 가나 낙양에 살고 있다고 기록하고 있다.[188] 이들이 무엇을 위해 북위에 몰려들었는가? 바로 비단을 얻기 위해서였다. 이러한 경향은 7세기에 들어서도 마찬가지였다.

비단의 수송과 판매는 소그드 상인이 맡았다.[189] 1~10세기 동안 소그드인들은 동부 비단길의 대표적인 상인이었다. 사마르칸트(Samarkand) 등의 소그디아나(Sogdiana) 도시에는 동서 교역품 창고가 수천 개나 늘어서 있었다. 사마르칸트에서 장안까지는 5,000km로 자연적 장애물이 많은 험난한 길이었지만 비단 상인이 죽지 않을 만큼 적당한 거리에 오아시스 도시가 세워졌다.[190] 만약 비단길이 그토록 험난하지 않았다면 비단은 그렇게까지 진귀하지도 비싸지도 않았을 것이다. 비단을 값지게 만든 것은 바로 비단길이었다. 8세기 사마르칸트와 장안은 당시 유럽의 어느 도시보다 훨씬 큰 도시였고, 이 도시들의 규모와 부는 실크로드를 통한 교역에서 비롯된 것이었다. 상업과 문화라는 관점에서 당시 실크로드는 사실상 세계의 중심이었다. 중앙아시아 교역로는 그곳에 물건을 사고 팔 사람이 있었을 때부터 존재하였다.

비단이 로마인에게 이렇게 귀중품이었지만, 로마인은 비단이 어떻게 생산되는지 오랫동안 잘 모르고 있었다. 로마인들은 한때 비단이 나무에서 자란다고 굳게 믿었다. 1세기 로마의 자연박물학자인 대(大)플리니우스(Plinius, 23~79)는 『박물지(Historia Naturalis)』에서 "세레스국은 수림에서 가는 실[細

188 (北齊)楊衒之撰, 『洛陽伽藍記』(上海: 上海古籍出版社, 1958/1978, 范祥雍校注, 『洛陽伽藍記校注』本) 卷3 城南, p.161, "自葱嶺已西, 至於大秦, 百國千城, 莫不歡附, 商胡販客, 日奔塞下, 所謂盡天地之區已. 樂中國土風, 因而宅者, 不可勝數. 是以附化之民, 萬有餘家, 門巷修整, 閶闔塡列, 青槐蔭陌, 綠樹垂庭, 天下難得之貨, 咸悉在焉".

189 佐藤圭四郎, 「北魏時代における東西交涉」, 『東西交流史』(松田壽男博士古稀記念出版委員會編, 東京: 雄山閣, 1975), p.388.

190 수잔 휫필드 저, 김석희 역, 『실크로드 이야기』, 서울: 이산, 2001, p.39.

綢을 생산하는 것으로 유명하다. 회색 실이 나무에서 자라는데, 물로 축인 다음 부인들이 빗으로 빗은 후 무늬 있는 천을 짠다"라고 묘사하고 있다.[191] 베르길리우스(Vergilius: Virgil, B.C. 70~19)도 "중국인들이 잎에서 양모 같은 비단을 어떻게 빗어 내는가"라며 의문을 표시하기도 하였다.[192] 중국인 역시 이러한 허구의 신화를 구태여 없애려고 노력하지 않았다. 그들은 천 년 전에 제작 비법을 발견한 비단을 가능한 한 많이 팔기를 원했고, 또 그 생산을 지속적으로 독점하기를 바랐다.

로마가 사치풍조로 쇠락해 가고 있을 때 비단은 필수불가결한 유행상품으로 급속하게 보급되었다. 동로마제국 황제 유스티니아누스 1세(Justinianus Ⅰ, r.527~565)는 중간 판매의 침탈을 피하기 위해 양잠을 제창하기도 하였다. 잠란(蠶卵)이 동로마제국에 전래된 것은 551년의 일이다. 일설에 의하면 네스토리우스 교단의 두 승려가 속이 빈 나무 지팡이 속에 누에고치를 넣어 비잔티움으로 밀반출함으로써 중국의 독점체제는 무너지게 되었다고 한다.[193] 그러나 양잠은 발달하지 않았고, 비단은 무역에 계속 의존할 수밖에 없었다.

북위시대뿐만 아니라 동·서위가 대립하고 있을 때 토욕혼(吐谷渾)은 견포의 주 생산지인 동위와 통하기 위해 그와 적대관계에 있는 서위를 거치지 않고 대신 유연을 통하여 사신단을 파견하였다. 이를 알아차린 서위(西魏)가 그들을 습격하여 얻은 것이 "상호이백사십인(商胡二百四十人)·타라육백두(駝

191 Polinius(Poliny the Elder, 23~79), "Historia Naturals"(정수일, 『고대문명교류사』, pp.326~327에서 재인용).

192 Henry Yule & Henri Cordier, "Cathay and the Way Thither: Being a Collection of Medieval Notices of China" vol I, London: printed for the Hakhiyl society, 1916, pp.20~21.

193 Henry Yule & Henri Cordier, "Cathay and the Way Thither: Being a Collection of Medieval Notices of China" vol I, 1916, pp.23~24; Peter Hopkirk, "Foreign Devils on the Silk Road–The Search for the Lost Cities and Treasures of chinese Central Asia", Oxford: Oxford University Press, 1980, p.19.

騾六百頭)·잡채사견이만계(雜綵絲絹以萬計)"라 전해지고 있다.[194] 사신단 중에 '상호이백사십인'이라는 대규모의 상인집단이 포함되어 있었고, '타라육백두'에 의해 '잡채사견이만계'가 운반되고 있었다는 사실을 알 수 있다.

555년 유연을 대신해서 몽골고원을 통일하고 새로운 패자가 된 돌궐에 대해 서위-북주와 동위-북제는 화평우호관계를 맺기 위해 노력하였다. 북주가 해마다 '증서금채십만단(繒絮錦綵十萬段)'을 보내주고, 북제도 "창고에 저장한 것을 기울여 지급할[傾府藏以給之]" 정도로 양측이 모두 돌궐을 자기편으로 끌어들이려고 하였다. 돌궐은 중원의 양국을 잘 이용하여 비단을 얻는 데에만 흥미를 가지고 있었다.[195] 이 경쟁 과정에서 견 생산지인[196] 북제측이 보다 유리한 입장에 섰던 것은 당연하다. 북제에서 견이 얼마나 생산되었으며 어떤 식으로 유통되었는지는 확실하지 않다. 대체로 "금백을 저장하는 창고를 장악하고 기물을 만드는[掌金帛府庫 營造器物]" 태부시(太府寺) 밑의 중상방(中尙方)이 정주주릉국(定州紬綾局)을 통령해서 견 생산을 담당하고 있었던 것 같다.[197]

이렇게 유입된 비단은 물론 돌궐의 왕후 및 귀족들에게 사여되기도 하였지만 서방의 사산조페르시아나 동로마제국에 수출되었다. 그 수송과 판매

194 『北史』 卷96 西域 吐谷渾條, p.3187, "是歲, 夸呂又通於齊. 涼州刺史史寧覘知其還, 襲之於州西赤泉, 獲其僕射乞伏觸狀, 將軍翟潘密, 商胡二百四十人, 駝騾六百頭, 雜綵絲絹以萬計".

195 『北史』 卷99 突厥傳, p.3290, "自俟斤(伊利可汗)以來, 其國富强, 有淩轢中夏之志. 朝廷既與之和親, 歲給繒絮, 錦綵十萬段. 突厥在京師者, 又待以優禮, 衣錦食肉, 常以千數. 齊人懼其寇掠, 亦傾府藏以給之. 他鉢彌復驕傲, 乃令其徒屬曰: '但使我在南兩箇兒孝順, 何憂無物邪?'".

196 『魏書』 卷110 食貨志, pp.2852~2853에 "太和八年 … 所調各隨其土所出. 其司·冀·雍·華·定·相·泰·洛·豫·懷·兗·陝·徐·青·齊·濟·南豫·東兗·東徐十九州, 貢綿絹及絲, 幽·平·幷·肆·岐·涇·荊·涼·梁·汾·秦·安·營·豳·夏·光·郢·東泰·司州萬年·雁門·上谷·靈丘·廣寧·平涼郡·懷州邵上郡之長平. … 皆以麻布充稅"라 되어 있다. '麻布之土'는 秦隴지역과 주변 군이 많은 반면, 山東地域은 거의 桑鄉이다. 그리고 (北齊)顔之推撰, 『顔氏家訓』(王利器, 『顔氏家訓集解本』(北京: 中華書局, 1983) 卷1 治家 第5 p.51, "河北婦人, 織紝組紃, 黼黻錦繡羅綺之工, 大優於江東矣".

197 『隋書』 卷27 百官志中, p.757, "太府寺, 掌金帛府庫, 營造器物. … 中尙方, 又別領別局, 涇州絲局, 雍州絲局, 定州紬綾局四局丞".

는 당시 동서무역에서 널리 활약하였고, 돌궐 건국 이전부터 이미 돌궐에 와 있던 소그드(Sogd: 粟特, 粟弋)[198] 상인이 맡았다. 실제 견무역에 적극적인 것은 돌궐만이 아니었다. 동로마제국 측도 페르시아 측도 돌궐 발흥 이전부터 중국의 비단을 구하기 위해 대단히 열심이었다. 북위 당시 할당생산을 특징으로 하는 균전제 출현의 국내외적 배경이 바로 여기에 있었던 것이다.

198 당시 소그드 지방은 Samarkand를 비롯하여 Bukhārā(安國), Kashāna(史國), Kushānia(何國), Kapūtana(曹國), Maimarg(米國) 등 많은 오아시스국가들이 분립하고 하고 있었는데, 昭武姓의 國王을 추대하고 있었기 때문에, '九姓昭武'라 총칭되고 있다.

제 3 장

「목란시(木蘭詩)」의 시대

―북위 효문제 시기 대유연전쟁과 관련하여―

Ⅰ. 머리말

중국의 영웅문학작품인 「목란시(木蘭詩)」 혹은 「목란사(木蘭辭)」는 목란(木蘭)이라는 처녀가 연로한 아버지를 대신해서 종군한 이야기를 소재로 한 것으로 현재까지도 애송되는 악부(樂府) 중 하나이다. 필자는 예전에 한 논문을[1] 쓰면서 북위(北魏)시대 황제가 북방 유목민의 가한(可汗)의식을 갖는다는 점을 「목란시」의 시구 일부를 이용해서 논증한 바 있다. 사실 중국의 대표적인 중국사 개설서라고 할 수 있는 범문란(范文瀾)의 『중국통사(中國通

1 朴漢濟, 「北魏王權과 胡漢體制」, 『中國中世胡漢體制硏究』, 서울: 一潮閣, 1988.

史)』[2]나 전백찬(翦伯贊)의 『중국사강요(中國史綱要)』[3]에서는 「목란시」의 출현 연대를 북위시대 혹은 북조시대로 보고 있다. 그러나 「목란시」의 배경이 된 시대와 종군 지역, 전투 대상, 고향, 성명 등은 중국문학사상 중요한 논쟁점으로 아직 미해결로 남아 있다는 사실을 발견하게 되었다. 그뿐만 아니라 「목란시」의 배경시대가 북위라는 주장은 일부 학자들의 견해에 불과하다는 것을 알게 되었다. 이 사실에서 시를 포함한 문학작품을 역사적 사실을 규명하는 사료로 바로 이용하는 것은 매우 위험한 일임을 새삼 느끼게 되었고, 한편으로는 이미 발표한 졸고의 논지 전개에 중요한 위치를 차지하는 이 문제를 어떻게 하든 해명·보충하는 것이 필자의 소임이라 생각하게 되었다. 따라서 새로운 위험을 자초하면서도 「목란시」를 소재로 하나의 전론을 마련하지 않을 수 없었다.

Ⅱ. 「목란시」의 내용과 그 쟁점

「목란시(사)」의 주인공 목란에 얽힌 이야기를 시의 본문과 후세의 부연 설명을 중심으로 요약하면 대략 다음과 같다. 목란이라는 소녀가 가한의 군첩(軍帖)을 받은 병약한 아버지를 대신해서 12년을 종군하여 큰 공을 세우고 돌아오니, 천자는 그녀에게 상으로 상서랑(尙書郞)을 제수하였다. 그러나 그녀는 양친을 모시기 위하여 고향에 돌아가기를 주청하였다. 고향에 돌아와 융복(戎服)을 벗고 화장을 하고 집 밖을 나서니 함께 종군했던 자들이 다 놀

2 范文瀾, 『中國通史』, 北京: 人民出版社, 1978年版 第2冊, pp.661~662에서는 北魏 洛陽 遷都 이후 六鎭 起事 이전의 작품으로 보고 있다.

3 翦伯贊, 『中國史綱要』, 北京: 人民出版社, 1979年版 第2冊, p.132에서는 "목란시는 勅勒歌와 더불어 北朝民歌 중 가장 가치 있는 작품으로 비록 隋唐 詩人의 加工과 改造를 거쳤지만 기본상 北朝에서 형성되었다"고 말하고 있다.

랐다. 이 소문이 조정에 알려지자 임금은 그녀를 대궐로 불렀다. 황제는 그녀의 미모에 반해 그녀를 궁중에 들이려 하였다. 목란은 신하에게는 군주를 모시는 예가 없다 하고 거절하였으나 계속 궁박함에 어쩔 수 없어 자진(自盡)하였다. 임금은 놀라고 불쌍히 여겨, 그에게 장군을 추증하고 효열(孝烈)이라는 시호를 내렸다. 고향 사람들은 그를 추모해서 묘당을 세우고 (생일인 4월 8일에) 제사를 지내게 되었다는 것이다.[4]

우리나라의 춘향전이나 심청전이 정절과 효심을 표방하려 했듯이, 목란의 이야기는 사실을 기록(記實)한 것이라기보다는 다분히 의미를 빗대어 나타내려는[寓意] 문장에 해당한다. 이것이 소재가 된 영화가 중국에서 항일전쟁 시기와 현대에 제작되어 널리 민중의 사랑을 받는 것도 그 때문이다. 그러나 춘향이나 심청에서 느끼는 직설적인 의미보다는 「목란시」는 시대에 따라 풀어낼 수 있는, 이른바 '사상성'이 다양하다는 점이다. 현대 중국의 어떤 학자는 「목란시」가 남녀평등 사상과 노동의 신성함을 표방하고 있다고 해석하였는데 이것[5]은 그런 일면을 보여준다. 한편 목란이라는 인물의 성씨, 이름, 고향, 종군 지역, 시대 등 어느 것도 일치된 견해로 귀결되지 않고 있다. 예컨대 목란을 그들의 고향사람으로 여겨 그 묘당을 지어 제사를 지내는 지역, 즉 고향이라고 주장하는 곳이 대략 아홉 곳이나 되는데, 지역적으로 보면 호광(湖廣)에서 삭방(朔方) 지역까지의 광범위한 영역에 걸쳐 있는[6] 실정에서도 「목란시」의 기실적(記實的)인 면을 찾는 것이 얼마나 어려운 일인가를 엿볼 수 있다. 종래 연구에는 「목란시」의 배경 시대에 대해 한대설(漢代說), 북위설(北魏說), 서위-북주설(西魏-北周說), 수말당초설(隋末唐初說), 측천(則天) 혹은 예종(睿宗) 시대설 등으로 다양하게 제시되었다. 그리고 필자가 증명하려 하는 북위설이라 하더라도 시기와 지역, 종군 대상 등의 문

4 黃燦章, 「花木蘭竝不姓'花'」, 『人民日報』 1991년 4월 10일 7면.

5 吳穎, 「木蘭詩的思想性」(王瑤 等著, 『樂府詩研究論文集』, 北京: 作家出版社, 1957), p.208.

6 姚大榮, 「木蘭從軍時地表微」, 『東方雜誌』 22-2, 1925, pp.83~84.

제에 다양한 주장이 제시되고 있다.

그러면 논지 전개를 위해 「목란시」의 전문을 먼저 보자.

덜그럭 덜그럭, 목란이 방에서 베를 짠다
베틀소리 멈추고, 긴 한숨소리 들린다
무슨 걱정인가 물으니, 무슨 생각인가 물으니
다른 생각 아니요, 다른 생각 아니요
어제 밤 군첩이 내렸는데, 가한께서 군사를 부른다오
그 많은 군첩 속에, 아버지도 끼어 있소
우리 집엔 장성한 아들 없고, 목란은 오라비 없으니
내나 안장과 말을 사, 아버지 대신 싸움터에 나가겠소

喞喞復喞喞, 木蘭當戶織
不聞機杼聲, 惟聞女歎息
問女何所思, 問女何所憶
女亦無所思 女亦無所憶
昨夜見軍帖 可汗大點兵
軍書十二卷, 卷卷有爺名
阿爺無大兒 木蘭無長兄
願爲市鞍馬, 從此替爺征

동쪽 장에서 말을 사고, 서쪽 장에서 안장 맞추고
남쪽 장에서 고삐 사고, 북쪽 장에서 채찍을 사
아침에 부모와 하직하고, 저녁에 황하에 머무른다
부모 애타는 소리 못 듣고, 다만 황하 물소리만 철철
아침에 황하를 떠나, 저물어 흑산두에 묵는다

부모 애타는 소리 못 듣고, 연산 오랑캐 말굽소리 터벅터벅

東市買駿馬 西市買鞍韉

南市買轡頭, 北市買長鞭

旦[7]辭爺孃去, 暮宿黃河邊

不聞爺孃喚女聲, 但聞黃河流水鳴濺濺

旦辭黃河去 暮至[8]黑山頭

不聞爺孃喚女聲, 但聞燕山胡騎鳴啾啾

만 리나 변경 싸움터에 나서고, 나는 듯 관문과 산을 넘었다

삭북의 찬바람은 쇠 종소리 울리고, 찬 달빛은 철갑옷을 비춘다

장군은 백전을 싸우다 죽고, 장사 십 년 만에 돌아오다

돌아와 천자를 뵈오니, 천자는 명당에 앉아

공훈을 열두 급으로 기록하고, 백 천 포대기의 상을 내린다

가한은 소망이 뭐냐고 묻거늘, 목란이 대답하되 상서랑의 벼슬도 싫소

원컨대 명타천리마를 빌려 주어 나를 고향으로 보내주오

부모는 여식 돌아온다 하니, 곽 밖으로 나와 환영한다.

언니도 동생 온다 하니, 새 옷 바꿔 입고

남동생은 누이 온다 하니, 칼 갈아 새끼 돼지와 양을 잡는다

동각 내 방문 열고, 서상에 내앉으며

싸움 옷 벗어 놓고, 옛 차림 하며

창 앞에서 머리 빗고, 거울 보고 화장한다

문을 나가 전우를 보니, 전우들 깜짝 놀라며

12년을 같이 다녔건만, 목란이 여자인 줄은 몰랐도다

7 一作'朝',

8 一作'宿'.

수토끼 뛰걸음 늦을 때 있고, 암토끼 분명치 못할 때 있거늘

두 마리 같이 뛰어 달리니, 그 누가 가려낼 수 있겠는가[9]

萬里赴戎機, 關山度若飛

朔氣傳金柝, 寒光照鐵衣

將軍百戰死, 壯士十年歸

歸來見天子, 天子坐明堂

策勳十二轉, 賞賜[10]百千彊

可汗問所欲, 木蘭不用尙書郎[11]

明駝千里馬 願馳千里足[12], 送兒還故鄕

爺孃聞女來, 出郭相扶將

阿姊聞妹來, 當戶理紅妝

小弟聞姉來, 磨刀霍霍向猪羊

開我東閣門, 坐我西閣牀

脫我戰時袍, 著我舊時裳

當窓理雲鬢, 對鏡帖花黃

出門看火伴, 火伴開[13]驚忙

同行十二年, 不知木蘭是女郎

雄兎脚撲朔, 雌兎眼迷離

雙[14]兎傍地走, 安能辨我是雄雌[15]

---

9 이 시의 번역은 胡雲翼 저, 張基槿 역, 『中國文學史』(서울: 大韓敎科書株式會社, 1974년 제4판) pp.126~128을 참조하면서 약간 수정하였다.

10 一作'賜物'.

11 一作'欲與木蘭賞不願尙書郎'.

12 酉陽雜俎云'願借明駝千里足'.

13 一作'始'.

14 一作'兩'.

15 『樂府詩集』(北京: 中華書局, 1979) 卷25 橫吹曲辭五 梁鼓角橫吹曲 木蘭詩, pp.373~374.

이상이 「목란시」의 전문이다. 현재까지 학계에서 전개되고 되고 있는 논란의 초점은 무엇보다 「목란시」의 배경이 된 시대가 언제냐 하는 문제이다. 「목란시」가 실려 있는 제일 오래된 전적은 송대(남송 중기) 곽무천(郭茂倩)의 『악부시집(樂府詩集)』과 같은 송대에 출판된 책인 『문원영화(文苑英華)』이다. 이것이 후인들로 하여금 시가 생겨난 시대에 대해 의견을 분분하게 만들었던 것이다. 그런데 두 책은 소소한 글자의 차이 외에 곽무천의 『악부시집』에서는 「목란시 이수」라 하여 앞에서 적은 「목란시」 외에 또 다른 한 수[16]를 싣고 있는 점이 다르다. 곽무천은 「목란시 이수」를 다른 시와는 달리 작자의 이름(대부분 後魏 溫子昇이라거나 唐 李白이라 쓴다) 대신 '고사(古辭)'라 하였다. 곽무천은 『악부시집』 권25 횡취곡사(橫吹曲辭)5 「양고각횡취곡(梁鼓角橫吹曲)」의 총론(總論)에서 "『고금악록』에서 말하기를 가사를 보면 목란 한 곡이 있는데 어느 시대에 생겼는지는 모른다[古今樂錄曰: 按歌辭有木蘭一曲 不知起於何代也]"[17]라 하고 있고, 같은 책 「목란시」 제2수 편에서는 "『고금악록』에서 말하기를 목란은 그 이름을 알 수 없다. 절강서도 관찰사 겸 어사중승인 위원보가 이어 붙여 넣은 것이다[古今樂錄曰: 木蘭不知名, 浙江西道觀察使兼御史中丞韋元甫續附入]"라고 쓰고 있다.[18] 그런데 『고금악록』은 남조 진조(陳朝)의 임해왕(臨海王) 광대(光大) 2년(568)에 화상(和尙) 지장(智匠)이 편찬한 12권으로 된 책이었는데 이미 일서(佚書)가 되었다. 따라서 만약 『고금악록』에 저록된 것이 확실하다면 이것은 말할 것도 없이 진조 이전의 작품이라 해도 전

16 "木蘭抱杼嗟 借問復爲誰 / 欲聞所慽慽 感激强其顔 / 老父隷兵籍 氣力日衰耗 / 豈足萬里行 有子復尙少 / 胡沙沒馬足 朔風裂人腐 / 老父舊羸病 何以强自扶 / 木蘭代父去 秣馬備戎行 / 易却紈綺裳 洗却鉛粉妝 / 馳馬赴軍幕 慷慨携干將 / 朝屯雪山下 暮宿青海傍 / 夜襲燕支虜 更携于闐羌 / 將軍得勝歸 士卒還故鄕 / 父母見木蘭 喜極成悲傷 / 木蘭能承父母顔 却巾鞲理絲簧 / 昔爲烈士雄 今復嬌子容 / 親戚持酒賀 父母始知生女南同 / 門前舊軍都 十年共崎嶇 / 本結兄弟交 死戰誓不渝 / 今也見木蘭 言聲雖是顔貌殊 / 驚愕不敢前 歎重徒嘻吁 / 世有臣子心 能如木蘭節 / 忠孝兩不渝 千古之名焉可滅".

17 『樂府詩集』 卷25 橫吹曲辭5 梁鼓角橫吹曲, p.362.

18 『樂府詩集』 卷25 橫吹曲辭5 梁橫吹曲 木蘭詩, p.373.

혀 무리가 없다. 그러나 이 책은 이미 일서가 되었기 때문에 그 진가(眞假)를 확인할 방법이 없다. 그러나 『수서』[19] 및 『구당서』의 경적지[20], 『신당서』[21] 및 『송사』의 예문지[22]에 저록되어 있기 때문에, 이 책은 적어도 송-원시대까지는 존재하고 있었다고 본다. 곽무천이 『고금악록』을 직접 보고 썼다면 그 시대는 진대로 거슬러 올라간다. 그리고 『악부시집』에서도 「양고각횡취곡(梁鼓角橫吹曲)」 속에 넣었으니 곽무천은 어느 시대 작품인지 확인하지는 않았지만 남조 양대에 채록된 것으로 정리한 것이다. 그러나 이 문제를 복잡하게 만든 것은, 『문원영화』에는 「목란시」 제1수를 싣고 그 이름을 「목란가(木蘭歌)」라 하고 그 작자로 위원보(韋元甫)라고 분명히 적고 있다는 점이다.[23] 위원보는 『구당서』 권115에 본전이 있고, 대종(代宗) 대력(大曆) 6년(771)에 죽은 것으로 되어 있으며, 관직도 상기한 곽무천의 기술과 거의 같다.[24] 또 『시기(詩記)』 권96 제주(題注)에는 「고문원작당인목란시(古文苑作唐人木蘭詩)」라는 구절[25]이 있다. 그렇다면 남조 진대의 책인 『고금악록』에 근거해서 위원보가 '속부입(續附入)'한 것이라고 적은 것은 잘못이다. 그런데 『전당시』 권272에 보면 위원보의 「목란가」 한 수가 있는데, 이것은 바로 곽무천의 『악부시집』에 나오는 「목란시」 두 수 중, 앞에서 전문을 소개한 「목란시」 제1수와는 다른 한 수, 즉 속칭 제2수이다. 그렇다고 한다면 위원보가 '속부입'한

19 『隋書』 卷32 經籍志1 樂, p.926, "古今樂錄十二卷 陳沙門智匠撰".

20 『舊唐書』 卷46 經籍志上 樂類, p.1975, "古今樂錄 十三卷 釋智匠撰".

21 『新唐書』 卷57 藝文志1 樂類, p.1435, "釋智匠古今樂錄十三卷".

22 『宋史』 卷202 藝文志1 樂類, p.5053, "陳僧智匠古今樂錄十三卷".

23 『文苑英華』(臺北: 新文豐出版公司, 1979) 卷333 謌行, p.1733, "木蘭歌 韋元甫(郭茂倩樂府不知名韋元甫續附入)".

24 『舊唐書』 卷115 韋元甫傳, p.3376, "元甫精於簡牘, 錫詳於訊覆, 涉推誠待之, 時謂'員推韋狀'. 元甫有器局, 所莅有聲, 累遷蘇州刺史, 浙江西道都團練觀察等使. 大曆初, 宰臣杜鴻漸首薦之, 徵為尚書右丞. 會淮南節度使缺, 鴻漸又薦堪當重寄, 遂授揚州長史·兼御史大夫·淮南節度觀察等使. … 大曆六年八月, 以疾卒於位".

25 『樂府詩集』 卷25 橫吹曲辭五 梁鼓角橫吹曲 木蘭詩, p.375 注에서 引用.

것은 바로 제2수로 볼 수 있다.[26] 그러면 앞에서 곽무천이 인용한 것은 "『고금악록』에서 말하기를 목란은 이름을 알 수 없다"까지이고 "절강서도 관찰사 겸 어사중승인 위원보가 이어 붙여 넣은 것이다"는 『고금악록』의 언급이 아닌 제2수를 첨가한 사실을 기록한 것이 아닐까 하는 것이다.

그런데 제1수와 제2수를 비교하면, 시사(詩詞)는 다르나 내용상에는 큰 차이가 없다. 따라서 이것 때문에 혹자는 같은 사람, 즉 위원보가 붙였을 것이며, 목란은 당 고조의 셋째 딸로 낭자군(娘子軍)을 이끌고 정벌에 나섰던 평양공주(平陽公主)의 고사[27]에서 유래된 것으로, '속부입'은 진조 이전에 있던 곡에다 '사(詞)'를 붙인 것으로, 즉 '속사부입곡중(續詞附入曲中)'의 의미로 해석하고 있다.[28] 그렇다면 왜 같은 내용의 사(詞)를 두 수나 만들었을까 하는 의문이 생긴다. 게다가 제1수에 나오는 흑산두(黑山頭), 연산(燕山), 관산(關山), 황하(黃河) 등은 북방 지역(이것도 고증이 요구되는 부분이지만)의 지명이고, 제2수에서는 우전(于闐), 청해(青海), 설산(雪山), 연지(燕支) 등으로 목란의 활약 지대가 서북 변방 지역으로 바뀌고 있다. 따라서 제1수와 제2수는 주제는 비슷할지 몰라도 지역은 완전히 다르다는 점에서 동일한 시기의 상황으로 보는 것은 합리적이지 못하다는 생각이 든다. 위원보가 '속부입'한 것은 그가 살았던 당대의 상황에 맞게 개조한 것이 아닐까 한다.

그렇다면 제2수가 위원보의 작품일 가능성이 있는데, 이것은 이미 주장된 바 있으므로 여기에서 따질 필요가 없다. 「목란시」의 작자에 대한 설을 대략 요약하면, 첫째, 『악부시집』에 따라 북가에 포함시키고, 양대(梁代)의 무명이 지은 것으로 보거나 둘째, 『문원영화』에 따라 당인 위원보로 보거나,[29] 셋

26 『滄浪詩話』 考證에도 그렇게 보고 있다(黃震云, 「木蘭詩作者考」, 『徐州教育學院學報 哲社版 1988-4, p.19에서 再引).

27 『舊唐書』 卷58 平陽公主傳; 『新唐書』 卷83 平陽公主傳.

28 黃震云, 「木蘭詩作者考」, 1988, p.21.

29 그런데 木蘭詩 제1수를 「木蘭歌」라 지칭하고 韋元甫의 作이라고 쓰고 있다.

째, 앞의 두 주장을 절충하여 제1수는 양의 북가로, 제2수는 위원보의 작품으로 보는 것이다.

그런데 종래 「목란시」의 시대 비정의 근거로 삼았던 것은 시 속에 나오는 ① 가한(可汗)과 천자(天子), ② 책훈십이전(策勳十二轉), ③ 명당(明堂) 등의 용어와 ④ 종군 지역 문제였다. 그러면 이하에서 이 문제를 중심으로 검토하여 다시 한 번 시대를 비정해 보자. 필자는 「목란시」 제1수는 남조 진대 이전에 나타나 『고금악록』에 실렸던 것이고, 제2수는 당대에 지어진 것으로 보는 것이 합리적이라 여기고 논리를 전개할 것이다.

Ⅲ. 가한과 천자로서의 북위 황제

먼저 「목란시」에 나오는 점병(點兵)의 주체인 가한과 상사(賞賜)의 주체인 천자에 대해서 알아보자. 즉 점병과 상사한 주체가 동일인이냐 아니냐의 문제이다. 대체로 청대(淸代)에는 2인설을 주장하는 것이 주류였던 것 같다.[30] 이 문제와 관련하여 송상봉(宋翔鳳)은, 시 중의 가한은 돌궐(突厥)의 계민가한(啓民可汗)이고, 천자는 수(隋)의 양제(煬帝)이며, 목란의 아버지는 바로 계민의 부락인이며 목란의 종군은 계민이 그의 형인 도람(都藍)가한과 서로 싸운 전투(開皇 18~大業 3년)라고 하였다.[31] 그러나 가한과 천자가 다른 사람이라는 것은 상하 문맥상 아무래도 어울리지 않는다는 점에서[32] 요대영(姚大榮)은

30 宋翔鳳의 『過庭錄』, 兪正燮의 『癸巳存稿』, 李慈銘의 『日記』 등은 모두 二人이라 주장한다(羅根澤, 「〈木蘭詩〉產生的時代和地點」, 『羅根澤古典文學論文集』, 上海: 上海古籍出版社, 1985, p.383).

31 姚大榮, 「木蘭從軍時地表微」, 1925, p.86에서 再引.

32 이 점은 詩의 作法에서도 나타나는데 만약 可汗만 사용하고 天子를 사용하지 않으면, '歸來見可汗 可汗坐明堂'이 되어 韻에 맞지 않는데, 이것은 杜甫의 「謁諸葛祠堂詩」 중에 諸葛亮을 가르키는 말로 丞相, 諸葛, 老臣, 宗臣 등을 바꾸어 쓰는 것과 같다는 것이다. 따라서 천자와 가한은 二人이 아니라는 것이다(江慰廬, 「談談怎樣研究木蘭詩」, 『文學遺產 增刊』 1,

1인설을 주장하면서 그 자가 바로 수말당초의 군벌인 양사도(梁師都)라고 보았다. 수말당초 군벌 가운데 돌궐에 칭신하고 가한 칭호를 받은 사람은 여러 명이지만, 12년이나 존속한 자는 양사도뿐이라는 것이다. 양사도는 수 공제(恭帝) 의령(義寧) 원년(617) 삭방응양낭장(朔方鷹揚郎將)으로 군승(郡丞) 당세종(唐世宗)을 살해하고 북쪽으로 돌궐과 연결하여 하주(夏州) 지역을 중심으로 하여 황제위에 오르고 국호를 양(梁)이라 하였는데, 돌궐 시필가한(始畢可汗)은 그에게 대도비가가한(大度毗伽可汗)이라 칭하고, 후에 해사천자(解事天子)라는 칭호를 주었다고 한다. 당 태종 정관 2년(628) 4월에 낙인(洛仁)이 그의 종부형(從父兄)인 양사도를 살해하고 당에 항복하기까지가 대략 12년이 된다는 것이다.[33] 따라서 양사도의 부민이 바로 목란이고, 그리고 그가 종군한 대상, 즉 연산호(燕山胡)는 돌궐이 아니라 거란(契丹)이었으며, 천자 겸 가한인 양사도가 명당에서 책훈한 곳은 현재 하투(河套) 지역인 통만성이라는 것이다.[34] 그러나 이 설은 천자와 가한을 병칭한 자를 찾는 데만 너무 집착한 결과에서 나온 것으로, 가한은 이족(異族)의 군장으로 신하로서 천자를 섬기는 자라며, 서중서는 요대영의 설을 반박하였다.[35] 실제 목란이 양사도의 부하라는 주장은 원인(元人) 후유조(侯有造)[36] 및 청인(淸人) 유정섭(兪廷燮)[37]에 의해 제시된 바 있어 요대영이 처음 주장한 것은 아니다. 이들의 주장도 대체로 천자와 가한이 동일인이라는 시각에서 나온 것이다. 문제는 요대영의 설대로 천자와 가한이 양사도라면 그가 멸망한 것은 정관 2년 4월로 목란

1955, p.113).

33 梁師都의 이력에 대해서는 『舊唐書』 卷56 梁師都傳과 『新唐書』 卷87 梁師都傳을 참조할 것. 특히 12년은 『新唐書』 권87 梁師都傳, p.3731의 "貞觀二年, … 其從父弟洛仁斬師都降, 擢洛仁為右驍衛將軍, 朔方郡公. 自起至滅十二年. 以其地為夏州."라는 기록에 의거한 것이다.

34 姚大榮, 「木蘭從軍時地表徵」, 1925, p.87.

35 徐中舒, 「木蘭歌再考」, 『東方雜誌』 22-14, 1925.

36 「祠像辨正記」[兪廷燮, 『癸巳存稿』(臺北: 臺彎商務印書館, 1968, 國學基本叢書本) 卷13 「亳州志木蘭事書後」, p.404에서 인용됨].

37 兪廷燮, 『癸巳存稿』 卷13 「亳州志木蘭事書後」, 1968, p.404.

이 군에서 돌아와 천자를 만난 것이 바로 이때이다. 이때는 바로 당의 유민(劉旻)이 삭방의 동성(東城)을 차지하였고 시소(柴紹)가 양사도를 추격할 때이다.[38] 양사도의 존망이 단석(旦夕)에 걸렸는데 "천자좌명당(天子坐明堂), 책훈십이전(策勳十二轉), 상사백천강(賞賜百千彊)"과 같은 행사가 태평스럽게 통만성에서 행해졌다고 보는 것은 불합리하다.[39] 그러나 천자와 가한이 동일인이라는 것은 확실해 보인다. 왜냐하면 '책훈십이전'의 결과로 '상서랑'이라는 벼슬이 제시된 것이기 때문이다. 그렇다면 천자이면서 가한이라 병칭되는 사람을 찾아야 한다. 수 말 군웅 가운데 양사도 외에 가한을 칭한 사람은 설거(薛擧), 두건덕(竇建德), 왕세충(王世充), 유무주(劉武周), 이궤(李軌), 고개도(高開道) 등이 있다. 그리고 수 문제와 당 태종도 가한 내지 천가한을 칭하였다. 그렇다면 이들도 모두 그 대상이 될 수 있다.

그런데 기존 학계에서는 북위 황제의 천자와 가한의 병칭 사실은 전혀 고려 대상이 아니었다. 가한호가 처음 보이는 것은 『통전』 권196 변방12 북적(北狄)2 연연조(蠕蠕條)에 유연주 사륜(社崙)의 가한호 자칭 사실인데, 이에 대해 두우(杜佑)는 '가한지호시어차(可汗之號始於此)'라 간주(間注)하고 있지만,[40] 사실 가한호는 이보다 훨씬 이전부터 선비 제부족들의 군장의 칭호로 사용되어 왔으며,[41] 특히 북위 황제의 먼 조상들도 사용하고 있었음이 확인된다.[42] 그리고 1980년 7월 30일 중국학자 미문평(米文平) 등에 의해 홍안령

38 『舊唐書』 卷56 梁師都傳, p.2281, "貞觀二年, 太宗遣右衛大將軍柴紹·殿中少監薛萬均討之, 又使劉旻·劉蘭率勁卒直據朔方東城以逼之".

39 萬繩楠은 시구 중에 '磨刀霍霍向猪羊'으로 볼 때, 北魏 孝文帝 이후 천하에 民田을 均給한 이른바 均田制 시행 이후 황하 유역에 산업이 발달하여 인민생활이 비교적 안정된 시기라고 비정하고 있다(『魏晉南北朝文化史』, 合肥: 黃山書社, 1989, p.189).

40 (唐)杜佑撰, 『通典』(北京: 中華書局, 1988 點校本) 卷196 邊防12 蠕蠕傳, p.5378, "於是自號丘豆伐可汗(可汗之號始於此). '丘豆伐'猶駕馭開張也, 可汗猶魏言皇帝也".

41 內田吟風, 「柔然族に關する硏究」, 『北アジア史硏究—鮮卑柔然篇』, 京都: 同朋舍, 1975, p.292.

42 『資治通鑑』 卷77 魏紀29, 元帝 景元 2年(261) 是歲條, p.2459, "力微之先 … 至可汗毛 … 後五世至可汗推寅 … 又七世至可汗鄰 …".

산맥(興安嶺山脈) 동록의 알선동(嘎仙洞)에서 발견된 석실(石室) 축문(祝文)에서는 분명히 그들의 선조를 "황조선가한(皇祖先可寒)", "황비선가돈(皇妣先可敦)"이라 지칭하고 있다.[43] 이 축문은 북위 태무제 태평진군(太平眞君) 4년(403)에 새겨진 것이므로 태무제가 그의 선조를 '선가한'이라 불렀다면 그는 '후가한'으로 자칭하였을 것임은 짐작할 수 있다. 왜냐하면 후세에 북족적 영향이 크게 약화된 시기인 당의 태종도 '황제천가한'으로 자칭하고 있기 때문이다. 그렇다면 당시 민중들이 그들의 군장을 가한으로 부르는 이유는 무엇인가? 즉 제도적으로 천자와 가한이 병칭되는 현실보다 민중들이 자기의 군장을 더 가깝게 느낄 수 있는 호칭으로 가한의 의미를 중요하게 여겨야 할 것이다. 사실 수대 이후는 자발적이라기보다 역시 대외적인 문제로 제도적으로 가한이 사용되었을 가능성이 짙다. 그러나 북위시대에는 그 정황이 사뭇 다르다. 특히 군주들은 그들의 선조들을 부르던 칭호로 가한을 받아들이고 있었으며, 그들이 이 칭호에 가지는 애착은 매우 컸다. 이러한 북위황제의 가한의식 때문에 유연(柔然)과의 전쟁은 계속될 수밖에 없었다.[44] 그런 면에서 천자와 가한 칭호의 문제에서 볼 때 「목란시」의 배경이 된 시대는 역시 수대 이후라기보다 그 이전 시기로 보아야 할 것이다. 대부분의 학자들이 주장하듯이 「목란시」란 북족민들이 중원에 들어와 만든 북가로 보아야 한다. 실제 북가 중의 하나인 「절양류지가(折楊柳枝歌)」에는 「목란시」에 나오는 내용과 유사한 것이 많기 때문이다.[45]

또 하나 감안해야 하는 것은 선비 탁발족이 중국을 통치함에 따라 형식적으로는 천자와 황제를 호칭하였지만, 실제로 군대에서는 여전히 선비어로

43 米文平, 「鮮卑石室的發現與初步研究」, 『文物』 1982-2.

44 朴漢濟, 「北魏의 對外政策과 胡漢體制」, 『中國中世胡漢體制研究』, 서울: 一潮閣, 1988, pp.194~196.

45 일부를 소개하면 "敕敕何力力, 女子臨窗織, 不聞機杼聲, 只聞女歎息, 問女何所思, 問女何所憶, 阿婆許嫁女, 今年無消息."과 같은 구절이다.

호령하고 있다는 사실이다. 『수서』 권32 경적지1에는 국어(國語)라는 서목이 몇 개 나오지만, 실제 북위 효문제 개제(改制) 이전에는 통치자들은 선비어를 '국어'로 여겼던 것이다.[46] 따라서 군대에서는 황제를 '가한'이라 불렀을 가능성이 크고[47], 이런 호칭이 민간에서는 익숙한 나머지 군악(軍樂)이나 민가(民歌)에 '천자'와 함께 번갈아 가며 사용되었을[48] 가능성이 있다.

Ⅳ. 책훈십이전(策勳十二轉)과 상서랑(尙書郞)

다음으로 '책훈십이전'에 대해서 살펴보기로 하자. 종래 학계에서는 이것을 근거로 「목란시」가 당대의 것이라고 주장하기도 하였다. '책훈'이라는 것은 북위시대에도 흔히 나오는 용어이다. 즉 "모두 모여 술을 마시고 공을 부적에 기록하고 종묘에 보고하였다[飮至策勳 告於宗廟]"의 용례가 있고,[49] 또 유사한 예로 "행음지책훈(行飮至策勳)"의 용례도 있다.[50] '음지책훈(飮至策勳)'이란 군대가 개선해서 돌아와 종묘에 이르러 개선의 사실을 고하고 술을 마시며 그 훈공을 책(策)에 기록하는 것으로, 이미 춘추시대부터 있던 예법

46 繆鉞, 「北朝之鮮卑語」, 『讀史存稿』, 香港: 三聯書店, 1978, p.56.

47 『隋書』 卷32 經籍志1, p.947, "又後魏初定中原 軍容號令 皆以夷語 後染華俗多不能通 故錄其本言 相傳教習 謂之國語".

48 江慰廬, 「談談怎樣研究木蘭詩」, 1955, p.119.

49 『魏書』의 卷4上 世祖紀上 始光 4年 8月條에 "任子, 車駕至自西伐, 飮至策勳, 告於宗廟, 班軍實以賜留臺百僚, 各有差"(p.73), 神䴥 4年 2月條에 "癸酉, 車駕還宮, 飮至策勳, 告於宗廟, 賜留臺百官各有差, 戰士賜復十年"(p.78), 太延 5년 12月條에 "壬午, 車駕至自西伐, 飮至策勳, 告於宗廟"(p.90) 내용이 있고, 卷4下 正平 元年 3月條에 "己亥, 車駕至自南伐, 飮至策勳, 告於宗廟. … 賜留臺文武所獲軍資生口各有差"(p.105), 卷6 顯祖紀 皇興 4년 9月條에 "壬申, 車駕至自北伐, 飮至策勳, 告於宗廟"(p.130), 卷7上 高祖紀上 延興 3年 2月條에 "戊午, 太上皇帝自北討,飮至策勳, 告於宗廟"(p.138) 내용이 있다.

50 『魏書』 卷7下 高祖紀下 太和 23년 春正月條에 "乙酉, 車駕發鄴, 戊戌, 至自鄴. 庚子, 告於廟社. 癸卯, 行飮至策勳之禮"(p.184)와 同書 卷21下 獻文六王 彭城王勰傳에 "車駕還京, 會百僚於宣極堂, 行飮至策勳之禮"(p.575)의 용례도 있다.

이었다.[51] 따라서 문제는 '십이전(十二轉)'이다. 이른바 훈관의 문제로 북주 이후 이 제도가 발달하였는데, 훈관은 북주와 북제의 교전 시기에 출현하였다. 곧 북주에는 상개부의동삼사(上開府儀同三司) 이하 11호로 되어 있으며, 수 문제는 북주의 제도를 이어서 상주국(上柱國) 이하 도독(都督)까지 11등의 산관(散官)으로 훈로(勳勞)에 보답했다. 또 당 고조 무덕 초에 수제(隋制)를 잡용하여 7년에 이르러 반령(頒令)한 것은 상주국 이하 무기위(武騎尉)까지 모두 12등이었다.[52]

그런데 여기서 백정(白丁)인 목란이 훈공으로 상주국에 올랐다는 것인지,[53] 아니면 상서랑으로 제수된 것인지 분명하지 않다. 여기다가 북주 이후 훈관 중에는 상서랑이라는 벼슬이 없는 반면, 당시에는 상주국이란 매우 얻기 힘든 것이었다. 일례로 한금호(韓擒虎)는 수대에 강남을 평정한 대장인데 "살아서 상주국이 되었고 죽어서 염라왕이 된다면 이 또한 족한 것이다"[54]라고 한 것을 보면 알 수 있다. 따라서 목란이 십이전인 상주국을 받았다고 보는 것은 불합리하다. 그런 면에서 의미 그대로 훈급 십이전을 매긴다는 뜻으로 해석해야 할 것이다. 그러나 '십이전'을 그대로 받아들인다면, 이것은 분명히 당 고조 무덕 7년 이후의 역사적 사실이므로 이것으로 「목란시」는 당대의 것으로 받아들여야 할 것이다. 그러나 '십이'란 숫자는 '군서십이권(軍書十二卷)', '동행십이년(同行十二年)' 등의 용례로 볼 때 정녕코 실수(實數)인가 하는 의문이 든다.[55] 실제 '장사십년귀(壯士十年歸)'와 '동행십이년'은 같은 사실을 이야기하는 것인데 '십년'과 '십이년'으로 차이가 난다. 이러한

51 『左傳』 桓公 2年條.

52 『舊唐書』 권42 職官志1, pp.1807~1808; 『新唐書』 卷46 職官志1, 「司勳郎中」條 p.1189; (唐)李林甫等撰·陳仲夫點校, 『唐六典』(北京: 中華書局, 1992) 卷2 司勳郎中條, pp.40~41.

53 唐長孺(「木蘭詩補證」, 『唐長孺社會文化論叢』, 武漢: 武漢大學出版社, 2001, p.249)는 목란이 십이전인 상주국으로 오른 것으로 해석하고 있다.

54 『隋書』 卷52 韓擒虎傳 p.1341, "擒(虎)止之曰: '生為上柱國, 死作閻羅王, 斯亦足矣".

55 이 점에 대해서는 余冠英이 일찌기 疑問을 제기하였다(『樂府詩選』, 北京: 人民文學出版社, 1962 / 原刊, 臺北: 華正書局, 1981影印) p.122.

모순점은 "군서십이권(軍書十二卷) 권권유야명(卷卷有爺名)"에서도 나타난다. 따라서 혹자는 이것이 '삼(三)' 혹은 '구(九)'와 같이 관습상 쓰는 허수일 것이라고 주장하고 있다.[56] 따라서 '십(十)'이나 '십이(十二)'나 모두 '높고', '많은'의 의미라면 '십이전'이란 용어만 가지고 당대의 일로 보는 것은 조금 성급한 결론이라고 생각된다. 또한 '십이전'이 반드시 문제가 아니라면 '책훈'은 북위시대에서도 자주 나오는 제도이므로 그 시기를 당대로 보아야 할 이유는 없다. 사실 '전(轉)'이란 "공훈으로 인하여 관직을 옮기는[因功勳而轉官]"이라는 뜻일 것이므로 '책훈십이전'은 『위서』 권31 우충전(于忠傳)에 나오는 "충이 고양왕 옹에게 보고하여 스스로 세종이 본래 우선적으로 진급, 승진하기로 허락하였다고 말하였다[忠白高陽王雍 自云世宗本許優轉]"의 '우전(優轉)'과 같은 의미일지도 모른다. 또 『위서』 권33 이선전(李先傳)에 "거가가 이에 북벌을 단행하여 유연을 크게 파하고 선에게 노비 3구와 마, 우, 양 50두를 주고 칠병랑으로 진급시켰다[車駕於是北伐 大破蠕蠕. 賞先奴婢三口 馬牛羊五十頭. 轉七兵郞]"의 사례에서도 알 수 있는 것이다. 이선은 목란이 상서랑으로 우전되었듯이 유연 정벌 이후 칠병랑(七兵郞)으로 책훈되고 있는 것이다.

그런데 목란이 상서랑으로 제수되었다고 하는데 상서랑이란 직은 어떤 연혁을 가지고 있는가. 『통전』에 의하면 수 개황 6년 24사(司)를 두고 각 원외랑 1인을 두는 것을 설명하면서 "지금 상서원외랑을 둔 것이 이로부터 시작되었다. 이전 역대 왕조에서는 모두 그것을 상서랑이라 했고 원외라는 호칭은 모두 없었다[今尙書員外郞, 其置自此始, 以前歷代皆謂之尙書郞 … 皆無員外之號]"[57]라고 간주(間注)를 붙이고 있어서, 이때에 상서랑이 상서원외랑(尙書員外郞)으로 바뀐 것처럼 기술하고 있다. 이로 볼 때 실제 상서랑은 수(隋) 이전

56 蕭滌非, 「從杜甫 白居易 元稹詩看木蘭詩的時代」, 『文學遺產 增刊』 1, 1955, p.127.

57 『通典』(北京: 中華書局 點校本, 1988) 卷22 職官4 歷代郞官 尙書郞條, p.607.

의 관명이고, 수 이후에는 없는 것으로 볼 수 있다. 그러나 『위서』 관씨지를 보면 태화 17년(493)에 반포된 전령에는 종5품중으로 상서랑이 재록되어 있지만, 태화 23년(499)에 반포된 후령에는 그것이 없다. 따라서 상서랑만을 가지고 본다면 목란의 활동시대는 태화 23년 이전일 가능성이 커졌고, 수 문제 개황 6년 이후는 곤란하다는 결론이 나온다. 이처럼 시대 비정 문제는 어느 하나의 용어를 가지고 따질 성질의 것이 아니다. 따라서 최근 녹흠립(逯欽立)은 "십이전의 훈품은 당에서 시작되었으며, 명당은 무측천 시기에 건립된 것이다. 고문원이 (목란시를) 당인의 작품이라 한 것은 참으로 옳다[十二轉勳制始於唐, 建立明堂在武則天時 … 古文苑以爲唐人作, 良是]"[58]라고 주장한 논리는 재고할 여지가 있다. 사실 '책훈십이전'이란 제도가 성립된 것은 당대이다. 그러나 「목란시」에서 꼭 그것으로 해석하기는 어렵기 때문에 당대라고 단정할 수는 없다. 그러면 절을 바꾸어 녹흠립이 주장하는 또 하나의 근거인 명당(明堂)에 대해서 살펴보자.

V. 북위시대 명당의 설립 경위

녹흠립은 명당이 무측천 시기에 건립된 것으로 정리하고 있지만, 이것도 상세한 고찰이 필요하다. 사실 녹씨와 같은 견해는 1920년대 중반 서중서가 이미 제기한 것이지만, 서중서는 『문헌통고』에 나오는 기사에만 너무 의존한 감이 없지 않다.[59] 사실 『문헌통고』에서는 북위의 명당 설치 사실에 대해서 소극적으로 다루고 있는 대신, 무측천과 예종 시기의 그것에 대해서는 상술

58 逯欽立輯校, 『先秦漢魏晉南北朝詩』, 北京: 中華書局, 1983, p.2160.

59 徐中舒, 「木蘭歌再考」, 1925, pp.87~88. 그는 武后 이전 睿宗 이후에는 명당이 없었다고 주장하고 있다.

하고 있다.[60] 그러면 북위시대 명당에 관한 『위서』의 기재를 살펴보자.

① [太和 十五年(491) 夏四月] 己卯 經始明堂, 改營太廟. … (冬十月)是月, 明堂·太廟成.[61]

② (太和 十五年 八月 戊午) 又詔曰: '明堂·太廟, 竝祀祖宗, 配祭配亨, 於斯備矣. …'.[62]

③ (太和 十五年) 十月太尉丕奏曰: '竊聞太廟已就, 明堂功畢, 然享祀之禮, 不可久曠.'[63]

④ 明堂 太廟 已成於昔年.[64]

⑤ 初, 世宗永平(508~512)·延昌(512~515)中, 欲建明堂. 而議者或云五室, 或云九室, 頻屬年饑, 遂寢. 至是[熙平二年(517)]復議之, 詔從五室. 及元叉執政, 遂改營九室. 値世亂不成, 宗配之禮, 迄無所設.[65]

이 사료로 볼 때, 북위 효문제 태화 15년(491) 10월에 분명히 명당이 건립되고 있기 때문에 당 이전의 명당의 존재를 부정하는 견해는 성립할 수 없다. 사실 북위 명당의 유지는 20세기 말 대동(大同)에서 발굴되었다.[66] 물론 당 이전의 명당과 무측천의 명당은 기능상 차이가 있다. 즉 이전의 명당과는 달리 무측천의 명당은 제왕의 집무소인데, "천자좌명당(天子坐明堂), 책훈십이전(策勳十二轉)"하는 장소는 집무소가 되어야 한다는 논리이다. 그러나 앞

60 (元)馬端臨撰, 『文獻通考』(北京: 中華書局, 1986) 卷73-74 明堂, pp.671~673.

61 『魏書』 卷7下 高祖紀下, p.168.

62 『魏書』 卷108-1 禮志 1, p.2748.

63 『魏書』 卷108-3 禮志 3, p.2789.

64 『魏書』 卷53 李冲傳1, p.1182.

65 『魏書』 卷108-2 禮志2, p.2767.

66 王銀田, 「北魏平城明堂遺址研究」, 『中国史研究』 2000-1; 王銀田, 「北魏平城明堂遺址再研究」, 中国魏晋南北朝史学会大同平城北朝研究会编, 『北朝研究』 第二辑, 北京燕山出版社, 2000; 王銀田, 「大同市北魏平城明堂遺址1995年的发掘」, 『考古』 2001-3.

서 북위의 경우에서 "모두 모여 술을 마시고 공을 부적에 기록하고 종묘에 보고하는[飮至策勳, 告於宗廟]" 동시에 "유대의 백관에게 각기 차등 있게 내려주고 전사에게 10년의 세금을 면하게 하는[賜留臺百官各有差, 戰士賜復十年]" 것을 보았다.[67] 즉 조종에 제사도 지내면서 상사와 책훈하는 곳이 다름 아닌 북위의 명당인 것이다. 명당이라는 것은 주대의 제도로 이후 시대에도 제후를 면조(面朝)하고 제사(祭祀)·향공(饗功)·양노(養老)·교학(敎學)·선사(選士)하는 곳이었다. 특히 북위 효문제는 춘추시대 송(宋)의 양공(襄公)에 비유될 만한 예교주의자였고,[68] 예교의 실천이야말로 남북조를 통일시킬 수 있는 치정(治政)의 최고 방침으로 생각했던 군주였다.[69] 그런 까닭으로 그의 예교 정치 속에는 당연히 명당의 복원은 필수적인 것이었다. 혹자는 명당의 건설을 우문태의 주례 채용 사실과 연결시켜 서위·북주시대로 보는 견해를 제시하였지만,[70] 실제 서위시대에 명당의 건립이나 역할을 특필한 전적은 찾을 수 없다. 그 점은 이미 북위시대에 건립된 명당을 서위시대에도 운용하고 있었던 현실의 반영이 아닌가 생각한다. 그런 면에서 명당의 문제로 반드시 「목란시」의 시대가 서위라든지 당대라는 주장은 성립되지 않는다.

그러면 북위 효문제 시기에 분명히 명당이 성립되었는데 후에 다시 명당의 건립 논의가 나오는 것은 무슨 이유인가. 이 점이 「목란시」의 시대 비정 문제 해결에서 중요한 단서이다. 북위가 유연에 대해 최후의 일격을 가한 전쟁은 492년이다.[71] 유연은 두륜(豆崙: 伏古敦可汗, r.482~492) 시기인 485~487년에 세 차례의 침략을 감행하는 등 마지막으로 적극적인 공세를 펼쳤으나, 492년 북위의 대규모 원정으로 전패를 당하고 두륜은 가장 인기

67 『魏書』 卷4上 世祖紀上 始光 4年 8月條, p.73; 神麚 4年 2月條, p.78.
68 孫蕾, 「魏孝文帝是宋襄公第二碼?」, 『齊魯學刊』 1984-4.
69 朴漢濟, 「北魏의 對外政策과 胡漢體制」, 1988, p.232.
70 羅根澤, 「〈木蘭詩〉產生的時代和地點」, 1985, pp.383~384.
71 朴漢濟, 「北魏의 對外政策과 胡漢體制」, 1988, p.189.

없는 가한이 되어 두륜 모자는 국인에 의해 참살되고 부내(部內)의 고차족(高車族)의 민중 10여만[衆十餘萬]이 자립하는 결과를 맞이하게 되었다.[72] 유연은 492년 이후 명맥은 유지하나 극히 약화되어 북위에게 더 이상 위협적인 존재가 되지 못하였다. 그런데 북위의 낙양 천도가 바로 493년 10월에 이루어진다. 그 후 낙양에 명당을 건설하려는 시도가 수차례 있었으나 제대로 건설되지 못하였다. 즉 명당이 건설된 것이 491년 10월이고, 바로 2년 뒤에 천도가 이뤄졌으므로 명당이 건설된 곳은 바로 평성이었고, 효문제가 목란에게 책훈한 곳이 바로 당시 수도 평성의 명당이었으며, 그 시기는 492년 유연에게 승전한 이후부터 493년 10월 사이의 일로 보아야 할 것이다. 북위의 가장 큰 적은 바로 유연이었고, 유연을 사실상 괴멸시킨 것은 북위시대의 가장 찬란한 전과 중 하나였다. 유연 정벌이 끝나자, 바로 효문제는 통일 작업의 일환으로 낙양 천도 작업에 착수한 것이다.

Ⅵ. 흑산두(黑山頭)와 연산호(燕山胡)

이와 같은 시대 비정을 바탕으로 하여 목란의 종군 지역을 알아보자. 여기서 근거가 되는 것은 시 중에 나오는 "아침에 황하를 떠나, 저물어 흑산두에 묵는다[旦辭黃河去 暮至黑山頭]", "연산 오랑캐 말굽소리 터벅터벅[但聞燕山胡騎鳴啾啾]", "나는 듯 관문과 산을 넘었다[關山度若飛]", 그리고 "삭북의 찬바람은 쇠 종소리 울리고[朔氣傳金柝]" 등의 구절이다. 그중 가장 문제가 되는 것은 '흑산두'와 '연산호'가 무엇을 가리키는가였다. 지금까지의 연구 성과에서는 목란의 작전 대상을 각각 유연, 돌궐, 거란으로 보는 설들로 나누어져 있었다. 그러나 근래에 만승남(萬繩楠)은 흑산은 하북성(河北省) 창평현(昌

72 『魏書』 卷103 蠕蠕傳, pp.2296~2297.

平縣)이고 연산은 현재의 연산산맥(燕山山脈)으로, 따라서 목란의 작전 대상이 되었던 연산의 오랑캐 기병은 해인(奚人: 庫莫奚)이라는 새로운 주장을 내놓았다.[73] 그러나 만씨가 종군 대상을 고막해로 잡은 것은 '종군 12년'에 지나치게 집착하여 12년간의 전쟁연표를 일부러 찾아낸 느낌을 지울 수 없다. 따라서 고막해를 상정하다 보니, 자연히 흑산이나 연산을 동북 지역으로 볼 수밖에 없는 결과를 낳았다. 물론 이 설은 만승남의 신설이 아니고, 이미 북경대학 중국문학사 교연실 선주(選注)의 『위진남북조문학사참고자료(魏晉南北朝文學史參考資料)』(香港: 中華書局, 1986, p.380)에서도 서릉(徐陵)이나 전기(錢起) 등의 악부를 근거로, 흑산을 현재의 창평(昌平) 천수산(天壽山)으로, 연산을 현재의 연산산맥으로 비정한 바 있다.[74] 그러나 이러한 비정은 상당한 문제점을 안고 있다. 왜냐하면 "아침에 황하를 떠나, 저물어 흑산두에 묵는다."는 구절로 볼 때 그곳으로 비정했을 경우 황하와 너무 멀리 떨어져 있어 전혀 들어맞지 않기 때문이다.

그리고 전기는 당대 천보 대력 연간에 활약한 시인이지만, 당대의 흑산이 반드시 현재 북경시 창평현이라는 근거는 찾아볼 수 없다. 더군다나 초당 성당 때에 흑산으로 불리던 곳은 대략 세 곳이나 있었으며, 당시 돌궐이 출몰하던 지역으로 변새시(邊塞詩)에 이곳을 읊은 것이 많다는 점이다.[75] 따라서 시대에 따라 흑산의 지점은 달라질 수 있다. 종래의 주장에 의하면, 흑산(黑山)은 살호산[殺虎(胡)山]을 가리키고[76] 대체로 수원(綏遠)[77]의 귀화현(歸化縣)

73 萬繩楠, 『魏晉南北朝文化史』, 1989, p.188.

74 北京大學 中國文學史教研室 選注, 『魏晉南北朝文學史參考資料』(香港: 中華書局, 1986) p.380에서 黑山은 錢起의 盧龍塞行의 "雨雪紛紛黑山外"라는 구절에서, 그리고 燕山은 徐陵의 「出自薊北門行」의 "薊北聊長望, 黃昏心獨愁, 燕山對古剎, 代君隱城樓"라는 구절에서 그 근거를 찾고 있다.

75 徐中舒, 「木蘭歌再考」, 1925, pp.77~78.

76 『資治通鑑』 卷202 唐紀18 高宗 永隆 元年(680), p.6393, "三月, 裴行儉大破突厥於黑山(胡注曰: '黑山一名, 殺胡山, 在豊州, 中受降城正北.' …)".

77 綏遠省은 中華民國時 현재 내몽골자치구 남부 지구를 가리킨다. 淸朝시대에는 綏遠道였다.

이라는 주장도 있다.[78] 따라서 목란의 종군 지역은 구(舊) 수원성(綏遠省)을 벗어나지 못한다는 주장도 있다.[79] 그리고 흑산은 귀수(歸綏) 동남의 살호산이고, 연산은 연연산(燕然山)(현재 몽골인민공화국 내의 杭愛山)으로, 목란의 고향과 그 활동 지점이 섬감몽수(陝甘蒙綏) 지역으로 그 범위를 넓게 보는 학자도 있다.[80] 그러면 필자가 「목란시」의 배경 시대라고 주장하는 북위시대의 흑산의 용례 및 관계 자료를 열거해 보자.

① [神䴥 二年(429)] 四月, 世祖練兵于南郊, 將襲大檀 … 於是車駕出東道向黑山, 平陽王長孫翰從西道向大娥山, 同會賊庭. 五月, 次于沙漠南. … 至栗水, 大檀衆西奔. … 六月, 車駕次于兎園水, 去平城三千七百里. … 西接張掖水, 北渡燕然山, …[81]

② (神䴥 二年) 秋七月, 車駕東轅. 至黑山, 校數軍實, 班賜王公將士各有差.[82]

③ (長子安壽, 襲爵, 高祖賜名頤) … 與陸叡集三道諸將議軍途所詣. 於是中道出黑山, 東道趨士盧河, 西道向侯延河. 軍過大磧, 大破蠕蠕.[83]

④ 又冀州圖云, 入塞三道, 自周秦漢魏以來前後出師北伐, 唯有三道. 其中道, 正北發太原經雁門·馬邑·雲中, 出五原塞, 直向龍城, 卽匈奴單于十月大會祭天之所也.[84]

여기에 나오는 하천과 지명이 모두 정확하게 확인되지는 않지만 흑산이란 곳이 북위군의 유연 정벌의 출발 지점임을 알 수 있다. 특히 ③은 492년 북

78 徐中舒, 「木蘭歌再考」, 1925, p.78.
79 李純勝, 「木蘭詩考」, 『大陸雜誌』 31-12, 1965, p.370.
80 羅根澤, 「〈木蘭詩〉產生的時代和地點」, 1985, p.386.
81 『魏書』 卷103 蠕蠕傳, p.2293.
82 『魏書』 卷4上 世祖紀上, p.75.
83 『魏書』 卷19上 陽平王 新成傳, p.442.
84 『太平寰宇記』(臺北: 文海出版社, 1970) 卷49 河東道十 雲州 雲中縣, p.401.

위의 마지막 유연 통타작전의 기사라는 점[85]에서 관심을 끈다. 이것으로 볼 때 북위시대의 흑산은 당대의 그것과 마찬가지로 현재 대동(舊 平城)과 현재 내몽골자치구의 주도 호화호특(呼和浩特) 사이의 지점, 즉 황하와 가까운 곳으로 추정된다. 억측하면, 흑산은 운중 지역(雲中地域)이 아닐까 하는 생각이다. 즉 운중은 북위 초기의 수도 성락과 이웃하고 있었을 뿐만 아니라, 궁전과 능묘(陵廟)가 있고, 전략적으로도 중요한 거점이 되었기 때문에 초기부터 자주 유연의 침략 대상이 되기도 했으며[86], 북위군의 출병 시 혹은 회군 시의 '교수군실(校數軍實)' 지점으로 적당한 곳으로 생각되기 때문이다. ④에서도 그 점은 확인된다. 고대 이래 출새로(出塞路)로 가장 빈번하게 이용되었던 이 길은 북위시대에도 유연 정벌로로 자주 사용되었다.[87] 현재의 귀수평야(歸綏平野)의 대부분을 차지하는 운중은 당시 수도인 평성에서 사막으로 나가는 길에 위치한 요충지였다. 그런데 앞에서 보았듯이, 흑산을 귀수 동남의 살호산으로 보는 자도 있지만, 북위시대 유연 정벌 기점으로 귀수 북방의 백도성(白道城)의 중요성을 강조하는 학자도 있다.[88] 살호산이나 백도성 등의 지점은 대체로 운중 지역에 속하는 곳이므로 지역적으로 큰 차이는 없다. 그러나 백도성을 바로 흑산이라 볼 수는 없다. 왜냐하면 백도는 흑산과 함께 『위서』

85 中國社會科學院 歷史硏究所 資料編寫組編, 『柔然資料輯錄』, 北京: 中華書局, 1962, pp.182~183에서는 이 기사를 492년의 일로 보고 있다. 그리고 『魏書』 卷7下 高祖紀下의 太和 16年 秋7月條의 "乙未, 詔陽平王頤·左僕射陸叡督十二將七萬騎北討蠕蠕"(p.170)에서도 확인되는 것이다.

86 雲中의 전략적 위치에 대해서는 『魏書』 卷4上 世祖紀上에서 "始光元年八月, 蠕蠕率六萬騎, 入雲中, 殺掠吏民, 攻陷盛樂宮."(p.69); "(始光)三年六月, 幸雲中宮,謁陵廟."(p.71), "(始光)四年秋六月, 蠕蠕寇雲中."(p.73)이라 하였고, 庾信의 「周大將軍司馬裔神道碑」에서는 "旣而雲中柝起, 代軍烽然, 反旆南轅, 途窮北略."이라 하였다[庾信撰·倪璠注·許逸民校點, 『庾子山集注』(北京: 中華書局, 1980) 卷13, p.788]. 또 이곳에 군대를 위한 창고가 있었다["(太和十四年秋 高閭上表曰:)'… 竊以北鎭新徙, 家業未就, 思親戀本, 人有秋心, 一朝有事, 難以禦敵. … 開雲中馬城之食(册府元龜曰倉)以賑恤之, 足以感德, 致力邊境矣 ….'"(『魏書』 卷54 高閭傳, pp.1205~1206)].

87 前田正名, 『平城の歷史地理學的硏究』, 東京: 風間書房, 1979, pp.145~150.

88 前田正名, 『平城の歷史地理學的硏究』, 1979, p.148.

에 나오는 지역 명칭이므로[89] 같은 곳을 달리 표현할 리가 없기 때문이다. 이런 여러 가지 정황으로 미뤄 볼 때, 흑산은 크게 잡아 정북대장군의 군부가 있는 운중으로 보는 것이 합리적이라 생각한다.

그렇다면 연산은 어디일까? 혹자는 흑산과 연산은 같은 지역일 가능성이 높고, 연산은 그것과 음이 가까운 음산(陰山)으로 보아야 한다는 주장[90]도 있다. 그러나 음산은 북위 황제들의 행행지로 자주 쓰이는 곳으로 유명한데,[91] 유연을 '연산호', 즉 '음산호'로 지칭하는 것은 아무래도 무리인 것 같다. 연산과 유연 가한정과 깊은 연관성이 있다고 생각한다면 가한정의 소재와 연산의 관계를 논해 보자. 유연은 "겨울에는 막남으로 옮겨 건너가고 여름에는 막북으로 다시 돌아간다[冬則徙渡漠南, 夏北還居漠北]"[92]고 하기 때문에 고정적인 가한정이 없는 것 같다. 그러나 막남의 하영지는 그들의 임시적인 거처일 뿐 막북이 그들의 고정적인 구조물이 있던 곳이 아닐까 한다.[93] 인용문 ①에서 '동회적정(同會賊庭)'이라는 구절이 있듯이 유연 가한정(혹은 왕정)의 소재가 있는 것은 분명하다. 유연이 가장 강력했던 시기인 사륜(社崙) 시기에는 "그 모이는 바의 궁정은 곧 돈황・장액의 북쪽[其所會庭, 則敦煌張掖之北]"[94]이라 하였다. 여기서 '기소회정(其所會庭)'이 반드시 가한정인지는 확실하지 않지만[95] 그렇게 보는 것도 무리는 없을 듯하다. 그러나 '돈황・장액지북'이라는 표현은 불분명하다. 그렇다면 가한정은 분명히 막북 어디인가

89 『魏書』 卷87 段進傳에 그가 "世祖初, 爲白道守將"(p.1890)이었으며, 同書 卷30 來大千傳에 그가 "遷征北大將軍. … 鎭雲中, 兼統白道軍事."(p.725)라고 적고 있다.

90 辛志賢等編注, 『漢魏南北朝詩選注』(北京: 北京出版社, 1981). p.465.

91 「行幸陰山」 혹은 「北巡陰山」의 기사는(『魏書』 卷4下 世祖紀下 以下) 本紀 등에 매거하기 힘들 정도로 많다.

92 『魏書』 卷103 蠕蠕傳, p.2289.

93 『魏書』 卷103 蠕蠕傳에 "臣(阿那瓌)之先,逐草放牧,遂居漠北"(p.2299), 혹은 "蠕蠕主世居漠北, 不宜炎夏"(p.2303)이라 하고 있기 때문이다.

94 『魏書』 卷103 蠕蠕傳, p.2291.

95 內田吟風은 "每歲 國會의 場所"라고 말하고 있다(「柔然族に關する硏究」, 『北アジア史硏究 鮮卑柔然篇』, 京都: 同朋舍, 1975, p.283).

가 거의 확실한데, 그 위치를 상세히 전하는 사료는 없다. 그러면 가한정을 추측할 수 있는 사료를 나열해 보자.

① 社崙遠遁漠北, 侵高車, 深入其地, 深入其地, 遂并諸部, 凶勢益振. 北徙弱洛水, 始立軍法: 千人為軍, 軍置將一人, 百人為幢, 幢置帥一人.[96]

② 自芮芮居匈奴古庭, (永明)十年(492), 丁零胡又南攻芮芮, 得其故地, 芮芮稍南徙. 魏虜主元宏以其侵逼, 遣偽平元王駕鹿渾·龍驤將軍楊延數十萬騎伐芮芮, 大寒雪, 人馬死者衆.[97]

③ 齊建元元年(479), 洪軌始至其國, 國王率三十萬騎, 出燕然山東南三千餘里, 魏人閉關不敢戰. 後稍侵弱. 永明中, 爲丁零所破, 更爲小國而南移其居. 天監中, 始破丁零, 復其舊土. 始築城郭, 名曰木末城.[98]

④ (楊播)與陽平王頤等出漠北擊蠕蠕, 大獲而還. 高祖嘉其勳, 賜奴婢十口. 遷武衞將軍, 復擊蠕蠕 至居然山而還.[99]

⑤ 又一道, 從平城西北行五百里, 至雲中. 又西北五十里(필자: 五百里의 잘못인 듯), 至五原. 又西北行二百五十里, 至沃野鎭. 又西北行二百五十里, 至高闕. 又西北行二百五十里, 至郎君戍. 又直北三千里, 至燕山. 又北行千里, 至瀚海.[100]

①에서 사륜(社崙)은 고차(高車)의 땅을 빼앗은 후 약락수(弱洛水)로 옮겼다고 하는데 이곳이 유연 가한정으로 가장 신빙성이 있다. 그런데 정겸(丁謙)의 『위서각국전지리고증(魏書各國傳地理攷證)』에 의하면 "약락수는 곧 독락

96 『魏書』 卷103 蠕蠕傳, p.2290.
97 『南齊書』 卷59 芮芮虜傳, p.1025.
98 『梁書』 卷54 西北諸戎傳 芮芮國條, p.817.
99 『魏書』 卷58 楊播傳, pp.1279~1280.
100 『太平寰宇記』 卷49 河東道十 雲州 雲中縣, p.401.

수로 지금은 토랍하라 한다[弱洛水, 卽獨洛水, 今日土拉河]"라 하였는데, 시라토리 구라키치(白鳥庫吉)에 의하면 북위시대는 토랍하를 토원수(菟園水)라 칭하고, 그 상류인 객로합하(客老哈河)를 약락수라 했다는 것이다. 그런데 이 약락수는 바로 연연산(杭愛山)의 남단 사막과 접하는 지점에서 발원하고 있다.[101] ②의 기사에서 보면, 예예(芮芮), 즉 유연은 흉노고정(匈奴古庭), 즉 용성에 살았는데 정령(丁零), 즉 고차의 남공으로 남쪽으로 이동하게 된다. 그런데 ③의 기사에서도 그 사실은 확인되고 있다. 492년 북위의 침략으로 크게 약화된 유연을 고차가 침략하게 되자 '소국'이 되었으나, 양무제 천감 중에 구토를 회복하여 성곽을 축조하게 된 것이다. 그런데 그 구토는 바로 남제 건원 원년 남제사 홍궤(洪軌)가 유연을 사행했을 때에 국왕[予成]이 3만여 기를 이끌고 북위를 치기 위해 출발한 연연산을 중심으로 한 지역이라 생각된다. ④의 기사는 492년 북위의 유연 정벌에 참여했던 양파(楊播)의 기록이지만 그가 정복한 최후의 지점이 거연산(居然山)이었다. 그런데 이 거연산이 바로 연연산일 가능성이 크다. 왜냐하면 당시 북위의 침략으로 유연은 이른바 '소국'이 되었다는 기사에서 알 수 있듯이 철저한 파괴를 위해 북위군은 유연의 가한정까지 토벌했다고 생각되기 때문이다. ⑤는 송대 지리서의 기사이므로 북위의 것과 동일시할 수는 없지만, 연연산을 연산으로도 불렀을 가능성을 보여주는 자료인 것 같다.

그런데 1925년 소련의 고고학자 보로프카(G. Zh. Vorovka)가 몽골 토랍하반(土拉河畔)에서 4~5세기의 귀족묘장을 발굴하였다.[102] 이곳은 유연 가한정에서 그리 멀지 않은 곳으로 생각된다. 따라서 여러 가지 정황으로 볼 때, 연연산은 바로 유연의 가한정이 있던 곳으로 보아도 무방하리라 생각된다. 유연의 가한정이 있던 당시의 연연산은 현재의 몽골인민공화국의 항애산이

101 白鳥庫吉, 「弱水考」, 『塞外民族史硏究下』(白鳥庫吉全集5), 東京: 岩波書店, 1970, pp.9~10.
102 周偉洲, 『敕勒與柔然』, 上海: 上海人民出版社, 1983, p.151.

다. 따라서 연산은 연연산이며, 따라서 '연산호'는 유연의 본거지의 지역명을 따서 부른 것이다. 왜냐하면 북족민들은 그들이 근거하는 산명을 그들의 부족명으로 쓰는 경우가 일반적이기 때문이다. 예컨대 '선비산'에서 발원한 부족을 선비라고 하듯이, 연연산, 즉 연산에 근거를 둔 유연을 '연산호'라고 불렀던 것이다.

Ⅶ. 통만성(統萬城) 성민(城民)으로서의 목란

다음으로 앞에서 논증한 종군 지역과 연관하여 목란의 고향에 대해서 살펴보자. 일찍이 목란의 고향으로 여기면서 그녀를 숭배하는 묘당을 세운 곳은 북으로는 하북(河北) 보정(保定) 완현(完縣)에서 남으로는 호북(湖北)의 황피현(黃陂縣)까지, 동으로는 하남(河南)의 상구(商邱), 서로는 감숙(甘肅)의 무위(武威)까지 여러 군데이지만, 시의 구절과 연관시켜 볼 때, 현재의 오르도스[河套] 지방으로 보는 것이 합리적인 것 같다. 나근택(羅根澤)도 몽수(蒙綏) 이남 현재의 섬감(陝甘) 일대로, 북쪽으로는 몽수 남부를 넘지 않을 것이라고 했는데,[103] 어느 정도 합리적으로 보인다. 그러나 문제는 시의 구절에 충실한다면 곽이 있고, 동서남북 네 군데에 시장이 있는 비교적 큰 도시가 될 수밖에 없다. 따라서 오호십육국의 하(夏)의 수도이며 북위시대에 들어 중요한 전략적 위치를 차지했던 통만성이 제일 가능성이 높다. 실제 북위의 후기 수도인 낙양에는 동·서 ·남 삼시는 있었지만, 북시는 없었던 점을 감안한다면 사방에 시장을 가진 도시는 당시에는 존재하지 않았을 것이고, 따라서 그것은 시의 작법상의 문제일지도 모른다. 그러나 "동쪽 시장에서 말을 사고[東市買駿馬]"라는 구절에서 알 수 있듯이 동시가 마시였다는 것은 『낙양가람

103 羅根澤, 「〈木蘭詩〉產生的時代和地點」, 1985, p.386.

기』에서도 확인되고 있어[104] 위진남북조시대의 사정을 반영하는 것이다.

그런데 필자가 목란의 고향을 통만성이라고 생각하는 것은 북조시대 군사력의 근간이 되었던 이른바 '성민(城民)'으로서 목란의 일가를 상정해 볼 수 있기 때문이다. '성민'이란 단순히 성거의 민의 뜻이 아니라 여러 주진(州鎭)의 군사(軍士)를 의미하는 특별한 용어라는 점은 이미 밝혀진 사실이지만[105] 성민은 세병적(世兵的) 성격을 갖고 있으며, 한마디로 가속이 수군성거(隨軍城居)하는 병호(兵戶)라 할 수 있다. 성민의 임무로 가장 중요한 것은 정방(征防)이고, 그 밖에 군사적 기타 사역에 종사하는 것이다. 북위 효명제 정광 5년(524) 8월 병신에 반포된 이른바 진민해방의 조칙 중에 "태조 도무황제께서 시세에 적응하여 난세를 다스리려 화하지구에 진입하여 … 각 주진의 성인으로 본래 친신[牙爪]들을 충당하여 그들이 정복전쟁에 열심히 복무하여 군진에서 생사를 같이할 것을 서로 서약하고 어려움을 감내할 준비를 하고 있었다"[106]라고 하고 있듯이 성민은 북위 건국 이래 각종 정벌에 참가하였던 명예로운 전사들이었다. 낙양 천도 이후 그들의 천민화가 진행되었고, 그 결과 이른바 (육)진민의 난이 촉발되어 북위를 멸망으로 이끌었지만, 목란은 바로 성민의 가속으로 보인다. 통만성은 원래 북위의 하(夏) 정벌 후 북위 말 주제(州制)로 바뀔 때까지 통만진으로 오르도스 지역에 있던 유일한 진이었다. 이곳에 북족민을 주체로 하는 전종(專從) 병호가 배치되었다. 진병은 일반적으로 성민 혹은 성인(城人)으로 불리고 있었다. 따라서 당시 황하 옆에 성민이 거주하고 있는 도시는 통만성 밖에 없다.

104 (北齊)楊衒之撰, 『洛陽伽藍記』(上海: 上海古籍出版社, 1958/1978, 范祥雍校注, 『洛陽伽藍記校注』本) 卷2 城東 崇眞寺條, p.81, "出建春門外一里餘至東石橋南北而行, 晉太康元年造. 橋南有魏朝時馬市".

105 谷川道雄, 「北魏末の內亂と城民」, 『隋唐帝國形成史論』, 東京: 筑摩書房, 1971, p.190; 谷霽光, 『府兵制度考釋』, 上海: 人民出版社, 1962, p.276.

106 『魏書』 卷9 肅宗紀, p.236, "太祖道武皇帝應期撥亂, 大造區夏. … 諸州鎭城人, 本充牙爪, 服勤征旅, 契闊行間, 備嘗勞劇". 그리고 『北史』 卷56 魏收傳, p.2023에서도 "州城之人, 莫不勁勇. … 城人數當行陣, 盡皆驍果"라 표현하고 있다.

목란의 성명에 대해서도 학계의 의견은 일치되지 않는데, 예컨대 화씨설(花氏說), 위씨설(魏氏說) 등이 있지만, 필자는 목란을 복자성(複字姓)으로 보는 견해[107]에 동조하고 싶다. 앞서 보았듯이, 『고금악록』에 "목란부지명(木蘭不知名)"이라 되어 있는 것에서도 증명되는 것이다. 이와 같이 목란은 복성을 가진 북족민으로서 중원으로 들어와 한족의 습속을 일부 받아들여 베틀에 앉아 베를 짜기도 하지만 한편으로는 말을 타고 종군하는, 순수 한족 출신으로는 생각하기 어려운 활약을 하고 있는 것이다.

Ⅷ. 군제와 목란

다음으로 시대 비정에 있어서 중요한 문제의 하나인 군제에 대해서 살펴보자. 시 중에는 목란이 군첩을 받은 아버지를 대신해서 종군하였고, 입대하기 전에 준마와 안천(鞍韉) 등 군장비를 자비(自備)하고 있다. 그리고 같이 종군했던 전우를 '화반(火伴)'이라 부르고 있다. 자비의 문제나 화반이라는 용어는 부병제에서 나오는 것이라 알려져 있다. 따라서 이것을 근거로 시의 출현 연대가 서위 이전을 넘을 수 없다는 주장을 하기도 한다.[108] 먼저 목란이 군첩을 받은 아버지를 대신해서 군대에 나갔다는 사실에 주목할 필요가 있다. 이 문제와 관련하여 중국고대 병제를 살펴보면, 춘추전국시대부터 일반서민을 상비군으로 쓰는 제도가 확립된 이후 진한시대에 이르면 모든 서민이 징병의 모체가 되는 '병민합일제'가 성립되었다. 이러한 상황에 후한 이래 현저한 변화가 생겨 조조시대에는 병과 민이 분리되어 국가의 상비군은 점차 병호(兵戶)라는 특정한 가에서 나오게 되었다. 서진 이후 남북조시대에

---

107 姚大榮, 「木蘭從軍時地表微」, 1925, p.85.

108 羅根澤, 「〈木蘭詩〉產生的時代和地點」, 1985, p.382.

는 병사 및 그 가족 중에 "한 병사가 도망하면 온 집안에 책임을 묻는[一人逃亡, 闔宗補代]" 법령이 있었는데 이는 병호제의 규정이다. 병호제도는 남·북조 모두 채용한 제도로 오호·북조의 경우 신분의 세습이라는 면에서는 남조의 그것과 유사하지만, 호족 위주의 병민합일제라는 면에서 차이가 난다. 그런데 남송인 진부량(陳傅良)은 『역대병제(歷代兵制)』에서 북위의 병제를 서술하면서 "처음 제도는 1명이 도망하면 모든 집안사람이 그 군역을 충당하였다. 광주자사(光州刺史) 최정(崔挺)이 상서하여 간쟁하니 태화 20년에 그 제도가 없어졌다"[109]라고 쓰고 있다. 이것은 북위시대의 범죄자가 죄면(罪免)의 대가로 북변을 수수(戍守)하다가 도망했을 때 전 가족이 책임을 지는 형식이지만,[110] 이 점은 목란이 아니더라도 누군가가 아버지를 대신해서 종군하지 않을 수 없었던 사정을 상기시켜 주는 대목이다. 이 제도는 북위 문성제 시기(r.460~465)에 시작되어[111] 효문제 태화 20년(496)에 폐지되어서 필자가 주장하는 「목란시」의 배경 시기와 일치하고 있다. 군장비의 자비는 사실 부병제 시기에만 보이는 현상은 아니며, 북위시대에도 그와 유사한 제도는 있었다. 상기한 『역대병제』를 보면,

> 태화 5년 초 주진의 수병(戍兵)은 비단을 마련하여 스스로 가져간다. 설호자(薛虎子)가 상표하여 말하기를 진에 근무하는 병사 수는 수만 아래로 내려가지 않는다. 사람마다 12필의 비단을 가지고도 양식으로 바꿀 수 없다면 배고픔과 추위를 면하기 어려울 것이다. 공사 간에 이 비용을 아끼기 위해서는 둔전을 설치하는 것이 옳다.[112]

---

109 陳傅良, 『歷代兵制』(江蘇廣陵古籍刻印社, 1990년 淸刊本 影印本) 卷5 「北朝」, p.5-b, "初制, 一人逋亡, 合門充役. 光州刺史崔挺上書諫, 太和二十年除其制."

110 『魏書』 卷57 崔挺傳, p.1265, "時以犯罪配邊者多有逃越, 遂立重制, 一人犯罪逋亡, 合門充役".

111 王曉衛·劉昭祥, 『歷代兵制淺說』, 北京: 解放軍出版社, 1986, p.142.

112 『歷代兵制』 卷5 「北朝」, p.6-b, "太和五年初 州郡戍兵 資絹自隨. 薛虎子上表以爲 在鎭之兵

라 하여 자견자수(資絹自隨)제도가 있었음을 보여주고 있다. 물론 북위시대는 포백을 화폐로 사용하고 있었기 때문에 12필의 자견은 병사가 휴대하는 화폐로 1년 생활비로 보기도 한다.[113] 이와 같이 병사들의 생활비를 자수하는 현실이라고 한다면 군장비의 자비는 당연한 것으로 보아야 한다. 왜냐하면 후조(後趙) 석호(石虎) 시기의 병사가 50만에 달하였는데, 당시의 규정에 의하면, "정사(征士) 매 5인에 수레 1량과 소 2두와 매 사람마다 15곡의 양식과 비단 10필을 징발하는데 준비하지 못하면 참수로써 논죄한다"[114] 하였다. 이런 정황에서 볼 때 어찌 병사의 군장비의 자비 책임을 반드시 부병제에서만 논할 수 있겠는가.

다음으로 화반(火伴)의 문제인데 『신당서』 권50 병지에서는 부병제의 편제를 말하면서 "50명을 대(隊)로 하고 대에는 정(正)이 있으며, 10명을 화(火)로 하고 화에는 장이 있으며, 6마리의 하등의 마[駄馬]가 있다"[115]라고 설명하고 있다. 앞에서 보듯이 '화'란 당대 절충부의 최하급 단위인 동시에 행군시의 기층편제를 말하는 것이다. 이런 명칭은 '기화조반(起火造飯)'을 공동으로 한다는 의미로 '화반'은 곧 '동화(同火)'의 병사라는 의미일 것이다.[116] 그러나 화(火)의 조직은 당대에서 초견되는 것이 아니고 이미 한대에서도 보이고,[117] 남조에서도 보인다. 『남사』 권73 효의전 상, 복천여전(卜天與傳) 부제(弟) 천생전(天生傳)에 "천생은 어려서 대장(隊將)이 되었는데 10명으로 동

不減數萬 資糧之絹 人十二匹 未及代下 不免飢寒 公私損費 宜置屯田.";『魏書』卷44 薛野䐗傳 附子 虎子傳, pp.996~997, "虎子上表曰: '… 竊惟在鎭之兵, 不減數萬, 資糧之絹, 人十二匹, 卽自隨身, 用度無準, 未及代下, 不免飢寒.'".

113 何兹全,「府兵制前的北朝兵制」,『讀史集』, 上海: 上海人民出版社, 1982, p.349.

114 『晋書』卷106 載記6 石季龍上, p.2773, "征士五人, 出車一乘, 牛二頭, 米各十五斛, 絹十匹, 調不辦者以斬論".

115 『新唐書』卷50 兵志 府兵之制, p.1325, "五十人爲隊, 隊有正, 十人爲火, 火有長, 有六馱馬".

116 唐長孺,「木蘭詩補證」, 2001, p.249.

117 (淸)顧炎武撰,『日知錄』(石家莊: 花山文藝出版社, 1990,『日知錄集釋』本) 卷24 火長, pp.1077~1078, "漢制兵五人一戶, 竈置一伯, 故王戶伯, 亦曰火伯,以爲一竈之主也. …『宋書·卜天與傳』少爲隊將, 十人同火.『木蘭詩』出門看火伴".

화가 되었다"[118]라는 기사가 있다. 천생은 송·제시대 사람이고, 그가 대장이었을 때에 '화'라는 조직을 거느렸다는 것이다. 물론 대장이 당대에는 대정(隊正)으로 바뀌긴 했지만, 대와 화의 조직은 계승된 것처럼 보인다. 그러나 북위시대에 그러한 군대조직이 있었는지 고구할 수 없는 점은 유감이다.

Ⅸ. 여자의 종군

다음으로 「목란시」를 통해서 당시의 여인상에 대해서 살펴보자. 「목란시」의 도입부에서 보듯이 목란은 베를 짜는 소녀였다. 그것은 당시 화북의 평범한 한족 평민 여성의 생활을 표현하는 것 같다. 그러나 그녀는 아버지를 대신해서 삭풍이 몰아치는 북방의 전투에서 오랫동안, 그것도 기병으로 종군하였다. 중국의 전통적인 여인상에는 매우 어울리지 않는 여인으로 느껴진다. 베를 짜는 것이 농경민의 장기라면 기마는 유목민의 장기이다. 여자가 말을 타고 전장에 나선다는 것은 농경사회에서는 좀처럼 상상하기 힘든 일이다. 또한 유목민 여인이 베틀에 앉아 베를 짠다는 것도 도대체 말이 안 된다. 따라서 목란은 호속과 한속의 두 풍습을 고루 익힌, 즉 호한융합의 여인으로 볼 수밖에 없다. 북조민가 가운데 「자류마가(紫騮馬歌)」나 「기유가(企喩歌)」에서 보듯이, 당시에도 종군 기피 풍조가 만연하였다. 따라서 남성도 기피하는 종군생활을 여자가 수행한다는 것은 매우 어려운 일이다. 이런 사정에서 여인이 종군하기 위해서는 그것이 가능한 사회분위기가 조성되어 있어야만 한다. 즉 여권과 남권이 동등한 남녀평등 사회가 전제되어야 한다. 북조와 수당시대의 여인의 지위가 다른 시대에 비해 높았다는 것은 다 아는

118 『南史』 卷73 孝義傳上, 卜天與傳 附 弟 天生傳, p.1809, "天生, 少爲隊將, 十人同火."; 『宋書』 卷91 孝義 卜天與傳, p.2254, "天與弟天生, 少為隊將, 十人同火".

사실이다. 북위의 전신인 대국을 서진의 사신이 방문하고 돌아와 '여국(女國)'[119]이라 지칭했다는 사실과, 북위시대에 황태자가 책봉되면 그 생모를 죽이는 이른바 '자귀모사제(子貴母死制)'를 법제화하여 시행한 것은 모권의 정치 개입 정도가 매우 심했다는 사실을[120] 말해준다. 또 이 문제와 관련하여 『위서』와 『신당서』의 열녀전을 비교해 보는 것이 「목란시」의 시대 비정 문제를 푸는 데 도움이 될 것 같다. 물론 열녀전이란 당시의 일반적인 여성들의 모습이라기보다는 특수한 경우의 기록이라고 보아야겠지만, 그러한 여성들이 나타나고 또 장려될 수 있는 사회적 분위기를 반영한다고 볼 수 있다. 『위서』에는 17명의 여성이, 『신당서』에는 47명의 이른바 열녀가 재록되어 있다. 양서 모두 여성으로서의 정절과 효심 등 유교적 덕목을 이유로 재록된 것이 각 9사례, 30사례로 압도적으로 많다. 그러나 『위서』에는 『신당서』에 보이지 않는, 여성이 전투 시에 지도자 역할을 수행한 두 사례가 실려 있다. 첫 번째 사례인 임성국(任城國) 태비(太妃) 맹씨(孟氏)는 임성왕(任城王) 징(澄)의 어머니로, 당시 양주자사(揚州刺史)였던 징이 출토(出討) 중 적이 쳐들어오자 자식을 대신하여 군사를 친히 지휘하여 성을 보전시킨 것으로 재록되어 있다.[121] 두 번째 사례는 구금룡(苟金龍) 처(妻) 유씨(劉氏)에 대한 내용이다. 재동태수(梓潼太守)인 구금룡이 질병에 걸려, 태수로서 임무를 수행하지 못하고 있는 차에, 양 무제가 파견한 군대가 성을 포위 공격해 왔다. 그녀는 성민을 이끌고 전구를 수리하고 100여 일 동안 거전(拒戰)하여 적을 격퇴시켰다. 그리고 수성 중에 강한 군율로 군졸을 통솔하였다고 한다.[122] 이와 같이 자식이나 남편이 각 지역의 최고 책임자이고 그들의 사정에 의하여 지휘

119 『魏書』 卷1 序紀, p.10, "惠皇帝諱賀傉立, 恒帝之中子也. 以五年爲元年. 未親政事, 太后臨朝, 遣使與石勒通和, 時人謂之女國使".

120 朴漢濟, 「北魏王權과 胡漢體制」, 1988, pp.148~150.

121 『魏書』 卷92 列女傳 任城國太妃 孟氏傳, p.1983.

122 『魏書』 卷92 列女傳 苟金龍妻 劉氏傳, p.1983.

를 맡을 수밖에 없게 되었다고는 하나 공식적인 지휘체계를 넘어 여성들이 성 전체를 지휘했다는 것은 확실히 주목해야 할 점이다. 반면 『신당서』에는 그러한 지도자적 역할은 나타나지 않는다. 이 점과 관련하여 북조의 부녀자의 역할에 대한 안지추의 지적은 흥미롭다.

> 업하의 풍속은 오로지 부녀자가 집안일을 모두 관장하여, 쟁송의 시비를 밝히고, 세도가들을 방문하여 비위를 맞춘다. 그들의 수레는 거리를 메우고, 그들은 호화로운 복장으로 관청을 가득 메워, 자식의 벼슬을 구하고, 남편의 억울함을 호소한다. 이것은 항대(拓跋氏가 세운 魏)의 유풍이 아니겠는가![123]

여기서 안지추는 북제시대 부녀자들이 아들이나 남편을 대신해서 가사뿐만 아니라 가외의 일까지 처리하는 이러한 풍조를 항대의 유풍이라 지적했지만, 항대란 바로 북위의 구도 평성을 가리키는 것이다.[124] 이 같은 여러 가지 정황을 참작할 때, 여자의 종군은 북위 낙양시대보다는 앞선 평성시대로 보는 것이 합리적이라 생각한다.

---

123 (北齊)顔之推撰, 『顔氏家訓』(王利器, 『顔氏家訓集解本』(北京: 中華書局, 1983) 卷1 治家篇 p.48, "鄴下風俗, 專以婦持門戶, 爭訟曲直, 造請逢迎, 車乘塡街衢, 綺羅盈府寺, 代子求官, 爲夫訴屈, 此乃恒代之遺風乎!".

124 王利器集解, 『顔氏家訓集解』, p.61 주 7 참조.

제 4 장

대당제국 내 번인(蕃人)의 생활

Ⅰ. 머리말

중국의 수천 년 역사 가운데 당대(618~907)는 '세계제국'이라는 이름으로 특징지을 수 있는 시기이다.[1] 물론 한조(漢朝: 漢代)를 세계제국이라 부르기도 하지만, 한과 당은 정도의 차이를 넘어 질적인 차이가 있다.[2] '세계'라는

1 이른바 '世界帝國'에 관한 논의는 日本學界를 중심으로 전개되었다. 주로 중국 황제가 주변국과 朝貢-冊封關係를 맺는 것을 그 지표로 삼고 있다. 그 개요에 대해서는 (日本)唐代史研究會, 『隋唐帝國と東アジア世界』, 東京: 汲古書院, 1979에 실린 菊池英夫의 '緖說' 부분을 참조한다.

2 종래 학계에서는 唐代를 秦漢代와 유사한 왕조로 보아왔다. 그 차이점을 인정하더라도 '훨씬 世界的인 성격을 갖는다[也都比秦漢更具世界性]' 정도로 구별하고 있다(傅樂成, 「隋唐時期在中國史上的地位」, 『時代的追憶論文集』, 臺北: 時報文化事業出版有限公司, 1984, p.57). 이것을 필자는 '漢唐同一論'이라 지칭하지만, 그러나 필자는 漢과 唐은 근본적인 차이점이

용어를 하나의 강력한 국가를 중심으로 정치 · 경제 · 문화 등 각 방면에 걸쳐 밀접한 관계를 갖는 지역단위를 일컫는다고 한다면, 세계제국은 그 세계의 중심국가이다. 한조가 정치적 목적에 따라 주변 국가와 조공-책봉이라는 형식으로 다소의 관계를 가졌다는 점에서 '세계제국'이라고 할 수는 있지만 대당제국과는 차이가 있다. 세계제국이란 그런 정치적 관계의 성립보다 인적 교류의 밀접성이 더 중요하기 때문이다. 당왕조가 갖는 특징은 첫째, 주변국 사람들에 대해 차별하지 않는 '개방성', 즉 '국제성'이다. 둘째, 그들을 끌어들일 수 있는 문명의 우수성과 보편성이다.

무엇이 당조로 하여금 이러한 특징을 갖게 만든 것인가? 이것은 바로 당 이전 왕조들이 꾸준히 추구한 절충주의의 산물이다. 다시 말하면 당이 이전 4백 년의 혼란스런 역사가 생산해 낸 다양한 문화의 흐름들을 한데 끌어모은 결과였다. 그리하여 당의 문명은 주변국에 비해 질적으로 월등하였고 다양하였다. 이런 당 문명은 보편적인 호소력을 갖게 되었다. 장안은 단순히 거대한 제국의 수도만이 아니라, 세계에서 가장 큰 국제도시이자 새로운 문화를 창조하고 그것을 전파하는 문명의 중심지였다.[3]

당 문명의 보편적이고, 국제적인 성격을 이해하려고 한다면, 당 문명이 과거로부터 이어받은 유산의 계통에 대해서 간단하게나마 살펴보아야 한다. 먼저 당(대)인들은 그들의 모델을 2세기에 붕괴된 한제국에서 찾았다. 당은 한으로부터 유교의 도덕적 · 이념적 체계를 이어받았다. 그러나 더 중요한 것은 질적으로 완전히 다른 초원 지대로부터 들어온 유목민족, 즉 호족(胡族)들이 수행한 역할이었다. 이들은 오랜 문화 중심지인 중원을 한인들로부터 빼앗아 새로운 문화를 구축하였다. 이들이 위진남북조시대에 주도적으로

있다고 본다. 이 점에 대해서는 필자의 「魏晋南北朝隋唐史研究를 위한 하나의 方法」(金文經教授停年退任紀念동아시아사연구논총, 서울: 혜안, 1996)을 참조한다.

3 Arthur F. Wright and Denis Twitchett, Introduction, *Perspectives on the T'ang*, New Haven: Yale University Press, 1973.

구축한 문명이 대당제국을 만드는 데 큰 영향을 주었다. 대당제국은 '호한 복합사회'였다.

호족이 미친 영향은 수당제국 전 시대의 왕조들에서 끊임없이 추구한 것들이었다. 그 결과 세계제국인 수당제국이 탄생하였다. 그 제국에서 살았던 사람들, 특히 외국인, 즉 번인[4]은 어떤 조건 아래에서 어떤 역할을 하면서 생활하였을까?

Ⅱ. 번인의 인구수와 활동

1. 번인의 인구수

당에는 얼마나 많은 번인, 즉 외국인이 살고 있었을까? 사실 중국의 인구통계란 자료에 따라 그 편차가 커서 그 전체 규모를 알기도 쉽지 않다. 더구나 당시 호·한 등 종족의 인구비율을 정확히 산출해 낸다는 것은 더욱 어렵고 거의 불가능한 일이다. 다만 추정치만을 예상해 볼 뿐이다.

돌궐 제1제국이 멸망했을 당시, 새외(塞外)에서 당나라로 들어온 돌궐 등 사이(四夷)의 항부자 총수는 120여만 구였다는 통계가 있다.[5] 태종 정관 연간

4 蕃人은 중국 고대에서 外族 異國人의 汎稱으로 쓰였다. 魏晋南北朝시대에 와서 '漢'에 대응하는 용어로 '蕃'이 등장하였다. 蕃이란 漢人 이외의 족속을 가리키는 말로 이해되고 있지만, 이것은 蠻·夷·戎·狄 등의 개념과는 다른 '對稱' 혹은 '相對'의 의미를 가지고 있는 것이다. 唐代에 들어 재당 외국인을 '蕃人', 외국인 출신 장군을 '蕃將'으로 지칭하는 것이 일반화되었다. 이 책에서는 넓은 의미의 '재당 외국인'을 '번인'이라고 지칭한다.

5 『舊唐書』 卷2 太宗紀 貞觀 3年(629)條, p.37, "是歲, 戶部奏言: 中國人自塞外來歸及突厥前後內附·開四夷為州縣者, 男女一百二十餘萬口."; 『資治通鑑』[(宋)司馬光撰, 宋遺民胡三省注, 『資治通鑑』(臺北: 世界書局, 『新校資治通鑑注』本, 1977, 第7版)] 卷193 唐紀9 太宗 貞觀 3年(629)條, p.6069, "是歲, 戶部奏: 中國人自塞外歸及四夷前後降附者, 男女一百二十餘萬口."; (唐)杜佑撰, 『通典』(北京: 中華書局, 1988 點校本) 卷200 邊方16, 北狄7 跋言, p.5494, "大唐貞觀中, 戶奏言: 中國人自塞外來歸及突厥前後降附開四夷爲州縣者, 男女百二十餘萬口"라 되어 있

파악된 총인구가 300만 호(1,500만 구)에 미치지 못한다고 하였으니,[6] 그 중 120만 구는 전체 인구의 8%에 해당한다. 또 정관에서 현종 천보 연간까지 들어온 외국인의 총수를 170만 명 정도로 추정하기도 한다.[7] 어떤 학자는 중국의 파악 인구가 늘어난 현종 개원 연간의 경우 외국인의 비율이 대략 2.5%에 달한다고 한다.[8] 2010년대 초 서유럽의 외국인 비율은 10%를 상회하고, 우리나라의 외국인 비율은 2.5%라는 통계를[9] 감안하면 상당한 비중이다.

외국인이 주로 거주했던 곳은 도성인 장안(長安)과 육·해상 실크로드 연변 도시였다. 그러면 당시 도성 장안에는 얼마 정도의 외국인이 살고 있었을까? 장안의 인구는 '100만 명'이라고 하나[10] 그것은 정확한 인구수를 나타내는 숫자는 아니다. 그래서 현재 학계에서는 장안 인구를 50만 명에서 150만 명까지 보는 여러 가지 설로 나누어져 있다.[11] 이와 같이 인구수가 논자에 따라 큰 차이를 보이는 것은 확실한 자료가 없기 때문이다.[12] 이 문제에 관한 가장 최근의 연구 성과에서는 8세기 전반 장안 인구를 70만 명으로 산정하고 있다.[13] 혹자는 덕종(德宗) 시기에는 장안 및 관중에 거주하는 소수민족이

다. 그러나 『太平寰宇記』(臺北: 文海出版社, 1970) 卷200 四夷27 北狄12 雜說幷論, p.687—上에서는 '百二十餘'을 '二百餘'라 하고 있다.

6 『新唐書』 卷51 食貨志1 租庸調法, p.1344, "貞觀初, 戶不及三百萬, …".

7 傅樂成은 貞觀 4년(630)부터 天寶 4載(745)까지 115년간 突厥·鐵勒·高句麗·吐蕃·黨項·吐谷渾 및 西域諸國人 등 외국인으로 唐에 俘獲되었거나 降附하여 중국에 들어와 거주한 자를 170만 명으로 잡았다(「唐代夷夏觀念之演變」, 『漢唐史論集』, 臺北: 聯經出版事業公司, 1977, p.213).

8 邱添生, 「唐朝起用外族人士的研究」, 『大陸雜誌』 38-4, 1969, pp.68~69.

9 장희권, 「타자의 통합과 배제—전지구화와 한국의 로컬의 일상」, 『독일어문학』 56, 2012.

10 韓愈, 「論今年權停擧選狀」(『韓昌黎文集校注』, 上海: 上海古籍出版社, 1986) 卷8, p.587, "今京師之人, 不啻百萬, 都計擧者不過五七千人, 幷其僮僕畜馬, 不當京師百(萬)分之一".

11 妹尾達彦, 「唐長安人口論」, 『堀敏一先生古稀記念中國古代國家と民衆』, 東京: 汲古書院, 1995, p.563.

12 주로 자료로 사용하는 것은 ① 天寶 元年(742) 京兆府의 戶口統計에 23縣의 編戶가 36萬2921, 口數 196만 188, ② 『長安志』 所載의 長安縣 관할 編戶數 4萬餘戶, ③ 韓愈, 「論今年權停擧選狀」 등이다.

13 妹尾達彦, 「唐長安人口論」, 1995, p.586.

수십만 가로 관중 인구의 1/3이나 차지할 정도였다고 한다.[14] 그렇다면 장안의 외국인 수는 어떻게 이해해야 될까? 이 문제는 더욱 당혹스러운데, 사료가 제시하는 숫자는 매우 애매하고 단편적이기 때문이다.

정관 4년(630) 태종은 동돌궐을 멸망시키고 힐리가한(頡利可汗)을 사로잡았다. 이때 당조에 투항한 수가 10만 명이었다고 한다.[15] 이들 중 일부인 '1만 가'가 장안 근처로 옮겨왔다고 한다.[16] 이것만으로도 장안 인구의 1/8이나 된다.[17] 천보 말 서역추장과 안서(安西)·북정(北庭) 등지의 교리(校吏)로 장안에 상경한 수가 수천 명이었으며,[18] 대종(代宗) 때에 장안에 머문 회흘인(回紇人)이 1,000명, 혹은 2,000명이었다고 한다.[19] 정관 초 돌궐 평정 후 장안에 돌궐인 1만 가가 들어오니 호한의 구별이 어려워 호인 범죄자를 색출하는 데 어려움을 겪었다고[20] 한 기록은 당시 호한 잡거의 상황을 잘 전해준다. 이런 숫자로 보면 당시 장안 거주 외국인의 비율은 대단하다. 아무튼 당 내에 거주하는 외국인은 상당히 많았고, 그들 대부분이 장안을 중심으로 하

---

14 關中 지역에 數十萬家라 하니(『新唐書』 卷215上 突厥上, pp.6025~6026, "杜佑謂: … 今潼關之西, 隴山之東, 鄜坊之南, 終南之北, 十餘州之地, 已數十萬家."), 張永祿은 관중 인구의 1/3 이상이 된다고 보았다(『唐都長安』, 西安: 西北大學出版社, 1987, p.232).

15 『資治通鑑』 卷193 唐紀9 太宗 貞觀 4年(630) 4月條, p.6075, "突厥既亡, 部落或北附薛延陀, 西奔西域, 其降唐者尙十萬口".

16 『資治通鑑』 卷193 唐紀9 太宗 貞觀 4年(630) 5月條, p.6078, "其與酋長至者, 皆拜將軍中郎將, 布列朝廷, 五品已上百餘人, 殆與朝士相半, 因而入居長安者近萬家".

17 "突厥之平 … 于是入居長安者且萬家"[『隋唐嘉話』(北京: 中華書局, 1979) 卷上, p.5]라 되어 있는데, 『長安志』에 長安·萬年 兩縣의 所領人口가 8만여 호에 불과했으니, 全城 居民의 1/8이다.

18 『新唐書』 卷170 王鍔傳, p.5169, "先是, 天寶末, 西域朝貢酋長及安西·北庭校吏歲集京師者數千人, 隴右既陷, 不得歸, 皆仰稟鴻臚禮賓, 月四萬緡, 凡四十年, 名田養子孫如編民".

19 『資治通鑑』 卷225 唐紀41 代宗 大曆 14年(779) 7月條, p.7265, "庚辰, 詔回紇諸胡在京師者, 各服其服, 無得效華人. 先是回紇留京師者上千人, 商胡僞服而雜居者又倍之".

20 (唐)劉肅撰·許德楠/李鼎霞點校, 『大唐新語』(北京: 中華書局, 1984) 卷9 從善 第20, p.138, "貞觀中, 金城坊有人家爲胡所劫者, 久捕賊不獲. 時楊纂爲雍州刺史, 判勘京城坊市諸胡, 盡禁推問. 司法參軍尹伊異判之曰: '賊出萬端, 詐爲非一, 亦有胡着漢帽, 漢着胡帽, 亦須漢裏兼求, 不得胡中直覓. 請追禁西市胡, 餘請不問' … 太宗聞之, 笑曰: '朕用尹伊' … 俄果獲賊".

는 관중 지역에 거주했던 것으로 보인다.

직접 당제국에 살지 않더라도 이른바 '조공'관계를 맺고 있는 나라도 많았다. 『당육전』에 의하면, 이 책이 저술되기 전까지 조공을 바치던 민족 혹은 국가가 총 300개였는데 서로 싸우다 멸망하였고, 저술 당시 남아 있는 나라로 왕래가 있는 나라가 70여 국이라고 기록되어 있다. 이들은 각자 토경(土境), 즉 독자의 영토가 있고, 이들이 당의 사번(四蕃)에 해당된다고 하였다.[21] 아울러 현종 천보 연간에 고구려 출신 고선지(高仙芝) 장군이 치른 연운보(連雲堡) 전투 후 서역 지역에서 당나라로 귀부해 온 사람들의 나라들은 불림(拂菻: 大秦: 동로마제국)·대식(大食: 아라비아) 등 72국이라 하였다.[22]

이들 나라들이 완전한 국가체제를 갖추지 않았거나 밀접한 관계를 맺고 있던 나라는 아닐지라도 그 수는 대단히 많다. 그러니 당시의 "모든 길은 장안으로 통한다"고 해도 과언이 아니었다.

2. 번인의 활동 영역

(1) 군대에서의 활약

그러면 외국인들은 당에서 어떤 활동을 하고 있었던가? 당왕조 초기인 정관 연간의 총인구가 300만 호에 미치지 못하였다면, 이런 적은 인구를 가지고 어떻게 그 많은 대외 전쟁을 치루고, 또 승리를 쟁취할 수 있었을까? 따라서 당제국의 군대 구성에 관심이 갈 수밖에 없다.

21 『唐六典』 卷4 尙書禮部 主客郎中, pp.129~130, "凡四蕃之國經朝貢已後自相誅絶及有罪見滅者, 蓋三百餘國. 今所在者, 有七十餘蕃(謂三姓葛邏祿 … 渤海靺鞨 … 日本·新羅·大食·吐蕃·波斯 … 東天竺·西天竺 … 突騎施等七十國, 各有土境, 分爲四蕃焉)"; (宋)王溥撰, 『唐會要』(上海: 上海古籍出版社, 1991) 卷49 僧尼所隷, pp.1006~1007, "會昌五年七月, 中書門下奏: '… 又據『六典』, 主客掌朝貢之國七十餘蕃. 五天竺國並在數內 ….'".

22 『新唐書』 卷135 高仙芝傳, p.4577, "八月, (高)仙芝以小勃律王及妻自赤佛道還連雲堡, 與令誠俱班師. 於是拂菻·大食諸胡七十二國皆震懾降附"; 『新唐書』 卷221下 西域下/大勃律/小勃律, pp.6251~6252, "(高)仙芝至, 斬爲吐蕃者, 斷娑夷橋. 是暮, 吐蕃至, 不能救. 仙芝約王降, 遂平其國. 於是拂菻·大食諸胡七十二國皆震恐, 咸歸附".

대당제국을 지탱하는 군제가 바로 부병제(府兵制)였다. 수당제국은 '부병제국가'였다는 주장도 있다.[23] 그러나 원정에 나선 당나라 군대의 주력은 정작 부병이 아니었다. 대부분이 번병(蕃兵), 즉 오랑캐 출신 병사였다. 당나라의 전투력은 크게 ① 번장(蕃將)·번병으로 구성된 행군(行軍)과 ② 부병(唐人=호한합작)으로 나눌 수가 있다. '국가위사(國家衛士)', 즉 부병은 격렬한 공격전투를 감당하지 못한다는 판단 아래[24] 주로 번장과 번병 위주로 행군이 구성되었다고 한다.[25] 중국의 역사학자 진인각(陳寅恪)은 대외 원정에서의 번장과 번병의 역할을 특히 강조한 바 있다. 태종은 정관 4년 전에는 대내외 전쟁에서 이른바 '산동호걸(山東豪傑)'집단에 의존하였지만 이후 번장과 그들이 이끄는 부락병을 이용하여 부병의 단점을 보충하고자 하였다.[26] 대표적인 예가 행군이었다. 번장이 참여하는 행군은 정관 8년(634)부터 개원 3년(715)까지 총 41건으로 같은 시기 총 행군 56건의 약 73%를 점하였다.[27] 진인각은 다만 이 병력을 통솔하는 장수인 번장의 구성이 태종 시기는 '부락추장(部落酋長)' 출신이던 것이, 현종 시기가 되면 '한족호인(寒族胡人)'으로 변한다는 점을 지적하였다.[28] 이는 초기의 위무 차원에서 변방의 추장 위주로 번장을 채용하였던 정책에서 점차 보다 광범위하게 능력 있는 부락민까지 그 범위를 넓혀가고 있음을 알 수가 있다. 즉 군대 내 번인의 활동 영역이 그만큼 광범위해졌다는 말이다.

그리고 병원(兵源)의 범위가 광범위하게 확대되었다. 부병제는 선비인을

---

23 谷川道雄, 『增補隋唐帝國形成史論』, 東京: 筑摩書房, 1998, pp.361~472, 「補編: 府兵制國家論」.

24 『貞觀政要』(上海: 上海古籍出版社, 1978) 卷2 納諫條, "(魏)徵曰: '且比年國家衛士(府兵), 不堪攻戰 …….'".

25 陳寅恪, 「論唐代之蕃將與府兵」, 『金明館叢稿初編』, 上海: 上海古籍出版社, 1980, pp.264~266.

26 陳寅恪, 「論唐代之蕃將與府兵」, 1980, pp.266~267.

27 谷口哲也, 「唐代前半期の蕃將」, 『史朋』 9, 1978, pp.6~8.

28 陳寅恪, 「論唐代之蕃將與府兵」, 1980, p.267.

중핵으로 하는 호한융합의 제도였지만, 당의 군대에는 흉노·선비 등 이른바 '오호'족 이외에 소그드인이 참여하고 있었다.[29] 이것은 번인의 범위가 확대되었을 뿐만 아니라 그 활동 영역이 다방면으로 확대되었다는 것을 의미한다. 그렇게 하여 부병제를 포함해서 당대의 군제에 편성된 군대는 다민족군대였고, 특히 '외인부대'의 특징도 있었다고 할 수 있다.

당조에 사환한 외국인의 활동 중에서 가장 중요한 것은 무장(武將)으로서의 군사 활동일 것이다. 이들의 수가 얼마나 되었을까? 당대 번장의 총수는 2,356명인데 그 가운데 당 전기가 1,828명이었다는 통계가 있고,[30] 또 다른 통계에 의하면 당대 이민족계 고위 무관은 자사 227명, 대장군 176명, 절도사 94명, 도독 27명 등 총 524명(33종족)이라고 한다. 이는 당대 이민족계 출신 고위 관직자의 37%에 해당한다고 한다.[31] 하지만 이 두 통계 역시 최근 발견된 묘지명 등의 새 자료를 감안하지 않은 통계인 탓에 실제로는 이보다 더 많은 수의 번장이 존재했을 것임은 분명하다. 때문에 묘지명 자료까지 포함해서 조사한 연구에 의하면, 당 전기에 275명의 번장이 3품에 해당하는 금군의 최고지휘관인 제위장군(諸衛將軍)에 임명되었음이 밝혀졌다.[32]

이들 번장의 활약은 다대하였다. 그중 돌궐 아사나소니실(阿史那蘇尼失)의 역할은 특히 다대하여 정관 4년 힐리가한(頡利可汗)을 잡는 데 크게 기여하였다.[33] 또 돌궐 처라가한(處羅可汗)의 아들인 아사나사이(阿史那社爾)는 정

---

29 山下將司, 「隋唐初河西ソグド軍團-天理圖書館藏『文館詞林』「安修仁墓碑銘」殘卷をぐつて」, 『東方學』 110, 2005, pp.65~78; 森安孝夫, 『シルクロードと唐帝國』(興亡の世界史 05), 東京:講談社, 2007, p.134.

30 章羣, 『唐代蕃將研究』, 臺北: 聯經出版社, 1986; 章羣, 『唐代蕃將研究續集』, 臺北: 聯經出版社, 1990.

31 張建國, 「唐代重用蕃人之研究」, 『臺北市立女子師範專科學校署期部學報』 2, 1971, pp.10~13 表(8) 唐代各族仕宦殊榮表 참조.

32 李基天, 「唐前期 唐朝의 蕃將 관리와 諸衛將軍號 수여」, 서울대학교 석사학위논문, 2011.

33 『舊唐書』 卷109 阿史那蘇尼失·忠傳, p.3290. "貞觀初, 阿史那蘇尼失者, 啟民可汗之母弟, 社尒叔祖也. 其父始畢可汗以為沙鉢羅設, 督部落五萬家, … 及頡利政亂, 而蘇尼失所部獨不攜離. 突利之來奔也, 頡利乃立蘇尼失為小可汗. 及頡利為李靖所破, 獨騎而投之, 蘇尼失遂舉其

관 9년에 투항한 이후 태종의 고구려 침략전쟁 시기에 공훈을 세웠으며, 이후 구자(龜玆)·서돌궐 정벌에도 공훈을 세웠다.[34] 그리고 정관 6년 어머니를 따라 1,000여 가를 이끌고 당에 항복한 철륵별부 추장 계필하력(契苾何力)은 요동 원정(고구려 침략)에서 전군총관(前軍總管)이 되기도 하였다.[35] 이들 무관들 가운데 북적·서융 출신이 특히 두드러진 존재였으며, 무기(武技)에 있어서는 외국인이 우월하다는 관념이 당시 당조 내에 통념화되어 있었던 것이다.[36] 즉 한장(漢將)의 무기는 번장에 크게 미치지 못하였고, 이런 현상은 상급은 물론 하급에 있어서도 그러하였다. 능사(能射)·공사(工射)·선사(善射)로 지칭되는 자는 대개 이민족 출신이었다.[37] 이들은 나름대로의 자부심이

衆歸國, 因令子忠擒頡利以獻. 太宗賞賜優厚, 拜北寧州都督·右衛大將軍, 封懷德郡王. 貞觀八年卒. 忠以擒頡利功, 拜左屯衛將軍, 妻以宗女定襄縣主, 賜名為忠, 單稱史氏. 貞觀九年, 遷右衛大將軍. 永徽初, 封薛國公, 累遷右驍衛大將軍. 所歷皆以清謹見稱, 時人比之金日磾. 上元初卒, 贈鎮軍大將軍, 陪葬昭陵".

34 『舊唐書』 卷109 阿史那社爾傳, pp.3288~3290, "阿史那社尒, 突厥處羅可汗子也. … (貞觀)九年, 率衆內屬, 拜左騎衛大將軍. 歲餘, 令尚衡陽長公主, 授駙馬都尉, 典屯兵於苑內. 十四年, 授行軍總管, 以平高昌. … 十九年, 從太宗征遼, 至駐蹕陣, 頻遭流矢, 拔而又進. 其所部兵士, 人百其勇, 盡獲殊勳. … 二十一年, 為崑丘道行軍大總管, 征龜兹. 明年, 軍次西突厥, 擊處密, 大破之, 餘衆悉降. … 屬太宗崩, 請以身殉葬, 高宗遣使喻以先旨, 不許. 遷右衛大將軍. 永徽四年, 加位鎮軍大將軍. 六年卒, 贈輔國大將軍·并州都督, 陪葬昭陵 …".

35 『舊唐書』 卷109 契苾何力傳, pp.3291~3294, "契苾何力, 其先鐵勒別部之酋長也. … 至貞觀六年, 隨其母率衆千餘家詣沙州, 奉表內附, … 何力至京, 授左領軍將軍. … 太宗征遼東, 以何力為前軍總管, … 二十二年, 為崑丘道總管, 擊龜兹, 獲其王訶梨布失畢及諸首領等. 太宗崩, 力欲殺身以殉, 高宗諭而止之. … 儀鳳二年卒, 贈輔國大將軍·并州都督, 陪葬昭陵, …".

36 唐朝의 外族 登用이 武將에 偏重되어 있는 데서 보듯이 唐의 外族任官이 積極的인 國際主義에 의한 것이 아니고 오히려 弱點을 보완하기 위한 姑息的인 方策이라는 限界를 강조할 필요가 있다고 보는 자도 있다(池田溫, 「唐朝處遇外族官制略考」, 『隋唐帝國と東アジア世界』, 東京: 汲古書院, 1979, p.269).

37 『舊唐書』 卷199上 東夷/高麗傳 附 泉獻誠傳, p.5328, "天授中, 則天嘗內出金銀寶物, 令宰相及南北衙文武官內擇善射者五人共賭之. 內史張光輔先讓獻誠為第一, 獻誠復讓右玉鈐衛大將軍薛吐摩支, 摩支又讓獻誠, 既而獻誠奏曰: '陛下令簡能射者五人, 所得者多非漢官. 臣恐自此已後, 無漢官工射之名, 伏望停寢此射.' 則天嘉而從之."; 『新唐書』 卷110 諸夷蕃將 泉獻誠傳, p.4124, "獻誠, 天授中以右衛大將軍兼羽林衛. 武后嘗出金幣, 命宰相·南北牙羣臣舉善射五輩, 中者以賜. 內史張光輔舉獻誠, 獻誠讓右玉鈐衛大將軍薛吐摩支, 摩支固辭. 獻誠曰: '陛下擇善射者, 然皆非華人. 臣恐唐官以射為恥, 不如罷之.' 后嘉納".

있었고 한인에 대한 경멸감을 가지고 있었다.[38]

태종은 돌궐인으로 시위직을 충당하였고, 돌리(突利)의 동생 결사율(結社率)을 낭장숙위(郎將宿衛)로 삼았다.[39] 당시 조정과 장안은 호한 잡거여서 세자 승건(承乾)이 돌궐 습속에 물든 것은 그 때문이었다고 한다.[40] 이 밖에 당대에 활약한 외족무장[번장]은 매거하기 힘들 정도였다. 우선 초당 시기의 아사나소니실 부자 · 아사나사이 · 계필하력 · 흑치상지(黑齒常之) 등 공신 외에, 성당 시기의 고선지(高仙芝) · 안녹산(安祿山) · 가서한(哥舒翰) · 사사명(史思明) · 이광필(李光弼) · 이회광(李懷光) · 복고회은(僕固懷恩) 등이 떠오른다.

이상 거명한 무장은 주로 북적 출신 무장, 즉 번장들이었다. 당왕조는 번장들을 관리하기 위해 초기에는 제위장군호(諸衛將軍號)를 주었는데, 이는 가함(假銜)으로 당초 외관(外官)이었지만, 점차 실직을 수행하는 내신(內臣)으로 변해갔다는 점에서[41] 당조의 군사력에서 번장들이 차지하는 비중이 후기로 갈수록 커졌음을 알 수 있다.

외국인 무관이 모두 최고위 장군이 된 것이 아니었다. 다수가 하위의 무관으로 활약하고 있었다. 이들은 당의 외구를 막는 데 실질적으로 중요한 역할을 수행하였으니, 다음으로 일반 병사들을 살펴보자. 안녹산의 반란의 중핵이 되었던 것도 번병이었다.[42] 사실 당 전기부터 외족병사의 징발은 일반적인 현상이었지만, 아사나사이 · 계필하력처럼 충성스럽고 재략이 뛰어난 번

38 『資治通鑑』 卷204 唐紀20 則天后 天授 元年(690) 是歲條, p.6470, "是歲, 以右衛大將軍泉獻誠爲左衛大將軍, 太后出金寶, 命選南北牙善射者五人睹之, 獻誠第一, … 獻誠乃奏言: '陛下令選善射者, 今多非漢官, 竊恐四夷輕漢, 請停此射.' 太后善而從之".

39 『新唐書』 卷215上 突厥傳上, p.6039, "帝幸九成宮, 突利弟結社率以郎將宿衛, 陰結種人謀反, …".

40 邱添生, 「唐朝起用外族人士的硏究」, 1969, p.134.

41 李基天, 「唐前期 唐朝의 蕃將 관리와 諸衛將軍號 수여」, 2011.

42 『舊唐書』 卷200上 安祿山傳, p.5270, 「諸蕃馬步十五萬」; 『舊唐書』 卷9 玄宗本紀, p.230, 「蕃·漢之兵十餘萬」; 『資治通鑑』 卷217 天寶 14載 11月 甲子條, p.6934, 「所部兵及同羅·奚·契丹·室韋凡十五萬衆, 號二十萬」.

장들을 대장으로 승진시키는 경우는 있었으나 전임(專任)하지는 않았다. 한족관료의 경우 '나가서는 장군, 들어와서는 재상[出將入相]'이 되는 것이 일반적인 형태로 운영되었기 때문이었다. 그러나 현종 시기 이임보(李林甫)의 건의로 번장을 대장(大將)으로 전임하게 됨에 따라 고선지·가서한 등이 등용되었고,[43] 안녹산의 등장도 이런 사연이 전제되었다.[44] 특히 안사의 난 이후 하삭(河朔) 반측지지(反側之地) 및 여러 번진병들은 호인 혈맥이거나 호화한 성격이 두드러진 자들이 차지하게 되었다.[45]

한반도 출신으로 당나라에서 활약한 사람들로는 고자(高慈)·고진(高震)·고선지[46]·천남생(泉男生)·천헌성(泉獻誠) 등 고구려 계통이 많았다. 특히 고구려인은 무용으로 이름을 떨쳤는데 특히 천헌성은 '활쏘기[能射]로 유명하였다.[47]

당나라 중기까지 두드러진 활약을 보인 번장으로는 고구려인 고선지와 안사의 난 시기에 활약한 왕사례(王思禮)와 백제인으로 명장이었던 흑치상지

43 『舊唐書』 卷106 李林甫傳, pp.3239~3240, "開元中, 張嘉貞·王晙·張說·蕭嵩·杜暹皆以節度使入知政事, 林甫固位, 志欲杜出將入相之源, 嘗奏曰: '文士為將, 怯當矢石, 不如用寒族·蕃人, 蕃人善戰有勇, 寒族即無黨援.' 帝以為然, 乃用思順代林甫領使. 自是高仙芝·哥舒翰皆專任大將, 林甫利其不識文字, 無入相由, 然而祿山竟為亂階, 由專得大將之任故也".

44 (唐)劉肅撰·許德楠/李鼎霞點校, 『大唐新語』(北京: 中華書局, 1984) 卷11 懲戒 第25, pp.173, "先是, 郭元振·薛訥 … 等, 咸以立功邊陲, 入參鈞軸. (李)林甫懲前事, 遂反其制, 始請以蕃人爲邊將, 冀固其權. 言於玄宗曰: '… 由文吏爲將怯懦不勝武事也. 陛下必欲滅四夷 … 莫若武臣, 武臣莫若蕃將 …' 玄宗深納之, 始用安祿山, 卒爲戎首. 雖理亂安危係之天命, 李林甫奸宄, 實生亂階, 痛矣哉!".

45 陳寅恪, 『唐代政治史述論稿』(上海: 上海古籍出版社, 1982), pp.35~37.

46 지배선, 『유럽문명의 아버지 고선지 평전』, 서울: 정아출판사, 2002.

47 『舊唐書』 卷199上 東夷 高麗傳, p.5328, "男生以儀鳳初卒於長安, … 子獻誠, … 天授中, 則天嘗內出金銀寶物, 令宰相及南北衙文武官內擇善射者五人共賭之. 內史張光輔先讓獻誠為第一, 獻誠復讓右玉鈐衛大將軍薛吐摩支, 摩支又讓獻誠, 既而獻誠奏曰: '陛下令簡能射者五人, 所得者多非漢官. 臣恐自此已後, 無漢官工射之名, 伏望停寢此射.' 則天嘉而從之. 時酷吏來俊臣嘗求貨於獻誠, 獻誠拒而不答, 遂為俊臣所構, 誣其謀反, 縊殺之. 則天後知其冤, 贈右羽林衛大將軍, 以禮改葬".

등이 있다.[48] 아울러 당나라 후기 산동 지역 군벌인 이정기(李正己)도 한반도(고구려) 출신이었다.[49]

번장·번병의 활약은 국내 반란의 진압에서도 두드러졌다. 지역적으로도 북방 유목민족과 관련이 깊은 하북 지역의 병사들이 주로 동원되었다. 예컨대 안사의 난의 평정에 동원된 삭방군(朔方軍)이라든지, 이광안(李光顔)의 회(淮)·채(蔡)의 평정에, 그리고 방훈지역(龐勛之役) 및 황소(黃巢)의 난 평정 등에 동원된 사타부(沙陀部) 모두 호병(번병) 출신이다. 또 오대의 의아군(義兒軍)도 호인의 부락 풍속에 젖은 자들이 주류를 이루고 있었다.[50]

여기서 잠깐 고구려 침략 과정에서 활동한 번장·번병을 보자.[51] 이 전쟁의 침략군도 당의 부병이 아니라 동돌궐계 번장·번병이 주류를 이루었다. 당시 동원된 번병 가운데, 영주도독(營州都督) 장검(張儉)이 이끄는 거란과 해(奚)의 병력이 눈에 띤다.[52] 당시 참여한 거란 '번장'으로 오구절(於句折)과 해계 번장으로 소지(蘇支) 등의 이름이 보이며,[53] 당시 고구려전에는 북적·서융과 해·습(霫)·거란의 무리들이 참여하였던 것으로 정리되고 있다.[54] 그리고 요동도행군대총관 이(세)적이 이끄는 번병과 번장을 구체적으로 보면 집실사력(執失思力)·계필하력·아사나미사(阿史那彌射)·강덕본(姜

48 李文基, 「百濟 黑齒常之 父子 묘지명의 검토」, 『韓國學報』 64, 1991.

49 『舊唐書』 卷124 李正己 및 子 納傳; 지배선, 『중국 속 고구려 왕국, 齊』, 서울: 청년정신, 2007.

50 陳寅恪, 「論唐代之蕃將與府兵」, 1980, p.276.

51 姜維東, 「唐麗戰爭中的蕃將」, 『長春師範學院學報』 2002-1; 姜維東, 『唐東征將士事迹考』, 長春: 吉林文史出版社, 2003.

52 『新唐書』 卷2 太宗本紀, 貞觀 18年條, p.43, "七月甲午, 營州都督張儉率幽·營兵及契丹·奚以伐高麗".

53 (宋)宋敏求編, 『唐大詔令集』(上海: 學林出版社, 1992) 「親征高麗詔」(貞觀十八年十二月), p.645, "行軍總管執失思力, 行軍總管契苾何力, 率其種落, 隨機進討. 契丹蕃長於句折, 奚蕃長蘇支, 燕州刺史李元正等, 各率其衆 …".

54 『唐大詔令集』 平亂 「破高麗詔」(貞觀十九年四月), p.649, "先命行軍大總管英國公勣, 行軍總管張儉等, 率領驍銳, 元戎啓行, 北狄西戎之酋, 咸爲將帥; 奚·霫·契丹之旅, 皆充甲卒".

德本)·국지성(麴智盛)·오흑달(吳黑闥) 등이었다.[55] 이들은 이름만 보아도 호족 출신임을 알 수 있는 자가 많다.

안사의 난의 주역 안녹산(703~757)[56]과 사사명(?~761)도[57] 역시 서역 출신으로 6개 번어를 구사하고 그 장기를 발휘하여 변경 호시(아)랑[互市(牙)郞]의 업무를 맡았다.[58] 외국인으로 안녹산만큼 급속 승진을 한 사람도 드문데, 그는 30세에 군대에 들어가 4년도 되지 않아 평로장군(平盧將軍)이 되었다. 40세 때에 일약 변경 번진인 평로군절도사(平盧軍節度使)가 되었다. 평화시대 변경 절도사가 되는 신화를 달성한 그는 49세 때에 삼진절도사(三鎭節度使)인 동시에 '영평로·하북전운사·관내탁지·영전·채방처치사(領平盧·河北轉運使·管內度支·營田·採訪處置使)'라는 여러 요직을 두루 맡게 되었다.[59] 40세에서 49세 사이에 안녹산은 한 지역의 절도사에서 삼진의 절도사를 겸하는 초고속 승진을 한 것인데, 이런 고속 성장에는 양귀비나 현종과의 특별한 인연이 작용했다 하더라도 다른 사회에서는 절대 있을 수 없는 일이었다. 즉 안녹산이란 인물이 아무리 뛰어나도, 호인이든 아니든 능력만 있으면 크게 등용될 수 있었던 당나라가 아니었다면 이족 출신인 그가 한 지방의 행정·재정·군사 삼권을 마음대로 휘두르는 절도사가 될 수는 없었을 것이다.

---

55 『新唐書』 卷220 東夷 高麗傳, p.6189, "於是帝欲自將討之, … 以李勣為遼東道行軍大總管, 江夏王道宗副之, 張士貴·張儉·執失思力·契苾何力·阿史那彌射·姜德本·麴智盛·吳黑闥為行軍總管隸之, 帥騎士六萬趨遼東".

56 『舊唐書』 卷200上 安祿山傳, p.5367, "安祿山, 營州柳城雜種胡人也. 本無姓氏, … 母阿史德氏, 亦突厥巫師, 以卜為業. … 少孤, 隨母在突厥中 … 冒姓為安. 及長, 解六蕃語, 為互市牙郞".

57 史思明(703~761)의 원래 성은 阿史那였다. 寧夷州 突厥人으로 오랫동안 營州柳城에 살았다. 六蕃語를 익혔다 한다(『舊唐書』 卷200上 史思明傳, p.5376, "史思明 … 營州寧夷州突厥雜種胡人也. … 及長, 相善, 俱以驍勇聞. … 又解六蕃語, 與祿山同為互市郞.").

58 牛致功, 『安祿山·史思明評傳』, 西安: 三秦出版社, 2000; 『舊唐書』 卷150上 安祿山傳, p.5367, "安祿山 … 冒姓為安. 及長, 解六蕃語, 為互市牙郞".

59 『新唐書』 卷225上 逆臣傳上 安祿山, p.6412, "天寶元年, 以平盧為節度, 祿山為之使, 兼柳城太守, 押兩蕃·渤海·黑水四府經略使. 明年, 入朝, 奏對稱旨, 進驃騎大將軍. 又明年, 代裴寬為范陽節度·河北採訪使, 仍領平盧軍".

이처럼 당조는 외국인을 본국인과 다름없이 그 능력과 역량에 따라 중용하였다. 고창을 평정할 때에 돌궐인 계필하력이 이끄는 군대가 '수만 기'였다고 한다.[60] 또한 돌궐의 묵철가한이 일으킨 반란을 토벌하는 데 북정(北庭)도호부 아래에 속하는 여러 번의 병력 25만 기가 참가했다고 하니,[61] 대당제국의 병력은 거의 호족에게 의존했다고 해도 과언이 아니다. 흔히 당 태종이나 무측천은 '용인무사(用人無私)'한 황제의 대명사로 지칭된다. 만약 당대라는 시대적 환경이 아니라면 이상과 같은 호인의 용인은 일어날 수 없었다. 아울러 주력 병력이 이국인으로 구성된 당나라 군대의 용맹성과 강력함을 알 수 있다.

(2) 관계에서의 활약

동돌궐 멸망 후 그 추장으로 장안에 온 자는 모두 장군·중랑장에 배수되고, 조정에 관품이 5품 이상인 자가 100여 명에 달하여 조사(朝士)의 반을 점하였다고 한다.[62] 이처럼 당 조정에서는 외국인이 우대를 받고 있었다. 나라가 망해서 된 유민이 적국의 조정에서 이렇게 활약한다는 것은 쉽게 상상이 되지 않는 일이다. 이처럼 갖가지 사연에 따라 외국인이 당제국에 머물게 되었다. 외국인의 가장 합법적이고 공식적인 체류 방법은 유학과 과거를 통한 등용이었다.

외국 유학생들은 ① 국자학(國子學)에서 주로 공부를 하였다. 태종 정관 연

60 『新唐書』 卷221上 西域傳上 高昌, p.6221, "帝(太宗)復下璽書示(麴)文泰禍福, 促使入朝, 文泰遂稱疾不至. 乃拜侯君集為交河道大總管, 左屯衞大將軍薛萬均·薩孤吳仁副之, 契苾何力為葱山道副大總管, 武衞將軍牛進達為行軍總管, 率突厥·契苾騎數萬討之. 羣臣諫以行萬里兵難得志, 且天界絕域, 雖得之, 不可守, 帝不聽".

61 『全唐文』(北京: 中華書局, 1983) 卷253 「蘇頲: 命呂休璟等北伐制」, p.2562, "自默啜虔劉肆暴 … 金山道前軍大使·特進賀獵毗伽欽化可汗突騎施守忠, 領諸番部落兵健兒二十五萬騎, 相知計會, 逐便赴金山道".

62 『貞觀政要』(上海: 上海古籍出版社, 1978) 卷9 安邊 第36, p.275, "自突厥頡利破後, 諸部落有首領來降者, 皆拜將軍·中郎將. 布列朝廷, 五品已上百餘人, 殆與朝士相半".

간에 문교의 문이 크게 확대되어 학사(學舍) 1,200간이 증축되었으며, 신라, 고창, 백제, 토번, 고구려에서 온 유학생으로 구성된 국자학생 8,000여 명이 기숙했다고 한다.[63] "국학의 이런 성함이 근고에 있어 본 적이 없었다[國學之盛 近古未有]"라는 평을 들을 정도였다.[64] 도성에만 유학생이 있었던 것이 아니고 ② 지방 주·현학에도 유학생이 많았다. 장안에 머물렀던 유학생 중에는 신라 출신이 가장 많아[65] 우리나라 사람들의 교육열이 삼국시대에도 세계 최고 수준임을 알 수 있다. 귀족 가문 출신의 자제들이 개인적으로 유학을 왔을 뿐만 아니라 국가에서도 유학을 장려한 것처럼 보인다. 경종(敬宗) 보력(寶曆) 원년(825) 5월 태학생 최이정(崔利貞)·김숙정(金叔貞)·박질업(朴質業) 등 4명을 귀국시키고 새로이 김윤부(金允夫)·김입지(金立之)·박양지(朴亮之) 등 12명을 보내겠으니 그들을 숙위(宿衛)로 하고 국자감에 배치하여 공부하도록 해달라는 신라왕의 상주가 있다.[66] 문종 개성(開成) 2년(837)에는 신라의 재당 유학생이 216명이었다는 기록이 있고,[67] 개성 5년(840) 4월 신라에 국상이 있자 1차 귀국한 유학생이 105명이었다는 기록도 있다.[68] 이들 유학생은 일반적으로 10년을 기한으로 귀국하도록[十年限滿還國] 규정되어 있었는데, 신라 유학생은 항상 100~200여 명이 유지되었다.[69] 신라 유학생

---

63 『新唐書』 卷198 儒學上/序言, p.5636, "於是新羅·高昌·百濟·吐蕃·高麗等羣酋長並遣子弟入學, 鼓笥踵堂者, 凡八千餘人".

64 『唐會要』 卷35 學校條, p.739, "貞觀五年以後, 太宗數行國學太學, 遂增築學舍一千二百間. … 已而高麗·百濟·新羅·高昌·吐蕃諸國酋長, 亦遣子弟請入學. 于是國學之內八千餘人, 國學之盛, 近古未有".

65 嚴耕望, 「新羅留唐學生與僧徒」, 『唐代史研究叢稿』, 香港: 新亞研究所, 1969, p.432.

66 『册府元龜』(臺北: 臺灣中華書局, 1981 臺三版) 卷999 外臣部 請求, p.11724下, "敬宗寶曆元年 … 新羅國王金彥昇奏: '先在太學生崔利貞·金叔貞·朴季業四人, 請放還蕃. 其新赴朝貢金允夫·金立之·朴亮之等一十二人, 請留宿衛, 仍請配國子監習業.' 鴻臚寺給資糧從之".

67 『唐會要』 卷36 附學讀書, p.779, "又新羅差入朝宿衛王子, 并准舊例, 割留習業學生並及先住學生等, 共二百十六人".

68 『唐會要』 卷95 新羅傳, p.2031, "(開成)五年四月, 鴻臚寺奏: '新羅國告哀, 其質子及年滿合歸國學生等共一百五人, 並放還.'".

69 嚴耕望, 「新羅留唐學生與僧徒」, 1969, pp.431~432.

들의 학습과 체류 비용은 신라와 당 정부에서 분담한 것으로 여겨지고 있다. 학비(책값)는 본국 정부가, 의복과 양식 등 생활비는 당 정부에서 지급하는 것이 보통이었다.[70]

왜 신라인 유학생이 많았을까? 교육열 때문인가? 이 문제와 관련하여 특히 관심을 끄는 것은 유학생 가운데 빈공과에 합격한 신라인 대부분은 그 성취동기가 뚜렷한 6두품 출신이었다는 사실이다. 6두품은 신라의 건국 과정에 합류한 족장이나 발전 과정에서 합병된 대족장 등 고위층이었지만, 점차 주류에서 벗어나 신라 후기가 되면서 엄격한 골품제의 적용에 의해 출세의 길이 차단되었다. 6두품인들에게 대당제국으로의 유학은 그들의 신분상의 옹색함·울분을 해소할 수 있는 기회가 되었던 것이다.

과거 및 빈공과에 합격하여[71] 문관으로 입사한 외국인계 인물을 보면 당대 재상 98성 369명 중 12성 23명이나 된다.[72] 『구당서』 열전을 분석하면 외국 출신이 분명한 사람은 39명이다. 그 밖에 『구당서』 열전 인물 출신으로 추정할 수 있는 인물은 5명이다. 『구당서』에는 없으나 『신당서』에서 확인되는 외국 출신자는 6명이다.[73] 이 같은 수치는 당조가 외국인 인사를 중용했음을 나타내는 통계이다.

---

70 安鼎福, 『東史綱目』(서울: 景仁文化社, 1987) 卷5上 唐昭宗 龍紀 元年, p.499, "新羅自事唐以後, 常遣王子宿衛, 又遣學生入太學習業, 十年限滿還國. 又遣他學生入學者, 多至百餘人. 買書銀貨則本國支給, 而書糧, 唐鴻臚寺供給, 學生去來者相踵."; 嚴耕望, 「新羅留唐學生與僧徒」, 1969, p.431; 堀敏一, 「中國に來往した人々」, 『中國と古代東アジア世界』, 東京: 岩波書店, 1993, pp.261~262.

71 賓貢科가 실시된 것은 穆宗 長慶年間이었으며 新羅人과 그 후 高麗人의 合格者가 가장 많고 大食·波斯·安南·占城·琉球 등의 士人도 있었다(高明士, 「賓貢科的起源與發展—兼述科擧的起源與東亞士人出身之路」, 『唐史論叢』 6, 西安: 陝西人民出版社, 1995, pp.108~109). 또 賓貢科는 일반 科擧보다 약간 쉬웠으며, 新羅人이 많이 合格하였다(堀敏一, 「中國に來往した人々」, 1993, p.262).

72 『新唐書』 卷75下 宰相世系表, p.3249; 金奎晧, 「唐代의 異民族活動과 그 對策」, 東國大學校 博士學位論文, 1986, p.92 표4 「異民族系宰相一覽表」.

73 邱添生, 「唐朝起用外族人士的研究」, 1969, pp.128~129.

외국인에게는 빈공과라는 과거에 의해 나름대로 공식적인 출세의 길이 열려 있었다. 이와 관련하여 특히 신라인 4명이 주목된다.[74] 먼저 김운경(金雲卿)이다. 그는 장경(長慶) 연간(821~824)에 등제하여 연주도독부(兗州都督府) 사마(司馬)로 관직을 시작한 후, 회창(會昌) 원년(841)에 환국할 때까지 당 궁정에서 공직에 있는 등 25년 이상 머물렀으니 그가 신라 사람인지 당 사람인지 분간하기 어려울 정도다. 최치원(崔致遠)은 12세인 함통 8년(867) 신라를 떠나 그 이듬해 당나라에 도착하여 6년 후인 건부(乾符) 원년(874)에 등제하여 선주율수현위(宣州溧水縣尉)로, 그리고 고병(高駢) 아래서 종사하며, 회남입본국겸송조서등사(淮南入本國兼送詔書等使), 전도통순관(前都統巡官) · 승무랑(承務郞) · 시어사(侍御史) · 내공봉사자금어대(內供奉賜紫金魚袋) 등의 직책으로 10년간 근무하다 광계(光啓) 원년(885)인 30세에 귀국하였다. 김소발(金紹渤)은 건부 말(879)에 등제하여 태학박사로 있다가 문덕 원년(888)에 귀국하기까지 10년간 봉직하였다. 김문울(金文蔚)은 건령(乾寧) 연간(894~897)에 등제하여 전후로 공부원외랑(工部員外郞) · 기왕부자의참군(沂王府諮議參軍) · 윤책명사(允冊命使) 등 직을 담당하다가 천우(天祐) 3년(906)에 귀국하기까지 8~9년을 봉직하였다.

『동사강목』을 보면[75] 장경 초년 김운경이 빈공과에 등과한 이후 당조 말년까지 급제한 신라 유학생은 58명이었다고 기록되어 있다.[76] 빈공과에 급제한 외국인을 '등선적(登仙籍)'이라 할 정도로 빈공과에 급제하기가 어려웠는데,[77] 신라인 합격자로는 박인범(朴仁範) · 최치원 · 박충(朴充) · 김이어(金夷

74 嚴耕望, 「新羅留唐學生與僧徒」, 1969, pp.433~438.

75 『東史綱目』 卷5上 唐昭宗 龍紀 元年, p.499, "長慶初, 金雲卿, 始登賓貢科, 所謂賓貢科, 每自別試, 附名榜尾. 自雲卿後至唐末登科者五十八人. 五代梁唐之際, 亦至三十二人".

76 嚴耕望, 「新羅留唐學生與僧徒」, 1969, p.441에서는 穆宗 長慶(821~824)에서 五代 중엽(930년 전후)까지 신라인 빈공과 登第者를 '已九十人', 유학생 중에 미등제자는 '數倍或數十倍於此'이며, 太宗 貞觀 14년(640) 신라가 유학생을 파견한 이후 五代 중엽까지 300년간 파견한 유학생이 약 2,000명에 달하였다.

77 方亞光, 『唐代對外開放初探』, 合肥: 黃山書社, 1998, p.24.

魚)・최승우(崔承祐)・김가기(金可紀)・최언위(崔彦撝: 崔愼之) 등이 있다.[78] 이들 가운데 최치원은 재당 기간이 18년, 최언위는 24년, 김가기는 당에서 그의 생애를 마쳤다. 당시 이 유학생들은 유학한 후 본국에 돌아가 관료로 일하기보다 당왕조에서 활약하는 것을 더 추구했던 측면이 있다. 당시(唐詩) 가운데 "소년 때 본국을 떠나 이제 돌아가니 노인이 되었구나[少年離本國, 今去已成翁]"[79]라든지 "천애 멀리 떠나온 지 벌써 20년, 대궐에서 세 조정을 거쳤다네[天涯離二紀, 闕下歷三朝]"[80]라는 시는 외국에서 젊고 활기찬 시절을 보낸 후 노년에 회고하는 것이지만, 그들이 고국에 돌아가지 못할 특별한 이유가 없었다면 스스로 머문 삶일 것이기 때문이다.

이밖에 일본의 아베 나카마로(阿倍仲麻呂), 대식의 이언승(李彦升), 강국(康國: Samarkand)의 강겸(康謙) 등 외국인들의 활약이 두드러졌다. 아베 나카마로는 17세인 717년(玄宗 開元 5年)에 당에 유학하기 위해 고국을 떠나,[81] 당조에서 태학에 입학하고 진사과에 합격하여 좌보궐(左補闕)에 이르렀다. 그 후 조형(晁衡: 朝衡)이라는 중국 이름을 하사 받고 삼조(三朝: 歷仕 玄宗・肅宗・代宗) 50여 년간 당 조정에 봉직했으며 천보 12년에 잠시 귀국하였다가 대력(大曆) 5년(770)에 장안에서 사망하였다.[82] 숙종 시기에 활약한 강국(康國) 상호

78 『東史綱目』 卷5上 唐昭宗 龍紀 元年, p.499, "其表表知名者, 有崔利貞・朴季業・金允夫, 金立之 … 崔致遠・崔愼之 … 金文蔚等, 皆達于成材, …"; 方亞光, 『唐代對外開放初探』, 1998, pp.25~27에서는 빈공과 등제자 26명의 성명을 열거하고 있다.

79 『海東歷史』(서울: 景仁文化社, 1973) 卷50 藝文志9 中國詩1, p.94, 顧非熊, 「送朴(樸)處士歸新羅」.

80 『海東歷史』 卷50 藝文志9 中國詩1, p.94, 張喬, 「送朴充侍御歸海東」.

81 王維, 「送秘書晁監還日本國」幷序」(『王右丞集』, 上海: 上海古籍出版社, 1992, 『四庫唐人文集叢刊』本) 卷12 近體詩十六首), p.158, "積水不可極, 安知滄海東. 九州何處遠, 萬裏若乘空. 向國唯看日, 歸帆但信風. 鼇身映天黑, 魚眼射波紅. 鄕樹扶桑外, 主人孤島中. 別離方異域, 音信若为通"; 陳鐵民, 『王維新論』, 北京: 北京師範學院出版社, 1990, p.25, "秘書晁監, 謂晁衡, 是時爲秘書監. 衡日本人, 原名阿倍仲麻呂, 開元初來中國. 據近人考證, 衡于天寶十二載與日本國遣唐大師藤原清河等同船歸日本".

82 『舊唐書』 卷199 日本國傳, p.5341, "其偏使朝臣仲滿, 慕中國之風, 因留不去, 改姓名為朝衡, 仕歷左補闕・儀王友. 衡留京師五十年, 好書籍, 放歸鄕, 逗留不去"; 『新唐書』 卷220 東夷・日

(商胡) 출신 강겸은 빈공과를 통해 입조한 후 홍려경(鴻臚卿)까지 올랐다.[83] 대식인 이언승(李彦升)은 선종 대중 원년(847) 변주자사(汴州刺史)·선무절도사(宣武節度使) 노균(盧鈞)의 추천으로 발탁되었다가 다음 해에 진사과에 우수한 성적으로 합격하였으니 일반적인 빈공과 출신과는 달랐다.[84] 이들 외에 고구려, 신라, 백제, 일본, 대식, 파사, 안(安), 강(康), 천축(天竺) 등 다양한 국적을 가진 자들이 활동하였다. 외국인들은 특수한 경우를 제외하고 대개 빈공과를 통해서 등과한 후 당 조정에서 활약하였다. 세계 역사상 전근대시대에 동서 어느 나라에서 외국인이 관리 시험을 치고 공무원이 될 수 있었던가!

다음은 숙위 혹은 숙위학생(宿衛學生) 문제이다. 숙위란 궁정을 보위하는 것, 혹은 궁정수비군의 임무를 맡는 것을 말한다. 당대 숙위를 담당하는 무관[宿衛官]의 범위는 매우 넓다. 계통상 절충부의 위사(衛士), 삼위(三衛) 북아금군(北衙禁軍)으로 나눌 수 있고, 이들은 교대로 상번(上番)하게 되어 있다.[85] 그런데 당대 '숙위학생'은 당조에 신속하는 나라에서 왕자 등이 질자(質子), 즉 인질로서 대당제국의 도성에 파견되어 장기 체류하면서 궁성의 시위[宮衛]를 담당했던 궁정 수비군을 의미한다.[86] 숙위 혹은 숙위학생은 당과 신라의 교류에 있어서 중요한 연결고리였기 때문에 일찍이 우리 학계에서도 주

本傳, p.6209, "其副朝臣仲滿慕華不肯去, 易姓名曰朝衡, 歷左補闕, 儀王友, 多所該識, 久乃還. 聖武死, 女孝明立, 改元曰天平勝寶. 天寶十二載, 朝衡復入朝, 上元中, 擢左散騎常侍·安南都護".

83 『新唐書』 卷225上 逆臣上, 安祿山傳, p.6425, "有商胡康謙者, 天寶中為安南都護, 附楊國忠, 官將軍. 上元中, 出家貲佐山南驛稟, 肅宗喜其濟, 許之, 累試鴻臚卿. 婿在賊中, 有告其畔, 坐誅".

84 方亞光, 『唐代對外開放初探』, 1998, p.22; 『全唐文』 卷767 陳黯 「華心」, p.7986, "大中初年, 大梁連帥范陽公得大食國人李彦升薦於闕下, 天子詔春司考其才, 二年以進士第, 名顯然. 常所賓貢者不得擬 …".

85 『唐六典』 卷5 兵部尙書, p.153, "凡應宿衛官各從番第".

86 『舊唐書』 卷44 職官志3, p.1898, "凡宿衛, 內廊閤門外, 分為五仗, 皆坐于東西廊下. 若御坐正殿, 則為黃旗仗, 分立於兩階之次, 在正門之內, 以挾門隊坐於東西廂. 皆大將軍守之".

목한 논제였다.[87] 당조는 이들에게 개방적이었으며 여러 가지 편의를 제공하였다.[88] 이것은 또한 대당제국의 '제국적 포용성'을 표현하는 하나의 표징이기도 하였다.[89] 이들 숙위학생은 글자 그대로 숙위와 학생의 합성어이기 때문에 단순히 군사적인 역할만으로 한정되는 것은 아니었으며, 국학(國學)의 입학이 첨가되는 종합 개념이었다.[90] 숙위가 당 입장에서는 대당제국의 위상을 과시하는 장치였다면, 파견국 입장에서는 선진문화를 습득해 올 인재 양성에 그 목적이 있었다. 이것은 일종의 인질이지만, 다른 한편에서는 조공사로서 국가 간의 정치 · 경제 · 사회 · 문화 전반에 걸친 다양한 중개 업무를 수행하는 외교사절이기도 하였다.[91] 특히 신라의 숙위학생은 신라 무열왕계 왕권이 성립되는 7세기 중엽에 대륙을 석권한 대당제국과 신라 사이의 일종의 외교사절이었다.[92]

당대 질자의 특징은 거의 대부분이 주변 민족이 당으로 파견한 경우로[93] 중국 고대의 질자와는 달리 숙위 임무를 담당했다는 점이 우선 다르다. 또 신라와 발해의 경우는 정례화된 제도로 성립 · 운용되었다.[94] 다른 경우 당조와의 관계를 맺는 과정에서 질자가 파견된다는 점과 어느 정도 관계가 발전하면 파견하지 않았다는 점에서 파견국의 의사가 그 성격을 좌우하였다 할

87 卞麟錫, 「唐宿衛制度에서 본 羅 · 唐關係—唐代'外人宿衛'의 一硏究—」, 『史叢』 11, 1966.

88 『新唐書』 卷97 魏徵傳, p.3870, "至是, 天下大治. 蠻夷君長襲衣冠, 帶刀宿衞. 東薄海, 南踰嶺, 戶闔不閉, 行旅不齎糧, 取給於道".

89 『資治通鑑』 卷193 唐紀9 太宗 貞觀 4年(630) 夏4月條, pp.6076~6077, "(溫)彦博曰: '王者之於萬物, 天覆地載, … 選其酋長, 使入宿衛, 畏威懷德, 何後恨之有!'".

90 『三國史記』 卷12 敬順王 9年, "論曰: '… 以至誠事中國, 梯航朝聘之使, 相續不絶, 常遣子弟, 造朝而宿衛, 入學而講習. 于以襲聖賢之風化, 革鴻荒之俗, 爲禮儀之邦, ….'".

91 申瀅植, 「新羅의 宿衛外交」, 『韓國古代史의 新硏究』, 서울: 一潮閣, 1984, p.390.

92 申瀅植, 「新羅의 宿衛外交」, 1984, p.353.

93 陸宣玲, 『唐代質子硏究』, 陝西師範大學碩士學位論文, 2008; 成琳, 「唐代民族關係中的質子制度硏究」, 陝西師範大學碩士學位論文, 2008.

94 新羅는 唐都에 '宿衛院'을 설치하여 唐末 혼란 시기에 본국과 문서 연락을 취하고 있었다고 한다["臣得當番宿衛院狀報, 去乾寧四年七月 …", 崔致遠, 「謝不許北國居上表」, 『崔文昌侯全集』(서울: 成均館大學校 大東文化硏究院, 1991) 卷1 表, p.47].

수 있다.[95] 또 이는 번인·번객 출신 무사의 숙위와도 다르다. 외족(번인·번객) 출신 무관의 경우 모두 숙위가 면제되었다.[96] 물론 숙위를 희망하는 경우 약간의 확인 후에 기용되었지만,[97] 의무는 아니었다. 그러나 숙위학생의 경우는 숙위가 중요한 의무였던 것이다.

숙위학생에서 두 가지 특징을 발견할 수 있다. 첫째, 당대의 숙위학생은 거의 대부분 주변 왕조 측이 당 조정에 요구해서 파견한 것이고, 둘째, 그 주된 임무가 황제의 숙위 임무를 담당했다는 점이다. 첫째의 경우 대당제국에서 선진문화를 배우겠다는 의미의 국비유학생이기도 하지만, 실질적으로 자국민의 이익에 부합하는 한편 고정 간첩의 역할을 한 점도 있다. 그래서 앞서 말한 대로 신라와 발해의 경우는 정례화된 제도로 성립·운용되었고, 그래서 '질자외교'라는 지적도 있다. 즉 질자는 인질 자체에 그치는 것이 아니고, 그것을 받아들이는 당조나 질자를 보내는 나라 양자에게 중요한 기능과 역할을 하고 있다는 인식을 가지고 있었다. 당조로서는 당연히 파견국을 통제하고 그들이 황제의 의장대 역할을 하기 때문에 중화 황제로서의 위상을 증진할 수 있었을 것이고,[98] 보내는 측에서는 선진문화의 습득이나 기밀의 획득 등 이득이 있었던 것이다. 한때는 숙위질자를 본국으로 송환하고 이 제도를 폐지하려 했으나[99] 당-외족 쌍방이 모두 상대에 대해 정보를 획득할 수

95 申瀅植,「新羅의 宿衛外交」, 1984, p.353.

96『唐六典』卷5 兵部尙書, p.154, "蕃人任武官者, 並免入宿. 任三衛者, 配玄武門上, 一日上, 兩日下, 配南衙者, 長番, 每年一月上".

97『新唐書』卷46 百官志 主客郎中, p.1196, "蕃客請宿衛者, 奏狀貌年齒".

98 武人과 전혀 관계가 없는 譯經 婆羅門마저 衛部의 衛官으로 임명되는 등 다분히 儀仗化하고 있다(池田溫,「唐朝處遇外族官制略考」, 1979, pp.266~267).

99 玄宗 開元 10년(722) 閏5월에 諸蕃에 質子 宿衛者를 放還歸國시킨다는 詔가 내려졌다(『唐大詔令集』卷128, 蕃夷「放諸蕃質子各還本國勅」, pp.632~633, "敕: 我國家統一寰宙, 歷年滋多, 八方同文, 四隩來暨. 夫其襲冠帶, 奉正朔, 顒顒然向風而慕化, 列于天朝, 編于屬國者, 蓋亦衆矣. … 今外番侍子久在京師, 雖威惠之及, 自遠畢歸, 而羈旅之意, 重遷斯在. 宜命所司勘會諸蕃充質宿衛子弟等, 量放還國; 契丹及奚延通質子, 幷卽停追. …"). 그러나 盛唐 이후 質子宿衛의 제도는 폐지되지 않고 존속되었다.

있는 등 다양하게 이득을 얻는 측면이 있었기 때문에 당 말기까지 폐지되지 않고 존속하였다. 당대에는 총 23개국에서 파견된 숙위학생이 있었다.

이처럼 세계 각국에서 여러 가지 목적과 여러 가지 형태로 당나라로 모여들었다. 문제는 이 외국인들이 입국한 후 출국하지 않고 눌러앉은 자들도 적지 않았다는 점이다. 이 중에는 서역에서 온 조공사절도 포함하여 '수천 명'이 되었다고 한다.[100] 물론 전쟁 등으로 인해 귀로가 막힌 까닭도 있었지만, 이들 '호객(胡客)' 중에는 장안에 40여 년을 머문 자도 있었고, 또 정부로부터 보조를 받으면서 처자를 두고 전택을 소유하거나 대부업에 종사하는 자 등도 4,000명이나 되었다고 한다. 사신으로서 수십 년 동안 상대국 수도에 머물고 있는 이들에게 보조를 끊고 귀국시키려 했지만 모두 귀국을 원하지 않았다. 그래서 나온 대책이 당의 신하[唐臣]로 전환시키는 방법이었다. 예컨대 신책군에 편입하여 왕자·사신들은 병마사에 임용하고 그 나머지는 병졸로 삼는 방법이었다. 이런 조처를 통해 대당제국의 병력이 더욱 강해졌다고 하니,[101] 외국인의 당인으로의 전환은 국력 증강의 방법이었던 것이다.

외국인들은 여러 지역에 분산되어 거주했을 것이지만 도성도 중요 집결지 중 하나였다. 돌궐 멸망 후 정관 5년(631) 장안으로 들어와 거주한 자들이 '1만 가'에 가까웠으며,[102] 스스로 호적에 등록한 자만도 수천 호에 달한다고 하

---

100 『新唐書』 卷170 王鍔傳, p.5169, "天寶末, 西域朝貢酋長及安西·北庭校吏歲集京師者數千人, 隴右既陷, 不得歸, 皆仰稟鴻臚禮賓, 月四萬緡, 凡四十年, 名田養子孫如編民. 至是, (王)鍔悉藉名王以下無慮四千人, 畜馬二千, 奏皆停給".

101 『資治通鑑』 卷232 唐紀48 德宗 貞元 3年(787) 6月條, pp.7492~7493, "初, 河·隴既沒於吐蕃(胡注曰: 代宗初年, 河·隴陷沒), 自天寶以來, 安西·北庭奏事及西域使人在長安者, 歸路既絶, 人馬皆仰給於鴻臚, 禮賓委付, 縣供之. … 李泌知胡客留長安久者, 或四十餘年, 皆有妻子, 買田宅, 擧質取利, 安居不欲歸, 命檢括胡客有田宅者停其給. 凡得四千人, 將停其給. 胡客皆詣政府訴之, (李)泌曰: '… 豈有外國朝貢使者留京師數十年不聽歸乎! 今當假道於回紇, 或自海道各遣歸國 … 有不願歸, 當於鴻臚自陳, 授以職位, 給俸祿爲唐臣 ….' 於是胡客無一人願歸者, 泌皆分隸神策兩軍, 王子·使者爲散兵馬使或押牙, 餘皆爲卒, 禁旅益壯".

102 劉餗, 『隋唐嘉話』上(北京: 中華書局, 1979), p.5, 「於是入居長安者且萬家」; 『册府元龜』 卷991 外臣部 備禦4, p.11638-下, "其酋首至者, 皆爲將軍中郎將等官, 布列朝廷, 五品已上百餘

였다.[103] 당의 도성 장안과 낙양 양경의 도시구조와 인구 구성을 다룬 『당양경성방고(唐兩京城坊考)』에는 당 조정에 사환한 약 40명의 번인이 기록되어 있다.[104] 이들은 대개 저명인사로 그 숫자는 의미가 없다. 초당시기 장안에 등록된 인구가 대개 8만여 호 정도인데,[105] 이로 볼 때, 돌궐 한 민족이 차지하는 비율이 장안 인구의 1/8이니 결코 적은 수는 아니다.

우선 1,300여 년 전인 당시 당왕조 내에 이만한 수의 외국인이 있었다는 것은 놀랄만한 일이다. 한족관료와 구별해서 이들을 총칭해서 '번관'이라 부르는데 이 번관들의 비율과 활약은 대당제국의 개방성을 여실히 보여주는 지표이다. 이런 화이일가(華夷一家)의 상황은 공전미유(空前未有)의 사건이라 표현해도[106] 크게 틀린 말은 아니다.

태종에 의해 제창된 이른바 '화이일가'의 정책은 이후에도 계속 유지되었다. 고종·무후시대에도 이민족의 활약은 태종 연간에 비해 적지 않았다. 이러한 현상은 현종 천보 연간에 이르면 더욱 더 심해져 이민족 출신들에게 이른바 '방면지임(方面之任)'을 통째로 맡기는 현상이 보이기 시작하더니 연변의 10절도사를 모두 호인(胡人)이 맡는 현상까지 나타나게 되었다. 과거제가 본격적으로 가동됨에 따라 문관의 문약화 과정과 맞물려, 이민족 출신에게 지방 장관을 맡기자는 주장이 이임보에게서 나왔다.[107] 권력을 유지하고 총

人, 因而入居長安者數千家";『唐會要』卷73 安北都護府條, p.1557,「近萬家」; (宋)王讜,『唐語林』(北京: 中華書局, 1987, 周勛初 校證本) 卷3 識鑒條, p.265,「且萬家」.

103 『新唐書』卷215上 突厥傳上, p.6038, "帝主(溫)彥博語, 卒度朔方地, 自幽州屬靈州, 建順·祐·化·長四州為都督府, 剖頡利故地, …, 入長安自籍者數千戶. …".

104 馬馳,「『唐兩京城坊考』中所見仕唐蕃人族屬考」,『史念海先生八十壽辰學術文集』, 西安: 陝西師範大學出版社, 1996, p.621.

105 (宋)宋敏求,『長安志』(北京: 中華書局, 1990年刊『宋元方志叢刊』1) 西市條, p.128-上, "南北盡兩坊之地 … (長安縣所領四萬餘戶, 比萬年爲多. 浮寄流寓不可勝計 …)".

106 傅樂成,「唐代夷夏觀念之演變」, 1977, p.210.

107 『舊唐書』卷106 李林甫傳, pp.3239~3240, "國家武德·貞觀已來, 蕃將如阿史那社爾·契苾何力, 忠孝有才略, 亦不專委大將之任, 多以重臣領使以制之. 開元中,張嘉貞·王晙·張說·蕭嵩·杜暹皆以節度使入知政事, 林甫固位, 志欲杜出將入相之源, 嘗奏曰: '文士為將, 怯當矢石,

애를 독점하려는 이임보의 사욕에 따라 제기된 것이지만, 결국 "제도 절도(사)에는 모두 호인을 임용하는"[108] 지경에 이르게 되었던 것이다. 이처럼 외국인으로 당나라에 들어와 당인이 된 후 기존의 한족을 제치고 고관에 오른 자가 많았으니, 이는 한 개인의 출세욕만으로 나타난 현상은 아닌 것이다.

이런 풍조는 초당시대에 시작하여 만당까지 큰 변화가 없었다. 예컨대 고조가 임용한 재상 16명 가운데 적어도 9명이 번인과 혈연상 인척관계에 있었다. 최신유(崔愼猷)가 "선종(宣宗) 대중(大中) 연간(847~860)부터 의종(懿宗) 함통(咸通) 연간(860~873)까지 임용된 재상은 '모두 번인'"[109]이라 하였던 것은 반드시 과장만은 아니었다.

(3) 상거래의 보장과 외국 상인

예나 지금이나 신분이 낮은 민초는 외국에 가는 것도 어렵지만 외국에서 생활을 영위하기 위해서는 '상업' 이외에 별다른 해답이 없다. 현재 세계에서 장사를 가장 잘하는 민족은 유대인이라 하지만, 그들이 가장 많이 모인 곳은 바로 자본주의가 번창한 세계제국 미국이고, 세계의 중심인 뉴욕이다. 대당제국이 태동하고 존속하던 7~10세기뿐만 아니라 그 이후 송·원시대까지 세계에서 장사를 제일 잘하는 민족은 바로 소그드인이었다. 소그드인은 중

不如用寒族·蕃人, 蕃人善戰有勇, 寒族即無黨援.' 帝以為然, 乃用思順代林甫領使. 自是高仙芝·哥舒翰皆專任大將, 林甫利其不識文字, 無入相由, 然而祿山竟為亂階, 由專得大將之任故也".

108 『資治通鑑』 卷216 唐紀32 玄宗 天寶 6載(747) 12月條, pp.6888~6889, "自唐興以來, 邊帥皆用忠厚名臣, 不久任, 不遙領, 不兼統, 功名著者往往入爲宰相. 其四夷之將, 雖才略阿史那社爾 … 猶不專大將之任, 皆以大臣爲使以制之. 及開元中, 天子有呑四夷之志, 爲邊將者十餘年不易, 始久任矣: … 李林甫欲杜邊帥入相之路, 以胡人不知書, 乃奏曰: '文臣爲將, 怯當矢石, 不若用寒畯胡人 …' 上悅其言, 始用安祿山. 至是, 諸道節度盡用胡人(胡注曰: 安祿山·安思順·哥舒翰·高仙芝, 皆胡人也), 精兵咸戍北邊 … 皆出於林甫專寵固位之謀也".

109 (五代)孫光憲, 『北夢瑣言』(北京: 中華書局, 2002) 卷5 「中書蕃人事」, p.97, "唐自大中至咸通, 白中令入拜相, 次畢相誠·曹相確·羅相劭, 權使相也, 繼升巖廊. 崔相愼猷曰: '可以歸矣, 近日中書盡是蕃人. 蓋以畢·白·曹·羅爲蕃姓也".

국의 사적에서는 '소무구성(昭武九姓)', '구성호(九姓胡)', '잡종호(雜種胡)', '속특호(粟特胡)' 등으로 불리고 있다. 중국 사적에서는 이들 소그드 지역의 국가들에 대해 다양하게 표현되어 있다. 북위 이전에는 강거(康居)라 하였고, 북위시대에는 주로 속특, 실만근(悉萬斤), 미밀(迷密) 등으로 지칭되었으며, 수당시대에는 소무(昭武)로 칭해졌다. 또 소그드인들은 역사상 한 번도 통일제국을 형성한 적이 없었기 때문에 장기간 주변의 강대한 외족세력에 의해 통제되었다. 이들 나라들은 때로는 합쳐지고 나뉘기도 하여, 반드시 9개 나라에 그친 것이 아니었다. 따라서 흔히 소무구성이라 칭하지만 9성도 약간의 편차를 보이고 있다.[110] 이들은 상업민족답게 "아이를 낳으면 석밀을 먹게 하고 손에는 아교를 쥐어 주었는데, 이는 장성해서는 달콤한 말을 하여 상거래를 잘하고, 보화를 손에 잡으면 마치 풀처럼 달라붙어 떨어지지 말라는 바람에서였다. 옆으로 쓰는 글을 익히고 장사에 능하며 이익을 좋아하여 사내가 스무 살이 되면 이웃나라에 가고, 또 이익이 있는 곳이면 가지 않는 곳이 없다"[111]라고 하였다. 이들은 대개 몇 개의 외국어를 구사하였다.

전한시대 장건(張騫)이 이른바 '착공(鑿空)'한[112] 이후 중서 간의 교통은 주로 육로, 즉 실크로드를 통하여 이루어졌다. 『후한서』에는 "서역의 상호(商

110 『新唐書』 卷221下 西域傳下 康傳, p.6243, "康者, 一曰薩末鞬, 亦曰颯秣建, 元魏所謂悉萬斤者. … 始居祁連北昭武城, 為突厥所破, 稍南依葱嶺, 即有其地. 枝庶分王, 曰安, 曰曹, 曰石, 曰米, 曰何, 曰火尋, 曰戊地, 曰史, 世謂'九姓', 皆氏昭武. 土沃宜禾, 出善馬, 兵彊諸國. 人嗜酒, 好歌舞于道. 王帽氈, 飾金雜寶. 女子盤髻, 幪黑巾, 綴金䕨". 또 安·康·石·史·米·何·曹·畢·穆國을 지칭하기도 한다.

111 『新唐書』 卷221下 西域傳下 康傳, pp.6243~6244, "生兒以石蜜啖之, 置膠於掌, 欲長而甘言, 持寶若黏云. 習旁行書. 善商賈, 好利, 丈夫年二十, 去傍國, 利所在無不至."; 『舊唐書』 卷198 西戎傳 康國, p.5310, "生子必以石蜜納口中, 明膠置掌內, 欲其成長口常甘言, 掌持錢如膠之黏物. 俗習胡書. 善商賈, 爭分銖之利. 男子年二十, 即遠之旁國, 來適中夏, 利之所在, 無所不到"; 『大唐西域記』(北京: 中華書局, 1985 季羨林等 校注本) 卷1 「窣利地區總述」, p.72, "風俗澆訛, 多行詭作, 大抵貪求, 父子計利, 財多爲貴, 良賤無差. 雖富巨萬, 服食麁弊, 力田逐利者雜半矣".

112 『史記』 卷123 大宛列傳, p.3169. "於是西北國始通於漢矣. 然張騫鑿空, 其後使往者皆稱博望侯, 以為質於外國, 外國由此信之".

胡)와 판객(販客)이 매일같이 변경 관새를 찾아온다는 기록이 보이며,[113] 『삼국지』에서도 서역에서도 온 상인들이 과소(過所)를 받아 돈황 현지에서 관리의 입회 아래 교역을 할 수 있었다고 기록되어 있으니,[114] 서역 상인들의 왕래가 그런대로 있었던 것이다. 이후 북방 유목민족의 중원 진입으로 육로 교통이 더 활발해지고, 강남왕조의 성립 이후 해상교통로를 이용한 인적·물적 교류도 더욱 활발하게 이루어졌다(그림 4-1 참조). 당시의 교류는 거의 통상이 지배했다고 볼 수 있으니, 인적 교류란 대개 상인의 왕래라고 할 수 있다. 장사가 제일 잘되는 곳은 사람이 많이 모이는 곳으로 그곳은 예나 지금이나 도성, 즉 그 나라의 서울일 것이고 또 교통의 요지로 물건의 출납이 집중되는 항구도시일 것이다. 그들의 활동무대는 장안(특히 西市)과 동남 연해 항구도시[寧波(明州)·溫州·泉州·福州·廣州 등지]에 집중되었다. 그들의 호칭은 상호(商胡)·호상(胡商)·호고(胡賈)·번상(蕃商)·해상(海商)·해호(海胡)·서역고(西域賈)·외국 상판(外國商販)·고호(賈胡)·박호(舶胡)·번려(蕃旅)·파사 대상인(波斯大商人) 등 다양하였다. 특히 장안의 서시는 대당제국뿐 아니라 실크로드의 기점으로 동아시아 최대의 상업 중심지였다. 서역 소무구성들이 중심이 된 상인들은 장안 가서(街西)에 주로 거주하면서[115] 서시의 상업자본을 장악하여 대단한 위력을 발휘하였다.[116] 서시에서 보주(寶珠)를 파는 호상은 특히 주목받았다.[117] 당 중기 이후 위구르와 아라비아 출신

---

113 『後漢書』 卷88 西域列傳, 車師國, p.2931, "商胡販客, 日款於塞下".

114 『三國志』 卷16 魏書16 倉慈傳, p.512, "又常日西域雜胡欲來貢獻, 而諸豪族多逆斷絕; 既與貿遷, 欺詐侮易, 多不得分明. 胡常怨望, 慈皆勞之. 欲詣洛者, 為封過所, 欲從郡還者, 官為平取, 輒以府見物與共交市, 使吏民護送道路, 由是民夷翕然稱其德惠".

115 畢波, 『中古中國的粟特胡人』, 北京: 中國人民大學出版社, 2011, pp.208~212.

116 『新唐書』 卷21上 回鶻傳上, p.6121, "始回紇至中國, 常參以九姓胡, 往往留京師, 至千人, 居貲殖產甚厚".

117 石田幹之助, 「西域の商胡`重價を以て寶物を求める話一唐代支那に廣布せる一種の說話に就いて一」, 「再び胡人採寶譚に就いて」, 「胡人買寶譚補遺」, 『長安の春』, 東京: 平凡社, 1967, pp.210~281.

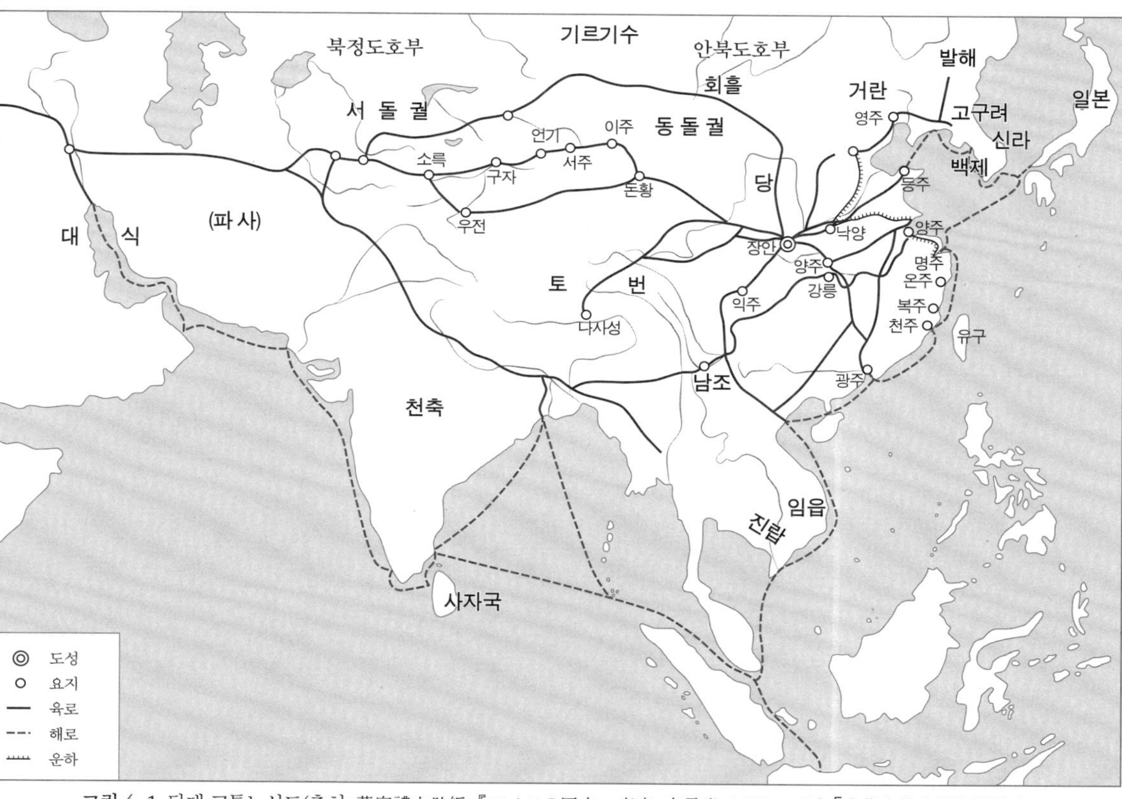

그림 4-1 당대 교통노선도(출처: 藤家禮之助編, 『アジアの歴史』, 東京: 南雲堂, 1992, p.74, 「唐代中外交通路線圖」).

상인의 교역과 금융업 진출은 특히 눈부셨다. 장안의 큰 사찰, 혹은 낙양의 주요 건축물을 짓거나 하는 토목공사에 거금을 기증한 자들도 대개 이곳 출신 번상들이었다.[118] 장안에는 수많은 외국인이 거주하며 왕래하였음은 주지의 사실인데, 중앙아시아에서 온 사람들 중에는 중국식 성(姓)을 칭하면서 살던 사람도 많았다.

이와 같은 활발한 외국인의 입당 흐름 속에서 대당제국 내에 외국인 집단거주지가 형성된 것은 당연하다. 도성 장안은 물론, 돈황과 동남 해안의 항구에 대규모의 외국인 거주지가 생겼다. 특히 우리의 관심을 끄는 것은 장안 남교에 고구려 유민의 집단거주지인 '고려곡(高麗曲)'이 있었다는 사실이다.[119] 장안 등 대도시의 구역 단위 가운데 가장 큰 것이 방(坊)인데, 방 아래에 항(巷)과 곡(曲)이 있었다. 외국인들의 집단거주지 형성 과정에 따라 그 유형이 여러 가지였던 것으로 보인다. 먼저 유민의 자유로운 선택에 의해 형성된 거주지가 있다. 이 경우 그들의 조국과 가장 가깝게 접근할 수 있는 곳에다 집단거주지를 만들었다. 실크로드 연변의 하서주랑 지역, 특히 돈황에는 소그드인 등 서역계 주민의 집단거주지가 있었다.[120] 돈황에 신라인 거주지가 있었다는 주장이 있지만,[121] 확실한 증거는 없다. 둘째, 당 정부의 정책에

118 (唐)劉肅撰·許德楠/李鼎霞點校, 『大唐新語』(北京: 中華書局, 1984) 輯佚 「則天后」, p.204, "又造天樞于定鼎門, 並番客胡商聚錢百萬億造成".

119 (宋)張禮撰, 『游城南記』(西安: 三秦出版社, 2003, 史念海·曹爾琴校注本), p.127, "下(神禾)原, 訪劉希古, 遇瓜洲村(張注曰: '… 亦有長安縣有高麗曲, 因高麗人居之而名之也')"; 愛宕元은 668년 高句麗 滅亡 이후 長安南郊에도 꽤 많은 고구려인이 강제 이주되었을 것으로 추정하고 이를 高麗曲 誕生의 背景으로 보았다[愛宕元譯注, 『游城南記』(京都: 京都大學學術出版會, 2004) p.77]. 또한 馬馳는 高句麗 王族의 거주지였다고 추정하였다(馬馳, 「'唐兩京城坊考'中所見仕唐蕃人族屬考」).

120 池田溫, 「8世紀 中葉における敦煌のソグド人聚落」, 『ユーラシア文化研究』 1, 1965; 石田幹之助, 「天寶10載の差科簿に見ゆる敦煌地方の西域系住民に就いて」, 『東亞文化叢考』, 東京: 東洋文庫, 1973.

121 那波利貞, 「唐代の敦煌地方に於ける朝鮮人の流寓に就いて」, 『文化史學』 8·9·10, 1954~1956; 內藤雋輔, 「唐代中國に於ける朝鮮人の活動について」, 『朝鮮史研究』, 東洋史研究會, 1961.

의해 만들어진 집단거주지이다. 가장 대표적인 곳이 돌궐계 유민을 직접 수용하여 양마(養馬)에 구사한 육호주(六胡州)이다.[122] 또 서역인들은 주로 상업과 양마, 군사력 방면에 관련이 깊고 그에 따라 실크로드 연변에 집단거주지가 만들어졌다. 집단거주지의 조성이 자율적이든 계획적이든 당 정부의 엄격한 통제 아래 있었을 것으로 예상된다. 실크로드 연변의 외국인 촌락도 그러하지만, 신라인의 거주지인 신라방도 '방'이라는 명칭을 띠고 있다. '방'이란 주민생활을 통제하는 거주공간의 명칭이었다.

무역과 관련된 번상(蕃商: 胡商)들의 분포 지역 상황을 보자. 첫 번째, 강회지구(江淮地區)로, 특히 당시 대표적인 부서(富庶)지구이며,[123] 사람이라면 그곳에서 죽기를 바라는[124] 양주(揚州)에는 파사인(波斯人) 등 서아시아 출신 상인의 점포가 즐비하였다.[125] 반란이 일어나면 약탈의 대상이 되는 것은 돈 많은 외국 상인이었다. 숙종 지덕(至德) 2년(757)에 양주자사(揚州長史)·회남절도사(淮南節度使)였던 등경산(鄧景山)의 부름에 따라 반란 평정을 위해 양주에 왔던 전신공(田神功)이 그곳에 도착하자마자, 도리어 주민들의 자산을 크게 약탈하니 당시 상호(商胡) 대식·파사 등 상려(商旅) 수천 명이 죽었다고 한다.[126]

---

122 朴漢濟, 「唐代 六胡州의 設定과 그 의미—'降民'의 配置와 驅使의 一 方法—」, 『中國學報』 59, 2009.

123 『舊唐書』 卷182 秦彦傳, p.4716, "江淮之間, 廣陵大鎮, 富甲天下, 自師鐸·秦彦之後, 孫儒·(楊)行密繼踵相攻, 四五年間, 連兵不息, 廬舍焚蕩, 民戶喪亡, 廣陵之雄富掃地矣."; 『資治通鑑』 卷259 唐紀75 昭宗 景福 元年(892) 6月條, pp.8430~8431, "先是, 揚州富庶甲天下, 時人稱揚一·益二(胡注曰: 言揚州居一, 益州爲次也), 及經秦·畢·孫·楊兵火之餘(胡注曰: 秦彦·畢師鐸·孫儒·楊行密也), 江·淮之間, 東西千里掃地盡矣".

124 張祜, 「縱遊淮南」, 『全唐詩』(北京: 中華書局, 1960) 卷511, p.5846, "十里長街市井連, 月明橋上看神仙, 人生只合揚州, 禪智山光(一作邊)好墓田".

125 金相範, 「唐代 後半期 揚州의 發展과 外國人社會」, 『中國史硏究』 48, 2007, pp.135~142.

126 『舊唐書』 卷110 鄧景山傳, p.3313, "鄧景山, 曹州人也. 文吏見稱. 天寶中, 自大理評事至監察御史. 至德初, 擢拜青齊節度使, 遷揚州長史·淮南節度. 爲政簡肅, 聞於朝廷. 居職四年, 會劉展作亂, 引平盧副大使田神功兵馬討賊. 神功至揚州, 大掠居人資產, 鞭笞發掘略盡, 商胡大食·波斯等商旅死者數千人."; 『舊唐書』 卷124, 田神功傳, p.3533, "尋爲鄧景山所引, 至揚州,

두 번째, 동남 해안, 특히 광주에는 인도·페르시아·말레이시아 등에서 온 선박이 부지기수였고, 또 사자국(師子國: 스리랑카), 대석국(大石國: 大食國: 아라비아), 골당국(骨唐國: 不詳), 백만국(白蠻國: 유럽), 적만(赤蠻: 아프리카) 등지의 사람들이 거주·왕래하고 있었다.[127] 10세기에 시라프 출신 아부 자이드는 중국을 다녀 온 경험이 있는 술레이만이 851년에 집필한 기록을 바탕으로 그 후에 얻은 정보를 첨가하여 책을 냈는데, 여기에 황소의 난 중인 이슬람력 264년(877~878)의 광주 상황에 대하여 "황소가 한푸(Khanfu: 廣州)로 진격한 후에 그 도시에 살며 장사하고 있던 12만 명의 무슬림, 유대인, 기독교도, 조로아스터교도가 도륙되었다"라고 기록되어 있다.[128] 이 사건이 벌어지기 반세기 전에 편찬된 자료에 의하면, 광주에는 당시 74,000호가 거주했다고 하니 이때 도륙된 숫자로 볼 때, 주민의 1/3 가량이 외지인이었다는 계산이 나온다.[129]

세 번째, 천주(泉州)항에는 상고가 운집하여 '시정에는 10개 대륙에서 온 사람[市井十洲人]'으로 구성될 정도로 번영을 누렸다.[130] 특히 천주는 해상 실크로드의 종점으로 마르코 폴로보다 1년 앞서 이곳에 온 야콥 단코나가 '빛의 도시 짜이툰[刺桐]'이라 명명한 꿈의 도시로 당시 서양인에게 알려졌다.[131]

大掠百姓商人資產, 郡內比屋發掘略徧, 商胡波斯被殺者數千人."; 『新唐書』 卷144 田神功傳, p.4702, "劉展反, 鄧景山引神功助討, 自淄青濟淮, 眾不整, 入揚州, 遂大掠居人貲產, 發屋剔窌, 殺商胡波斯數千人".

127 (日本)眞人元開, 『唐大和上東征傳』, 北京: 中華書局, 1979, pp.74~75, "(至廣州) … 江中有婆羅門·波斯·崑崙等舶, 不知其數, 並載香藥·珍寶, 積載如山. 其深六·七丈. 師子國 … 赤蠻等往來居住, 種類極多. 州城三重, 都督執六纛, 一纛一軍, 威嚴不異天子. 紫緋滿城, 邑居逼側".

128 A. C. Moule, *Christians in China before the year 1500*, London: Society for Promoting Christian Knowledge, 1930, p.76; 向達, 『唐代長安與西域文明』, 北京: 三聯書店, 1957, p.34·p.39 注2; 김호동, 『동방 기독교와 동서문명』, 서울: 까치, 2002, p.156.

129 김호동, 『동방 기독교와 동서문명』, 2002, pp.156~157.

130 包何, 「送泉州李使君之任」, 『全唐詩』 卷208, p.2170, "傍海皆荒服, 分符重漢臣, 雲山百越路, 市井十洲人".

131 Jacob D'Ancona, *The City of Light*, London: Little, Brown and Company,

당대의 해상교통의 최고 요지는 역시 광주였다. 때문에 상호들의 선박이 모두 광주에 몰려들었다. 후한 말 이후 중국의 정치 중심이 남북으로 양분됨에 따라 해상의 경영이 중요해졌다. 점차 광주가 해상교통의 중진이 되고, 육조시대에 광주자사는 한 번 성문을 통과하면 '삼천만(三千萬)'을 얻을 수 있었다는 일화가 있을 정도였으니,[132] 해외무역을 통해 대표적인 부서지구로 부상하게 되었음을 여실히 알 수 있다.

당 중기 이후 아라비아 상인 등은 해로를 통하여 광주에 도착하여 활동하였지만 간혹 수로를 타고 장안까지 진귀한 물건을 운반하여 이득을 도모하였다.[133] 당시 광주에서 중원으로 가기 위해서는 대체로 매령(梅嶺: 南昌 西郊 飛鴻山)을 통과한 후 강서(江西)에 들어가서 다시 홍주(洪州: 현재 江蘇 南昌)에 모이게 된다. 그래서 『태평광기』에 누차 홍주상호에 대해 언급하고 있는 것은[134] 그 때문이다. 홍주에서 강을 따라 내려가 대강(大江: 長江)을 들어가거나 혹은 동쪽으로 선하(仙霞)로 가서 고개를 넘어 전당강(錢塘江)을 돌아서 동쪽으로 지금의 강소(江蘇) 지역으로 들어갔다. 대강으로 가는 길이 멀고, 또 풍랑이 험해 남하하거나 북상하는 자는 대부분 전당강을 통해 가는 길을 택하였다. 그렇지 않은 경우, 강소에 이른 이후에는 양주에 모여서 대운하를 타고 낙양으로 갔다. 이런 까닭으로 양주에 거주하는 상호가 비교적 많았던 것이다. 전신공이 양주를 대약탈할 때 죽인 대식·파사 상호가 수천 명에 이르렀다는 것은, 남해 해상교통로에서 내지의 도성, 즉 장안이나 낙양으로 향하는 길목에 양주가 자리했기 때문이다. 해상 무역로에서 도성으로 이르는

1997(오성환·이민아 역, 『빛의 도시』, 서울: 까치글방, 2000).

132 『南史』 卷23 王琨傳, p.627, "(王琨)出為平越中郎將·廣州刺史, 加都督. 南土沃實, 在任常致巨富. 世云廣州刺史但經城門一過, 便得三千萬. 琨無所取納, 表獻祿俸之半. 鎮舊有鼓吹, 又啟輸還. 及罷任, 孝武知其清, 問還資多少? 琨曰: '臣買宅百三十萬, 餘物稱之.' 帝悅其對".

133 中村久四郎, 「廣東の商胡及び廣東長安を連絡する水路舟運の交通」, 『東洋學報』 10-2, 1920; 中村久四郎, 「唐時代の廣東」, 『史學雜誌』 28-3·6, 1927.

134 (宋)李昉等編, 『太平廣記』(北京: 中華書局, 1961) 卷402 李灌條, 卷403 紫靺鞨條, 卷404 岑氏條, 卷374 胡氏子條에서 모두 '洪州商胡'에 대해 언급하고 있다.

광주·홍주·양주·낙양·장안 지역이 외국 상호의 집중 거주 지역이 되었던 것은[135] 자연스런 일이었다.

남해무역의 실태와 당시 활약한 아라비아 상인 등을 감독하기 위해 설치한 시박사(市舶司)는 현종 개원 2년 전후 광주에 창설된 시박사(市舶使)가 발전된 것이다. 시박사(市舶使)는 일반적으로 환관이 담당하였는데, 당·송·원·명 초까지 각 해항에 설립되어 해상으로 이뤄지는 대외무역을 관리하는 관청으로 지금의 '해관'에 해당한다. 송·원시대 서역인 포수경(蒲壽庚: 宋 末에 提擧市舶司로 활약)의 활동이 두드러졌는데,[136] 그는 '회회번객(回回蕃客)', 즉 아라비아 출신으로 한화된 번객이라는 것이 정설이나, 서역인[色目人], 즉 소그드인 출신이라는 설도 있다. 천주에서 향료무역으로 갑부가 된 그는 관직에 오르기도 하지만 기본적으로 상인이었다. 권력을 이용하여 송말 천주의 향료 해외무역을 약 30년 동안 농단하였다. 당시 왕조가 허용한 각종 '합법'수단으로 이득을 취하고 재부를 늘렸던 포수경은 가동(家僮) 수천에 대량의 선박까지 소유한 거부였다.

여기서 수당시대의 동아시아 해상무역에 대해 살펴보아야 할 것 같다(그림 4-2 참조). 흔히 견수사와 견당사라 지칭되는 일본의 조공무역선이 있었다. 이 선박은 단순하게 '조공' 목적보다는 선진제도를 배워 일본 고대 통일국가(율령시대)의 체제를 정비하려는 목적에서 파견되었던 관리들을 실어 날랐다. 그뿐만 아니라 유학생·유학승도 탑승하였다. 견수사는 개황 20년에 파견된 왜국사를 포함하면[137] 총 4회에 걸쳐 파견되었으며,[138] 수 황제로부

135 向達, 『唐代長安與西域文明』, 1957, pp.34~35.

136 桑原隲藏, 『唐宋時代に於けるアラブ人の支那通商の概況殊に宋末の提擧市舶西域人蒲壽庚の事蹟』, 東京: 岩波書店, 1929.

137 『隋書』 卷81 東夷 倭國傳, p.1826, "開皇二十年, 倭王姓阿每, 字多利思比孤, 號阿輩雞彌, 遣使詣闕. 上令所司訪其風俗. 使者言倭王以天為兄, 以日為弟, 天未明時出聽政, 跏趺坐, 日出便停理務, 云委我弟. 高祖曰: '此太無義理.' 於是訓令改之".

138 倭國으로부터는 4회이나 隋 입장에서는 3회로 본다(氣賀澤保規編, 『遣隋使がみた風景—東アジアからの新視點—』, 東京: 八木書店, 2012, p.354).

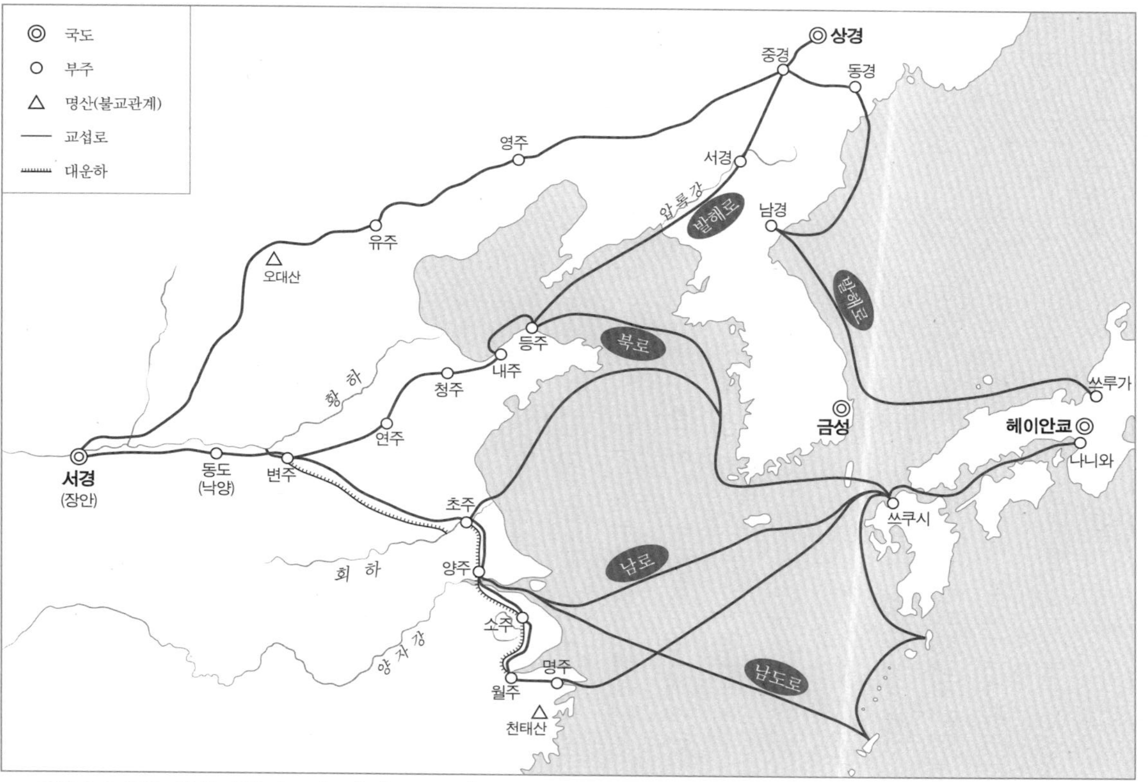

그림 4-2 중국·발해·일본의 교섭로(출처: 尾形勇,『東アジアの世界帝国』, 東京: 講談社, 1985, p.266,「日·中·渤海の交渉路」).

터 그 풍속이나 호칭이 '도리에 어긋난' 혹은 '무례'라는 평가를 받았다.[139] 견사선은 당대에 들어 본격적으로 파견되었다. 838년 후지와라노 츠네츠구(藤原常嗣: 796~840)를 대사로 하여 파견한 것을 끝으로 정지하기까지 야마토(大和)시대 8회(이전에 견수사선 3회를 포함하면 11회), 나라(奈良)시대 6회, 헤이안(平安)시대 2회를 합쳐 19(혹은 20)회에 걸쳐 파견되었다.[140] 이처럼 9세기 중엽 견당사선의 파견이 단절된 것은 당왕조의 세계제국으로서의 면모가 후퇴한 면도 있지만, 일본이 율령제도를 나름으로 확립한 측면도 작용했을 것이다.

이 견당사선을 통해 공식적인 사신 외에 많은 인적 교류가 있었다. 당조의 외국 구법승 가운데는 일본에서 온 자가 제일 많았는데, 사적을 뚜렷하게 남긴 승려만 60~70명 정도로, 총 100명은 넘었을 것으로 추산되고, 짧게는 3~5년, 길게는 28년 동안 체류하기도 하였다.[141] 특히 자각대사(慈覺大師) 엔닌(圓仁: 794~864)은 최후의 견당사선 편으로 당나라에 도착한 후 회창폐불(會昌廢佛)을 만나 장안에서 강제로 환속되어 10년 만에 귀국하였는데, 그의 재당일기(在唐日記)인 『입당구법순례행기(入唐求法巡禮行記)』는 마르코 폴로의 『동방견문록』, 현장(玄奘)스님의 『대당서역기』와 함께 세계 3대 여행기로 일컬어지고 있다.

당나라에 체류한 신라인이 많았는데, 특히 현재의 소북(蘇北: 강소성 북부)

139 『隋書』 卷81 東夷 倭國傳, p.1825, "大業三年(607), 其王多利思比孤遣使朝貢. 使者曰: '聞海西菩薩天子重興佛法, 故遣朝拜, 兼沙門數十人來學佛法.' 其國書曰: '日出處天子致書日沒處天子無恙'云云. 帝覽之不悅, 謂鴻臚卿曰: '蠻夷書有無禮者, 勿復以聞.'".

140 견당사는 전·후기로 나눌 수 있고, 그 파견 목적·조직·항로도 약간의 차이가 있다고 본다. 16년에 1회 정도 파견된 것으로 보이며, 전기(1~7회)는 朝貢 목적으로 배 2척에 평균 120명으로 구성되었으며, 航路는 北九州·博多 → 壹岐·對馬 → 韓半島 西海岸 → 黃海道 → 山東半島(北路로 百濟·新羅의 협조가 불가결)였다. 후기(8~20회)는 신문화 기술을 배우려는 유학생·유학승·기술자로 구성되어 배 4척, 500~600명 정도 규모로, 博多 → 五島列島 → 東中國海 → 長江沿岸(南路: 百濟 멸망으로 항해일 수 매우 단축됨.) 항로로 이동하였다(古瀨奈津子, 『遣唐使の見た中國』, 東京: 吉川弘文館, 2003, pp.3~9).

141 方亞光, 『唐代對外開放初探』, pp.29~30.

지역과 산동반도 일대에 주로 거주하고 있었던 것으로 추정하고 있다. 이들 신라인의 활동과 관련하여 엔닌의 『입당구법순례행기』는 중요한 자료를 제공한다. 엔닌이 방문했던 지방 가운데 신라인을 만났던 곳은 초주(楚州), 밀주(密州), 등주(登州), 청주(青州), 치주(淄州), 장안, 사주(泗州) 등 다양하였다.[142] 그 밖에도 많은 지방에서 신라인이 활동한 것은 두말할 필요도 없다. 장보고의 활약 지역은 현재의 절강·복건·광동성의 해안 지대에 이르는 것으로 보이는데, 이들 지역에도 신라인의 흔적들이 발견되고 있기 때문이다. 『입당구법순례행기』에 구체적인 성명이 기록된 신라인은 47명인데,[143] 수수(水手), 상인 등 다양한 직업에 종사하고 있다고 기록되어 있다.[144] 그뿐만 아니라 일본의 조공사들은 신라선을 주로 이용하였다고 적고 있는데,[145] 이 선박들이 신라 일국의 무역선이 아니라 국제무역선으로 활약하고 있었음을 반증하고 있다. 8~9세기 신라인들의 해상활동 지역은 황해는 물론 동·남중국해를 비롯하여 일본 근해, 중국의 운하 등으로 동아시아 해상무역을 주도하고 있었다. 아울러 신라인 역관인 유신언(劉愼言)의 활약이 두드러지는데, 엔닌이 10년간 당에 머물면서 구법활동을 수행할 수 있었던 것도 그의 도움이

142 牛致功, 「圓仁目睹的新羅人一讀『入唐求法巡禮行記』札記一」, 『唐代碑石與文化硏究』, 西安: 三秦出版社, 2002, p.264.

143 譯語, 僧人, 官吏, 其他 47명의 명단을 들고 있다(牛致功, 「圓仁目睹的新羅人一讀『入唐求法巡禮行記』札記一」, 2002, pp.260~261). 그런데 김문경 교수는 이 책에 등장하는 "인물의 절반 가까이는 당나라 사람이나 일본 사람이 아닌 신라 사람이다"라고 하였다(엔닌 저, 김문경 역주, 『엔닌의 입당구법순례행기』, 서울: 중심, 2001, p.8).

144 開成 4년(839) 圓仁이 楚州(江蘇省 淮安)에 도착하여 일본 조공사들이 귀국할 때 신라인으로 해로를 잘 아는 자 60여 명을 고용했다는 사실은[(日本)釋圓仁撰·白化文 等 校注, 『入唐求法巡禮行記』(北京: 花山文藝出版社, 1992, 校注本) 卷1 p.128, "(開成四年三月)十七日 … 各令船頭押領, 押領本國水手之以外, 更雇新羅人諳海路者六十餘人. 每船或七或六或五人. 亦令新羅譯語(金)正南商可留之方便"] 이 지역에 많은 신라인이 다양한 직종에 종사하고 있다는 것을 암시하고 있다.

145 신라인들은 楚州에서 대부분 貿易業·造船業에 종사하였으며, 선원·선주 등이 많았다. 역관 金正南이 9척의 신라선과 60여 명의 신라인 선원을 고용하고 있었던 것은 이런 사정에서였다[『入唐求法巡禮行記』 卷1 p.120, "(開成四年二月)廿四日 … 到楚州城 … 雇九箇船, 且令修之事, …"].

켰다는 사실에서 잘 알 수 있다.[146] 또 신라인과 관련된 신라방, 신라소, 신라관, 신라원 등은 모두 신라인의 재당활동과 관련된 것들이다. 대당제국 말기는 중국왕조를 중심으로 하는 조공무역에서 민간이 주도하는 교역체제로 동아시아무역의 질적 전환을 가져온 시기라고 할 수 있는데 그 주인공이 바로 신라 무역 상인이었다는 점은 그냥 지나칠 수 없는 부분이다. 당시 동아시아의 해상무역에서 신라인 장보고의 활약을 빠뜨릴 수 없다.[147] 송·원시대 포수경의 활약은 어떤 면에서 장보고라는 걸출한 인물이 선행했기 때문에 가능했던 것일지도 모른다. 장보고나 포수경의 활동은 개인의 특수한 수완도 작용하였지만, 개방사회 대당제국이 제공한 특수한 교역 환경이 전제되지 않으면 나타날 수가 없는 것임은 말할 필요도 없다.

Ⅲ. 번인의 법률적 대우

앞에서 살펴본 것과 같이 당대 장안에는 많은 외국인이 살았고, 그들을 대하는 당조의 태도는 매우 관대했다는 평가가 지배적이다. 외국인에 대한 대우는 당 황제들의 태도에서 상징적으로 드러난다. 태종은 특히 돌궐인과 교류하기를 좋아하였고, 힐리(頡利)의 종숙(從叔)인 이사마(李思摩)와 힐리(頡利)의 조카인 돌리(突利)는 모두 그의 벗으로 이른바 '향화지정(香火之情)'을 맺은 사이였다.[148] 현종이 대식의 사자가 와서 평립불배(平立不拜)하자 장열

146 惠蕚·順昌·仁濟 등 많은 입당 일본 승려들이 그의 도움을 받았으며, 일본과의 연락, 금품의 전달, 귀국선의 마련, 물품의 보관 등이 모두 그에 의해 이뤄졌다(엔닌 저, 김문경 역주, 『엔닌의 입당구법순례행기』, 2001, p.125, 주308). 劉愼言은 楚州에 거주하는 신라인으로 韓·日·漢語를 할 수 있는 통역자였다(『入唐求法巡禮行記』卷1, 1992, p.129).

147 권덕영, 『재당신라인사회 연구』(서울: 일조각, 2005), 제5장 「장보고와 재당 신라인」 참조.

148 『舊唐書』 卷194上 突厥傳上 頡利可汗, p.5156, "太宗又前, 令騎告突利曰: '爾往與我盟, 急難相救, 爾今將兵來, 何無香火之情也? 亦宜早出, 一決勝負.' 突利亦不對. … 突利因自託於太宗, 願結為兄弟. 思摩初奉見, 高祖引升御榻, 頓顙固辭, 高祖謂曰: '頡利誠心遣特勤朝拜,

(張說)의 상주를 받아들여 '대식수속(大食殊俗)'임을 인정하여 특별히 허가하였다고 한다.[149] 이런 사례들은 당 황제의 화이관의 개방성과 연결시켜 설명할 수 있는 부분이지만,[150] 황제들의 언행에서 당시 당인들의 대외국인관의 일면도 엿볼 수 있다.

당에 귀화한 외국인은 먼저 관향(寬鄕)에 거주하게 되고 호적에 등재되었다. 사성(賜姓)을 통하여 황제의 직접 지배를 받는 민, 즉 백성으로 삼았으니 이들 귀화 외국인들은 노예와는 차별화되었다. 사마르칸트인은 강(康), 부하라인은 안(安), 타슈켄트인은 석(石), 인도 출신은 축(竺), 호탄인은 위지(尉遲), 쿠차인은 백(白)의 성이 주어졌다. 귀화인의 의무규정은 자발적으로 귀화한 사람, 당조의 적대자로 강제로 귀화한 사람, 소그드인 및 유목민으로 귀화한 사람 등에 따라 그 차이가 있었다. 자발적인 귀화인은 10년간 과역이 면제되었고, 강제 귀화인은 3년간 면제를 받았다. 소그드인과 유목민 귀화인은 그 당대에만 해당되고 자식들은 일반 중국인과 같은 규정을 받았다.[151]

당조의 외국인에 대한 법 적용은 매우 관대하였다. 신라방 같은 번방은 중국 법률에 적용받지 않고 거류외국인의 법, 관습에 의거하여 자치를 실행하는 특별구역으로 설정되어 있었다.[152] 외국인에 대한 당법의 규정들을 크게 4개 정도로 정리해 볼 수 있다.[153]

첫째, 통상이 허가된 부족의 번상(蕃商)은 법률상 중국인에 못지않은 권리

今見特勤, 如見頡利.' 固引之, 乃就坐, 尋封思摩為和順王".

149 『舊唐書』 卷198 大食列傳, p.5316, "開元初, 遣使來朝, 進馬及寶鈿帶等方物. 其使謁見, 唯平立不拜, 憲司欲糾之, 中書令張說奏曰: '大食殊俗, 慕義遠來, 不可置罪.' 上特許之".

150 『資治通鑑』 卷198 唐紀14 太宗 貞觀 21年(647) 5月條, p.6247, "自古皆貴中華, 賤夷狄, 朕獨愛之如一, 故其種落皆依朕如父母".

151 변방 거주 소수민족의 과역은 한인과 달랐다. 예컨대 嶺南(廣東·廣西) 등지의 이민족은 한인 납부액의 절반만 냈다.

152 堀敏一, 「中國に來往した人々」, 1993, p.273.

153 이하의 논지는 中田薫의 기초적 연구(「唐代法に於ける外國人の地位」, 『法制史論集』 第3卷, 東京: 岩波書店, 1943)에 힘입은 바 크다.

를 향유할 수가 있었다. 당법에 특별히 법률로써 금지하지 않는 한 외국인이 호시에서 중국 정부나 일반 중국인과 사교역을 하고 서로 거래 계약을 맺을 권리[Commercium]가 있고, 또 사적이 아니고 '공허(公許)'를 얻는 경우에는 중국인과 혼인을 할 수 있었다[Connubium]. 즉 당법에서는 외국인은 특별히 법령이 금지하지 않는 한 원칙적으로 "계약과 혼인할 수 있는 권리(commercium et connubium)"가 있었던 것이다. 다만 전술한 바와 같이 외국인이 결혼한 중국부인을 데리고 귀국하는 것은 금지되었다.[154]

외국인은 당조나 당인과 호시교역을 하고 자유롭게 각종 흥정을 할 수가 있었지만, 중국인 쪽이 오히려 외국인과의 관계에서 그 행위에 제한을 받았다. 즉 당인에게는 사적으로 교역하거나 통혼하는 것을 금지시키는 등 외국인과의 관계에 있어 제한을 가하였기 때문이다.[155] .

둘째, 외국인들은 속인법주의(屬人法主義)와 속지법주의(屬地法主義)의 적용을 받았다. 전통적으로 중국에서는 실형주의(實刑主義)를, 북방 제민족의 배상제를 우선시하였다. 북방 여러 민족의 중국 내지 이동에 따라 중국에 모인 이류(異類) 번인 간, 또는 동류(同類) 번인 간, 혹은 그들과 중국인 사이에 법률적 교섭이 생기게 되었다. 이러한 섭외적 법률관계 해결을 위해 나타난 원칙이 속인법주의와 속지법주의지만, 중국 역대 율령 중에서 이 두 가지 규정은 7~8세기 당률에 처음으로 보인다.[156] 즉 동류 번인 간의 범죄는 속인법주의에 의해 해당 번인의 본국법에 따르고, 이류 번인 간의 범죄는 속지법주의에 따라 당법을 따르도록 당률은 정하고 있다.[157] 이것은 번인 간이나 화이

154 仁井田 陞, 『中國法制史硏究―法と慣習, 法と道德―』, 東京: 東京大學出版會, 1964, p.18.

155 이처럼 唐人에게 交易의 自由를 제한한 것은 원래 국가가 禁制品을 輸出入을 감독하고, 輸入品 交易의 이익을 專擅하려는 정책적 이유에서였다. 이것으로 唐法이 外國人의 행위를 制限하려는 것으로 볼 수는 없다(中田薰, 「唐代法に於ける外國人の地位」, 1943, p.1376).

156 仁井田陞, 「中華思想と屬人法主義および屬地法主義」, 『中國法制史硏究―刑法』, 東京: 東京大學出版會, 1959, pp.406~408.

157 (唐)長孫無忌等撰·劉俊文點校, 『唐律疏議』(北京: 中華書局, 1983) 卷6 名例48 '化外人相犯'條, p.133, "諸化外人, 同類自相犯者, 各依本俗法, 異類相犯者, 以法律論".

간의 형사 · 민사소송에도 모두 적용되었다.

속지법주의에 표방된 외국인에 대한 관용을 보면, 이민족의 언어나 문자를 발전시킬 수 있고, 그 풍속 · 습관 및 종교의 신앙을 유지할 수 있으며, 스스로 개혁할 자유를 허용하고 혼인법상에서 민족의 관습을 존중하는 것 등이다.[158] 물론 이러한 관용은 제어를 위한 교묘한 수단이라는 측면은 부정할 수 없을 것이다. 그러나 어느 시대, 어느 국가에서든 무한정 선의를 기대해서는 안 된다. 얼마나 노골적이냐 아니냐는 선 · 후진성의 중요한 차이이다. 대당제국도 진정한 의미의 '착한 정권'은 당연히 아니다. 단지 당시에 세계 어느 국가보다도 선진성을 갖추고 있었던 것은 분명하다.

당률이 어느 정도 선진성을 확보하고 있었는가를 확인하기 위해 서양법의 모태가 된 로마법을 살펴볼 필요가 있다. 로마 고대법에는 외국인이 갖는 권리는 아무 것도 없고, 신체, 재산에 대한 어떠한 법률상의 보호도 없었다. 중세시대에도 국왕이나 영주는 외국인을 강제적으로 예민(隸民: serfs)으로 삼을 수 있는 권리를 가졌다(Wildfangsrecht 규정).[159] 즉 외국인은 '물건[物]' 혹은 '동물' 이상의 권리를 갖지 못하였다. "민족이나 국적에 의한 차별이 철폐되고 외국인에 불리한 고법(古法: 토지 소유권의 취득이나 상속 유산의 국고 귀속)이 폐지되고, 모든 인간은 동포다"라고 선언된 것은 근대에 들어서였다. 그런데 고대 중국의 법도 서양의 고대 · 중세법이나 마찬가지로 '화'와 '이'는 엄격하게 차별되었다.[160] 『이아(爾雅)』에 '구이(九夷) · 팔적(八狄) · 칠융

158 仁井田陞, 「中華思想と屬人法主義および屬地法主義」, 1959, pp.402~403.

159 hostis는 '敵'인 동시에 '外國人'이라는 의미의 단어여서, hostis는 누구나 잡을 수 있고, 그것에 속하는 재산은 無主物이었다(仁井田陞, 「中華思想と屬人法主義および屬地法主義」, 1959, p.398).

160 『書經』 武成篇의 '華夷蠻貊'; 『左傳』 定公 10年條의 '夷不亂華'; 『荀子』 정론의 '諸夏之局'과 '蠻夷戎狄之局'의 구분; 明의 丘濬이 "천지간에 대한계(계한)가 있으니 화이지별이다"(『大學衍義補』 卷244, "治國國平天下之要(馭夷狄)"; "臣按, 天地間有大界限, 華夷是也. 華處乎中 夷處乎外, 是乃天地以山川界限, 界別區域 隔絶內外 以爲吾中國萬世之大防者也.") 등이다.

(七戎)·육만(六蠻)'에 대한 규정이 따로 있는데,[161] 특이하게도 당대법과 송대법에서는 유럽 중세와 달리 군주가 외국인을 강제로 자기 예민으로 하는 규정(Wildfangsrecht)이 없고, 난파선을 타고 온 표착자(漂着者)를 잡아도 노예로 한다는 규정(Strandrecht)도 없었다. 이 원칙에 따라 고려인이나 일본인의 표류선과 표착자는 보호되어 은혜를 입은 사례가 있다. 그리고 외국 상인의 자유로운 통상 거래, 생명과 재산의 보호를 구할 권리가 보장되어 있었던 것은[162] 그냥 지나칠 수 없는 법조항이라 할 것이다.

셋째, 외국인의 재산권이 보장되었다. 즉 외국인이 사망한 경우 재산 승계가 보장되었으니, 사망한 외국 상인의 유산은 사망한 중국 상인의 예에 따라[163] 수행한 근친이 있는 경우 그가 임의로 수령하여 어디든지 가져가는 것이 허락되지만, 그렇지 않은 경우는 관헌이 일단 수령한 후, 뒷날 본국에서 친족을 증명하는 문서를 가지고 와서 유산 반환을 청구할 경우 인도하였다. 문종 태화 8년(834) 이후 이 규정을 약간 변경하여, 유산 반환을 청구할 수 있는 친족의 범위를 부모·처·아들과 형제로 하고, 그것도 사자를 따라 중국 내에 체재하고 있던 자로 한정하였다.[164] 처음에는 3개월이라는 기간을 설정했지만 상속인이라는 증거만 있으면 시간 제한 없이 지급해 주었다.[165] 이런 조항은 오대[後周, 顯德 5년(958) 7월 7일 칙]가 되면 폐지되고, 중국에 거주하는 자가 아니면 반환해 주지 않았으니,[166] 당대의 외국인에 대한 관대함이 잘

---

161 『爾雅』(『(宋本)十三經註疏』) 卷7 釋水12, p.124-2, "九夷八狄七戎六蠻謂之四海".

162 仁井田陞, 「中華思想と屬人法主義および屬地法主義」, 1959, p.400.

163 死商 錢物을 收受할 수 있는 親族은 父母·嫡妻·男·親兄弟·在室姉妹·在室女·親姪男 七親에 限한다.

164 『唐律疏議』에 기재된 것은 아니지만 『宋刑統』(北京: 中國書店, 1990) 卷12 「死商錢物諸蕃人及波斯附」條, p.116, "准主客式, 諸商旅身死, 勘問無家人親屬者, 所有財物, 隨便納官, 仍具狀申省, 在後有識認勘當, 灼然是其父兄子弟等, 依數卻酬還. 准唐大和伍年貳月拾參日勅 …"이라 되어 있다; 仁井田陞, 「中華思想と屬人法主義および屬地法主義」, 1959, p.417.

165 『新唐書』 卷163, 孔戣傳, p.5009, "舊制, 海商死者, 官籍其貲, 滿三月無妻子詣府, 則沒入. 戣以海道歲一往復, 苟有驗者不為限, 悉推與".

166 『宋刑統』 卷12 「死商錢物諸蕃人及波斯附」條, p.117, "准周顯德伍年柒月柒日勅 … 其蕃人,

드러난다. 전근대사회에서 외국인의 재산권이 이렇게 보장되었다는 것은 특기할 만한 일이다.

넷째, 외국인에게 신교(信敎)의 자유가 주어졌고, 그 고유의 장법에 의한 장례를 허용하였다. 현종 개원 27년 7월에 당인이 마니교를 믿는 것은 금지했지만, 서호(西胡) 자신이 믿는 것은 향법(鄕法)이므로 그것을 용인한다고 하였다.[167] 호상이 많이 와 있는 도성에는 호신묘(胡神廟)를 만들어 해마다 제례를 행하는 것이 허락되고 있었다. 사자의 장법은 일반적으로 그 종교 신앙에 따르겠지만, 번객(蕃客: 入朝使者)이나 질자 같은 경우에는 그 향법에 따라 소장(燒葬)하는 것이 허락될 뿐만 아니라 그 장례식에 필요한 물품을 관급(官給)하였다.[168]

이상에서 살펴본 것처럼 당법(唐法)은 외국인의 대우에 퍽 관대하였다. 외국인들은 당인들로부터 화외인(化外人), 번객(蕃客), 호인(胡人) 등으로 구별되고 있었음에도 불구하고 당법하에서는 그의 종교, 장제에 관한 향법이 될 수 있는 한 존중되었다. 앞에서 본 바와 같이 외국인들은 특히 금지된 것이 아닌 한, 당법에 따라 당인과 통상하고 통혼하고, 당의 재판소에서 민사·형사소송을 제기하여 신체·생명·재산의 보호를 구할 권리를 향유하고 있었다. 유럽 여러 나라에서 내외국인 평등원칙을 채용한 것은 근세에 들어서였다.[169] 그런 면에서 당법이 내외평등주의에 입각해서 입법되었다는 것은 주

波斯身死財物, 如灼然有同居親的骨肉在中國者, 幷可給付. 其在本土者, 雖來識認, 不在給付".

167 『通典』 卷40 職官22 視從七品 薩寶祆正條 下注, p.1103, "開元二十七年 七月敕, '末摩尼法, 本是邪見, 妄稱佛教, 誑惑黎元, 宜嚴禁斷. 以其西胡等旣是鄕法, 當身自行, 不須科罪者.'".

168 『宋刑統』 卷18 「殘害死屍」條 p.164, "准(唐)主客式, 諸蕃客及使蕃人宿衛子弟, 欲鄕法燒葬者聽, 緣葬所須亦官給".

169 中世의 독일·프랑스의 어떤 지방에서 행해진 Wildfangsrecht, 즉 國王 또는 領主가 일정기간 領國 내에 체류하는 외국인을 강제적으로 자기 隷民(Serfs)으로 할 수 있는 權利는 唐代에는 그 片影도 찾아볼 수 없다(中田薰, 「唐代法に於ける外國人の地位」, 1943, p.1390).

목할 만한 일이다. 때문에 당대 중국에 왔던 아라비아 상인 등이 중국에서의 법률의 존경, 사법관 선임의 엄정, 당인들의 교양, 재판의 공평무사 등을 극히 상찬하고 있다는 점에서,[170] 번상들은 당법을 신뢰했고, 재판에 대해 만족했음을 알 수 있다.

이런 규정들은 확실히 당률의 선진성을 보여주는 것이지만, 마냥 그 장점만을 칭송할 수는 없다. 대당제국이 이런 법 적용을 견지했던 것은 앞서 이야기한 대로 교묘한 통제술인 동시에 이타적인 측면보다 육·해상 실크로드를 통한 서방세계와의 무역에서 막대한 이익을 얻고자 한 경제적 실리가 감안된 속내가 작용한 것이다. 즉 여러 국가와 법률관계를 가지는 이른바 '섭외적(涉外的)' 외교관계를 유지하기 위해 속지법주의와 속인법주의를 견지했다고 보는 것이 더 올바른 해석이다. 속인법주의는 중국의 관용인 동시에 이해관계를 따진 이후에 제시된 교묘한 제어의 방법이었던 것이다. 이런 단서에도 불구하고 대당제국이 취한 이런 개방적인 민족정책은 과소평가할 수 없다. 당 태종의 '호월일가'는 이전의 화이관과는 엄청난 차이가 있기 때문이다. 잘 알다시피 사이를 나타내는 이(夷)는 오랑캐의 뜻이고, 융(戎)은 전쟁도구, 혹은 문명이 없는 병사 등을 지칭하고, 만(蠻)은 벌레 혹은 뱀을 지칭하며 적(狄)은 개를 말한다. 즉 모두가 벌레, 개 아니면 물건을 나타내는 단어들이다. 유목민족이 중원에 국가를 세우기 전에는 한족들에게 그들은 융·적·이·만에 불과하였다.

Ⅳ. 외국인의 활동과 호류(胡流)

대당제국 중에서도 도성 장안은 당시 외국인에게 가장 매력적인 곳이었

170 中田薰,「唐代法に於ける外國人の地位」, 1943, pp.1381~1382.

다. 각국에서 질자로 와서 숙위하던 자들이 본국으로 돌아가지 않아, 현종 개원 2년(714)에는 돌려보내라는 조칙이 내릴 정도였다. 정관 연간에 온 돌궐인 처라가한(處羅可汗)의 두 아들은 20년 동안, 아사나충(阿史那忠)은 48년간 장안에 거주하였다. 소륵왕(疏勒王) 배규(裴糾)나 우전(于闐)의 위지승(尉遲勝) 역시 장안에 머물면서 본국으로 돌아가지 않았다.

그러니 당 제국을 위하여 공적을 세운 사람들이 대거 장안에 머물렀던 것은 당연하였다. 예컨대 안사의 난 때 당조는 회흘의 병사의 힘을 빌어 양경(兩京)을 수복했는데 난이 평정된 후 전공이 있는 자는 경사에 남기를 원하니[171] 마침내 "회흘인이 서울에 머무는 자가 항상 1,000명이나 되었으며 상호(商胡)로서 화인(華人)의 옷을 입고 잡거하는 자는 그 배가 되었다"고 한다.[172]

당나라에 사신으로 왔다가 길이 막혀 장안에 머물게 된 경우도 있었지만 그들은 빨리 본국으로 돌아가려고 애쓰지 않았다. 덕종(德宗) 때 토번이 하(河)·농(隴) 지역을 차지하여 천보(天寶) 이래 장안에 거주하던 호객(胡客: 西域使人) 4,000여 명이 귀로(歸路)가 막혀 장안에 40여 년을 거주하였다. 이런 장기 거주자들은 처자를 얻고 전택을 사서 이득을 취하며 돌아가지 않았다. 덕종 정원 3년(787) 당조가 귀국을 원하지 않는 자에 대하여 홍려시(鴻臚寺)에 보고하여 직위와 봉록을 주어서 당신(唐臣)으로 삼으려 하자 호객 가운데 한 사람도 돌아가기를 원하는 자가 없었다고 한다.[173]

당대에는 외국인에게 '귀화(歸化)'가 허락되었다. '귀화'는 '투화(投

---

171 『新唐書』卷150 常衮傳, p.4809, "始, 回紇有戰功者, 得留京師, …".

172 『資治通鑑』卷225 唐紀41 代宗 大曆 14年(779) 7月條, p.7265, "庚辰, 詔回紇諸胡在京師者, 各服其服, 無得效華人. 先是回紇留京師者常千人, 商胡僞服而雜居者又倍之".

173 『資治通鑑』卷232 唐紀48 德宗 貞元 3年(787) 6月條, pp.7492~7493, "初, 河·隴旣沒於吐蕃, 自天寶以來, 安西·北庭奏事及西域使人在長安者, 歸路旣絶, 人馬皆仰給於鴻臚, 禮賓委府·縣供之 … 李泌知胡客留長安久者, 或四十餘年, 皆有妻子, 買田宅, 擧質取利, 安居不欲歸, 命檢括胡客有田宅者停其給. 凡得四千人, 將停其給. 胡客皆詣政府訴之. 泌曰: '此皆從來宰相之過, 豈有外國朝貢使者留京師數十年不聽歸乎! 今當假道於回紇, 或自海道各遣歸國. 有不願歸, 當於鴻臚自陳, 授以職位, 給俸祿爲唐臣. ….' 於是胡客無一人願歸者".

化)'[174] 혹은 '귀조(歸朝)'[175]라고 지칭되며 그 이전 시대에도 행해진 것이지만 당대는 국초부터 있었을 뿐만 아니라, 오히려 외국인의 귀화를 장려한 측면이 있었다. 이들 귀화인[外蕃人投化者]에게는 10년간 공과(公課)가 면제되었기 때문이다.[176]

이런 상황에서 대당제국, 특히 도성 장안에는 이국정서(異國情緖)가 흘러 넘쳤다. 대당제국은 세계 각처에서 온 사람들의 교류의 현장이었다고 해도 과언이 아니었다. 피부색이 다른 사람들이 거리를 활보하고 다녔다. 인종의 박람회장이었고 전시장이었다. 서역 방면에서 온 파사(波斯: Persia)인, 소그드인(Sogdian)은 물론, 심지어 얼굴색이 검은 곤륜노(崑崙奴)까지도 있었다.[177] 특히 이런 흑인의 존재를 알리는 장적(張籍)의 '곤륜아(崑崙兒)'라는 시가 유명하고[178] 흑인용(黑人俑)이 많이 출토되고 있는 것에서 알 수 있듯이, 당대 사회에서 흑인이 그리 진귀한 존재는 아니었던 것이다. 다만 당대의 곤륜노는 아프리카인이 아니고 동남아시아 내지 남아시아 지역 국가의 조공품

174 『魏書』 卷27 穆亮傳, p.670, "後高祖臨朝堂, … 又謂亮曰: '徐州表給歸化人稟. 王者民之父母, 誠宜許之. 但今荊揚不賓, 書軌未一, 方欲親御六師, 問罪江介. 計萬戶投化, 歲食百萬, 若聽其給也, 則蕃儲虛竭 ….'"; 『魏書』 卷63 王肅傳, p.1408, "詔(王)肅討蕭鸞義陽. … 若投化之人, 聽五品已下先即優授. 於是假肅節, 行平南將軍 …".

175 『晉書』 卷63 段匹磾傳, pp.1711~1712, "匹磾欲單騎歸朝, (邵)續弟樂安內史洎勒兵不許. 洎復欲執臺使王英送於(石)季龍, 匹磾正色責之曰: '卿不能遵兄之志, 逼吾不得歸朝, 亦以甚矣, 復欲執天子使者, 我雖胡夷, 所未聞也.'".

176 『通典』 卷6 食貨6 賦稅下, p.109, "諸沒落外蕃得還者, 一年以上復三年, 二年以上復四年, 三年以上復五年. 外蕃人投化者復十年."; 이 규정은 「開元二十五年賦役令」이라 생각된다.

177 崑崙奴는 '目深體黑'으로 표현되기 때문에(『宋史』 卷490 外國傳, 大食國, p.14118, "其從者目深體黑, 謂之'崐崙奴.'") 黑人이라 할 수 있다. 崑崙奴의 존재는 이미 南朝 劉宋代부터 존재하였지만(『南史』 卷16 王玄謨傳, p.466, "又寵一崑崙奴子名白主, 常在左右, 令以杖擊羣臣. 自柳元景以下皆罹其毒"), 그 주요 출현 시기는 唐代였다. 唐代 傳奇 중에 崑崙奴 磨勒의 故事(梁羽生의 『大唐游俠傳』이라는 유명한 TV 연속극의 주인공인 鐵磨勒이고, 玄宗 天寶 연간의 安史亂 시기가 배경임)로 유명하다.

178 『全唐詩』(北京: 中華書局, 1960) 卷385 張籍4, p.4339, "『崑崙兒』: '崑崙家住海中州. 蠻客將來漢地遊. 言語解教秦吉了. 波濤初過鬱林洲. 金環欲落曾穿耳. 螺髻長卷不裹頭. 自愛肌膚黑如漆. 行時半脫木綿裘.'".

으로 유입되었을 가능성이 크다.[179]

이처럼 대당제국 안에는 외국 사자, 유학생, 유학승, 상인, 노예들로 넘쳐났는데, 이 외국인들 중에서 한반도와 일본에서 온 구법승이 특히 많았음은 주지의 사실로 주목되는 것은 신라승의 활약이었다. 신라 승려로서 당에 유학하여 법호(法號)가 기록된 자가 130명이 넘었다고 한다.[180] 의정(義淨)의 『대당서역구법고승전』에 기록된 승도 58명 가운데 신라인이 8명, 고구려인이 1명이었는데, 이들은 입당 후에 다시 서역으로 간 사람들이다. 또 『경덕전등록(景德傳燈錄)』에 기록된 선문승도(禪門僧徒) 1,600명 중에 당인이 아닌 사람이 43명이었는데, 그중 42명이 신라인이었다.[181] 무종 시기에 일어난 회창폐불 때 장안 좌가(左街: 萬年縣)에 소재한 여러 사찰에 체재하고 있던 외국승으로 (신책)군의 심문에 불려 들어간 자가 21명이었는데 그중에 신라승이 10명으로 거의 반을 차지하였다.[182] 또 일본 승려 엔닌(圓仁)처럼 외국 승려로서 사부(祠部)의 첩(牒)을 가지지 못하여 환속되거나 본국으로 추방된 자 가운데 신라승도 많았다고 한다.[183] 대당제국 사람으로 역사책(『구당서』와 『신당서』)에 이름을 남긴 사람이 2,624명에 불과하다는 점에서,[184] 당조의 기록에 외국인이 이름을 남긴다는 것은 대단한 일이다.

---

179 『隋書』 卷82 林邑傳, p.1832, "其人深目高鼻, 髮拳色黑. 俗皆徒跣, 以幅布纏身"; 『舊唐書』 卷唐197 南蠻·林邑傳, p.5270, "自林邑以南, 皆卷髮黑身, 通號爲'崑崙.'". '崑崙'은 베트남 南海 중의 작은 섬인 崑崙島(현재 중국명 崑山島)에서 유래했을 가능성이 크다.

180 嚴耕望, 「新羅留唐學生與僧徒」, 1969, p.479.

181 嚴耕望, 「新羅留唐學生與僧徒」, 1969, p.445.

182 『入唐求法巡禮行記』 卷3 會昌 3年條, p.413, "正月 … 卄七日, 軍容有帖, 喚當街諸寺外國僧. 卄八日早朝入軍裏 … 資聖寺日本國僧三人, 諸寺新羅僧等 … 都計卄一人, 同集左神策軍軍容衙院 …". 외국승 21명 중에 新羅僧이 10명이었다(엔닌 저, 김문경 역주, 『엔닌의 입당구법순례행기』, 2001, p.428).

183 『入唐求法巡禮行記』 卷4 會昌 5年條, p.463, "四月 … 有勑云: '外國等 若無祠部牒者, 亦勒還俗遞歸本國者,' … 並無唐國祠部牒. 新羅國僧亦無祠部牒者多. 日本國僧圓仁·惟正亦無唐國祠部牒. 功德使准勑 配入還俗例 …".

184 毛漢光, 『唐代墓誌銘彙編附考』 第1册, 臺北: 中央研究院 歷史語言研究所, 1984, p.2.

당나라에 체재하는 사람 중에 '신라 출신 노예[新羅奴]'가 있었다는 것도 주목된다.[185] 신라노는 당시 '곤륜노(崑崙奴)·신라비(新羅婢)'라는 말이 연달아 칭해질 정도로 유명하였다. 당 후기 중국의 해적선이 한반도 연해에 출몰하여 신라인을 약취해서 산동 지방에 노비로 팔았던 사실과[186] 그것이 쉽게 근절되지 않고 있음을 알리는 기술이다.[187] 이후 해적선에 대비한 해상왕 장보고의 노력과 신라-당의 협력으로 인해 근절되었다.[188] 당시 해적들은 산동 지역의 번진과 연결되어 있었고, 이에 당조는 신라의 청을 들어준다는 명분으로 신라에게 파병을 요구한 바 있으며 신라에서 갑병 3만을 보냈다고 한다.[189] 아무튼 이런 외국노의 존재는 당대만의 현상은 아니지만 전대에 비해 현저히 증가하였다. 그 원인은 당시의 시대풍조인 '이국정서' 혹은 '이국취미(異國趣味)'와 무관하지 않았던 것이고, 이를 통해 당조의 다양한 인종 구성을 엿볼 수 있다.

---

185 '新羅奴'의 존재는 해적선의 掠賣에 의한 新羅로부터 대규모의 奴婢 유입 현황을 보이고 있다(玉井是博, 「唐時代の外國奴—特に新羅奴に就いて」, 『支那社會經濟史硏究』, 東京: 岩波書店, 1942, pp.223~230).

186 『舊唐書』 卷16 穆宗本紀, pp.486~487, "(長慶元年 正月)平盧薛平奏平盧薛平奏: '海賊掠賣新羅人口於緣海郡縣, 請嚴加禁絕, 俾異俗懷恩. 從之.'".

187 『唐會要』 卷86 奴婢條, pp.1861~1862, "長慶元年三月, 平盧節度使薛平奏: '應有海賊詃掠新羅良口, 將到當管登·萊州界及緣海諸道, 賣爲奴婢者. 伏以新羅國雖是外夷, 常稟正朔, 朝貢不絶, 與內地無殊. 其百姓良口等, 常被海賊掠賣, 於理實難. … 起今以後, 緣海諸道, 應有上件賊詃賣新羅國良人等, 一切禁斷 ….' 勅旨: '宜依' … 大和二年十月勅: '… 其新羅奴婢, 伏准長慶元年三月十日勅, 應有海賊詃掠新羅良口, 將到緣海諸道, 賣爲奴婢, 並禁斷者, 雖有明勅, 尙未止絶 ….'"; 『册府元龜』 卷170 帝王部 來遠條, p.2056-下, "穆宗長慶元年三月十日, 平盧節度使薛平奏: '新羅雖是外夷, 朝貢不絶, 其百姓多被海賊掠賣, 令請緣海州郡, 一切禁斷, 冀賊徒永息, 異俗懷恩' 從之".

188 『册府元龜』 卷980 外臣部 通好條, p.11517-上, "(開成)三年秋七月, 新羅王金祐徵, 遣淄靑節度使奴婢, 帝矜以遠人"; 杜牧, 『樊川文集』(上海: 上海古籍出版社, 1994, 『四庫唐人文集叢刊』本) 卷3 張保皐鄭年傳, pp.16~17, "新羅人張保皐·鄭年者 … 後保皐歸新羅, 謁其王曰: '遍中國以新羅人爲奴婢, 願得鎭淸海(新羅海路之要), 使賊不得掠人西去 ….' 自太和後, 海上無鬻新羅人者 …".

189 『三國史記』 卷10 新羅本紀10 憲德王紀, "(十一年)秋七月, 唐鄆州節度使李師道叛. 憲宗將欲討平, 詔遣揚州節度使趙恭, 徵發我兵馬, 王奉勅旨, 命順天軍將軍金雄元, 率甲兵三萬以助之".

대당제국 안으로 들어온 사람들 가운데는 망국, 포로 등으로 타의에 의한 사람들도 물론 있었지만 상당수가 자의로 입국한 자들이었다. 대당제국은 이처럼 '열린[開放]제국'이었고, 당은 '열린사회'였다. 열린사회의 필수적인 요소는 '기회의 균등'이다. 연줄이 아닌 실력·기량으로 평가받는 것이 바로 열린사회의 기본이다. 국가가 필요로 하는 인재든, 개인적인 성취동기에서든 간에 입국 후에는 차별을 받지 않아야 한다. 고구려인 고선지는 군사력으로, 파사인 아라함(阿羅喊)은 특수 신분과 특수 재능으로 당 조정에서 활약한 전형적인 인물이다.[190] 낙양 부근에서 당시 이민자들의 묘지명이 다수 발견되었는데, 이들은 묘지명을 남길 만큼 이국에서 나름의 성공을 거두었던 것이다.

전통시대 중국문화는 오랫동안 동아시아문화의 연총으로 그 위치를 굳건히 지켰다. 그것은 세계 4대 문명 발상지로서의 선진성이 전제된 것이었다. 사실 중국문화의 선진성은 황하문명의 발상지인 중원이 갖고 있는 주변의 다양한 문화를 흡수·수용, 그리고 종합·통합할 수 있는 그 지정학적인 위치에서 비롯된다. 중국문화 가운데 대당제국의 문화가 갖는 특징은 이상의 장점을 더욱더 발휘한 결과물인 '절충성'에 있다고 할 수 있다. 대당제국의 문화는 '국제색'이 짙다. 이런 특징은 어느 날 갑자기 나타난 것이 아니다. 그 이면에는 중국이 갖는 지정학적인 장점 외에 이민족의 대거 진입의 계기가 된 '민족 이동'이라는 역사적 대사건이 전제되어 있었다. 문화는 특정 지역이 갖는 고유한 문화의 축적뿐만 아니라 다양한 문화의 가닥을 흡수하여 종합함으로써 더 큰 발전을 할 수 있는 것이다. 대당제국의 문화는 우수한 고유의 문화에다 다양한 문화를 통합한 것에 그 특징이 있다.

앞에서 당나라 내의 인구 구성상 이민족의 비중을 설명하였지만, 수많은

---

190 『陶齋藏石記』[(淸)端方 撰, 淸宣統元年石印本. 中國東方文化硏究會歷史文化分會編, 『歷代碑誌叢書』 第12册, 南京, 江蘇古籍出版社, 1998] 卷21, 「大唐故波斯國大酋長·右屯衛將軍·上柱國·金城郡開國公·波斯君丘之銘」, pp.213~214.

이민족과의 빈번한 접촉에 의해 당인은 상당한 정도로 '호화'되었다. 덕종 원화 시기 사람인 진홍조(陳鴻祖)가 쓴 『동성노부전(東城老父傳)』에는 "현재 북방 호인[北胡]은 경사에서 잡처하고 있으면서 한족의 처를 취하고 아이들을 낳으니 장안에서는 소년들이 호인의 마음[胡心]을 가지게 되었다"라고 서술되어 있다.[191] 여기서 북호는 돌궐과 영주(營州) 지역의 잡호(雜胡)로 추정되고 있다.[192] 즉 도성인의 심리적인 경향도 호적인 것에 경도되어 있음을 짐작할 수 있다. 이런 과정에서 혈통의 융입(融入), 즉 혼혈현상이 두드러지게 되었다. 당대 한족과 기타 각 종족의 통혼혼혈은 다수인 동시에 일상적인 것이 되었다. 가장 전형적인 것이 당대 황실의 후비의 혼혈이었다. 개국주 고조 이연, 태종 이세민, 고종 이치 모두 순수 호족 혈통인 호녀(胡女)가 낳은 황제였으며, 현종의 모친은 선비 두씨(竇氏)였다.[193]

이런 상황에서 당 태종의 태자 승건(承乾)이 돌궐어를 쓰고 돌궐복장을 입는 행동도[194] 특이하다고 말할 수 없는 것이다. 태종 정관 초 장안의 풍경을 묘사한 글에 한인들이 호모(胡帽), 호인들은 한모(漢帽)를 쓰고 다니고 있었다고 한 것을 보면[195] 호인은 한인과 외형상 별반 차이가 없게 되었던 것이다. 중국의 한 중견 학자가 대당제국의 문화를 '당운호음(唐韻胡音: Tang's

191 (唐)陳鴻祖, 『東城老父傳』, 石家莊: 河北教育出版社, 1994; 『歷代筆記小說集成』 3(『唐代筆記小說』 第二册), 石家莊, 河北教育出版社, 1994, p.60-上, "今北胡與京師雜處, 娶妻生子, 長安中少年有胡心矣".

192 向達, 『唐代長安與西域文明』, 1957, p.28 注9.

193 『新唐書』 卷76 后妃上 睿宗昭成順聖皇后竇氏傳, p.3489, 「生玄宗及金仙·玉眞二公主」.

194 『新唐書』 卷80 太宗諸子 / 常山王承乾傳, pp.3564~3565, "又使戶奴數十百人習音聲, 學胡人椎髻, 翦綵為舞衣, 尋橦跳劍, 鼓鞞聲通晝夜不絕. … 又好突厥言及所服, 選貌類胡者, 被以羊裘, 辮髮, 五人建一落, 張氈舍, 造五狼頭纛, 分戟為陣, 繫幡旗, 設穹廬自居, 使諸部斂羊以烹, 抽佩刀割肉相啗. 承乾身作可汗死, 使眾號哭剺面, 奔馬環臨之".

195 (唐)劉肅撰·許德楠/李鼎霞點校, 『大唐新語』(北京: 中華書局, 1984) 卷9 從善 第20, p.138. "司法參軍尹伊異判之曰: '賊出萬端, 詐僞非一. 亦有胡着漢帽, 漢着胡帽, 亦須漢裏兼求, 不得胡中直覓, 請追禁西市胡, 餘請不問, …' 俄果獲賊".

Rhyme and Hu's Melody)'이라 표현하였다.[196] 즉 호족이 노래하고 당(한)족이 반주를 맞추는 것이 대당제국이라는 것이다. 당대의 호족, 즉 이족은 이처럼 대당제국의 한 구성원으로 활약하고 있었지만, 이런 경지에 이르기까지는 오랜 시간과 여러 가지 절차가 필요하였다. 오호십육국·북조시대라는 짧지 않은 시간과 복잡다단한 반목과 타협의 역사를 거친 후에 건립된 당나라이기 때문에 외국인이 살아가기에 그리 불편하지 않은 환경이 조성된 것으로 짐작할 수 있다.

대당제국의 경내는 외국으로부터 온 사자, 유학생, 유학승, 상인, 망명객들로 붐볐다. 당시 모든 길은 대당제국의 심장 장안으로 뚫려 있었다. 이런 현상은 이전 왕조, 특히 서진 말, 영가의 난 이전과는 매우 다른 모습이었다. 외국인들은 홀몸으로 중국에 오는 것이 아니다. 그들은 외국[域外]의 물품뿐만 아니라, 음악, 무도, 기술 등을 갖고 들어온다. 이것들이 당인들에게 전해지게 되었고, 당인들은 색다른 이국 풍조에 열광하였다. 그뿐만 아니라 외국과의 빈번한 접촉은 당의 문화를 외국에 전달·유포시켰던 것이다. 사신들을 포함한 당인들도 아시아를 넘어 아프리카 지역에까지 당의 문화를 전파하였다.

대당제국시대는 호풍, 호속이 크게 유행하였다. 이를 '호류(胡流)'라고 지칭해도 무방하다. 특히 육·해상 실크로드를 타고 대당제국 이전에는 볼 수 없었던 진기한 물건과 습속이 전래되었다. 미국의 학자 에드워드 H. 샤퍼(Edward H. Schafer)는 이것에 대해 그의 책에서 사람(人: Men), 가축(Dometic Animals), 야수(Wild Animals), 새(Birds), 모피와 우모(Furs and Feathers), 식물(Plants), 목재(Woods), 음식물(Foods), 향료(Aromatics), 약품(Drugs), 방직물(Textiles), 안료(Pigments), 공업용 광석(Industrial Minerals), 보석(Jewels), 금속제품(Metals), 세속기물(Secular Objects), 종교기물(Sacred Objects), 서적

196 葛承雍,『唐韻胡音與外來文明』, 北京: 中華書局, 2006.

(Books) 등으로 일목요연하게 정리하였다.[197] 아울러 일본학자 이시다 미키노스케(石田幹之助)는 『장안의 봄』이라는 대저에서 장안의 호풍을 리얼하게 묘사하였다.[198] 이미 우수한 연구가 있기 때문에 여기에서는 필자가 생각하는 약간의 특징적인 면모만을 소개하고 그 의미를 새겨 보는 정도로 끝내야 할 것 같다.

우선 가장 눈에 띄는 것은 사람들의 일상생활 모습일 것이다. 호복·호모라는 일상의 복장뿐만 아니라 호식(胡食), 호약(胡藥), 호장(胡粧) 등이 조야의 인사에게 환영받았다는 점은 『구당서』 권45 여복지(輿服志)에 "(궁중에서 연주하는) 태상악은 호곡을 좋아하고, 귀인의 어찬(御饌: 美食)으로는 호식이 제공되고, 사대부가 부녀들은 다투어서 호복을 입는다"라는 당시의 풍경을 요약한 설명에서 알 수 있다.[199] 특히 호복에 대해서는 『안녹산사적(安祿山事跡)』에서 "천보(742~756) 초에 귀유(貴游)·사서(士庶)는 호복 입기를 좋아하여 표피(豹皮)의 모자를 쓰고, 부인은 보요(步搖: 걸으면 흔들리는 頭飾)를 머리에 꽂았다. 의복제도는 옷깃[襟]과 소매[袖]가 함께 좁고 작았다. 식자들은 몰래 괴상하게 여기며, 그것들의 유행이 난리가 일어날 전조라고 여겼다"[200]라고 하였다. 즉 일반 백성뿐만 아니라 사회지도층인 귀유·사서의 복장마저도 호족색이 분명한 의복들을 입고 다녔으니 얼마 있지 않아 오랑캐 세상이 될 것이라 우려한 것이다.[201]

---

197 Edward H. Schafer, *The Golden Peaches of Samarkand: A Study of T'ang Exotics*, Berkely: University of California Press, 1963.

198 石田幹之助, 『長安の春』, 東京: 東洋文庫, 1967.

199 『舊唐書』 卷45 輿服志, p.1958, "太常樂尚胡曲, 貴人御饌, 盡供胡食, 士女皆競衣胡服, 故有范陽羯胡之亂, 兆於好尚遠矣".

200 (唐)姚汝能撰, 『安祿山事跡』(上海: 上海古籍出版社, 1983) 卷下, p.38, "衣冠士庶 … 家口亦多避地於江·淮[天寶初, 貴游士庶好衣胡服, 爲豹皮帽, 婦人則簪步搖, 衩衣之制度, 衿袖窄小. 識者竊怪之, 知其兆(戎)矣]".

201 『新唐書』 卷24 車服志, p.531, "初, 婦人施冪以蔽身, 永徽中, 始用帷冒, 施裙及頸, 坐檐以代乘車. 命婦朝謁, 則以駝駕車. 數下詔禁而不止. 武后時, 帷冒益盛, 中宗後 … 宮人從駕, 皆胡冒乘馬, 海內傚之, …, 有衣男子衣而鞾, 如奚·契丹之服. … 開元中, … 而士女衣胡服, 其後

9세기 전반의 열혈 정치가이자 시인인 원진(元稹)은 「법곡(法曲)」이라는 악부시에서 "여자는 호부(胡婦)가 되려고 호장(胡妝)을 배우고, 연주자(伎)는 호음(胡音)을 익히고 호악(胡樂)에 힘쓴다. … 호음과 호기(胡騎)와 호장에 50년 동안이나 어지럽다"[202]라고 개탄해 마지않았다. 중국의 전통음악에 기초한 법곡이[203] 현종 천보 연간에 들어 호음과 섞여 연주되는 일이 벌어지기 시작했고, 이는 세상이 호족의 것들로 기울고 있음을 보여주는 것으로 여겼기 때문이다.[204] 원진은 선비 탁발족 출신인데, 그가 호류에 대해 이런 시를 짓는 것은 매우 아이러니한 일이 아닐 수 없다.

여기서 말하는 '호'란 시대와 지역에 따라 그 지칭하는 대상이 각각 다르다. 전한시대까지는 호란 흉노를 가리켰고, 오호십육국시대의 오호란 흉노·선비·저·강·갈로 대표되는 북방 혹은 서북방 유목민을 가리켰다. 후한대부터 이미 소그드인을 비롯한 서역인을 호라고 지칭하는 경우도 있지만, 위진남북조시대의 '호'란 서북방 유목민 혹은 그 출신을 의미하는 쪽이 우세하였다. 수당시대에는 서역의 오아시스 도시국가 사람을 지칭하는 쪽이 다수를 차지하였으며, 간혹은 돌궐·위구르를 '호'라 부르기도 하였다. 요컨대 '호'란 중국에 강한 충격을 준 외인(外人)·이국인이라 할 수 있다.[205] 충격이란 군사적인 것만이 아니라 문물·예술 방면도 포함하는 것이다.

이런 '호'의 용법의 변화와 더불어 대당제국시기 '호'가 접두어로 붙는

安祿山反, 當時以為服妖之應".

202 元稹, 「法曲」[『元稹集』(北京: 中華書局, 1982) 卷24 樂府], p.282, "女爲胡婦學胡妝, 伎進胡音務胡樂, … 胡音胡騎與胡妝, 五十年來競紛泊".

203 『新唐書』 卷22 禮樂志, p.476, "初, 隋有法曲, 其音清而近雅. … 隋煬帝厭其聲澹, 曲終復加解音. 玄宗既知音律, 又酷愛法曲, 選坐部伎子弟三百教於梨園, 聲有誤者, 帝必覺而正之, 號'皇帝梨園弟子'. 宮女數百, 亦為梨園弟子, 居宜春北院. 梨園法部, 更置小部音聲三十餘人".

204 『樂府詩集』(北京: 中華書局, 1979) 卷96 新樂府辭7 法曲, p.1352, "解題曰: … 白居易傳曰: '法曲雖似失雅音, 蓋諸夏之聲也, 故歷朝行焉' 太常丞宋沇傳漢中王舊說曰: '玄宗雖好度曲, 然未嘗使蕃漢雜奏. 天寶十三載, 始詔道調法曲, 與胡部新聲合作. 識者深異之. 明年冬而安祿山反.'".

205 森安孝夫, 『シルクロードと唐帝國』, 2007, p.188.

말, 예컨대 호도(胡桃)·호과(胡瓜)·호마(胡麻) 등은 대개 서역 오아시스 농업 지대의 산물이고, 북방 유목 지대에서 생육되는 것은 아니었다. 이국적인 이 작물들은 전한시대 장건(張騫)이 가져왔다는 전설이 유포되었지만, 이 전설은 주로 송대에 만들어진 것으로 사실과 다르다. 이 작물들은 대체로 위진남북조·수당시대에 전래된 것이다. 예컨대 '호마'는 서방 농업 지대에서 온 마의 일종으로, 이것이 북방 초원지대에서 생산될 리가 없다. '호좌(胡坐)'는 북방인지, 서방인지 구별되지 않지만, 호상(胡床)·호병(胡瓶)·호분(胡粉)·호초(胡椒)는 역시 서방에서 전래된 것으로 알려져 있다.

'호식(胡食)'은 이스트균으로 발효한 빵, 즉 찐 빵을 가리키는 것으로 호병(胡餠)·유병(油餠)·노병(爐餠)·호마병(胡麻餠) 등이 그것에 속한다. 이것들은 모두 서아시아·중앙아시아에서 전해진 음식이다. 3세기까지 동아시아에는 분식문화가 없었고, 대신 곡물의 낱알[粒]을 삶거나[煮] 쪄서[蒸] 먹는 이른바 '입식(粒食)'문화였다. 이후 서방으로부터 맥(麥)을 가루[粉]로 하여 빵 혹은 국수[麵]로 만들어 먹는 분식문화가 도입된 것이다. 원래 한자의 '면(麵)'이란 우동 등을 포함하는 '국수'라는 뜻이 아니고, '맥분(麥粉)'의 의미이다. '병(餠)'도 맥분을 구워서[燒] 만든 식품, 즉 빵이지, 미(米)로 만든 것이 아니었다. '소병(爐餠)'은 '노(爐)에서 구운(燒) 빵'이고, '전병(煎餠)'은 '기름[油]으로 지진[煎] 빵'이다.[206] 이처럼 분식은 서아시아에서 시작되어 오아시스 농업 지대를 거쳐 전파되어 온 것이다. 따라서 호식의 '호'는 서역을 가리키는 것이었다. 이는 호악(胡樂)의 대부분이 서역악을 가리키고, 그 가운데서도 다수가 구자(龜茲) 등 동투르키스탄 지역에서 유래한 음악인 것과 같다.

'호복'이란 대체로 기마·유목민이 승마와 기사(騎射)를 할 때 입는 가장 편리한 복장을 말한다. 그것을 개량한 것이 현재 양복[西洋服]이 된 것이니,

206 森安孝夫, 『シルクロードと唐帝國』, 2007, p.189.

재료로는 펠트[氈: 털]를 사용하고 다리에 달라붙는 것이 특징이다. 이런 호복은 이미 전국시대 조나라 무령왕(武靈王)이 북방 유목민과 대적하는 가운데 기마·유목민들의 '호복기사(胡服騎射)'의 풍습을 채용한 것인데,[207] 그만큼 복식에서 호족이 준 영향은 오래되었다.[208] 양한을 거쳐 북조에 들어 호복은 조복(朝服)과 상복(常服)으로 개편되기 시작하더니 이후 북조를 거쳐 수당에 이르면 호복은 스스로 그 '호'라는 관념을 잃어버리기에 이른다. 북조, 특히 북제시대 이후 유행된 호복은 이후 당송의 의관에 큰 영향을 미쳤다.[209]

북조시대에는 여러 가지 호복이 유행하였지만 가장 대표적인 것이 고습복(袴褶服)이었다. 이것은 광수(廣袖)에 좌임(左衽)의 단포(短袍)로[210] 마상(馬上)에서의 활동의 편리를 도모하기 위한 복장으로, 북방 유연에서 일반적으로 착용한 복장이었다.[211] 북위시대는 위로는 제왕으로부터 아래로는 일반 백성에 이르기까지 모두 이 옷을 입었을 뿐만 아니라, 조견지복(朝見之服)으로 규정되어 사용되기에 이르렀다.[212] 복장과 밀접한 관련이 있는 것이 바로 신발인데, 북조에서 유행한 신발은 가죽신, 즉 '화(靴)'였다. 이를 '호리(胡履)'라고 불렀기 때문에 당연히 호복의 일종이었고 전사들이 주로 입는 복장에

207 『史記』 卷43 趙世家, pp.1805~1807, "(武靈王)十九年 … 於是肥義侍, … 王曰: '吾不疑胡服也, 吾恐天下笑我也. 狂夫之樂, 智者哀焉; 愚者所笑, 賢者察焉. 世有順我者, 胡服之功未可知也. 雖驅世以笑我, 胡地中山吾必有之.' 於是遂胡服矣".

208 王國維, 『觀堂集林』(北京: 中華書局, 1959) 卷22 「胡服考」, p.1098, "案中國古服如端衣, 袴皆在內, 馳草棘中不得裂弊. 袴而裂弊, 是匈奴之服, 袴外無表, 卽同於袴褶服也".

209 (宋)沈括, 『新校正夢溪筆談』(香港: 中華書局 香港分局, 1975, 胡道靜 校注本) 卷1 故事1, pp.23~24, "中國衣冠, 自北齊以來, 乃用胡服. 窄袖·緋綠短衣·長靿靴·有鞢帶, 皆胡服也. 窄袖利於騎射, 短衣·長靿 皆便於涉草. 胡人樂茂草, 常寢處其間, 予使北時皆見之, 雖王庭亦在深薦中. 予至胡庭日, 新雨過, 涉草衣袴皆濡, 唯胡人都無所霑".

210 (漢)史游, 『急就篇』(長沙: 岳麓書社, 1989) 卷2, p.144, "褶謂重衣之最在上者也, 其形若袍, 短身而廣袖, 一曰, 左衽之袍也".

211 『南史』 卷4 齊高齊紀, 建元 3年條, p.112, "九月辛未, 蠕蠕國王遣使欲俱攻魏, 獻師子皮袴褶".

212 戴爭, 『中國古代服飾簡史』, 北京: 輕工業出版社, 1988, p.87.

도 쓰였다.[213] 남조에서는 나막신[木履]을 신는 것이 일반적이었는데,[214] 이후 중국에 수피(獸皮)를 원료로 하는 가죽신[靴]이 유행한 것은 북방의 영향이라 할 수밖에 없다. 이처럼 호복은 위진남북조시대 이후 북방의 한족의 관서(官庶)들도 두루 입게 되어 위로는 제왕에서부터 아래로는 일반 백성에까지 크게 유행하게 되었다.

당대의 호복은 북방 유목민의 것보다 오히려 서방 오아시스인들의 영향이 더 컸다고 보기도 한다. 『대당서역기』 권1에서는 소그드인의 복장에 대해 "치마도 윗옷도 폭이 좁아 몸에 꽉 붙었다"[215]라고 서술하고 있는데, 이런 복장이 바로 당대 중국에서 유행한 복장이다. 따라서 당대의 호복이란 이전 유목민족으로부터 채용한 복장을 지칭하는 것이 아니라 새로운 형식의 '서방 전래의 복식' 혹은 '서역풍의 복식'이라 할 수 있다.[216] 당대는 복식에서 이처럼 호한혼합의 모습을 보였다.[217] 당대에는 복식만이 아니고, 종교·언어·미술 등 방면에 호한혼합이 진행되었다. 당대는 사방의 문화를 적극적으로 받아들이기도 하였지만, 반대로 사방에 영향을 주기도 하였다. 예컨대 서역인들이 당의 영향을 받아 한인 고유의 의복을 입고 있는 것은, 혜초스님의 『왕오천축국전』에서 "안서(安西)·우전(于闐)·언기(焉耆) 등 서역 지역에서는 사람은 한법(漢法)을 지키며, 머리를 싸매고 치마[裙]를 입고 있었다"[218]

---

213 『舊唐書』 卷45 輿服志, pp.1954~1966, "梁制云, 袴褶, 近代服以從戎, 今纘嚴則文武百官咸服之. 車駕親戎, 則縛袴不舒散也. 中官紫褶, 外官絳褶, 舃用皮. 服冠衣朱者, 紫衣用赤舃, 烏衣用烏舃. 唯褶服以靴, 靴, 胡履也, 取便於事, 施於戎服".

214 『宋書』 卷3 武帝紀下, 永初 3年條, p.60, "(武帝)性尤簡易, 常著連齒木屐, 好出神虎門逍遙, 左右從者不過十餘人."; 『宋書』 卷67 謝靈運傳 「山居賦」, p.1775, "(謝靈運) … 登躡常著木履, 上山則去前齒, 下山去其後齒."; 戴爭, 『中國古代服飾簡史』, 1988, p.101.

215 『大唐西域記』 卷1 「窣利地區總述」, p.72, "服氈褐, 衣皮氈, 裳服褊急".

216 原田淑人과 森安孝夫 등은 唐代의 복식은 北方 유목민의 것보다도 西域의 오아시스 도시민의 영향을 많이 받았다고 본다(原田淑人, 『唐代の服飾』, 東京: 東洋文庫, 1971, p.196; 森安孝夫, 『シルクロードと唐帝國』, pp.190~191).

217 原田淑人, 『唐代の服飾』, 2007, p.191.

218 慧超, 『往五天竺國傳』(北京: 中華書局, 1994) 殘卷, p.178, "□□□□□此卽安西鎭名數, 一

라고 한 것에서도 보이고 있다.

이처럼 당대에 '이국취미'라 흔히 이야기되는 '이국'에 해당되는 나라들은 이란 · 인도 · 토하라를 포함한 서역 국가이고, 그 계통의 문화 · 문물이었다. 이들 서역계 문화를 가지고 당 사회에 체현한 이국적인 얼굴의 '외인'들은 상인 · 병사 · 악사 · 무용수 등 다양하였지만, 특히 당대 사회에 큰 파장을 일으킨 사람은 호희(胡姬) · 호아(胡兒)라 불리는 젊은 여성 · 소년들이었다. 이들이 추는 호선무(胡旋舞) · 호등무(胡騰舞)라는 춤이 당대 사회에 일으킨 바람은 대단한 것이었다. 특히 술집[酒肆]에서 남성 손님을 끄는 호희는 그 국적을 이란계 혹은 소그드계의 여성으로 보기도 하지만, 서역 출신인 것만은 확실하고[219] 파란색의 눈동자를 가진 가냘픈 여인이었다.

호선무는 그 특징이 고속회전에 있었다. 무연(舞筵)이라 불리는 작은 원형의 융담(絨毯: 모직물로 만든 담요) 위에서 [illegible]기에서 한 발짝도 벗어나지 않으면서 추는 춤이다.[220] 양손에 긴 리본을 들고 선회하[illegible]약동감은 백거이가 "호선녀, 호선녀는 마음대로 손 놀리고 능란하게 손 놀리[illegible]북을 치네. 풍악 소리 맞추어 두 소매 펼쳐 들고, 눈처럼 펄럭이며 다북쑥 구[illegible]듯 춤을 추네. 왼쪽으로 돌고 오른쪽으로 돌아도 지칠 줄을 모르니, 천 번 만 [illegible]돌아도 끝날 줄을 모르네. 세상의 어떤 것도 신묘하기를 비길 수 없고, 달리[illegible]퀴나 회오리바람보다 날쌔노라"[221]라고 묘사한 바로 그대로이다. 물론 호선

安西·二于闐·三疏勒·四焉耆, … 依漢法裹頭著裙".

219 『新唐書』 卷35 五行志2 訛言, p.921, "又有胡旋舞, 本出康居, 以旋轉便捷為巧, 時又尚之."; 『新唐書』 卷221下 西域傳下 識匿, p.6255, "俱蜜者, 治山中. 在吐火羅東北, 南臨黑河. 其王突厥延陀種. 貞觀十六年, 遣使者入朝. 開元中, 獻胡旋舞女, 其王那羅延頗言為大食暴賦, 天子但尉遣而已".

220 『新唐書』 卷21 禮樂志11, p.470, "胡旋舞, 舞者立毬上, 旋轉如風".

221 白居易, 「胡旋女」, 『白居易集』, 北京: 中華書局, 1979, p.60, "胡旋女, 胡旋女, 心應絃, 手[illegible]鼓. 絃鼓一聲雙袖擧, 廻雪飄飖轉蓬舞. 左旋右轉不知疲, 千匝萬周無已時时. 人間物類無可比, 奔車輪緩旋風遲. … 胡旋女, 出康居, 徒勞東來萬里餘. 中原自有胡旋者, 鬪妙爭能爾不如. 天寶季年時欲變, 臣妾人人學圓轉. 中有太眞外祿山, 二人最道能胡旋. … 祿山胡旋迷君眼, 兵過黃河疑未反. 貴妃胡旋惑君心, 死棄馬嵬念更深 ….'".

무는 호희만이 춘 것은 아니었다. 무측천의 일족으로 돌궐 제2제국에 포로 생활을 하였던 무연수(武延秀)나[222] 안녹산도 호선무를 잘 췄다는 기록이 있다. 안녹산이 현종 앞에서 호선무를 추고 은총을 얻게 된 것은 유명하다.[223] 특히 나체는 아니지만, 실크로 된 얇은 셔츠만 입고 호선무를 추는 여성의 모습은 당시 남성의 애간장을 태우기에 충분한 것이었다.

반면 호등무는 호선무처럼 급속 회전을 주로 하는 것이 아니고 신체 전체를 사용하여 뛰며 회전하는 약동적인 동작으로 웅크렸다 급히 땅을 차면서 비상하고 몸을 편 채로 거꾸로 서는 등 변화가 격렬한 춤인데 호선무와 함께 건무(健舞)로 분류된다. 상당한 체력을 사용한다는 점에서는 같다. 호선무가 우아한 데 비해 호등무는 곡마술(아크로바틱)적이고 전투적이다. 이 모습은 중당 시인 이단(李端)의 「호등아(胡騰兒)」라는 시에 잘 표현되어 있다.[224]

대당제국은 수많은 호인들이 일으킨 '인류(人流)'와 수많은 호물이 일으킨 '물류(物流)'의 거센 물결과 중국 전통적인 것이 합쳐져 질적으로 높은 수준의 문화를 만들어 낸, 수천 년 중국의 역사 가운데서도 손꼽히는 위대한 시대였다. 당왕조에 사절을 보낸 왕조가 70여 국이었다.[225] 또 현종 천보 연간

222『舊唐書』卷183 外戚傳 武承嗣傳 附子延秀傳, p.4733, "延秀, 承嗣第二子也. 則天時, 突厥默啜上言有女請和親, 制延秀與閻知微俱往突厥, 將親迎默啜女為妻. … 延秀久在蕃中, 解突厥語, 常於主第, 延秀唱突厥歌, 作胡旋舞, 有姿媚, 主甚喜之. 及崇訓死, 延秀得幸, 遂尚公主".

223『新唐書』卷225上 逆臣傳上 安祿山傳, p.6413, "(安祿山)晚益肥, 腹緩及膝, 奮兩肩若挽牽者乃能行, 作胡旋舞帝前, 乃疾如風, 帝視其腹曰: '胡腹中何有而大?' 答曰: '唯赤心耳!' 每乘驛入朝, 半道必易馬, 號'大夫換馬臺', 不爾, 馬輒仆, 故馬必能負五石馳者乃勝載. 帝為祿山起第京師, 以中人督役, 戒曰: '善為部署, 祿山眼孔大, 毋令笑我.' 為瑣戶交疏, 臺觀沼池華僭, 帟幕率緹繡, 金銀為篣筐·爪籬, 大抵服御雖乘輿不能過. 帝登勤政樓, 幄坐之左張金雞大障, 前置特榻, 詔祿山坐, 褰其幄, 以示尊寵".

224 李端, 「胡騰兒」, 『全唐詩』卷284, p.3238, "胡騰身是涼州兒. 肌膚如玉鼻如錐. 桐布輕衫前後卷. 葡萄長帶一邊垂. 帳前跪作本音語. 拾襟攪袖爲君舞. 安西舊牧收淚看. 洛下士人抄曲與. 揚眉動目踏花氈. 紅汗交流珠帽偏. 醉卻東傾又西倒. 雙靴柔弱滿燈前. 環行急蹴皆應節. 反手叉腰如卻月. 絲桐忽奏一曲終. 嗚嗚畫角城頭發. 胡騰兒. 胡騰兒. 故鄉路斷知不知".

225『唐會要』卷49 僧尼所隷條, p.1007, "客掌朝貢之國 … 七十餘蕃".

에 귀부한 국가와 지역이 '72국'[226]이라는 기록도 있다. 이런 상황은 당 황제의 표현을 빌면, '만국래정(萬國來庭)',[227] '화이대동(華夷大同)'[228]의 형국이었다. 이런 표현에는 약간의 과장이 있는 것은 사실이지만, 이런 현상이 나타난 것은 '자고로 중화를 귀히 여기고 이적을 천시하는[自古貴中華 賤夷狄]' 민족 차별적 관념이 퇴출된 결과라는 것은[229] 더 말할 필요가 없다. 대당제국의 개방적이고, 포용적인 정책이 외국인의 활동을 활발하게 한 것은 물론이다.[230]

---

226 『新唐書』 卷135 高仙芝傳, p.4577, "八月, 仙芝以小勃律王及妻自赤佛道還連雲堡, 與令誠俱班師. 於是拂菻·大食諸胡七十二國皆震懾降附"; 『新唐書』 卷221下 西域下 / 大勃律 / 小勃律, pp.6251~6252, "仙芝至, 斬?吐蕃者, 斷娑夷橋. 是暮, 吐蕃至, 不能救. 仙芝約王降, 遂平其國. 於是拂菻·大食諸胡七十二國皆震恐, 咸歸附".

227 (宋)宋敏求編, 『唐大詔令集』 卷3 「改元貞觀詔」, p.13.

228 『唐大詔令集』 卷10 帝王, 「會昌二年册尊號赦」, p.56.

229 馬馳, 『唐代蕃將』, 西安: 三秦出版社, 1990, p.7.

230 Edwin O. Reischauer, Note on T'ang Dynasity Sea Routes, *Harvard Journal of Asiatic Studies 5-2*, 1940, pp.143~144.

제5장

위진남북조시대 묘장습속(墓葬習俗)의 변화와 묘지명(墓誌銘)의 유행

Ⅰ. 머리말

중국의 묘장문화는 시대마다, 그리고 지역마다 각각 독특한 특징을 갖고 있다. 묘의 형식도 시대와 지역에 따라 차이가 난다.[1] 북방 유목민과 서역 오아시스인들이 중원에 진출한 위진남북조 시대에 그들이 중국의 묘장습속, 즉 장속(葬俗)에 어떤 영향을 끼쳤을까?

장속은 묘장 내외의 구조물에 주로 표현되는데, 묘장 안으로는 묘실의 구조와 묘지명의 형식이, 묘장 밖으로는 봉분의 유무와 묘전 석각의 형식 등이

1 董新林은 墓形制度를 周制-漢制-晉制 등의 형식으로 분류하고 각 時代마다 각 地域에 따른 분류를 하고 있다(『中國古代陵墓考古研究』, 福州: 福建人民出版社, 2005, p.160).

구별의 요소가 된다. 묘실을 구성하는 것으로는 묘도(墓道: 參道), 묘문(墓門), 용도(甬道: 羨道), (좌우)이실[(左右)耳室], 전실(前室)·중실(中室)·후실(後室) 등이 있지만 여기서는 묘실 구조와 피장자의 염복(殮服: 金縷玉衣·銀縷玉衣 등) 등의 문제는 다루지 않겠다. 이민족이 중원에 진출한 위진남북조시대의 묘장문화의 특징은 묘장 내에서는 묘지명, 묘장 밖에서는 묘전 석각의 발달을 들 수 있다. 오호십육국-동진 그리고 남조-북조시대는 남북으로 분열된 시대이다. 그러면 묘장문화에서 남북의 차이가 있는가? 있다면 어떤 것일까? 우선 눈에 띄는 것은 남방은 신수(神獸), 화표(華表), 묘비(墓碑) 등 묘전석각이 발달되었고, 북방은 묘실 내부에 묘지명과 벽화[2]가 성행했다는 점이다.

이 장에서는 묘지명에 대해서 주로 다루려고 한다. 가장 눈에 띄는 현상은 남(동진·남조)과 북(오호십육국·북조)의 묘지명의 사용 빈도 차이이다. 동진·남조의 묘지명 수는 오호십육국과 북조의 그것에 크게 미치지 못한다. 이런 수적 차이는 문자로 저록된 묘지뿐만 아니라 인민중국 성립 이후 고고학적 발견에 의해 출토된 묘지명의 수에서도 확연하게 드러난다.[3] 동진·남조의 묘지명 수량은 왜 북조에 크게 미치지 못할까? 이 점의 해명이 필자가 이 장에서 규명하고자 하는 주된 과제이다.

묘지명의 기원과 발달 과정에 대해서는 여러 설이 난립하고 있지만, 우선 그 기원은 농경 한족문화에 두고 있다는 점에 이론이 없다. 그리고 묘지명의 최성기는 수당시대이며, 그 기초가 되었던 시대가 북위라는 것에 대해서도 일치된 견해를 보이고 있다.[4] 그러면 무슨 사연으로 이민족인 선비 탁발족이

2 畵像石·畵像磚·壁畵의 墓葬은 漢代의 특징이고 묘전석각과 묘지명 등은 後漢시대 이후 성행한 것이다(董新林, 『中國古代陵墓考古硏究』, 2005, p.162).

3 中村圭爾(『六朝江南地域史硏究』, 東京: 汲古書院, 2006, pp.404~406)의 정리에 의하면, 「著錄墓誌」의 수는 23건(表II), 「『藝文類聚』所載 墓誌」는 48건(表III), 「新出東晉南朝墓誌」는 19건(表IV)이다. 그 후 출토된 묘지명 25건을 합쳐 44건(同書, pp.446~448 表II)이다. 그러나 中村은 東晉-南朝의 墓誌銘 數量이 北朝에 비할 정도로 많지는 않다고 말하고 있다.

4 川本芳昭은 "墓誌의 增加와 定型化가 본래 그 原型을 낳은 漢民族國家가 아니고 異民族國家인 北魏에서 행해지고 그 형식이 隋唐諸制의 祖型이 되었다는 점 …"이라 운운하였다(『魏

세운 북위왕조에 와서 이 묘지명의 외형과 문체가 완비된 모습을 갖추게 되었을까? 이것이 필자가 규명하고자 하는 또 다른 의문점이다. 아울러 필자는 남과 북의 차이를 마감하고 통일을 이룩한 수당제국의 묘장습속은 어떻게 변하였는가에 대해서도 묘지명을 중심으로 고찰하려 한다.

Ⅱ. 묘장습속의 변화

1. 봉분(封墳)과 배장(陪葬)의 문제

전국시대 이전의 묘장에는 분구(墳丘)가 없었다.[5] 분구식 묘장제도의 출현은 식별을 위한 것이었다. 춘추 말기, 공자가 부모를 합장할 때 '북돋우기를 높이 4척으로[封之 崇四尺]' 하였는데 그 이유는 식별하기 편하게 하기 위해서였다.[6] 그러나 그 후 곧 피장자의 신분 고하를 나타내는 척도로써 분구가 본격적으로 기능하기 시작하였다. 따라서 통치자의 묘장이 높고 큰 분구의 형식을 띠게 된 것이다.[7] 이런 분구묘가 보급된 것은 여러 가지 요인이 있겠지만, 무엇보다 춘추-전국이라는 정치·사회의 격렬한 변동의 결과였다. 따라서 춘추 이전의 묘에는 구묘(丘墓), 분묘(墳墓), 총묘(冢墓) 등의 명칭이 없

晋南北朝時代の民族問題』, 東京: 汲古書院, 1998, p.395).

5 『禮記』(『禮記正義』, 北京: 北京大學出版社, 2000) 卷6 檀弓上, pp.201~202에서는 "'古也 墓而不墳' 注曰: '凡墓而無墳 不封不樹者 謂之墓.'"라 하였고, 『漢書』 卷36 楚元王傳/劉向傳, p.1952에서는 "易曰: '古之葬者, 厚衣之以薪, 臧之中野, 不封不樹. 後世聖人易之以棺槨.' … 殷湯無葬處. 文·武·周公葬於畢, 秦穆公葬於雍橐泉宮祈年館下, 樗里子葬於武庫, 皆無丘隴之處."라 하였다. 또 (後漢)崔寔, 『政論』에 "古者墓而不墳, 文·武之兆, 與平地齊"라 하였는데 兆는 墓地의 兆域을 말한다.

6 『禮記』 卷6 檀弓上, pp.201~202, "孔子既得合葬於防, 曰: '吾聞之, 古也墓而不墳. 今丘也, 東西南北之人也, 不可以弗識也.' 於是封之, 崇四尺. 孔子先反, 門人後. 雨甚, 至. 孔子問焉, 曰: '爾來何遲也?' 曰: '防墓崩' 孔子不應. 孔子泫然流涕, 曰: '吾聞之, 古不修墓.'".

7 『墨子』(北京: 中華書局, 1993, 『墨子校注』本) 卷6 節葬下, p.263에서는 당시 王公大人의 墓葬에 대해, "棺槨必重, 葬埋必厚, 衣衾必多, 文繡必繁. 丘隴必巨."라 하였다.

었지만, 전국시대에 들어 분묘의 높이가 높아짐에 따라 이런 명칭들이 등장하게 되었다.[8]

군왕의 분묘를 '능(陵)'이라 한 것은 전국 중기 조(趙)·초(楚)·진(秦) 등에서 시작되었다.[9] 당시 사람들은 높고 큰 분묘를 산(山)에 비유하였으며, 국왕의 분묘를 '산' 혹은 '능'이라 하였다. 그것을 합쳐서 '산릉'이라 하여 최고통치자를 지칭하는 용어가 되었다.[10] 예컨대 최고통치자의 죽음을 피휘하여 '산릉이 무너지다[崩山陵]'라 한 것을 들 수 있다. 제왕이 사후에 남긴 흔적은 점차 중요해져서 후세 국왕은 생전에 미리 자기의 분묘를 만들기도 하였는데 이를 '수릉(壽陵)'[11]이라 하였다.

한대에도 제릉에 봉분을 쌓는 것을 장례 가운데 가장 중시하였다. 그런데 후한의 경우 광무제 원릉(原陵)이 6장 6척인데, 안제(安帝) 공릉(恭陵)의 경우 더욱 높아져 15장이나 되었다.[12] 이렇게 되다 보니 봉분을 높고 크게 쌓는

8 春秋 이전의 墓葬은 사료에서 모두 '墓'로 지칭되었으나 戰國시대에 이르러 丘墓, 墳墓, 冢墓 등이 분묘의 통칭이 되었다(黃景略等, 『中華文化通志, 宗教與民俗典=喪葬陵墓志』, 上海: 上海人民出版社, 1998, p.147). 冢은 분묘의 높은 土堆의 의미이고, 墳도 丘의 뜻이다.

9 趙肅侯 15年(B.C. 335)에 '起壽陵'한 것이 侯로는 처음이고(『史記』 卷43 趙世家, p.1802), 王으로는 「(惠文王) 葬公陵」(『史記』 卷6 秦始皇本紀, p.288)과 「(悼武王) 葬永陵」(『史記』 卷6 秦始皇本紀, p.289)의 기사가 처음인데, 즉 秦나라는 惠文王부터 '王'을 칭함과 동시에 그 분묘를 '陵'이라 칭하기 시작했던 것이다. 秦將 白起가 楚의 郢都를 공격하여 "燒先王墓夷陵"하였다는 기사가 있다(『史記』 卷40 楚世家, p.1735). 또 劉向의 말에 의하면, "秦惠文·武·昭·嚴襄五王, 皆大作丘壟, 多其瘞臧"(『漢書』 卷36 楚元王傳/劉向傳, p.1954)이라고 하였다. 그리고 (南宋) 呂祖謙, 『大事記—附通釋解題』 7(北京: 中華書局, 1991) 卷3 壽陵, p.291에서는 "壽陵之名, 見於書傳者, 蓋自此始. … 『秦紀』載諸君之葬, 至惠文王以後, 始稱陵, 然則名王者之兆域為陵, 其出於戰國之際乎?"라 하였다. (清)顧炎武撰, 『日知錄』(石家莊: 花山文藝出版社, 1990, 『日知錄集釋』本) 卷15 '陵'條, p.676에서 丘에 대해 "因山而高大者稱丘"라 하고, "乃有稱丘者, 楚昭王墓謂之昭丘, 趙武靈王墓謂之靈丘, 而吳王闔閭墓亦名虎丘"라 하였다.

10 (北魏)酈道元撰, 『水經注』(臺北: 世界書局, 1970) 卷19 渭水條, p.246, "秦名天子冢曰山, 漢曰陵, 故通曰山陵矣".

11 『後漢書』 卷1下 光武帝 建武 26年 春正月條, p.77, "初作壽陵(夾註: 初作陵未有名, 故號壽陵, 蓋取久長之義也. 漢自文帝以後皆預作陵, 今循舊制也.)".

12 『後漢書』 志6 禮儀志下 大喪, p.3149, 夾註, "古今注具載帝陵丈尺頃畝, 今附之後焉. 光武原陵, 山方三百二十三步, 高六丈六尺. … 安帝恭陵, 山周二百六十步, 高十五丈".

것도 문제지만 후장(厚葬)이 특히 큰 사회문제로 부각되었다.[13] 그것은 제릉(帝陵)뿐만 아니라 인신(人臣)의 묘의 경우도 마찬가지였다.[14] 이러한 높고 큰 분총(墳冢)이 도굴자의 표적이 된 것은 말할 필요가 없다.[15] 그래서 '분묘를 만드는 것[起墳]'을 찬성하지 않는 주장도 나오기 시작하였다.[16] 묘전에 설치된 석각도 마찬가지였다. 묘전에 석각을 설치하는 것은 한대 이후 장속의 하나였다.[17] 이런 분위기에서 삼국시대에 들어 위(魏) 문제(文帝)가 제릉이 파헤쳐지는 위험을 방지하기 위해 '봉분을 만들지 않고 나무를 심지 않는 것[不封不樹]'과 능침제도(陵寢制度)를 없앨 것을 조칙으로 남겼다.[18] 오(吳)는 그 영향을 별로 받지 않은 것 같지만,[19] 서진과 동진 시대에는 '불기분(不起墳)'하거나 '기분(起墳)'한다 해도 한대의 능묘에 비해 그 고도가 낮아졌다.[20] 그러

13 『漢書』 卷67 楊王孫傳, pp.2908~2909, "王孫報曰: '蓋聞古之聖王, 緣人情不忍其親, 故為制禮, 今則越之, 吾是以贏葬, 將以矯世也. 夫厚葬誠亡益於死者, 而俗人競以相高, 靡財單幣, 腐之地下. … 今費財厚葬, 留歸鬲至, 死者不知, 生者不得, 是謂重惑. 於戲! 吾不為也.'".

14 『後漢書』 卷49 王符傳, pp.1636~1637, "古之葬者, 厚衣之以薪, 葬之中野, 不封不樹, 喪期無數. 後世聖人易之以棺槨, 桐木為棺, 葛采為緘, 下不及泉, 上不泄臭. …. 今京師貴戚, 郡縣豪家, 生不極養, 死乃崇喪. 或至金縷玉匣, 檽梓楩柟, 多埋珍寶偶人車馬, 造起大冢, 廣種松柏, 廬舍祠堂, 務崇華侈".

15 『後漢書』 卷11 劉玄劉盆子傳, p.483, "赤眉貪財物, 復出大掠. … 乃復還, 發掘諸陵, 取其寶貨, 遂汙辱呂后屍".

16 『後漢書』 卷82上 方術/謝夷吾傳, p.2715, "豫剋死日, 如期果卒. 勑其子曰: '漢末當亂, 必有發掘露骸之禍.' 使懸棺下葬, 墓不起墳".

17 (唐) 封演撰·趙貞信校注, 『封氏見聞記校注』(北京: 中華書局, 2005) 卷6 '羊虎'條, p.60, "然則, 墓前石人·石獸·石柱之屬, 自漢代而有之矣".

18 『三國志』 卷2 魏書2 文帝丕本紀, pp.81~82, "冬十月甲子, 表首陽山東為壽陵, 作終制曰: '… 封樹之制, 非上古也, 吾無取焉. 壽陵因山為體, 無為封樹, 無立寢殿, 造園邑, 通神道. 夫葬也者, 藏也, 欲人之不得見也. … 故吾營此丘墟不食之地, 欲使易代之後不知其處 … 漢文帝之不發, 霸陵無求也; 光武之掘, 原陵封樹也. … 自古及今, 未有不亡之國, 亦無不掘之墓也. 喪亂以來, 漢氏諸陵無不發掘, 至乃燒取玉匣金縷, 骸骨并盡, 是焚如之刑, 豈不重痛哉! 禍由乎厚葬封樹. … 其以此詔藏之宗廟, 副在尚書·祕書·三府.'".

19 『三國志』 卷50 吳書5 妃嬪/孫和何姬傳, p.1202, "裴松之注曰: '會(左)夫人死, (孫)皓哀愍思念, 葬于苑中, 大作冢, 使工匠刻柏作木人, 內冢中以為兵衛, 以金銀珍玩之物送葬, 不可稱計. 已葬之後, 皓治喪於內, 半年不出. 國人見葬太奢麗, 皆謂皓已死, 所葬者是也.'".

20 朱希祖, 「六朝陵墓調查報告書」(上海: 上海書店, 1992年刊), 『民國叢書』 第4編 87, p.10, "『建康實錄』 卷八, 按晉十一帝有十陵, 康簡文武安恭五陵, 在鐘山之陽, 不起墳".

나 호화로운 묘장이 완전히 없어진 것은 아니었다. 훈신(勳臣) 왕준(王濬)의 묘가 그 대표적인 예이다.[21] 동진시대 오흥(吳興) 무강현(武康縣) 지역은 '후장하는 풍속이 많았다[俗多厚葬]'라는 지적도 받았다.[22] 남조에 들어서도 한대식의 '고분대침(高墳大寢)'[23]은 아니지만, 동진시대보다는 기분(起墳)하는 경우가 많아졌으며, 어떤 것은 봉분의 높이가 10m 이상인 것도 있다.[24] 따라서 위진-남조시대에는 분묘가 한대에 비해 높이가 낮아졌을 뿐, 없어진 것은 아니었다.

동진·남조의 제릉 이외의 고관사족이나 서민의 분묘 상황이 어떠한지는 분명하지 않다. 다만 이 시대는 특히 호문사족(豪門士族)의 경우 가족취장(家族聚葬)이 성행하였다. 이는 최근 몇십 년간 남경(南京) 지역에서 발굴된 고고 성과에 의해 증명되고 있다. 예컨대 성북(城北)의 상산(象山),[25] 곽가산(郭家山), 노호산(老虎山)의 왕씨(王氏)와 안씨(顔氏)의 가족묘지가[26] 그것이다. 사씨(謝氏)의 가족묘지는 성남(城南)의 척가산(戚家山)[27] 및 우화구(雨花區) 철심교향(鐵心橋鄕: 大定坊, 司家山)에 있다.[28] 그리고 동북교 선학문(仙鶴門) 밖의 여가산(呂家山)의 동진 이씨 가족묘(李氏家族墓)[29] 등이 그것이다. 동진·남조에서

21 『晉書』 卷42 王濬傳, p.1216, "濬平吳之後, 以勳高位重, 不復素業自居, 乃玉食錦服, 縱奢侈以自逸. … 後又轉濬撫軍大將軍·開府儀同三司, 加特進, 散騎常侍·後軍將軍如故. 太康六年卒, 時年八十, 諡曰武. 葬柏谷山, 大營塋域, 葬垣周四十五里, 面別開一門, 松柏茂盛".

22 『晉書』 卷68 賀循傳, p.1824, "後為武康令, 俗多厚葬, 及有拘忌迴避歲月, 停喪不葬者, 循皆禁焉".

23 (後漢)崔寔, 『政論』[(淸)嚴可均輯, 『全後漢文』, 北京: 商務印書館, 1999], p.465, "乃送終之家, 亦大無法度, … 高墳大寢, 是可忍也, 孰不可忍!".

24 楊寬, 『中國古代陵寢制度史硏究』, 上海: 上海古籍出版社, 1985, p.41.

25 ㉠ 南京市文物保管委員會, 「南京人台山東晉王興之夫婦墓發掘報告」, 『文物』 1965-6, ㉡ 南京市文物保管委員會, 「南京象山東晉王丹和二·四號墓發掘簡報」, 『文物』 1965-10, ㉢ 南京市博物館, 「南京象山 5號·6號·7號墓淸理簡報」, 『文物』 1972-11, ㉣ 南京市博物館, 「南京象山 8號·9號·10號墓發掘簡報」, 『文物』 2000-7.

26 南京市文物保管委員會, 「南京老虎山晉墓」, 『考古』 1959-6.

27 南京市文物保管委員會, 「南京戚家山東晉謝鯤墓發掘簡報」, 『文物』 1965-6.

28 南京市博物館·雨花區文化局, 「南京南郊六朝謝珫墓」·「南京南郊六朝謝溫墓」, 『文物』 1998-5.

29 南京市博物館, 「南京呂家山東晉李氏家族墓」, 『文物』 2000-7.

는 전곽분이 유행하였고, 위진남북조시대 부모의 묘에 사용될 전(磚: 벽돌)을 구하기 위하여 평생 동안 노역을 불사했던 사례도 보인다.[30] 이 당시 유행했던 전곽분은 높지는 않지만 어느 정도 높이의 봉분을 유지했음을 알 수 있다.

그렇다면 오호십육국·북조시대는 어떠한가? 먼저 제릉부터 살펴보자. 『문헌통고』 권125 왕례20 산릉조에는 위진·남조의 제릉은 거의 빠짐없이 기록하였지만 십육국의 경우를 모두 생략하였고 북위 이후의 것만 기록하고 있다.[31] 이것은 십육국시대의 경우 제릉이 실제 존재하지 않았을 가능성을 시사하는 것이다. 물론 전조의 유요(劉曜)처럼 그의 부와 처자를 위해 능묘를 크게 수축한 기록도 있다.[32] 그러나 그것은 극히 예외적인 사례였다. 북조의 경우는 좀 복잡하여 북위 효문제 시기 전후로 나누어야 한다. 북위 초기의 제릉은 거의 분묘가 아니었다.

십육국·북조시대 제릉 가운데 가장 한족적인 형식의 제릉이 나타난 것은 효문제 시기였다. 효문제는 조모인 문명태후의 영고릉(永固陵)을 방산(方山: 현재의 西寺兒梁山)에 건설하였다. 그 후면에 자신의 허궁(虛宮)인 만년당(萬年堂)을 만들었다.[33] 영고릉은 당초의 계획보다 더 큰 분묘가 되었다. 도성으로

30 周一良, 『魏晋南北朝史札記』(北京: 中華書局, 1985) 「宋書札記」, 久喪不葬條 참조.

31 (元)馬端臨撰, 『文獻通考』(北京: 中華書局, 1986) 卷125 王禮考20, 山陵條, p.1123-中下, “後魏道武帝崩葬盛樂金陵, 明元帝崩葬雲中金陵, 太武帝崩葬雲中金陵, 文成帝崩葬雲中金陵, 獻文帝崩葬雲中金陵, … 孝文帝崩葬長陵, 宣武帝崩葬景陵, … 齊神武帝葬於鄴西北漳水之西號義平陵, 文宣帝崩葬武寧陵, 孝昭帝崩葬文靜陵, 武成帝崩葬永平陵, 周文帝崩葬成陵, 孝閔帝崩葬靜陵, 明帝崩葬昭陵, 武帝崩葬孝陵, 宣帝崩葬定陵”.

32 『晉書』 卷103 劉曜載記, pp.2692~2693, “曜將葬其父及妻, 親如粟邑以規度之. 負土為墳, 其下周迴二里, 作者繼以脂燭, 怨呼之聲盈于道路. 游子遠諫曰: 臣聞聖主明王·忠臣孝子之於終葬也, 棺足周身, 椁足周棺, 藏足周椁而已, 不封不樹, 為無窮之計. … 今二陵之費至以億計, 計六萬夫百日作, 所用六百萬功. 二陵皆下錮三泉, 上崇百尺, 積石為山, 增土為阜, 發掘古冢以千百數, 役夫呼嗟, 氣塞天地, 暴骸原野, 哭聲盈衢, 臣竊謂無益於先皇先后, 而徒喪國之儲力. 陛下脫仰尋堯舜之軌者, 則功不盈百萬, 費亦不過千計 … 號永垣陵, 葬妻羊氏, 墓號顯平陵”.

33 『魏書』 卷13 皇后傳/文成文明皇后馮氏傳, pp.328~329, “太后與高祖遊于方山, 顧瞻川阜, 有終焉之志, 因謂羣臣曰: ‘舜葬蒼梧, 二妃不從. 豈必遠祔山陵, 然後為貴哉! 吾百年之後, 神其安此.’ 高祖乃詔有司營建壽陵於方山, 又起永固石室, 將終為清廟焉. 太和五年起作, 八年而成, 刊石立碑, 頌太后功德”.

부터 멀리 보이는 고대(高臺)에 위치시키고 당초의 계획보다 더 높게 쌓은 것은 시각적으로 왕조의 권위를 높이려는 의식적인 정치행위임에 틀림 없다.[34] 특히 능묘의 크기와 식수의 종류가 권위의 상하를 나타내는 척도임을 잘 알고 있는 한족에게는 더욱 그러하였을 것이다. 선비 수장에서 중화황제로의 변신을 시도했던 북위제실의 의지가 표현된 것이었다. 효문제가 이 영고릉에 자주 '알릉(謁陵)'한 것도[35] 그 일환이었다. 이후 알릉제도는 선무제 등의 시기에도 이어졌다. 이런 능묘에 '건비송덕(建碑頌德)'[36] 혹은 '수비송덕(樹碑頌德)',[37] '위건비궐(爲建碑闕)'[38]하는 경우도 있었다. 후술할 예정이지만, 이런 능묘에 실제 시신이 묻혔는가는 별개의 문제이다.

북위 후반기의 제릉 지역은 불분명하며 어떤 형태를 띠는지 알 수가 없다. 효명제(숙종: 元詡), 전폐제(절민제: 元恭), 후폐제(元朗), 출제(효무제: 元脩) 등의 묘역이 어디에 있는지조차 불명이다. 북위뿐만 아니라 그 이후 시대의 제왕의 능묘도 마찬가지이다. 동위-북제시대에서는 동위의 효정제(孝靜帝: 元善

34 처음에는 '三十餘步'에서 '六十步'로 확장했는데 이는 '萬歲所仰'을 위한 것이었다 한다. 『魏書』 卷13 皇后傳/文成文明皇后馮氏傳, p.330, "(太和)十四年, 崩於太和殿, … 諡曰文明太皇太后. 葬于永固陵, … 詔曰: '… 又山陵之節, … 室中可二丈, 墳不得過三十餘步. 今以山陵萬世所仰, 復廣為六十步. …'".

35 『魏書』 卷105-4 天象志, pp.2425~2425, "太和(十四年) 九月癸丑而太皇太后崩, …, 自九月至于歲終, 凡四謁陵".

36 『魏書』 卷13 皇后傳/太武皇帝竇氏傳, p.326, "先是, 世祖保母竇氏, 初以夫家坐事誅, 與二女俱入宮. 操行純備, 進退以禮. 太宗命為世祖保母. 性仁慈, 勤撫導. 世祖感其恩訓, 奉養不異所生. 及即位, 尊為保太后, 後尊為皇太后, … 眞君元年崩, 時年六十三. 詔天下大臨三日, 太保盧魯元監護喪事, 諡曰惠, 葬崞山, 從后意也. … 故葬焉. 別立后寢廟於崞山, 建碑頌德".

37 『魏書』 卷13 皇后傳/文成皇后常氏傳, pp.327~328, "高宗乳母常氏, … 太延中, 以事入宮, 世祖選乳高宗. 慈和履順, 有劬勞保護之功. 高宗即位, 尊為保太后, 尋為皇太后, 謁於郊廟. 和平元年崩, 詔天下大臨三日, 諡曰昭, 葬於廣寧磨笄山, 俗謂之鳴雞山, 太后遺志也. 依惠太后故事, 別立寢廟, 置守陵二百家, 樹碑頌德".

38 『魏書』 卷34 盧魯元傳, pp.801~802, "盧魯元, 昌黎徒河人也. 曾祖副鳩, 仕慕容垂為尚書令·臨澤公. 祖父並至大官. 魯元敏而好學, 寬和有雅度. 太宗時, 選為直郎. 以忠謹給侍東宮, 恭勤盡節, 世祖親愛之. … 及薨, 世祖甚悼惜之. 還, 臨其喪, 哭之哀慟. 東西二宮命太官日送奠, 晨昏哭臨, 訖則備奏鐘鼓伎樂. 輿駕比葬三臨之. 喪禮依安城王故事, 而贈送有加. 襄城王, 諡曰孝. 葬於崞山, 為建碑闕".

見)를 제외하고 신무제(고조: 高歡), 문양제(세종: 高澄), 문선제(현조: 高洋), 폐제(高殷), 효소제(高演), 무성제(세조: 高湛), 후주(高緯), 유주(高恒)의 능묘가 없다. 물론 현재 하북성 자현(磁縣) 부근의 이른바 '북조묘군' 가운데 어떤 것은 이들의 능묘일 가능성이 있다. 그러나 경비가 많이 드는 이런 능묘 조영에 대한 비판도 있었지만[39] 문제는 정작 이것이 실제의 능묘이냐는 것이다. 한편 서위-북주의 경우도 마찬가지이다. 문제(宇文泰)를 제외하고, 효민제(宇文覺), 명제(세종: 宇文毓), 무제(고조: 宇文邕), 선제(宇文贇), 정제(宇文闡)의 능묘가 확인되지 않고 있다. 따라서 십육국·북조시대 봉분을 가진 분묘가 보편적인 것이 아니었다고 할 수 있다.

영고릉 후면에 조영된 효문제의 허궁[만년당(萬年堂)]은 영고릉의 배총으로서의 의미를 가진 것이다. 효문제는 낙양 천도 후에 망산구에 자기의 장릉(長陵)을 영건하고, 이 지역을 내천(內遷)한 선비족의 집체적 안장 묘지로 지정하였다. 그리고 내천한 선비족은 사후에 반드시 이 구역 내에 묘지를 만들도록 하고, 대북(代北: 산서성 북단~내몽골 중부)으로 귀장하는 것을 불허하였다.[40] 즉 전하(瀍河) 이서 지역을 북위 여러 제릉의 조역(兆域)으로 하고, 전하 이동 지역을 근지황족묘장구(近支皇族墓葬區)와 비빈장지(妃嬪葬地)로 하고 다시 동쪽으로 '구성제족(九姓帝族)', '훈구팔성(勳舊八姓)'과 기타 내천의 '여부제성(餘部諸姓)' 및 기타 선비 제부의 항신(예컨대 慕容諸燕과 北燕 馮氏)의 묘역, 심지어 투항한 중원과 남방의 항신(예컨대 홍농 양씨, 낭야 왕씨)의 묘역을 구분하였던 것이다. 이런 묘장제도를 혹자는 원시사회의 족장적 유풍으로 대족장군 내의 서열에 따라 배열한 것이라 하는데,[41] 북위 초기 제릉 지

39 『北史』 卷16 太武五王/臨淮王傳 附 孝友傳, pp.610~611, "孝友又言: '今人生為皁隸, 葬擬王侯, 存沒異途, 無復節制. 崇壯丘隴, 盛飾祭儀, 隣里相榮, 稱為至孝. … 請自茲以後, 若婚葬過禮者, 以違旨論. 官司不加糾 劾, 即與同罪.'".

40 『魏書』 卷7下 高祖孝文帝宏本紀, p.178, "(太和十有九年六月)丙辰, 詔遷洛之民, 死葬河南, 不得還北. 於是代人南遷者, 悉為河南洛陽人".

41 宿白, 「北魏洛陽城和北邙陵墓—鮮卑遺迹輯錄之三—」, 『文物』 1978-7, p.50, "大約是以父子

역인 금릉(金陵)도 이런 족장적인 배열을 유지한 것으로 볼 수 있다. 금릉에 배장으로 묻힌 자는 대체로 21사례가 보이고 있는데 종실 제왕[42] 혹은 대인 출신 최고위 관료[43] 혹은 인척[44] 공신[45]이 대부분을 차지한다. 북위 초기의 배장도 하나의 특권으로 짐작되는데 '사장금릉(賜葬金陵)'[46]이라는 표현에서도 알 수 있다. 당시에는 특정인들에 대한 특정묘지가 설정되어 있었던 것으로 짐작된다. 예컨대 남인귀부자의 경우 상건(桑乾)에 묘를 쓰는 것을 제도화했던 것이 그것이다.[47] 이러한 배장의 형식은 선비족 고유의 족장제의 유풍으로 한대 제릉에 문무대신을 배장하는 방법과는 완전히 다른 것이다.

그러나 효문제 이후 제릉을 중심으로 산원(山園)을 영건하고 아울러 능 앞에 사묘를 세운 것은 뚜렷한 한화 개혁의 결과이다. 다만 후한 때 매년 정월과 8월에 정기적으로 상릉례(上陵禮)를 거행한 것과는[48] 달리, 그들은 개원, 친정 등 국가대사가 있을 때마다 '알릉'하였는데 이는 선제신령을 향하여 보고하는 의미를 지녔으며, 이것 역시 선비족의 원시 예속을 연용한 것이었다.[49]

(女)輩左右夾處, 兄弟行幷排成列爲其特點的. 這個特點實際是母系半部族制在墓葬制度上的反映的殘迹".

42 『魏書』 卷14 江夏王呂傳, p.349; 卷15 常山王素傳, p.375; 卷15 拓跋勃, p.384; 拓跋栗, p.384; 卷16 長樂王處文; 卷19 任城王雲傳, p.462.

43 『魏書』 卷25 長孫抗, p.646; 卷26 長孫肥, p.652; 卷26 長孫翰 / 長孫平成, p.653; 卷26 長孫陳, p.654; 卷29 奚普回, p.702; 卷29 叔孫建, p.705; 叔孫俊, p.706; 卷30 王建, p.710; 卷34 車路頭, p.801; 卷37 陸麗, p.857; 卷41 源賀, p.923; 卷44 羅斤, p.988·伊拔, p.988.

44 『魏書』 卷83上 姚黃眉傳, p.1814, "姚興之子, 太宗昭哀皇后之弟也. … 姚泓滅, 黃眉間來歸 … 賜爵隴西公, 尙陽翟公主 …. 卒 … 諡曰獻, 陪葬金陵".

45 『魏書』 卷37 司馬楚之傳, p.908, "在邊二十餘年, 以淸儉著聞. 和平五年薨, 時年七十五. … 諡貞王. 陪葬金陵".

46 『魏書』 卷29 叔孫建傳, p.705, "太延三年薨 時年七十三. 世祖悼惜之. 諡曰襄王, 賜葬金陵".

47 『魏書』 卷38 王慧龍傳, p.877, "時制, 南人入國者皆葬桑乾".

48 『後漢書』 志4 禮儀志上, 五供, pp.3102~3103, "正月上丁, 祠南郊. 禮畢, 次北郊, 明堂, 高廟, 世祖廟, 謂之五供, 五供畢, 以次上陵. … 八月飮酎, 上陵, 禮亦如之".

49 楊寬, 『中國古代陵寢制度史硏究』, 1985, p.52.

2. 허장(虛葬)·잠매(潛埋)와 오호십육국·북조의 장속

오호십육국시대와 북조시대에는 허장[僞葬]과 잠매가 상층 통치자들에게 크게 유행하였다. 허장과 잠매의 특징은 '일(묘)주 이묘' 혹은 '다묘'의 형식을 띠며, 공개적인 가짜 묘지[虛葬]와 숨겨진 실제 장처[潛埋]가 따로 있는 것이다. 유목민족 출신의 잠매와 허장에 대한 실제 기록으로 가장 빠른 것은 313년의 일이다. 후조 석륵(石勒)이 그의 모친 왕씨(王氏)가 사망하자 허장·잠매를 행했다는 것이다.[50] 『업중기』에 의하면, 석륵과 석호(石虎)의 이릉은 '위장'이었으며, 시신은 '스스로 깊은 산에 따로 묻었다'는 것이다.[51] 333년 석륵이 죽었을 때도, 석호가 죽었을 때도 역시 이런 장법에 따라 매장했다는 것이다. 즉 후조의 경우 이처럼 '문물을 갖추어 묻는[備文物]' 허장의 장소와 '시체를 묻는[葬屍體]' 잠매하는 곳이 달랐던 것이다. 즉 석륵의 제릉으로 알려진 고평릉(高平陵)은 '비문물허장'일 뿐이었고, '밤에 산곡에 묻어 그 장소를 알지 못하는' 곳이야말로 시신을 잠매한 장소였던 것이다.[52] 이런 허장·잠매는 오호족의 상층 통치자들에게는 거의 보편적으로 사용되었던 것 같다. 비교적 한화가 심한 모용씨도 그러하였다. 예컨대 남연 모용덕(慕容德)이 405년에 죽자 10여 개의 관을 만들어 사문을 출발하여 '산곡에 몰래 묻었다'라고 한다. 그의 정식 능묘인 동양릉(東陽陵)은 허장의 장소일 뿐이다.[53] 북위의 건국세력인 선비 탁발족도 예외는 아니었으니 『송서』 삭로전

50 『晉書』 卷104 石勒載記上, p.2720, "勒母王氏死, 潛窆山谷 莫詳其所. 旣而備九命之禮 虛葬于襄國城南".

51 『太平御覽』(臺北: 商務印書館, 1975) 卷556 禮儀部35, 葬送4, p.2646-下右, "鄴中記曰; 石勒陵在襄國城西南三十里 … (石)虎陵在鄴西北角, … 凡此二陵, 皆僞葬, 石勒虎自別於深山".

52 『晉書』 卷105 石勒載記下, pp.2751~2752, "以咸和七年(後趙建平四年; 333)(石勒)死, 時年六十, 在位十五年. 夜瘞山谷, 莫知其所, 備文物虛葬, 號高平陵. 偽謚明皇帝, 廟號高祖."; 『太平寰宇記』(臺北: 文海出版社, 1970) 卷59 河北道8 邢州, 龍鳳縣條 引 郡國志曰, p.466上-右, "勒尸別在渠山葬之. 夜爲十餘棺 分道出埋以惑百姓 …".

53 『晉書』 卷127 慕容德載記, p.3172, "其月死, 即義熙元年也, 時年七十. 乃夜為十餘棺, 分出四門, 潛葬山谷, 竟不知其尸之所在. 在位五年, 偽謚獻武皇帝."; 『十六國春秋輯補』(臺北: 世界書局本) 卷60 南燕錄3 慕容德, p.446, "是夕, 薨於顯安宮, 即義熙元年(南燕 太上元年; 405)也,

에서는 "죽어서는 잠매를 하고 봉분의 처소가 없으며 장송에 이르러서는 모두 관과 구를 가짜로 만들어 총곽을 세웠으며 생시에 쓰던 거마나 기물은 모두 태우면서 망자를 보낸다"라고 기록하고 있다.[54] 즉 잠매를 해 놓고는 일부러 묘가 남의 눈에 잘 띄게 봉분(墳壟)을 만들 수 없었던 것이다.

이런 허장·잠매의 습속은 십육국시대에만 한정된 것이 아니었다. 북위시대 제릉의 경우, 상당수의 황제가 이 방법이나 이와 유사한 장법을 쓴 것으로 보인다. 남북조 후기인 북제시대까지도 이 허장·잠매의 습속은 지속적으로 사용되고 있는 것이다. 북제 헌무왕 고환(高歡)은 장수(漳水) 서(西)에 허장되고, 성안(成安) 고산(鼓山) 석굴사(石窟寺) 곁에 구멍을 파서 잠매되었다.[55] 따라서 허장·잠매는 십육국·북조시대 유목민족 출신의 통치계층이 보편적으로 채용한 장법이었다. 이런 허장·잠매가 사라진 것은 수대에 이르러서이다.[56]

그러면 유목민족의 보편적인 장속이란 어떤 것일까? 선비 오환이 사용한 이른바 '소장(燒葬)'이 유목민의 공통된 장속이었다.[57] 또 십육국·북조 제왕

時年七十, 乃爲十餘棺, 夜分出四門, 潛瘞山谷, 竟莫知其尸之所在, 虛葬於東陽陵".

54 『宋書』 卷95 索虜傳, p.2322, "晉孝武太元二十一年, (慕容)垂死, 開(筆者注: 什翼犍의 子, 字는 涉珪)率十萬騎圍中山. 明年四月, 剋之, 遂王有中州, 自稱曰魏, 號年天賜. 元年, 治代郡桑乾縣之平城. 立學官, 置尙書曹. 開頗有學問, 曉天文. 其俗以四月祠天, 六月末率大衆至陰山, 謂之却霜. 陰山去平城六百里, 深遠饒樹木, 霜雪未嘗釋, 蓋欲以暖氣却寒也. 死則潛埋, 無墳壟處所, 至於葬送, 皆虛設棺柩, 立冢槨, 生時車馬器用皆燒之以送亡者".

55 (宋)司馬光撰, 宋遺民胡三省注, 『資治通鑑』(臺北: 世界書局, 『新校資治通鑑注』本 1977 第7版) 卷160 梁紀16, 武帝 太清 元年(547) 8月 甲申條, p.4957, "虛葬齊獻武王於漳水之西, 潛鑿成安鼓山石佛寺之旁爲穴, 納其柩而塞之, 殺其羣匠. 及齊之亡也 一匠之子知之, 發石取金而逃. (胡注曰: 史言潛葬之無益)".

56 『文獻通考』 卷125 王禮考20 山陵條, p.1123-下, "隋文帝崩, 葬太陵, 與獨孤后同墳異穴, 士庶赴葬者皆聽入視陵內".

57 生時의 車馬器物을 모두 태워버리는 이른바 '燒葬'은 원래 鮮卑烏桓族의 舊習이었다(『後漢書』 卷90 烏桓鮮卑列傳, p.2980, "俗貴兵死, 斂屍以棺, 有哭泣之哀, 至葬則歌舞相送. 肥養一犬, 以彩繩纓牽, 并取死者所乘馬衣物, 皆燒而送之, 言以屬累犬, 使護死者神靈歸赤山."). 北魏시대에도 이 燒葬(送燒)習俗은 여전하였다(『魏書』 卷48 高允傳, pp.1073~1075, "允以高宗纂承平之業, 而風俗仍舊, 婚娶喪葬, 不依古式, 允乃諫曰: '前朝之世, 屢發明詔, 禁諸婚娶不

들의 경우, '좋게 죽은 것이 아닌 자[非善終者]'에 대한 이른바 '시체를 강에 던지는[投尸入河]' 풍습이 유행하기도 하였다.[58] 아울러 '노래와 춤으로 서로 송별하고[歌舞相送]', '종과 북을 치고 노래를 하는[鐘鼓伎樂]' 등의 풍습도 있었다.[59] 그보다 더 보편적인 유목민족의 장법은 '평지에 깊이 묻고[深葬平土]' 매장 후 흔적을 없애기[滅迹] 위해 여러 마리의 말로 하여금 밟게 하여 분총을 남기지 않는[不留墳冢] 것으로 몽골족이 상용했던 것이다.[60] 중국 발굴사상 가장 깊게 묻힌 묘장의 하나가 낙양에서 발견되었는데, 지하 19.8m에 묻힌 원대의 묘였다.[61] 즉 유목민족과 봉분은 이처럼 관계가 없다. 유목민족은 이동생활을 하므로 성묘(省墓)와 수묘(守墓)에 어려움이 따르기 때문이다. 사자의 뇌(腦)를 먹어 치우는 망상(罔象)과 같은 괴물이 무서운 존재였던 농경민족과 달리, 묘를 도굴하여 사체를 훼손하고 부장품을 훔치는 인간이 유목민족에게는 더 위험한 존재였던 것이다. 유목민족이 선호하는 부장품은 고금을 막

得作樂, 及葬送之日歌謠·鼓舞·殺牲·燒葬, 一切禁斷. 雖條旨久頒. 而俗不革變. … 今國家營葬,今國家營葬, 費損巨億, 一旦焚之, 以為灰燼.'").

58 이것은 遊牧民의 水崇拜習俗과 그들의 '鬼魂作祟'을 방지하기 위한 고래의 習俗과 관련이 있다(劉長旭,「十六國 北朝游牧民族的水崇拜與投尸入河習俗稽釋—以拓跋鮮卑族爲主要對象—」,『社會科學輯刊』, 2002-3).

59『三國志』卷30 魏書30 烏丸傳, p.832, "烏丸·鮮卑即古所謂東胡也. 其習俗·前事, 撰漢記者已錄而載之矣. 故但擧漢末魏初以來, 以備四夷之變云(裴松之注曰: '… 貴兵死, 斂屍有棺, 始死則哭, 葬則歌舞相送. …')";『魏書』卷34 盧魯元傳, pp.801~802, "真君三年冬, 車駕幸陰山, 魯元以疾不從. 侍臣問疾送醫藥, 傳驛相屬於路. 及薨, 世祖甚悼惜之. 還, 臨其喪, 哭之哀慟. 東西二宮命太官日送奠, 晨昏哭臨, 訖則備奏鐘鼓伎樂. 輿駕比葬三臨之".

60 (南宋) 鄭思肖,『心史』(鄭思肖著, 陳福康點校,『鄭思肖集』, 上海: 上海古籍出版社, 1991)「大義略叙」, pp.182~183, "韃靼風俗, 人死, … 深葬平土, 人皆莫知其處. 往葬日, 遇行路人, 盡殺徇葬."; 明 葉子奇,『草木子』(『明清筆記史料』87, 北京: 中國書店, 2000) 卷3下 雜制篇, p.66, "歷代送終之禮. … 元朝官裏. 用梡木二片. 鑿空其中. 類人形小大合爲棺. 置遺體其中. 加髹漆畢. 則以黃金爲圈. 三圈定. 送至其直北園寢之地深埋之. 則用萬馬蹴平. 俟草青方解嚴. 則已漫同平坡. 無復考誌遺跡."; 南宋 彭大雅,『黑韃史略』(彭大雅撰, 徐霆疏證,『黑韃事略』, 北京: 中華書局, 1985), p.19, "其墓無塚, 以馬踐蹂, 使如平地".

61 1990년 洛陽市 鐵路北站에서 발굴된 元賽因赤答忽墓는 地下 19.8m에 묻혀 있었다. 洛陽市뿐만 아니라 중국 전체에서도 가장 깊은 묘이다(洛陽市鐵路北站編組站聯合考古發掘隊,「元賽因赤答忽墓的發掘」,『文物』1996-2, p.32).

론하고 최고의 가치인 금·은이다. 유목 지역에서는 인적이 드물기 때문에 굳이 허장할 필요를 느끼지 않았다. 그러나 중원으로 진입한 이후 최고 통치 계층이 되었고 따라서 만인이 주시하는 가운데 매장되었다. 이런 연유로 유목민족은 중원으로 진입한 이후에 독특한 새로운 장법을 창안해야만 하였다. 이것이 바로 허장·잠매였던 것이다. 따라서 십육국·북조시대에 지속적으로 유행한 이 장법은 유목의 구습 그 자체라고 말할 수는 없지만[62] 원대에 유행했던 잠매와 함께 매우 유목적인 사고에서 창안된 것임을 알 수 있다.[63]

이것과 관련하여 1965년 발굴된 북연(北燕)의 풍소불(馮素弗)의 묘가 관심을 끈다.[64] 북연 천왕(天王) 풍발(馮跋)의 동생인 풍소불과 그 처속의 묘인데, 1호 묘인 풍소불 묘의 관 내에서는 인골이 발견되지 않았다. 발굴 당시 도굴의 흔적이 없던 이 묘는 처음부터 풍소불의 시신이 들어 있지 않은 '허장·잠매'의 한 실례가 아닐까 한다.[65]

허장·잠매를 통해 시신을 보호하려는 노력이 모두 성공을 거둔 것은 아니었다.[66] 그럼에도 불구하고 이 장법이 오랫동안 지속된 데에는 나름의 이유가 있을 것이다. 허장과 잠매는 유목민족 특유의 장속이 아닌 데도 이런

62 사실 石勒의 羯胡의 경우 '燒葬'이 本俗이었고, 中原 進入 이후에 일정 기간 시행되었다(『晉書』 卷105 石勒載記下, p.2736, "又下書禁國人不聽報嫂, 及在喪婚娶, 其燒葬, 令如本俗.").

63 楊寬도 "元代沿用蒙古族潛埋不起墳的風俗 …." 云云하면서(『中國古代陵寢制度史硏究』, 1985, p.47) '潛埋'와 '不起墳'이 元代의 葬法이라 하였다.

64 黎瑤勃, 「遼寧省北票縣西官營子北燕馮素弗墓」, 『文物』 1973-3.

65 曹永年, 「說'潛埋虛葬'」, 『文史』 31, 1988, p.79.

66 『晉書』 卷110 慕容儁載記, p.2841, "儁夜夢石季龍齧其臂, 寤而惡之, 命發其墓, 剖棺出尸, 蹋而罵之曰: '死胡安敢夢生天子!' 遣其御史中尉陽約數其殘酷之罪, 鞭之, 棄于漳水."; (北魏)酈道元撰, 『水經注』 卷9 洹水條, p.133, "昔慕容儁夢石虎齧其臂, 寤而惡之, 購求其尸而莫之之. 後宮嬖妾, 言虎葬東明觀下, 於是掘焉. 下度三泉, 得其棺, 剖棺出尸, 尸僵不腐, 儁罵之曰: '死胡安敢夢生天子也!' 使其御史中尉陽約數其罪而鞭之. 此(筆者注: 東明觀下)蓋虎始葬處也."; 『資治通鑑』 卷100 晉紀22 東晉 穆帝 升平 3年(359), p.3174, "(慕容)儁夢趙王虎齧其臂, 乃發虎墓, 求尸不獲, 購以百金, 鄴女子李菟知而告之. 得尸於東明觀下(胡注曰: 『水經注』; 洹水東北流逕鄴城南, 又東分爲二水, 北逕東明觀下) 僵而不腐, 儁蹋而之曰: '死胡, 何敢怖生天子也!' 數其殘暴之罪而鞭之, 投於漳水, 尸倚橋柱不流. 及秦滅燕, 王猛爲之誅李菟, 收而葬之".

습속이 유행한 이유에 대해서는 당시 사회가 불안한 것과 연관지어 사자의 시신이 타인에 의해 발견, 도굴되는 것을 피하기 위해서라고 보는 견해도 있다.[67] 그렇다면 한족에게 이런 장법이 있었던가? 이 습속과 유사한 형태가 조조의 경우에 보인다. 그는 이른바 '의총(疑冢)'을 만든 것으로 유명하다.[68] 또 동진 환온(桓溫)의 경우 실제로 자신의 묘를 숨기려고 하였다.[69] 그러나 농경민족의 경우 조조와 환온의 사례 이외에는 찾아보기 힘들다. 이것은 농경사회에 사는 한족의 항시적인 습속은 아니었다는 말이다. 그런데 허장·잠매는 십육국·북조시대에 지속적으로 사용되고 있었다. 즉 허장·잠매는 유목민족이 중원에 진입하여 공통적으로 시행한 장법이라 할 수밖에 없다. 그러면 유목민족만이 사회불안을 느꼈을까? 그것은 이 시대 호·한 모두가 공통적으로 느끼는 위협이었다. 따라서 유목민족 고유의 습속이 아닐지라도 유목민족이기 때문에 강구하여 사용했던 장속인 것이다. 예컨대 북위시대에 시행된 '자귀모사(子貴母死)' 제도도 선비족의 구속이 아니면서 유목 선비족이기 때문에 만들어낼 수 있었던 독특한 제도인 것과 같다.[70] 허장과 잠매도 역시 그런 것이었다.

그럼 이 장의 주제인 묘지명의 유행과 관련하여 가장 관심을 끄는 북위시대 황실의 장속을 살펴보자. 북위 초기의 경우 그들도 역시 잠매와 허장을 하였던 것은 남조 측에서 지적한 바이다.[71] 북위 초기 황실의 묘역은 성락(盛

67 曹永年, 「說'潛埋虛葬'」, p.82. 그러나 任常泰는 "我國北方少數民族, 其埋葬制度具有濃厚的游牧民族特徵, 多用'潛埋'的方式, 不起墳, 地表不留任何痕跡"이라 하였다(『中國陵寢史』, 臺北: 文津出版社, 2005, p.133).

68 (元) 陶宗儀 『輟耕錄』(北京: 中華書局, 1985) 卷26 疑冢條, p.396, "曹操疑冢七十二 在漳河上."; (元) 馬端臨, 『文獻通考』 卷125 王禮考 山陵條, p.1121-中, "世傳曹公疑冢七十有餘, 其防患至矣."; 唐云明等, 「磁縣講武城七十二疑冢調査」, 『文物參考資料』 1957-7 참조.

69 『太平御覽』 卷556, 禮儀部35 葬送4, p.2644-下, "謝綽『宋拾遺』曰: '桓溫葬姑熟之青山, 平墳不爲封域, 於墓傍開土遂立碑, 故繆其處, 令後代不知所在.'".

70 朴漢濟, 「北魏王權과 胡漢體制」, 『中國中世胡漢體制硏究』, 서울: 一潮閣, 1988, pp.148~150.

71 『宋書』 卷95 索虜傳, p.2322, "死則潛埋, 無墳壟處所. 至於葬送, 皆虛設棺柩, 立冢槨, 生時車馬器用皆燒之以送亡者".

樂)의 금릉(金陵)이었다.[72] 『위서』에 기록된 것만 보더라도 북위 초기의 황제와 황후 등 북위 종실들이 모두 이곳에 묻혔다. 예컨대 태조 도무제 시기에 소성제(昭成帝)가 금릉에 묻혔다.[73] 그 후 도무제와[74] 명원제[75] 역시 그러하였다. 그 후 경목태자,[76] 태무제,[77] 문성제,[78] 헌문제[79]까지 모두 금릉에 묻혔다. 그뿐만 아니라 평문황후(平文皇后) 왕씨(王氏),[80] 헌명황후(獻明皇后) 하씨(賀氏),[81] 명원소애황후(明元昭哀皇后) 요씨(姚氏),[82] 명원밀황후(明元密皇后) 두씨(杜氏),[83] 태무황후(太武皇后) 혁련씨(赫連氏),[84] 태무경애황후(太武敬哀皇后) 하

---

72 金陵의 정확한 위치를 考究하기란 쉽지 않다. 『魏書』에서는 '雲中金陵'이 가장 빈번하게 나오지만 간혹 '盛樂金陵'이란 기록도 있다. 이뿐만 아니라 雲中, 盛樂, 金陵을 별개로 취급한 기록도 있다(『魏書』 卷108-1 禮志1, p.2737, "又於雲中·盛樂·金陵三所, 各立太廟, 四時祀官侍配.").

73 『魏書』 卷2 太祖 道武帝本紀, p.19, "元年, 葬昭成皇帝於金陵, 營梓宮, 木柹盡生成林".

74 『魏書』 卷2 太祖 道武帝本紀, p.44, "冬十月戊辰, 帝崩於天安殿, 時年三十九. 永興二年九月甲寅, 上謚宣武皇帝 葬於盛樂金陵, 廟號太祖."; 『魏書』 卷3補 太宗 明元帝本紀, p.50, "秋七月丁巳, 立馬射臺於陂西, 仍講武教戰. 乙丑, 車駕至自北伐. 八月, 章武民劉牙聚衆反. 山陽侯奚斤討平之. 九月甲寅, 葬太祖宣武皇帝於盛樂金陵".

75 『魏書』 卷3補 太宗 明元帝本紀, p.64, "(泰常八年)冬十月癸卯, 廣西宮, 起外垣牆, 周回二十里. 十有一月己巳, 帝崩於西宮, 時年三十二. 遺詔以司空奚斤所獲軍實賜大臣. 自司徒長孫嵩已下至士卒各有差. 十有二月庚子, 上謚曰明元皇帝. 葬于雲中金陵. 廟稱太宗".

76 『魏書』 卷4下 世祖 太武帝本紀, pp.105~106, "(正平元年六月)戊辰, 皇太子薨. 壬申, 葬景穆太子於金陵".

77 『魏書』 卷4下 世祖 太武帝本紀, p.106, "(正平元年)三月甲寅, 帝崩於永安宮, 時年四十五. 秘不發喪, 中常侍宗愛矯皇后令, 殺東平王翰, 迎南安王余入而立之, 大赦, 改元爲永平, 尊皇后赫連氏爲皇太后. 三月辛卯, 上尊謚曰太武皇帝, 葬於雲中金陵, 廟號世祖".

78 『魏書』 卷5 高宗 文成帝本紀, p.123, "(和平六年)夏四月, 破洛那國獻汗血馬, 普嵐國獻寶劍. 五月癸卯, 帝崩于太華殿, 時年二十六. 六月丙寅, 上尊謚曰文成皇帝, 廟號高宗. 八月, 葬雲中之金陵".

79 『魏書』 卷6 顯祖 獻文帝本紀, p.132, "承明元年, 年二十三, 崩於永安殿, 上尊謚曰獻文皇帝, 廟號顯祖, 葬雲中金陵".

80 『魏書』 卷13 皇后列傳 平文皇后 王氏傳, p.323, "十八年崩, 葬雲中金陵".

81 『魏書』 卷13 皇后列傳 獻明皇后 賀氏傳, pp.324~325, "皇始元年崩, 時年四十六, 祔葬于盛樂金陵".

82 『魏書』 卷13 皇后列傳 明元昭哀皇后 姚氏傳, p.325, "泰常五年薨 … 葬雲中金陵".

83 『魏書』 卷13 皇后列傳 明元密皇后 杜氏傳, p.326, "泰常吳年薨 … 葬雲中金陵".

84 『魏書』 卷13 皇后列傳 太武皇后 赫連氏傳, p.327, "高宗初崩 … 祔葬金陵".

씨(賀氏),[85] 경목공황후(景穆恭皇后) 욱구려씨(郁久閭氏),[86] 문성원황후(文成元皇后) 이씨(李氏),[87] 헌문사황후(獻文思皇后) 이씨(李氏),[88] 효문정황후(孝文貞皇后) 임씨(林氏)[89] 등 황후들도 금릉에 묻혔다. 효문제 이전 시기에 예외는 두 사례뿐으로 고종(高宗)의 유모(乳母) 상씨(常氏)와 문명태후이다. 상씨는 그녀의 유지에 따라 다른 곳에 묻혔고,[90] 문명태후 풍씨의 영고릉은 방산의 큰 봉분이다.[91]

금릉이야말로 잠매가 행해진 장소일 가능성이 높다. 금릉이 북위 초기 제릉이 있는 지역의 명칭인지 아니면 특정 제릉을 지칭하는 것인지는 확실하지 않지만 금릉이란 명칭에서 황금(Altan)족이 묻힌 묘역의 의미가 아닐까 생각해 볼 수도 있다. 금릉은 후세의 원대 황제들이 모두 묻힌 기련곡(起輦谷)[92]과 유사한 곳이었다. 금릉에는 당연히 석조물을 설치하여 그 묘주를 분명히 밝히려고 하거나, 높고 큰 봉분을 만들어 그 위용을 드러내려고 하지 않았다. 금릉은 북위 황실의 집단 매장지였고, 선비족의 장속인 족장적 분묘

85 『魏書』 卷13 皇后列傳 太武敬哀皇后 賀氏傳, p.327, "生恭宗, 新麝元年薨, 葬雲中金陵".

86 『魏書』 卷5 高宗 文成帝本紀, pp.111~112, "(興安元年 十有一月) 甲申, 皇妣薨 …. 壬寅, 追尊景穆太子爲景穆皇帝, 皇妣爲恭皇后 … 十有二月戊申, 祔葬恭皇后於金陵"; 『魏書』 卷13 皇后列傳 景穆恭皇后 郁久閭氏傳, p.327, "生高宗. 世祖末年薨 … 葬雲中金陵".

87 『魏書』 卷13 皇后列傳, 文成元皇后 李氏傳, p.332, "及生顯祖, 拜貴人. 太安二年, 太后令依故事 … 遂薨. 葬金陵".

88 『魏書』 卷13 皇后列傳 獻文思皇后 李氏傳, p.331, "生高祖. 皇興三年薨 … 葬金陵".

89 『魏書』 卷13 皇后列傳 孝文貞皇后 林氏傳, p.332, "生皇子恂. 以恂將爲儲貳, 太和七年后依舊制薨 …. 葬金陵".

90 『魏書』 卷13 皇后列傳 高宗乳母 常氏傳, p.327, "遼西人. … 世祖選乳高宗. 高宗卽位, 尊爲保太后, 尋爲皇太后 … 和平元年崩 … 葬於廣寧磨笄山, 俗謂之鳴鷄山, 太后遺志也".

91 『魏書』 卷13 皇后列傳 文成文明皇后 馮氏傳, p.330, "(太和)十四年, 崩於太和殿 … 葬于永固陵. … 初, 高祖孝於太后, 乃於永固陵東北里餘, 豫營壽宮, 有終焉瞻望之志. 及遷洛陽, 乃自表瀍西以爲山園之所, 而方山虛宮至今猶存, 號曰'萬年堂'云".

92 太祖(『元史』 卷1 太祖本紀 太祖 22年, p.25, "壽六十六. 葬起輦谷.") 이후 寧宗(『元史』 卷37 寧宗本紀, p.813, "帝崩, 年七歲. 甲午, 葬起輦谷, 從諸陵.")까지 元代의 모든 황제가 起輦谷에 묻혔다. 그러나 起輦谷이 무슨 의미인지, 그곳이 구체적으로 어디인지 알 수 없다. 그리고 어느 帝陵도 발견되지 않고 있다.

의 배열 형식을 취하고 있다고 여겨진다.

즉 십육국·북조시대 제왕릉 가운데 봉분이 처음 나타난 것은 북위 효문제 시기이다. 효문제는 그의 조모인 동시에 문성제의 비인 문명태후를 위해 태화 5년(481) 방산에 건설을 개시하여 태화 14년(490)에 입장한 것으로 칭해지는 '영고릉'을 조영하였고, 그 뒤편에 자신이 사후에 묻힐 수릉(壽陵: 萬年堂)을 건립하였다.[93] 영고릉의 경우 봉분이 이상하리만큼 매우 크며, 후한시대의 능침제도도 부활되었다. 이런 과도한 능묘의 출현은 왕권의 위엄을 나타내기 위한 의식적인 정치행위라고 할 수 있다. 그리고 낙양 천도 이후 낙양 망산에 효문제의 장릉(長陵), 선무제의 경릉(景陵) 등이 조영되었다. 그곳에 실제 시신이 묻혀 있는지는 확실하지 않다.

3. 묘전(墓前) 석각(石刻)의 문제

다음으로 묘전 석조물인 석각에 대해 살펴보자. 능묘 석각제도는 남조와 북조의 특징이 다르다. 현재 강소성 남경시, 강녕현(江寧縣), 단양현(丹陽縣), 구용현(句容縣) 등 4곳에 남아 있는 31곳의 남조 석각 중 대다수가 전면에서부터 ① 석수(石獸)-② 석주(石柱: 華表)-③ 석비(石碑)를 두는 형식을 취하고 있다. 제릉 앞에는 석수 1쌍(1天祿 1麒麟), 신도석주(神道石柱) 1쌍이 있으며,[94] 왕공의 묘 앞에는 석양(石羊) 1쌍, 신주(神柱) 1쌍, 석비(石碑) 1쌍이 있다.[95]

이런 형식은 한대 이후의 한족적인 묘장문화 전통을 계승한 것이다. 전한 곽거병의 묘는 봉분이 기련산 모양을 하고 있고, 묘전에 각종 석조물이 설

---

93 大同市博物館·山西省文物工作委員會, 「大同方山北魏永固陵」, 『文物』 1978-7.

94 (唐)封演, 『封氏見聞記』 卷6 羊虎條, p.58, "秦·漢以來, 帝王陵前有石麒麟·石辟邪·石象·石馬之屬; 人臣墓前有石羊·石虎·石人·石柱之屬, 皆所以表飾墳壟, 如生前之儀衛耳!".

95 어떤 陵墓는 약간 다르다. 예컨대 蕭秀와 蕭憺의 묘는 모두 石碑 두 쌍으로 되어 있다(姚遷·古兵, 『南朝陵墓石刻』, 北京: 文物出版社, 1981, p.2).

치되었다.[96] 전한시대는 소수의 대관료의 경우 묘전에 신도가 만들어졌지만 크게 보급되지 않았다. 그러나 후한시대가 되면 묘전대도(신도)에 석각군이 대칭으로 설치되고 있다.[97] 광무제릉의 참도(參道)에는 석상(石象)·석마(石馬) 등의 석각군이 건립되었다. 영제기(靈帝期: 168~189)의 태위(太尉) 교현(橋玄)의 묘전에도 석주(石柱)·석양(石羊)·석호(石虎)·석타(石駝)·석마(石馬)가 있고 그 크기도 대단히 컸다고 한다.[98] 후한시대 고관의 대묘에는 신도가 만들어지고 그곳에 석주('表'라 칭함)가 세워지고,[99] 그 석주에는 '모모관직모모군지신도(某某官職某某君之神道)'라는 문자가 새겨졌다.[100] 장수교위(長水校尉) 채모(蔡瑁)의 묘에는 대록상(大鹿狀)의 석상(石像: 石天祿)이,[101] 계양태수(桂陽太守) 조월(趙越)의 묘에는 석비·석우·석양·석호가,[102] 안읍현장(安邑縣長) 윤검(尹儉)의 묘에는 석비·석주·석사(石獅)·석양이 각각 배치되어 있었다.[103] 이처럼 관료층의 묘전에 들어선 석각군은 사당과 사묘 주위에 배열된 것으로 당시 유행한 '상묘(上墓)'제사 및 예속과 관련이 있는 것으로

96 霍去病의 경우 "冢上有豎石, 前有石馬相對, 又有石人"(『史記』 霍去病傳 索隱引姚氏說; 『漢書』 顔師古注)의 기록이 있으며, 현존하는 것도 16건(起馬, 臥馬, 臥虎, 小臥象, 臥牛, 臥豬, 魚, 龜, 蛙, 胡人, 怪獸食羊, 力士抱熊, 馬踏匈奴人, …)이나 있다(王志杰, 『茂陵與霍去病墓石雕』, 西安: 三秦出版社, 2005, p.29).

97 後漢 皇帝陵前에는 石象이 있으며, 太尉의 墓前에는 石駝, 石馬가 長水校尉의 墓前에는 天鹿이, 太守의 墓前에는 石牛·石羊·石虎가 있으며, 縣長의 墓前에도 石獅·石羊이 있다(楊寬, 『中國古代陵寢制度史研究』, 1989, p.73).

98 (北魏)酈道元撰, 『水經注』 卷24 睢水條, pp.304~305, "(睢陽)城北五六里, 便得漢太尉橋玄墓 … 冢列數碑 … 廟南列二柱, 柱東有二石羊, 羊北有二石虎. 廟前東北, 有石駝, 駝西北有二石馬, 皆高大".

99 『後漢書』 卷42 光武十王列傳32, 中山簡王焉傳, 李賢注, p.1450, "墓前開道, 建石柱以為標, 謂之神道".

100 (宋)洪適撰, 『隸釋』에 수록된 「漢碑」에 많이 보인다.

101 (北魏)酈道元撰, 『水經注』 卷28 沔水條, p.362, "沔水又東南逕蔡洲, 漢長水校尉蔡瑁居之. … 其南有蔡瑁冢, 冢前刻石, 爲大鹿狀, 甚大頭高九尺, 制作甚功".

102 (北魏)酈道元撰, 『水經注』 卷9 清水條, p.117, "(獲嘉)縣故城西, 有漢桂陽太守趙越墓. 冢北有碑 … 碑東又一碑, 碑北有石柱石牛羊虎, 俱碎, 淪毀莫記".

103 『水經注』 卷31 淯水條, p.391, "彭水逕其西北, 漢安邑長尹儉墓東. 冢西有石廟, 廟前有兩石闕, 闕東有碑, 闕南有二獅子相對, 南有石碣二枚, 石柱西南, 有兩石羊".

보인다. 제왕들의 상릉(上陵)·조배(朝拜)·제사에 사용되는 침전 등이 조영되고 능전의 참도에 석상·석마 등 석각군이 배열된 것과 같은 이유이다. 제왕이나 관료의 묘전의 신도 양측에 배열되어 설치된 석각군은 경호를 담당하는 사졸상(士卒像)과 길상(吉祥)을 소원하거나 악귀를 몰아내거나 없애는 동물이나 영수(靈獸)의 상이 세워졌다. 후한시대 고관들의 묘전에는 낙타·사자·호랑이·소·말·양 등의 동물석상 외에 영수의 상이 배열되었는데 하나는 '벽사(辟邪)'이고, 다른 하나는 '천록(天祿)'이라 각명(刻銘)되었다.[104]

위진시대는 능침제도가 폐지됨으로써 능묘 외관을 꾸미지 않았다. 손오에서는 능 앞에 석각을 설립했다는 기술이 없다. 그리고 서진시대에도 도굴을 염려하는 분위기에서,[105] 특별한 경우를 제외하고 석수·비표를 세우지 않았다.[106] 즉 서진의 제릉에 '봉분을 만들지 않고 나무를 심지 않고[不封不樹]', 또 석수·비표가 보이지 않는 것은 이런 분위기를 반영한다. 동진 제릉 앞에는 석조물을 설치했다는 주장도 있지만,[107] 크게 유행하지 않았던 것 같다. 이로 볼 때 위진시대는 봉분이 높고 커지거나 또 화려한 석각이 설치되지 않았던 것 같다. 그 이유로는 두 가지 요인이 작용한 것으로 보인다. 첫째, 박장과 금비령의 영향이다. 특히 동진의 제릉에서는 '봉분을 만들지 않고 나

104 『後漢書』 卷8 孝靈帝紀, 李賢注, p.353, "天祿, 獸也. 時使掖廷令畢嵐鑄銅人, 列於倉龍·玄武闕外, 鍾懸於玉堂及雲臺殿前, 天祿·蝦蟆吐水於平門外. 事具宦者傳. 案:今鄧州南陽縣北有宗資碑, 旁有兩石獸, 鐫其膊一曰天祿, 一曰辟邪. 據此, 即天祿·辟邪並獸名也. 漢有天祿閣, 亦因獸以立名".

105 『晉書』 卷60 索靖/子綝傳, p.1651, "劉曜復率衆入馮翊 … 時三秦人尹桓·解武等數千家, 盜發漢霸·杜二陵, 多獲珍寶. 帝問綝曰: '漢陵中物何乃多邪?' 綝對曰: '漢天子即位一年而為陵, 天下貢賦, 三分之一供宗廟, 一供賓客, 一充山陵. 漢武帝饗年久長, 比崩而茂陵不復容物, 其樹皆已可拱. 赤眉取陵中物不能減半, 于今猶有朽帛委積, 珠玉未盡. 此二陵是儉者耳, 亦百世之誡也.'".

106 『宋書』 卷15 禮志2, p.407, "晉武帝咸寧四年, 又詔曰: '此石獸碑表, 既私褒美, 興長虛偽, 傷財害人, 莫大於此. 一禁斷之. 其犯者雖會赦令, 皆當毀壞.' 至元帝太興元年, 有司奏: '故驃騎府主簿故恩營葬舊君顧榮, 求立碑.' 詔特聽立. 自是後, 禁又漸頹. 大臣長吏, 人皆私立. 義熙中, 尚書祠部郎中裴松之又議禁斷, 於是至今".

107 朱希祖, 「六朝陵墓調查報告書」, 1992, p.10, "又(東)晉五陵雖不起墳, 亦必有石麒麟".

무를 심지 않고', '간약에 힘쓰는[務以簡約]' 것이 제대로 지켜진 것으로 보인다. 둘째, '옛 땅을 다시 되찾고 중원을 회복하려는[重回故土, 恢復中原]' 의지가 어느 정도 작용하였을 것이다. 그러나 이런 '불봉불수'는 한족 고유의 장속은 아니었고 임시적인 것에 불과하였다. 전국시대 이래 봉분과 묘수(墓樹)는 피장자의 존비의 척도가 되는 주요한 표지였기 때문이다.[108]

남조 유송대부터 위진시대와 같은 분위기는 일전한다. 송 이후 남조의 능묘를 보면, 봉분은 크지 않고 산곡에 '산을 파서 구덩이를 만들었지만[鑿山爲壙]', 신도 양측에 기린 내지 벽사 1쌍의 석상이 배치되었다. 남조 이후 제왕의 능 앞에는 석기린·석벽사 등의 신수를 두었지만, 신하의 경우 그 사용이 허락되지 않았다. 후한의 경우 고관의 묘 앞에도 천록과 벽사가 있었다. 당대 이후에는 인신의 묘의 경우 석양·석호·석인이 주로 세워졌고, 그 이외의 것은 보이지 않는다. 이처럼 석상의 종류는 다르지만 위진시대를 제외하고, 한대 이후 석상을 사용하는 전통은 남조를 거쳐 수당으로 이어졌던 것이다.

한편 북위 초기 황실의 능묘 지역인 '금릉'의 특징은 각 묘에는 봉분이 없다는 것이고, 또 묘전 석각이 없다는 것이다. 이런 금릉의 장속을 '대속(代俗)'이라 해도 좋을 것이다. 그런 '대속'이 파괴되기 시작한 것은 효문제 시기에 문명태후의 영고릉을 조영하면서부터이다. 특이한 것은 능 앞에 영고릉(永固堂)과 사원도(思遠圖) 등 이른바 침전를 세웠다는 사실이다. 북위에 한족적인 장속의 하나인 침릉(寢陵)과 상릉(上陵) 제도가 채택된 것은 바로 영고릉의 건축으로 시작되었다고 할 수 있다.[109] 또 후한 이래 능 앞 건축인 석전, 석궐, 석수, 석비의 방식이 채용되었으며, 불교의 성행과 함께 불당 재당

108 (唐)封演撰, 『封氏見聞記校注』 卷6 羊虎條, p.59, "按, 『禮經』云: '天子墳高三雉, 諸侯半之, 大夫八尺, 士四尺. 天子樹松, 諸侯樹柏, 大夫樹楊, 士樹楡.' … 蓋殷·周以來, 墓樹有尊卑之制, 不必專以罔象(筆者注: 罔象好食亡者肝腦, 罔象畏虎與柏, 故墓前立虎與柏)故也".

109 楊寬, 『中國古代陵寢制度史研究』, 1985, p.45.

(齋堂)과 사묘(祀廟)가 서로 결합한 형태를 띠었다.[110] 일종의 한화의 결과인 동시에 불교의 영향이다. 그러나 여기에도 '대속'의 유제는 보인다. 영고릉 앞에 사묘를 위해 '영고석실'이 있었다. 이런 사묘의 건축은 '바위를 파서 조종의 묘를 만드는[鑿石爲祖宗之廟]' 선비의 유풍을 따른 것이다.

북위시대에 능침제도와 묘전 석각제도가 부활되었다고 하지만 영고릉 이후 묘전의 석각은 그리 발달하지 않았다. 효문제의 낙양 천도 이후 북위 능묘에도 몇 가지 석각이 세워졌다. 효문제의 장릉의 경우는 불명이지만,[111] 선무제의 경릉에는 묘총전에 1구의 석각 무사상이 있었다는 보고가 있다. 두부는 망실되었지만, 연좌잔고(連座殘高) 2.89m였다. 그리고 1976년 북위 효장제(경종: 元子攸: r.528~530)의 정릉(靜陵) 전방에서 석인상과 석인두가 출토되었다.[112] 이것은 북위 능묘의 신도 양측에 석각이 있었다는 것을 의미한다.[113] 이것이 북조 묘전 석각의 전부이다. 이것들을 제외한 북조의 어떤 능묘도 발견되지 않았을 뿐만 아니라 석각이 발견된 것도 없다. 북조 제릉의 경우 봉분이 있는 것도 간혹 있지만, 대부분 묘전에 석조물이 전혀 보이지 않는다는 점이 남조의 능묘와 크게 다르다. 예컨대 북제시대 도성인 업도 근방에 있는 동위-북제 묘군으로 지목되는 고분들 어느 것에서도 석조물이 발견되지 않고

110 (北魏)酈道元撰, 『水經注』 卷13 㶟水條, p.168, "羊水又東注于如渾水, 亂流逕方山南. 嶺上有文明太皇太后陵, 陵之東北, 有高祖陵. 二陵之南, 有永固堂. 堂之四周隅雉, 列榭階欄檻, 及扉戶梁壁, … 椽瓦悉文石也. 檐前四柱, 採洛陽之八風谷黑石爲之. 雕鏤隱起, 以金銀間雲矩, 有若錦焉. 堂之內外, 四側結兩石趺. 張青石屛風, 以文石爲緣. 幷隱起忠孝之容, 題刻貞順之名. 廟前鐫石爲碑獸, 碑石至佳. 左右列柏, 四周迷禽闇日. 院外西側, 有思遠靈圖. 圖之西有齋堂, 南門表二石闕, 闕下斬山累結, 御路下望, 靈泉宮池, 皎若圖鏡矣".

111 高閭가 孝文帝 長陵을 바라보며 "上望闕表, 以示戀慕之誠"(『魏書』 卷54 高閭傳, p.1209)했으며, 游雅가 孝文皇后 高氏 碑文을 찬술하였다고 한다(『魏書』 卷84 陳奇傳, p.1847, "雅製昭皇太后碑文, 論后名字之美, 比諭前魏之甄后. …").

112 黃明蘭, 「洛陽北魏景陵位置的確定和靜陵位置的推測」, 『文物』 1978-7. 이 石人像은 양손에 劍을 잡고 있어 護衛의 임무를 지닌 衛士(翁仲)의 모습이다. 이것은 後漢을 계승하고, 唐代에 답습되었다.

113 中國社會科學院考古硏究所洛陽漢魏城隊·洛陽古墓博物館, 「北魏宣武帝景陵發掘報告」, 『考古』 1994-9.

있다.

따라서 북조의 능묘는 봉분이 있다 하더라도 그 앞에 묘주의 신분·지위를 알리는 석조물을 세우지 않았다는 결론을 얻을 수 있다. 앞서 보았듯이 십육국시대에 채용된 허장·잠매의 장법이 북위를 거쳐 북제시대에까지 그대로 지켜졌다. 따라서 북조 말까지 묘주를 표시하는 묘비 형식은 여전히 기피되었다. 그러면 제왕의 능묘가 아닌 고관 등 인신의 묘는 어떠하였을까?

북위 묘장 가운데 최근에 발굴된 몇 개가 관심을 끈다. 평성지구는 도무제 탁발규 천흥 원년(398)부터 효문제 태화 18년(494)까지 약 1세기에 걸쳐 북위의 도성이었다. 특히 관심을 끄는 것은 대동시 석가채(石家寨) 서남에서 발굴된 '사지절시중진서장군이부상서우진사공기주자사낭야강왕(使持節侍中鎭西將軍吏部尙書羽眞司空冀州刺史琅邪康王)' 사마금룡(司馬金龍)의 묘[114]와 동왕촌(東王村) 서북에서 발굴된 원숙묘(元淑墓),[115] 안북사원(雁北師院) 확장공사 중에 발견된 '대대태화원년세차정사유주자사돈황공돈황군송소조지구(大代太和元年歲次丁巳幽州刺史敦煌公敦煌郡宋紹祖之柩)'라는 묘명전(墓銘磚)이 있는 송소조묘(宋紹祖墓)[116] 등이다. 발굴보고서에는 한진 묘장제를 이어받고 있으며, 부장품의 경우 서진 이래 중원의 용군(俑群)을 수장하는 전통을 따른 것 등을 강조하고 있다. 그리고 고비심목(高鼻深目)의 호용(胡俑)과 그들의 복식 등에 호족적 요소가 있음을 전하고 있다.[117] 그러나 여기서 유의할 점은 이들 묘장에서 모두 묘지명이 발견된 점이다. 그뿐만 아니라 남조에서라면 당연히 지상에 있어야 할 진묘수 등이 지하 묘실에 매장되고 있다. 그들은 묘비를 세우지 않고 묘지명을 만들어 지하에 넣었다. 즉 사마금룡이나 송

114 山西省大同市博物館等, 「山西大同石家寨北魏司馬金龍墓」, 『文物』 1972-3.

115 大同市博物館, 「大同東郊北魏元淑墓」, 『文物』 1989-8.

116 山西省考古研究所·大同市考古研究所, 「大同市北魏宋紹祖墓發掘簡報」, 『文物』 2001-7.

117 山西省考古研究所·大同市考古研究所, 「大同市北魏宋紹祖墓發掘簡報」, 『文物』 2001-7, pp.37~38.

소조 등 한족들도 그 장법에서는 호족의 영향을 어느 정도 받았던 것으로 보인다. 따라서 제왕의 능묘나 인신의 묘장 모두 남조와 북조 사이에는 분명한 차이가 있다고 할 수 있다.

그런데 수·당대가 되면 남조적인 것과 북조적인 것이 혼합되기 시작한다. 즉 지상에는 석조물도 있고, 지하에는 묘지명이 매장되는 형식이다. 당대 제릉의 석각군은 여러 종류의 석상으로 구성되어 있다. 태종의 소릉의 경우 북문(현무문)으로 들어가는 지점에 14개의 소수민족 추장의 석상이 있다. 그리고 문내의 동서 낭무(廊廡)에는 6필의 준마가 부조되어 있다. 태종의 정치적 업적을 현창하려는 의도이다. 고종·측천무후의 건릉의 남문(주작문)에는 1쌍의 석주(화표), 1쌍의 비마(飛馬), 타조(주작이라 불림) 5쌍의 석마, 양손에 검을 쥔 10쌍의 석인, 1쌍의 석비, 소수민족 추장의 석상 60개가 배열되어 있고, 문전에는 석사(石獅)가 세워졌다. 소수민족 추장의 석상은 황제의 무위를 과시하려는 것이지만, 그 외에는 의장병적인 성격을 가진 것이다. 숙종의 건릉(建陵) 남문 앞의 석각군이나, 예종의 교릉(橋陵) 남문 앞의 석각군은 고종의 건릉(乾陵)의 제도를 계승한 것이다. 아울러 황족과 관료의 묘 앞에는 석각군이 등급별로 배치되었다. 예컨대 소릉에 배장된 장락공주(長樂公主) 묘에는 석주·석호·석양·석인 각 1쌍이, 신성공주(新城公主) 묘에는 석호 1쌍이 있으며, 건릉(乾陵)에 배장된 '묘를 능이라 칭하는[號墓爲陵]'의 덕태자(懿德太子)와 영태공주(永泰公主) 능에는 석주, 석인, 석사가 각 1쌍이 있다. '능이라 칭해지지 않는[不稱陵]' 장회태자(章懷太子)의 묘에도 석양 1쌍이 있다. 또 대관의 경우 이정(李靖)의 묘에는 석주 1쌍이 있으며, 이적(李勣)의 묘에는 석인 1쌍, 석호와 석양이 각 3개씩 있다. 즉 당대 인신의 경우 석양과 석호가 위주인 데 비해 제릉에는 석양과 석호가 없다.[118] 당대의 경우 한대처럼 장상대신의 배장제도를 채용하였다. 또한 황족도 역시 배장되었

118 楊寬, 『中國古代陵寢制度史硏究』, 1985, pp.80~81.

다. 이것은 북위의 망산구의 선비족 주체의 배장묘 제도와는 다르다. 즉 한대의 제도를 이은 남조적인 것과 북조적인 것의 혼합이라고 할 수 있다.

묘지명의 경우 제릉은 발굴이 불가능하므로 제릉 내의 묘지명 존치 여부는 확인할 수 없다. 그러나 배장된 공주 등의 묘에서 묘지명이 발견되고 있다. 따라서 제릉에도 묘지명이 매장되어 있을 것으로 예상된다. 따라서 북조에서의 묘지명의 유행은 모든 것을 지하에 매장하는 호족적인 장속의 영향을 강하게 받은 것이라고 할 수 있다. 수당의 제릉을 비롯한 능묘는 남조적인 묘전 석각과 북조적인 묘지명을 두루 갖춘 남북 통합형의 능묘 형식을 취하고 있다고 정리할 수 있다.

Ⅲ. 묘지명의 출현과 그 유행

1. 묘비에서 묘지명으로

묘비와 묘지명은 각각 별개의 기능을 가진 석각인가?[119] 아니면 묘비가 묘지명으로 변한 것인가? 묘지명이 유행하게 된 것이 금비령(禁碑令)의 영향이라는 점은 고금의 학자들이 동의하는 바이다.[120] 조조(曹操)의 금비령에 의해 지상에 비가 없어진 대신 지하에 묻는 대개 50cm 전후의 비형의 묘지비가

119 中村圭爾는 碑禁이 완화된 東晉代의 墓誌가 出土되는 것을 보아 碑禁이 墓誌銘 출현의 결정적 원인이라 보기 어렵다고 보았다. 紀德의 銘이 있는 墓碑와 그것과는 다른 성격의 墓誌가 兩存하고 있다고 주장한다(『六朝江南地域史研究』, 2006, p.400).

120 (淸)趙翼撰, 『陔餘叢考』(石家莊: 河北人民出版社, 1990) 卷32 墓誌銘條, pp.562~563, "南史齊武帝裴皇后薨, 時議欲立石誌. 王儉曰: '石誌不出禮經, 起自宋元嘉中, 顔延之爲王球石誌, 素族無銘策, 故以紀行. 自爾以來, 共相祖襲., 今儲妃之重, 旣有哀策, 不煩石誌' 此則墓誌起于元嘉中之明據也. … 竊意古來銘墓, 但書姓名官位, 間或銘數語于其上, 而撰文敍事, 臚述生平, 則起于顔延之耳."; 水野清一, 「墓誌について」, 『書道全集』 6, 中國南北朝II, 東京: 平凡社, 1958.

나타났고 이것이 후에 묘지명으로 변화·발전해갔던 것으로 본다.[121]

먼저 묘비 출현의 정치·사회적 배경부터 살펴보자. 묘비는 한대, 특히 후한대에 정비되었는데 무엇보다 유교의 국교화와 깊은 관계가 있다. 유교는 예교이고, 예 중에 가장 중요한 것이 효이며, 효 가운데 부모의 상중에 행해야 할 예, 즉 상례가 가장 중시되었다. 따라서 상장(喪葬)의 형식이 점차 정비되었다. 선거에 있어서도 충의 전제로써 효의 덕목이 중시되었다. 부모의 상장을 어떻게 행하는가가 효심의 후박(厚薄)을 가늠하는 척도가 되었다. 유교정신의 존봉(尊奉)이 사인의 정신으로 정착되어 감에 따라 삼년상을 얼마나 충실히 행하느냐, 묘를 얼마나 멋지게 만드느냐도 중요한 문제로 등장하게 되었다. 효렴(孝廉)이라는 덕목이 관료 채용이나 승진의 기준이 됨에 따라 상복례(喪服禮)가 사자를 조상(弔喪)한다는 본래의 목적보다 자신과 일족의 장래를 결정하는 지렛대로 변하게 되었다. 그래서 상복례를 제대로 치루기 위해 전 재산을 사용하는 경우도 생겼다.[122] 이런 풍조에 따라 규정 이상, 특히 상복례를 20여 년이나 행하는 위군자도 생겼다.[123] 상과 장의 의식이 모두 호화스럽게 변한 것이다. 당시에 한 사람을 위해 세 종류의 비문이 쓰이기도 했다는 점에서 건비(建碑)의 왜곡된 유행의 단면을 볼 수 있다.

후한 환제기(桓帝期)에는 사자의 공적을 기리기 위하여 만들어져야 할 명

121 (淸)葉昌熾撰, 柯昌泗評, 『語石·語石異同評』(考古學專刊丙種第四號)(北京: 中華書局, 1994) 卷4 墓誌, p.239, "迨至晉代, 碑禁甚嚴, 立石墓上之風潮戢. 或制擬碑碣, 具體而微".

122 『後漢書』 卷52 崔寔傳, p.1731, "初, 寔父卒, 剽賣田宅, 起冢塋, 立碑頌. 葬訖, 資産竭盡, 因窮困, 以酤釀販鬻為業".

123 『後漢書』 卷74上 袁紹傳, p.2373, "紹少爲郎, 除濮陽長, 遭母憂去官. 三年禮竟追感幼孤, 又行父服. (注, 凡在冢廬六年)"; 『後漢書』 卷66 陳蕃傳, pp.2159~2160, "太尉李固表薦, 徵拜議郎, 再遷為樂安太守. 時李膺為青州刺史, 名有威政, 屬城聞風, 皆自引去, 蕃獨以清績留. 郡人周璆, 高絜之士. 前後郡守招命莫肯至, 唯蕃能致焉. 字而不名, 特為置一榻, 去則縣之. 璆字孟玉, 臨濟人, 有美名. 民有趙宣葬親而不閉埏隧, 因居其中, 行服二十餘年, 鄉邑稱孝, 州郡數禮請之. 郡內以薦蕃, 蕃與相見, 問及妻子, 而宣五子皆服中所生. 蕃大怒曰: '聖人制禮, 賢者俯就, 不肖企及. 且祭不欲數, 以其易黷故也. 況乃寢宿冢藏, 而孕育其中, 誑時惑衆, 誣汙鬼神乎?' 遂致其罪".

석(銘石)이 후손이 충효 정도를 표현하는 수단으로 이용되기 시작하였다. 후손의 충효를 세상에 가장 쉽게 알리는 것이 지상에 세운 비였기 때문이다. 거금을 들여 더욱 호화스럽게 만든 것은 외면만을 갖추는 형식주의 풍조의 소산이고, 한비(漢碑)의 유행은 후장의 경쟁에서 비롯된 결과였다. 이렇게 하여 후한시대는 지상의 묘비와 묘궐이 크게 유행한 시대로 후세에 평가되었다.

후한 말 후장의 풍습이 유행한 결과, 2m 이상의 거대하고 화려한 비들이 만들어지기 시작하였다. 권력자나 유력한 호족이 자기의 힘을 과시하기 위하여 후장을 행하고 그 비용은 민중에게 부담시키는 사례가 나타나게 되었다. 후한 말 혼란기를 수습하고 새로운 권력자로 부상한 조조는 개혁 정치의 일환으로 건안 10년(205) 후장을 금하고 지상에 비를 세우는 것을 일체 금지하는 이른바 '금비령'을 내렸다.[124] 위 말이 되어 이 금령은 일시 완화되었지만, 서진 무제 함녕(咸寧) 4년(278)에 재차 금령이 반포되어 이것은 유송대까지 지켜졌다.[125] 조조는 박장(薄葬)에 대한 조령도 내렸다.[126] 위진·남조시대를 '상사최검박(喪事最儉朴)의 시대'라 평가하는 것도, 조조가 박장을 선도하고 그 모범을 보였기 때문이라는[127] 주장도 있다.[128] 사실 박장의 풍습이 등

124 『宋書』 卷15 禮志2, p.407, "漢以後, 天下送死者靡, 多作石室石獸碑銘等物. 建安十年, 魏武帝以天下雕弊, 下令不得厚葬, 又禁立碑. 魏高貴鄉公甘露二年, 大將軍參軍太原王倫卒, 倫兄俊作『表德論』, 以述倫遺美, 云: '祇畏王典, 不得爲銘, 乃撰錄行事, 就刊於墓之陰云爾'. 此則碑禁尙嚴也. 此後復弛替".

125 『宋書』 卷15 禮志2, p.407, "晉武帝咸寧四年, 又詔曰: '此石獸碑表, 旣私褒美, 興長虛僞, 傷財害人, 莫大於此. 一禁斷之. 其犯者雖會赦令, 皆當毁壞.' 至元帝太興元年, 有司奏〉'故驃騎府主簿故恩營葬舊君顧榮, 求立碑.' 詔特聽立. 自是後, 禁又漸頹. 大臣長吏, 人皆私立. 義熙中, 尙書祠部郞中裴松之又議禁斷, 於是至今".

126 『宋書』 卷15 禮志2, pp.404~405, "漢獻帝建安末, 魏武帝作終令曰: '… 不封不樹 …' 文帝 … 晉宣帝 …".

127 『三國志』 卷1 魏書 武帝紀, p.51, "(建安)二十三年, 六月, 令曰: '古之葬者, 必居瘠薄之地. 其規西門豹祠西原上爲壽陵, 因高爲基, 不封不樹. 周禮冢人掌公墓之地, 凡諸侯居左右以前, 卿大夫居後, 漢制亦謂之陪陵. 其公卿大臣列將有功者, 宜陪壽陵, 其廣爲兆域, 使足相容."; p.53, "(建安)二十五年, 春正月, 至洛陽. … 庚子, 王崩于洛陽, 年六十六. 遺令曰: '天下尙未安

장한 것은 후장의 폐해에서라기보다 사회 불안이 가장 큰 이유였다. 이 점은 위 문제 조비(曹丕)의 언설에서도 잘 나타나고 있다.[129] 즉 박장이야말로 '죽은 후에 다시 죽는[戮而重戮, 死而重死]' 것을 막기 위한 방도라는 것이다.

즉 금비령의 영향으로 서진시대에 들어 문자 수도 적고 높이도 낮은[130] 작은 비석 모양의 묘지비가 출현하게 되었다.[131] 금비령이 내려졌지만, 오랫동안 지속되어 온 건비의 구습은 쉽게 소멸되지 않았다. 양진·남조의 경우 이 금비령은 여러 차례 반복되어 나타났다. 함녕 4년(278)에 내려진 비금이, 동진 말 의희 연간(405~418)에 다시 내려지고 양대에까지 이르렀던 것이다.[132] 대흥(大興) 원년(318) 고영(顧榮)의 예에서 보듯 입비의 특례를 제외하고는[133]

定, 未得遵古也. 葬畢, 便除服. 其將兵屯戍者, 皆不得離屯部. 有司各率乃職. 斂以時服, 無藏金玉珍寶.' … 二月丁卯, 葬高陵".

128 徐吉軍, 『中國喪葬史』, 南昌, 江西高校出版社, 1998, p.321.

129 『三國志』 卷2 文帝紀, pp.81~82, "(黃初三年: 222) 冬十月甲子, 表首陽山東爲壽陵, 作終制曰: '… 封樹之制, 非上古也, 吾無取焉. 壽陵因山爲體, 無爲封樹, 無立寢殿, 造園邑, 通神道. … 自古及今, 未有不亡之國, 亦無不掘之墓也. 喪亂以來, 漢氏諸陵無不發掘, 至乃所取玉匣金鏤, 骸骨并盡, 是焚如之刑, 豈不重痛哉! 禍由乎厚葬封樹. … 若違今詔, 妄有所變改造施, 吾爲戮尸地下, 戮而重戮, 死而重死 …'".

130 높은 것이 겨우 1m 정도이고, 대다수는 50cm 정도이다.

131 이런 西晉의 墓誌 출현의 意義에 대하여 다양한 견해가 있다. 後漢의 墓碑와 北魏 墓誌 사이의 西晉의 것(小型의 碑形의 墓誌)은 단순한 假橋일 뿐이라는 견해(日比野丈夫, 「墓誌の起源について」, 『江上波夫教授古稀紀念論文集(民族·文化編)』, 東京: 山川出版社, 1977)와 後漢의 墓碑와 西晉의 墓誌와의 연결을 중시해야 한다는 견해(水野清一, 「墓誌について」), 西晉 墓誌와 北魏 墓誌銘의 연결을 중시해야 한다는 견해(中田勇次郎, 「中國の墓誌」, 『中國墓誌精華』, 東京: 中央公論社, 1975) 등이다.

132 『宋書』 卷15 禮志2, p.407, "漢以後, 天下送死奢靡, 多作石室石獸碑銘等物. 建安十年, 魏武帝以天下雕弊, 下令不得厚葬, 又禁立碑. 魏高貴鄉公甘露二年, 大將軍參軍太原王倫卒, 倫兄俊作表德論, 以述倫遺美, 云: '祗畏王典, 不得為銘, 乃撰錄行事, 就刊於墓之陰云爾'. 此則碑禁尚嚴也. 此後復弛替 … 晉武帝咸寧四年, 又詔曰: '此石獸碑表, 既私褒美, 興長虛僞, 傷財害人, 莫大於此. 一禁斷之. 其犯者雖會赦令, 皆當毀壞' …. 義熙中, 尙書祠部郎中裴松之又議禁斷 於是至今". 梁代에는 立碑를 할 때 詔勅이 내려왔다(『梁書』 卷25 徐勉傳, p.387, "勉善屬文 … 大同三年, 故佐史尚書左丞劉覽等詣闕陳勉行狀, 請刊石紀德, 即降詔許立碑於墓云"; 『南史』 卷61 蘭欽傳, p.1504, "經廣州, … 至衡州, 進號平南將軍, 改封曲江縣公. 在州有惠政, 吏人詣闕請立碑頌德, 詔許焉").

133 『宋書』 卷15 禮志2, p.407, "至元帝太興元年, 有司奏: '故驃騎府主簿故恩營葬舊君顧榮, 求

동진·남조시대는 입비가 금지된 것으로 이해해도 될 것 같다. 그러나 금비령이 지속적으로 반포된 것은 위반자가 속출했다는 이야기이고, 또 당시인들이 건비에 대한 열망이 강하였다는 증거이다. 아무튼 표면적으로 동진·남조도 묘비시대에서 묘지명 시대로 진입할 조건을 갖춘 것이다.

2. 묘지명의 변화

(1) 묘지명 형태의 변화

'묘지'[134] 혹은 '묘지명'[135]은 중국 묘장문화가 낳은 대표적 유물 중 하나이다. 정식으로 묘지명이라 부를 수 있는 것은 언제 출현한 것인가? 묘지명의 출현에 대해서는 종래 학계에서 다양한 견해가 제출되었다. 전한 성립설,[136] 후한 성립설,[137] 위진 성립설,[138] 서진 성립설,[139] 남조 성립설[140] 등이 그것이다. 묘지명의 기원에 대해 다양한 견해가 나온 것은 형체나 문체 양 방면에서 어떤 형식을 갖춘 것을 묘지명으로 보느냐의 시각 차이 때문이다.

立碑.'".

134 그 호칭은 柩銘, 墓記, 墓碣, 墓版, 壙誌, 靈舍銘, 陰堂文, 玄堂誌 등 여러 가지이다(任昉, 「集新出土墓誌之大成 展傳統文化之精華—『新中國出土墓誌』整理工作的回顧與前瞻」, 『中國文物報』, 2005年 7月 13日 第4版).

135 墓誌銘에서 誌(序)는 散文이며, 銘은 韻文을 가리키는데, 이 양자가 결합된 書式을 갖춘 墓誌를 특히 '墓誌銘'이라 한다. 이런 完成된 형태가 나타난 것은 北魏 孝文帝의 洛陽 遷都 무렵인 5世紀 末이다. 그리고 '墓誌銘'이라고 이름을 붙인 現存 最古의 墓誌銘은 南朝 宋 大明 8년(464)에 매장된 劉懷民의 墓誌라 한다(福原啓郎, 「西晉の墓誌の意義」, 礪波護 編, 『中國中世の文物』, 京都: 京都大學人文科學研究所, 1993, p.348, 注 2).

136 (清)葉昌熾, 『語石』 卷4, "王氏萃編(『金石萃編』 卷9)曰: 『西京雜記』稱, 前漢杜子春, 臨終作文, 刻石埋於墓前. 『博物志』載: 西京時, 南宮寢殿有醇儒王史威長葬銘. 此實誌銘之始. 今皆不傳".

137 羅振玉, 『遼居稿』(延世大 所藏 線裝本), 漢賈夫人馬武姜墓石記跋(延平 元年: 106), p.22, "漢人墓記前人所未見, 此爲墓誌之濫觴."; 馬衡, 『中國金石學概要』下(凡將齋金石叢編, 北京: 中華書局, 1977), p.89, "其(墓誌)制始於東漢, '隸釋'載'張賓公妻穿中文(建初二年)', 卽壙中之刻."; 趙萬里, 『漢魏南北朝墓誌集釋』(臺北: 鼎文書局, 1972 影印) 卷1, "馮基石槨題字(太康三年), 按近年陝北出土郭仲理石槨, 亦個有銘, 或以磚, 磚之有字者尤多. … 稍後以志銘代槨銘, 與前世風尚, 殊矣".

'묘지'라는 명칭이 처음 나타난 때는 후한이지만,[141] 묘지명이라는 말이 정착된 시기는 북위이고,[142] 묘지명의 최성기는 수당대였다는 것은 현재 학계에서 대개 인정하는 바이다.

묘지명은 말할 것도 없이 '시신을 넣는 지하의 구덩이 속[壙中]'에 넣은 명문이다. 후세 묘지명과 유사한 형태로 중국 역사상 가장 오래된 것은 1972년 12월 진시황릉 서쪽의 진형도묘(秦刑徒墓)에서 발굴된 전석으로 성명, 적관, 신분, 졸사시간 등이 기록된 형도전이다.[143] 그러나 특이하게 형도의 묘에서만 나오고, 진한시대 관리나 평민의 묘장 중에는 이런 묘전 명문이 발견되지 않고 있기 때문에[144] 이것을 묘지명의 기원이라 보기는 힘들다. 또 전

---

138 日比野丈夫, 「墓誌の起源について」, 『江上波夫教授古稀紀念論文集, 民族·文化篇』, 東京: 山川出版社, 1977. 魏晉時代 墓 앞에 碑를 세우는 것을 嚴禁하여 부득이 墓中에 소형의 石碑를 매장하여 墓碑를 대체하였다. 이것이 墓誌의 起源으로 보인다고 하였다.

139 福原啓郞, 「西晉の墓誌の意義」, 1993, p.345.

140 (淸)顧炎武, 『金石文字記』 卷2, "大業三年, 滎澤令常丑奴墓志跋云: '墓之有志 始自南朝', 南齊書云: '宋元嘉中顔延之作王球石志. 素族無碑策, 故以紀德, 自爾已來, 王公以下, 咸共遵用.'". 그리고 (淸)端方, 『陶齋藏石記』 卷5, "劉懷民志作于大明七年, 適承元嘉之後, 此志銘文字異源之時代也."; 『文選』 卷59, 墓誌 李善注 인용된 王儉의 論에 "吳均 齊春秋, 王儉曰: 石誌不出禮典, 宋元嘉, 顔延之爲起, 王琳(王球)石誌 …." 등이 모두 劉宋代에서 시작되었다고 한다. 趙翼도 같은 의견이다; (唐)封演, 『封氏見聞記』 卷6 '石誌'條, p.56, "古葬無石誌, 近代貴賤通用之. 齊太子穆妃將葬, 立石誌. 王儉曰: '石誌不出禮經, 起元嘉中顔延之爲王球石誌, 素族無名策, 故以紀行迹耳. 遂相祖習. 儲妃之重, 禮絶常例, 旣有哀策, 不煩石銘.' 儉所著喪禮云; '施石誌於壙裏, 禮無此制. 魏侍中繆習改葬父母, 制墓下題版文. 原此旨, 將以千載之後, 陵谷變遷, 欲後人有所聞之. 其人若無殊才異德者, 但紀姓名·歷官·祖父·姻媾而已. 若有德業, 則爲銘文.'".

141 '墓誌'라는 명칭이 현존하는 것 가운데 最古는 後漢 永元 4年(92) 「朱敬墓誌」라고 쓰인 刑徒磚이다. 그러나 宋 大明 8年(464)의 劉懷民墓誌(『漢魏南北朝墓誌集釋』 卷1)와 朝陽北魏 承平 元年~和平 6年(452~465)의 劉賢墓誌(曹汎, 「北魏劉賢墓誌」, 『考古』 1984-7)가 가장 오래되었다고 한다(劉鳳君, 「南北朝石刻墓誌形制探源」, 『中原文物』 1988-2, p.74).

142 간혹 北朝 後期에도 墓碑形의 墓誌銘이 있다[羅振玉, "晉人誌墓之文皆植立藏中, 至六朝始平放, 然仍間有植立者, 若魏延昌四年(515)之皇甫麟·孝昌二年(526)之李謀·普泰元年(531)之賈謹諸誌, 仍是直立如碑式. 至元氏諸誌中若永平四年(511)元侔誌亦然."(趙超, 『中國古代石刻概論』, 北京: 文物出版社, 1997, p.41)에서 재인용].

143 始皇陵秦俑坑考古發掘隊, 「秦始皇陵西側趙背戶村秦刑徒墓」, 『文物』 1982-3.

144 張同印, 『隋唐墓誌書蹟硏究』, 北京: 文物出版社, 2003, p.5.

한 후기부터 성행한 화상석에도 묘주의 성명, 적관 등의 제기(題記)가 종종 기록되어 있고, 후한시기가 되면 묘혈 중에 봉문(封門)의 제기가 출현하기도 하였다. 이것들은 후세의 묘지명에 상당히 접근한 측면이 있는 것도 사실이다.[145]

묘지명 외에 사자의 시신과 함께 지하에 묻는 것으로는 여러 가지 종류의 기물이 있다. 사자가 양세에서 음간으로 갈 때 가져가서 지하(陰間)의 관리(地下丞, 土主, 主藏郎中 등)에게 제시하는 통행증 및 수장품의 증명문서라고 할 수 있는 '고지장(告地狀)'과 사자가 지하에서 안식하고, 생자가 '해를 더해 더욱 오래 살고[延年益壽], 화를 삭이고 허물을 면하며[消禍免咎], 재부와 인구가 더욱 많아지기를[增益財富人口]' 비는 미신적인 내용을 주로 담고 있는 진묘권(鎭墓券)이 있으며, 묘지의 구매 계약 및 도교 귀신 숭배와 관련이 깊은[146] 매지권(買地券) 등도 있다.[147] 후한시대에 유행한 이것들은 대체로 연질(鉛質)에 장방형의 조상물(條狀物)이었다. 그러나 석·전·옥·철 등도 그 재료로 사용되었다. 이 가운데 매지권을 묘지의 기원으로 잡는 의견도 있지만,[148] 그 계통을 달리한다는 주장이[149] 더 설득력이 있어 보인다.

명문을 돌에 새기는 것을 '각석(刻石)'이라 한다.[150] 한대 이전에는 '비'란 말이 존재하지 않았다가 후한시대에 들어 비가 출현·성행하여 이른바 '한

---

145 馬衡, 『中國金石學概要』下에서 "左表墓門把死者官職姓名和年月詳細記載, 就是墓誌的用意." 라 하였다.

146 吳天穎, 「漢代買地劵考」, 『考古學報』 1982-1.

147 趙超, 「墓志溯源」, 『文史』 21, 1983, pp.44~46.

148 日比野丈夫, 「墓誌の起源について」, 『江上波夫教授古稀紀念論文集, 民族·文化篇』, 東京: 山川出版社, 1977.

149 趙超, 「墓志溯源」, 『文史』 21, 1983, pp.45~46.

150 일반적으로 磚이나 石에 새겨진 문자나 그림을 총칭해서 '石刻'이라 하지만, 石에 文字를 새긴 書體를 '銘石之書'라 부른다[『法書要錄』(唐 張彦遠 撰, 『法書要錄』, 北京: 中華書局, 1985) 卷1 宋羊欣采古來能書人名, p.6, "穎川鍾繇, 魏太尉, 同郡胡昭, 公車徵, 二子俱學於德昇, 而胡書肥, 鍾書瘦鍾書, 有三體, 一曰銘石之書, 最妙者也."].

비(漢碑)'의 전성기를 맞는다.[151] 비를 세우는 풍습은 후한 말기 환제~영제 시기에 가장 성하였고, 사자의 송덕을 목적으로 하는 묘비가 대부분을 차지하였다.[152] 사자를 위해 만들어진 석각으로는[153] 묘비 외에 묘권, 묘기 등이 있다.[154] 전술한 것처럼 서진 이후 비는 점차 보이지 않게 되고 그 대신 묘지가 대신하게 되었다. 지상의 묘전 · 묘도에 세워진 것을 묘비 · 신도비라 하고 광중(壙中)에 매장된 것을 묘지명이라 부르게 되었다.[155] 출토된 정황에 따라 보면, 묘지명은 대부분 방형에다 석질(간혹 전질)이고, 녹정개(盝頂蓋)를 가지고 있고, 대부분 묘실 가운데 묘문전, 묘주두전 혹은 묘도 중간에 놓였다.

묘지명의 출현은 역시 지상의 묘비가 지하로 들어갈 수밖에 없는 사정에서 그 이유를 찾아야 한다. 초기의 묘지가 '긴 돌과 둥근 머리[長石圓首, 혹은 圭首]의 형식으로 비의 형태를 취하고 있으며, 묘 안에 세워져[竪立] 있기 때문이다.[156] 이런 종류는 삼국의 것은 극히 적지만 서진의 것은 적지 않게 남아 있다. 서진의 경우 묘지라 하나 실제적으로 '묘표'로 대부분 지칭되고 있

151 後漢 光武帝의 封禪記念碑가 最古로 알려져 있다. 청대 考證學의 진전에 따라 '漢碑'라는 말이 정착되었다.

152 대체로 石刻의 제조의 목적은 紀念과 頌德으로 크게 대별되지만, '漢碑'는 특히 頌德을 목적으로 하는 碑가 많고, 그 대부분이 墓碑이다.

153 死者를 위한 記念物이 어떤 형태를 띠든 그 목적은 '刊石紀終 俾示來世'에 있다.

154 地上에 세워진 것으로는 享堂, 墓碑, 墓表, 墓闕, 神道闕 등이 있고, 地下에 매장한 것으로는 告地狀, 墓中券, 誄, 柩銘, 墓磚, 墓記, 墓門, 封記 등이 있다. 地上에 세워 묘의 장소를 표시하는 역할을 하는 것으로 左右對稱으로 세워진 墓闕과 神道闕이 있고, 死者의 생전의 덕을 칭송하는 것으로 誄, 墓碑, 墓表가 있다. 地下에 두어 死者가 누구인가를 나타내는 것으로 柩銘, 墓記, 墓磚 등이 있고, 地下의 官吏에게 死者의 이름을 알리기 위한 것으로 墓中券, 告地狀이 있다(久田麻實子, 「墓誌銘の成立過程について—北魏墓誌銘の意義」, 『中國學誌』 14, 1999, p.33).

155 (淸)梁玉繩, 『誌銘廣例』(北京: 中華書局, 1985) 序, p.1, "凡刻石顯立墓前者, 曰碑, 曰碣, 曰表. 惟納於壙中, 謂之誌銘".

156 羅振玉, 『石交錄』[羅振玉, 『貞松老人遺稿』 甲集, 1941版(編輯委員會編, 『民國叢書』 第五編 96, 上海書店, 1996 影印)] 卷2, p.25, "晉人墓誌皆爲小碑, 直立壙中, 與後世墓誌平放者不同, 故無蓋而有額".

는데, 높이 1m 남짓한 축소된 묘비 형태이다.[157] 하면에는 좌대가 있고, 비신 상면에는 원수(圓首) 혹은 규수(圭首)의 형태를 하고 있으며[158] 묘실 속에 수직으로 서 있는 것이 가장 기본적인 형태이다.[159] 즉 묘비가 광중에 똑바로 서 있는 모습이다.

지금까지 출토된 묘지명을 형태별로 분류하면 비형묘지(碑形墓誌), 장방형묘지, (정)방형묘지, 구형묘지(龜形墓誌) 네 가지로 나눌 수 있다.[160] 남북 분열 후 동진에서는 서진시대 형제의 묘지가 그대로 계승되었던 것 같다. 역시 소비(小碑) 형상을 하고 있으며, 원수(圓首), 복두형(覆斗形)의 비좌와 비액에 구멍(穿孔)이 뚫린 형태를 취하고 있다. 대개 장방형의 전(磚) 혹은 석괴(石块)로 되어 있다. 남경에서 출토된 동진 태녕 원년(323) 11월 28일의 사곤(謝鯤)묘지와 강소성 오현(吳縣)에서 출토된 태녕 3년(325)의 장진묘지(張鎭墓誌)(그림 5-1)가 대표적이다. 그러나 동진시대 말에는 원수(혹은 규수) 부분이 없어지고 장방형으로 변한다.[161] 유송대에 들어가면 방형이 일반적 형태이고 정방형에 가까운 형태로 변화한다. 그리고 비의 뒷면과 측면에 명문을 쓰지 않게 되었다. 이것은 세운 것에서 세로로 누운 형태로 설치 방법이 변한 것을 의미한다.

묘지명의 재료를 보면 동진시대에는 이제까지처럼 돌이 아니고 전(磚)으

157 완정된 碑는 碑首, 碑身, 碑座의 세 부분으로 되어 있다. 碑首는 碑額의 題刻으로 碑의 標題이다. 碑身은 碑文을(정면인 碑陽에는 비의 正文이, 碑陰에는 樹碑人의 성명이, 碑文의 내용이 많을 때는 左碑側에서 碑陰으로 다시 右碑側으로 이어 쓴다), 碑座는 碑身을 고정시키고, 裝飾과 象徵에 의미가 있다.

158 碑形墓誌는 浮彫螭首·圓首·圭首·方首의 4종으로 세분된다(劉鳳君, 『美術考古學概論』, 濟南: 山東大學出版社, 2002, p.435).

159 西晉의 元康 3年(293) 10月 11日 裴祇墓誌와 永嘉 元年(307) 4月 19日 華芳墓誌 등이 대표적이다.

160 劉鳳君, 「南北朝石刻墓誌形制探源」, p.74.

161 長方形墓誌는 대다수가 竪長方形이고 소수가 横長方形인데 절대다수가 誌蓋가 없다(劉鳳君, 「南北朝石刻墓志形制探源」, 1988, p.78).

그림 5-1 동진 태녕 3년(325) 장진묘지(규형대좌방비의 전형) (출처: 羅宗眞 主編, 『魏晋南北朝文化』, 上海: 學林出版社, 2000, p.159).

로 만들어졌으며 간소해졌다.[162] 남조에 들어서는 석질이 많아지는데 양대 이후에는 더욱 많아진다. 최근 발굴된 유송시대 묘지명 중에 전질이 있기 때문에 언제 전질이 소실되고 석질로 전환되었는지는 확실하지 않다.[163] 그리고 동진·남조 묘지명의 경우 지문이 몇 개의 전 위에 나란히 각자되어 있는 것도 있다. 예컨대 6괴전으로 되어 있는 사충(謝珫)의 것이 현재 발굴된 것 가운데 가장 많은 것이지만, 3~5개로 되어 있는 것이 보통이다.[164] 동진시대 북방에서 내려온 사족의 묘지가 간루(簡陋)한 것이 많은 것이 특징인데, 이

162 北方人들이 본적지를 떠나 南方으로 이동하였다가 이후 본적지로 돌아가 그곳 묘지에 다시 매장할 때 돌로 銘文을 새기기 위한 것이 아니었을까 짐작하고 있다. 1964년 南京市 戚家山에서 출토된 「謝鯤墓誌」(太寧 元年, 323), 「南京戚家山東晉謝鯤墓簡報」, 『文物』 1965-6)를 보면 '舊墓在滎陽'이라 하여 舊墓의 장소를 기입하고 있다(久田麻實子, 「墓誌銘の成立過程について—北魏墓誌銘の意義」, 1999, p.39).

163 南京市博物館·雨花區文化局, 「南京南郊六朝謝珫墓」, 『文物』 1998-5, p.12.

164 南京市博物館·雨花區文化局, 「南京南郊六朝謝珫墓」, p.11.

것은 후일 북방 조상의 선영으로 귀환하기 위해 대충 만든 것이라고 해석된다.[165] 서체는 한의 예서(隸書)에서 당의 해서(楷書)로 전환하는 과도기적 특징을 가지고 있다. 동진 말 남조 시기에 들어가면 한층 성숙한 해서 단계로 진입하고 있다.[166]

묘지명은 초기에는 일반적으로 지신(誌身)만 있고, 지개(誌蓋)는 없었다. 이것은 전질 묘지 형식의 특징이다. 위진남북조시대 묘지명의 최후의 형태는 정방형이고, 정면 및 4개 측면을 다듬어 명문을 각사하고, 지개[覆斗形誌蓋][167]를 덮는 형식이다. 이런 묘지명은 묘주의 신분이 대부분 고급관원인 중형 이상의 전실묘에 기본적으로 묘실 내의 입구나 묘도에 놓인다. 이러한 형식은 북위시대에 와서 정형화되었다. 출토된 북위시대 묘지명의 규격이나 문식에서는 차이가 있지만, 그에 대한 특별한 규정은 없었던 것 같다.[168] 그러나 수대나 당대에는 분명한 규정이 있었는데,[169] 이것은 북위 이후의 변화라 할 것이다.

묘지명이 정형화되고 널리 사용됨에 따라 묘지의 문식도안도 발전하였다. 이것도 북위시대에 와서 발전된 모습을 보인다. 지개와 그 사주(四周)에 왕왕 문식을 조각하는 것이 나타났는데, 지개의 문식도안은 각 시대마다 다르며 각기 특징을 가지고 있어 그 연대 측정의 근거를 제공한다. 북위 황실인 원씨(元氏) 묘지의 지개는 운기문(雲氣紋)에다 선인(仙人), 신수(神獸), 이룡

165 王宏理, 『誌墓金石源流』, 北京: 中國文史出版社, 2002, p.208.

166 南京市博物館·雨花區文化局, 「南京南郊六朝謝琉墓」, p.12.

167 이것은 '盝頂形誌蓋'라 칭해지기도 하며, 北魏부터 宋代까지의 묘지명 가운데 상당 부분을 차지한다.

168 趙超, 『中國墓誌通論』, 北京: 紫金城出版社, 2003, p.85.

169 『隋書』 卷8 禮儀志3, pp.156~157, "開皇初 … 其喪紀, 上自王公, 下逮庶人, 著令皆為定制, 無相差越. … 三品已上立碑, 螭首龜趺. 趺上高不得過九尺. 七品已上立碣, 高四尺. 圭首方趺."; (唐)李林甫等撰·陳仲夫點校, 『唐六典』(北京: 中華書局, 1992) 卷4 尙書禮部, p.120, "碑碣之制, 五品已上立碑, 螭首龜趺, 趺上高不過九尺, 七品已上立碑(碑當作碣), 圭首方趺, 趺上不過四尺. 若隱淪道素孝義著聞, 雖不仕亦立碣, 凡石人石獸之類, 三品已上用六, 五品已上用四".

(螭龍), 사상(四象) 등의 도안으로 장식하여 지개의 중앙에는 한 떨기의 연화가 그려져 있다. 관리의 지개에는 문식도안을 더하지 않았다. 수대에 들어 문식도안이 더욱 중시되고 십이생초(十二生肖)와 보상화식(寶相花飾)에다 운기문(雲氣紋)과 인동화식(忍冬花飾)이 많이 그려졌다. 어떤 것은 동물, 인형(人形), 혹은 인신수두형(人身獸頭形)의 문식이 그려졌다. 당대의 것은 꽃이 많고, 송대가 되면 문식이 간단해져 절선문(折線紋), 운문(雲紋)으로, 대다수 지개는 단지 글만 있고 문식은 없다. 명청시대에는 지개의 문식이 점차 사라져 단지 개문만 있다.[170]

(2) 묘지명 문체의 변화

후한 · 위진시대 묘의 석각제기에는 아직 '묘지(명)'라는 말이 나타나지 않았고, 그 명칭 또한 통일되어 있지 않았다. 어떤 것은 구(柩),[171] 묘,[172] 혹은 명(銘),[173] 묘표(墓表)[174]라고 하였다. 묘지명의 최성기인 당대에는 묘지명이라는 명칭이 상용되었지만, 그 외에 묘갈(墓碣), 묘기(墓記), 묘판문(墓版文), 현당문(玄堂文), 현당지(玄堂誌), 음당문(陰堂文), 영사명(靈舍銘) 등의 여러 명칭도 병존하였다. 묘지명은 세월의 흐름에 따라 필연적으로 나타나는 지형의 변화에 따른 능묘의 위치 변경을 대비하여 묘주의 세계(世系)나 명자(名字), 적리(籍里), 행치(行治), 수년(壽年), 졸장일월(卒葬日月) 및 그 자손의 대략 등을 돌에 새겨 광중(壙中)에 구(柩)와 함께 묻는 것이다.[175]

---

170 張同印, 『隋唐墓誌書蹟硏究』, 北京: 文物出版社, 2003, p.9.

171 『漢魏南北朝墓誌集釋』에 나오는 것을 보면, 「樂生之柩(圖版9)」, 「郭氏(郭槐)之柩(圖版10)」, 「魏君侯(魏雛)柩(圖版11)」 등이 그것인데, 柩란 원래 棺에 屍身을 담은 것을 말한다[楊樹達, 『漢代婚喪禮俗考』(臺北: 華世出版社, 1976 臺一版), p.109, "棺已盛尸爲柩, 柩上書死者之官職姓名."]; 『漢書』 卷83 薛宣傳, p.3390, "其以府決曹掾書立之柩, 以顯其魂".

172 「關中侯劉府君(劉韜)之墓(圖版17)」, 「荀君(荀岳)之墓(圖版14)」.

173 「王浚夫人華氏之銘」, 「美人徐氏之銘」 등이 그것이다.

174 十六國 前涼 梁舒墓에는 '墓表'라 쓰고 있다.

175 (明)吳訥, 『文章辨體』 卷48, 「墓碑」; (明)徐師曾, 『文體明辯』 卷52, 「墓誌銘」.

묘지명의 원류가 되는 묘비와 묘지명은 그 서술 방법이 유사하다. 즉 묘비의 경우 지(서) 부분에는 그 인물의 전기를 쓰고, 본문에 해당하는 명의 부분에는 성덕을 서술하였다.[176] 유협(劉勰)에 의해 비의 작자로서 가장 높은 평가를 받은 채옹(蔡邕)이 지은 비문을 보면,[177] 먼저 휘(諱), 자(字), 출신지, 조계(祖系)를 쓰고, 다음에 사람됨을 쓰고, 끝으로 칭송하는 부분이 들어간다. 서를 서술하는 방법은 사서의 열전과 비슷하다. 본문에 해당하는 명은 모두 사언의 운문이다. 묘지명도 전서를 '지(誌)'라 하고 운어를 '명(銘)'이라 한다.[178] 따라서 묘비나 완성된 묘지명은 문체에서는 큰 차이가 없다. 초기 묘지명의 문장이 간단한 것은 묘비에 비해 그 규격이 작아졌기 때문이다. 북위 이후 묘지명의 글자 수는 묘비의 그것과 비슷하였다. 따라서 묘비와 묘지명은 다른 계통의 것이라 말할 수는 없다.

묘지명 문체의 완성된 형태를 보인 것으로 한유(韓愈)의 것을 든다.[179] 즉 휘(諱), 자(字), 성씨, 향읍, 족출(族出), 행치(行治), 이력(履歷), 졸일(卒日), 수년(壽年), 처, 자, 장일(葬日), 장지(葬地)의 13항목을 기본요소로 하고 있다. 이것에 거의 충실한 묘지명으로 시기가 가장 이른 것은 북위 원협(元勰)의 묘지[180]이다.[181] 그래서 묘지명이 남조가 아니고[182] 북조, 특히 북위에서 완성

176 劉勰, 『文心雕龍』(北京: 人民文學出版社, 1978) 卷3 誄碑篇, p.214, "夫屬碑之體, 資乎史才. 其序則傳, 其文則銘. 標序盛德, 必見淸風之華, 昭紀鴻懿, 必見峻偉之烈, 此碑之制也".

177 『文選』 卷58 碑文條에 재록된 그의 작품은 墓碑의 典型으로 치는 「郭有道碑文」이 있으며, 그곳에는 또 「陳太丘碑文」도 재록되어 있다.

178 (淸)梁玉繩, 『誌銘廣例』 卷1 誌銘解, p.2, "墓石之文, 分言之, 則前序爲誌, 韻語爲銘. 通言之, 則誌卽是銘, 銘卽是誌".

179 (明)王行, 『墓銘擧例』[『石刻史料新編』 第3輯 40(서울: 法仁文化社, 1987 影印)] 卷1 序, p.65下, "凡墓誌銘書法有例, 其大要十有三事焉. 曰諱, 曰字, 曰姓氏, 曰鄕邑, 曰族出, 曰行治, 曰履歷, 曰卒日, 曰壽年, 曰妻, 曰子, 曰葬日, 曰葬地. 其序如此, 如韓文集賢校理石君墓誌銘, 是也".

180 永平 元年(508)에 세워진 것으로, 『漢魏南北朝墓誌集釋』 卷4에 所收.

181 本人에 대해서는 表題, 諱, 字, 行蹟, 官歷, 諡號, 年齡이, 家系에 대해서는 姓氏, 籍里, 世系가, 墓所에 대해서는 卒年, 卒地, 葬地 항목이 주로 기술되었다.

182 즉 외형으로 보면 北魏의 墓誌銘은 南朝 宋代에 만들어진 것을 北魏가 改良을 가하여 완성시킨 것이며, 그것이 南朝 梁으로 逆輸入되었던 것으로 본다(久田麻實子, 「墓誌銘の成立

되었다고 말하는 것이다.[183] 이후 수당과 요·송으로 큰 변화가 없이 연결된다.[184]

여기서 동진·남조시대의 묘지의 형식과 내용의 변천을 살펴보자. 동진시대는 아직 정형이 없고 그 자수, 규격, 재질, 내용 어느 것도 일정하지 않을 뿐만 아니라, 매장장소, 용도, 묘실 등도 여러 형태이다. 동진시대 귀족사대부들의 묘 자체가 '가(假)'묘의 인상이 짙었기 때문에 그 묘지명의 문체도 매우 간단하였다. 후에 구(柩)를 이장할 때 묘주를 알 수 있을 정도로 전석 위에 사자에 관한 간단한 기록을 남겼을 뿐이다.[185] 그러나 송대에 들어가면서 북귀의 희망이 엷어짐에 따라 본래 묘비가 담당하고 있던 송덕 부분이 강조되면서 길어지게 된다. 그런데 「유회민묘지(劉懷民墓誌)」를 보면 운문으로 쓰인 '명'이 앞에 나오고 그 뒤에 산문인 '서'가 나온다.[186] 한비의 경우 사자의 전기에 해당하는 '서' 부분이 먼저 나오고, 그 뒤에 사자의 덕을 칭송하는 '명' 부분이 나오는 것이 일반적이었는데,[187] 그 순서가 바뀐 것이다.

過程について—北魏墓誌銘の意義」, 1999, p.47).

183 羅振玉은 "晉人誌墓之文皆植立藏中, 至六朝始平放, 然仍間有植立者, 若魏延昌四年(515)之皇甫麟·孝昌二年(526)之李謀·普泰元年(531)之賈謹諸誌, 仍是直立如碑式. 至元氏諸誌中若永平四年(511)元倖誌亦然."(趙超, 『中國古代石刻概論』, 北京: 文物出版社, 1997, p.41에서 재인용)이라 하여 北魏의 墓誌銘도 墓碑의 형태를 띤 것이 있다고 하였다.

184 水野清一은 "北魏의 墓誌는 洛陽 遷都(494) 이후에 급격히 증가한 후 … 500~700년대 성행하였다. 이들 形式 文體 모두 완비했던 墓誌이다. … 墓誌의 形制는 北魏에서 완성되었다고 보아도 좋다. 이로부터 東·西魏-北齊-北周를 거쳐 隋唐에 이르게 되고 혹은 遼宋에 이르러서도 큰 변화는 없다고 하였다."(『書道全集』 6卷, 東京: 平凡社, 1958, p.36, 38. 墓誌銘의 완성된 형태를 정리하면 다음과 같다. ① 壙中에 柩와 함께 매장되는 것이다. ② 銘文을 쓴 부분과 表題를 쓴 蓋의 2매의 石으로 되어 있다. ③ 石의 모양은 正方形 내지 方形이다. ④ 誌의 내용은 序와 銘으로 되어 있다. ⑤ 序에 쓸 사항은 表題, 諱, 字, 行蹟, 官歷, 謚號, 年齡, 姓氏, 籍里, 世系, 卒年, 卒地, 葬年, 葬地이다(久田麻實子, 「墓誌銘の成立過程について—北魏墓誌銘の意義」, 1999, p.49).

185 예컨대 「王閩之墓誌」[(升平 2年: 358, 1965년 南京市 象山 出土), 南京市博物館, 「南京象山5號·6號·7號墓清理簡報」, 『文物』 1972-11, pp.25~26]에 "之後故刻磚於墓爲識"이라 되어 있는 것이 그것이다.

186 大明 8年(464)에 세워진 것으로 『漢魏南北朝墓誌集釋』 卷1에 所收.

187 물론 같은 시기에 쓰인 「明府君墓誌」[(元徽 2年: 473, 1972年 南京 太平門外出土), 「南京太

남조의 경우 이처럼 지중에 매장되는 명석문(銘石文)이 칭송에 중점을 두어 본래 담당하던 기능, 즉 구명적(柩銘的)인 요소가 부차적으로 되는 것을 알 수 있다. 즉 남제까지도 내용 면에서는 한비를 답습한 것에 지나지 않았다. 그러나 양대에 들면 수당시대의 묘지명과 거의 같은 형태의 것이 나오고 있다. 외형은 거의 정방형을 취하고 개(蓋)도 부가되고 있다. 내용도 사자에 대한 송덕적 요소와 기록적 요소가 합쳐진 형태였다. 즉 사자가 누구인가를 알리는 표제(表題), 휘, 자, 졸지, 졸년, 장지 등에다 사자를 칭송하는 부분이 첨가되었다. 양대의 묘지명에서 이런 변화가 나타난 것은 북위 묘지명의 영향이라는 주장이 있다.[188] 북위에서 정형화된 묘지명의 문체와 형체가 오히려 남조 양나라에 영향을 주었다는 말이다.

북위가 동서로 분열되고 다시 수가 중국 전역을 통일할 때까지 묘지명 제작은 꾸준히 진행되었으며 이 추세는 당대로 이어져 당대의 이른바 '비지문학(碑誌文學)'이 발달하는 데 영향을 주었다.[189] 북위의 묘지명은 문학적 성격보다 개인기록의 성격이 짙다. 문학적으로 성숙함을 가지려면, 전기 부분의 표현 방법의 충실함과 묘주의 칭찬에 수사기법이 드러나야 하는데, 이 두 가지가 함께 갖추어지는 시대는 북주에 들어서부터이다. 문학의 한 분야, 즉 하나의 문학 장르로 묘지명이 자리매김하게 된 것은 이 시대의 대표적인 문인 유신(庾信)에 의해서였다.[190] 문학으로서의 묘지명을 선도한 측도 북방이라는 이야기이다. 이런 연유로 남조 양대에 만들어진 『문선』에는 임방(任昉: 彦昇)의 「유선생부인묘지(劉先生夫人墓誌)」 하나가 수록되어 있다. 따라서 남조의 묘지를 문학의 일환으로 보기는 어렵다.[191] 『문선』에 수록된 것은 묘지

平門外劉宋明曇憘墓」, 『考古』 1976-11의 경우 漢碑의 형식을 그대로 취하고 있다.

188 久田麻實子, 「墓誌銘の成立過程について—北魏墓誌銘の意義」, 1999, p.43.

189 久田麻實子, 「墓誌銘の成立過程について—北魏墓誌銘の意義」, 1999, p.30.

190 久田麻實子, 「墓誌銘の成立過程について—北魏墓誌銘の意義」, 1999, p.50.

191 中砂明德, 「唐代の墓葬と墓誌」, 『中國中世の文物』, 1993, p.390.

명보다 오히려 묘비의 수가 많다.[192]

초기의 묘지는 특수한 경우를 제외하고는 그 찬자가 명확하게 표시되지 않았다. 700년까지 작성된 것으로 찬자가 명확한 것은 전체의 2%에 불과하다. 초당 이후 찬자가 분명한 묘지의 수가 크게 늘어나, 당 현종 천보 연간이 되면 50%, 820년대가 되면 80%가 된다.[193] 중국 전체 묘지명을 개괄하면 그 문체상에서는 간소와 번잡함이 같지 않고, 자수도 수십 자에서 수천 자에 이른다.[194] 묘지명은 지하에 들어가는 것인 만큼 비문과는 달리 그 자수에 어느 정도 한계가 있을 수밖에 없다. 묘지명은 대개 500~600자 정도이고, 당 말기까지도 1,000자를 넘는 것이 별로 없었다. 그러나 송대에 들어 크게 늘어나는데, 이소(二蘇: 蘇軾과 蘇洵)가 묘지명을 지으면서부터였다. 그에 따라 광중(壙中)에 넣은 묘지명으로는 부적당하게 되었다.[195] 전기문학의 성격이 더 강해진 것이다.

3. 예제와 묘지명의 유행 문제

동진・남조시대에 만들어진 묘지의 수는 북조에 비해 매우 적다. 그래서 '북비남첩(北碑南帖)'[196]이라는 말이 나온 것이다.[197] 여기서 비란 묘비와 묘

192 碑文은 『文選』 卷58에 3件, 卷59에 2件으로 총 5件인 데 비해 墓誌銘은 卷59에 1건만 재록되어 있다.

193 中砂明德, 「唐代の墓葬と墓誌」, 1993, pp.395~396.

194 趙超, 「墓志溯源」, 『文史』 21, 1983, p.43.

195 王昶, 『金石萃編』(『石刻史料新編』 第1輯 一般類) 卷27 北魏1, 「司馬元興墓誌銘」, p.494, "蓋志石高不過二三尺. 橫亦如之. 壙中爲地甚隘, 所容止此. 故其爲文不過略敍生平梗概, 使有陵谷變遷之日, 後人可以識其墓處, 覘其行詣而已. 若文繁卽不能大書深刻, 刻之亦易致磨泐. 固與神道碑墓表墓碣 擧事直書, 暢所欲言者, 其例各殊矣. … 韓柳諸公所撰志文亦皆敍事, 肅括言簡意該, 故昌黎集中惟韋丹墓志篇幅稍長, 餘皆無過千字者, 以之勒石納壙, 猶恢乎有餘也. 唐末間多千字以外之文. 而北宋蘇氏弟兄出, 遂有至四五千字者. 此則斷難刻置墓中, 故碑志爲二蘇所撰無出土者".

196 書道에 관한 淸 阮元의 論說. 南帖이란 南朝의 書帖으로 王羲之一派의 溫潤한 書風에 속하고 그것을 학습하는 파를 南派 혹은 帖學派라 한다. 北碑란 北朝(특히 北魏)의 비로 鄭道昭의 여러 碑를 시초로 하여 龍門의 造像, 北齊 摩厓碑 등을 말한다. 그 寒險한 書風을

지명 등을 합쳐서 지칭한 것이다. 묘지명의 발전과 번성을 누린 곳은 남조가 아니라 북조였다는 말이다. 왜 그랬을까? 전장에서 필자는 십육국·북조시대는 그들의 독특한 장속인 허장·잠매의 장법에 의해 묘비가 아니라 묘지명이 유행했을 가능성을 개진하였다. 즉 묘비는 그들의 장속에 맞지 않는 것이다. 그러면 왜 그들은 묘지명을 선호하게 되었을까? 그리고 동진·남조에서 묘지명이 유행하지 않았던 이유는 무엇인가? 먼저 북방에서 묘지명이 유행한 원인에 대해 고찰해 보자.

사실 오호십육국·북조시대라고 하지만 묘지명이 유행한 것은 북위 효문제가 낙양으로 천도한 이후 일이다. 현재까지 발굴된 오호십육국시대의 묘지명은 하서주랑 지역과 요령 지역 등에서 보이는데, 중원 지역의 묘장문화의 영향을 받은 것이다. 1975년 감숙성 무위 조가마촌(趙家磨村)에서 발굴된 전량 양서(梁舒) 및 그의 처 송화(宋華)의 묘지는 원석에 비형의 것으로 '묘표(墓表)'라 되어 있다.[198] 그리고 섬서성 함양에서 출토된 후진 홍시(弘始) 4년(402) 11월 30일 여타묘표(呂他墓表)도 그러하다. 1965년 요령성 조양시에서 출토된 북위 유현(劉賢)의 묘지는 소비형으로 교룡의 머리[螭首]에 있는 비액(碑額)에 「유현묘지(劉賢墓誌)」라 쓰여 있다.[199] 유현은 관중인으로 북위 초기에 영주(營州) 지역으로 천사된 지방호족이다.[200] 이것들은 묘지가 비형[小型墓碑形

학습하는 一派를 北派 혹은 碑學派라 한다. 阮元은 古碑를 탐색 연구하고 마침내 '南帖北碑論'을 주창하여 楷書는 반드시 北碑를 통해서 배워야 하고, 法帖의 楷書는 배우기에 족하지 않다고 하였다.

197 『漢魏南北朝墓誌集釋』에 재록된 것을 보면 1949년 이전에 발굴된 것은 단지 3개(劉宋 劉懷民, 南齊 呂超, 梁程虔)에 불과하다. 반면 北朝의 것은 343개(北魏 290, 北齊 41, 北周 12, 隋 제외)이다. 최근 30년 동안 강남지구에서 묘지가 다수(24개) 발견되어 모두 26개(方)라 하고 있으나 그 수는 北朝에 크게 미치지 못하고 있다(羅宗鎭, 『六朝考古』, 南京: 南京大學出版社, 1994, p.144).

198 鐘長發·寧篤學, 「武威金沙公社出土前秦建元十二年墓表」, 『文物』 1981-2.

199 曹汎, 「北魏劉賢墓誌」, 『考古』 1984-7.

200 그 묘지명에 "魏太武皇帝開定中原, 幷有秦隴, 移秦大姓, 散入燕齊, 君先至營土, 因遂家焉."이라 되어 있다.

狀墓誌=墓表]을 하고 있으므로 서진대에 사용된 중원의 묘지형태를 계승한 것으로 보인다. 즉 중원의 문인사족으로 그 지역에 피난했거나 혹은 동진정권을 요봉(遙奉)하는 정권 아래에서 살았기 때문일 것이다. 현재까지는 오호십육국시대에 유목민 출신이 묘지명을 사용한 흔적을 찾기는 힘들다.

북위 전기의 묘지명도 위진-남조의 영향을 많이 받았다고 보아야 한다. 산서 대동에서 출토된 태화 8년(484) 11월 16일의 사마금룡(司馬金龍)의 묘지명은 소비형으로 비액 상단에 「사공낭야강왕묘표(司空琅邪康王墓表)」라 되어 있다. 그뿐만 아니라 대동에서 출토된 정시 원년(504) 4월의 「봉화돌묘지(封和突墓誌)」와 영평 원년(508) 11월 5일의 「원숙묘지(元淑墓誌)」 역시 소비형의 형태를 하고 있으며, 비액에는 「위원공지묘지(魏元公之墓誌)」라 되어 있다. 그리고 낙양에서 출토된 태화 23년(499) 12월 26일의 한현종(韓顯宗)의 묘지나 정시 4년(507) 3월 13일의 해지(奚智)의 묘지 역시 소비형 묘지이다. 북위에 들어서 비로소 유목민 출신 인사의 묘지명이 나타나지만 이것은 한화의 결과다.

오호십육국·북조시대 묘지명의 역사에서 효문제 시기가 큰 분기가 된다. 북위시대, 특히 효문제의 낙양 천도 이후에 만들어진 묘지명은 대부분이 정방형에다 석질을 기본 정형으로 하고 있다.[201] 태화 20년(496)의 「원정묘지(元楨墓誌)」, 태화 23년(499) 3월 갑오의 「원간묘지(元簡墓誌)」, 태화 23년(499) 9월 29일의 「원필묘지(元弼墓誌)」 등이 그 예이다.

북위시대에 묘지명이 급증했다고는 하나, 효문제의 낙양 천도 이후에만 해당되는 현상이다. 북위의 묘지명 급증 원인으로는 효문제의 한성으로의 개성과 본적의 이전과 귀장 금지 등의 조처의 영향으로 보이며, 그 조령이

201 그러나 이런 형태는 반드시 규정된 것이 아닌 것 같다. 北齊 武平 3年(572)의 「張潔墓誌」(「齊故張君墓誌銘」)는 圭首碑形으로 石灰石質로 되어 있다(李森, 「新見北齊張潔墓誌考證」, 『考古與文物』, 2008-1, pp.100~101).

내려진 태화 20년 이후에 급속도로 퍼졌다고 보는 주장이 있다.[202] 이것도 타당성이 전혀 없는 것은 아니다. 첫째, 효문제의 낙양 천도 이후 만들어진 묘지명의 묘주는 제황종실의 인물[元氏]이 가장 많다. 대부분이 정사의 열전에 재록된 인물이다.[203] 둘째, 효문제가 천도 이후 황족인 탁발족이 사망했을 경우에도 구도인 평성 지역으로의 귀장을 금지시키고 그들의 본적을 모두 낙양으로 변경시켰다. 묘지명은 이 시기를 기점으로 급증하기 시작했으며 현재까지 발굴된 것만도 300여 방에 달한다. 『한위남북조묘지휘편』[204]에는 북위시대의 묘지명 297방 중 탁발족, 즉 원씨의 묘지명이 119방이고 비원씨의 묘지명이 178방으로, 북위 황실이 묘지명 제작에 나름 선도 역할을 담당했다는 사실이 확인된다. 북위 묘지명 중 원씨의 것이 약 40%라는 사실은 효문제의 조칙이 묘지명 급증을 촉발시켰다는 것을 입증한다. 그러나 이것도 왜 묘비가 아니고 묘지명이냐 하는 문제에 대해 유효한 해답을 주지 못한다.

또 다른 주장은 선비족의 '중화화'와 관련되었다고 보는 것이다.[205] 북위 묘지명은 종실에서 발달하기 시작하였고, 종실 이외의 묘지명이 나타난 것은 선무제 경명 연간(500~503) 이후부터이다. 묘지명의 유행이 호족이 한족과 다름없는, 아니 그보다 문화적으로 우위에 있다는 것을 표시하려는 데 그 배경이 있다고 한다면 사람 눈에 잘 띄는 '입비(立碑)'가 더 적당했을 것이다. 십육국 · 북조의 경우에는 금비령의 기사가 발견되지 않는다. 또한 유목

202 久田麻實子, 「墓誌銘の成立過程について—北魏墓誌銘の意義」, 1999, p.45.

203 唐代가 되면 묘지명은 사회 각 계층의 묘장 중에 광범위하게 사용되고 있으며, 庶民의 경우도 많다. 그리고 石質 외에도 瓷墓誌, 磚墓誌도 나오고 있다. 毛漢光, 『唐代墓誌銘彙編附考』(臺北: 歷史語言研究所 專刊 81, 1984~1994)에 수록 예정이었던 臺灣 中央研究院 傅斯年圖書館藏 唐代墓誌銘 4,000점 가운데 99%가 正史 등에 재록되지 않은 인물이다.

204 趙超編, 『漢魏南北朝墓誌彙編』, 天津: 天津古籍出版社, 1992.

205 川本芳昭은 "墓誌의 增加와 定型化가 본래 그 原型을 낳은 漢民族國家에 의해서가 아니고 異民族國家인 北魏에서 행해지고 그 형식이 隋唐諸制의 祖型이 되었다는 점은 … 당시 그들에게는 漢文化 漢族에 대한 콤플렉스와 卑屈함이라는 것이 거의 없고 반대로 한문화를 자기의 意志로 선택하여 그것을 일층 純化시키려고 하는 姿勢가 느껴진다"라 하였다(『魏晋南北朝時代の民族問題』, 1998, p.395).

민족이 통치한 십육국·북조시대에는 박장령이 한 번도 내려지지 않았다. 따라서 중화화 때문이라면 묘비를 설치하는 편이 훨씬 더 적합할 것이다. 북연 풍소불의 경우 "수레·복장·집 등은 검약에 힘썼다[車服屋宇, 務於儉約]"라고 하는데[206] 그의 묘장에서 발굴된 부장품은 500여 건으로 사치의 정도가 사람들을 놀라게 하였다. 이뿐만 아니라 장준(張駿)의 묘가 도굴되어 발견되자 "수륙의 진기한 보물을 다 기록할 수가 없다[水陸奇珍, 不可勝紀]"고 기록될 정도였다.[207] 북위시대에도 후장의 풍조는 여전하였다.[208] 공신과 권신·행신의 경우 대개 국가의 후원으로 후장이 행해졌다. 따라서 묘비를 세우지 못할 조건이 없었다. 그런데 묘비가 아니라 묘지명을 선택하였고, 묘지명은 다른 물품들과 함께 모두 지하에 매장되었다. 임성왕(任城王) 징(澄)이 죽었을 때,[209] 그리고 은행 조수(趙修)가 죽었을 때도 공비를 들여 후장을 행하였다.[210] 북조의 경우 일반인의 사후 이른바 '비를 세우고 전기를 기록하는 것[樹碑立傳]'이 가능했던 것처럼 보인다. 은행 조수가 아버지의 묘를 개장할 때 비명, 석수, 석주 등을 경사에서 만들어 본현으로 운반하였고,[211] 정광 연간에 하동(河東)

206『晉書』卷125 馮跋載記 附 馮素弗傳, p.3134, "跋之偽業, 素弗所建也. 及為宰輔, 謙虛恭慎, 非禮不動, 雖厮養之賤, 皆與之抗禮. 車服屋宇, 務於儉約, 修己率下, 百僚憚之. 初為京尹. 及鎮營丘, 百姓歌之".

207『晉書』卷122 呂纂載記, p.3067, "即序胡安據盜發張駿墓, 見駿貌如生, 得真珠簏·琉璃榼·白玉樽·赤玉簫·紫玉笛·珊瑚鞭·馬腦鍾, 水陸奇珍不可勝紀. 纂誅安據黨五十餘家, 遣使弔祭駿, 并繕修其墓".

208 물론 漢族 高官인 高允 등의 厚葬 批判이 있기도 하였다(『魏書』卷48 高允傳, p.1074, "允以高宗纂承平之業, 而風俗仍舊, 婚娶喪葬, 不依古式, 允乃諫曰: '前朝之世, 屢發明詔, 禁諸婚娶不得作樂, 及葬送之日歌謠·鼓舞·殺牲·燒葬, 一切禁斷. 雖條旨久頒, 而俗不革變. 將由居上者未能悛改, 為下者習以成俗, 教化陵遲, 一至於斯. …'".

209『魏書』卷19中 景穆十二王中/任城王澄傳, p.480, "神龜二年薨, … 賻布一千二百匹·錢六十萬·蠟四百斤, 給東園溫明祕器·朝服一具·衣一襲; 大鴻臚監護喪事, 詔百僚會喪. … 澄之葬也, 凶飾甚盛".

210『魏書』卷93 恩倖/趙脩傳, p.1998, "脩之葬父也, 百僚自王公以下無不弔祭, 酒犢祭奠之具, 填塞門街. 於京師為制碑銘, 石獸·石柱皆發民車牛, 傳致本縣. 財用之費, 悉自公家. 凶吉車乘將百兩, 道路供給, 亦皆出官".

211『魏書』卷82 常景傳, p.1801, "有才思 好雅文章 …. 世宗季舅護軍將軍高顯卒 其兄右僕射

요씨(姚氏)가 모친상을 당하자 슬피 울다 못해 죽음에 이르자[哀泣致死] 태수 최유(崔游)가 조정에 보고하여 그녀를 위해 묘를 만들고 비문을 적어 비를 세웠다고 한다.[212] 또 북주시대에 선비인인 형주자사 장손검(長孫儉)이 죽자 형주 주민 중 700명이 그를 위해 비를 세울 것을 청한 일도 있었다.[213] 물론 이런 것들은 교화의 목적이 있는 것이다. 다만 입비가 이렇게 가능한 데도 불구하고 절대다수의 사람들이 묘지명을 굳이 고집한 이유가 무엇일까? 이는 또 다른 유목민족의 독특한 장속과 관련이 있지 않을까?

다음으로 남조에서 묘지명이 발달하지 못한 원인을 살펴보자. 동진·남조에서는 금비 조처와는 달리 묘지명을 금지한다는 영은 보이지 않는다. 따라서 동진·남조에서 묘지명의 숫자가 적은 것은 금비령 때문만은 아닌 것이다. 여기에 무슨 이유가 있을까? 우선 생각할 수 있는 것이 예제 문제이다. 예제 가운데 상복례의 중요성은 막중하다. 그러면 묘지명은 과연 예제에 맞는 것일까?

동진·남조에서 본격적으로 묘지가 출현한 것은 유송 초 이후이고 이 시기를 혹자는 묘지명의 출현 시기로 잡기도 한다.[214] 사실 유송 대명 2년

肇私託景及尙書邢巒 幷州刺史高聰 通直郎徐紇各作碑銘 並以呈御. 世宗悉付侍中崔光簡之, 光以景所造爲最, 乃奏曰: '常景名位乃處諸人之下 文出諸人之上.' 遂以景文刊石.";『北史』卷30 盧玄傳 附 玄孫 思道傳, p.1075, "聰爽俊辯, 通侻不羈. 年十六, 中山劉松爲人作碑銘, 以視思道, 思道讀之, 多所不解".

212 『魏書』卷92 列女傳, p.1985, "河東姚氏女字女勝, … 正光中, 母死, 女勝年十五, 哭泣不絕聲, 水漿不入口者數日, 不勝哀, 遂死. 太守崔游申請為營墓立碑, 自為製文, 表其門閭, …".

213 『周書』卷26 長孫儉傳, p.435, "荊民儀同趙超等七百人, 感儉遺愛, 詣闕請為儉立廟樹碑, 詔許之".

214 (清)顧炎武,『金石文字記』卷2, "大業三年, 滎澤令常丑奴墓志跋云: '墓之有志 始自南朝, 南齊書云, 宋元嘉中顏延之作王球石志. 素族無碑策, 故以紀德, 自爾已來, 王公以下, 咸共遵用.'"; (清)端方,『陶齋藏石記』卷5, "劉懷民志作于大明七年, 適承元嘉之後, 此志銘文字異源之時代也.";. 『文選』(上海: 上海古籍出版社, 1986) 卷59 墓誌 李善注, p.2568, "吳均『齊春秋』, 王儉曰: '石誌不出禮典, 起宋元嘉顏延之爲王琳(王球)石誌.'" 등이 모두 劉宋代에서 시작되었다고 한다.

(458)에 죽은 친왕의 경우 석지(石誌: 묘지명)를 사용한 흔적이 있다.[215] 그런데 이 묘지의 사용에 대해서 당시 여러 가지 의견이 분분하였다. 대명 연간(457~464)에 태자비의 현궁(玄宮)에 '석지', 즉 묘지명을 만들어 넣는 문제를 두고 반대 의견이 제시되었다. 즉 '예전에 나오지 않는다[不出禮典]'라는 것이 그 이유였다. 그리고 태자비의 경우 신분이 일반인보다 무겁고, 또 애책(哀策)이라는 것이 이미 있는데, 다시 석지를 만든다는 것은 번거로운 일이라는 이유도 제시되었다. 또한 남제시대 태자목비(太子穆妃)를 매장할 때 석지, 즉 묘지명을 세우려 하니 왕검(王儉)은 '무덤 속에 석지를 갖추는 것은 예에 이런 제도는 없다[施石誌於壙裏, 禮無此制]'라 하여 반대함으로써 석지, 즉 묘지명을 사용하지 않았다.[216] 이러한 상황에서 볼 때, 물론 예외는 있지만[217] 남조 능묘에는 묘전에 비만 있고 지하에는 (석)지는 없다는 결론을 얻게 된다. 한편 남조에서는 황제나 황실이 아닌 이른바 '소족(素族: 귀족사대부가)'[218]은 금비령에 의해 명책(銘策: 碑策)을 세울 수 없었다. 이런 사유로 어쩔 수 없이 유송 초 원가 연간(元嘉中: 424~453)에 안연지(顔延之)가 왕구(王球)를 위해 석비 대신 석제의 묘지를 만들어 준 것이다.[219] 앞에서 보듯이 금비령으

215 『宋書』 卷72 文九王 建平宣簡王宏傳, p.1860, "宏少而多病, 大明二年疾動. 其年薨, 時年二十五. … 上(孝武帝)痛悼甚之. 自爲墓誌銘幷序".

216 (唐)封演, 『封氏見聞記』 卷6 石誌條, p.56, "古葬無石誌, 近代貴賤通用之. 齊太子穆妃將葬, 立石誌. 王儉曰: '石誌不出禮經, 起元嘉中顔延之爲王球石誌, 素族無名策, 故以紀行迹耳. 遂相祖習. 儲妃之重, 禮絶常例, 旣有哀策, 不煩石銘.' 儉所著喪禮云: '施石誌於壙裏, 禮無此制. 魏侍中繆習改葬父母, 制墓下題版文. 原此旨, 將以千載之後, 陵谷變遷, 欲後人有所聞之. 其人若無殊才異德者, 但紀姓名·歷官·祖父·姻媾而已. 若有德業, 則爲銘文.'"; (淸)葉昌熾撰, 柯昌泗評, 『語石·語石同異評』 卷4, p.226, "一曰墓誌. 齊武帝欲爲裴后立石誌墓, 王儉以爲非古".

217 1979년 南京博物院이 南京 堯化門 부근에서 梁墓를 발굴하여 4개의 墓誌를 얻었다. 梁建安王 蕭偉의 墓로 추정되고 있다(「南京堯化門南朝梁墓發掘簡報」, 『文物』 1981-12).

218 周一良, 『魏晋南北朝史札記』, 「南齊書札記」, 素族條 참조.

219 『南齊書』 卷10 禮志下, pp.158~159, "有司奏: '大明故事, 太子妃玄宮中有石誌. 參議墓銘不出禮典. 近宋元中, 顔延作王球石誌. 素族無碑策, 故以紀德. 自爾以來, 王公以下, 咸共遵用. 儲妃之重, 禮殊恒列, 旣有哀策, 謂不須石誌.' 從之".

로 인해 왕공 이상만 입비가 가능하였고, 이른바 소족의 입비는 금지되어 묘지를 사용할 수밖에 없었던 상황이었다. 그러나 '예전'이나 '예제'라는 것이 어찌 왕공 이상에만 통용되는 것이겠는가? 오히려 소족이 한문화의 보지자로서 자임하고 있었던 상황에서 말이다.

묘지명이 예제에 어긋난 존재라는 인식하에서 누군들 기꺼이 묘지명을 만들겠는가? 앞서 보았듯이 금비령이 지속적으로 반포되었다는 사실은 당시 귀족사대부들의 비를 세우려는(건비) 시도가 끊임없이 있었다는 것을 의미한다. 그런 까닭으로 동진·남조의 묘장문화의 주류는 묘지명이 아니라 묘비였음을 암시한다. 후한 이후 중국의 한족사회에서 가장 중시한 것이 바로 상복례였다. 상복례에 맞지 않는 묘지명을 귀족사대부들이 기꺼이 사용하지는 않았을 것이다.

위진-남조에 유행한 상장 습속의 하나인 흉문백력(凶門柏歷)도 '비례'[220] 혹은 '불출예전'[221]이었다. 그럼에도 불구하고 사대부사회에 유행하였다. 그 까닭은 무엇인가? 우선 생각할 수 있는 점은 귀족사대부 사회의 상호 인적 연결을 위한 유효한 방법이었던 것으로 보인다. 이 가운데 흉문은 조상(弔喪)을 알리는 일종의 표시였다. 강남 풍속에서 대상을 당했을 때 3일 내에 조상을 해야 하며, 그렇지 않았을 경우 실례로 여겨 절교하였다고 한다.[222] 거상과 조상이 중시된 강남 지역에서 어떤 식으로든 상가임을 표시해야 하는 현실적인 필요성이 '비례'에도 불구하고 그것을 유행시킨 이유였던 것으로 보인다.[223]

220 『晉書』 卷20 禮志中, p.633, "范堅又曰: '凶門非禮, 禮有懸重, 形似凶門. 後人出之門外以表喪, 俗遂行之. ….'".

221 『宋書』 卷56 孔琳之傳, p.1562, "又曰: '凶門栢裝, 不出禮典, 起自末代, 積習生常, 遂成舊俗. 爰自天子, 達于庶人, 誠行之有由. 卒革必駭. 然苟無關於情, 而有愆禮度, 存之未有所明, 去之未有所失, 固當式遵先典, 釐革後謬, 況復兼以游費, 實為民患者乎. ….'".

222 『顔氏家訓』(王利器撰, 『顔氏家訓集解』, 北京: 中華書局, 1993) 卷6 風操編, p.96, "江南凡遭重喪, 若相知者, 同在城邑, 三日不弔則絶之".

223 洪廷妸, 「魏晉南北朝時代 '凶門柏歷'에 대하여」, 『魏晉隋唐史研究』 10, 서울: 2003, p.107.

제 6 장

위진남북조-수당시대 장속(葬俗)·장구(葬具)의 변화와 묘비·묘지명

—특히 묘지명의 자료적 성격—

Ⅰ. 머리말

중국 서북방에 거주·활동하던 '호족(胡族)'이 후한 말부터 중원 지역으로 이동해 와 서진 말에 발발한 영가(永嘉)의 난 이후 정착한 결과, 중국 역사는 그 전개 방식이 크게 변질되었다. 따라서 다른 문화 부문과 마찬가지로 매장풍속[葬俗]의 하나인 묘장방식도 그런 각도에서 파악할 수 있다. 사실 묘장방식도 시대에 따라, 종족에 따라 변화하는 모습을 보이기 마련이다. 어떠한 특정 방식과 제도라도 그 발전 과정에서 전대의 것을 계승하는 측면도 있고, 개혁적 측면도 있다. 개혁이라는 용어가 '계승'의 성격보다 '돌출'의 의미에 가깝다면, 그 개혁의 원인이나 배경이 무엇이었는가의 규명은 나름 의미 있는 작업일 것이다.

시대가 흐름에 따라 묘장방식과 제도에도 많은 변화가 보인다. 예컨대 전한과 후한의 제릉(帝陵)만 보더라도 그 변화된 모습이 뚜렷하다. 전한의 제릉에는 대개 4개의 묘도가 있지만, 후한시대가 되면 1개의 묘도로 변한다. 봉토퇴(封土堆: 封墳)는 전한의 경우 대부분 '말을 엎어 놓은 형태[覆斗形]'지만, 후한이 되면 대개 원형으로 변한다. 전한의 묘실은 그 재질이 주로 나무[木]였지만, 후한이 되면 석재가 주로 사용된다. 묘주의 신분이 높은 사람의 묘 속에는 대개 큰 '모가 난 벽돌[方磚]'이 깔려 있는데, 최근 발굴되어 조조묘(曹操墓)인가의 진위 여부를 두고 논란이 되고 있는 '고릉(高陵)' 속에 깔린 벽돌은 한 변의 길이[邊長]가 약 90cm에 달한다. 또 전한의 묘에는 각종 일용의 수장품들이 많지만, 후한 말기가 되면 수장품은 '명기(明器)'[1]로 변한다. 이처럼 시대가 쌓임에 따라 그 장속과 묘장제도의 변화는 자연스런 현상이다. 그런데 시대적 쌓임의 결과로만 설명할 수 없는 극히 이질적인 문화 요소의 이입에 의한 변화가 있었던 시대가 있다. 그 시대가 오호십육국·북조시대였다.

북조-수당시대에 걸쳐 폭발적으로 유행한 묘지명도 위진남북조시대에 출현하여 수·당대까지 성행한 대표적인 장구로 그 기능 면에서 묘비와 비교되는 것이다. 필자는 묘지명의 용도와 유행을 묘비와 비교하여 살펴볼 것이다. 아울러 묘지명이란 어떤 자료적 성격을 가지며, 어떻게 연구되고, 자료로 어떻게 이용되어 왔으며, 어떤 역사적 사실을 규명하는 데 얼마나 유용한 자료인지를 살펴보려 한다.

1 『禮記』 [『十三經註疏』(臺北: 藝文印書館本, 1976)] 卷8 檀弓上, p.146-上, "仲憲言于曾子曰: '夏后氏用明器, 示民無知也. 殷人用祭器, 示民有知也. 周人兼用之, 示民疑也.' 曾子曰: '其不然乎! 其不然乎! 夫明器也, 鬼器也; 祭器, 人器也. 夫古之人胡爲而死其親乎!'"; (後漢)劉熙撰, 『釋名』(上海: 上海古籍出版社, 1989, 王先謙補, 『釋名疏證補』) 卷8 釋喪制, p.1107-下, "送死之器曰明器, 神明之器異於人也".

Ⅱ. 장속과 장구

1. 분묘(墳墓)와 묘전(墓前) 장구

(1) 봉토와 배장묘

무덤, 즉 묘는 사자의 현생[陽間]의 삶에 대한 총체적인 평가의 결과물이다. 죽은 후에도 묘의 넓이와 크기, 장구의 크기나 개수 등에서 묘주의 재세시의 지위와 평가에 따라 그 대접이 크게 다르다.[2] 장구는 크게 묘 외(墓外, 특히 墓前)에 두는 것과 묘 내(특히 壙內)에 두는 것 두 가지로 나눌 수 있다. 그리고 장구라고 반드시 말할 수는 없지만 봉토(封土: 墳丘)·배장묘(陪葬墓), 능침 등 능원(陵園)의 구성 등도 묘장습속과 관련하여 중요한 의미가 있다.

먼저 '흙을 쌓아 언덕처럼 만든 무덤[積土爲墳]', 이른바 분구묘(墳丘墓)의 출현과 형태, 그 규모의 대소는 시대를 넘어 중요한 문제이다. 부장품이 많아지고, 거대한 분구묘가 출현한 것도,[3] 군왕의 묘를 '능'이라고 지칭하게 된 것도[4] 열국의 군왕들이 그 권위 제고를 경쟁하기 시작한 전국시대부터였다.[5] 한대가 되면 이른바 분구묘는 보편적인 것이 되니, 능을 만드는 데 재정의 상당한 부분을 할애해야 하였다.[6] 그런데 동진·남조가 되면 분구묘가 과

2 唐代의 경우를 보면 그 규정이 명확하게 규정되어 있다[(唐)杜佑撰, 『通典』(北京: 中華書局, 1988, 點校本) 卷108 禮68 開元纂類3 序列下 雜制, p.2811, "百官葬墓田(一品方九十步, 墳高丈八尺, 二品方八十步, 墳高丈六尺. 三品七十步, 墳高丈四尺. 四品六十步, 墳高丈二尺. 五品方五十步, 墳高一丈, 六品以下並方二十步, 墳高不過八尺. 其域及四隅, 四品以上築闕, 五品以上立土堠, 餘皆封塋而已.)"].

3 『墨子』(北京: 中華書局, 墨子校注本, 1993) 卷6 節葬下, p.263, "此存乎王公大人有喪者, 曰棺槨(槨指棺外的套棺)必重, 葬埋必厚, 衣衾必多, 文繡必繁, 丘壟必巨".

4 (清)顧炎武撰, 『日知錄』(石家莊: 花山文藝出版社, 1990, 『日知錄集釋』本) 卷15 「陵」, p.676, "古王者之葬, 稱墓而已, … 及春秋以降, 乃有稱丘者, 楚昭王墓謂之昭丘, … 皆必其因山而高大者, … 『史記·趙世家』肅侯十五年起壽陵 … 始有稱陵者. 至漢則無帝不稱陵矣".

5 楊寬, 『中國古代陵寢制度史硏究』, 上海: 上海人民出版社, 2003, pp.8·12.

6 (元)馬端臨撰, 『文獻通考』(北京: 中華書局, 1986) 卷124 王禮19 山陵, p.考1115-下, "漢法天子

연 존재하는지 의문이 들 정도로 보이지 않는다. 다만 현재 확인된 육조시대 능묘 32곳이 "뒤에 산이나 언덕을 두고, 앞으로 평원을 바라보고 있는[背倚山崗, 面臨平原]", 즉 '산골짜기 땅[山冲之地]'에 묘지를 택한 때문인지[7] 이 시대의 제릉마저 권력 고하의 표징인 분구가 뚜렷하지 않다. 반면 북조에서는 북위 초기에는 봉분이 없이 '금릉(金陵)' 지역에 집중해서 매장된 것으로 알려져 있지만, 문성제의 비 문명태후의 영고릉이 큰 봉분을 가진 이후부터는 분구묘가 일반화되었다. 특히 동위-북제의 도성이었던 업성 부근에는 123좌의 분구묘가 현재도 남아 있다.[8] 수대는 제대로 남아 있는 제릉은 수 문제의 태릉(泰陵)밖에 없지만, 수대도 분구묘의 시대라 보아야 한다.

당대의 제릉은 모두 20좌인데, 관중 지역에 있는 것만 18릉으로 이를 흔히 '관중당18릉'이라 지칭한다.[9] 당대 능묘는 여러 가지 형태를 보이고 있어 분류하는 방법도 다양하다. 첫째, '흙더미를 쌓아서 만든 능[封土爲陵: 堆土爲陵: 積土爲陵]'과 '산을 이용하여 만든 능[因山爲陵]' 등 매장과 축조의 형태로 본 분류 방법이 있다. 당대 능묘제도의 시작을 알린 당 고조의 헌릉(獻陵)은 축조 시에 이 문제를 두고 우세남(虞世南) 등을 비롯해 의견이 분분하였다. 우세남은 한대의, 특히 문제(文帝)의 '패릉을 쌓은 의도[覇陵之意]'[10]를 본받아 '인산위릉'의 방법으로 축조할 것을 주장했으나, 결국 태종은 후한 광무제의 원릉(原綾)의 규격에 따라 '봉토위릉'으로 정했다. 그러나 뒷날 자

卽位一年而爲陵, 天下貢賦三分之一供宗廟, 一供賓客, 一供山陵".

7 六朝陵墓는 1934년 朱希祖·朱偰 父子 등의 조사를 통해 28處, 인민중국 성립 이후 조사를 통해 32處가 확인되었다. 南京 10處, 江寧 9處, 句容 1處, 丹陽 12處이다(羅宗眞 主編, 『魏晋南北朝文化』, 上海: 學林出版社, 2000, p.44).

8 中國社會科學院考古研究所·河北省文物研究所編著, 『磁縣灣漳北朝壁畫墓』, 北京: 科學出版社, 2003, p.1.

9 唐王朝는 290(618~907)년 동안 지속하면서 21황제가 있었다. 그 가운데 高宗과 女皇武則天은 合葬되어 一陵이 되었다. 20座의 帝陵 가운데 和陵(昭宗 李曄: 河南 偃師)·溫陵(哀帝 李柷: 山東 菏澤)을 제외하고 모두 關中에 소재하기 때문에 이를 '關中唐十八陵'이라 지칭한다.

10 『漢書』 卷4 文帝紀, p.134, "贊曰: … 因其山, 不起墳".

신의 능은 '인산위릉'하는 것으로 정하였다.[11] 봉토위릉은 헌릉(高祖), 장릉(莊陵: 敬宗), 단릉(端陵: 武宗), 정릉(靖陵: 僖宗)의 4좌뿐이고, 인산위릉은 소릉(昭陵: 太宗), 건릉(乾陵: 高宗), 정릉(定陵: 中宗), 교릉(橋陵: 睿宗), 태릉(泰陵: 玄宗) 등 14좌나 되니,[12] 당대 제릉의 축조방식은 '인산위릉'이 대세라 해도 무리가 없다. '봉토위릉'의 제릉은 모두 '말을 엎어 놓은[覆斗]'형으로, '위와 아래가 모두 방형[上下皆方]'이다(이를 覆斗形陵臺라 한다). 이는 진한 제릉의 형태와 동일하다. '모난 것을 귀하게 여기는[以方爲貴]' 사상에 따르는 것이고, 또 능구의 위치는 묘역 가운데 '동서로는 가운데에 두며, 북쪽으로 치우친[東西居中而偏北: 즉 坐北朝南]' 형식이 당 제릉의 통칙이었다고 한다.[13]

정작 당 태종은 자기의 묘인 소릉을 '인산위릉' 형식으로 만들게 함으로써 당조의 보편적인 제릉 형식을 '인산위릉'으로 고정시킨 선구가 되었다. 관중의 평원 지대에 소재한 '서한11릉'[14]과 서쪽 양산(梁山)에 있는 건릉(乾陵)에서 시작하여 동쪽 포성(蒲城)에 있는 태릉(泰陵)에 이르기까지 산맥의 산곡에 위치한 '당18릉'의 위치를 통해 한·당 간의 제릉 축조방식의 차이를 알 수가 있다. '인산위릉'의 능묘는 자연적인 산봉우리가 능구(陵丘)가 되고, 그 남쪽 산허리(山腰)에 지궁(地宮)을 개착하여, 능원을 만들었다.[15] 당조의 제릉은 거의 성원(城垣)의 사면 중간에다 각기 하나의 문을 열었는데, 그 명칭을 모두 '사상(四象)'으로 정하였으니, 즉 (남)주작·(북)현무·(동)청룡·(서)백호 문이 그것이다. 그런데 사람들은 습관상 청룡문과 백호문을 각

11 (宋)王溥, 『唐會要』(上海: 上海古籍出版社, 1991) 卷20 陵議, pp.455~457, "貞觀九年, 高祖崩, 詔定山陵制度, 令依漢長陵故事, … 秘書監虞世南上封事曰: '…' 太宗乃謂中書侍郎岑文本曰: '…'. … 十八年, 太宗謂侍臣曰: '昔漢家皆先造山陵, … 古者因山爲墳, 此誠便事, 我看九嵕山孤聳迴繞, 因而傚鑿, 可置山陵處, 朕實有終焉之理.' …".

12 18陵 가운데 여기서 거론되지 않은 것은 元陵(代宗)·豊陵(順宗)·光陵(穆宗)·章陵(文宗) 등이다.

13 王雙懷, 『荒冢殘陽—唐代帝陵研究—』, 西安: 陝西人民教育出版社, 2000, p.84.

14 劉慶柱·李毓芳, 『西漢十一陵』, 西安: 陝西人民出版社, 1987.

15 이런 類型의 陵墓는 漢代에 출현하였는데 漢文帝 霸陵이 바로 이렇게 건축된 것이다.

각 '동화문(東華門)', '서화문(西華門)'이라 불렀다. 동서남북이 대칭해야 하지만 '인산위릉'은 자연적인 산세에 의해 반드시 대칭되지 않았다. 제릉은 사문 밖에 왕왕 '흙으로 쌓아올린 대[土闕]'가 1쌍이 있었으며, 토궐 위에는 누각이 있었다. 성장의 사각지점에는 각궐(角闕)이 있었다. 또한 주작문 전면에 작대(鵲臺)와 유대(乳臺)가 있었는데, 그 위에도 궐(闕)이 있었다.

또 제릉은 능주의 신분에 따라 조릉(祖陵), 제릉(帝陵), 태자(太子)와 귀척릉(貴戚陵) 등 세 종류로 분류할 수 있으며, 평면의 형상으로 볼 때, 방형(方形: 후의 것) 외에, 육변형[乾陵 · 崇陵(德宗) · 景陵(憲宗) · 貞陵(宣宗) · 簡陵(懿宗)], 다변형[橋陵 · 建陵(肅宗)]이 있다. 또 능주의 신분에 따라 '추개분묘위릉(追改墳墓爲陵: 분묘를 추후에 능이라 고친 것)', '장시시제호위릉(葬時諡帝號爲陵: 매장할 때 帝號를 諡하여 능이 된 것)', '(황)제릉' 등으로 구분할 수가 있는데, 능원의 면적, 능 내외 석각의 조합 그리고 배장묘의 배치 등에서 차이가 난다.[16]

다음으로 배장묘 문제이다. 배장묘는 전한 시기에 개시된 것으로[17] 공신 · 장상 · 황후궁비의 사후에 제릉 옆에 따로 묘총을 만들어 매장하는 것이 허용된 것이었다.[18] 당 태종은 고조묘인 헌릉에 대한 배장조를 내렸고,[19] 또 자신의 능인 소릉을 건설할 때도 조칙을 내려 배장의 허용 범위를 정하도록 하였다.[20] 특히 소릉은 중국 역대 제릉 가운데 규모가 제일 크고, 배장묘의 수

---

16 張建林, 「唐代帝陵陵園形制的發展與演變」, 『考古與文物』 2013-5, p.82.

17 前漢의 帝陵에는 대부분 陪葬墓가 있고, 규모도 크다는 점에서 제도화된 것이다(劉慶柱 · 李毓芳, 『西漢十一陵』, p.209~210). 陪葬墓가 출현한 것은 西周시대라고 한다[『唐大詔令集』(上海: 學林出版社, 1992) 卷63 大臣 「陪陵」 '贈功臣陪陵之詔' p.316, "諸侯列葬, 周文創陳其禮"].

18 『唐會要』 卷20 陵議, pp.457~458, "漢時將相陪陵, 又給東園秘器, 篤終之義, 恩義深厚. 自今以後, 功臣密戚及德業佐時者, 如有薨亡, 宜賜塋地一所, 以及秘器, …".

19 『全唐文』(北京: 中華書局, 1983) 卷6 太宗皇帝, 「賜功臣密戚墓地東園秘器藏詔」, p.73, "自今以後, 身(臣)薨之日, 所司宜卽以聞. 並於獻陵左側, 賜以墓地, 並給東園秘器, 事從優厚, 庶敦追遠之義, 以申罔極之懷".

20 『全唐文』 卷8 太宗皇帝, 「賜功臣葬地詔」, p.96, "宜令所司, 於昭陵南左右廂封境取地, 仍卽標誌疆域, 擬爲葬所, 以賜功臣. 其有父祖陪陵子孫欲來從葬者, 亦宜請允".

도 제일 많은 능원이었다. 배장묘를 능의 동쪽에 둔 헌릉과는 달리, 소릉은 '북쪽에 앉아 남쪽을 바라보며[坐北朝南], 능의 남쪽에 좌우로 일정구역을 설정하여 그것(배장묘)을 건설하도록 하였는데,[21] 면적 200ha, 둘레 60km에 달하는 큰 규모였다.[22] 소릉의 배장묘 수는 155좌로 당릉 가운데 최다이다.[23] 소릉 다음으로 배장묘가 많은 것은 건릉으로 16 혹은 17좌였다.[24] 나머지는 1~2좌 정도의 배장묘가 있었을 뿐이고, 만당 시기의 원릉(元陵)·숭릉(崇陵)·풍릉(豊陵)·장릉(章陵)·화릉(和陵)·간릉(簡陵)·정릉(靖陵)은 1좌의 배장묘도 없다.[25] 당대의 제릉은 앞에서 본 대로 처음부터 제도적으로 확정된 것이 아니었고, 점차 정립되어 가기도 하고, 앞선 제릉에 시행되던 제도가 중단되기도 하였다. 초당 시기 헌릉을 만들 때에 한·위의 제도를 짐작하고 동시에 남북조의 다양한 전통을 흡수하여 새로운 형제를 만들었다. 예컨대 신도 남쪽으로 삼중궐(南門闕-乳臺闕-鵲臺闕)과 하궁(下宮: 寢: 後宮: 守陵宮人之所居 帝王日常飮食起居를 供奉하는)이 유대궐(乳臺闕)과 작대궐(鵲臺闕) 사이의 신도 서쪽에 위치하고, 배장묘는 신도 동쪽 지역에 분포하는 등, 당조 제릉의 기본적인 형식이 확립된 것은 건릉이었고, 그 후 정릉(定陵)·교릉(橋陵) 등이 이를 따른 것으로 본다.[26] 당연한 일이지만 제릉을 포함한 분묘의 훼손에 대한 벌칙이 규정되어 있었고 수묘(守墓)에 대한 규정도 엄격했던 듯

21 『唐大詔令集』 卷63 大臣 「陪陵」 '功臣陪陵詔', p.316, "宜令所司, 于昭陵南左右廂, 封境取地, … 以賜功臣".

22 『昭陵碑石』, 西安: 三秦出版社, 1993, 序, p.1.

23 『唐會要』 卷21 皇帝諸陵議, 陪陵名位, 「昭陵陪葬名氏」, pp.480~482, "昭陵陪葬名氏, 越國太妃燕氏 … 新羅王女德眞. 初, 長孫無忌自于昭陵封內, 先造墳墓, 至上元元年九月七日, 許歸葬.". 昭陵에 陪葬된 사람은 妃 7人, 王 7人, 公主 18人, 宰相 13人, 丞郎三品 50人, 功臣大將軍 60人 합계 155人이었다.

24 『唐會要』 卷21 皇帝諸陵議, 「乾陵陪葬名氏」, p.482, "章懷太子賢·懿德太子重潤 … 左衛將軍李謹行·右武衛將軍高侃" 등 16좌로 되어 있고 『文獻通考』에 左僕射楊再思를 보태어 17좌라 하였다(卷125 王禮20 山陵, p.考1125-下).

25 廖彩樑, 『乾陵稽古』, 合肥: 黃山書社, 1986, p.30.

26 張建林, 「唐代帝陵陵園形制的發展與演變」, p.89.

하다.[27] 그럼에도 불구하고 당대 제릉 가운데 오대의 혼란기를 거치면서 도굴되지 않은 것이 거의 없었다.[28]

(2) 묘전 석각과 묘비

묘전 신도 좌우에 세워지는 석각(묘전석각)은 석수(石獸: 神獸), 석주(石柱), 석인(石人), 석비(石碑) 등으로 구성되는데 대개 한대 이래로 있어온 것이다.[29] 황제, 귀족, 관료의 묘에 묘주의 신분 등급에 따라 묘 앞의 신도(즉 大道, 墓道) 양방에 진열된 석각군으로는 석주(石柱)·석비(石碑)·석각인상(石刻人像)·석각동물(石刻動物: 獅·虎·馬·羊 등과 전설상의 怪獸 등) 등이 있다. 현존하는 가장 오래된 석각은 전한 무제의 무릉(茂陵)의 배장묘인 곽거병의 묘 앞에 설치된 1조의 석각 14건(初起馬·臥馬·臥虎·小臥象·臥牛·臥猪·魚·龜·蛙·胡人·怪獸食羊·力士抱熊·馬踏匈奴人등)이다.[30] 후한시대 것으로는 광무제릉의 석각군으로 석상(石象)과 석마(石馬)가 있고, 조숭(曹嵩)의 묘에

---

27 『宋史』 卷105 禮8 吉禮8 先代陵廟, pp.2559~2560, "景德元帝, 詔: '前代帝王陵寢, 名臣賢士·義夫節婦墳壟, 並禁樵采, 摧毀者官為脩築: 無主者碑碣·石獸之類, 敢有壞者論如律. 仍每歲首所在舉行此令.' 鄭州給唐相裴度守墳三戶, 賜秦國忠懿王錢俶守墳三戶. 加謚太公望昭烈武成王, 建廟青州, 周公旦追封文憲王, 建廟兗州, 春秋委長吏致祭."; 김택민, 「중국 고대 守陵 제도와 율령-고구려 守墓人 제도에 대한 참고자료」, 『史叢』 78, 2013.

28 『新五代史』 卷40 溫韜傳, p.441, "(溫)韜在鎮七年, 唐諸陵在其境內者, 悉發掘之, 取其所藏金寶, 而昭陵最固, 韜從埏道下, 見宮室制度閎麗, 不異人間, 中為正寢, 東西廂列石牀, 牀上石函中為鐵匣, 悉藏前世圖書, 鍾·王筆迹, 紙墨如新, 韜悉取之, 遂傳人間, 惟乾陵風雨不可發."; 『新五代史』 卷47 張筠傳, p.552, "初, 筠代康懷英為永平軍節度使, 而懷英死, 筠即掠其家貲. 又於唐故宮掘地, 多得金玉. 有偏將侯莫陳威者, 嘗與溫韜發唐諸陵, 分得寶貨, 筠因以事殺威而取之".

29 (唐)封演, 『封氏見聞記』(北京: 中華書局, 2005) 卷6 羊虎條, p.58, "秦·漢以來, 帝王陵前有石麒麟·石辟邪·石象·石馬之屬: 人臣墓前有石羊·石虎·石人·石柱之屬: 皆所以表飾墳壟, 如生前之儀衛耳. … 然則墓前石人·石獸·石柱之屬, 自漢代而有之矣".

30 『史記』 卷111 霍去病傳, p.2939, "驃騎將軍自四年軍後三年, 元狩六年而卒. 天子悼之, 發屬國玄甲軍, 陳自長安至茂陵, 為冢象祁連山. [(索隱)案: … 姚氏案: 冢在茂陵東北, 與衛青冢並. 西者是青, 東者是去病冢. 上有豎石, 前有石馬相對, 又有石人也.]".

도 석마가 있다.[31] 영제(靈帝) 시기의 태위(太尉) 교현(橋玄)의 묘에도 석주(石柱)·석양(石羊)·석호(石虎)·석타(石駝)·석마(石馬)가 있다.[32] 또 장수교위(長水校尉) 채모(蔡瑁) 묘에 석천록(石天祿)이 있으며,[33] 계양태수(桂陽太守) 조월(趙越)의 묘에는 석비(石碑)·석우(石牛)·석양(石羊)·석호(石虎)가 있고,[34] 안읍현장(安邑縣長) 윤검(尹儉)의 묘에는 석비·석주·석사(石獅)·석양(石羊)이 있다.[35] 이로써 후한시대에 이미 묘전석각의 규모, 내용 등의 규정이 어느 정도 확립된 것으로 보인다.[36] 그렇지만 『송서』 예지에 기술된 금비령에 의하면, 위진시대는 그 규정에 따라 대신(大臣)·장리(長吏)의 묘에는 비표(碑表)뿐만 아니라 석수(石獸)의 건립도 허용되지 않았다.[37]

남조 제왕의 능묘의 석각은 육조문화의 '정화'라고 할 정도로 화려하고 그 규모도 크기 때문에 중국 고대의 묘전석각의 집대성이라 해도 무리가 없다. 남조 능묘 앞의 석각은 나름 정형화된 모습을 보이고 있으니, ① 석수(石獸: 神獸)[38]-② 석주(石柱: 神道柱, 標, 碣 혹은 華表, 表)[39]-③ 석비(石碑)[40]의 순서

31 (北魏)酈道元撰,『水經注』(臺北: 世界書局, 1970) 陰溝水, p.294, "城南有曹嵩(曹操之父)冢, … 夾碑東西列對, 兩石馬, 高八尺五寸, 石作粗拙不匹, 光武隧道所表象馬也".

32 (北魏)酈道元撰,『水經注』卷24 睢水, pp.304~305, "城北五六里, 便得漢太尉橋玄墓, … 廟東南列二柱, 柱東有二石羊, 羊北有二石虎, 廟前東北, 有石駝, 駝西北有二石馬, 皆高大, …".

33 (北魏)酈道元撰,『水經注』卷28 沔水, p.362, "其(孝子墓)南有蔡瑁冢, 冢前刻石, 爲大鹿狀, 甚大頭高九尺, 制作甚工".

34 (北魏)酈道元撰,『水經注』卷9 清水, P.117, "縣故城西, 有漢桂陽太守趙越墓, 冢北有碑, … 碑東又有一碑, 碑北有石柱·石牛·羊·虎".

35 (北魏)酈道元撰,『水經注』卷31 滍水, P.391, "彭水逕其西北, 漢安邑長尹儉墓東, 冢西有石廟, 廟前有兩石闕, 闕東有碑, 闕南有二獅子相對, 南有石碣二枚, 石柱西南, 有兩石羊".

36 宮大中,「東漢帝陵及神道石刻」,『中國古都研究』(杭州: 浙江人民出版社, 1989), pp.223~228.

37 『宋書』卷15 禮志2, p.407, "晉武帝咸寧四年, 又詔曰: '此石獸碑表, 既私褒美, 興長虛僞 … 一禁斷之.' … 義熙中, 尚書祠部郎中裴松之又議禁斷, 於是至今."; 발견된 실물은 위진시대의 墓前 石獸·石碑는 발견되지 않고 다만 石柱는 西晉 韓壽墓石柱, 西晉 荀府君石柱, 東晉 隆安 3년(399) 楊陽墓石柱 등이 보일 뿐이다(倪潤安,「南北朝墓葬文化的正統論爭」,『考古』 2013-12, p.75).

38 帝后의 墓前石獸는 帶角(雙角·單角의 구분; 天祿 혹은 麒麟)이고, 王侯는 無角(=辟邪)으로 양자 모두 有翼이다.

39 柱首는 圓蓋蓮花座式으로 上部는 辟邪狀小獸, 中間은 圓柱身인데, 瓜棱直線形 條紋이 새겨

로 구성되어 세워져 있었다. 이 가운데 석주의 유래에 대해서는 고대에 사용된 '중(重: 弔幕)',[41] 혹은 흉문(凶門: 喪事時에 문 밖에 白紗나 白布로 꼬아 門 형식으로 만든 것)의 역할을 하는 것으로 보기도 한다.[42]

당 고조의 헌릉의 능원에 있는 사문(四門) 및 신도석각은 한릉(漢陵)에는 없는 것이고, 4문 앞의 석호(石虎)의 자세와 조형은 서위(西魏) 영릉(永陵)의 석수(石獸)와 유사하다고 본다. 신도에 서 있는 석주는 명확하게 남조 능묘의 조형이며, 석주 좌상(座上)의 조각과 좌판을 둘러싸고 있는[盤繞] 두 마리의 용과 석주(石柱) 꼭대기(頂部)에 조각된 웅크리고 있는 짐승[蹲獸] 등의 특징은 남조 능묘 석주와 비슷하다고 보기도 한다.[43] 문양 등 세부적인 것을 제쳐두고 크게 그 형상들의 명칭만 본다면 당대 제릉 이전에는 석인(石人: '立石' 혹은 '石標'라고도 칭한다)은 없었다. 당대의 석인도 두 가지 형태이다. 예컨대 건릉의 신도에 늘어선 옹중(翁仲) 등 문·무 석인과 번국(蕃國) 군장상과 같은 것이다. 잘 알다시피 이보다 앞서 소릉의 사마문(북문) 밖에도 14번국 군장상을 새긴 석인이 있었다.[44] 그리고 궐하에 있는 이른바 '소릉육준(昭陵六駿)'으로 불리는 석병(石屏) 등은 당시의 현실적인 묘사로도 유명하다. 소

져 있다. 柱身 上部에는 方形小神道碑가 있고 그 위에 "某某神道"가 쓰여 있고, 그 아래에 怪獸 한 마리가 刻해져 있다. 柱礎는 兩層으로 나눠져 있는데 上層에는 有翼怪獸가 口內에 구슬(珠)을 물고 있고, 下層에는 四面에 동물형상이 浮彫된 方石이 있다.

40 碑首는 圓形, 좌우로 雙龍이 서로 엉켜 碑脊을 감고 있으며, 碑身은 文字를 刻한 것 외에 측면은 모두 紋飾이 각해져 있고, 八格으로 나눠져 있다. 碑座는 한 마리의 龜趺로 되어 있다. 碑文은 전형적인 南朝 楷書로 쓰여 있다(이상 墓前石刻에 대한 설명은 羅宗眞主編, 『魏晉南北朝文化』, 2000, p.47 참조).

41 『宋書』 卷15 禮志2, p.405, "范堅又曰: '凶門非古. 古有懸重, 形似凶門. 後人出之門外以表喪, 俗遂行之. 薄帳, 即古弔幕之類也.'".

42 孫機, 『漢代物質文化資料圖說』(北京: 文物出版社, 1991), p.105; 何漢南, 「南朝陵墓石柱的來歷」, 『文博』 1992-1.

43 張建林, 「唐代帝陵陵園形制的發展與演變」, 『考古與文物』 2013-5, p.88.

44 『唐會要』 卷20 陵議, p.458, "上欲闡揚先帝徽烈, 乃令匠人琢石, 寫諸蕃君長貞觀中擒伏歸化者形狀, 而刻其官名(突厥頡利可汗·右衛大將軍阿史那出苾 … 帝那伏帝國王阿羅那順等十四人, 列于陵司馬北門內, 九嵕山之陰, 以旌武功. 乃又刻石爲常所乘破敵馬六匹于闕下也.)".

릉육준과 14번국 군장의 석상은 이후 당릉의 능원 석각에 보이는 '번추석상(蕃酋石像)'과 '북문석마(北門石馬)'의 선구가 되었다고 본다.[45]

여기서 석인의 내원 문제를 좀 더 자세하게 살펴보자. 석인에 대해서 일찍이 중국학자 잠중면(岑仲勉)이 소릉의 추장 석상 14명과 건릉의 61명의 출현을 '돌궐화', 즉 돌궐의 영향을 받은 것으로 설명한 바 있다.[46] 당의 돌궐화란 선진문화를 모방한 형식이 아니라, 통치 등 특정 목적상 타국의 풍속문화를 수용한 것이어서, 일면 중원 한토에 군림하면서도 막남·막북의 각 부락을 통치하는 '황제 겸 천가한'으로서 당 황제가 북황(北荒)의 습속을 참용(參用)한 것을 보임으로써 '형제민족'으로 화흡(和洽)시키기 위한 정책의 일환이었다고 본 것이다. 아무튼 묘 앞에 돌을 세웠는데[47] 이 돌의 숫자는 묘주가 평생 전투를 하면서 살인한 수를 표시하는 것으로 돌궐의 장속과 유관하다는 것이다.[48] 즉 당 제릉의 번국 군장상들은 돌궐비[闕特勤碑]와 함께 나오는 이른바 '살인석(殺人石: 歼敵石: balbal)'에 해당한다고 주장한 것이다.[49] 최근 갈승옹(葛承雍)과 같은 학자들도 당시 당나라에는 돌궐의 장속이 대단히 보편적으로 수용되었다며, 잠씨의 주장에 대해 적극적인 지지를 보내기도 하

45 張建林, 「唐代帝陵陵園形制的發展與演變」, 『考古與文物』 2013-5, p.89.

46 岑仲勉, 『隋唐史』, 北京: 高等教育出版社, 1957, pp.140~142; 岑仲勉, 『突厥集史(下册)』, 北京: 中華書局, 1958, p.896, "唐昭陵北闕石琢擒伏歸降諸蕃君長侍立十四人, 蓋亦師突厥之制而略變其意者. 太宗時天可汗, 故當如此以威外, 非毫無意義之突厥化也".

47 이 墓標를 '발발(balbal)'이라 하지만, 몽골사람들은 현재 이것을 '줄돌'(줄지어 서 있는 돌의 의미)이라 하며, 묘주가 생전에 죽인 敵將의 수만큼 돌을 늘어놓는 것인데, 비게 톤유쿠크 묘지 근처에는 약 1m 내지 1.5m 간격으로 몇 km에 걸쳐 '발발'이 연이어 서 있다(丁載勳, 「突厥第二帝國時期(682~745) 톤유쿠크의 役割과 그 位相—〈톤유쿠크 碑文〉의 분석을 중심으로」, 『東洋史學研究』 44, 1994).

48 『周書』 卷50 異域傳下 突厥, p.910, "葬訖, 於墓所立石建標. 其石多少, 依平生所殺人數. 又以祭之羊馬頭, 盡懸挂於標上."; 『隋書』 卷84 北狄傳 突厥, p.1864, "有死者, 停屍帳中, … 於是擇日置屍馬上而焚之, 取灰而葬. 表木為塋, 立屋其中, 圖畫死者形儀及其生時所經戰陣之狀. 嘗殺一人, 則立一石, 有至千百者."; 『北史』 卷99 突厥傳, p.3288, "葬日, 親屬設祭及走馬·剺面如初死之儀. 表為塋, 立屋, 中圖畫死者形儀, 及其生時所戰陣狀, 嘗(當作常)殺一人, 則立一石, 有至千百者. 又以祭之羊·馬頭, 盡懸之於標上".

49 岑仲勉, 『隋唐史』, 1957, pp.140~142; 岑仲勉, 『突厥集史(下册)』, 1958, p.896.

였다.[50]

몽골 초원, 남시베리아 초원, 신강·중앙아시아·남러시아 초원에 분포하고 있는 석인조상(石人雕像)은 돌궐의 것과 대체로 서로 합치되는데, 갈씨는 이를 초원민족의 샤머니즘적인 종교 신앙과 연관된 것이라고 보아 잠씨의 설을 보충하였다.[51] 그러나 돌궐의 석인상이 사자 본인의 모습이라는 주장도 있고,[52] 또 소릉, 건릉의 경우 이를 '살인석'으로만 볼 수는 없고 오히려 근신·시위로 볼 수 있기 때문에 입론에 신중을 기할 필요가 있다고도 한다. 그런데 최근 단독 석인상은 공을 세운 영웅상이고, 무리를 지어 서 있는 석인상은 '살인석'으로 대체로 정리되고 있다.[53] 사실 유라시아 대륙에 걸쳐 넓게 펼쳐진 초원 지대에는 석인상이 많고, 그 가운데 돌궐시대(동·서돌궐 포함), 대체로 6~8세기의 것이 많다. 초원 지역에서는 어떤 묘(石人石堆墓·塋院石棺石人墓·方土石堆石人墓·石棺組石人墓이거나 家族墓地·個人墓地)든 석인은 "석관의 동면에 세우고, 동쪽을 향하고 있는" 것을 기본으로 하고 있어 유목민족의 특성을 보이고 있다. 초원 유목민족이 묘지에다 석인을 세우는 풍습은 중원지구보다 빨랐다는 점에서 내천한 돌궐인의 영향으로 보는 것도[54] 크게 무리가 없어 보인다.[55] 그뿐만 아니라 당대 초기 조야에 돌궐문화가 깊이 스며들어 있었다는 점도[56] 감안해야 한다. 태종의 태자 이승건(李承乾)의 행동을 기행으로 치부할 것이 아니라,[57] 태종 자신도 돌궐법을 사용하고 돌

50 葛承雍,「唐昭陵六駿與突厥葬俗硏究」,『中華文史論叢』60, 1999; 葛承雍,「唐昭陵·乾陵蕃人石像與"突厥化"問題」,『歐亞學刊』3, 2002, p.153.

51 葛承雍,「唐昭陵·乾陵蕃人石像與"突厥化"問題」, 2002, pp.153~154.

52 蔡鴻生,『唐代九姓胡與突厥文化』, 北京: 中華書局, 1998, p.128.

53 葛承雍,「唐昭陵·乾陵蕃人石像與"突厥化"問題」, 2002, p.155.

54 葛承雍,「唐昭陵·乾陵蕃人石像與"突厥化"問題」, 2002, p.156.

55 林俊雄은 突厥이 오히려 唐의 영향을 받았다고 본다(『ユーラシアの石人』, 東京: 雄山閣, 2005, pp.173~174).

56 那波利貞,「唐代の長安城內の朝野人の生活に浸潤したる突厥風習に就きての小攷」,『甲南大學文學會論集』27, 1965, pp.1~53.

57『新唐書』卷80 太宗諸子/常山王承乾傳, pp.3564~3565, "又使戶奴數十百人習音聲, 學胡人

궐의 돌리(突利)와 향화(香火)를 피우면서 형제의 의를 맺기도 하였다.[58] 진인각은 당 태종을 "중국인인 동시에 돌궐인"이라고까지 규정하였던 것은[59] 이런 배경에서였다. 일찍이 고조 이연이 돌궐과 대전하기 위해 채용한 전술이 바로 "그들이 하는 대로 하고, 그들이 좋아하는 것을 익히고 … 먹는 음식과 생활방식도 돌궐과 똑같게 한다"는 주의였는데,[60] 이런 습속을 받아들인다고 해서 문제될 것이 없었다. 이연은 건국 과정에서 부하 가운데 특히 정병(精兵)들의 철저한 돌궐화 책략을 폄으로써 돌궐과의 전투에서도 피아가 구별되지 않을 정도였을 뿐만 아니라,[61] 또 북방 군웅을 이길 수 있었다.[62] 이처럼 어릴 때부터 돌궐의 영향을 깊이 받았던 이세민은 황제가 된 후에도 그의 생활습관과 사상 중에 돌궐적 관념과 '동일시[認同]'하려는 의식이 강하게 표출되고 있다.[63] 당 초기의 조야의 분위기가 이와 같다면 장속인들 크게 다를 바가 있겠는가?

소릉과 건릉의 석인은 중국 고유의 전통적 산물인 문신·무장인 '옹중(翁

椎髻, 翦綵為舞衣, 尋橦跳劍, 鼓鞞聲通晝夜不絕. 造大銅鑪·六熟鼎, 招亡奴盜取人牛馬, 親視烹燖, 召所幸廝養共食之. 又好突厥言及所服, 選貌類胡者, 被以羊裘, 辮髮, 五人建一落, 張氈舍, 造五狼頭纛, 分戟為陣, 繫幡旗, 設穹廬自居, 使諸部斂羊以烹, 抽佩刀割肉相啗, 承乾身作可汗死, 使衆號哭剺面, 奔馬環臨之".

58 『册府元龜』(臺北: 臺灣中華書局, 1981 臺三版) 卷981 外臣部26 盟誓, p.11525, "唐高祖武德七年八月頡利突利二可汗擧國入寇 … 因而請和, 太宗許之, 結盟而去."; 『舊唐書』 卷194上, 突厥上, p.5156, "(武德)七年八月, 頡利·突利二可汗擧國入寇, … 太宗乃親率百騎馳詣虜陣, … 又聞香火之言, 乃陰猜突利, … 突利因自託於太宗, 願結為兄弟. …".

59 陳寅恪, 「論唐高祖稱臣於突厥事」, 『寒柳堂集』(上海: 上海古籍出版社, 1980), p.108, "太宗與突利結香火之盟, 卽用此突厥法也. 故突厥可視太宗爲其共一部落之人, 是太宗雖爲中國人, 亦同時爲突厥人矣!".

60 溫大雅, 『大唐創業起居注』(上海: 上海古籍出版社, 1990), p.2, "同其所爲, 習其所好, … 飮食居止, 一同突厥"; 李錦綉, 「方陣·精騎與陌刀—隋唐與突厥戰術研究—」, 『晉陽學刊』 2013-4, p.46.

61 李錦綉, 「方陣·精騎與陌刀—隋唐與突厥戰術研究—」, p.45.

62 王鏸, 「唐初之騎兵—唐室之掃蕩北方群雄與精騎之運用—」, 『王鏸隋唐史論稿』, 北京: 中國社會科學出版社, 1981, p.227.

63 李錦綉, 「方陣·精騎與陌刀—隋唐與突厥戰術研究—」, p.46.

仲)'과는 다른 것이다. 단신이 아니고 무리를 짓고 있어,[64] 궁궐에 시립하는 번신의 형태와 유사하다는 점에서 '공을 기념하는 것[紀功]'이나 혹은 '위엄을 담는 것[盛威]'에 그 목적이 있는 것으로 보면,[65] 이들 석상은 돌궐의 살인석과 유사한 측면이 분명히 있다고 할 것이다.[66]

수·당대의 제(帝)·후(后)를 제외한 친왕·대신·관리들의 묘전 석각의 규정은 어떠하였는가? 수의 개황 상장령에는 비갈(碑碣)에 관한 규정이 있지만 석인·석수에 대한 규정은 없다.[67] 전술하였듯이, 석인은 당대에 들어서 비로소 출현한 것이었다. 『당령습유』의 상장령이나 『당회요』 권38 장(葬)조에 기록된 개원 29년 정월칙에 의하면, 3품 이상은 "석인(石人)·석수(石獸) 6", 5품 이상은 "석인·석수 4"라는 규정이 있는데,[68] 혹자는 6이란 "석인·석호·석양 각 2이고, 4란 석인·석양 각 2"이라 해석하였다.[69] 그러나 장락공주(長樂公主)의 묘나 신성공주(新城公主)의 묘에는 석인·석호·석양이 각 2개씩 합계 6으로 규정대로 되어 있다고 할 수 있지만, 정인태(鄭仁泰)의 묘에는 합계 6개이나, 석양(石羊) 3·석호(石虎) 3이고, 이적(李勣)의 묘

---

64 昭陵에는 14國君長石像이 있고, 乾陵에는 61蕃臣像이라고 하지만, 64개 石人 구조로 보이며, 석상 중 그 이름을 알 수 있는 蕃臣이 36개이고, 이 가운데 東·西 突厥 출신이 11명이나 된다.

65 『唐會要』 卷20 陵議, p.458, "上欲闡揚先帝徽烈, 乃令匠人琢石, 寫諸蕃君長貞觀中擒伏歸化者形狀, 而刻其官名(突厥頡利可汗 … 帝那伏帝國王阿羅順等十四人, 列于陵司馬北門內, 九嵕山之陰, 以旌武功. 乃又刻石爲常所乘破敵馬六匹于闕下也.)"; 封演, 『封氏聞見記』 卷6 羊虎條, p.58, "陵後司馬門內, 又有蕃酋曾侍軒禁者一十四石象(當作像), 皆刻其官名".

66 葛承雍은 唐代 帝陵의 '以山爲陵'과 '鑿石爲墓'의 방식이 突厥可汗의 처소가 있는 都斤山(『周書』 卷50 異域傳下 突厥, p.910, "可汗恆處於都斤山, 牙帳東開, 蓋敬日之所出也.")과 같은 山의 숭배와 先窟(石洞·山洞)祭祀 신앙과 관련된 것으로 본다. 특히 李勣(陰山 등)·李靖(燕然山)·阿史那社爾(葱山)·李思摩(白道山) 등 昭陵의 陪葬墓의 墓나 闕을 건축할 때 그들이 활약한 山의 모습을 띤 것은 聖山·岩石에 대한 숭배와 관련된 것으로 본다(「唐昭陵·乾陵蕃人石像與"突厥化"問題」, 2002, p.159).

67 仁井田陞, 『唐令拾遺』, 東京: 東京大學出版會, 1964, p.834.

68 『唐會要』 卷38 葬, p.809, "凡石人·石獸之類, 三品以上用六, 五品以上用四".

69 楊寬, 『中國古代陵寢制度研究』, 2003, p.82.

에는 석인 2 · 석양 3 · 석호 3으로 합계가 8개이다.[70] 따라서 등차의 표시가 전체 합계를 말하는 것인지, 아니면 세세하게 동물까지도 규정한 것인지는 알 수 없다.

다음은 묘비의 문제이다. 묘비도 비의 일종이지만,[71] 비란 사적을 기록[紀跡]하여 썩지 않게(不朽) 만들기 위한 목적에서 만들어진 것이다.[72] 장구 가운데 거의 같은 기능을 하면서도 묘 밖이냐 묘 가운데냐에 따라 이름이 달라진 것이 있으니 가장 전형적인 것이 지상의 묘비와 지하의 묘지(명)라 할 것이다. 묘비의 기원이 되는 이른바 '풍비(豊碑)'는 사자의 공덕보다 매장 시에 보조기구로 마련된 목제의 장비였다.[73] 비에 구멍을 뚫은 것은 하관할 때 줄로 관을 잡기 위한 기능을 위해서고,[74] 신도비(Tombstone; Inscriptions, '神道表'로도 지칭)라는 말도 신령지도(신도, 묘도)[75]라는 위치에 세워졌던 데서 연유한다. 이런 비를 풍비, 석비, 묘비, 구비(口碑), 비문, 비갈(碑碣), 비각(碑刻) 등으로 다양하게 불렀다.

비는 개인의 생애, 특히 공덕을 칭송하거나[76] 정사를 기록하는 용도 외에

---

70 林俊雄, 林俊雄, 『ユーラシアの石人』, 2005, p.240, 「唐代陵墓の石刻」.

71 碑文은 그 기능에 따라 墓碑, 祠堂碑, 神廟碑, 紀功碑 雜碑 등으로 나눌 수가 있고, 그 形式에 따라 銘, 頌, 敍, 記, 誄, 詩 등으로 나눌 수가 있다고 한다(黃金明, 『漢魏晉南北朝誄碑文研究』, 北京: 人民文學出版社, 2005, p.3).

72 (梁)劉勰, 『文心雕龍』(北京: 人民文學出版社, 1958) 卷3 第12 誄碑, p.214, "碑者, 埤也, 上古帝皇, 紀號封禪, 樹石埤岳, 故曰碑也. 周穆紀跡于弇山之石, 亦古碑之意也. 又宗廟有碑 … 故後代用碑, 以石代金, 同乎不朽, 自廟徂墳, 猶封墓也".

73 『禮記』 卷10 檀弓下, p.188-下, 鄭玄注, "豊碑, 斫大木爲之, 形如石碑, 於槨前後四角樹之, 穿中於間爲鹿盧, 下棺以綷繞".

74 (漢)劉熙撰, 『釋名』 附1卷, 釋典藝20 p.1118-上, "碑, 被也. 此本葬時所設也. 施轆轤以繩被其上, 引以下棺也, 臣子追述君父之功美, 以書其上, 後人因焉. 無故建于道陌之頭, 顯見之處, 名(銘)其文, 就謂之碑也".

75 '神'이란 死者를 지칭하고 '道'란 墓道를 지칭한다. 그러니 神道는 곧 死者의 墓前의 甬道이다. 또 '神明之道'라고 하기도 하는데, 복을 주기도 하고 재앙을 주기도 하는 神妙하여 측량하기 어려운 귀신이 다니는 길을 이르기도 한다.

76 (梁)劉勰, 『文心雕龍』 卷3 第12 誄碑, p.212, "夫屬碑之體, 資乎史才. 其序則傳, 其文則銘, 標序盛德, 必見淸風之華, 昭紀鴻德, 必見峻偉之烈, 此碑之制也".

도 선전, 그림, 각경 등 다양한 용도로도 쓰였다.[77] 이런 용도를 가진 석제를 그 형태나 서술 방식에 따라 여러 가지로 지칭하는데, 갈(碣)은 진대(秦代), 비는 한대, 지(誌)는 진대(晉代), 석화(石畫)는 전·후한 사이에 출현하였다.[78] 흔히 '한비'라 하지만 실제로는 후한 환(桓)·영(靈)제 시기에 비를 세우는 풍조[刊碑之風]가 극성에 이르렀다.[79] 갈(碣)과 비(碑), 그리고 지(誌)와 명(銘) 사이에는 유사성을 가짐과 동시에 차이점이 분명이 있다. 갈과 비의 외형적인 차이는 ① 갈=원형, 비=방형, ② 갈=무액(無額), 비=유액(有額), ③ 갈=무좌(無座), 비=유좌(有座)로 뚜렷하다.[80] 아울러 비·갈과 묘지(명) 사이에도 분명한 차이가 있다.[81]

비·갈은 무엇보다도 묘주가 누구인지를 알리는 표지석으로서의 기능이 제일 크다. 1961년 남경시 문물보관위원회가 성동 부귀산(富貴山)에서 발견한 석갈(石碣)에는 "송태초이년태세신유십일월을사삭칠일신해진공제지현궁(宋太初二年太歲辛酉十一月乙巳朔七日辛亥晉恭帝之玄宮)"이라는 25자가 적혀 있었다. 이 석갈이 발견됨으로써 그 묘역이 동진 공제 사마덕문(司馬德文)의

77 北魏 初에는 『國記(國史)』를 비에 새겨 대로변에 새운 경우도 있었고(『魏書』 卷35 崔浩傳, pp.826, "初, 郄標等立石銘刊國記, 浩盡述國事, 備而不典. 而石銘顯在衢路, 往來行者咸以為言, 事遂聞發."), 조선에는 民의 금지해야 할 것과 그 벌칙을 알리는 이른바 '禁標'도 있었다(江華島의 강화비석군, "放牲畜者, 杖一百; 棄灰者, 杖八十.").

78 陸和九, 『中國金石學』, 臺北: 明文書局, 1981, p.11, "頌功德紀政事, 則有碑碣之屬; 述言行敍生卒, 則有誌銘之屬; 作文化宣傳品, 則有石畫及刻經之屬; 碣始於秦, 碑始於漢, 誌始於晉, 銘始於六朝, 石畫始於兩漢之際 …".

79 黃金明, 『漢魏晉南北朝誄碑文研究』, 2005, p.4.

80 陸和九, 『中國金石學』, 1981, p.12. "碣圓而碑方, 碑有額而碣無額, 碑有座而碣無座, 其額有橢圓如覆盂者, 有上鋭如搢圭者, 其花紋有螭(蛟龍)·有龍·有鵲·有鳥·有卦畫·有佛像, 其座有上横平而下方者, 有右殺中平而長方者, 有四周四周橢圓中平而下長方者, 其花文有龜·有蛇·有雲·有象·有仙佛 …".

81 陸和九, 『中國金石學』, 1981, p.43, "誌銘與碑碣不同, 碑碣直立於地上, 誌銘平納土中, 其形式爲平方形, 兩石對束, 上石篆蓋, 下石鐫銘, 其石廣不過二三尺, 直徑亦如之, 此通例也. 其蓋之創製者, 如魏元顯雋誌蓋; 爲龜字刻於中央, 隋楊居誌蓋; 爲土字刻於左右, 唐馬夫人誌蓋; 四周刻花而中有穿, 唐戴令言誌蓋; 爲朱雀玄武左右爲雙龍(下方四周爲十二肖象), 唐泉男生誌蓋; 爲十二獸(內方四周爲寶相花), 後梁穆宏誌蓋; …".

충평릉(冲平陵)임이 확인된 것은[82] 비가 후세에 어떤 의미로 남아 있는가를 보이는 좋은 예다.

비·갈은 지표에서 보아 확인할 수 있는 것이므로, 조정에서 금비령을 내리거나 신분에 따라 차별적인 규제에 따라 준수될 수 있는 것이지만, 묘지명은 좀 다르다. 그래서 비·갈에 대한 규제는 일찍부터 있었지만, 묘지명 규제에 대한 명문이 보이지 않는 것은 그 규제가 현실적으로 어렵기 때문이다. 비·갈에 대한 규제로는 조조가 건안 10년(205)에 내린 금비령이[83] 대표적이다.

금비령이 내려진 이후 서진·동진에서도 유사한 금지령이 이어졌고,[84] 이로 인해 위진-남조에서는 인신이 비를 세우지 못하였는데, 이런 금비 조항은 수대에 와서 폐지된다. 수의 「상장령」에는 5품 이상은 비석을 세우는 것이 허용되고, 다만 이수(螭首) 등의 규격에 제한이 가해졌다.[85] 당대에도 수대와 비슷한 규정이 있었다.[86]

82 羅宗眞主編, 『魏晋南北朝文化』, 2000, p.45.

83 『宋書』 卷15 禮志2, p.407, "漢以後, 天下送死奢靡, 多作石室石獸碑銘等物. 建安十年, 魏武帝以天下雕弊, 下令不得厚葬, 又禁立碑. 魏高貴鄉公甘露二年, 大將軍參軍太原王倫卒, 倫兄俊作「表德論」, 以述倫遺美, 云: '祗畏王典, 不得為銘, 乃撰錄行事, 就刊於墓之陰云爾.' 此則碑禁尚嚴也. 此後復弛替".

84 『宋書』 卷15 禮志2, p.407, "晉武帝咸寧四年, 又詔曰: '此石獸碑表, 既私褒美, 興長虛偽, 傷財害人, 莫大於此. 一禁斷之. 其犯者雖會赦令, 皆當毀壞.' 至元帝太興元年, 有司奏: '故驃騎府主簿故恩營葬舊君顧榮, 求立碑.' 詔特聽立. 自是後, 禁又漸頹. 大臣長吏, 人皆私立. 義熙中, 尚書祠部郎中裴松之又議禁斷, 於是至今".

85 『隋書』 卷8 禮儀志3 喪葬, pp.156~157, "開皇初, … 其喪紀, 上自王公, 下逮庶人, 著令皆為定制, 無相差越. 正一品薨, 則鴻臚卿監護喪事, 司儀令示禮制. 二品已上, 則鴻臚丞監護, 司儀丞示禮制. 五品已上薨·卒, 及三品已上有朞親已上喪, 並掌儀一人示禮制. … 三品已上立碑, 螭首龜趺. 趺上高不得過九尺. 七品已上立碣, 高四尺. 圭首方趺. 若隱淪道素, 孝義著聞者, 雖無爵, 奏, 聽立碣". 그런데 3품 이상이라 하였는데, 『封氏見聞記』에는 5품 이상이라 하였다[(唐)封演撰, 『封氏見聞記』 卷6 碑碣條, pp.58, "隋氏制, 五品以上立碑, 螭首龜趺, 趺上不得過四尺, 載在喪葬令."].

86 (唐)李林甫等撰·陳仲夫點校, 『唐六典』(北京: 中華書局, 1992) 卷4 禮部郎中 員外郎條, p.120, "碑碣之制, 五品已上立碑(螭首龜趺, 趺上不過九尺), 七品已上立碣(圭首方趺, 趺上不過四尺) 若隱濡道素, 孝義著聞, 雖不仕, 亦立碣. 凡石人石獸之類, 三品已上用六, 五品已上用四(凡德政碑及生祠, 皆取政績可稱, 州爲申省, 省司勘覆定, 奏聞, 乃立焉.)".

2. 묘중(墓中: 壙中) 장구

(1) 석곽(石槨)·석관(石棺), 그리고 명기(明器)

"자고로 망하지 않는 나라가 없고, 또한 파헤쳐지지 않는 묘도 없다[自古及今, 未有不亡之國, 亦無不掘之墓也]"[87]라는 지적처럼 무덤은 도굴이든, 정식 발굴이든 당연히 언젠가는 파헤쳐지기 마련이다. 무덤에서 나온 것들은 적지 않지만, 그 가운데 역사가의 관심을 가장 끄는 것은 당연히 묘지명으로, 묘주에 대한 구체적인 진술 사료이기 때문이다. 또한 당시의 대표적인 묘장문화는 화려한 묘실벽화와 수많은 묘지명이라 할 수 있다. 이 가운데 묘실벽화는 후한-위진시대에 출현하였으며[88] 그 자체로 발전된 것도 있지만 그 기법과 안료 등에서 서북방 유목민·오아시스인 문화의 영향을 많이 받았다.[89] 즉 중국 고유의 화상전 벽화 전통만이 아니라 중앙아시아 지역에 널리 발달된 벽화가 중국을 거쳐 한반도와 일본에 이르기까지 영향을 주었을 가능성도 있는 것이다. 중국 고대에는 상-주 이래로 형식상 수혈방갱묘(竪穴方坑墓)였고, 장구는 대부분 하나의 목곽, 즉 목관 밖에다 비박목판(非薄木板)으로 곽실을 채우는 방식이었다. 이런 것이 전한 초기에 와서 전국시대에 이미 발명된 공심전(空心磚)으로 곽실을 지어서 목곽을 대신하게 되었다. 전한 전기의 공심전 묘실은 대부분 단간이고 그 형상은 장방형의 상자와 같았다. 이를 '공심전곽(空心磚槨)'이라 한다. 이것이 단곽에서 다곽으로 점차 변하면

87 『三國志』 卷2 魏書2 文帝紀, pp.81~82, "(黃初二年)冬十月甲子, 表首陽山東為壽陵, 作終制曰: '禮, 國君即位為椑, 存不忘亡也. 昔堯葬穀林, 通樹之, 禹葬會稽, 農不易畝, 故葬於山林, 則合乎山林. 封樹之制, 非上古也, 吾無取焉. 壽陵因山為體, 無為封樹, 無立寢殿, 造園邑, 通神道. 夫葬也者, 藏也, 欲人之不得見也. 骨無痛痒之知, 冢非棲神之宅, 禮不墓祭, 欲存亡之不黷也, 為棺槨足以朽骨, 衣衾足以朽肉而已. 故吾營此丘墟不食之地, 欲使易代之後不知其處. … 自古及今, 未有不亡之國, 亦無不掘之墓也. 喪亂以來, 漢氏諸陵無不發掘, 至乃燒取玉匣金縷, 骸骨并盡, 是焚如之刑, 豈不重痛哉! 禍由乎厚葬封樹. …'".

88 墓室壁畵의 출현을 前漢시대로 보기도 한다(東潮, 『高句麗壁畵と東アジア』, 東京: 學生社, 2011, p.211).

89 宿白, 「西安地區唐墓壁畵的布局和內容」, 『陝西歷史博物館編, 『唐墓壁畵研究論集』, 西安: 三秦出版社, 2003, pp.44~48.

서 묘실이 복잡한 구조를 갖게 되었다.[90] 당시 관은 여전히 목관이었다. 그러나 주지하듯이 남조 능묘의 대부분은 전실묘인데, 이는 한대의 목곽묘에서 발달한 것으로 단지 전곽이 목곽을 대체한 것일 뿐이다. 이런 변화의 결과는 명·청시대까지 이어지는 것이므로 전(磚)의 사용은 장구상 중요한 개혁이라 할 것이다. 능묘의 묘장 형제(形制)를 보면 대부분이 단실(單室)에 활처럼 휜 천장인 이른바 '궁륭정(穹窿頂)'이었다.[91] 수대는 묘장이 남북조 각각의 전통을 이어받아 남조적인 토갱화상전실묘(土坑畵像磚室墓)와 북조적인 벽화묘(壁畵墓)가 공존하였지만 당대가 되면 남조적인 것은 소멸된다.[92] 한편 북위 후기의 도성 낙양에서 발굴된 묘를 보면, 석관이 대부분을 차지하고 있다.[93] 이 석관은 화상관으로 전한 이래 화상전의 화문(花紋)의 영향을 일부 받았지만, 화상전관에서 석관으로의 변화 자체는 반드시 한대 이래 전통의 계승만으로 설명될 수가 없다. 중국은 큰 나라이기 때문에 묘장의 형식 등에 지역적인 편차가 있기 마련이지만[94] 석곽은 남·북조 공히 나타난다. 남조 묘장 중에 석관좌(石棺座)·석제대(石祭臺)·석문(石門) 등이 보이는데, 이를 두고 고구려의 영향이라 추정하기도 한다.[95] 그런데 북조의 경우 서역 문

90 黃明蘭, 「洛陽西漢畵像空心磚概述」, 『畵像磚石刻墓誌硏究』, 鄭州: 中州古籍出版社, 1994, p.10.

91 世家大族의 大墓는 여러 형식이 있지만, 대체로 凸字形 券頂, 長方形 券頂, 穹廬頂, 凸字形 主室에 長方形 側室(穹廬頂과 券頂의 결합) 등이 있다(羅宗眞主編, 『魏晋南北朝文化』, 2000, p.48).

92 趙超, 「試論隋代的壁畵墓與畵像磚墓」, 『考古』 2014-1, pp.85~86.

93 邙山의 분묘는 '十墓九空'이라 할 정도로 도굴되었는데, 불완전한 통계지만 도굴된 北魏墓가 500座 이상이며, 墓誌가 출토된 것이 200餘 方이나 된다(黃明蘭, 「從洛陽出土北魏石棺和石棺床看世俗藝術中的石刻線畵」, 『畵像磚石刻墓誌硏究』, 1994, p.47).

94 李梅田, 『魏晉北朝墓葬的考古學硏究』, 北京: 商務印書館, 2009, pp.178~179.

95 倪潤安, 「南北朝墓葬文化的正統論爭」, 2013, pp.74~75. 408년의 德興里 壁畵墓에 前室의 石祭臺, 後室에 石棺座, 4세기 말 5세기 초의 大王陵 묘실 내에 1屋形石槨, 2扇石門, 3長方形石棺座, 그리고 5세기 초 將軍墳 묘실 내 2長方形石棺座 등이 그것이다. 특히 倪潤安은 北魏 平城지구 墓葬 속에 보이는 石製 設備, 즉 石封門·石槨·石棺 등도 高句麗의 영향으로 보고 있다(同上, p.77).

화의 영향을 일정 정도 받았고, 또 당시의 생활 모습을 표현한 형태를 보이고 있다. 이런 경향은 북제의 우홍묘(虞弘墓), 수대 사사물묘(史射勿墓)·이화묘(李和墓) 등에서 보이고 있다.[96] 특히 당 현종의 총비 무혜비(武惠妃)의 석곽의 복잡한 문식, 그 가운데 반수반조(半獸半鳥), 반인반조(半人半鳥), 동물박투(動物搏鬪), 기악(伎樂), 호인어수(胡人御獸), 기수호인(騎獸胡人) 등의 문식은 위진남북조에서 성당시대에 이르는 기간 동안, 동로마제국, 중앙아시아 그리고 서아시아 전통이 이동하여 융합된 혼합형이다.[97]

석곽은 '외관' 혹은 '석관'이라 불렀다. 내관, 즉 관은 목관이었고, 이것이 시신을 담을 공간을 가진 장구이다. 처음에는 외관, 즉 곽은 목곽을 사용하였다. 상·주시대 곽에는 등급이 없었지만, 서주시대에 이르러 관곽제도에 엄격한 등급 구분이 생겨났다. 천자에서 서인에 이르기까지 관과 곽의 용재(用材), 규격, 채색 등이 달랐다. 예컨대 "천자(관곽)오중, 상공사중, …" 등의 규정이 그것이다.[98] 그런데 『통전』에 소개된 중국 역대 관곽제를 보면 요임금 이후 당대까지의 변화에서 가장 눈에 띄는 것은 석곽의 존재 유무에 대한 기술이다. 당대 이전까지는 석곽의 사용 규정이 보이지 않다가, 갑자기 당대에 나타난다는 점이[99] 매우 중요한 변화라고 생각한다. 춘추-전국시대에는 관·곽 모두 목제이고 거기에 채색하였는데, 북위 후기에 이르러 목곽이 석곽, 일중(一重)의 형태로 바뀌고 그 형태가 완전히 방옥(房屋)을 모방하

96 趙超, 「試論隋代的壁畵墓與畵像磚墓」, p.89.

97 楊瑾, 「唐武惠妃墓石槨紋飾中的外來元素初探」, 『四川文物』 2013-3, p.60.

98 『通典』 卷85 喪制3 禮45 凶禮7 喪制3 「棺槨制」, p.2299, "周制: 天子之棺四重 … 士雜木槨(槨, 周棺者也, … 天子·諸侯·卿·大夫·士·庶人六等, 其槨長自六尺以下, 其方自五寸而上, … 坑木之厚, 蓋與槨方齊. 天子五重, 上公四重, 諸侯三重, 大夫再重,士一重)".

99 『通典』 卷85 喪制3 禮45 凶禮7 喪制3 棺槨制, pp.2228~2299, "有虞氏瓦棺, 夏后氏 …, 殷人棺槨. 周制, 天子之棺四重, 水兕革棺被之, 其厚三寸 … 國君大棺八寸, … 上大夫大棺 … 下大夫大棺 … 士棺六寸, … 君裏棺用朱綠, 用雜金鐕 … 大夫裏棺用玄綠, … 士不綠, … 君蓋用漆, 三衽三束 … 大夫蓋用漆, … 士蓋不用漆, … 天子柏槨, 以端, 長八尺 … 諸侯松槨, 大夫柏槨, 士雜木槨. … 大唐制, 諸葬不得以石爲棺槨及石室. 其棺槨皆不得雕鏤彩畵·施戶牖欄檻, 棺內又不得有金寶·珠玉".

게 되었다.[100] 이런 종류의 '옥형식(屋形式)'의 석곽이 수당시대에 크게 유행하였다. 물론 황실이나 상층귀족들에게만 한정되었고, 일반 관리나 백성은 사용할 수가 없었다. 또 『통전』의 "대당제(大唐制), 제장(諸葬) …"[101]이라는 규정 중에 '제장'이란 표현은 특별하게 허가된 장례가 아닌 경우의 것으로 해석되니, 황제와 그 밀척(密戚), 고관의 장의는 '제장'에서 제외되는 것으로 해석된다. 즉 '제장'에서는 석(石)으로 관·곽 및 석실을 만들거나, 관에 조각·칠화·비(扉)·난간(欄干) 등의 설치와 관 내에 금보주옥을 부장하는 것이 금지되고 있는 것이다. 이는 역으로 해석하면 제장이 아닌 특별한 장의에서는 그것이 허용됨을 의미한다. 그래서 당묘 가운데 방릉공주(房陵公主)·이수(李壽: 正一品)·장회태자(章懷太子: 李賢)·의덕태자(懿德太子: 李重潤)·영태공주(永泰公主: 李仙蕙)·정인태(鄭仁泰: 正二品)·위형(韋泂: 從一品)·양사욱(楊思勗: 從一品) 등의 묘 구덩이 속[壙中]에 석곽을 넣은 것을 확인할 수 있다.[102] 그런데 건릉의 배장묘 가운데 영태공주·의덕태자·장회태자와 이근행(李謹行) 등의 묘에는 석곽이 있으나, 중서령 설원초(薛元超)에는 전체관상(磚砌棺床)이 있을 뿐 석곽은 없었다.[103]

그러면 이런 석곽은 어디서 유래된 것일까? 필자는 이것은 서방 혹은 서북방 유목민족 계열의 영향이라 본다. 혹자는 후한시대 사천에서 석관이 발견된다고 하지만,[104] 보편화된 것이라 볼 수 없고 또 그것은 석곽이 아니라 석관이었다. 그런데 터키의 파묵칼레(Pamukkale)에는 약 2km에 걸쳐 묘지가 있고 100개가 넘는 투물러스(tumulus: 분묘)에서 집 모양의 석곽을 찾아볼

100 廖彩樑, 『乾陵稽古』, 合肥: 黃山書社, 1986, p.50.

101 『通典』 卷85 喪制3 禮45 凶禮7 喪制3 棺槨制, p.2299, "大唐制, 諸葬不得以石爲棺槨及石室. 其棺槨皆不得雕鏤彩畵·施戶牖欄檻, 棺內又不得有金寶·珠玉".

102 來村多加史, 『唐代皇帝陵の研究』, 東京: 學生社, 2001, pp.347~348.

103 廖彩樑, 『乾陵稽古』, 1986, p.50.

104 羅二虎, 『漢代畵像石棺』, 成都: 巴蜀書社, 2002.

수 있으며, 중국에서는 소그드 상인들의 묘,[105] 특히 태원에서 발굴된 북주시대 검교살보부(檢校薩寶府)를 지낸 어국(魚國) 출신 우홍(虞弘)의 묘에서도 한백옥(漢白玉) 석곽이 사용되었다.[106] 이뿐만 아니라 당 현종의 무혜비의 석곽 정면에는 그리스 신화에 나오는 '용사와 신수'를 주제로 하는 부조도화가 그려져 있을 정도로[107] 서방의 영향은 다대한 것이었다.

묘 속에 넣은 부장품을 '명기'라 부르는데, 이미 하·상·주시대부터 사자가 음간에서 사용하는 부장품으로 정식으로 확립되었다.[108] 묘 속의 매장 순서는 먼저 시체를 관에 넣고,[109] '모관봉성명지구(某官封姓名之柩)'라 쓴 명정을 만들어 넣는다. 명정의 크기는 관품에 따라 달랐으며, 아울러 호상(護喪)의 직급,[110] 노부(鹵簿) 등도 관품에 따라 차등 있게 규정되어 있었다.[111] 『대당개원례』에 의하면, 먼저 관을 넣고, 하관이 끝나면 다음으로 삽(翣: 祭具)을 광중의 양상(兩廂)에 넣고, 다음으로 하장(下帳)·명기·포생(苞牲)·주미(酒米) 등의 물건을 넣은 다음 마지막으로 명정·지석을 넣은 후에 광호(壙戶)를

105 虞弘墓(魚國: 1999년 발굴), 安伽墓(安國: 2000년 발굴), 史君墓(史國: 2003년 발굴) 3座 모두 石質 葬具를 사용하고, 그 위에 소그드인의 生活風情을 반영하는 조각이 새겨진 것이 특징이다(張慶捷, 「入鄉隨俗與難忘故土—入華粟特人石葬具概觀—」, 榮新江·張志淸主編, 『從撒馬爾干到長安—粟特人在中國的文化遺迹—』, 北京: 北京圖書館出版社, 2004, p.9).

106 山西省考古研究所等編, 『太原隋虞弘墓』, 北京: 文物出版社, 2005, p.15. 墓室 內에는 木棺의 흔적은 없었으며, 石槨으로 된 石棺은 아니었다. 石棺의 일반적인 특징은 棺蓋를 갖고, 전면에 石門이 없는 것이다. 그런데 虞弘墓의 石槨은 石門이 있다(p.47, 주64). 그리고 虞弘墓에서 목조건축처럼 廊과 室을 가진 槨室은 北魏-隋代에 墓葬 葬具에 새롭게 등장한 특색으로 2000년 大同에서 출토된 太和 元年 宋紹祖墓의 石槨이 前廊後室인 데서도 드러난다(p.48, 주65).

107 葛承雍, 「唐貞順皇后(武惠妃)石槨浮雕線刻畵中的西方藝術」, 『唐研究』 16(北京: 北京大學出版社, 2010), pp.305~323.

108 李德喜·郭德維, 『中國喪葬建築文化』, 武漢: 湖北敎育出版社, 2004, p.26.

109 (後漢)劉熙撰, 『釋名』 卷8 釋喪制, p.1105-上, 「尸已在棺曰柩」.

110 『舊唐書』 卷44 職官3 鴻臚寺, p.1885, "皇帝太子為五服之親及大臣發哀臨弔, 則贊相焉. 凡詔葬大臣, 一品則卿護其喪事, 二品則少卿, 三品丞一人往. 皆命司儀, 以示禮制".

111 『唐會要』 卷38 葬, pp.808~809, "舊制, 銘旌, 三品以上長九尺, 五品以上長八尺, 六品以下長七尺, 皆書云某官封姓名之柩. 舊制, 凡詔葬喪, 大臣一品則鴻臚卿護其喪事(二品則少卿, 三品丞 …), 舊制, 應給鹵簿, 職事四品以上 …".

잠그고 복토하는 순서로 한다고 되어 있다.[112] 아울러 상여와 함께 등급에 맞는 '지석거(誌石車)'가 동행하는 것이다.[113] 지석거란 바로 묘지명을 실은 수레를 말한다. 이런 규정이 대체로 정해진 것은 수 개황 초였던 것 같다.[114] 묘지명이란 "사자의 생평을 기재한 각석으로 지하에 매장된 것이니,"[115] 묘지명도 이른바 명기의 하나이다.

묘 속에 매장된 묘주와 관련된 문자기록이 있는 것으로 묘지명 외에도 다양한 종류가 있다. 매지권(買地券)·고지권(장)[告地券(狀)]·시책(謚册)·애책(哀册)·행장(行狀)·진묘문(권)[鎭墓文(券); 鎭墓瓶]·형도전(刑徒磚)·명정(銘旌)·화상석각명(畵像石刻銘)·묘문제기(墓門題記)·신위(神位) 등이 그것이다. 이런 것들은 묘지명과 문자기록, 형태, 목적 등에서 유사하다. 혹자는 묘지의 기원을 두 가지 종류로 분류하고 후한시대부터 등장하는 묘실 내에 각서된 피장자에 대한 기록, 즉 묘기(墓記), 봉기(封記), 화상전제자(畵像磚題字), 묘병(墓甁) 등(A형식)과 후한시대에 유행했던 묘비·묘갈이 금비령에 의해 폐기되고 그 대신 서진시대부터 출현하는 것이 묘실 내의 소형 비형(B형식:

---

112 『大唐開元禮』(東京: 汲古書院, 1972) 卷149 凶禮 六品以下喪之四 到墓, p.719-下, "掌事者下柩於壙, 柩既入輴壙 … 持翣者入, 倚翣於壙內兩廂, 執事者以下帳·明器·苞牲·酒米等物入置於壙內, 皆藉以版, 施銘旌誌石於壙戶內. 置設訖, 掌事者掩壙戶, 加關鑰, 覆土, …".

113 『唐會要』 卷38 葬, p.813, "(元和)六年十二月, 條流文武官及庶人喪葬: 三品以上 … 士皆布幘深衣. 輴車·誌石車, 任畵雲氣, 不得置幰竿·額帶等 … 五品以上 … 共置三十舁舁, 感誌石車, 幰竿減四尺".

114 『隋書』 卷8 禮儀志3 喪葬, pp.156~157, "開皇初, 高祖思定典禮. … 詔遂班天下, 咸使遵用焉. 其喪紀, 上自王公, 下逮庶人, 著令皆為定制, 無相差越. 正一品薨, 則鴻臚卿監護喪事, 司儀令示禮制. 二品已上, 則鴻臚丞監護, 司儀丞示禮制. 五品已上薨·卒, 及三品已上有朞親已上喪, 並掌儀一人示禮制. … 棺內不得置金銀珠玉. 諸重, 一品懸鬲六, 五品已上四, 六品已下二. 輀車, 三品已上油幰, 朱絲絡網, 施襈, 兩箱畫龍, 幰竿諸末垂六旒蘇. 七品已上油幰, 施襈, 兩箱畫雲氣, 垂四旒蘇. 八品已下, 達於庶人, 鼈甲車, 無幰襈旒蘇畫飾. 執紼, 一品五十人, 三品已上四十人, 四品三十人, 並布幘布深衣. 三品已上四引·四披·六鐸·六翣. 五品已上二引·二披·四鐸·四翣. 九品已上二鐸, 二翣. 四品已上用方相, 七品已上用魌頭. 在京師葬者, 去城七里外. 三品已上立碑, 螭首龜趺. 趺上高不得過九尺. 七品已上立碣, 高四尺. 圭首方趺. 若隱淪道素, 孝義著聞者, 雖無爵, 奏, 聽立碣".

115 秦公·王春元, 『秦說碑帖』, 北京: 中國青年出版社, 1997, p.34.

'小碑形'이라 지칭)이 그것이라고 하였다. 그 가운데 묘지의 실질적인 기원이 된 것은 후자라고 본다.[116]

분묘에 부장품으로 매장되기 위해서는 그 묘주의 신분에 따라서 종류, 크기, 수량, 놓을 위치 등 세세한 것이 정해져 있었다.[117] 그런데 당대 문헌에는 황제의 현궁에 넣은 명기의 수에 대한 기록이 없다. 다만 문·무관이나 서인의 해당 규정이 보이니, 『당회요』의 규정이다.[118] 한편 당·송시대와 금·원시대 묘제와 장속의 연구에 유용한 자료로 『대한원릉비장경(大漢原陵秘葬經)』의 「맹(명)기신살편[盟(明)器神煞篇]」이 있다. 이 자료에 의하면 천자와 친왕의 명기신살(明器神煞)에 '오방오제(五方五帝)', 공경(公卿)의 명기신살에 '오방석진(五方石鎭)', 대부 이하의 명기신살에 '진묘오방오정석(鎭墓五方五精石)' 등의 기록이 있는데,[119] 이것은 다만 진묘석에 대한 규정이다.

'진묘석'은 출토 사례가 극히 적고, 또 매장된 시기도 당대 전반기와 송대에 한정된 것이기 때문에 황제 및 그 밀척의 명기에 대한 규정이 있었다고 단정할 수는 없다. 다만 진묘석은 도교신앙에 기초하여 사자를 위해 제작된 것으로 주술적인 측면이 강하기 때문에 묘지명에 비해 대체로 경시되었다. 신비성을 띤 부록문(符籙文: 靈篆·秘篆文이라 지칭되기도 하며, 篆書體와 비슷한 도교 특유의 서체로 쓴 글)이 진묘석의 주문이 되지만, 특수한 문자로 일반적으로 판독하기 어렵다. 1962년 소릉 배장묘 중 아사나충묘(阿史那忠墓)에서 출

116 福原啓郎, 「西晉の墓誌の意義」, 『中國中世の文物』, 京都: 京都大學人文科學研究所, 1993.

117 徐苹芳, 「唐宋墓葬中的明器神煞與墓儀制度—讀〈大漢原陵秘藏經〉札記」, 『考古』 1963-2.

118 『唐會要』 卷38 葬, p.813, "(元和)六年十二月, 條流文武官及庶人喪葬: 三品以上, 明器九十事, … 五品以上, 明器六十事…, 九品以上, 明器四十事, …". 唐代 副葬用 明器의 규정에 대해서는 徐吉軍, 『中國喪葬史』, 南昌: 江西高校出版社, 1998, p.384를 참조하고, 明器 일반에 대해서는 鄭德坤·沈維鈞, 『中國明器』, 北平: 哈佛燕京社, 1933을 참조한다.

119 『永樂大典』(北京: 中華書局, 1986) 卷8199 陵, pp.3828~3829, "盟器神煞篇, 天子山陵用盟器神煞法, … 五方五帝長五尺五寸, 鎭五方界, … 親王盟器神煞法, … 五方五帝, 長二尺三寸安五方, … 大夫以下至庶人盟器神煞法, … 鎭墓五方五精石, 鎭五方, …".

토된 진묘석과[120] 섬서 함양에서 발견된 「양왕무삼사진묘석(梁王武三思鎭墓石)」이 유명하다.[121] 그 형제(形制)는 묘지명과 매우 유사하다.[122]

또 사자의 안전과 혼령의 진무, 자손의 번영을 기원하는 일종의 주술적인 성격이 합쳐진 것을 '진묘문'이라 부른다. 진묘문은 대개 도병(陶甁: 鎭墓甁) 표면에 적혀 있고, 도병 내부에는 오석(五石: 曾青・丹砂・雄黃・礜石・慈石)이 담겨 있는 경우가 많다. 대개 복수의 진묘병이 관을 둘러싸고 있는 형태로 배치된다. 오행(五行)-오방(五方)-신약(神藥)과 결합 형태인 오석은 지하에서 묘주가 거처할 공간인 묘 내부를 보호하는 동시에 묘주로 인해 발생하는 앙화(殃禍)를 제거하기 위한 주술적 장치였다.[123] 진묘문의 내용은 각각 다르지만 대부분 "… 여율령(如律令)"으로 문장이 끝나는 것이 특징이다.[124]

매지권(冥契・幽契・墓別・地券이라고도 칭한다)은 전한시대에 시작되어 후한시대에 성행한 것으로 당・송 이후에는 전국에서 행해졌다. 민간신앙・미신에 기초하여 분묘의 토지 확보를 위한 가공의 계약[幽契]으로 '묘권(墓券)'이라 부르기도 한다. 이것은 도교문화의 특징으로 선명한 문자재료를 사용하는 경우가 많다. 주요 내용은 사자를 위해 음간의 택지를 구입해 줌으로써 유명(幽冥)의 각급 관리가 사자의 영혼을 침해하지 않도록 하고, 또 음・양은 각기 다른 세계이므로 사자의 귀신도 인간으로 돌아와 빌미[祟]를 만들지 말기를 요구하는 형식의 문서이다. 음간의 토지 매매 증명서로 통상 도교의 귀

---

120 陝西省文物管理委員會·醴泉縣昭陵文物管理所, 「唐阿史那忠墓發掘報告」, 『考古』 1977-2.

121 李思春, 「唐武三思之鎭墓石」, 『人文雜誌』 1958-2; 張鴻傑主編, 『咸陽碑石』, 西安: 三秦出版社, 1990.

122 加地有定, 『中國唐代鎭墓石の研究—死者の再生と崑崙山への昇仙—』, 大阪: かんぽう(官報), 2005, pp.17~21.

123 趙晟佑, 「後漢魏晉 鎭墓文의 종교적 특징과 道教—五石을 중심으로—」, 『東洋史學研究』 117, 2011, p.79.

124 關尾史郎, 『中國西北地域出土鎭墓文集成(稿)』, 新潟大學「大域的文化システムの再構成に關する資料學的研究」プロジェクト, 2005; 關尾史郎, 「敦煌新出鎭墓甁初探—『中國西北地域出土鎭墓文集成(稿)』補遺(續)」, 『西北出土文獻研究』 9(新潟: 西北出土文獻研究會, 2011).

신을 통제하는 부전(符篆) 권문(券文)이 전(磚)·철(鐵)·연판(鉛板)·석판(石板) 등 경화(硬化)된 물품 위에 각사 혹은 필사되어 묘 가운데에 오래 보존하기 편하게 만들어졌다. 매지권은 사신(수)[四神(獸)] 혹은 천간(天干)을 사지(四至)에 기재하여, 신기(神祇)를 표술하고, 전통적인 풍수사상·신앙과 밀접한 관련이 있다. 후한시대는 간책(簡策)의 형태를 띠며 긴 연판 위에 각서하는 경우가 많고, 역시 옥판 혹은 도주(陶柱)도 사용되었다. 삼국·서진시대가 되면 전 위에다 새기고, 남조부터 명·청시대까지는 전 외에 석을 많이 사용하였는데, 그 형제와 대소는 묘지명과 비슷하고 심지어 뚜껑[蓋]이 있는 것도 있다. 신강유오이자치구 토로번(吐魯番)에는 지상(紙上)에 쓴 당대 지권이 보이고, 남송시대의 철주(鐵鑄)의 지권도 발견되었다. 아울러 1949년 이후 남당과 명대의 목권(木券)이 몇 권 출토되었다. 송대에는 목권이 전권보다 보편적으로 사용되었지만,[125] 목권은 썩기 쉽기 때문에 보존된 것은 전·석권이 더 많다. 역대 지권은 일반적으로 200~300자 정도이고, 오대-송대의 어떤 지권의 경우 1행(一行)은 순서(順書), 1행은 도서(倒書)로 된 것도 있다. 지권은 대부분 묘 속의 묘실 내에 놓이는데 간혹 용도 또는 묘문 가까운 곳에 놓이기도 한다. 지권의 내용은 계속 변화되어 권문(券文)은 미신적인 내용이 많다. 남북조에서 명·청의 것을 보면 권문에 토지를 '후토(后土)'·'지이왕(地夷王)' 등의 신령으로부터 샀다는 것, 또 "동지청룡(東至靑龍), 서지백호(西至白虎), 북지현무(北至玄武), 남지주작(南至朱雀)"을 써서 토지의 사지(四至)를 설명한다. 토지의 가치는 "99,999관문(九萬九千九百九十九貫文)"이라든지 권의 증인으로 '동왕공(東王公)·서왕모(西王母)' 등으로 적고 있어 지권이

125 買地券[(宋) 周密撰, 『癸辛雜識別集下』(北京: 中華書局, 1988), p.277, "今人造墓, 必用買地券, 以梓木爲之, 朱書云: '用錢九萬九千九百九十九文, 買到某地' 云云, 此村巫風俗如此, 殊爲可笑. 及觀元遺山續夷堅志, 載曲陽燕川靑陽壩有人起墓, 得鐵券刻金字, 云: '敕葬忠臣王處存,賜錢九萬九千九百九十九貫九百九十九文.' 此當哀宗之時, 然則此事由來久矣. (已上六事並見續夷堅志)".

지하에서 법률적 효력을 발휘하도록 하였다. 그래서 적지 않은 권문에는 맨 끝에 "일여오제사자여청조서(一如五帝使者女青詔書)" 라는 문구가 들어가기도 한다. 매지권과 진묘문은 문언이 혼교(混交)하고 있기 때문에 유사한 측면이 많다. 그래서 혹자는 후한시대 매(묘)전계약문서[漢代型地券]와 진묘문[鎭墓陶文]이 삼국시대 이후 '호부적진묘문(護符的鎭墓文: 三國六朝型地券)'으로 합해진다고 보았다.[126]

고지장은 전한 초기의 묘 속에서 발견되는데 이는 양간의 관사문서(官司文書)를 모방한 것으로 사자의 명적과 수장품을 지하관리에 인계하는 기능을 하는 것이다. 명정은 순수한 사자의 명적을 적은 것으로 상례 과정 중에는 구전(柩前)에 세워 두었다가 매장할 때에는 구상(柩上)에 덮어 두는 것이다. 전한 말부터 유행한 화상석은 석질의 장구가 묘 속에 들어가는 길을 연 것으로 화상석의 제기(題記) 중에 묘주의 성명 · 적관 등이 기록되었다. 구명(柩銘) · 신위(神位) · 묘문(墓門) 등 석(전)각은 양한시대 이후 계속 발전되었다. 이들도 후대 묘지명의 출현에 기여한 것이다.

(2) 사자의 신분과 묘지명 · 애책(哀冊: 哀策)

묘지명의 출현 시기에 대해서는 다양한 견해가 제시되었다. 남조 송, (양)진, 후한, 심지어 전한 출현설도 있다. 어떤 것은 '연월성명작리(年月姓名爵里)'만 남아 있거나 현재 실물마저 남아 있지 않은 것을 묘지명이라 할 수 있을지 의문이다.[127] 사실 각종 묘지명을 수집 · 정리한 목록을 보면 과연 묘지

126 富谷至, 「黃泉の國の土地賣買—漢魏六朝買地劵考—」, 『大阪大學教養部研究輯錄(人文·社會科學)』 36, 1987, pp.3~32.

127 葉昌熾撰 柯昌泗評, 『語石·語石異同評』(北京: 中華書局, 1994) 卷4 墓誌十八則, pp.226~227, "一曰墓誌. … 或謂自宋始, 或謂自晉始, 或又據崔子玉書張衡墓銘云東漢時卽有之, 此廣博物志之說也. 然漢魏以前墓石, 不獨今所未見, 卽歐趙亦無著錄. … 僅記年月姓名爵里而已. 至南北朝始有文字, 後繫以銘, 兩石對束. 上爲題蓋, 蓋如碑額, 有篆有隸 … 王氏『(金石)萃編』曰: 『西京雜記』稱, 前漢杜子春臨終作文, 刻石埋於墓前. … 此實誌銘之始, …".

명으로 분류해도 되는지 의문인 것들도 많다. 또 명칭도 고정되지 않았다. 묘지명 문학의 완성자라고 할 수 있는 한유(韓愈)의 경우를 보아도 '묘지'라 하기도 하고, 또 '묘지명'이라 칭하기도 한다.[128] '묘지'라는 명칭이 정식으로 출현한 것은 유송 대명 3년(459) 「유회민묘지(劉懷民墓誌)」이다.[129] 따라서 묘지명의 초보적인 형식이 나타난 시대가 진한이고, 위진시대에 들어 약간 변화를 보이고,[130] 남북조시대에 정형된 형태가 나타나고 수당시대에 홍성한다는 것이 중국학계의 대체적인 견해로 보인다.[131]

묘지명과 유사한 것으로 시책(謚册)과 애책(哀册)이 있다. 먼저 애책(哀册)은 '애책(哀策)'이라고 쓰기도 하고, 문체의 일종으로 제왕과 후비의 생전 공덕을 칭송하는 운문 형식으로, 대부분 옥석이나 목죽 위에 쓴 것이다. 애책이 출현한 것은 한대이다.[132] 양진(梁陳)시대 애책의 대상자는 황제·후비·태자였다.[133] 양무제 정귀빈(丁貴嬪; 昭明太子의 母)의 애책문은 열전에 남아 있다.[134] 장례를 행할 때 태사령이 그것을 읽고 난 후에 능 안에 매장한다. 제

128 『韓昌黎文集校注』(上海: 上海古籍出版社, 1986)에 실려 있는 표제 명칭만을 보면 '墓銘'이 5개, '墓誌銘'이 20개, '墓誌'가 2개이다.

129 趙超, 『漢魏南北朝墓誌彙編』, 天津: 天津古籍出版社, 1992, 前言.

130 馮吾現은 魏晉시대를 墓碑에서 墓誌銘으로의 演變의 過度期로 보았다(「從洛陽出土墓誌談中國的墓誌文化」, 趙振華主編, 『洛陽出土墓誌研究文集』, 北京: 朝華出版社, 2002, p.188).

131 中國文物研究所·河南省文物研究所編, 『新中國出土墓誌—河南(壹)上册』(北京: 文物出版社, 1994) 總敍, p.1, "墓誌是我國古代埋設墓中用以記敍死者姓名·籍貫·生平及親屬世系的銘刻文獻. 其形制起源於秦漢, 變化於魏晉, 定型於南北朝, 興盛於隋唐, 經宋元明淸發展, 至民國仍然行用".

132 (梁)劉勰, 『文心雕龍』 卷2 祝盟編, p.177, "又漢代山陵, 哀策流文, … 因哀而爲文也, 是以義同於誄 …"; (淸)趙翼撰, 『廿二史箚記』(北京: 中華書局, 1984, 王樹民 考證本) 卷12 哀策文 p.258, "周制, 飾終之典以謚誄爲重, 漢景帝始增哀策"; 黃金明, 『漢魏晉南北朝誄碑文研究』, 2005, p.252; 『後漢書』 志6 禮儀志下, 大喪, p.3146, "司徒·太史令奉謚·哀策(李賢注: 晉時有人嵩高山下得竹簡一枚, 上有兩行科斗書之, 臺中外傳以相示, 莫有知者. 司空張華以問博士束晳. 晳曰: '此明帝顯節陵中策也' 檢校果然. 是知策用此書也.)".

133 黃金明, 『漢魏晉南北朝誄碑文研究』, 2005, pp.255~256.

134 『梁書』 卷7 皇后 高祖丁貴嬪傳, pp.161~162, "普通七年十一月庚辰薨 … 詔吏部郎张纘爲哀册文曰: '蕆塗既啟, 桂罇虛凝, 龍帷已薦, 象服將升. 皇帝傷璧臺之永閟, 悼曾城之不踐, 罷鄉歌乎燕樂, 廢徹齊於祀典. 風有采蘩, 化行南國, 爰命史臣, 俾流嬪德.' 其辭曰: '軒緯之精,

그림 6-1 당 절민태자묘 출토 애책(출처: 陝西省考古研究所等編著, 『唐節愍太子墓發掘報告』, 北京: 科學出版社, 2004, p.143).

왕의 사후 견장일(遣葬日)에 '견전(遣奠)'을 행할 때 읽은 마지막 한 편의 제문을 책에다 쓰고 그것을 능 안에 매립하는 것이다. 당 절민태자(中宗의 皇太子: 李重俊)묘(배장 定陵)(그림 6-1), 당 혜장태자(睿宗 제2자: 李撝)묘(배장 橋陵), 당 혜릉(惠陵; 讓皇帝 李憲=睿宗의 적장자, 睿宗 橋陵 陪葬冢),[135] 그리고 전촉의 영릉[永陵: 王建(847~918)의 묘]의 애책이 현재 남아 있는데, 이것들은 모두 옥석책의 형상으로 요의 경릉(慶陵)은[136] 석묘지장(石墓誌狀)이다. 그리고 명의 정릉(定陵)의 애책은 목질장이다. 애책은 묘지명이나 석비와는 달리 편(片)

江漢之英; 歸于君袂, 生此離明. … 嗚呼哀哉!' 有司奏謚曰穆, 太宗即位, 追崇曰穆太后".

135 讓皇帝謚册殘玉簡과 恭皇后謚册玉簡이 출토되었다(陝西省考古研究所, 『唐李憲墓發掘報告』, 北京: 科學出版社, 2005, 彩版16).

136 遼朝 聖宗과 聖宗欽愛皇后의 哀策이 慶陵(內蒙古 巴林左旗 白塔子)에서 출토되었고, 그리고 興宗仁懿皇后의 哀策, 道宗의 哀策, 道宗宣懿皇后의 哀策이 나왔다. 그런데 趙超는 帝后의 哀策을 墓誌로 분류한 것은 잘못이라 보았다(趙超, 『古代墓誌通論』, 北京: 紫禁城, 2003, p.185).

으로 되어 있다.[137]

그리고 묘지명과 애책 사이에는 문장의 차이가 있다. 우선 태종의 비인 문덕황후와 의덕태자의 애책과 영태공주와 장회태자의 묘지명을 보면 그 차이를 발견할 수가 있다. 우세남(虞世南)이 지은 문덕황후의 애책과[138] 의덕태자의 애책문도 있다.[139] 즉 개인적인 이력에 대한 기록은 없고, 죽음과 장례에 대한 것으로 채워져 있다. 반면 영태공주묘에서 나온 묘지명은[140] 그녀의 개인적인 이력이 기록되어 있고, 장회태자의 묘지명도[141] 그렇다. 이처럼 묘지명과 애책 사이에는 서술상의 차이가 분명히 있는 것이다.

문제는 애책과 묘지명 주인의 신분·관품의 차이이다. 남조의 사례를 보면 제·후는 분명히 애책을 사용했으며, 묘지명을 사용하지 않았다. 즉 애책은 '묘'가 아니라 '능'에 납입되는 것이다. 필자는 묘지명은 한족들이 창안한 것인 데도 불구하고, 북방 유목민족이 세운 왕조에서 한족 왕조에서보다도 훨씬 상용되고, 또 그곳에서 발전하여 그 완성된 형태가 출현한다는 사실에 의문을 품고, 그 이유에 대해 별고에서 약간의 고찰을 한 바 있다.[142] 잘 알다시피 남조에서는 조조의 금비령과 서진의 연이은 금비령 반포[143] 이후에도

137 唐 節愍太子墓에서 出土된 謚册과 哀册은 총 104片인데, 그중 謚册이 33片, 哀册이 59片, 無字 혹은 출처를 알 수 없는 12片으로 되어 있다(陝西省考古研究所等編著, 『唐節愍太子墓發掘報告』, 北京: 科學出版社, 2004, p.143).

138 哀册; "維貞觀十年歲次甲申六月己未朔二十一日已卯, 大行皇后崩於立政殿. 粵九月十一日丁酉, 將適座於昭陵, 禮也. …, 其詞曰: …". (www.baidu.com)

139 哀册; "维神龍二年歲次景午夏四月甲戌朔廿三日景申, 懿德太子梓宫啓自洛邑, 將陪窆于乾陵, 礼也. … 其词曰: …". (www.baidu.com)

140 拜根興·樊英峰, 『永泰公主與永泰公主墓』, 西安: 三秦出版社, 2004, pp.279~280; "臣聞绛河南澳, … 王姬之寵靈光赫, 其所由來者, 尚矣. 公主諱仙蕙, 字穠輝, 高祖神堯皇帝之玄孫, 太宗文武聖皇帝之曾孫, 高宗天皇大帝之孫, 皇上之第七女也".

141 周紹良, 『唐代墓誌彙編(上)』(上海: 上海古籍出版社, 1992) 景雲 2년(711) 「大唐故雍王贈章懷太子墓誌銘」, pp.1130~1131, "王諱賢, 字仁, 隴西狄道人也. 太宗文武聖皇帝之孫, 高宗天皇大帝之第二子, 今上之兄".

142 朴漢濟, 「魏晉南北朝時代 墓葬習俗의 變化와 墓誌銘의 流行」, 『東洋史學研究』 104, 2008.

143 『晉令輯存』(西安: 三秦出版社, 1989), p.187, "諸葬者皆不得立祠堂·石碑·石表·石獸"; 『太平御覽』(臺北: 商務印書館, 1975 臺3版) 卷589 文部5, p.2783, "晉令曰: 諸葬者, 皆不得立

입비에 대한 욕망이 분출하였고, 그때마다 금단의 조처가 내려졌다.[144] 묘지명은 금비령 체제하에서 묘비를 대신할 용도로 출현하였지만, 묘지명은 제대로 유행하지 못하였다. 금비령의 대상이 아닌 유송시대 이후 제왕들의 능 앞에는 여전히 비석과 신수 등 석각의 조각물이 세워졌다. 그러나 제왕과는 달리 소족(素族: 귀족사대부가)[145]은 금비령에 의해 비·책(石碑와 哀册)을 공개적으로 만들어 세울 수가 없었다. 이런 연유로 어쩔 수 없이 유송 초 원가 연간(424~453)에 안연지(顔延之)가 왕구(王球)를 위해 석비 대신 석제의 묘지를 만들어 주는데[146] 사자의 성명만이 아니라 비에서처럼 평생을 서술하였다. 여기에서 장문의 묘지명이 시작된 것이다.[147] 즉 동진·남조에서 본격적으로 묘지(명)가 출현한 것은 유송 초 이후이고 이 시기를 묘지명의 출현 시기로 잡기도 한다.[148] 안연지가 만든 왕구의 석지(묘지명)를 계기로 왕공 이하가 어

祠堂·石碑·石表·石獸".

144 『宋書』 卷15 禮志4, p.407, "漢以後, 天下送死奢靡, 多作石室石獸碑銘等物. 建安十年, 魏武帝以天下雕弊, 下令不得厚葬, 又禁立碑. 魏高貴鄉公甘露二年, 大將軍參軍太原王倫卒, 倫兄俊作表德論, 以述倫遺美, … 此則碑禁尚嚴也. 此後復弛替. … 晉武帝咸寧四年, 又詔曰: '此石獸碑表, 既私褒美, 興長虛僞, 傷財害人, 莫大於此. 一禁斷之. 其犯者雖會赦令, 皆當毁壞.' 至元帝太興元年, 有司奏: '故驃騎府主簿故恩營葬舊君顧榮. 求立碑.' 詔特聽立. 自是後, 禁又漸頹. 大臣長吏, 人皆私立. 義熙中, 尚書祠部郎中裴松之又議禁斷, 於是至今".

145 周一良, 『魏晋南北朝史札記』, 「南齊書札記」, 素族條 참조.

146 『南齊書』 卷10 禮志下, pp.158~159, "有司奏: '大明故事, 太子妃玄宮中有石誌. 參議墓銘不出禮典. 近宋元嘉中, 顔延作王球石誌. 素族無碑策, 故以紀德. 自爾以來, 王公以下, 咸共遵用. 儲妃之重, 禮殊恒列, 既有哀策, 謂不須石誌.' 從之".

147 (淸)趙翼, 『陔餘叢考』(石家莊: 河北人民出版社, 1990) 卷32 墓誌銘條, pp.562~563, "南史齊武帝裴皇后薨, 時議欲立石誌. 王儉曰 '石誌不出禮經, 起自宋元嘉中, 顔延之爲王球石誌, 素族無銘(當作碑)策, 故以紀行. 自爾以來, 共相祖襲. 今儲妃之重, 既有哀策, 不煩石誌.' 此則墓誌起于元嘉中之明據也. … 竊意古來銘墓, 但書姓名官位, 間或銘數語于其上 而撰文敘事, 臚述生平, 則起于顔延之耳."; 水野清一, 「墓誌について」, 『書道全集』 6.

148 (宋)高承撰, 『事物紀原』(北京: 中華書局, 1989 點校本) 卷9 「墓誌」, "『炙轂子』曰: 齊王儉云; 石誌不出禮經, 起宋元嘉中顔延之爲王球作墓誌, 以其無銘誄, 故以紀行, 自此遂相祖習."; (淸)顧炎武, 『金石文字記』 卷2, "大業三年, 滎澤令常丑奴墓志跋云: '墓之有志 始自南朝, 南齊書云 宋元嘉中顔延之作王球石志. 素族無碑策, 故以紀德, 自爾已來, 王公以下, 咸共遵用.'"; (淸)端方, 『陶齋藏石記』 卷5, "劉懷民志作于大明七年, 適承元嘉之後, 此志銘文字異源之時代也." 등에서 모두 劉宋代에서 시작되었다고 한다.

느 정도 이를 준용하게 되었던 것 같다. 예컨대 유송 효무제 대명 2년(458)에 죽은 친왕의 경우 석지를 사용한 흔적이 있고,[149] 또 양대에는 건안왕(建安王) 소위(蕭偉)로 추정되는 묘지명과 계양왕(桂陽王) 소융(蕭融)의 묘지명이 출토되기도 하였다.[150] 즉 친왕도 묘지명의 사용 대상자였음을 알 수 있다.

이처럼 친왕 등 종실 구성원도 묘지명을 사용한 흔적은 있지만, 묘지명이 남조사회에서 환영받지 못하고 별로 유행하지 않은 이유는 무엇일까? 그 단서는 유송 효무제 대명 연간(457~464)에 태자비의 현궁에 '석지', 즉 묘지명을 만들어 넣는 문제를 두고 조정에서 일어난 논란에서 찾을 수 있을 것 같다. 당시 태자비의 묘지명 제작에 대해 반대 의견이 제시되었다. 즉 "석지란 예전에 나오지 않는다[石誌(墓誌銘)不出禮典(不出禮經)]"라는 것이 유사들의 반대 이유였다.[151] 다시 말하면 태자비의 경우 신분이 일반인보다 무겁고, 애책을 이미 사용한 바 있는데[旣有哀策], 다시 석지를 만들어 넣는다는 것은 번거로운 일이라는 이유에서였다. 뒷날 이와 비슷한 사건이 다시 일어났다. 남제시대에도 태자 목비(穆妃)를 매장할 때 석지, 즉 묘지명을 세우려 하니 왕검(王儉)은 "예에는 이런 제도가 없다[禮無此制]"라 하여 반대함으로써 석지를 사용하지 않게 되었다.[152] 이 두 상황을 볼 때, 태자비는 분명 애책의 대상

149 『宋書』 卷72 文九王 建平宣簡王宏傳, p.1860, "宏少而多病 大明二年疾動. 其年薨 時年二十五. … 上(孝武帝)痛悼甚之. 自爲墓誌銘幷序".

150 1979년 南京博物院이 南京 堯化門 부근에서 梁墓를 발굴하여 4개의 墓誌를 얻었다. 그 중에는 梁 建安王 蕭偉의 것으로 추정되는 것도 있다(「南京堯化門南朝梁墓發掘簡報」, 『文物』 1981-12, pp.21~23). 또 1980년 南京 甘家巷 일대에서 梁 桂陽王 蕭融夫婦의 墓誌銘이 발견되었다(「南京梁桂陽王蕭融夫婦合葬墓」, 『文物』 1981-12).

151 『文選』(上海: 上海古籍出版社, 1986) 卷59 墓誌, p.2568, 李善注에 "吳均『齊春秋』, 王儉曰: '石誌不出禮典, 起宋元嘉顏延之爲王琳(當作'王球')石誌"라 하였으니 劉宋代에서 시작되었다고 본다. 趙翼도 같은 의견이다.

152 (唐)封演, 趙貞信校注, 『封氏見聞記校注』(北京: 中華書局, 2005) 卷6 石誌條, p.56, "古葬無石誌, 近代貴賤通用之. 齊太子穆妃將葬, 立石誌. 王儉曰: '石誌不出禮經, 起元嘉中顏延之爲王球石誌, 素族無名策, 故以紀行迹耳. 遂相祖習. 儲妃之重, 禮絶常例, 旣有哀策, 不煩石銘.' 儉所著喪禮云: '施石誌於壙裏, 禮無此制. 魏侍中繆習改葬父母, 制墓下題版文. 原此旨, 將以千載之後, 陵谷變遷, 欲後人有所聞之. 其人若無殊才異德者, 但紀姓名·歷官·祖父·姻媾

자이지, 묘지명의 대상자가 아닌 것으로 조야가 잘 알고 있다는 것이다.[153] 이에 따라 남조 제왕의 능묘에는 능 앞에는 비를 두고 지하에는 애책만 넣고 (석)지는 넣지 않게 된 것이다.[154] 문제는 애책의 대상자가 아닌 왕공 이하 사람들이다. 묘지명이 묘비의 대안으로 창안된 것이기는 하지만 이것 역시 '예전에 나오지 않는다[不出禮典]'라는 문제가 걸려 있다.[155] 즉 일종의 변통인 묘지명이 '식종지전(飾終之典)'인 비책(석비와 애책)의 대안이 될 수 없다는 인식의 문제였던 것이다. 왜냐하면 『예경(예전)』에 없는 것을 귀족·사대부가 기꺼이 사용할 수는 없기 때문이다. 따라서 동진·남조에서 묘비의 대안으로 묘지명이 출현하게 된 것은 '소족무비책(素族無碑策)', 즉 소족은 (금비령에 의해) 석비와 (신분상) 애책을 사용할 수 없다는 규정에서 연유했던 것이고, 묘지명이 유행하지 못한 원인은 '석지는 예전에 나오지 않는다'라는 예제의 문제였던 것이다.

애책과 묘지명 사용자의 분계선은 신분상으로 태자비 이상(애책), 친왕(종왕) 이하(묘지명)였고, 애책과 묘지명의 유무에 따라 능(애책)과 묘(묘지명)로 구분한다고 정리할 수 있다. 물론 애책의 대상자 가운데서도 묘지명을 간혹 사용한 흔적도 있다.[156] 당제에는 황제의 현궁에는 시책과 애책을 한 세트

而已. 若有德業, 則爲銘文.' 按儉此說, 石誌宋·齊以來有之矣."; (淸)葉昌熾撰, 柯昌泗評, 『語石·語石同異評』 卷4, p.226, "一曰墓誌. 齊武帝欲爲裴后立石誌墓, 王儉以爲非古".

153 『南齊書』 卷10 禮志下, pp.158~159, "有司奏: '大明故事, 太子妃玄宮中有石誌. 參議墓銘不出禮典. 近宋元嘉中, 顏延作王球石誌. 素族無碑策, 故以紀德. 自爾以來, 王公以下, 咸共遵用. 儲妃之重, 禮殊恆列, 既有哀策, 謂不須石誌.' 從之".

154 趙翼은 南朝시대 이후 哀策의 기사가 있는 것으로 宋 文帝袁皇后(顏延之撰), 梁 武丁貴嬪(張纘撰), 昭明太子(王筠撰), 簡文帝后(蕭子範撰), 唐代宗獨孤后(常袞撰) 등을 들고 있다(『廿二史箚記』 卷12 哀策文, p.258).

155 黃金明, 『漢魏晉南北朝誄碑文研究』, 2005, p.284.

156 劉師培, 「『文心雕龍』講錄」, 『中古文學論著三種』, "自裴松之奏禁私立墓碑, 而後墓誌一體. 觀漢魏刻石之出土者幷無墓誌, 亦足證此體之始于六朝也. 墓誌一體原爲不能立碑者而設, 而風尙所趨, 卽本可立碑或帝王后妃之已有哀策者亦兼有之".

로 넣고, 황후와 태자의 현궁에는 애책만 넣게 되어 있었다.[157] 그러나 실제로는 태자릉에서도 시책이 출토된다. 시책은 황제의 공덕을 칭송하는 시호를 증정하기까지의 경위를 설명하는 것이고, 애책은 황제・황후・태자의 사망연월일부터 시작하여 죽음을 애도하는 사(詞)로 끝내는 형식이다. 묘지명으로 보면 황제의 시책은 묘지명의 전반부에, 애책은 후반부에 해당한다.[158] 남조의 관례에서 본다면 당대의 문덕황후나 의덕태자(중종의 장자: 李重潤)는 당연히 애책의 대상자이다. 고종 건릉의 배장묘를 보면 의덕태자묘는 '묘'의 등급이 아니라 '능'이었다. 의덕태자의 묘는 나중에 '능'이 된 경우인데[號墓爲陵],[159] 따라서 그 묘에는 애책옥편이 있다. 그 문장은 이교(李嶠)가 지은 것으로 『전당문』에 수록되어 있다. 그런데 중간에 이와 같이 묘가 능으로 변하는 등 신분상 변경이 생길 경우 그 처리가 문제 된다. 신성공주(新城公主: 태종의 딸)의 경우는, "황후의 예로써 소릉 곁에 장례를 지냈다[皇后禮葬昭陵旁]"[160]라는 기록처럼, 당대 공주 가운데 '황후예장'을 받은 유일한 예였다.[161] 그런데 그녀의 묘 앞의 석각을 보면 석인・석호・석양・석망주(石望柱)・석비가 있고, 아울러 묘 속에는 벽화뿐만 아니라 묘지명이 있다.[162] 묘비가 있는 것은 이해되지만, 묘지명이 있는 것은 예에 맞지 않는 것이다. 또 영

157 謚册과 哀册文 쌍방을 다 갖춘 당대 황제는 中宗뿐인데, 『文苑英華』(臺北: 新文豊出版社, 1979) 卷835 「唐中宗孝和皇帝謚議册文一首」(蘇頲撰)와 卷836 「中宗孝和皇帝哀册文一首」(徐彦伯撰)가 있다.

158 來村多加史, 『唐代皇帝陵の硏究』, 2001, pp.281~282.

159 『新唐書』 卷81 中宗諸子 懿德太子傳, p.3593, "懿德太子重潤, 本名重照, 避武后諱改焉. … 中宗失位, 太孫府廢, 貶庶人, 別囚之. 帝復位, 封郡王. 大足中, 張易之兄弟得幸武后, 或譖重潤與其女弟永泰郡主及主壻竊議, 后怒, 杖殺之, 年十九重潤秀容儀, 以孝愛稱, 誅不緣罪, 人皆流涕. 神龍初(705), 追贈皇太子及謚, 陪葬乾陵, 號墓為陵, 贈主為公主".

160 『新唐書』 卷83 諸帝公主 太宗二十一女 新城公主傳, p.3649, "主暴薨, 高宗詔三司雜治, 正矩不能辯, 伏誅. 以皇后禮葬昭陵旁".

161 陝西省考古硏究所等編著, 『唐新城長公主墓發掘報告』, 北京: 科學出版社, 2004, p.138.

162 陝西省考古硏究所等編著, 『唐新城長公主墓發掘報告』, 2004, pp.134~135 圖版(圖111 「墓誌蓋拓片」, 圖112 「墓誌拓片」).

태공주(중종의 제7女: 李仙蕙–武延基와 결혼)묘는 '묘를 부르기를 능이라 했던[號墓爲陵]' 경우로,[163] 이것도 당대 공주 중 유일한 예인데,[164] 묘지명이 있다.[165] 영태공주의 묘지문을 보면 송장의 성황을 묘사할 뿐, '능'을 칭했다는 설명은 없기 때문에 '호묘위릉(號墓爲陵)'으로 승격된 것은 묘지명 매장 후의 조처로 보아야 한다.[166] 그러나 이 봉분은 비교적 높고 말을 뒤집어 놓은 형태[覆斗形]이고, 묘 앞에 화표·석사·석인 등이 있어 능의 규모라 할 수 있다.[167] 영태공주의 묘는 의덕태자의 묘 앞과 마찬가지로 석사 1쌍, 석인 2쌍, 석주(화표) 1쌍이 있는데, 장회태자(武則天의 2자: 李賢)의 묘 앞에 석양 1쌍만 있는 것과[168] 비교된다.[169] 즉 장회태자는 옹왕의 예로 '옹왕의 묘는 능이라 칭하지 않았던[雍墓不稱陵]'[170] 것이었기 때문이다. 그런데 장회태자는 특이하게 묘지명이 2개이다.[171] 하나는 「대당고옹왕묘지명(大唐故雍王墓誌銘)」이라 한 것이고, 다른 하나는 「대당고옹왕증장회태자묘지명(大唐故雍王贈章懷太子墓誌銘)」이라 한 것이다. 전자는 문명 원년(684), 후자는 경운 2년(711)에

163 『新唐書』 卷83 諸帝公主 中宗八女 永泰公主傳, p.3654, "永泰公主, 以郡主下嫁武延基. 大足中, 忤張易之, 為武后所殺. 帝追贈, 以禮改葬, 號墓為陵".

164 陝西省考古研究所等編著, 『唐新城長公主墓發掘報告』, 2004, p.140.

165 太常少卿·兼修國史臣 徐彦伯이 쓴 墓誌銘으로 誌蓋와 誌銘이 분리되어 있으며 지개의 邊寬이 1.19m, 厚가 0.25m로 蓋頂에 "大唐故永泰公主誌銘" 9자로 된 陽刻篆書가 있다.

166 拜根興·樊英峰, 『永泰公主與永泰公主墓』, 2004, p.103.

167 武伯倫, 「唐永泰公主墓誌銘」, 『文物』 1963-1, p.61.

168 拜根興·樊英峰, 『永泰公主與永泰公主墓』, 2004, p.101.

169 武伯倫에 의하면, 唐代 帝陵 陵墓裝飾은 乾陵 이전에는 常制가 없었으며, 乾陵 이후 1쌍(對)의 華表, 1쌍의 飛馬, 1쌍의 駝鳥, 5쌍의 馬, 10쌍의 石人, 四門 각 1쌍의 坐獅가 천편일률적으로 두어진다. 乾陵을 '石馬陵'(墓誌文에 '石馬陵邊皇女墳')이라 부른 것은 그 때문이다(武伯倫, 「唐永泰公主墓誌銘」, p.61).

170 『新唐書』 卷199 儒學中 盧粲傳, p.5670, "武崇訓死, 詔墓視陵制, 粲曰: '凡王·公主墓, 無稱陵者, 唯永泰公主事出特制, 非後人所援比. 崇訓塋兆, 請視諸王.' 詔曰: '安樂公主與永泰不異, 崇訓於主當同穴, 為陵不疑.' 粲固執, 以'陵之稱, 本施尊極, 雖崇訓之親, 不及雍王, 雍墓不稱陵, 崇訓緣主而得假是名哉? 詔可. 主大怒, 出粲陳州刺史".

171 「大唐故雍王墓誌銘」이라 적힌 것으로 邊長 90cm, 厚 20cm, 神龍 2년(706) 각한 誌文 1,600자가 있는 것과 「大唐故章懷太子幷妃清河房氏墓誌銘」이라 적힌 것으로 邊長 87cm, 厚 17cm, 景雲 2년(771) 각자, 盧璨 撰, 侄 岐王 李范 書. 1,100여 자가 새겨진 것이 있다.

만들어진 것이다. 장회태자는 신룡 2년(706)에 배장되었고, 경운 2년에 다시 묘도와 묘문을 열고 방비(房妃)를 합장[祔葬]시킬 때 넣은 것으로 본다. 묘지명뿐만 아니라 묘실 벽화도 중층이 되었다. 같은 건릉의 배장묘인 설원초(薛元超),[172] 이근행(李謹行),[173] 유준(劉濬; 劉仁軌의 子) 등이[174] 묘지명을 사용한 것은 당연하다. 이처럼 묘지명의 사용 대상의 등급이 명확하지는 않지만 나름대로 규정이 있었기 때문에, 백제 무령왕릉에서 발굴된 것이 묘지석이냐 매지권이냐를 판단할 때,[175] 동시대 중국의 관례를 참조하면 될 듯하다.

Ⅲ. 묘비·묘지명의 형제와 유행

1. 묘지명의 형제·문체, 그리고 규격상 등급

비문이나 묘지명을 각제(刻製)할 때에는 석면 위에 먼저 주필(朱筆)로 묘사하고(이를 '書丹'이라 한다) 그 후에 각공(刻工)이 자적(字迹)에 따라 간각(刊刻)하는 과정을 거친다.[176] 묘지명은 대개 '묘지', '묘지명' 혹은 '묘지명병서'라는 명칭을 가진다. 묘지명의 홍성기라고 할 수 있는 수당시대에는 지석에 사용한 명칭이 70여 종이나 된다고 한다.[177] 와(瓦), 전(磚), 석(石), 도기(陶器),

172 墓石 長 84.5cm 厚 15cm, 3,240字. 誌蓋에 「大唐故中書令·贈光祿大夫·秦州都督薛公墓誌銘」, 誌文에 "大唐故中書令·兼檢校太子左庶子·戶部尙書·汾陽男·贈光祿大夫·使持節都督秦·成·武·渭四州諸軍事·秦州剌史薛公墓誌銘幷序"라 되어 있다. 1972년 출토.

173 誌蓋에 「大唐故右衛員外大將燕國公墓誌銘」이라 하였다.

174 石灰石質의 묘지, 邊長 0.775m, 厚 0.15m, 약 1,300字. 誌文은 "大唐故學士·太子中書舍人·上柱國·河間縣國男·贈率更令劉府君墓誌"라 되어 있다. 1960년 6월 乾陵 陪葬區 출토.

175 金英心, 『譯註韓國古代金石文』(서울: 駕洛國史蹟開發硏究院, 韓國古代社會硏究所編, 1992) 1(고구려·백제·낙랑 편), 「武寧王陵 誌石」.

176 '書丹' 과정을 거치지 않고 직접 刀로써 刻寫한 것을 '急就墓誌'라 한다(李域錚, 『陝西古代石刻藝術』, 西安: 三秦出版社, 1995, p.221).

177 余扶危·王建華·余黎星, 「洛陽出土隋唐以前墓誌名稱略說」, 趙振華主編, 『洛陽出土墓誌硏究文集』, 北京: 朝華出版社, 2002, p.274.

지(紙) 등 다양한 소재에 구명(柩銘), 묘기(墓記), 묘갈(墓碣), 묘판(墓版), 광지(壙誌), 영사명(靈舍銘), 음당문(陰堂文), 현당지(玄堂誌) 등의 명칭을 띤 것들도 묘지명류에 넣기도 한다.[178]

묘지명 정형의 완성기는 ① 고정된 형제, ② 관용된 문체와 격식, ③ 묘주의 신분과 가세 표시 등이 고루 갖추어진 시기인 남북조시대라 할 수 있다. 진대에서 후한 말기까지 묘주를 표시하는 풍습이 존재하였고, 위진에서 남북조 초기까지는 비, 명, 구명(柩銘) 등의 용어를 사용하였으나 '묘지'라는 명칭은 아직 사용되지 않았다. 남북조시대에 들어 묘지라는 명칭이 정식으로 출현하고, 형제와 문체가 상대적으로 고정되고 아울러 묘지명이 묘장에서 보편적으로 사용되는 상례용품(장구)의 하나가 되었다.[179]

묘지명은 그 서술방식·소재, 그리고 규격 등에서 가장 유사한 앞선 유물이 묘비이기 때문에 묘비의 변형임은 분명하다.[180] 위진시대에 금비령이 내리자 이 묘비를 축소하여 묘 속에 매입하도록 유도함으로써 묘지명이 출현한 것이다. 서진시대의 묘지명(당시 '墓表'라 많이 칭해짐)을 보면 기본적으로 축소된 묘비 형상에다 밑면에는 좌대가 있고, 비신의 상단에는 원수(圓首) 혹은 규수(圭首)로 되어 있으며, 묘실 중에 '수직으로 세워져[竪立植放]' 있으며 높이는 대개 1m 전후였다. 또 십육국시대의 소비형상(小碑形狀) 묘지(墓誌, 즉 墓表)도 소량 발굴되었다.[181] 아울러 북위의 묘지명도 마찬가지로 소비형이 많다. 예컨대 북위 효문제 태화 8년(484) 11월 16일 사마금룡(司馬金龍)의

178 任昉, 「新出土墓誌の集大成·傳統文化の精華—『新中國出土墓誌』編纂の回顧と展望—」, 『東アジア石刻研究 1』(東京: 明治大學東アジア石刻文物研究所, 2005), p.37.

179 趙超, 「墓誌溯源」, 『文史』 21.

180 정형화된 墓碑文은 碑額, 諱, 字, 本籍, 家系, 品行, 官歷을 포함한 履歷, 卒年月日, 享年, 追贈, 葬日 혹은 立碑日, 銘辭 등이다(窪添慶文, 「墓誌の起源とその定型化」, 『立正史學』 105, 2009, p.2).

181 甘肅省 武威에서 출토된 前秦 建元 10년(376) 10월 30일 梁舒 및 妻宋華墓表(鍾長發·寧篤學, 「武威金沙公社出土前秦建元十二年墓表」, 『文物』 1981-2)와 陝西省 咸陽에서 출토된 後秦 弘始 4년(402) 12월 27일 呂他묘표(李朝陽, 「呂他墓表考述」, 『文物』 1997-10).

묘지명이 소비형이고, 비액 상단에 「사마낭야강왕묘표(司馬琅邪康王墓表)」라 쓰여 있다.[182] 또 선무제 정시 4년(504) 4월의 봉화돌(封和突)의 묘지명,[183] 그리고 선무제 영평 원년(508) 11월 15일의 원숙(元淑)의 묘지명도 역시 소비형이었다.[184] 즉 비를 모방해서 묘 속에 세운 것으로 이는 바로 비가 묘지명으로 변화한 명확한 증거인 것이다. 물론 입비 형식의 지석은 묘 속에 그대로 두기에 적당하지 않았기 때문에 묘지명도 형상이 점차 변하게 되었다. 이런 변화가 시작되었을 때는 일반적으로 지신(誌身)만 있고, 지개는 없어 분명히 이전의 전지(磚誌)의 형제상 특징을 계승하였다. 그러나 그 이후 묘지명의 기본 정형은 석질에 (정)방형 지신과 녹정(형)식[盝頂(形)式]의 (지)개('覆斗形'이라고도 함)가 일함(一盒)을 이루게 되는 것으로, 이는 대체로 북위 효문제의 낙양 천도 이후에 출현한 것으로 본다.[185] 북위시대 묘지명을 가진 묘장은 중형 이상의 전실묘로 묘주는 대부분 각급 관원이며, 묘지명은 기본적으로 묘실 입구나 묘도에 놓였다.

물론 묘비와 묘지명 사이에는 문체상 차이도 있다.[186] 또 묘비는 묘 앞에 세우기 때문에 "아름다운 옛일을 삼가 밝히는[維昭美故]"는 것이고, 묘지명은 묘 속에 넣는 것이므로 "공의 묘라는 것을 알게 하기[以識公墓]" 위한 것이어서 그 기능적 차이도 물론 있다.[187] 그러나 묘지명이 묘비에서 변화된 것임은 분명하기 때문에 묘지명의 시작을 어느 시대, 어떤 것부터 보느냐의 논쟁

182 山西大同市博物館等, 「山西大同石家寨北魏司馬金龍墓」, 『文物』 1972-3.

183 山西大同市博物館·馬玉基, 「大同市小站村花圪臺北魏墓清理簡報」, 『文物』 1983-8.

184 山西大同市博物館, 「大同東郊北魏元淑墓」, 『文物』 1989-8.

185 趙超, 「試談北魏墓誌的等級制度」, 『洛陽出土墓誌硏究文集』, 2002, p.28.

186 趙超에 의하면 墓誌의 形制와 敍述 內容은 墓碑에 접근하지만, 定型 이후의 墓誌 銘文을 碑文과 비교해 보면 墓主 본인의 功德 외에 가족의 祖先世系 및 後嗣와 親屬관계의 기록이 보다 상세하게 되는데 이는 南北朝·隋唐시대가 門第를 추구하고 士族 大姓을 推崇하는 풍조와 관련이 있다고 본다(『中國古代石刻概論』, 北京: 文物出版社, 1997). 그러나 韓愈의 경우를 검토해 보면, 墓碑나 墓誌銘이나 그 서술상에 별다른 차이를 발견하기 힘들다.

187 韓愈, 「唐故江西觀察使韋公(丹)墓誌銘」, 『韓昌黎文集校注』, 上海: 上海古籍出版社, 1986, 第6卷 碑誌, p.378, "碑于墓前, 維昭美故; 納銘墓中, 以識公墓".

은 사실 별 의미가 없다. 단지 묘지명이 언제부터 크게 유행하게 되었느냐, 그리고 왜 유행하게 되었느냐가 핵심 문제인 것이다.

묘지명은 문장 면에서 보면, ① 사자의 성명, 사망일시, 가족 세계 및 묘주의 주요 사적 등을 적은 산문체인 '지(문)' 혹은 '서'와 ② 사자의 공덕을 표창하는 운문 형식인 '명(문)'이라는 크게 두 부분으로 구성되어 있다. 그래서 석각 위에 지만 있고 명이 없는 것을 '묘지'라고 지칭하고, 명만 있고 지가 없는 것을 '묘명'이라 지칭한다. 대다수가 지와 명이 있으므로 묘지명이라 한다.[188] 또는 ① 본인의 이력(혈족·성장 과정·관력)을 서술한 부분, ② 죽음에 대한 감상 및 유언(구체적 장례 형식에 대한 묘사), ③ 삶에 대한 종합적 평가(銘曰, 銘云. 詞曰, 詞云) 등 세 부분으로 구분하기도 한다. 명의 왕행(王行)은 묘지명의 서(지문)의 구성 요소를 휘(諱), 자(字), 성씨(姓氏), 향읍(鄕邑), 족출(族出), 행치(行治), 이력(履歷), 졸일(卒日), 수년(壽年), 처(妻), 자(子), 장일(葬日), 장지(葬地) 등 13가지로 구분하기도 하였다.[189] 그런데 혹자는 묘지명이 묘비에서 변형된 것임은 분명하지만, 정식 묘지명은 묘비처럼 "덕을 기리는 명의 사[銘辭]"를 갖추고, 또 묘 속의 일정한 위치에 놓인다고 보았을 때, 동진의 경우 명사가 없을 뿐만 아니라 그 자수·규격·재질·내용 모두가 일정하지 않았으며, 유송대도 일정한 위치가 정해지지 않았기 때문에 동진·유송시대는 과도기이며, 양대에 이르러 나름대로 형태가 완성되었다고 보았다.[190] 한편 북위에서는 비교적 일찍 장문의 명사를 가진 묘지명이 출현했고, 따라서 그 정형화도 북위시대에 완성되었다고 본다.[191]

188 李域錚, 『陝西古代石刻藝術』, 1995, p.220.

189 (明)王行撰, 『墓銘擧例』 卷1, "凡墓誌銘書法有例, 其大要十有三事焉, 曰諱·曰字·曰姓氏·曰鄕邑·曰族出·曰行治·曰履歷·曰卒日·曰壽年·曰妻·曰子·曰葬日·曰葬地, 其序如此, … 其他雖序次或有先後, 要不越此十餘事而已, 此正例也, 其有例所有而不書, 例所無而書之者, 又其變例, 各以其故也".

190 羅宗眞, 「南京新出土梁代墓誌評述」, 『文物』 1981-12; 中村圭爾, 『六朝江南地域史研究』, 東京: 汲古書院, 2006, pp.398~399.

191 窪添慶文, 「墓誌の起源とその定型化」, 伊藤敏雄編, 『魏晋南北朝史と石刻史料研究の新展開

묘지명을 만들 때 그 규격 등에 등급이 있었을까? 혹자는 발굴된 북위 묘지명의 묘주의 관위와 묘지명의 규격(長과 寬)을 조사한 결과, ① 삼공은 변장 3척(북위척), ② 1~2품 관원은 변장 2척 4촌 이상, ③ 삼품 관원은 변장 2척 이상~2척 4촌 이하, ④ 사품 이하 관원은 변장 1~2척 등으로, 이를 통해 등급 고하에 따라 1척, 1척 2촌, 1척 4촌, 1척 6촌, 1척 8촌 등 몇 개의 단계가 있다고 보았고, 비빈 여관의 묘지명은 남성 관원의 품계에 비해 척촌이 1등급 낮았다고 정리하였다.[192] 그러나 이런 등급 존재를 부정하는 연구도 있어[193] 논란의 여지가 있다.[194] 다만 주대의 묘장 중에 열정제도(列鼎制度)나 한대의 묘장 중에 봉토 및 배장품제도가 있었을 뿐만 아니라, 전술한 바와 같이 『수서』 예의지와 『대당육전』에 상장제도 중 석각 제작 시 묘주의 등급에 따른 명확한 차이가 규정되어 있었기 때문에, 관위나 신분에 따라 어떤 제약과 규정이 있었던 것도 예상할 수 있다. 그러나 지하에 매장되는 것이기 때문에 그 규정이 얼마나 준수되었느냐는 또 다른 문제이다.

2. 묘비와 묘지명의 유행

묘지명은 묘비에서 변화한 것이지만 묘지명과 비(지)명은 형상이나 문장에서 구별된다. 매장되는 묘지명은 대체로 정방형의 돌 2개가 서로 합치되는 형식을 취하고 있다. 위쪽은 개액(蓋額)으로, 묘주의 최고 관작 및 성씨를 대개 전자(篆字)로 제관(題款)한다. 아래쪽은 지명인데 해서 등으로 음각하는 경우가 대부분이다. 두 돌을 포개서 구전(柩前)에 '눕혀 놓게[平放]' 된

―魏晋南北朝史像の再構成に向けて』, 平成18-20年度科學硏究費補助金[基礎硏究(B)]; 「出土史料による魏晋南北朝史像の再構築」, 大阪: 大阪教育大學, 2009, pp.24~26.

192 趙超, 「試談北魏墓誌的等級制度」, 2002, pp.42~43.

193 松下憲一, 「北魏墓誌的等級制度考略」, 『中國魏晋南北朝史學會第十屆年會暨國際學術硏討會論文集』, 太原: 北岳文藝出版社, 2012.

194 苗霖霖은 北魏 後宮의 墓誌에 等級이 있었다고 한다(「北魏後宮墓誌等級制度探試」, 『史林』 2010-5).

다(반면 碑는 지상에 '竪立'한다). 묘지명은 비(지)명에 비해 작고, 자수도 비교적 적었다. 일반 묘지명은 500~600자인 데 비해 비(지)명은 많은 것은 2,000~3,000자이다. 즉 당대의 경우를 보면 양자 사이의 분별은 분명하다. 묘지명은 묘지·묘명(墓銘)·묘지명·기부지(歸祔誌) 등으로, 비(지)명은 신도비·비 등으로 제목을 단다. 그 밖에 덕정비·공덕비·행장 등의 각석은 반드시 묘 앞에 세우는 것은 아니지만, 그 형제가 신도비·비 등과 비슷하므로 같은 종류에 넣기도 한다. 그 외에 탑지명(塔誌銘)이 있는데 승려가 묘주이고, 탑명(塔銘)·영탑명(靈塔銘)·수탑명(壽塔銘)·영탑기(靈塔記)·수탑기(壽塔記) 등으로 불린다. 그 외 잡지명(雜誌銘)이 있다. 수량으로 따지면 묘지명이 제일 많고 다음이 탑지명이고, 그 다음이 비(지)명이고, 제일 적은 것이 잡지명이다.[195]

묘비나 묘지명의 사용 빈도는 발굴된 빈도를 가지고 설명할 수밖에 없다. 전술했듯이 동진·남조시대에 만들어진 묘지의 수는 북조에 비해 매우 적다. 우선 양전순(楊殿珣: 1910~?)이 편집한 『석각제발색인(石刻題跋索引)』(상무인서관, 1940 초판)[196]은 역대 발굴된 석각들의 총목록이기 때문에 가장 신빙성이 있다.[197] 이 책은 '묘비'와 '묘지' 등으로 분류하고 있다.[198] 『석각제

195 毛漢光, 『唐代墓誌銘彙編附考』 第1册, 臺北: 歷史語言硏究所, 1984, 凡例, pp.7~8; 그러나 묘지명과 비지명의 다소는 실제와는 다르다.

196 『石刻題跋索引』의 版本은 두 종류가 있다. 하나는 商務印書館(北京) 1940년 11월에 출판된 初版本으로 1990년 1월에 영인된 第1版인데, 이는 다시 1995년 8월 第2次 印刷되었고, 다른 하나는 商務印書館(上海)이 1941년 9월에 발행한 초판본으로, 1957년 11월 重印 第1版(增訂本)이 그것이다. 필자는 서울 法仁文化社에서 영인된 『石刻史料新編』(第1輯 30册)을 이용하였다.

197 물론 이것을 참조하여 後漢부터 隋代까지의 墓誌類 目錄인 『六朝墓誌檢要』(上海: 上海書畫出版社, 1985)가 출판되었으나 그렇게 상밀하지 않다. 아울러 氣賀澤保規의 『新版唐代墓誌所在總合目錄(增訂版)』(東京: 汲古書院, 2009)은 1997년 『唐代墓誌所在總合目錄』으로 출판되어 2006년 改訂版 출간을 거쳐 다시 2008년까지를 정리한 것으로 대단히 유용하나 唐代 것만 수록되어 이용하지 않았다.

198 石刻의 分類 방법은 다양하다. 예컨대 葉昌熾(1849~1917)의 『語石』(각종 石刻 1800여종 수집, 1901년 成書)은 42개로 分類하였는데, 『石刻史料新編』(서울: 法仁文化社, 1987

발색인』 묘지조에 보이는 묘지(명)의 수를 보면 그 사용의 대강을 짐작할 수가 있다. 먼저 한대부터 남북조 말까지 묘지명의 통계는 한(漢)=8, 위(魏)=2, 진(晉)=51, 후진(後秦)=4, 송(宋)=18, (남)제[(南)齊]=7, 양(梁)=16, 진(陳)=2, 북위(北魏)=665, 동위(東魏)=134, 서위(西魏)=1, 북제(北齊)=106, 북주(北周)=32, 수(隋)=449[開皇=135(開皇 9년까지=41), 仁壽=33, 大業=271, 隋末=10]이다. 따라서 단순하게 남북조시대만 비교하면 송-제-양-진 남조의 묘지명 수는 43방인 데 비해, 북위부터 수가 통일하는 개황 9년(589)까지, 즉 북조의 묘지명은 979방이라는 수치가 나온다. 이를 단순 비교하면 북조가 남조보다 약 23배가 많다는 계산이다.

다시 인민중국이 성립한 후 발굴된 묘지명을 포괄하여 계산해 보자. 조만리(趙萬里)의 『한위남북조묘지집석(漢魏南北朝墓誌集釋)』에 재록된 것을 보면 1949년 전에 발굴된 남조의 것은 단지 3방(劉宋 劉懷民, 南齊 呂超 등)에 불과하다. 반면 북조의 것은 343방(북위=290, 북제=41, 북주=12, 수 제외)이다. 최근 30년 동안 강남 지구에서 묘지가 다수(24방) 발견되어 모두 26방이라 하고 있으나 그 수는 북조에 크게 미치지 못하고 있다.[199]

또 남조 양대에 만들어진 『문선』에는 묘지명으로는 임방(任昉: 彦昇)의 「유선생부인묘지(劉先生夫人墓誌)」 하나가 수록되어 있지만, 그 수로 볼 때, 남조의 묘지를 문학의 일환으로 평가할 수는 없다.[200] 『문선』에서 묘비는 권58에 3건, 권59에 2건으로 총 5건이 수록된 데 비해, 묘지명은 권59에 1건이 재록된 것에 불과하다.

조초(趙超)의 『한위남북조묘지휘편(漢魏南北朝墓誌彙編)』은 1986년까지

影印)은 墓碑, 墓誌, 刻經, 造像, 題名題字, 詩詞, 雜刻 등 일곱 가지로 분류하였다. 이 책은 (宋)歐陽修撰 『集古錄跋尾』(十卷) 이후 1956년에 출판된 趙萬里撰의 『漢魏南北朝墓誌集釋』(十二卷)까지 집록한 것이다.

199 羅宗鎭, 『六朝考古』, 南京: 南京大學出版社, 1994, p.144.

200 中砂明德, 「唐代の墓葬と墓誌」, 『中國中世の文物』, 1993, p.390.

발견된 묘지(명)를 수록한 것이다. 수록된 묘지명의 수를 보면, 한(漢)=6, 삼국(三國: 魏)=2, 서진(西晉)=21, 동진(東晉)=14, 송(宋)=3, 제(齊)=1, 양(梁)=6, 진(陳)=1, 후연(後燕)=1, 북위(北魏)=293(北魏=263 附=30), 동위(東魏)=58, 서위(西魏)=3, 북제(北齊)=71, 북주(北周)=30방이었다. 이를 단순하게 비교하면 동진·남조는 25방인 데 비해 북조는 455방이다. 여기에 조초(趙超)가 '무연월잔권(無年月殘卷)'이라 한 것이 북위=21방이 있고, '위지(僞誌: 疑僞)'라 한 것은 한(漢)=4, 위(魏)=6, 진(晉)=8(西晉=6, 東晉=2), 송=1, 양=1, 궐연월(闕年月)=4, 진=1로 총 25방으로 이 25방 가운데 동진·남조는 9방에 불과한데, 북위=55, 동위=7 북제=2, 북주=3이어서 총 67방이나 된다. 여기서 고창(高昌)의 것(거의가 다 '墓表'라 되어 있다)이 34방이다. 수가 진을 통합하여 통일하기 전까지를 북조에 넣는다면 더 늘어날 것이고, 고창이 북위의 식민국가였다는 점에서 북조로 넣는다면 그 비율은 늘어난다. 조초의 분류에 의거하여 대강 정리하면 동진·남조의 묘지류 총수는 34방인 데 비해 북조는 587방이나 된다. 즉 근래 출토한 수를 비교해도 남조에 비해 북조가 최소 17~18배로 많다는 것을 알 수 있다.

한편 나신(羅新)·엽위(葉煒)가 편찬한 『신출위진남북조묘지소증(新出魏晋南北朝墓誌疏證)』은 조만리의 『한위남북조묘지집석』과 조초의 전게서에 수록되지 않은 것 중에 수나라의 것을 보충하였다. 수의 묘지명은 조만리가 수록하지 않은 1950년대부터 2003년 말까지 발표된 것을 보충하고, 1986년 이후 2003년 12월 사이에 발표된 것, 그리고 조초가 누락한 것을 수록한 것이다. 즉 위진십육국=20, 북위=43, 동위-북제=23, 서위-북주=28, 수=116으로 구분하고 있다. 위진십육국의 20방은 서진=4, 전연=1, 전조=1, 하=1, 동진=11, 송=1, 진=1이다. 이것을 통해 보면 동진·남조의 것은 13방이 새로 출토된 반면, 북조는 통일 이전 수의 것이 11방, 통일 이후 수의 것이 105방 출토되었다. 단순하게 비교하면 동진·남조의 13방에 비해 십육국·북조(십육국=3, 북위=43, 동위-북제=23, 서위-북주=28, 수=11)는 108방으로 동진·남조의 8~9배가 된다. 여기에 나신 등은 고창 지역을 넣지 않고 있다. 아무튼 새로 출토된 것이나 기존 묘지명의 수만 보아도 8~18배의 비율로 북조의 것이 많이 출토되었다는 것을 알 수가 있다. 이런 통계상의 차이는 통계학적으로 대단히 '유의미'한 결과라 할 수 있다. 즉 묘지명이라는 것이 한적인 문화전통을 계승한 것이지만, 한족들보다 호족 혹은 호족정권하의 한인들이 크게 선호하였다는 점을 분명히 알 수 있다. 『석각제발색인』에 수록된 수당시대의 묘지명 수는 총 2,598(당=2,531+당 말=67)방이다. 즉 묘지명의 융성기를 연 것이다.

그러면 묘비의 수를 살펴보자. 전한(前漢)=5, 거섭(居攝)=17, 후한=1,422, 위=79, 오=20, 촉=6, 진=121(西晉=?+東晉=?), 위한(僞漢: 前趙)=3, 후조=4, 전진=15, 송=16, 양=89, 진=4, 북위=86, 동위=59, 서위=6, 북제=62, 북주=42, 수=98, 당=3,532라는 통계가 나왔다. 이상의 통계를 볼 때, 묘비는 후한시대가 전성기였다고 할 수 있으며, 위진남북조시대에 들면 급격하게 줄어든다는 사실을 알 수 있다. 한편 북조(수대 포함)의 묘비는 총 353개인데 비해, 남조는 총 109개로 북조보다 적다. 다만 남조의 묘지명 총수가 43방인 데 비하면 비의 수가 많은 편이다. 북조의 묘지명과 묘비 비율은 979:353이다. 한편 당대의 묘지명과 묘비의 수를 비교하면 2,598:3,532이어서 묘비가 묘지명보다는 많다.

묘비는 지상에 있는 것이므로 모두 수집된 데 비해, 묘지명은 계속 발견 중이기 때문에 '유의미'한 차이라고 볼 수는 없다. 1,000 정도의 차이는 오래지 않아 평형을 이룰 것으로 예상된다. 따라서 수당, 특히 당대는 묘지명과 묘비가 공존하는 시대라고 규정할 수가 있다. 특히 당대에 활약한 문인의 문집을 통해 살펴보아도 역시 같은 결과가 나온다.

이러한 비·지의 병존현상은 북조 말기부터 보인다. 먼저 유신(庾信: 513~

581)의 경우를 보자. 양-서위-북주왕조 아래 살았던 유신은 특히 북귀 이후 많은 수의 비 · 지를 남겼다. 그의 『유자산집』을 보면 권13~14는 비이고, 권15~16은 지명이다. 즉 묘비 12개와 묘지명 21개를 남겼다.[201] 그런데 묘지명 문학의 최고봉이라 평가받는 한유의 경우를 보면, 『한창여집』 권6 비지에 40개가 수록되어 있으며, 표제 명칭만 보면 '묘명(墓銘)' 5개, '묘지명' 20개, '묘지' 2개, '빈표(殯表)' 1개, 비문 1개, 비 2개, 신도비명(神道碑銘), 묘비명(廟碑銘), 묘비(廟碑), 신도비문(神道碑文) 등이 수록되어 있다. 권7 비지에도 35개가 있다. 그런데 비나 묘지명이나 서술방식은 대동소이하다.[202] 또 백거이의 문집에 보면 권41이 비갈인데, 6수가 있고[203] 권42가 묘지명인데 7수가[204] 재록되어 있다.

---

201 庾信撰·倪璠注·許逸民校點, 『庾子山集注』(北京: 中華書局, 1980) 卷13에는 「周上柱國齊王憲神道碑」, 「周太子太保步陸逞神道碑」, 「周大將軍崔說神道碑」, 「周大將軍司馬裔神道碑」, 「周柱國大將軍長孫儉神道碑」 등 5개가 있고, 卷14에는 「周柱國大將軍紇干弘神道碑」, 「周柱國大將軍大都督同州刺史爾綿永神道碑」, 「周車騎大將軍賀婁公神道碑」, 「周上柱國宿國公河州都督普屯威神道碑」, 「周柱國楚國公岐州刺史慕容公神道碑」, 「周兗州刺史廣饒公宇文公神道碑」, 「周隴右總管長史贈太子少保豆盧公神道碑」 등 7개가 있다. 卷15에는 「周大將軍襄城公鄭偉墓誌銘」, 「周驃騎大將軍開府侯莫陳道生墓誌銘」, 「周車騎大將軍贈小司空宇文顯和墓誌銘」, 「周大將軍琅邪定公司馬裔墓誌銘」, 「周大將軍懷德公吳明徹墓誌銘」, 「周大將軍上開府廣饒公鄭常墓誌銘」, 「周大將軍聞嘉公柳遐墓誌銘」, 「周大將軍義興公蕭公墓誌銘」, 「周大將軍趙公墓誌銘」 등 9개가 있고, 卷16에는 「周譙國公夫人步陸孤氏墓誌銘」, 「周趙國公夫人紇豆陵氏墓誌銘」, 「周安昌公夫人鄭氏墓誌銘」, 「周大將軍隴東郡公侯莫陳君夫人竇氏墓誌銘」, 「周冠軍公夫人烏石蘭氏墓誌銘」, 「周太傅鄭國公夫人鄭氏墓誌銘」, 「後魏驃騎將軍荊州刺史賀拔夫人元氏墓誌銘」, 「周大都督楊林伯長孫瑕夫人羅氏墓誌銘」, 「周儀同松滋公拓拔競夫人尉遲氏墓誌銘」, 「周驃騎大將軍開府儀同三司冠軍伯柴烈李夫人墓誌銘」, 「彭城公夫人爾朱氏墓誌銘」, 「伯母東平郡夫人李氏墓誌銘」 등 12개가 있다. 그의 문집 16권 가운데 네 권이 碑와 墓誌銘이 차지하고 있다.

202 『韓昌黎文集校注』, 上海: 上海古籍出版社, 1986.

203 『白居易集』(北京: 中華書局, 1979)에는 「有唐善人墓碑」, 「唐故通議大夫和州刺史吳郡張公神道碑銘幷序」, 「唐贈尙書工部侍郎吳郡張公神道碑銘幷序」, 「傳法堂碑」, 「唐故撫州景雲寺律大德上弘和尙石塔碑銘幷序」, 「唐江州興果寺律大德湊公塔碣銘幷序」 등이 있다.

204 「大唐故賢妃京兆韋氏墓誌銘幷序」, 「唐故會王墓誌銘幷序」, 「故梌州刺史贈刑部尙書榮陽鄭公墓誌銘幷序」, 「唐河南元府君夫人榮陽鄭氏墓誌銘幷序」, 「唐楊州倉曹參軍王府君墓誌銘幷序」, 「唐故坊州鄜城縣尉陳府君夫人白氏墓誌銘」, 「唐太原白氏殤墓誌銘」.

그뿐만 아니라 한 개인이 묘지명과 묘비를 동시에 사용하기도 하였다. 먼저 당 태종의 소릉에 배장된 이사마(李思摩),[205] 위지경덕(尉遲敬德),[206] 위규(韋珪),[207] 이적(李勣),[208] 아사나충(阿史那忠),[209] 가회(嘉會),[210] 이정(李貞),[211] 이승건(李承乾),[212] 신성공주(新城公主)[213] 등의 묘에는 묘비와 묘지명을 동시에 사용하였다. 또 노정도(盧正道),[214] 고역사(高力士)[215]도 묘지명과 신도비를 동시에 사용하고 있다.[216] 또 저명한 여류 시인이며, 정치가인 상관완아(上官婉兒: 664~700)도 묘지명과 비명이 따로 있다.[217] 묘지명과 묘비의 혼용시대라 할 수 있다.

---

205 『昭陵碑石』, pp.12~13, 「李思摩墓誌銘並蓋」와 附 「李思摩碑」.

206 『昭陵碑石』, p.36, 「尉遲敬德墓誌銘並蓋(大唐故司徒幷州都督上柱國鄂國忠武公尉遲府君墓誌之銘)」; p.39, 「尉遲敬德碑(大唐故司徒幷州都督鄂國忠武公之碑)」.

207 『昭陵碑石』, p.52, 「唐太宗貴妃韋珪墓誌銘並蓋(唐太宗文皇帝故貴妃紀國太妃韋氏銘)」; 附 「唐太宗貴妃韋珪碑」.

208 『昭陵碑石』, p.54, 「李勣墓誌銘並蓋(大唐故司空公太子太師贈太尉揚州大都督上柱國英國公李公墓誌之銘)」; p.66, 「李勣碑並陰(大唐故司空上柱國贈太尉英貞武公碑)」.

209 『昭陵碑石』, p.63, 「阿史那忠墓誌銘並蓋(大唐故右驍衛大將軍贈荊州大都督上柱國薛國公阿史那貞公墓誌之銘)」; p.65, 「阿史那忠碑(「大唐故右驍衛大將軍薛國貞公阿史那府君之碑)」.

210 『昭陵碑石』, p.68, 「唐嘉會墓誌銘並蓋(大唐故殿中少監上柱國唐府君墓誌銘)」; 附 「唐嘉會碑」.

211 『昭陵碑石』, p.83, 「越王李貞墓誌銘並蓋(大唐故太子少保豫州刺史越王墓誌銘)」·「越王李貞碑(大唐故太子太傅□州刺史越王之碑)」.

212 『昭陵碑石』, pp.88~89, 「恒山愍王李承乾墓誌銘並蓋(唐故恒山愍王墓誌銘)」·「恒山愍王李承乾碑」.

213 陝西省考古硏究所等編著, 『唐新城長公主墓發掘報告』, 北京: 科學出版社, 2004, p.135~136, 「大唐故新城長公主墓誌銘幷序」 및 圖版一 2. 石碑倒臥情況, 圖版三 1石碑座.

214 「大唐故中大夫使持節鄂州諸軍事上柱國范陽盧府君墓誌銘幷序」(墓誌銘); 「唐故鄂州刺史盧府君神道碑」[神道碑(趙振華·張勝鋼, 「唐盧正道墓誌與有關碑刻硏究」, 趙振華主編, 『洛陽出土墓誌硏究文集』, 北京: 朝華出版社, 2002, pp.304~306, pp.310~311)].

215 墓誌銘(『全唐文補遺』 第7輯, 西安: 三秦出版社, 2000); 神道碑(『全唐文補遺』 第1輯, 西安: 三秦出版社, 1994).

216 牛致功, 「有關高力士的幾個問題-讀高力士的〈神道碑〉及〈墓誌銘〉」, 『唐代史學與墓誌硏究』, 西安: 三秦出版社, 2006.

217 李明·耿慶則, 「『唐昭容上官氏墓誌』箋釋一兼談唐昭容上官氏墓相關問題一」, 『考古與文物』 2013-6, pp.86~90; 張說, 「昭容上官氏碑銘」, 李昉等編, 『文苑英華』(臺北: 新文豐出版社, 1979) 卷933 「碑」, p.4911.

이상의 결과에서 보듯이 수당시대는 그 사회뿐만 아니라 개인도 묘비와 묘지명의 융합 · 병용시대라고 할 수 있다. 그런 측면에서 유목민족이 중원에 들어와 유행시킨 묘지명이 세계제국인 수당왕조에서 만개한 것은 상당히 중요한 의미를 띤다고 할 수 있다.

Ⅳ. 묘지명의 자료적 가치

1. 수집과 정리

'묘지' 혹은 '묘지명'이 역사적 사실을 규명하는 자료로 최근 빈번하게 이용되고 있는 것은 잘 아는 사실이다. 그러나 묘지명이 어떤 성격의 자료이며, 이것이 자료로써 어느 정도의 의미와 가치를 가지고 있는가 하는 점은 그리 명확하게 검토된 적이 없는 것 같다.

묘지명이 출현하고 나서 시대의 변화에 따라 그 서술 내용도 달라졌다. 그런 면에서 동일하지 않은 시기의 역사 · 문화 상황과 다양한 측면에서 사료 부족을 보충할 수 있다. 중요한 고고자료로써 중시되어 현재 수집된 역대 묘지 수가 만 개가 넘었다.[218]

묘지명을 포함하는 석각 관련 서적을 종합적으로 살펴보면, 현존하는 최초의 금석서는 구양수(歐陽修)의 『집고록발미(集古錄跋尾)』이며, 송대에 들어 금석학이 극성을 이루게 되어[219] 송인이 비지문에 대해 많은 주의를 기울였음을 알 수 있다. 특히 『집고록발미』의 "(구양)수는 없어지고 잃어버린 것을 처음으로 가려서 모으니 1,000권에 이르게 되었다[(歐陽)修始採摭逸遺, 積至千卷]" 혹은 "(구양)수가 또 스스로 모두 400여 편에다 발문을 썼다고 스스로

218 趙超, 『中國古代石刻概論』, 1997.

219 陳仲玉, 「論宋代金石學之發達及其價值」, 『食貨』 復刊2-9.

말했다[(歐陽)修又自云, 凡四百餘篇有跋]”라는 기술을 볼 때, 구양수가 처음으로 금석문을 수집하고 그것들을 모아 서책으로 만들었으며,[220] 또 아들 구양비(歐陽棐)에게 그 목록인 『집고록목(集古錄目)』을 만들게 하였던 것이니 그가 중국 금석학 역사에 남긴 족적은 다대하다고 할 수 있다.[221] 구양수와 쌍벽을 이루는 또 한 사람이 있으니 바로 조명성(趙明誠)으로 그의 책이 『금석록(金石錄)』이다.[222] 중국의 금석학은 구양수의 『집고록』과 조명성의 『금석록』에 의해 시작되었다. ‘구조(歐趙)’ 혹은 ‘구조지학’이라는 명칭이 출현하게 된 것은 그런 사유이다. 이들의 작업을 기반으로 하여 채 100년이 지나지 않아 금석학이 이미 ‘완성의 경지’에 도달하게 되었다는 평가도 들었다.[223] 이후 금석학은 금·원시대에 약간 소홀해졌으나 명·청대에 들어 다시 융성하게 되었다.[224]

송대 이후 금석 대가를 들면, 북송의 구양수, 증공(曾鞏), 남송의 조명성(『金石錄』), 명의 조용(曹溶, 『古林金石表』), 청의 저준(褚峻), 전대흔(錢大昕, 『潛研堂金石文字目錄』), 필원(畢沅, 『關中金石記』), 왕창(王昶, 『金石萃編』), 홍이훤(洪頤煊, 『平津讀碑記』), 양계진(楊繼振), 유연정(劉燕庭, 『海東金石苑』), 육증상(陸增祥, 『八瓊室金石補正』), 양탁(楊鐸, 『中州金石目錄』), 주사단(朱士端, 『宜祿堂收藏金石記』), 위석증(魏錫曾, 『績語堂碑錄』), 무전손(繆荃孫, 『藝風堂金石文字目』), 오식분(吳式芬, 『金石彙目分編』), 나진옥(羅振玉)·엽창치(葉昌熾, 『語石』), 단방(端方,

220 『集古錄』은 10권으로 遺佚한 금석문을 채집한 후 그 大要를 뽑아서 각기 跋과 尾로 구분한 것이 400여 편이나 되기 때문에 『集古錄跋尾』라고 칭하기도 한다(「集古錄跋尾提要」, 『欽定四庫全書提要』).

221 傅斯年, 「歷史語言研究所工作之旨趣」(『歷史語言研究所集刊』 1, 1928), p.3, “歐陽修作集古錄, 下手研究直接材料, 是近代史學的眞工夫”.

222 『金石錄』은 30권으로 전 10권은 목록인데 所錄한 碑題는 모두 2,000개이고, 후 20권은 辯證으로 跋尾가 있는 것은 모두 502篇이다(『金石錄校證』, 上海: 上海書畵出版社, 1985, 出版說明, p.3).

223 王國維, 「宋代之金石學」, 『國學論叢』 1-3(『王國維遺書』, 上海: 上海書店, 2011).

224 (淸)李遇孫, 『金石學錄』 凡例.

『陶齋藏石記』), 공석령(龔錫齡)·구양보(歐陽輔, 『集古求眞』), 왕서조(王緖祖) 등이다.

각종 석각 유물 가운데 묘지명 연구도 조송(趙宋), 특히 북송시대부터 시작되어 청대와 민국시대에 흥성하였다.[225] 원시성이 비교적 높은 금석문의 경우, 고증(考證)·전초(傳鈔)·번인(翻印)하는 작업이 대단히 중요한데, 이 작업이 성하게 된 것은 청대의 건가(乾嘉)·동치(同治) 연간 주사단(朱士端)에 의해서였다.[226] 그가 금석 각사에 주의하여 수집하고 보존하기 위해 책을 만든 것은 200~300여 종이나 되었으니, 금석이 일종의 '학'으로 성립된 것은 그의 덕분이라 본다.[227]

아울러 인민중국이 성립한 후에도 수집·정리 작업이 계속 이어졌다. 묘지명은 위진남북조-수당시대의 것으로 그 발굴 지역이 하남성(특히 낙양 일대), 섬서성(서안 일대), 하북성(북경 일대), 산동성 등지에 국한되어 있기 때문에 위진-수당시대와 이 지역의 것을 중심으로 수집·정리 작업이 주로 진행되었다. 그 가운데서도 시대적으로는 당대, 지역적으로는 낙양 일대, 특히 (북)망산에서 발굴된 묘지명이 가장 많다.[228] "사는 곳은 소주·항주이지만, 죽어서는 북망산에 묻힌다[生在蘇杭, 死葬北邙]"라는 속어까지 유행하였다. 또 당대 시인 왕건(王建)이 "북망산 위에는 공터가 적으니, 모두 낙양 사람들의 옛 무덤이로다. 낙양 사람들이 고향에 돌아와 묻힌 자 많으니, 황금을 쌓

225 中國文物研究所·河南省文物研究所編, 『新中國出土墓誌·河南(壹)上册』 總敍, p.1.

226 朱士端, 『宜祿堂收藏金石記』 序(同治年間 간행).

227 陸和九, 『中國金石學』, pp.5~6; 馬衡, 『中國金石學概要』 下, 1977, p.1.

228 河南省文物研究所等編, 『千唐誌齋藏誌(上·下)』(北京: 文物出版社, 1984)은 대부분 洛陽(北)邙山에서 출토된 묘지를 소장한 것으로, 西晉 이후 것이 1,360방인데, 그 가운데 당대의 것이 1,209방이다. 張鈁이 1931년부터 수집해 1935년 사저의 화원에 千唐誌齋를 건축하였다. 특히 낙양 (북)망산에서 출토된 674방을 그곳에다 모았다. 소략한 통계에 의하면 洛陽에서 출토된 역대 묘지는 약 7,000方이고, 그 가운데 唐誌가 3,000方이라 한다(馮吾現, 「從洛陽出土墓誌談中國的墓誌文化」, 趙振華主編, 『洛陽出土墓誌研究文集』, 北京: 朝華出版社, 2002, p.189).

아 두고도 묘지 살 곳이 없도다"[229]라 하였고, 백거이(白居易)도 "현우귀천에 관계없이 돌아갈 곳 같으니 단지 북망산의 무덤만이 높이 우뚝 솟아 있구나!"라 하였다.[230] 또한 장적(張籍)도 "낙양 북문 북망산으로 가는 길 상여 실은 수레가 가을 풀 사이로 들고 있네. 수레 앞에서 모두 만가를 부르니 높은 무덤 새롭게 우뚝 솟았네"라 하였으며,[231] 민간에서도 "북망산에는 소가 드러누울 땅마저 없다"라 할 정도로 북망산에는 묘지로 가득 찼던 것이다. 청말·민국 초 낙양 망산에서 출토된 묘지명의 수량이 방대하여 수장가나 전문 도굴꾼들의 표적이 되었다. 그곳에서만 출토된 것이 대강 1,000방(千方) 정도로 본다.[232]

현재까지 파악된 당대 묘지명의 숫자는 7,000방 정도인데, 실제는 이보다 더 많을 것이다.[233] 20세기 초 낙양 망산 지역에서 '천을 헤아리는[數以千計]' 당대의 묘지가 출토되어, 명인문사들이 수집하니 비교적 저명한 수장가의 '장지(藏誌)'로는 우우임(于右任)의 『원앙칠지재(鴛鴦七誌齋)』, 장옥(張鈺)의 『사당재(四當齋)』, 장방(張鈁)의 『천당지재(千唐誌齋)』, 이근원(李根源)의 『곡석정려(曲石精廬)』 등이었는데, 이것들은 거의 출판되었다. 또 선통 갑인(1914) 2월에는 나진옥이 『망락총묘유문(芒洛冢墓遺文)』 등 명문탁편집록을 편찬 간행하였다.[234] 그 가운데 낙양의 망산에서 출토된 것이 상당수에 달하기 때문에 이곳에서 나온 것만 따로 수집·정리되기도 하였다.[235]

---

229 王建, 「北邙行」[『全唐詩』(北京: 中華書局, 1960) 卷298, p.3375], "北邙山上少閒土(一作坐), 盡是洛陽人舊墓, 舊墓(一作洛陽)人家歸葬多, 堆着黃金無買處 …".

230 白居易, 「浩歌行」[『白居易集』(北京: 中華書局, 1979) 卷12 感傷4, p.227], "賢愚貴賤同歸盡, 北邙塚墓高嵯峨".

231 張籍, 「北邙行」(『全唐詩』 卷382, p.4283), "洛陽北門北邙道, 喪車轔轔入秋草, 車前齊唱薤露歌, 高墳新起白峨峨".

232 『六朝墓誌檢要』 序二, p.3.

233 氣賀澤保規編, 『新版唐代墓誌銘所在綜合目錄(增訂版)』(2009)에 所載한 唐代 墓誌·墓誌蓋의 총수는 8,737點이라 한다(p.i).

234 周紹良, 『唐代墓誌彙編(上)』 出版說明, 1992, p.1.

235 羅振玉이 輯한 것은 『芒洛冢墓遺文』(三卷附補遺一卷), 『芒洛冢墓遺文續編』(三卷附續補

인민중국 성립 이후 위진-수당시대 묘지명이 주로 출판되었다. 특히 조만리의 『한위남북조묘지집석』이 출판됨으로써 새로운 전기를 마련하였다.[236] 아울러 주소량(周紹良)·조초(趙超)의 『당대묘지휘편(唐代墓誌彙編: 上·下·續集)』, 나신·엽위의 『신출위진남북조묘지소증』의 출판으로 이어졌다. 여기에 실린 묘지명들은 낙양 망산 지역에서 출토된 것들이다. 예컨대 곽옥당(郭玉堂)의 『낙양출토석각시지기(洛陽出土石刻時地記)』(洛陽, 1941),[237] 하남성문물연구소 등이 편찬한 『천당지재장지(千唐誌齋藏誌: 上·下)』(北京: 文物出版社, 1984), 북경도서관금석조가 편찬한 『북경도서관장역대석각탁본휘편(北京圖書館藏歷代石刻拓本彙編)』(鄭州: 中州古籍出版社, 1989), 낙양문물공작대가 편찬한 『낙양출토역대묘지집승(洛陽出土歷代墓誌輯繩)』(北京: 中國社會科學出版社, 1991), 중국문물연구소 등의 『신중국출토묘지(河南一-上·下)』(北京: 文物出版社, 1994), 낙양시제이문물공작대의 『낙양신획묘지(洛陽新獲墓誌)』(北京: 文物出版社, 1996), 주량(朱亮)의 『낙양출토북위묘지선편』(北京: 科學出版社, 2001), 조군평(趙君平)·조문성(趙文成)의 『하낙묘각습영[河洛墓刻拾零(上·下)]』(北京: 北京圖書館出版社, 2007), 호극(胡戟)·영신강(榮新江)의 『대당서시박물관장묘지(上·中·下)』(北京: 北京大學出版社, 2012) 등의 출판으로 이어졌다.

아울러 대만에서 발행한 『석각사료신편』은[238] 중국 역대 금석문을 하나로 모은 것으로 야심찬 저작이라 할 수 있다. 총 89책인데, 제1집은 29책으로 일반류(1~12), 지방류(13~23), 목록제발류(24~29)로 구성되었으며, 제2집은 20책으로 일반류(1~8), 지방류(9~15), 고증목록제발류(16~20)로 구성되었

一卷), 『芒洛冢墓遺文三編』(一卷), 『芒洛冢墓遺文四編』(六卷附四補一卷)으로 『石刻史料新編』 第1輯 19 지방편 河南에 수록되어 있다.

236 趙萬里, 『漢魏南北朝墓誌集釋』, 「序」, p.1.

237 郭玉堂의 『洛陽出土石刻時地記』는 1941년 洛陽의 小書肆(大華書報供應社)에서 한정판으로 출판된 것인데, 氣賀澤保規가 復刊하였다(『復刻洛陽出土石刻時地記—附 解說·所載墓誌碑刻目錄—』, 東京: 汲古書院, 2002).

238 『石刻史料新編』, 臺北: 新文豊出版公司, 1977.

고, 제3집은 40책으로 일반류(1~4), 지방류(5~32), 고증목록제발류(33~38), 참고연구류(39~40)로 구성되었다.

한반도 관련 묘지명 집록은 나진옥의 『당대해동번벌지존(唐代海東藩閥誌存)』인데 이것은 「신라진흥왕순수비」 등 비(명)를 싣고 있는 청나라 유연정(劉燕庭)[희해(喜海)]의 『해동금석원4권(海東金石苑四卷)』과 함께 『석각사료신편』에 수록되어 있다.[239] 다만 같은 책 목록에는 청나라 유희해(劉喜海)의 『해동금석원8권(海東金石苑八卷)』(希古樓刊本)과 유승간(劉承幹)의 『해동금석원보유6권(海東金石苑補遺六卷) 부록 2권』(希古樓刊本, 南林劉氏嘉業堂, 1922) 등의 책 이름도 보이는데, 특히 후자는 청의 저명한 장서가·각서가·금석학자인 유희해와 유승간의 책이 합쳐진 것으로 캘리포니아 대학에서 소장하고 있다.

2. 자료로서의 묘지명

묘지명은 고증을 거친 후에 정리한 사서와는 달리 제1차 사료이기 때문에 반드시 엄정한 고석을 거친 이후에 이용해야 한다. 그래서 송인의 석각고정의 방법은 "사전(史傳)에 근거하여 유각(遺刻; 金石文)을 고찰하고, 다시 유각으로써 사전을 바로잡는다"[240]는 원칙하에 연구가 이뤄져야 한다는 것이다. 구양수는 잘 알다시피 송기(宋祈) 등과 함께 『신당서』를 찬술한 사람이다. 그는 『구당서』의 찬술 때보다 사료의 수집에 특히 힘을 기울였다. 『신당서』 예문지에 기재된 당대의 사서가 수천 종인데, 오대시대 『구당서』를 편찬할

239 高句麗·百濟 遺民을 전문적으로 기술한 최초의 연구로, 清末의 금석학자 羅振玉이 撰寫한 선장본 1책으로 1937年 石印本으로 출판되었다. 羅振玉은 洛陽 北邙山 일대에서 발굴된 高句麗 遺民 泉男生·泉男產·泉獻誠·高慈·高震·泉毖 및 백제 유민 扶余隆의 墓志銘을 編成한 책이다. 각 묘지명에 대해 하나하나 跋證 考辨한 것이다. 『石刻史料新編』 第2輯 15册에 載錄되어 있다.

240 『石刻史料新編』 出版說明, p.2. 「據史傳以考遺刻, 復以遺刻還正史傳」.

때 보이지 않던 것들이 많다. 『신당서』가 정밀하고 상세하다든지,[241] 중국 정사 가운데 유일하게 구양수와 송기를 공동 찬자로 하였던 것은[242] 그런 고증 정신의 발로라 하겠다.[243]

당대는 그 수에서 보더라도 '묘지명의 시대'라 할 수 있다. 당대사 연구에서 묘지명 자료를 제쳐 두고 연구를 진행할 수는 없다. 당대에 만들어진 묘지명이 갖는 특징을 혹자는 ① 풍부성, ② 진실성, ③ 동시성 등 세 가지를 들기도 하였다.[244]

잘 알다시피 묘지명을 비롯한 금석문은 '쇠로 파서 돌에 새겨[鐫金雕石]'야 하는 것이기 때문에 종이나 비단[紙帛]에다 서사하는 것보다 그 제조 과정이 훨씬 어렵다. 그래서 종이에 쓰는 것보다 그 수량이 훨씬 적을 수밖에 없지만, 대신 훨씬 견고하기 때문에 후세에 남아 있는 것이 많다. 당대의 묘지명은 그 수에서 여타 시대를 압도한다.

인민중국 성립 이후 처음으로 위진남북조시대의 묘지명을 수집 · 정리한 것이 조만리의 『한위남북조묘지휘편』이라고 한다면, 당대의 묘지명을 수집 · 정리한 것은 대만 역사어언연구소에서 출간하다 19책으로 중단한 『당

---

241 (淸)趙翼撰, 『廿二史箚記』 卷16 新唐書, p.342, "觀新唐書藝文志所載唐代史事, 無慮數十百種, 皆五代修唐書時所未嘗見者, 據以參考, 自得精詳".

242 歐陽修가 翰林學士로 宋祈보다 관위가 높아 歐陽修가 단독으로 서명할 수 있는 데도, 歐陽修는 宋祈가 먼저 편찬을 시작하고, 列傳을 편찬하는 데 들인 노력이 가장 많았기 때문에 나누어서 이름을 서명할 것을 고집하여 紀·志·表는 '歐陽修奉勅撰'으로, 列傳은 '宋祈撰'이라고 썼다. 이것은 24史 서명 중에서 유일한 예이다[高國抗 저, 오상훈 등 역, 『중국사학사』 하(서울: 풀빛, 1998, p.46)].

243 『新唐書』가 『舊唐書』의 번잡한 서술을 너무 간략하게 줄인 결과 여러 가지 문제를 노출한 것도 사실이다. 吳縝의 『新唐書糾謬(20卷)』에서 『新唐書』에서 틀린 곳 400여 군데를 찾아내기도 하였다. (淸)王鳴盛, 『十七史商榷』(上海: 上海書店, 2005) 卷69 「新舊唐書」1에서도 "新唐書最佳者表·志, 列傳次之, 本紀最下"라 하였고(p.596), 司馬光의 『資治通鑑』도 『舊唐書』에 의존하고, 『新唐書』에서는 취하지 않은 것은 文章만 화려하고 사실이 너무 적기 때문이라 본다[楊家駱, 『廿五史述要』第十七(臺北: 世界書局, 1977) 「新唐書述要」, p.188].

244 姚美玲, 『唐代墓誌詞匯硏究』, 上海: 華東師範大學出版社, 2008, p.8.

대묘지명휘편부고(唐代墓誌銘彙編附考)』(1984~1994)라 할 수 있다. 후자는 부사년(傅斯年)이 대륙에 있을 때 수집하여 가져온 금석 탁편 중에 주로 석각 탁편 25,000여 장을 중심으로 고석한 것인데, 당대의 것이 반을 차지하였다. 그 고석 작업을 지휘한 모한광(毛漢光)은 당대 탁편 중에 묘지명 3,300여 장과 비지명류, 탑지명류, 잡지명류 등 약 2,000장 등 총 5,300여 장을 고석하여 『~ 부고(附考)』란 서명으로 40책 분량으로 완간하려 했지만 개인 사정으로 중단되었다. 그의 설명에 의하면, 묘주의 90% 이상이 정사에 보이지 않는 인물이라 한다. 신·구 양 당서의 기전 및 부전에 재록된 사람 수가 2,624명인데,[245] 비지의 수는 그 배에 해당한다. 또 자수는 양 당서의 수를 능가한다. 즉 『구당서』가 190만 자, 『신당서』가 175만 자로 양자 중복된 것이 많은데, 당대 비지를 매장 500자로 계산하여, 5,000장의 탁편이라면 250만 자가 된다. 이외 당대의 탁편이 수천 장이니 그 수는 양 당서를 능가한다는 계산이다.[246] 금석문의 자수가 정사의 그것을 능가하는 것은 역대 왕조 중 당각(唐刻)이 갖는 독특한 특징이라 하겠다.[247] 아울러 이민족의 묘지명도 그 수가 적지 않다. 또 서안 비림에 소장되어 있는 묘지명 가운데 투르크계[突厥系·鐵勒系·沙陀系]의 묘지명을 20방 정도로 추정하기도 한다.[248] 그래서 당대 역사를 연구하려면 '석각을 가지고 역사를 논증해야 한다[以石刻證史]'는 말이 나온 것이다. 그런데 당대 이후 묘지명은 급격히 줄어든다. 출토된 송대의 묘지는 당대의 1/10도 되지 않으며, 원대의 것은 송대의 반에도 미치지 못한다.[249]

245 毛漢光, 『唐代墓誌銘彙編附考』 第1冊, 1984, p.2.

246 毛漢光, 『唐代墓誌銘彙編附考』 第1冊, 1984, p.27 주7.

247 毛漢光, 『唐代墓誌銘彙編附考』 第1冊, 1984, p.2 總序, "以文字數量而言, 唐碑誌字數亦超過兩唐書字數. 金石文字數量超過正史字數, 在歷代歷朝之中, 唐刻乃是獨有的現象".

248 石見清裕, 「唐代チユルク人墓誌とその史料的價値」, 氣賀澤保規編, 『中國石刻資料とその社會―北朝隋唐期を中心に―』, 東京: 汲古書院, 2007.

249 『語石』 卷4 墓誌十八則, p.227, "宋墓誌新舊出土者, 視唐誌不過十之一, 元又不逮宋之半".

다음으로 진실성과 동시성에 대해서 알아보자. 묘지의 어료(語料)가 돌 위에 각자된 후에는 원상을 그대로 유지하기 때문에 개각(改刻)이 불가능하다. 그래서 사건 발생 당시 문헌의 진적을 그대로 보전하고 있다. 때문에 가장 진실한 어료라고 할 수 있다. 중국의 자료는 대부분 후시 자료인데, 묘지는 동시 자료이다. 특히 묘지명마다 대개 찬사한 연·월·일이 있는 것이 특징이다. 그런 면에서 다른 사람의 윤색을 전혀 거치지 않은 원자료라 할 수 있다.

더하여 말할 수 있는 것은 묘지명은 귀천에 상관없이 통용되었다는 점이다.[250] 혹자는 수당시대에 와서 묘지명의 사용에 있어서 사회적 등급에 따른 제한을 받지 않았고, 현재 발견된 묘지를 살펴보아도 신분의 고저나 귀천이 다양하여 고관현귀·일반관리·포의·궁녀·기인·승·민·도 등 다양한 사람들에게 보편적으로 사용되었다고 설명한다.[251] 당대는 삼공에서부터 평민·백성에 이르기까지 모두 '각석지묘(刻石誌墓)'를 할 수 있었으니 당대 묘지는 다양한 계층이 선호하였고, 또 그들이 남겼으니 지배자 중심의 역사가 아니고 전체 인민의 역사를 연구할 수 있는 좋은 자료이다.

이 문제와 관련하여 묘지명의 서민성이라는 측면을 살필 수가 있다. 묘지명마다 당연히 나오는 것은 묘주의 사망에 대한 기술이다. 묘지명에 쓰인 사망에 대한 용어도 엄청 많다. 죽는 것은 누구나 기휘하는 것이기 때문에 사서에서는 '불휘(不諱)'라고 쓰기도 한다.[252] 묘지명 중에는 '사(死)' 자를 잘 쓰지 않고 동의어로 대체하기도 하였다.[253] 『백호통』을 보면, 사망에 대한 용어를 분류하여 천자는 '붕(崩)', 제후는 '훙(薨)', 대부는 '졸(卒)', 사는 '불

250 (唐)封演撰,趙貞信校注, 『封氏見聞記校注』(北京: 中華書局, 2005) 卷6 石誌條, pp.56~57, "古葬無石誌, 近代貴賤通用之. … 然古人葬者亦有石誌, 但不如今代貴賤通用之".

251 余扶危·王建華·余黎星, 「洛陽出土隋唐以前墓誌名稱略說」, p.275.

252 『漢書』 卷68 郭光傳, p.2932, "(郭)光涕泣問曰: '如有不諱, 誰當嗣者?'(師古注曰: '不諱, 言不可諱也.')"; 『後漢書』 卷37 桓榮傳, p.1251, "(桓榮)謂曰: '如有不諱, 無憂家室也.'(李賢注曰: '不諱, 謂死也. 死者人之常, 故言不諱也.')".

253 涂宗呈, 「中古墓誌死亡用語札記」, 『早期中國史研究 1』, 臺北: 早期中國史研究會, 2009, p.94.

록(不祿)', 서인은 '사(死)'라고 한 바 있다.[254] 또 한대에는 황제가 사망한 때는 '대행(大行)', 한대 이후에는 '물고(物故)'라는 단어를 상용하였다. 사망의 표현도 대부분 격식화되어 있다.[255] 모월 모일에 '구질(遘疾)', '침질(寢疾)', '미류(彌留)'한 연후에, '훙(薨)', '종(終)', '몰(歿)'(於某地)로 대개 표현된다. 즉 '침질훙어제(寢疾薨於第)', '구질훙우제(遘疾薨于第)' 혹은 '우질졸어진양(遇疾卒於晉陽)' 등의 형식이 그것이다.[256]

그런데 북위와 당대에는 '훙(薨)' 자를 3품 이상 고관 혹은 그 부인에게만 허용하였는데, 자격이 없는 사람들이 이 '훙' 자를 사용하고, 심지어 황제나 황후의 전용 용어인 '붕' 자를 참월하게 쓴 경우도 있다.[257] 장사고(張士高)의 경우는 당관의 기록이 전혀 없기 때문에 평민이 분명한데, 그의 묘지명 중에 황제 전용 용어인 '붕' 자를 사용한 것이다. 이 '붕' 자를 사용한 사례는 당대에 몇 개가 더 있다.[258] 이런 현상은 묘지명이 사인적 성격이 강하고, 일단 사자와 함께 지하에 묻힌 이후에 햇빛을 볼 가능성이 매우 희박하다고 여겼기 때문이라 할 수 있다.[259]

이런 연고로 묘지명은 실상보다 과장이 심할 수밖에 없다. 후한 이래 비갈을 세우는 것이 구름이 일어나듯이 유행하게 되어 많은 비석이 세워졌다. 묘

254 (淸)陳立,『白虎通疏證』(北京: 中華書局, 1994), pp.533~534, "天子稱崩何? 別尊卑, 異死生也. … 諸侯曰薨, 國失陽, 薨之言奄也, 奄然亡也. 大夫曰卒, 精耀終也. … 士曰不祿, 不終君之祿, 祿之言消也, … 庶人曰死, 魂魄去亡, …"; (後漢)劉熙撰,『釋名』卷8 釋喪制27, pp.1101~1102, "人始氣絶曰死. … 士曰不祿, 不復食祿也. 大夫曰卒. 言卒竟也. 諸侯曰薨, 薨壞之聲也. 天子曰崩, 崩壞之形也".

255 蔣愛花,「唐人壽命水平及死亡原因試探—以墓誌資料爲中心—」,『中國史硏究』2006-4, pp.68~76.

256 涂宗呈,「中古墓誌死亡用語札記」, 2009, p.95.

257 北魏 染華墓誌에 "鎭遠將軍射聲校尉染華 … 構疾崩於京師"라 되어 있다(偃師商城博物館,「河南省偃師兩座北魏墓發掘簡報」,『考古』1993-5). 당대 묘지 중에는 몇 사례가 있다. 예컨대 "張士高 … 去武德二年二月卄四日, 崩於魏地, 嗚呼哀哉!"(周紹良,『唐代墓誌彙編(上)』,「龍朔020」, 1992, p.349.

258 羅維明,『中古墓誌詞語硏究』, 廣州: 暨南大學出版社, 2003, p.5~6.

259 涂宗呈,「中古墓誌死亡用語札記」, 2009, p.98.

비가 묘주의 친지나 가족들이 써서 세우는 것이므로 과장이 심한 것은 피할 수 없다. 비문을 잘 지은 문인으로 『문심조룡』의 작자 유협이 칭찬했던 채옹(蔡邕)조차도[260] 자기가 쓴 수많은 비문 중에 곽태[郭太(泰)]의 것 외에는 모두 '과장된 것'이라고 토로한 바 있다.[261] 수 문제도 아들이 죽자 요좌(僚佐)들이 그를 위해 비석을 세우려 하자 사서에 남아야지 비석이 무슨 소용이며, 자손이 보가하지 못하면 다른 사람에게 헛되이 진석(鎭石)을 만들어 주는 것에 불과하다고 하였다.[262] 즉 역사에 남아야지, 제실의 일원이라도 그 비석은 오래 보전될 수 없다는 인식이다. 그러나 예나 지금이나 비를 세우고 싶은 마음은 다를 바 없고, 사실 비문을 짓는 사람이 그 당사자를 매정하게 비판하기도 어려운 것이다.

이 문제와 관련하여 행장(行狀)에 대해서 잠시 살펴보자. 행장은 한대에서는 '장'이라 하고,[263] 원대 이후에는 '행장' 혹은 '행술' 또는 '사략(事略)'이라고도 불렀다. 사자의 세계·생평·생몰 연월·적관·사적을 서술하는 문장으로 묘지를 쓸 때에나, 혹은 사관이 열전을 쓸 때에 그 근거를 제공하는

260 (梁)劉勰, 「文心雕龍』(北京: 人民文學出版社, 1958) 卷3 第12 誄碑, p.214, "自後漢以來, 碑碣雲起, 才鋒所斷, 莫高蔡邕; 觀(太尉)楊賜之碑, 骨鯁訓典; 陳(寔)郭(太)二文, 詞無擇言; 周乎衆碑, 莫非淸允. 其敍事也該而要, 其綴采也雅而澤; 潔詞轉而不窮, 巧義出而卓立; 察其爲才, 自然而至矣".

261 『後漢書』 卷68 郭太傳, p.2227, "明年(建寧二年: 145)春, (郭太)卒于家, 時年四十二. 四方之士千餘人, 皆來會葬. 同志者乃共刻石立碑, 蔡邕為其文, 既而謂涿郡盧植曰: '吾為碑銘多矣, 皆有慙德, 唯郭有道(太)無愧色耳.'"; (唐)封演, 『封氏見聞記』 卷6 碑碣條, pp.58, "蔡邕云: '吾爲人作碑多矣, 惟郭有道(太)無愧辭' 隋文帝子齊王攸薨, 僚佐請立碑. 帝曰: '欲求名, 一卷史書足矣; 若不能, 徒爲後人作鎭石耳.' 誠哉是言也!".

262 『隋書』 卷45 文四子, 秦孝王俊傳, p.1240, "俊 … 歲餘, 以疾篤, 復拜上柱國. 二十年六月, 薨於秦邸. 上哭之數聲而已. 俊所為侈麗之物, 悉命焚之. 勑送終之具, 務從儉約, 以為後法也. 王府僚佐請立碑, 上曰: '欲求名, 一卷史書足矣, 何用碑為? 若子孫不能保家, 徒與人作鎮石耳.'".

263 『漢書』 卷1下 高帝紀下, p.72, "遣詣相國府, 署行·義·年(顏師古注: 蘇林曰: '行狀年紀也.') 有而弗言, 覺, 免. 年老癃病, 勿遣".

일종의 사초였다.[264] (행)장은 후한시대에 시작되어[265] 위진남북조에 이르러 유행하기 시작하였다.[266] 당대가 되면 모든 주요 관원이 죽으면 가인에게 그의 평생에 일어난 행사를 간록하여 중앙의 수사(修史)기관에 보송하여 당안(檔案)으로 보존하도록 규정하고 있었다. 이렇게 됨에 따라 행장의 찬술이 크게 증가하게 되었다고 한다. 대개 사자의 문생(門生)이나 고리(故吏) 혹은 친우가 찬술하는 경우가 많으나, 돈을 들여 당시 저명한 문호에게 대신 쓰도록 하는 경우도 있었다. 그러니 문필에 자연히 '일미지사(溢美之辭)'가 많게 되었던 것이다. 그래서 이고(李翱)는 행장이란 믿을 수 없는 것이라 하여,[267] 그 진실성에 대해 의문을 표시한 바 있다. 그런 이고도 장문의 한유 행장을 썼는데,[268] 그 진실성은 역시 따져보아야 할 문제이다. 저명한 행장으로는 「대당고삼장현장법사행장」, 「원중랑행장(袁中郎行狀)」, 「사마온공행장(司馬溫公行狀)」 등이 있다. 이외에 「일사장(逸事狀)」이라는 것이 있는데, 이른바 '일사'를 기록한 것이다. 문학적 색채가 풍부하니 일종의 행장의 변체이다.

---

264 (梁)劉勰, 『文心雕龍』 卷5 書記, p.459, "狀者, 貌也, 体貌本原, 取其事實, 先賢表謚, 並有行狀, 狀之大者也. (范文瀾注: … 『通釋』又曰: 行事而趨於正道, 旣死而親舊文人表其事狀, 供誄謚也. 初狀之於朝, 後亦狀諸戚友, … 源出漢丞相倉曹傅胡幹作楊元伯行狀, 流有闕名裴瑜行狀, 梁任昉沈約多行狀)".

265 『後漢書』 卷81 獨行 李善傳, p.2679, "時鍾離意為瑕丘令, 上書薦善行狀. 光武詔拜善及(孤兒)續並為太子舍人".

266 『三国志』 卷6 魏志6 袁绍傳, p.201, 裴松之注1, "『先賢行狀』曰: (田)豊字元皓 …"; 『晉書』 卷66 劉弘傳, pp.1764~1765, "乃表曰: '被中詔, 敕臣隨資品選, 補諸缺吏. … 臣輒以(南郡廉吏仇)勃為歸鄉令, (尚書令史郭)貞為信陵令. 皆功行相參, 循名校實, 條列行狀, 公文具上.' 朝廷以初雖有功, …"; 『晉書』 卷82 王隱傳, p.2142, "王隱 … 少好學, 有著述之志, 每私錄晉事及功臣行狀, 未就而卒. 隱以儒素自守, 不交勢援, 博學多聞, 受父遺業, 西都舊事多所諳究". 이로 볼 때 魏晉시대에 이미 '行狀'이라는 용어가 사용되고 있었음을 추측할 수 있다.

267 (唐)李翱, 『李文公集』(上海: 上海古籍出版社, 1993, 「四庫唐人文集叢刊」本) 卷10 「百官行狀奏」, p.48, "凡人之事迹, 非大善大恶, 則衆人無由知之, 故舊例皆訪問於人, 又取行狀謚議, 以爲一據. 今之作行狀者, 非其門生卽其故吏, 莫不虛加仁義禮智, 妄言忠肅惠和 … 由是事失其本, 文害于理, 而行狀不足以取信".

268 (唐)李翱, 『李文公集』 卷11 「故正議大夫行尚書吏部侍郎上柱國賜紫金魚袋贈禮部尙書韓公行狀」, pp.53下~56下.

예컨대 유종원(柳宗元)의 명문장인 「단태위(段太尉: 秀實; 719~783)일사장(逸事狀)」이 그것이다. 묘지명도 결국 행장과 다름없이 묘주를 표창하고 그 벌열을 과시하기 위한 것으로 쓰이게 되었다.[269]

당대가 되면 이른바 '비지문학(碑誌文學)'이 발달하는데 이에 영향을 주었던 것은 비지가 발달하였던 북조였다.[270] 북위의 묘지명은 문학의 성격보다는 개인기록의 성격이 짙다. 문학적으로 성숙함을 갖춘 묘지명은 전기 부분의 표현 방법이 충실하고 묘주의 칭찬에 수사기법이 보여야 하는데, 이 두 가지가 함께 갖추어지는 시대는 북주에 들어서부터이다. 하나의 문학 장르로서 묘지명을 자리매김시킨 자는 북주의 대표적 문인인 유신(庾信)이었다.[271]

또한 당대에는 이른바 자찬묘지명이 출현한다. 이것은 중당을 기점으로 나타난 새로운 시대정신의 산물이기도 하다.[272] 묘지명은 말 그대로 망자를 애도하고 기념하기 위해 작성되어 시신과 함께 묘 안에 묻히는 것이므로, 사자의 죽음을 수습하고 그 정리를 맡는 것은 필연적으로 타자의 영역이다. 그러나 자찬묘지명은 자신이 '남은 자'가 되어 스스로의 삶과 죽음을 완전히 책임지겠다는 의지의 소산이다. '당대'라는 시점에 자찬묘지명이 등장하게 된 이유는 죽음을 소유하고자 하는 강한 욕구, 그리하여 결국에는 자신의 삶을 온전히 자신의 언어로 표현하려는 의지의 발현이라 할 수 있다. 현존하는 당대인의 자찬묘지명은 5편이다. 백거이(白居易)의 「취음선생묘지명(醉吟先

269 楊殿珣, 『石刻墓誌索引題跋』 後記, "墓誌乃銘幽之文, 故其高不過三尺, 用便瘞埋, 藉垂不朽, 不在標榜, 以矜閥閱也, 故文簡意賅, 辭無枝葉. 至宋而樹之墓前, 其高竟有至尋丈者, 是與墓碑(卽碑誌銘)無異矣! 其文多至數千言, 則無異於行狀矣!".

270 久田麻實子, 「墓誌銘の成立過程について」, 『中國學誌』 14, 1999, p.30.

271 久田麻實子, 「墓誌銘の成立過程について」, 1999, p.50.

272 川合康三은 自撰墓誌銘을 남긴 이들이 주로 '古文運動의 영향을 받은 문인들'이라는 점에 주목하여 "이렇게 보면, 自撰墓誌銘은 中唐의 새로운 문학 활동 속에서, 새로운 문학 양식으로 등장하였다고 말할 수 있다."고 해석하였다(川合康三 저, 심경호 역, 『중국의 자전문학』, 서울: 소명, 2002, p.220).

生墓誌銘)」을 비롯하여 왕적(王績), 엄정지(嚴挺之), 한창(韓昶), 두목(杜牧)의 글이 그것이다. 자찬이 타찬과 어떤 차이가 있는가의 문제는 앞으로 분석이 필요할 것이다. 그러나 당대 중기 이후 처사들의 대거 등장과도 연관이 있을 것이며,[273] 당시 사인이 갖는 강한 자의식과도 연관이 있을 것임은 분명하다.

명말청초의 고염무(顧炎武)는 문인이 글을 지을 때 삼가야 할 몇 가지를 들었다. 그 가운데 하나가 사가가 아니면 남을 위해 전기를 써서는 안 된다는 것이다. 그 대신 비나 묘지명이나 행장은 쓸 수가 있다는 것이다.[274] 다만 지장(묘지명과 행장)을 써도 그 사정에 '불실(不悉)'하고서 망작(妄作)해서는 안 된다는 단서를 달았다.[275] 또 돈 받고 윤필을 해서는 안 된다고 하였다.[276] 고염무도 지적했듯이, 비·지·장의 작성은 인연(門生·故吏·親舊)과 돈에 의해 윤필될 가능성이 높기 때문이다.

이런 묘지명이 갖는 약간의 사료적 한계에도 불구하고 묘지명은 사료로서 그 기능도 크다. 여기서 잠시 묘지명의 사료적 보완 작용을 살펴보자. 우선 가족사의 사료 보완이다. 묘지에 기술된 가족 구성원의 보계(譜系)를 복원함으로써 기존의 보계가 갖는 허구성을 규명할 수가 있다.[277] 아울러 향·이·촌명의 복원이다. 이 점은 필자가 많은 도움을 받았던 부분이기도 하다. 특히 방제(坊制)와 이제(里制)의 차이를 규명하는 작업에 결정적으로 기여하였다. 북위 이후 수당시대의 방과 이(里)의 관련성에 대해 다양한 의견이 제시되었지만, 필자는 방을 공간단위로, 이(里)를 행정단위로 규정했는데,[278] 이

273 『唐代墓誌銘彙編』에서 확인되는 處士의 수는 225명이며, 은거 士人을 나타내는 비슷한 용어인 '高士', '徵士', '道士', '居士' 등이 10~20명 안팎이었다(曹印雙, 「從墓誌看唐代處士階層信仰格局」, 『宗教學硏究』 2006-4, p.213. 附表一, 附表二 참조).

274 顧炎武撰, 『日知錄』 卷19 「古人不爲人立傳」, p.861.

275 顧炎武撰, 『日知錄』 卷19 「誌狀不可妄作」. p.862~863.

276 顧炎武撰, 『日知錄』 卷19 「作文潤筆」, pp.863~864.

277 陳爽, 「出土墓誌所見中古譜牒探迹」, 『中國史硏究』 2013-4; 尹波濤, 「北魏時期楊播家族建構祖先譜系過程初探—以墓誌爲中心—」, 『中國史硏究』 2013-4.

278 唐代 洛陽에 거주 인사들의 墓誌銘에서는 坊과 里가 병렬되고 있는 사례가 발견되고 있

것은 묘지명 자료가 아니었으면 도출할 수 없는 결론이다.

정치적 사건의 진정한 내막을 규명하는 데도 유용하다. 예컨대 이적(李勣)과 당 태종, 그리고 고종(高宗)의 황제 등극을 두고 일어난 미묘한 궁중 내분 문제라든지, 현무문사건의 시말, 이적의 무측천에 대한 지지 배경 등, 정사에 나오지 않는 내용도 있다. 또 무측천과 설원초(薛元超)의 미묘한 관계 등이 묘지명에 드러난다. 아울러 과거제도와 그 실상을 밝히는 데도 유용하다. 예컨대 서송(徐松)의 『등과기고(登科記考)』를 보충한 것도 그런 기능이다. 특히 미시적으로 부녀사, 예컨대 당인의 '첩을 들이는 것은 결혼이라 하지 않는다[納妾不謂結婚]'라거나, '첩의 자식은 후사로 삼을 수 없다[妾子不能繼嗣]' 등의 문제를 밝히는 데도 유용하였다.

묘지명은 특히 문체와 서체의 변화와 발전 과정을 상세하게 추적할 수가 있다. 특히 서체는 위진남북조시대가 중국 서체 발전의 역사에서 중요한 시기이기 때문에 그 실물을 가지고 확인할 수가 있다. 묘지의 서체는 부단히 갱신되고 있다. 진·초·행·예 등 각종 서체가 묘지명에 겸비되어 있기 때문이다.

아울러 묘지명은 '사어(詞語)'의 보고라 할 수 있다. 현재 출판된 묘지명 관련 서적 가운데 가장 많은 비중을 하는 것이 바로 사어에 대한 연구이다.[279] 전술했듯이, 죽음에 대한 단어가 수십 가지가 있었던 것처럼 묘지명에

다. ① 康智 墓誌銘[「終於神都日用里思順坊之私第」(周紹良, 『唐代墓誌彙編(上)』, 長壽031 「大周故康(智)府君墓誌銘幷序」, 1992, p.855)]; ② 王翼 墓誌銘[「終於東都安業坊安業里之私第」(『唐代墓誌彙編(下)』, 大和065 「唐故正議大夫守殿中監致仕上柱國賜紫金魚袋太原王公(翼)府君墓誌銘幷序」(1992, p.2143)]; ③ 任德 墓誌銘[「終於毓財里私第 … 夫人 … 終於敦厚坊私第」(『唐代墓誌彙編(上)』, 顯慶142 「唐故昭武校尉任君墓誌銘幷序」, 1992, p.319, "君諱德 … 去貞觀十七年十一月廿七日, 終於毓財里私第. … 夫人 … 粤以顯慶五年七月十四日, 終於敦厚坊私第.")].

279 羅維明, 『中古墓誌詞語研究』, 廣州: 暨南大學出版社, 2003; 曾良, 『隋唐出土墓誌文存一研究及整理』, 濟南: 齊魯書社, 2007; 姚美玲, 『唐代墓誌詞彙研究』, 上海: 華東師範大學出版社, 2008; 柏亞東, 『唐代墓誌詞語通釋』, 上海: 華東師範大學出版社, 2008 등이다.

서 한 인간의 죽음에 대한 애상을 그리 길지 않은 글에서 각종 화려한 언어로 표현하다 보니 새로운 사어의 창출이 대단히 많기 때문이다.

또 정사 등 기존 사료를 바로잡은 것도 묘지명 덕분이다. 『신당서』와 『구당서』를 고친 것 가운데 「집실선광묘지(執失善光墓誌)」와[280] 「안원수묘지(安元壽墓誌)」가[281] 눈에 띈다. 이것들은 무덕(武德) 9년 7월에 돌궐이 장안으로 진격했을 때 태종이 위수에서 퇴병시킨 내막을 사서와 다른 각도에서 기술하고 있다. 또 양 당서 점교본의 오류를 바로잡기도 하였다. 예컨대 이적전의 '통막도(通漠道)'를 '통한도(通漢道)'라 하였는데,[282] 사실은 통막도가 맞는 것이다. 아울러 『신당서』 마주전(馬周傳)에서 곡사정칙(斛斯正則)을 곡사정(斛斯正)으로 하였는데,[283] 곡사정칙의 묘지명이 발견됨으로써 바로잡게 되었다.[284]

280 『昭陵碑石』, p.215, 「大唐故右監門衛將軍上柱國朔方郡開國公兼尙食內供奉執失府君墓誌銘幷序」, "于時頡利可汗率百萬之衆寇至渭橋, 蟻結蜂飛, 雲屯霧合, 祖卽遣長子(執失)思力入朝獻策. 太宗嘉其誠節, 取其謀効, 遣與李靖計會, 內外應接, 因擒頡利可汗. 賊徒盡獲, 太宗與思力歃血而盟 …".

281 『昭陵碑石』, p.201, 「大唐故衛尉將軍上柱國安府君墓誌銘幷序」, "貞觀元年, 突厥頡利可汗擁徒卅萬衆來寇便橋, 太宗親率精兵出討. 頡利遣使乞降, 請屛左右, 太宗獨將公一人於帳中自衛. 其所親信, 多類比也".

282 『舊唐書』 卷67 李勣傳, p.2485, "八年, 突厥寇并州, 命勣為行軍總管, 擊之於太谷, 走之. 太宗即位, 拜并州都督, 賜實封九百戶. 貞觀三年, 為通漢道行軍總管[校注: 為通漢道行軍總管'通漢道', 各本原作'通漠道', 本書卷二太宗紀·卷一九四上突厥傳·册府卷三五七·通鑑卷一九三均作'通漠道', 岑仲勉突厥集史認為應作'通漢道'(因通漢鎮得名), 據改.]".

283 『舊唐書』 卷74 馬周傳, p.2615~2616, "臣又聞致化之道, 在於求賢審官; 為政之基, 在於揚清激濁. … 臣伏見王長通·白明達本自樂工, 輿皁雜類, 槃提·斛斯正則更無他材, 獨解調馬."; 『新唐書』 卷98 馬周傳, pp.3896~3897, "臣聞致化之道, 在求賢審官. … 臣伏見王長通·白明達本樂工輿皁雜類; 韋槃提·斛斯正無他材, 獨解調馬".

284 『昭陵碑石』, p.176, 「大唐故右監門衛大將軍上柱國贈涼州都督清河恭公斛斯府君之墓誌銘幷序」, "公諱正則, 字公憲 …".

제 7 장

위진남북조시대 석각자료와 '호(胡)'의 서술

—특히 『위서』의 서술과 비교하여—

Ⅰ. 머리말

역사 연구에 있어서 석각자료의 사료적 가치가 최근 들어 날로 증대되고 있다. 금석학이 본격적으로 학문 영역으로 성립된 것은 북송시기였다. 북송 구양수(歐陽修) 이후 비명을 가지고 역사적 사실을 증명하거나 보충하려는 자가 많이 출현했기 때문이다. 필자는 금석문에 대해 본래 큰 관심이 있었던 것은 아니었다. 그러나 도쿄 오차노미즈여자대학(お茶水女子大學)에 머물던 시절, 구보조에 요시후미(窪添慶文) 선생의 계발로 위진남북조 연구에 있어서 묘지명의 자료적 중요성을 비로소 깨닫게 되었다. 이후 여러 논문에서 석각자료, 특히 묘지명을 이용하여 필자의 주장의 일부를 증명하게 되었다. 특히 필자의 주된 관심 분야인 호족에 관련된 사실의 경우, 일반 사서(특히 정사)에는 대단히 홀시되고, 왜곡되었던 부분이 많았다. 집필자가 대부분 한족 출신이었기 때문이다. 특히 『위서』는 그 '변무(辨誣)'에도 불구하고[1] 흔히 '예사(穢史)'라 지칭될 정도로[2] 서술상의 여러 문제들을 안고 있었으며, 특히 한족의 입장에서 서술된 대표적인 정사의 하나이다. 북위 말-북제시대를 살았던 위수(魏收)는 수사(修史) 당시 호한 간의 모순이 첨예화된 정치적 상황의 영향을 받았으며, 선비 탁발씨로서, 그리고 군인적(軍人的) 입장보다는 낙양 원씨 혹은 한족의 입장에서, 또 문벌적 경향을 가진 효문제의 입장에서 『위서』를 서술하였다.[3] 『위서』의 '호'에 대한 기술은 왜곡도 문제지만, 소략한 데 더 문제가 있는 듯하다. 예컨대 다른 입장에서 호족을 폄하하는[4] 『송서』 삭로전이나 『남제서』 위로전에 있는 기술마저 빠뜨린 경우가 허다하다. 이처럼 왜곡된 역사 서술을 바로잡는 데는 비명 이상의 자료는 없다 해도 과언이 아니다.

사서의 전승된 사실들은 오랫동안 검토되어 왔지만, 비명 등 석각자료의 폭발적인 발굴·출토는 대규모 토목공사가 빈번해진 비교적 최근의 일이다. 그렇기 때문에 많은 역사가들에 의해 검토되어 공간된 기록과는 달리, 비명은 새로운 자료들이 대부분이다. 그래서 최근 호한 문제를 다루면서 비명을 이용하여 입론을 전개한 역작들이 보인다.[5] 사실 호족들이 자신의 역사를 스

---

1 余嘉錫, 『四庫提要辨證』, 北京: 中華書局, 1980, p.172, "摭引浮詞, 遽翻成案, 是猶讞獄未備兩造, 率臆折以片言, 詎能盡當日情事哉."; 瞿林東, 「說《魏書》非'穢史'」, 『江漢論壇』, 北京師範大學史學研究所, 1985; 張莉, 「『魏書』'穢史'說必須推翻」, 『運城學院學報』 24-1, 2006.

2 『北齊書』 卷37 魏收傳, p.489, "時太原王松年亦謗史, 及斐·庶並獲罪, 各被鞭配甲坊, 或因以致死, 盧思道亦抵罪. 然猶以羣口沸騰, 勑魏史且勿施行, 令羣官博議. 聽有家事者入署, 不實者陳牒. 於是眾口諠然, 號為'穢史', 投牒者相次, 收無以抗之".

3 佐川英治은 『魏書』 撰述 당시의 對立을 '代國史派'와 '魏史派'의 對立으로(「東魏北齊革命と『魏書』の編纂」, 『東洋史研究』 64-1, 2005), 岡田和一郞은 '代體制'와 '孝文體制'의 對立으로 본다(「北齊國家論序說—孝文體制と代體制」, 『九州大學東洋史論集』 39, 2011).

4 向井佑介, 「北魏の考古資料と鮮卑漢化」, 『東洋史研究』 68-3, 2009, p.516.

5 羅豊(『胡漢之間—"絲綢之路"與西北歷史考古—』, 北京: 文物出版社, 2004)과 李鴻賓(『中古墓

스로 기록한 것으로 현재 남아 있는 것은 돌궐의 여러 비문들이[6] 최초일 것이다. 돌궐 비문과 신구 양 당서의 기록과의 괴리는 새삼 강조할 필요도 없다. 따라서 현재 돌궐 비문을 빼고서는 돌궐사 내지 당시의 국제관계를 연구할 수 없다.

Ⅱ. 석각자료의 수집과 연구

석각은 문자나 도안을 석갈이나 석벽에다 쪼아 새긴[鐫刻] 석제품을 말한다. 금석학은 현대 학문인 '고고학'의 전신으로 (고대의) 청동기(금)와 석각비갈(석)을 연구 대상으로 하는 학문이다. 금석자료 중 석각자료로는 비문과 묘지명, 조상기 등이 대표적이다. 중국의 금석학은 맹아시기부터 쇠락까지 대개 네 시기로 나눈다. 즉 춘추 말에서 수당오대는 금석학의 맹아기이고, 송대는 금석학의 개창 발전기이며, 청대는 금석학의 흥성기, 청 말에서 1959년 이전은 근대고고학기이다. 원 · 명시대는 금석학의 중쇠기라 할 수 있다.[7]

誌胡漢問題研究』, 銀川: 寧夏人民出版社, 2014) 등의 책이 눈에 띈다.

6 東突厥 부흥기의 이름난 君主와 功이 있는 臣下를 기린 내용으로 되어 있으며, 주된 것은 오르콘 비문이라고 총칭한다. 대표적인 것으로는 716년 톨라강 상류에 세워진 톤유국[暾欲谷] 비문, 732년 오르콘 河畔에 세워진 퀼 테긴[闕特勤] 비문, 735년 같은 오르콘 河畔에 세워진 빌게[毗伽]可汗 비문 등이 있다. 이 중 闕特勤 비문이 가장 잘 보존되어 있는데, 높이 3.75m, 너비 1.22~1.33m 규모이며 4면 중 한 면은 漢文으로 되어 있다. 이 碑文들은 모두 唐 玄宗 開元 시기, 즉 725~735년경의 것이다. 이 비문에 대한 최초의 기록은 12세기 이슬람 역사가 주와이니(Juwayni)의 『세계 역사(Tarih-i Jihankusa)』였다. 근대에 와서 처음으로 그 존재를 학계에 보고한 이는 스웨덴 장교 스트라렌베르그(Johan von Strahrenberg)였지만, 19세기 말~20세기에 들어서야 유럽 학자에 의하여 탐사되었다. 이 碑文은 1893년 덴마크의 톰센((V. L. Thomsen)이 해독을 시작한 이후 여러 학자에 의하여 비문 譯註사업이 진척되었다. 突厥碑文은 현존하는 最古의 투르크어 기록·문헌으로, 歷史·言語學上 귀중한 사료이다.

7 张之恒, 『中国考古通論』, 南京: 南京大學出版社, 2009, pp.24~27.

비각지문을 모으기 시작한 것은 양나라 원제의 『금루자(金樓子)』가 최초라고 하지만, 『수경주』에도 상당수의 비문이 재록되어 있다.[8] 특히 『수경주』에는 「후위헌문제남순비(後魏獻文帝南巡碑)」,[9] 「후위어사비(後魏御射碑)」(즉 文成帝南巡碑),[10] 「태무황제동순지비(太武皇帝東巡之碑)」,[11] 「강무비(講武碑)」,[12] 「적비간문비(吊比干文碑)」[13] 등 북위시대 것이 재록되어 있다.

금석학의 발전 단계에서 가장 중요한 전기를 마련한 시기는 송대였다. 구양수의 『집고록발미(集古錄跋尾)』[14]가 현존 최초의 금석서라 불리듯이 송대에 들어 금석학이 크게 유행하였다.[15] 구양수와 쌍벽을 이루는 사람이 바로 조명성이고, 그는 『금석록(金石錄)』을 집필하였다. 중국의 금석학은 구양수의 『집고록』과 조명성의 『금석록』에 의해 시작되었다고 할 정도였으니,[16] '구조(歐趙)' 혹은 '구조지학'이라는 명칭이 출현하게 된 것은 그런 연유에서이다.

특히 『금석록』에는 권2에 오호십육국, 특히 후조(後趙)의 것이 3건,[17] 후위(북위)의 것이 51건, 동위의 것이 18건이 재록되어 있고, 권3에 후위(북위)의 것이 3건, 북제의 것이 53건, 후주(북주)의 것이 9건, 수의 것이 70건과 당의

8 『水經注』에 수록된 비문은 施蟄存撰, 『水經注碑錄』(天津: 天津古籍出版社, 1987)에 수록되어 있다.

9 「後魏獻文帝南巡碑」, 『水經注碑錄』 卷3, 1987, pp.93~94.

10 「後魏御射碑 三石」, 『水經注碑錄』 卷3, 1987, pp.103~105.

11 (北魏)酈道元撰,『水經注』 卷11 滱水條에서는 이 비를 '御射碑'라 칭함.

12 「後魏高祖講武碑」, 『水經注碑錄』 卷1, 1987, pp.1~3.

13 「後魏孝文帝吊比干文」, 『水經注碑錄』 卷2, 1987, pp.78~80.

14 『石刻史料新編』(서울: 法仁文化社, 1987 影印) 第1輯 24 目錄題跋類, 「集古錄跋尾」(pp.17819~17922).

15 陳仲玉, 「論宋代金石學之發達及其價值」, 『食貨』 復刊 2-9.

16 趙萬里, 『漢魏南北朝墓誌集釋』(臺北: 鼎文書局, 1972 影印) 「序」, p.1, "前人著錄古冢墓道文, 蓋肇於趙宋之世歐陽永叔(修)『集古錄』, 首考宋宗慤母夫人·南齊海陵王二誌, 以補益史傳. 沈存中(括)『夢溪筆談』·黃伯思『東觀餘論』亦詳載海陵王誌出土始末, 知宋人留意於前代藴幽之文 … 自後趙德父撰『金石錄』著錄漸廣, …".

17 第300의 「僞趙浮圖澄造像碑」, 第302의 「僞趙橫山李君神碑」, 第303의 「僞趙西門豹祠殿基記」가 그것이다.

것이 54건이 재록되어 있으며, 권4에 당의 것이 163건(제601~제763), 오대주의 것이 37건(제764~제800)이 재록되어 있다. 특히 『금석록』에 「후위북순비(後魏北巡碑)」(孝文帝 太和 21년 건립), 「후위어사비(後魏御射碑)」(宣武帝 景明 3년 건립)가 보이는데, 「태무황제동순지비」의 경우는 약간의 비문만 남아 있을 뿐 비문의 대부분이 현존하지 않는다.[18]

묘지명은 특히 북위시대에 와서 형체적으로나 문체적으로 확립되어 묘지명의 전성시대인 당대 묘지명의 선구가 되었다. 특히 북위 종실인 탁발씨, 즉 원씨가 가장 많은 묘지명을 남겼다. 그런 면에서 묘지명과 무연의 관계에 있던 호족인 선비족이 중원 지역에서의 묘지명 유행을 선도했던 것이다.[19]

각종 석각 유물 가운데 묘지명의 연구도 조송, 특히 북송시대부터 시작되어 청대와 민국시대에 홍성하였다.[20] 청대 이후 금석학의 홍성기를 맞으면서 이제는 석각자료를 제외하고 역사를 연구하는 것은 불가능하게 되었다. 아울러 인민중국이 성립한 후에도 수집·정리 작업이 계속 이어졌다. 이 가운데 묘지명은 시대적으로는 위진남북조-수당시대, 발굴 지역은 주로 하남성(특히 낙양 일대), 섬서성(서안 일대), 하북성(북경 일대), 산동성 등지에 국한되어 있기 때문에 위진남북조-수당시대와 이 지역의 것을 중심으로 수집·정리 작업이 주로 진행되었다.[21] 특히 시대적으로 당대, 지역적으로 낙양 일

18 羅新, 「跋北魏太武帝東巡碑」, 『北大史學』 11, 北京大學出版社, 2005.

19 朴漢濟, 「魏晉南北朝時代 墓葬習俗의 變化와 墓誌銘의 流行」, 『東洋史學研究』 104, 2008.

20 中國文物研究所·河南省文物研究所編, 『新中國出土墓誌—河南(壹)上册』(北京: 文物出版社, 1994) 總敍, p.1, "墓誌的收集整理, 早在北宋就開其風氣. 清及民國, 金石學方興未艾, 其風愈扇. 新中國成立後, 隨着考古事業的不斷發展, 墓誌出土更不斷增多".

21 물론 이들 지역 외에서도 墓誌銘이 出土되었다. 예컨대 重慶[『新中國出土墓誌·重慶』1册(中國文物研究所·重慶市博物館, 2002)], 北京[『新中國出土墓誌·北京』上下 2册(中國文物研究所·北京石刻藝術館, 2003)], 江蘇[新中國出土墓誌·江蘇(壹)·常熟』(中國文物研究所·常熟博物館, 2006)], 江西(陳柏泉, 『江西出土墓誌選編』, 南昌: 江西教育出版社, 1991): 唐代 墓誌 4方, 南宋 이후 묘지 다수, 地券文이 수록됨) 등이다. 각 지방에서 출토된 墓誌銘과 碑碣 등도 있다(氣賀澤保規, 『新版唐代墓誌所在總合目錄(增訂版)』, 前言, 東京: 汲古書院, 2002, pp.iv-vii). 그러나 그 수량은 그리 많지 않다.

대, 특히 (북)망산에서 발굴된 묘지명이 가장 많다.

Ⅲ. 호족의 중원 진입 후의 실상과 도성제도 연구

1. 호족의 진입과 호한융합

호족의 중원 진입은 영가(永嘉)의 난이 정점이라고 생각하겠지만, 이미 흉노의 남북 분열 이후 급속하게 진행되었다. 조위-서진시대에 경기 지역인 관중에서 호족의 유입에 대한 한족들의 우려가 나오고 있었다. 후한대부터 시작된 유목민족의 중원 진입에 대한 한족들의 우려는 ① 조위시대의 등애(鄧艾),[22] ② 서진시대의 곽흠(郭欽),[23] ③ 서진시대의 강통(江統)[24] 등이 제창한 이른바 '사융론(徙戎論)'적 상주들에 잘 표현되어 있다. 이들 논자들의 대표격인 강통은, 당시 융적의 수는 "이미 관중 100여만의 인구 가운데 반을 차

22 『三國志』 卷28 魏書28 鄧艾傳, p.776, "是時并州右賢王劉豹并為一部, 艾上言曰: '戎狄獸心, 不以義親, 彊則侵暴, 弱則內附, 故周宣有玁狁之寇, 漢祖有平城之圍. 每匈奴一盛, 為前代重患. 自單于在外, 莫能牽制長卑. 誘而致之, 使來入侍. 由是羌夷失統, 合散無主. 以單于在內, 萬里順軌. 今單于之尊日疏, 外土之威寖重, 則胡虜不可不深備也. 聞劉豹部有叛胡, 可因叛割為二國, 以分其勢. … 此御邊長計也.' 又陳: '羌胡與民同處者, 宜以漸出之, 使居民表崇廉恥之教, 塞姦宄之路.' 大將軍司馬景王新輔政, 多納用焉".

23 『晉書』 卷97 北狄匈奴傳, p.2549, "侍御史西河郭欽上疏曰: '戎狄強獷, 歷古為患. 魏初人寡, 西北諸郡皆為戎居. 今雖服從, 若百年之後有風塵之警, 胡騎自平陽·上黨不三日而至孟津, 北地·西河·太原·馮翊·安定·上郡盡為狄庭矣. 宜及平吳之威, 謀臣猛將之略, 出北地·西河·安定, 復上郡, 實馮翊, 於平陽已諸縣募取死罪, 徙三河·三魏見士四萬家以充之. 裔不亂華, 漸徙平陽·弘農·魏郡·京兆·上黨雜胡, 峻四夷出入之防, 明先王荒服之制, 萬世之長策也.'"; (宋)司馬光撰, 宋遺民胡三省注, 『資治通鑑』(臺北: 世界書局, 『新校資治通鑑注』本 1977 第7版) 卷81 太康 元年條 참조.

24 『晉書』 卷56 江統傳, pp.1529~1533, "時關隴屢爲氐羌所擾 … (江)統深惟四夷亂華, 乃作「徙戎論」. 其辭曰: '… 夫夷蠻戎狄, 謂之四夷, 九服之制, 地在要荒. 反其舊土. … 戎晉不雜, 並得其所. …'. 答曰: '羌戎狡猾, 擅相號署, 攻城野戰, 傷害牧守. … 且關中之人百餘萬口, 率其少多, 戎狄居半, 處之與遷, 必須口實. … 去盜賊之原, 除旦夕之損, 建終年之益. 若憚暫舉之小勞, 而忘永逸之弘策.'".

지하고 있었다[且關中之人百餘萬口, 率其少多, 戎狄居半]"며 우려하고 있었다. 그러면 당시 관중 지역에 유입된 융적의 상황은 어떠하였는가?

이런 융적의 관중 지역 분포 상황에 대해 일찍이 마장수(馬長壽) 선생이 석각자료를 이용해 검토하였다.[25] 그는 전진(前秦) 건원(建元) 3년(367) 「등태위(애)사비[鄧太尉(艾)祠碑]」 등 25종(前秦 2, 北魏 6, 西魏 2, 北周 12, 隋初開皇 3; 다수의 '造像記' 포함)을 이용하여 전진에서 수 초까지 219년간의 관중 지역민의 성씨·관작·이거(里居)와 친속관계, 부족의 연원, 지역 분포, 성씨 변천, 혼인관계, 계급 분화, 부족 융합, 북조관제, 지리 연혁 문제 등을 치밀하게 정리하였다. 마장수의 연구는 석각자료를 이용하여 역사적 사실을 밝혀낸 전형적인 연구이다. 마장수는 전진~수 초 시기를 전후 2기로 나눴는데, 426년 북위의 장안 점령을 분기점으로 삼았다. 관중 거주 부족은 전기에는 주로 저·강·흉노였는데, 후기에는 주로 탁발선비와 북진잡호(北鎭雜胡)였다는 점을 밝히고, 이러한 인구 구성 변화에는 유목민족 출신이 건립한 정권이 추진한 적극적인 이민족 초납책(招納策)과 연관이 있다는 점을 명확히 하였다. 즉 한족 정권이 이민족의 중원 진입에 대해 배타적인 데 반해, 유목정권은 이민족 초납에 오히려 적극적이었음을 지적하였다. 그 결과, 전진 부견시기에 다양한 부족이 관중에 잡거하고 있는 실상, 즉 '사방의 종족들이 모두 기이한 모습과 다른 색깔[四方種人皆奇貌異色]'[26]인 인종 박람장과 같은 관중 지역의 풍경을 실증적으로 묘사해 냈던 것이다. 예컨대 후한 안제·순제 시기 서강(西羌)이 관중에서 난을 일으키면서 강족이 사입(徙入)되었을 때, 한(漢)·강(羌)이 한촌(漢村)과 강촌(羌村)으로 서로 분별, 거주하다가 시간이 지남에 따라 상호 무사(無事)하게 되고, 한·강 양 족이 동촌에 잡거하는 현

25 馬長壽, 『碑銘所見前秦至隋初的關中部族』, 北京: 中華書局, 1986.

26 『太平御覽』(臺北: 商務印書館, 1975, 臺3版) 卷363 人事部4 形體, 引車頻『秦書』, p.1801-上左, "苻堅時, 四夷賓服, 湊集關中. 四方種人皆奇貌異色. 晉人爲之題目, 謂胡人爲側鼻, 東夷爲廣面闊頞, 北狄爲匡脚面, 南蠻爲腫蹄, 方, 方以類名也".

상으로 변해간 점을 「작화발조등일백입팔인조상기(昨和拔祖等一百廿八人造像記)」[27] 등의 분석을 통해서 밝힌 것이 그 예이다. 따라서 위진남북조시대의 상황뿐만 아니라, 현재와 같은 중국에서의 다민족 잡거 상황의 전개는 이민족 정권의 적극적인 사민정책과 깊은 관련이 있음을 실증적으로 밝혔다는 점에서 그 연구의 의미는 크다.

다음으로 소그드인(Sogdian: 粟特人) 연구에 있어서 묘지명의 자료적 의미를 살펴보자. 북위 후기 도성 낙양의 상황을 표현한 『낙양가람기』에는 서쪽 대진국(大秦國: 동로마제국) 등에서 온 이국사문이 3,000명이나 폭주하여 그들을 수용하는 승방이 1,000여 간이나 되었으며 총령(파미르) 이서 지역에서 동로마제국까지 백국천성의 출신으로 북위에 부화(附化)한 사람이 만여 가나 되었다고 기록하고 있다.[28] 각종 기예를 가진 다양한 부류가 포함되어 있었지만, 그 가운데 '서역상호' 혹은 '부호(富胡)[29]라고 지칭되는 자들이 두드러진 존재였다. 이들은 넓은 의미의 소그드 상인이다. 이들은 상 · 공업뿐만 아니라 음악 · 정치계 등 각종 영역에서도 두각을 나타냈다. 특히 북제시대에 최고 권력자였던 '삼귀[三貴: 穆提婆 · 高阿那肱 · 韓鳳(長鸞)]'[30]로 호칭되는 자들도 바로 이런 부류의 서역인들이었다.[31] 또 북제군의 선봉대를 구성하는 정예 중에 '서역병'의 명궁수가 있었다.[32] 그들의 당대에서의 활약은 재

---

27 『八瓊室金石補正』(『石刻史料新編』 第1輯 一般類) 卷23 北周, pp.4360下~4363上.

28 (北齊)楊衒之撰, 『洛陽伽藍記』(上海: 上海古籍出版社, 1958/1978, 范祥雍校注, 『洛陽伽藍記校注』本) 卷3 城南 宣陽門外 永橋以南條, p.161, "自嶺已西, 至於大秦, 百國千城 … 樂中國土風, 因而宅者, 不可勝數. 是以附化之民, 萬有餘家".

29 『北齊書』 卷34 楊愔傳, p.457, "愔嘗見其(高隆之)門外有富胡數人".

30 『北史』 卷92 恩幸 韓鳳傳, p.3052, "(韓鳳)與高阿那肱·穆提婆共處衡軸, 號曰三貴. 損國害政, 日月滋甚".

31 이들 三人 가운데 韓鳳과 高阿那肱 두 명은 北齊政權 성립기에 크게 공헌한 가문 출신이므로 이들을 따로이 '北族系恩倖'으로 분류하기도 한다(岩本篤志, 「'齊俗'と'恩倖'—北齊社會の分析」, 『史滴〈早稻田大學〉』 18, 1996, p.54).

32 『陳書』 卷31 蕭摩訶傳, pp.409~410, "時齊遣大將尉破胡等率衆十餘萬來援, 其前隊有'蒼頭''犀角''大力'之號, 皆身長八尺, 膂力絶倫, 其鋒甚銳. 又有西域胡, 妙於弓矢, 弦無虛發, 衆軍

언할 필요가 없지만, 심지어 오대정권에도 지대한 영향력을 행사했던 이국[蕃・胡]인이었다.

근래 들어 소그드인들에 관한 중국 고고학계의 중대 성과물로는 1999년 발굴된 우홍묘(虞弘墓),[33] 2000년에 발굴된 안가묘(安伽墓),[34] 2003년에 발굴된 사군묘(史君墓)[35] 등이 있다. 소그드인 묘지명은 현재까지 67개나 된다. 이처럼 소그드인의 연구에서 빠질 수 없는 사료가 바로 묘지명이다.

2. 방장제 해명과 묘지명의 생·주·몰지 기록

필자는 석각자료를 통해 이전에 보이지 않던 북위 낙양성의 방(坊)의 이름을 다수 확인하였다. 아울러 북위시대 낙양의 도성제도를 논하는 글에서 초기 도성인 평성부터 나타나는 방장제에 대해 그 구조는 이전의 이제(里制)와 다른 것이며, 이제가 형식적인 이벽을 가진 것에 비해 방(坊)은 방장이라는 물리적인 장치에 의해 만들어진 폐쇄공간으로 보았다. 도성은 방이라는 폐쇄공간의 집합으로, 이른바 가축의 우리와 같은, 이른바 '함옥도시(檻獄都市)'[36]와 유사한 형태를 이루고 있는데 이런 방장제의 출현 동기는 유목민족이 중원의 농민과 피사된 생구를 노동인력으로 돌려 생산력을 높이고, 그리고 이들의 통제를 용이하게 하는 장치로써 호족 통치자들이 구상하여 만든 '호한체제'의 하나라고 정리한 바 있다.[37] 특히 조만리의 『한위남북조묘지집석』 등을 이용하여 기존에 알려져 있지 않던 북위 낙양성의 방명을 다수

尤憚之".

33 山西省考古研究所·太原市考古研究所·晉源區文物旅遊局, 「太原隋代虞弘墓清理簡報」, 『文物』 2001-1.

34 陝西省考古研究所, 「西安發現的北周安伽墓」, 『文物』 2001-1.

35 楊軍凱, 「入華粟特聚落首領墓葬的新發現—北周涼州薩寶史君墓石槨圖像初探」, 榮新江·張志清主編, 『從撒馬爾干到長安』, 北京: 北京圖書館出版社, 2004.

36 大室幹雄, 『檻獄都市-中國中世の世界芝居と革命』, 東京: 三省堂, 1994.

37 朴漢濟, 「北魏洛陽社會と胡漢體制—都城區劃と住民分布を中心に—」, 『お茶の水史學』 34, 1991.

찾아냈고 동위-북제의 도성인 업도의 방명도 석각자료를 이용하여 몇 개 확인하였다.[38]

방이 거주구획의 단위로 처음 등장한 것은 북위의 초기 도성인 평성이었다. 이후 북위 낙양성, 동위-북제의 업도, 수당의 장안성 및 낙양성 등에서 도성의 한 거주구역 단위를 방으로 표현하고 있다. 그런데 방의 총수와 규모는 기록에 따라 다르며, 방명은 수당시대의 것을 제외하고는 대부분이 명확하지 않다. 먼저 방의 수이다. 평성의 경우 방이 몇 개나 되었는지에 대한 기록이 없고, 북위 낙양성의 경우 323개 설,[39] 320개 설,[40] 220개 설[41] 등 이설이 있지만, 320개 설이 합당한 것 같다.[42] 평성의 방 하나의 규모는 크게는 400~500가, 적게는 60~70가를 포용하고,[43] 낙양성의 경우는 700~800가[44] 또는 1,000호·500호[45]로 표시되고 있듯이 대단히 큰 규모였

38 朴漢濟, 「東魏-北齊時代の鄴都の都城構造—立地と用途'その構造的な特徵—」, 『中國史學』(京都: 朋友書店) 20, 2010.

39 『魏書』 卷8 世宗 宣武帝恪紀, p.194, "(景明二年: 501)九月丁酉, 發畿內夫五萬人築京師三百二十三坊, 四旬而罷".

40 『魏書』 卷18 太武五王/廣陽王嘉傳, pp.428~429, "及將大漸, 遺詔以嘉為尚書左僕射, 與咸陽王禧等輔政. 遷司州牧, 嘉表請於京四面, 築坊三百二十, 各周一千二百步, 乞發三正復丁, 以充茲役, 雖有暫勞, 姦盜永止. 詔從之."; 『魏書』 卷8, 世宗 宣武帝恪紀, p.216, "校勘記([四]發畿內夫五萬人築京師三百二十三坊 南·北·殿三本和北史卷四'五萬'下有'五千'二字. 又北史作'三百二十坊'. 按卷一八廣陽王嘉傳也作'三百二十坊', '坊'上'三'字當衍".

41 『洛陽伽藍記』 卷5 城北條, p.349, "京師東西二十里, 南北十五里, 戶十萬九千餘. 廟社宮室府曹以外, 方三百步爲一里, 里開四門, 門置里正二人, 吏四人, 門士八人 合有二百二十里".

42 『洛陽伽藍記』 卷5 城北條, p.351 注, "按『魏書』卷八世宗紀: '景明二年(501)九月丁酉, 發畿內夫五萬人, 築京師三百二十三坊, 四旬而罷.' 又十八廣陽王嘉傳: '表請於京四面築坊三百二十, 各周一千二百步, 乞發三正復丁以充茲役, 雖有暫勞, 姦盜永止. 詔從之.' 坊與里相同, (『說文新附字』云: '坊, 邑里之名.') 此文'二百二十'疑是'三百二十'之誤".

43 『南齊書』 卷57 魏虜傳, p.985, "其郭城繞宮城南, 悉築爲坊, 坊開巷. 坊大者容四五百家, 小者六七十家. 每南坊搜檢, 以備奸巧".

44 『魏書』 卷18 太武五王/孝友傳, pp.422~423, "令制: 百家為黨族, 二十家為閭, 五家為比隣. 百家之內, 有帥二十五, 徵發皆免, 苦樂不均. 羊少狼多, 復有蠶食. 此之為弊久矣. 京邑諸坊, 或七八百家, 唯一里正·二史, 庶事無闕, 而況外州乎? 請依舊置, 三正之名不改, 而百家為四閭, … 此富國安人之道也".

45 『魏書』 卷68 甄琛傳, pp.1514~1515, "遷河南尹, … 琛表曰: '… 京邑諸坊, 大者或千戶·五百

다. 다시 말하면 북위 평성 이전에 1 내지 2~3개 건물의 경비와 방어를 위하여 그 둘레에 쌓은 장원을 높고 견고하게 만들었던 기존(예컨대 후한 · 위진시대)의 방이 북위 평성시대에 와서는 최소 60가를 포용하는 도시의 한 구역의 명칭으로 변화한 것이다. 따라서 한대 이후 담장으로 둘러싸인 몇 개의 건축군, 즉 소원(小院)을 칭하던 '방'은 이후의 도시의 한 구역인 '이방' 혹은 '방리'의 '방'과는 다른 개념이 되었다.[46] 동위-북제의 도성 업도에는 도시구역단위인 방(400여 개)이 있었다. 수당 장안성에도 108개의 방이 있었다. 수당 장안성의 방명은 모두 알려졌지만, 북위 낙양성은 방 320개 가운데 지금 확인된 것은 50여 개 정도에 그치고 있으며,[47] 업도의 경우 400여 개의 방 가운데서 확인된 것은 20여 개에 불과하다.[48] 방명을 찾을 수 있다는 것은 당시 방을 둘러싸고 전개된 실상을 밝힐 수 있다는 점에서 매우 중요하다. 방명을 찾아내는 것은 기존의 서책을 통해서는 불가능하고, 석각자료에 전적으로 의존할 수밖에 없는 상황이다.

당대 장안성의 경우, 방은 그대로 지역단위로 사용되었다. 방과 이는 어떤 관계에 있는 것일까? 동일한 단위의 별칭인가? 아니면 아주 다른 성격의 단위인가? 최근까지 '방'은 '이'의 별칭, 혹은 속칭으로 여겨져 왔다. 이 점과 관련하여 당대 낙양에 거주했던 인사들의 묘지명에서 그 해답을 찾을 수 있다. 즉 방과 이가 병렬되고 있는 사례가 발견되고 있기 때문이다. 그 사례를 다음에서 살펴보자.

戶, ….' 詔曰: '里正可進至勳品, 經途從九品, 六部尉正九品諸職中簡取, 何必須武人也?' 琛又奏以羽林為遊軍, 於諸坊巷司察盜賊. 於是京邑清靜, 至今踵焉".

46 傅熹年主編, 『中國古代建築史 第二卷, 兩晉 · 南北朝 · 隋唐 · 五代建築』, 北京: 中國建築工業出版社, 2001, p.23. 그리고 張劍은 北魏시대에는 城內의 坊里와 城外의 鄕里의 구별은 명확하며, 坊里의 경우 圍牆이 있어 엄격한 管理制度가 있고, 인구가 조밀하였다고 한다(「關于北魏洛陽城里坊的幾個問題」, 『漢魏洛陽故城研究』, 北京: 科學出版社, 2000, p.537).

47 朴漢濟, 「北魏洛陽社會と胡漢體制—都城區劃と住民分布を中心に—」, 1991.

48 朴漢濟, 「東魏-北齊時代の鄴都の都城構造—立地と用途, その構造的な特徵—」, 2010.

① 長壽三年 四月五日의 康智 墓誌銘: "終於神都日用里思順坊之私第"[49]

② 大和八年正月二十日의 王翼 墓誌銘: "終於東都安業坊安業里之私第"[50]

③ 任德 墓誌銘: "終於毓財里私第 … 夫人 … 終於敦厚坊私第"[51]

①의 강지 묘지명에서는 이-방, ②의 왕익 묘지명에서는 방-이의 순서로, ③의 임덕 묘지명에서는 이[夫의 사제]와 방[夫人의 사제]이 병기되고 있다. ①의 일용리(日用里)는 사순방(思順坊)의 상위의 것처럼 표현되어 있고, ②에서는 안업방(安業坊)이 안업리(安業里)의 상위의 단위처럼 표현되어 있다. 그뿐만 아니라 ③에서는 육재리(毓財里)와 돈후방(敦厚坊)으로 이와 방이 각각 다른 지역단위로 표현되어 있다. 따라서 방은 이의 별칭이 아니고, 다른 단위, 다시 말하면 이는 인구단위라고 한다면, 방은 면적에 따라 구획된 공간단위였다고 할 수 있다. 단지 이가 공식적인 행정단위였다면, 방은 현급 이상의 도시에 높은 담으로 구획하여 만든 특수 목적의 거주공간으로 보아야 한다. 이상에서 보듯이 방장제의 실상은 석각사료에 의존하여 파악할 수밖에 없다.

방장제가 거주구역단위로 최초로 채용된 북위 평성의 방에 대해서 『위서』에서는 언급조차 하지 않고 방의 건축 사실을[52] "시와 이를 분리해서 두었다[分置市里]"라고만 기록하고 있다.[53] 보다 구체적인 사실은 오히려 『남제서』 위로전에 서술되어 있다. 즉 "도성 전체를 건축하여 방으로 만들었다[悉

49 周紹良, 『唐代墓誌彙編(上)』, 「大周故康(智)府君墓誌銘幷序」, 上海: 上海古籍出版社, 1992, p.855.

50 周紹良, 『唐代墓誌彙編(下)』, 上海: 上海古籍出版社, 1992, 「唐故正議大夫守殿中監致仕上柱國賜紫金魚袋太原王公(翼)府君墓誌銘幷序」, p.2143.

51 周紹良, 『唐代墓誌彙編(上)』, 「唐故昭武校尉任君墓誌銘幷序」, 1992, p.319, "君諱德 …. 去貞觀十七年十一月廿七日, 終於毓財里私第 … 夫人 … 粤以顯慶五年七月十四日, 終於敦厚坊私第".

52 逯耀東, 「北魏平城對洛陽規建的影響」, 『從平城到洛陽—拓跋魏文化轉變的歷程』, 臺北: 聯經出版事業公司, 1979, p.145.

53 『魏書』 卷2 太祖紀, pp.42~43, "(登國三年 六月)發八部五百里內男丁築灅南宮, 門闕高十餘丈; 引溝穿池, 廣苑囿; 規立外城, 方二十里, 分置市里, 經塗洞達. 三十日罷".

築爲坊]". 그리고 방 수도 "방 가운데 큰 것은 400~500가를 수용하였고, 작은 것은 60~70가를 수용하였다[坊大者容四五百家, 小者六七十家]"라고 기술되어 있다.[54]

Ⅳ. 관제와 석각자료

1. '가한' 호칭의 개시·사용 문제와 석각자료

'가한'호는 한대 흉노의 '선우(單于)'호에 해당하는 서북방 유목민족의 최고 존칭으로 중국의 황제에 해당한다.[55] 이 가한호가 처음 사용된 것에 대해 『통전』의 찬자 두우(杜佑)는 유연주 사륜(社崙)에서부터 시작되었다고 하였다.[56] 일본학자 시라토리 구라키치(白鳥庫吉)도 "가한이란 존칭은 요하 원유역(源流域)을 근거지로 했던 선비나 하수(河水: 황하) 상류 유역에 거주했던 토욕혼이나 걸복씨(乞伏氏) 사이에 생겨난 것이 아니라, 장성 이북을 통일했던 연연(蠕蠕: 柔然)과 같은 대국에서 시작되었다고 보아야 한다. 그런 면에서 두씨가 이 존칭의 기원을 연연의 구두벌(邱豆伐)로 고정한 것은 '탁견'이라 말하지 않으면 안 된다"고 기술하였다.[57] 여기다가 '가한'호의 시작

54 『南齊書』 卷 58 魏虜傳, p.985, 「悉築爲坊」.

55 『新唐書』 卷215上 突厥傳上, p.6028, "至吐門, 遂彊大, 更號可汗, 猶單于也, 妻曰可敦"; (宋)司馬光撰, 宋遺民胡三省注, 『資治通鑑』 卷77 魏紀9 元帝 景元 2年(261) 是歲條, p.2459, "至可汗毛, 始强大(胡注曰: '可汗, 北方之尊稱, 猶漢時之單于也. …'), 統國三十六, 大姓九十九, 後五世至可汗推寅, 南遷大澤; 又七世至可汗鄰, …".

56 『通典』(北京: 中華書局, 1988) 卷194 邊防10 北狄1 序略, p.5301. "其主社崙始號可汗, 猶言皇帝. … 其主土門可汗, 猶古之單于也."; 『通典』 卷196 邊防12 蠕蠕, p.5378, "於是自號丘豆伐可汗(可汗之號始於此.) '丘豆伐'猶言駕馭開張也, 可汗猶言皇帝也."; 『通典』 卷197 邊防13 北狄·突厥上, p.5402, "土門遂自號伊利可汗(後魏太武帝時, 蠕蠕主社崙已自號可汗, 突厥又因之), 猶古之單于也; 號其妻爲可賀敦, 亦猶古之閼氏也. 其子弟爲特勤, 別部領兵者爲之設".

57 白鳥庫吉, 「可汗及可敦稱號考」, 『塞外民族史硏究 下』(白鳥庫吉全集 5), 東京: 岩波書店, 1970, p.155.

을 394~402년의 일이라고 확인한 바 있다.[58] 그러나 유연주 사륜에서 시작되었다는 두우의 주장과 다른 견해가 일찍부터 제기되었다. 먼저 사마광은 『자치통감』에서 『위서』 서기시대 선비의 군장이 가한모(可汗毛), 가한추인(可汗推寅), 가한인(可汗隣) 등 '가한'이라 썼다고 보았으며,[59] 호삼성도 사륜 이전에 이미 선비의 군장들이 가한 호칭을 사용했음을 확인하였다.[60] 그리고 필자가 탁발족의 민가라 밝힌[61] 「목란시」에서도 '가한'이라는 호칭이 이미 사용되고 있다.[62] 그러나 「목란시」도 시대 비정으로 한대설, 북위설 혹은 당대설 등 쟁론이 많기 때문에 확정적인 증거라고 보기는 어려웠다. 그런데 선비 선세의 가한호 사용 여부에 대해 증거를 제시할 수 있을 것이라 기대한 『위서』에는 정작 이런 기사는 찾을 수가 없다.[63] 그래서 시라토리 구라키치의 의견과 같은 엉뚱한 견해가 나온 것이다. 이처럼 가한호의 개시, 즉 사용자 문제는 1,000년 이상 쉽게 결론이 나지 않은 것이었다.

그런데 북위의 선세가 가한호를 사용했다는 것은 석각자료에서 명백하게 나타났다. 예컨대 북위 선무제 정시 4년(507) 3월 13일, 낙양에서 건조되어 낙양에서 출토된 「해지묘지(奚智墓誌)」를 보면, 『위서』 서기시대 헌황제(獻皇帝)의 아버지인 위황제(威皇帝) 쾌(儈)[64]가 '복회가한(僕膾可汗)'이며, 해

58 白鳥庫吉, 「可汗及可敦稱號考」, 1970, pp.147~148. 杜佑는 '後魏太武帝時'라 하였다(p.5402).

59 『資治通鑑』 卷112 晉紀34 安帝 元興 元年(402) 春正月條, p.3534, "柔然社崙 … 自號豆代可汗(胡注曰: '… 杜佑曰: 可汗之號起於柔然社崙 猶言皇帝也. 而拓跋之先, 『通鑑』皆書可汗, 又在社崙之前.'".

60 『資治通鑑』 卷80 晉紀2 武帝 咸寧 3年(277) 冬12月條, p.2548, "及沙漠汗歸, … 謂諸大人曰: '可汗恨汝曹讒殺太子(胡注曰: '此時鮮卑君長已有可汗之稱. …') 欲盡收汝曹長子殺之.'".

61 朴漢濟, 「木蘭詩의 時代—北魏 孝文帝時期 對柔然戰爭과 關聯하여—」, 『五松李公範先生停年紀念東洋史論叢』, 서울: 知識產業社, 1993.

62 林旅芝, 『鮮卑史』, 香港: 波文書局, 1973, p.367.

63 『魏書』에 보이는 '可汗' 呼稱은 吐谷渾(卷101 吐谷渾傳, p.2740, "伏連籌死, 子夸呂立, 始自號為可汗.")과 蠕蠕(卷103 蠕蠕傳에 다수) 관련 자 외에는 없다.

64 『魏書』 卷1 序紀, p.2, "威皇帝諱儈立, 崩. 獻皇帝諱隣立".

지가 복회가한의 후예라는 것을 명확하게 기록하고 있다.[65] 특히 이 가한호 출현 논쟁에 완전한 종지부를 찍은 것이 바로 1980년 7월 30일 미문평(米文平)·왕성(王成)이 발견한 201자의 「알선동선비축문(嘎仙洞鮮卑祝文)」이라는 또 다른 석각자료였다.[66] 「알선동선비축문」의 "황조선가한(皇祖先可寒) 황비선가돈(皇妣先可敦)"이라는 구절이[67] 바로 그것이다. 이런 사실 역시 축문을 다룬 『위서』 예지의 관련 기사에서 빠져 있고,[68] 『위서』 오락후전의 관련 기사에도 빠져 있다.[69] 『위서』의 정확성에 대한 의심은 물론, 고의성이 있었다고 의심할 수밖에 없다. 『위서』는 대국(代國)의 전통보다 북위 건국 이후, 다시 말하면 북방에서의 유목 시기보다 중원왕조로서의 북위시대의 역사를 강조하려는 사람들의 작품이기 때문이다.

---

65 趙萬里撰, 『漢魏南北朝墓地集釋』(臺北: 鼎文書局, 1972 影印) 卷5 圖版207 奚智墓誌. p.247, "故徵士奚君. 諱智 … 始與大魏同先, 僕膾可汗之後裔, 中古遷移 … 遂因所居改爲達奚氏焉. 逮皇業徙嵩, 更新道制, 勅姓奚氏".

66 米文平, 「鮮卑石室的發現與初步研究」, 『文物』 1981-2.

67 米文平, 『鮮卑石室尋訪記』, 濟南, 山東畵報出版社, 1997, p.55, "維太平眞君四年癸未歲七月卄五日 / 天子臣燾使謁者僕射庫六官 / 中書侍郎李敞傅㲊用駿足一元大武 / 柔毛之牲敢昭告于 / 皇天之靈啟闢之初 祐我皇祖于彼土田 / 歷載億年聿來南遷應受多福 / 光宅中原惟祖惟父拓定四邊慶流 / 後胤延及冲人闡揚玄風增構崇堂剋 / 揃凶醜威暨四荒幽人忘遐稽首來王始 / 聞舊墟爰在彼方悠悠之懷希仰餘光王 / 業之興起自皇祖緜緜瓜瓞時惟多祜 / 歸以謝施推以配天子子孫孫福祿永 / 延薦于 / 皇皇帝天 / 皇皇后土以 / 皇祖先可寒 / 皇妣先可敦配 / 尙饗 / 東作帥使念鑿.'".

68 『魏書』 卷108-1 禮志4-1 祭祀上, p.2738, "魏先之居幽都也, 鑿石為祖宗之廟於烏洛侯國西北. 自後南遷, 其地隔遠. 真君中, 烏洛侯國遣使朝獻, 云石廟如故, 民常祈請, 有神驗焉. 其歲, 遣中書侍郎李敞詣石室, 告祭天地, 以皇祖先妣配. 祝曰: '天子燾謹遣敞等用駿足·一元大武敢昭告于皇天之靈. 自啟闢之初, 祐我皇祖, 于彼土田. 歷載億年, 聿來南遷. 惟祖惟父, 光宅中原. 克翦凶醜, 拓定四邊. 冲人纂業, 德聲弗彰. 豈謂幽遐, 稽首來王. 具知舊廟, 弗毀弗亡. 悠悠之懷, 希仰餘光. 王業之興, 起自皇祖. 綿綿瓜瓞, 時惟多祜. 敢以丕功, 配饗于天. 子子孫孫, 福祿永延.'".

69 『魏書』 卷100 烏洛侯傳, p.2224, "烏洛侯國, 在地豆于之北, 去代都四千五百餘里. … 世祖真君四年來朝, 稱其國西北有國家先帝舊墟, 石室南北九十步, 東西四十步, 高七十尺, 室有神靈, 民多祈請. 世祖遣中書侍郎李敞告祭焉, 刊祝文於室之壁而還".

2. 직근(直勤)과 금석문

금석사료는 특히 호족들이 세운 왕조의 관제 연구에 매우 유익하다. 북위 관료 중에 '직근(直勤)□□□' 형식의 직함이 있다. '직근'은 직근(直懃), 간혹은 '의근(宜勤)'으로 오기되기도 하였다. 이 명호는 『송서』,[70] 『남제서』[71] 등에만 나오지만, 정작 『위서』에는 나오지 않을 뿐만 아니라 『북제서』·『주서』·『북사』 등에서도 전혀 보이지 않는다. 그러면 이 '직근'은 북조 정사에서 전혀 언급되지 않을 정도로 가벼운 의미를 갖는 명호일까?

우선 직근이 갖는 의미를 살펴보자. 『송서』 교감기에서는 '직근'을 "위주자제지칭(魏主子弟之稱)"이라 설명하였으며, 진인각(陳寅恪)은 직근은 곧 특근(特勤)으로 '친왕지의(親王之意)'라 설명하였다.[72] 그러나 나신(羅新)은 단순히 친왕이거나 중국 고유의 왕작(王爵: 晉式 爵制)만이 아니라 탁발선비가 화하국가체제로 변해가는 과정 중에 나타난 내륙 아시아 초원의 정치문화형식의 하나라고 보았다. 나신의 지적에 의하면, 태무제의 특별 윤가(允可)를

70 『宋書』 卷43 傅亮傳, p.1336, "(永初)七年, 遷散騎侍郎, 復代演直西省. 仍轉中書黃門侍郎, 直西省如故. 高祖以其久直勤勞, 欲以為東陽郡, ….";『宋書』 卷72 南平穆王鑠傳, p.1857, "虜永昌王宜勤庫仁真救虎牢(校勘記: 虜永昌王宜勤庫仁真救虎牢'宜勤'疑即'直勤'之誤. 索虜傳又誤作'宜勒'. 直勤或作直懃, 又見索虜傳, 亦即特勤之異譯. '庫仁真'各本並作'仁庫真', 據索虜傳改正.)";『宋書』 卷95 魏虜傳, p.2334, "昌王宜勒庫莫提移書益梁二州, '宜勒'當是'直勤'之譌. 據『魏書』, 時武昌王提為平原鎮都大將."; p.2335, "… 內諸軍事·鎮南大將軍·開府儀同三司·淮南王直勤它大翰為其後繼(校勘記: 使持節都督洛 …"; p.2336, "使持節·都督洛豫州及河內諸軍事·鎮南大將軍·開府儀同三司·淮南王直勤它大翰為其後繼(校勘記: … 它大翰為其後繼'直勤'各本並作'直勒, '今改正. 下文亦作'直懃", 皆魏主子弟之稱. …); p.2353, "晃子濬字烏雷直懃, 素為燾所愛, 燕王謂國人曰: '博真非正, 不宜立, 直懃嫡孫, 應立耳.' 乃殺博真及宗愛, 而立濬為主, 號年為正平".

71 『南齊書』 卷35 高祖十二王 南平王銳傳, p.630, "南平王銳字宣毅, 太祖第十五子也. 永明七年, 為散騎常侍, 尋領驍騎將軍. 明年, 為左民尚書. 朝直勤謹, 未嘗屬疾, 上嘉之.";『南齊書』 卷47 王融傳, p.819, "又虜前後奉使, 不專漢人, 必介以匈奴, 備諸覘獲. 且設官分職, 彌見其情, 抑退舊苗, 扶任種戚. 師保則后族馮晉國, 總錄則邽姓直勒渴侯(校勘記: 總錄則邽姓直勒渴侯, 按'直勒'依闕特勤碑當作'直勤.')";『南齊書』 卷57 魏虜傳, p.984, "燾死, 謚太武皇帝. 立晃子濬, 字烏雷直勤, 年號和平".

72 萬繩楠(整理), 『陳寅恪魏晋南北朝史講演錄』, 合肥: 黃山書社, 1987, p.258, "'直勒'卽'直勤'或'特勤' … '特勤'爲親王之意".

받은 원하(源賀)를 제외하고는(아울러 源賀 및 그 자손은 효문제 시기에 이 권역에서 축출되었다) 신원제(神元帝) 역미(力微)의 후손들만이 탁발의 성을 갖고, 또 직근의 명호를 얻었다는 것이다.[73] 또 『송서』나 『남제서』에서는 북위 문성제 탁발준(拓跋濬)을 '자오뢰직근[字烏雷直勤(懃)]'이라 표기하고 있다.[74] 오뢰(烏雷)는 '준(濬)'을 독음적(讀音的)으로 아역(雅譯)한 것이니, 직근의 탁발준의 본래의 칭호이고, 그것은 태무제의 손자인 까닭에 얻은 명호인 것이다. 따라서 이 직근이라는 명호는 북위 당시 폐쇄적 권역(Inner Circle)을 표시하는 것이라고 볼 수 있다. 직근의 범위 내외는 곧 단결의 범위인 동시에 특권의 차이를 나타내는 경계선이었다. 도무제 천사 원년(404)의 작제 개혁을 보면 "황자급이성(皇子及異姓)"[75]이라 하던 것이, 2개월 후에는 "대선조신(大選朝臣)"[76]으로 그 범위를 넓혀가는 것은 부족적이고 폐쇄적인 권역의 확대를 의미하였다. 혹자는 이것을 북위정권의 부족연맹에서 국가정체로 진입하는 중요한 표지라고 하였고,[77] 혹은 종실 성원 간의 신형관계의 '가구(架構: 프레임: 뼈대)'라고 규정하였다.[78] 또 '선제지십족(選帝之十族)'[79] 혹은 '범여

73 羅新, 「北魏直勤考」, 『中古北族名號研究』, 北京: 北京大學出版社, 2009, p.88.

74 『宋書』 卷95 魏虜傳, p.2353, "晃子濬字烏雷直懃"; 『南齊書』 卷57 魏虜傳, p.984, "燾死, 謚太武皇帝. 立晃子濬, 字烏雷直勤, 年號和平".

75 『魏書』 卷113 官氏志, p.2973, "(天賜元年)九月, 減五等之爵, 始分為四, 曰王·公·侯·子, 除伯·男二號. 皇子及異姓元功上勳者封王, 宗室及始蕃王皆降為公, 諸公降為侯, 侯·子亦以此為差. 於是封王者十人, 公者二十二人, 侯者七十九人, 子者一百三人. 王封大郡, 公封小郡, 侯封大縣, 子封小縣. 王第一品, 公第二品, 侯第三品, 子第四品. 又制散官五等: 五品散官比三都尉, 六品散官比議郎, 七品散官比太中·中散·諫議三大夫, 八品散官比郎中, 九品散官比舍人. 文官五品已下, 才能秀異者總比之造士, 亦有五等. 武官五品已下堪任將帥者, 亦有五等. 若百官有闕者, 則於中擢以補之".

76 『魏書』 卷2 太祖紀, pp.41~42, "(天賜元年)秋九月, 帝臨昭陽殿, 分置眾職, 引朝臣文武, 親自簡擇, 量能敘用; 制爵四等, 曰'王·公·侯·子', 除伯·男之號; 追錄舊臣, 加以封爵, 各有差. … 十有一月, 上幸西宮, 大選朝臣, 令各辨宗黨, 保舉才行, 諸部子孫失業賜爵者二千餘人".

77 陳爽, 『世家大族與北朝政治』, 北京: 中國社會科學出版社, 1998, p.13.

78 羅新, 「北魏直勤考」, 2009, p.103.

79 『魏書』 卷108-1 禮志4-1 祭祀上, p.2736, "天賜二年夏四月, 復祀天于西郊, … 祭之日, 帝御大駕, 百官及賓國諸部大人畢從至郊所. 帝立青門內近南壇西, 內朝臣皆位於帝北, 外朝臣及大

제실위십성(凡與帝室為十姓)'이라는 말은 제실(帝室: 一族·一姓)과 그 밖의 구족(九族)·구성(九姓)과의 차이를 엄격하게 설정하고 있는 것이다. 그런 측면에서 이전 안제(安帝) 시기에 "구십구성(九十九姓)"[80]체제이던 것이 역미(力微) 시기에 와서 보다 좁은 범위로 한정된 직근제도가 시작되었다고 본 것이다.[81] 조익(趙翼)은 북위시대에 이성 관료들을 왕(王)으로 남봉(濫封)하기 시작하였으며, 그것이 북제시대까지 이어졌던 사실을 지적하고 이것을 왕조의 혼란 현상으로 치부하였지만,[82] 이 자료를 통해 이것도 유목민족 특유의 관행이 운용 과정에서 변화된 것으로 보아야 한다.

그러면 유목왕조의 직근은 한족왕조의 종실과 어떻게 다른 것일까? 북위의 직근이 돌궐의 특근(特勤)과 같다는 것은 이미 충분히 논의된 바이다.[83] 즉 북위의 직근은 돌궐의 특근,[84] 거란(契丹)의 횡장(橫帳),[85] 몽골의 황금씨족(黃金氏族: Altan Urugh)[86]과 같은 황족(皇族: Royal Family: Royal Clan)으로,[87] 유목

人咸位於青門之外, 后率六宮從黑門入, 列於青門內近北, … 選帝之十族子弟七人執酒, …".

80 『魏書』 卷113 官氏志, 姓氏 獻帝賜姓條, pp.3005~3006, "初, 安帝統國, 諸部有九十九姓. 至獻帝時, 七分國人, 使諸兄弟各攝領之, 乃分其氏. 自後兼并他國, 各有本部, 部中別族, 為內姓焉. 年世稍久, 互以改易, 興衰存滅, 間有之矣, 今舉其可知者. 獻帝以兄為紇骨氏, 後改為胡氏. … 凡與帝室為十姓, 百世不通婚. 太和以前, 國之喪葬祠禮, 非十族不得與也. 高祖革之, 各以職司從事".

81 羅新, 「北魏直勤考」, 2009, pp.100~101.

82 (淸)趙翼撰· 王樹民考證 『廿二史箚記』(北京: 中華書局, 1984,) 卷14 「異姓封王之濫自後魏始」, pp.300~301, "太武帝卽位, 封長孫嵩北平王, 奚斤宜城王 … 自是功臣無有不王者. 文成帝封周忸樂陵王 … 俱進爵爲王. … 太和十六年, 始詔諸遠族非太祖子孫及異姓封王者, 皆降爲公, … 至北齊武成帝時, 又極猥褻. … 荒亂之朝, 何所不至, 固不可以常理論矣".

83 町田隆吉, 「北魏太平眞君四年拓跋燾石刻祝文をめぐつて—可汗·可敦の稱號を中心として—」, 『アジア諸民族における社會と文化』, 東京: 國書刊行會, 1984, pp.88~114.

84 突厥可汗의 子를 '特勤'이라 부르고, 그 가운데 領兵者를 '設'이라 한다[『通典』 卷197 北狄·突厥上, p.5402, "土門遂自號伊利可汗(後魏太武帝時, 蠕蠕主社崙已自號可汗, 突厥又因之), 猶古之單于也; 號其妻爲可賀敦, 亦猶古之閼氏也. 其子弟爲特勤, 別部領兵者爲之設, 其大官屈律啜, 次阿波, 次頡利發, 次吐屯, 次俟斤."].

85 劉浦江, 「遼朝'橫帳'考—兼論契丹部族制度」, 『北大史學』 8, 2001, pp.29~49.

86 라시드 앗 딘 저, 김호동 역, 『부족지』(라시드 앗 딘의 집사 1), 사계절, 2002. 黃金氏族은 姓이 乞顏이고, 氏族은 孛兒只斤(Kiyad Borjigin)이다.

87 羅新, 「北魏直勤考」, 2009, pp.94~95.

민족 특유의 통치권의 계승 권리에 대한 범주[界定]와 허가[認可]를 표시하는 관칭인 동시에 신분이다. 잘 알다시피 유목사회는 그 영도자를 선출하는 방식이 선거(選擧: 群隊)에서 세선(世選: 酋邦)으로 변화해 가지만,[88] 직근제도는 피선거권자가 아주 좁은 혈연집단에 한정되어 있는 시대의 산물인 것이다. 이러한 의미를 가진 직근이 북위시대 정치제도, 특히 황제 계승과 종실의 대우 등에 적지 않은 작용을 했을 것임은 이후 돌궐·거란 등 다른 유목민족 출신 왕조의 경우를 통해서 쉽게 짐작할 수 있다.

이처럼 직근 칭호를 가진 자들은 군주위에 대한 평등한 계승권을 가진 것이었다. 신원황제 역미(力微)의 자손들이 모두 직근의 호칭을 얻게 됨으로써 직근제도가 시작된 이후 『위서』 서기시대에는 이런 계승 방법이 제도로 충분히 작동했던 것으로 보인다. 그러나 북위 성립 이후에는 이 직근제도는 왕권의 안정에 오히려 장애가 되었을 것이다. 왜냐하면 유목민족이 고질적인 계승 분쟁에 휘말리는 이유가 바로 이런 제도가 있었기 때문이다. 따라서 북위 초기 왕권 강화를 위해 부단한 노력이 경주되었고, 그 방책 중 하나가 '자귀모사(子貴母死)'제도의 실시와 '감국(監國)'제도의 확립이었고, 또 하나가 부락 해산이었다. 역시 직근은 부족사회(특히 酋邦社會)의 잔재임에 틀림없고, 보편적인 것이라기보다는 혈연적 원리의 작동이라 할 수 있다.

북위 효문제의 이른바 한화 개혁의 본질은 혈연에 기반을 둔 부족제를 탈피하여 지역과 출신·종족의 구별 없이 새로운 신분제도에 기초한 관료조직인 귀족제를 채용한 데 있다. 귀족제는 당연히 부족제보다는 고차적인 사회조직 단계인 동시에 보편적인 제도로 오호십육국 이래의 국가 발전과 역사 진행의 도달점이었다. 이런 변화의 가장 중요한 조처가 바로 직근제도의 폐지라고 할 수 있다. 그런데 『위서』에는 직근 자체에 대한 기록도 없고, 이런

88 Elman R. Service는 群隊(Bands)-部落(Tribes)-酋邦(Chiefdoms)-國家(States)로 변화해 간다고 본다(Elman R. Service, *Profiles in Ethnology*, New York: Harper Collins Publishers, 1978; 謝維揚, 『中國早期國家』, 杭州: 浙江人民出版社, 1995, pp.171~235).

변화를 감지할 어떤 직접적인 언급도 없다.

그런데 이런 변화는 석각자료를 통해서 확인할 수 있다. 먼저 「문성제남순비(文成帝南巡碑)」에서 '위대장군·낙안왕·직□하량(衛大將軍·樂安王·直□何良)', '내삼랑·직근아각발(內三郎·直勤阿各拔)', '내삼랑·직근래두권(內三郎·直勤來豆眷)', '선위장군·절흘진·직근□(宣威將軍·折紇眞·直勤□)' 등 15명이 보이고 있으며,[89] 이들은 성(탁발)을 생략한 채 관작 뒤에 이름만 쓰고 있다. 대동에서 발견된 사마금룡묘(司馬金龍墓)에서 출토된 사마금룡의 처 흠문희진(欽文姬辰)의 묘명에서 그녀를 "시중태위농서왕직근하두발여(侍中太尉隴西王直勤賀豆跋女)"라 하였다.[90] 그런데 효문제의 「적비간비(弔比干碑)」의 비음제명에는 북위 종실 13명이 열거되어 있지만,[91] 모두 관작호만 보일 뿐, 직근이라는 명호는 보이지 않는다.[92] 효문제가 비간의 묘(현재 河南省 衛輝市 東北 7.5㎞ 比干廟村)를 지나간 것은 태화 18년(494) 11월의 일이지만,[93] 이 「적비간비」를 세운 시기는 효문제 태화 20년(496) 이후로 확인되고 있다.[94] 그리고 효문제가 한성을 채용하여 탁발씨를 원씨로 바꾼 것이 20년 봄 정월이고,[95] 또 관제 개혁은 태화 17년(493) → 19년(495) → 22~23년(498~499) 등 3회에 걸쳐 행해졌다. 『위서』 관씨지에는 17년령과 22~23년령이 기재되어 있다. 그런데 22~23년령은 청관·탁관을 구별하여 유내(9품)와 유외(9품)를 구별하였기 때문에 이로써 귀족제적인 관제 개혁 완성에

89 山西省考古硏究所·靈丘縣文物局, 「山西靈丘北魏文成帝《南巡碑》」, 『文物』 1977-12, pp.74~77.

90 趙超, 「漢魏南北朝墓誌彙編」, 天津: 天津古籍出版社, 1992, pp.35~36; 山西大同市博物館 等, 「山西大同石家寨北魏司馬金龍墓」, 『文物』 1972-3, pp.20~29.

91 碑陰 第一列에 28명, 第二列에 26명, 第三列에 28명, 총 82명의 官爵·姓名이 나온다.

92 王昶, 『金石萃編』(『石刻史料新編』 第1輯 一般類) 卷27 北魏1 孝文弔比干文 碑陰記, p.484 上, "抑或撰文在前, 書碑陰在二十年之後耶?".

93 『魏書』 卷7下 高祖紀下, p.175, "(太和十八年 十有一月)甲申, 經比干之墓, 傷其忠而獲戾, 親為弔 文, 樹碑而刊之."

94 羅新, 「北魏孝文帝吊比干碑的立碑時間」, 『中古北族名號硏究』, 2009, p.257.

95 『魏書』 卷7下 高祖紀下, p.179, "(太和)二十年春正月丁卯, 詔改姓為元氏".

종지부를 찍은 것이다. 아울러 성족분정(姓族分定)을 통해 목(穆)·육(陸)·하(賀)·유(劉)·누(樓)·우(于)·혜(嵇)·위(尉)의 팔성(도무제 이래 특별 훈공, 최고 관작의 가문), 즉 호족의 최고 가문을 한족의 사성(崔·盧·王·鄭)과 동등시하며, 이들을 탁관에 충임하지 않았다.[96] 즉「문성제남순비」와 효문제의「적비간비」의 직근에 대한 기술을 통해 효문제의 관제 개혁으로 직근제도가 드디어 폐지되었음을 확인할 수 있다. 이것이 바로 부족제 유산의 청산이며 보편적인 관료제도로의 진입인 것이다.

3. 근시관과 비명

(1) 중산관(中散官)

근시관이란 황제를 호위하며 황제의 개인사 혹은 정사에 참여한 핵심 측근 관료를 말한다. 이는『위서』서기시대부터 존재하였으며 효문제 관제 개혁 전까지 북위 권력의 중추였다. 돌궐의 부리(附離: büri, böri, börü)[97]나 몽골 칸의 측근인 겁설(怯薛: keshiq) 등 유목민족 특유의 제도(친병집단)가 북위의 근시관과 매우 유사하다. 그런데『위서』에는 이 근시관에 대한 기술이 매우 빈약하다. 특히 당시 이 관직이 갖는 역할이나 중요성이 전혀 부각되지 않는다. 사실 북위의 호적 관제는 쉽게 드러나지 않는다.『위서』관씨지가 호제(胡制)를 한제(漢制)로 의부해서 표기한 것이 많기 때문이다. 그래서 북위 초기부터

96『魏書』卷113 官氏志, p.3014, "太和十九年, 詔曰: '代人諸冑, 先無姓族, 雖功賢之胤, 混然未分. 故官達者位極公卿, 其功衰之親, 仍居猥任. 比欲制定姓族, 事多未就, 且宜甄擢, 隨時漸銓. 其穆·陸·賀·劉·樓·于·嵇·尉八姓, 皆太祖已降, 勳著當世, 位盡王公; 灼然可知者, 且下司州·吏部勿充猥官, 一同四姓. …'".

97『新唐書』卷215上 突厥傳上, p.6028, "突厥阿史那氏, 蓋古匈奴北部也. … 至吐門, 遂彊大, 更號可汗, 猶單于也, 妻曰可敦. … 其別部典兵者曰設, 子弟曰特勒, 大臣曰葉護, 曰屈律啜·曰阿波·曰俟利發·曰吐屯·曰俟斤·曰閻洪達·曰頡利發·曰達干, 凡二十八等, 皆世其官而無員限. 衞士曰附離.";『周書』卷50 異域下 突厥傳下, p.909, "旗纛之上, 施金狼頭. 侍衞之士, 謂之附離, 夏言亦狼也."; Peter A. Boodberg, *A Turkish' Word in the Hsiung-nu Language, Selected Works of Peter A., Boodberg*, Berkeley: University of California Press, 1979, p.74.

이미 중국왕조적인 정치기구를 완비한 것처럼 오인하게 되어 있다.[98]

그 하나의 예가 북위 관료제도 가운데 독특한 위치를 점하는 '중산관'이다. 『위서』에는 '중산(中散)', '중산대부(中散大夫)', '비서중산(秘書中散)', '시어중산(侍御中散)', '주문중산(主文中散)', '중산령(中散令)', '서대중산(西臺中散)', '주사중산(奏事中散)' 등이 보이지만 모두 한(중국식) 관명으로 표기되어 있다. 이들 중산관은 태조 도무제 시기[99]에 나타나 효문제 시기까지 존속했다가, 그 후 '폐지하고는 두지 않았던' 관제로 표면적으로는 한 관명을 띠지만, 그 운용 방법이나 성격상 선비적 직관, 즉 '호관'이요, '호제'이다.[100] 『위서』 관씨지에 의하면, 등국 원년(386)에 태조 탁발규는 십익건(什翼犍)의 부락을 남북 2부로 나누어 대인이 분치하게 하고, 같은 해 ① 도통장(都統長), ② 당장(幢將), ③ 외조대인(外朝大人) 등을 두었다고 기록하고 있다.[101] 그리고 당장이 그 아래에 둔 "시중(侍中)에서 중산(中散)까지를 모두 통어한다"고 하였다. 중산이라는 명칭은 여기서 처음 나온다. 시중은 호제를 한역한 것이거나, 호한의 접지(接枝: 接木)한 것 혹은 호제가 한제로 바뀌는 과정에서 형식상 중국적 관호를 띤 것이라고 본다.[102] 중산도 시중과 같이 "금중을 숙직하는[直宿禁中]" 직책임을 짐작할 수 있는데, 이것은 원래 근위(近衛)를 담당하는 부족국가의 '왕정(王廷)'의 직관이라 볼 수 있다. 즉 이런 관직들은 한제에 의부해서 붙인 것일 뿐 당연히 한제 그 자체는 아니다.[103] 그런 면에서 여기서 시중도 한제의 시중과는 다른 것이다. 등국 원년 정월에

98 鄭欽仁, 『北魏官僚機構研究』, 臺北: 牧童出版社, 1976, p.193.

99 늦어도 太宗 元年에는 中散이 있었다고 본다(鄭欽仁, 『北魏官僚機構研究』, 1976, p.173).

100 鄭欽仁, 『北魏官僚機構研究』, 1976, p.165.

101 『魏書』 卷113 官氏志, p.2972, "太祖登國元年, 因而不改, 南北猶置大人, 對治二部. 是年置都統長, 又置幢將及外朝大人官. 其都統長, 領殿內之兵, 直王宮; 幢將員六人, 主三郎衞士直宿禁中者. 自侍中已下, 中散已上皆統之. 外朝大人, 無常員. 主受詔命外使, 出入禁中, 國有大喪·大體皆與參知, 隨所典焉".

102 鄭欽仁, 『北魏官僚機構研究』, 1976, p.171.

103 鄭欽仁, 『北魏官僚機構研究』, 1976, p.188.

대왕이라 칭하였고, 4월에 위왕으로 칭하였으니[104] 이 시대는 '왕국'시대였을 뿐이고, 당시 한제를 채용했다는 것은 시기적으로 맞지 않기 때문이다.

당장(幢將) 아래에 중산, 그리고 시중이 있었는데, 그 직장은 금중을 숙직하면서 좌우에서 복무하는 관직이다. 특히 금중에서 기밀에 참여하며, 역시 명을 받아 비각도서(秘閣圖書)를 담당할 뿐만 아니라, 한족 인재의 경우 각종 전문기예, 예컨대 의술(醫術), 복서(卜筮), 천문술수 등 각종 전장(專長)으로 등용된 자들로, 이 중산관은 대체로 정원이 없다는 점에서 한대의 낭관(郞官)과 유사한 면도 있다.[105] 이것은 문직(文職)일 뿐만 아니라 황제(예컨대 태무제) 출정 시에 중산의 관명을 띤 선비 무인들이 다수 종정(從征)했다는 점에서[106] 무직(武職)이기도 하였다. 이 관직은 한 · 위진 및 남조에는 없는 것으로[107] 북위 전기 중기에 출현한 독특한 관제였다. 이 중산직에는 한족도 채용되었지만 대북 선비가 다수를 점한다. 다만 고종(문성제) 이후에 한인이 증가하였다.[108] 그렇지만 이 중산관은 효무제 태화 17년 직원령에는 '제오품중(第五品中)'이라 되어 있을 뿐,[109] 태화 23년령에는 보이지 않는다. 즉 효문제의 관제 개혁으로 폐지된 것이다.

이 근시관 문제와 관련하여 『위서』의 기록은 그 파악에 많은 혼란을 주지만, 대신 「문성제남순비」의 기록이 근시관의 이해에 큰 도움을 준다. 「문성제남순비」는 화평 2년(461) 문성제가 하북으로 순행하던 중 (산서) 영구(靈丘)에 세운 비석으로, 당시 수종한 관원들의 명단(280여 명의 성명 혹은 관작)이 기록되어 있다. 그러면 「문성제남순비」에 빈출하는 호족계 관명을 분석해 보자.

---

104 『魏書』 卷2 太祖紀, p.20, "登國元年春正月戊申, 帝即代王位, 郊天, 建元, 大會於牛川. … 夏四月, 改稱魏王".

105 曾資生, 『中國政治制度史』 第2冊(重慶: 南方印書館, 1947; 臺北: 啓勝書局, 1979) 秦漢, 第5編 第6章 第2節 散官.

106 鄭欽仁, 『北魏官僚機構硏究』, 1976, pp.169~182.

107 鄭欽仁, 『北魏官僚機構硏究』, 1976, p.213.

108 鄭欽仁, 『北魏官僚機構硏究』, 1976, p.195.

109 『魏書』 卷113 官氏志 職官, p.2978, "中散 … 右第五品中".

표 7-1 「문성제남순비」의 호족 계통 관직과 빈출 횟수[110]

관 명	횟수	관 명	횟수	관 명	횟수	관 명	횟수
宰官內阿干	1	北部折紇真	1	內都幢將	1	給事	5
庫部內阿干	1	南部折紇真	1	庫部內小幢將	1	太官給事	1
內阿干	6(7)	主客折紇真	1	內小幢將	2	駕部給事	2
內行內阿干	2	□□折紇真	1	三郎幢將	19	殿中給事	6
內行令	3	內都坐折紇真	1	雅樂真幢將	7	中書給事	1
內行內小	21	中都坐折紇真	1	斛洛真軍將	1	東鉀仗庫給事	1
內三郎	67	外都坐折紇真	1	斛洛真	11	羽真	2
內行內三郎	2	折紇真	1	賀渾吐略渥	2		

〈표 7-1〉에 보이는 관직명이 모두 한자로 표기로 되어 있기 때문에 호족계 관직을 구별하는 것은 쉽지 않다. 그런데 정황이나 기존 연구에 의해 호족계 관직으로 볼 수 있다. 이들 관직을 ① □□내아간(□□內阿干), ② 내(행)□□[內(行)□□][內行令・內行內小・內三郎・內行內三郎], ③ □□진(□□真)[北部折紇真・南部折紇真・主客折紇真・□□折紇真・內都坐折紇真・中都坐折紇真・外都坐折紇真・折紇真・斛洛真・羽真], ④ □□당장(□□幢將)[內都幢將・庫部內小幢將・內小幢將・三郎幢將・雅樂真幢將], ⑤ □□급사(□□給事)[給事・太官給事・駕部給事・殿中給事・中書給事・東鉀仗庫給事] 등 다섯 가지로 대별할 수 있을 것이다.

먼저 호족계 관제 가운데서 특히 문제가 되는 것은 숙위 장령과 무사이다. 〈표 7-1〉에 의거하면 문성제의 순행을 수행했던 관원은 내행내소(內行內小)

110 崔珍烈, 『북위황제 순행과 호한사회』, 서울: 서울大學校出版文化院, 2011, p.227. 이 도표는 ① 山西省考古研究所・靈丘縣文物局, 「山西靈丘北魏文成帝《南巡碑》」, 『文物』 1997-12, ② 川本芳昭, 「北魏文成帝南巡碑について」, 『九州大學東洋史論集』 28, 2000, pp.26~33; 張慶捷・郭春梅, 「北魏文成帝《南巡碑》所見拓跋職官初探」, 『中國史研究』 1999-2에 의거해서 작성한 것이라고 한다. 이하 이 절의 논지 전개에 崔珍烈의 연구에서 많은 도움을 받았다.

가 21명, 내삼랑(內三郎)이 67명, 삼랑당장(三郎幢將)이 19명, 곡락진(斛洛眞)이 11명 등으로 특히 많으며, 이들은 대부분 숙위무사와 숙위장령의 명칭이라고 할 수 있다. 그 가운데 내삼랑과 내행내삼랑(內行內三郎)은 황제를 호위하는 무사이며, 곡락진은 무기를 지닌 사람[帶仗人]이란 뜻을 지닌 '호락진(胡洛眞)'과 동일어로, 일종의 시위무관으로 보인다.[111] 아울러 장금룡(張金龍)은 아악진(雅樂眞)과 곡락진(斛洛眞: 胡洛眞)이 우림(羽林) · 호분(虎賁)(랑)의 선비어 음역이라 할 수 있다고 보았다.[112] 아울러 관직의 명칭으로 보아 내도당장(內都幢將) · 내소당장(內小幢將) · 삼랑당장(三郎幢將) · 아악진당장(雅樂眞幢將) · 곡락진군장(斛洛眞軍將)은 숙위장령이며, 내도당장(內都幢將)은 여러 당장의 우두머리이며, 삼랑당장(三郎幢將)은 삼랑위사(三郎衛士)를 통솔하는 장령, 아악진당장은 아악진, 즉 우림 혹은 호분을 통솔하는 장령, 내소당장(內小幢將)은 내소의 장령, 곡락진군장은 곡락진을 통솔하는 장령으로 추정되지만, 그 통속 관계에 대해서는 의견이 분분하다.[113]

이상에 나타난 관원을 통계로 환산하면, 「문성제남순비」에 기록된 내삼랑 · 내행내삼랑 · 내도당장 · 내소당장 · 삼랑당장 · 아악진당장 · 곡락진군장 등 숙위를 담당하는 무관이 모두 111명에 달하니, 이 비에서 보이는 총 280여 명의 수종관인 중 약 38%를 차지한다는 계산이 나온다.[114] 황제의 숙위를 담당하는 관직이 이처럼 많은 것은 일차적으로 순행 중인 황제의 경호 때문이기도 하겠지만, 무엇보다 유목민 출신 정권답게 황제 주위에 근시관이 많다는 점이 그대로 나타난 것이라고 보아야 한다.

또 이 가운데 짚고 넘어가야 할 것은 ⑤ □□급사의 문제인데 호제가 한제

111 張慶捷 · 郭春梅, 「北魏文成帝《南巡碑》所見拓跋職官初探」, pp.31~32.

112 張金龍, 「北魏文成帝《南巡碑》所見禁衛武官制度」, 『魏晉南北朝禁衛武官制度研究』, 北京: 中華書局, 2004, pp.717~720.

113 張慶捷 · 郭春梅, 「北魏文成帝《南巡碑》所見拓跋職官初探」, pp.31~33 및 pp.38~40; 張金龍, 「北魏文成帝《南巡碑》所見禁衛武官制度」, 2004, pp.716~717 및 p.720.

114 崔珍烈, 『북위황제 순행과 호한사회』, 2011, p.230.

로 기록된 상황을 살피는 데 특히 유용하다. 북위시대에는 '□□급사중'이라는 형식의 관명이 자주 보이는데 '급사중(給事中)'이라 하면 한대 내조에 속했던 관명이기 때문에 '급사'도 한제라고 쉽게 이해하게 된다. 그러나 한대 급사중은 급사중 앞에 수식어가 붙지 않았고 타관이 겸직하는 가관이었던 것이다. 반면 북위시대 급사중은 전중급사중(殿中給事中)[115] · 가부급사중(駕部給事中) · 도목급사중(都牧給事中) · 주객급사중(主客給事中) · 남부급사중(南部給事中) · 북부급사중(北部給事中) · 선부급사중(選部給事中) · 고부급사중(庫部給事中)처럼 급사중 앞에 담당 부서 명칭이 붙는다. 그런 면에서 한위관제를 승습(承襲)한 남조 계열의 왕조와는[116] 다르다. 또 이와 같은 '급사중'은 태무제 시기에 처음 나타났다가 효문제의 관제 개혁 이후에는 보이지 않는다. 또 '□□급사'는 명원제 시기에 처음 보이다가 효문제의 관제 개혁 이후 사라지며, 전중급사(殿中給事)[117] · 북부급사(北部給事) · 고부급사(庫部給事) · 태의급사(太醫給事) · 감어조급사(監御曹給事) · 남부급사(南部給事) · 도목급사(都牧給事) · 주객급사(主客給事) · 숙위급사(宿衛給事) · 시어급사(侍御給事) · 선부급사(選部給事) · 주사급사(奏事給事) · 내행급사(內行給事)처럼 급사중 앞에 구체적인 부서의 명칭이 붙는다. 이처럼 효문제의 관제 개혁으로 호족 계열의 근시관이 없어진 대신 그 직무는 문하성으로 이관되었으며, 위진남조 계통의 관명이 대거 부활하게 되었다. '□□급사중'과 '□□급사' 형식이 효문제의 관제 개혁으로 사라졌음을 고려하면, '□□급사중'과 '□□급사'는 호족계 관직일 가능성이 매우 높다.[118]

---

115 張白澤이 '中散'에서 '殿中給事中'으로 遷職하였다는 점에서(『魏書』 卷24 張白澤傳, p.615, "延弟白澤, … 除中散, 遷殿中曹給事中, 甚見寵任, 參預機密.") 이들 給事中도 中散官 계열이라 할 수 있다.

116 『宋書』나 『南史』에서는 '除給事中' 혹은 '追贈給事中' · '加給事中' · '除給事中' · '並贈給事中'의 형식으로 표기하고 있다.

117 24사 가운데 '殿中給事'의 경우 『魏書』(6회)와 『北史』(1회) 외에는 검색되지 않는다.

118 川本芳昭, 「內朝制度」, 『魏晋南北朝時代の民族問題』, 東京: 汲古書院, 1998, pp.214~221.

그런데 특정 관직 앞에 □□이 붙는 이유와 의미는 무엇이며, 아울러 관직의 후미에 붙이는 이유는 무엇인가? 이는 호족 황제의 통치방식과 밀접한 관련이 있다고 본다. 즉 ① □□내아간, ② 내(행)□□, ③ □□진, ④ □□당장, ⑤ □□급사 등의 호족 계열의 관직은 대개 앞이나 뒤에(주로 앞에) 담당부서가 붙는다. 북위 통치자들이 새내로 들어와 통치하는 과정에서 통치자원을 원활하게 확보하기 위해 인민들에게 할당[攤派]생산을 강요했듯이, 사회 각 부문에서도 그 효율성을 높이기 위해 토지제도, 촌락·도시제도, 신분제도 등의 방향성을 정립했다고 본다면[119] 급사중도 담당하는 부분을 확실히 표기하는 형식을 취한 것이라고 본다. 마찬가지로 □□내아간 등도 그런 방향에서 이해해야 하는 것이다.

이와 같이 석각자료 등 다른 자료를 통해 그 직능을 추적할 수 있는 관직도 있지만, 「문성제남순비」에는 외형상 그 직장이 불분명한 관명들도 더러 있다. 그러나 기존의 연구를 통해 대체적인 것은 추정할 수 있다. 그것을 요약하면 다음과 같다. '내(內)' 혹은 '내행(內行)' 자가 붙는 관명 가운데 내행내소(內行內小)는 황제를 시종하고, 비서, 요리 등의 업무도 맡았다.[120] 내아간(內阿干)은 내행아간(內行阿干) 혹은 내행장(內行長) 등으로 지칭되는데,[121] 『위서』에서 내행장은 황제의 안전을 책임지고, 친정에 종군하며,[122] 목축,[123] 제조(諸曹)의 상주,[124] 황제의 음식과 수렵[125] 등을 관장하였다.[126] 내행령(內行

119 朴漢濟, 「胡族的中原統治與北魏的均田制」, 『中國の歴史世界—統合のシステムと多元的發展—第1回中國史學會國際學術會議研究報告集』, 東京: 東京都立大學出版會, 2002, pp.629~648.

120 張慶捷·郭春梅, 「北魏文成帝《南巡碑》所見拓跋職官初探」, p.34.

121 張慶捷·郭春梅, 「北魏文成帝《南巡碑》所見拓跋職官初探」, pp.36~37.

122 張慶捷·郭春梅, 「北魏文成帝《南巡碑》所見拓跋職官初探」, p.38.

123 長孫頭가 內行長이 되어 龍牧曹, 즉 皇帝의 목축을 담당했던 사례가 보인다(『魏書』 卷26 長孫肥傳附頭傳, p.654, "高宗時, 爲中散, 遷內行長, 典龍牧曹.").

124 『魏書』 卷44 薛野月者傳附虎子傳, p.996, "年十三, 入侍高宗. 太安中, 遷內行長, 典奏諸曹事. 當官正直, 內外憚之".

125 『魏書』 卷44 羅結傳附伊利傳, p.988, "子伊利. 高宗時襲爵. 除內行長, 以沉密小心, 恭勤不

令)의 직장은 사서에 명시되지 않았으나 내행장과 명칭이 유사한 것으로 보아 불특정 다수의 직무를 처리했을 것이다. 이처럼 내행내소(內行內小)·내아간(內阿干)·내행령(內行令)은 주로 황제를 경호하고 황제의 일상사를 관장하였다. 몽골제국 시기 칸의 관복(冠服)·궁시(弓矢)·식음(食飮)·문사(文史)·거마(車馬)·여장(廬帳)·부고(府庫)·의약(醫藥)·복축지사(卜祝之事)를 대대로 분담하여 맡는 친신인 케식(keshiq; 怯薛)과[127] 유사하다고 본다.[128]

이처럼 『위서』에서 불분명하게 호제를 거의 한제로 기록한 관직은 「문성제남순비」라는 석각자료를 통해 그 기능, 유래 등이 상당한 수준으로 밝혀졌다. 특히 『위서』는 문성제의 남순비에 대해 매우 간략하게 서술하고 있다. 그저 남순비가 소재하던 장소가 군관(羣官)들 앞에서 황제의 초능력을 과시한 일화 정도로 기술되어 있다.[129] 그래서 현재 그곳에 「어사비(御射碑)」라는 이름으로 비가 세워져 있다.

그러면 북위의 이런 관직은 어떻게 변해갔는가? 우선 효문제가 은 말의 충신 비간을 위해 은 주왕(紂王)의 도읍[朝歌] 근방에다[130] 짓고 세운 「적비간(비)문」[131]을 보면 태화 18년[132] 효문제의 순행에 수행한 관원의 명단이 나와 있

息領御食·羽獵諸曹事".

126 崔珍烈, 「北魏의 種族政策—'部族解散'의 實狀과 對'部落首領'政策을 中心으로—」, 『魏晉隋唐史硏究』 10, 2003, p.67.

127 『元史』 卷99 兵志二 宿衛 序言, p.2524, "其它預怯薛之職而居禁近者, 分冠服·弓矢·食飮·文史·車馬·廬帳·府庫·醫藥·卜祝之事, 悉世守之. 雖以才能受任, 使服官政, 貴盛之極, 然一日歸至內庭, 則執其事如故, 至於子孫無改, 非甚親信, 不得預也".

128 崔珍烈, 「北魏의 種族政策—'部族解散'의 實狀과 對'部落首領'政策을 中心으로—」, 2003, pp.68~69.

129 『魏書』 卷5 文成帝紀 和平 2年條, "二年春正月 … 三月 … 靈丘南有山, 高四百餘丈. 乃詔羣官仰射山峯, 無能踰者. 帝彎弧發矢, 出山三十餘丈, 過山南二百二十步, 遂刊石勒銘".

130 『太平寰宇記』 卷56 河北道5 衛州/汲縣, p.443, "比干墓在縣北十里餘, 有石銘, 題云: 殷大夫比干之墓, 魏太和中, 孝文帝南巡親幸, 其墳弔焉, 刊石於墓".

131 이 비석은 河南 衛輝市 북쪽에 위치한 比干廟에 현존하고 있고 비문인 「孝文弔比干墓文」은 『金石萃編』(『石刻史料新編』 第1輯 一般類) 卷27 北魏1에 실려 있는데 판독되지 않은 글자가 거의 없다.

132 『魏書』 卷7下 高祖紀下, 太和 18年條, pp.173~175, "十有八年春正月 … 癸亥, 車駕南巡 …

다. 그것을 분류하면 황제의 호위와 숙위를 담당하는 '시위' 관직이 25개, 시중 등 고문에 응하는 '시종관'이 19개, 황제의 생활과 관련된 일을 담당하는 '시봉'계 관직이 15개, 상서 계통이 16개, 가관의 성격이 강한 동궁관이 4개, 환관이 3개 등 82개의 관직이 보인다. 이들의 명칭은 한식으로 바뀌었지만 여전히 호식이 그대로 존재하고 있음을 알 수 있다. 따라서 관명이 한식으로 변하였다 해도 그 기능은 여전히 호식으로 남아 있는 경우가 대부분이었다.

(2) '□□진(□□眞)'의 문제

다음으로 '□□진' 이라는 관제의 문제를 살펴보자. 『위서』는 '□□진' 에 대해 아무런 언급이 없지만, 『남제서』 위로전에 다음과 같은 기사가 있다.

> ① "국중(國中)에서는 내좌우(內左右)를 '직진(直眞)', 외좌우(外左右)를 '오왜진(烏矮眞)', 조국(曹局)의 서리(書吏)를 '비덕진(比德眞)', 옷을 짊어지는 사람을 '박대진(樸大眞)', 무기를 휴대한 사람을 '호락진(胡洛眞)', 통사인(通事人)을 '걸만진(乞萬眞)', 문을 지키는 사람을 '가박진(可薄眞)', 대(臺)의 승역(乘驛)을 담당한 천인(賤人)을 '불죽진(拂竹眞)', 제주(諸州)의 승역을 담당한 사람을 '함진(咸眞)', 사람을 죽이는 사람을 '계해진(契害眞)', 주인을 위해 나가서 전언(傳言)을 받아오는 사람을 '절궤진(折潰眞)', 귀인(貴人)의 음식을 만드는 사람을 '부진(附眞)'이라 한다. 삼공·귀인을 통칭하여 '양진(羊眞)'이라 한다."[133]

戊辰, 經殷比干之墓, 祭以太牢. … 十有一月 … 丁丑, 車駕幸鄴. 甲申, 經比干之墓, 傷其忠而獲戾, 親為弔文, 樹碑而刊之."; 『金石萃編』 卷27 北魏1, p.484, "按高祖孝文帝, 以太和十八年十一月十九日己丑, 自代遷都洛陽, 先於十四日甲申, 經比干墓, 爲文弔之, 而刊此碑也".

133 『南齊書』 卷57 魏虜傳, p.985, "國中呼內左右爲'直眞', 外左右爲'烏矮眞', 曹局文書吏爲'比德眞', 樸衣人爲'樸大眞' 帶仗人爲'胡洛眞', 通事人爲'乞萬眞', 守門人爲'可薄眞', 僞臺乘驛賤人爲'拂竹眞', 諸州乘驛人爲'咸眞', 殺人者爲'契害眞', 爲主出受辭人爲'折潰眞', 貴人作食人爲'附眞'. 三公貴人, 通謂之'羊眞'".

이 기사에 나오는 '□□진'은 남조 사신들에 의해 확인된 것으로 북위에 이들 관직이 존재하고 있었다는 것이다. 그런데 이것은 남조의 정사인 『송서』와 『남제서』에는 서술이 있지만 정작 『위서』에는 없다. 그런데 선비 탁발인들과 몽골인들이 관명, 혹은 직책을 맡은 사람을 표기하는 방식은 유사하다. '진(眞)' 자는 몽골어 · 투르크어로 '특정 사물을 맡는', '어떤 특정 임무를 행하는' 관직명의 접미어이다. 『원사』 병지에 나오는 '적(赤: či)'과 동일하다.[134] 몽골의 케식[怯薛]의 집사(執事)를 보자.

② 궁시(弓矢)와 응준(鷹隼)의 일을 맡은 자를 각각 화아적(火兒赤)과 석보적(昔寶赤) 혹은 겁련적(怯憐赤)이라고 한다. 성지(聖旨)를 서사(書寫: 譯史)하는 이를 찰리적(扎里赤)이라 칭한다. 천자를 위하여 문사를 맡은 자를 필도적(必闍赤)이라 이른다. 몸소 음식을 조리하여 칸에게 음식을 바치는 자를 박이(이)적[博尒(爾)赤]이라고 한다. 도(刀)와 궁시를 가지고 칸을 모시는 자를 운도적(云都赤) · 활단적(闊端赤)이라 칭한다. 궁궐의 문을 맡은 사람을 팔랄합적(八剌哈赤)이라 이른다. 술을 담당한 자를 답랄적(答剌赤)이라 한다. 거마를 담당한 자를 올랄적(兀剌赤), 막륜적(莫倫赤)이라 칭한다. 내부(內府)에서 대칸의 의복을 맡은 자를 속고아적(速古兒赤)이라 한다. 낙타를 목축하는 이를 첩맥적(帖麥赤)이라고 한다. 양을 목축하는 자를 화니적(火你赤)이라 칭한다. 도적(盜)을 잡는 자를 홀랄한적(忽剌罕赤)이라 이른다. 음악을 연주하는 자를 호아적(虎兒赤)이라 한다. 또 충용지사(忠勇之士)를 이름하여 패도로(覇都魯)라고 한다. 용감무적한 사(士)를 발돌(拔突)이라 한다. 그 명칭과 종류는 같지 않지만, 모두 천자의 좌우에서 힘든 일에 부지런히 종사하고 시종하며 집사하는 사람이다. 번(番)을 나누어 번갈

134 白鳥庫吉, 「東胡民族考」, 『塞外民族史硏究 上』(白鳥庫吉全集 4), 東京: 岩波書店, 1970, pp.170~171; Peter A. Boodberg, The Language of the To-Pa Wei, *Selected Works of Peter A. Boodberg*, Berkeley: University of California Press, 1979, pp.224~230.

아 당번을 맡아 숙위하며 또한 사겁설(四怯薛) 제도와 같고 겁설지장(怯薛之長)이 거느렸다.[135]

원대의 '□□적'의 특징을 정리하면, 주로 ㉠ 목축과 밀접하게 관계된 것, ㉡ 가한[皇帝]의 근시의 것이 대부분이고, ⓐ 유목적인 유풍을 그대로 유지하며, ⓑ 조직적인 관료체제가 완비되지 않은 상황에서 필요에 따라 임시로 특정 임무를 부과하는 형태로 만들어진 관료체계이다. 그 점은 북위의 것도 마찬가지이다. 따라서 ① 북위의 '□□진'과 ② 몽골의 '□□적'의 형식을 띤 것들이 그 직능 면에서 유사함을 확인할 수 있었다. 그런 면에서 그 출현 및 그 존속 동기 등이 유목정권인 양대(북위-원)가 동일한 측면이 있다고 할 수 있다.

그런데 『대당육전』 권2에 기록된 유품직관(有品直官) 정액(定額)이 465명인데, 그 가운데 직관이 내관의 1/5을 차지하며, 당대의 문화·예술·과기(科技) 영역 30종에 가까운 고급 인재가 수용되고 있다고 하였다.[136] 아울러 이 직관은 원래 '숙직지관'에서 시작한 것으로[137] '광록시직(光祿寺直)'처럼 항상 '□□직' 형식을 취하며, 앞에는 어떤 관서나 직장을 나타내고 단독으로 존재하지 않으며, 인재의 집중·흡수 저비(儲備)·이용을 목적으로 하였다.[138] 그런 점에서 북위의 '□□진' → (당대의 직관) → '원대의 □□적'

135 『元史』 卷99 「兵志」二 宿衛 序言, pp.2524~2525, "其怯薛執事之名: 則主弓矢·鷹隼之事者, 曰火兒赤·昔寶赤·怯憐赤. 書寫聖旨, 曰扎里赤. 爲天子主文史者, 曰必闍赤. 親烹飪以奉上飮食者, 曰博尒赤. 侍上帶刀及弓矢者, 曰云都赤·闊端赤. 司閽者, 曰八剌哈赤. 掌酒者, 曰答剌赤. 典車馬者, 曰兀剌赤·莫倫赤. 掌內府尙供衣服者, 曰速古兒赤. 牧駱駝者, 曰帖麥赤. 牧羊者, 曰火你赤. 捕盜者, 曰忽剌罕赤. 奏樂者, 曰虎兒赤. 又名忠勇之士, 曰霸都魯. 勇敢無敵之士, 曰拔突. 其名類蓋不一, 然皆天子左右服勞侍從執事之人, 其分番更直, 亦如四怯薛之制, 而領於怯薛之長".

136 李錦綉, 「唐代直官制」, 『唐代制度史略論稿』, 北京: 中國政法大學出版社, 1998, p.46.

137 李錦綉, 「唐代直官制」, 1998, p.1.

138 李錦綉, 「唐代直官制」, 1998, pp.49~50.

의 연관성을 상정할 수 있다면,[139] 북위의 '□□진'이란 직위가 중국에 도입된 후 중국 관료제의 역사에 미친 영향은 다대하다고 할 수 있다. 이런 근시관은 최고 통치자의 조아지임(爪牙之任)이라는 면에서 한대의 낭관과 유사한 일면이 있다.[140] 다만 각종 부동한 전장(專長)을 가지고 특히 황제와 지근한 자리나 궁중에서 의술·복서지술과 금중 기밀을 장악하고, 비각도서를 오로지 맡는 자, 그리고 지방관의 탐폭(貪暴)을 검사하는 임무를 띤 관직은 대체로 정원이 없고, 황제의 심복이라는 점에서 낭관(郎官)과는 분명히 기능상 차이가 있다. 이것은 관료제가 미성숙한 상태에서 가산관료적인 측면도 있지만, 유목적인 관행, 즉 구법(舊法)의 측면도 무시할 수 없었음을 보여준다. 북위와 원대의 유사성은 그 점을 증명해 주고 있다. 북위시대의 근시관 연구에서 「문성제남순비」와 효문제의 「적비간비」는 없어서는 안 될 자료이다.

4. 부병제와 석각자료[141]

서위-북주시대에 단행된 호성의 사성(호성재행)은 당시 정치·군사·사회적으로 여러 가지, 그리고 중대한 의미를 지닌 정책의 하나였다. 그런데 당시 사성은 북위 효문제 시기에 한성으로 개성된 호족, 즉 북족민의 본성인 호성을 회복시켜 주기 위한 것도 아니요, 고관을 배출한 가문만 대상으로 한 것도 아니었다. 그리고 개별적인 훈공에 대한 보상도 아니었다. 물론 사성을 통해 원래 공적에 대한 보상도 있었다. "성을 주고 씨를 명하는 데는 반드시 특별한 공이 있어야 한다[賜姓命氏 必有殊功]"[142]라는 원칙이 전제되었기 때문

139 眞(chên) → 直(chih) → 赤(či)으로 發音이 변해간다.

140 鄭欽仁, 『北魏官僚機構硏究』, 1976, p.182.

141 이 府兵制 項은 이 장의 논지 전개상 필요에 의해 필자의 논문 「西魏·北周時代 胡漢體制의 展開—胡姓再行의 經過와 그 意味—」(『魏晉隋唐史硏究』 1, 1994) 해당 부분의 전거와 논지를 이용하였다. 독자의 諒知를 구한다.

142 趙佺墓誌, 『隴右金石錄』 1(『石刻史料新編』 第1輯 21册, p.15976), "大統之中, 王師東掃, 太祖親御六軍, 留公摠留府十八曹, 凱入策勳, 名爲尉遲氏. 昔張孟從軍, 婁敬委輅, 賜姓命氏, 必有殊功, 尋除頻陽縣令". 그리고 『周書』 卷27 梁臺傳, p.453에 "錄前後勳, 授潁州刺史, 賜姓

이다. 또한 사성을 통해 신분적 상승을 가져온 것도 물론이다. 후식(侯植)의 묘지명을 보면 이 점이 확인된다. 후식은 535년에 후복후씨(侯伏侯氏)를 사성 받았다가 후에 다시 하둔씨(賀屯氏)로 사성 받았는데, 하둔씨는 "당시 성의 우두머리로 생각했다[時惟姓首]"[143]고 기록되어 있기 때문이다.

그런데 사성을 포함한 호성재행은 당시 정치·군사·사회적 면에서 구체제를 변형시킬 새롭고 큰 원동력을 얻기 위한 정책이었다. 서위-북주시대 사성 조처를 주도한 우문태집단은 이 정책을 통해 부병제뿐만 아니라 이른바 관롱집단 형성에도 중요한 추진력을 얻기를 기대하였다. 그러나 이런 점은 해당 사건을 다룬 『위서』, 『주서』, 『북사』와 같은 정사 등 기존 자료를 통해 쉽게 간취되지 않는다. 필자는 사성을 통하여 이른바 '관족(官族)'이 되었으며 관족이 되면, '치부(置府)'할 수 있는 자격을 얻는다는 점을 유신(庾信)이 지은 신위(辛威)의 신도비 등 석각자료를 통해서 확인할 수 있었다.[144] 이 관족 개념에 대해 중국학계에서 일부 검토를 제기하기도 했지만,[145] 필자는 기존의 주장을 크게 수정할 필요를 느끼지 않는다. 부병제의 기원이 된 이십사군은 육주국대장군-십이대장군-이십사개부의동삼사-구십육의동삼사라는 계통조직에 의해 통할되었다. 그런데 사성이 부병제의 제도적 확립과 어떤 연관성이 있었는가는 그리 명확하게 밝혀지지 않았다. 서위-북주시대의 사성은 대체로 진위(進位) 혹은 진작(進爵)과 동시에 이루어졌다. 사성과 동시에 대개 거기대장군 혹은 표기대장군직이 주어졌기 때문이다.[146] 거기

賀蘭氏."에서 보듯이 賜姓은 功勳에 대한 褒賞의 성격을 가진다.

143 『賀屯植墓誌銘』이 趙萬里撰, 『漢魏南北朝墓誌集釋』, 圖版350에, 그리고 『八瓊室金石補正』 卷23(『石刻史料新編』 第1輯 6冊)의 「周故開府儀同賀屯公之墓誌」, p.4358에 "其先侯姓. 魏前二年十二月中, 太祖文皇帝以公忠孝累彰, 宜加旌異, 爰命史官, 賜姓賀屯氏, 時惟姓首, 寔主宗祀."로 나온다.

144 朴漢濟, 「西魏北周時代的賜姓與鄕兵的府兵化」, 『歷史研究』 1993-4(總第224期).

145 필자의 '官族'에 대한 定義에 대해서는 熊偉, 「魏周'官族'資格認定的再檢討—兼與韓國學者朴漢濟先生商榷—」, 『廣西社會科學』 2011-7(總193), pp.96~99 참조.

146 이와 같은 예는 辛威, 耿豪, 段永, 趙肅, 唐瑾, 侯植, 崔謙, 崔猷, 李昶, 薛善, 樊深, 韋瑱, 楊

대장군은 의동삼사와, 표기대장군은 개부의동삼사와 연칭되는 것이 관례화되고 있음을 생각한다면[147] 사성과 부병조직의 관련성은 분명하다 할 것이다. 그러면 유신이 찬술한 신위(辛威)의 신도비를 그 예로 들어보자.

> 공의 휘는 위(威)이며 자는 모(某)로 하남 낙양인이다. 구성은 신(辛)으로 농서인이다. … (대통)13년(547)에 거기대장군 · 의동삼사를 제수 받았으며, 이윽고 표기대장군개부로 옮겼다. 이에 보둔(普屯)으로 사성되니 곧 관족(官族)이 되었다. 들어와서는 무장(武帳)을 배(陪)하고 나가서는 융도(戎韜)를 총괄하였으며 양관(陽關)에 부를 두고 한해(瀚海)에 정기(旃旗)를 흔들었다. 고로 한(漢: 조정)에 상서할 수 있었으니, 곧 동종(同宗)으로 하였다. 주(周)나라에서 윗자리를 다투는 자로는 다시 이성(異姓)이 없었다.[148]

유신은 신위의 신도비를 통해 그가 547년 하둔씨(普屯氏)로 사성된 사실을 "곧 관족이 되었다[卽爲官族]"로 표시하고, 또 "양관에 부를 두고[置府於陽關]"라는 후속 조처가 따랐음을 말하고 있다. 여기서 사성과 '관족'의 문제, 그리고 '치부'의 문제 등이 동시에 연결되고 있음을 금석자료가 여실히 보여주고 있는 것이다. 또 이것은 『좌전』 은공 8년조의 "대대로 하나의 관직으로 공이 있다면, 그 관을 호칭하는 족을 세우고, 하나의 읍을 다스렸다면 그

纂, 楊紹 등 枚擧할 수 없을 정도로 많으며, 특히 府兵制가 成立하는 大統 16년 前後 時期가 압도적으로 많다.

147 濱口重國, 「西魏の二十四軍と儀同府」, 『秦漢隋唐史の硏究』 上, 東京: 東京大學出版會, 1966, p.185에서는 西魏 초기부터 점차 행해지기 시작하여 大統 末年이 되면 이런 현상이 거의 定制化되어 가며, 北周시대가 되면 開府儀同三司를 보유하게 되면 반드시 驃騎大將軍과 侍中을 加授하고, 儀同三司를 보유하게 되면 반드시 車騎大將軍과 散騎常侍를 加授하는 것이 制度로 정착한다고 하였다.

148 「周上柱國宿國公河州都督普屯威神道碑」(庾信撰 · 倪璠注 · 許逸民校點, 『庾子山集注』, 北京: 中華書局, 1980) 卷14, p.883, "公諱威, 字某, 河南洛陽人也. 舊姓辛, 隴西人. … (大統)十三年, 授車騎大將軍 · 儀同三司, 尋遷驃騎大將軍開府, 仍賜姓普屯, 卽爲官族. 入陪武帳, 出總戎韜, 置府於陽關, 張旃於瀚海. 故得上書於漢, 卽用同宗, 爭長於周, 還無異姓".

읍을 호칭하게 하는 것이다[官有世功, 則有官族, 邑亦如之]"의 고사를 연상시킨다. 또 시기는 좀 앞선 북위시대의 일이지만, 두노령(豆盧寧)의 경우도 그러하였다. 그의 고조(高祖)인 모용승(慕容勝)이 황시초(皇始初) 북위에 귀순하자 도무제는 그를 장락군수(長樂郡守)로 제수하고 두노씨(豆盧氏)를 사성하였다.[149] 그 사실을 두노령의 신도비에서는 "증조 상서부군이 위실이 어려움을 당하자 두노라 개성하였으며 이어 관족이 된 것이다[曾祖尙書府君, 因魏室之難, 改姓豆盧, 仍爲官族]"[150]라고 적고 있다. 또 다른 예를 보자. 조부인 장경(張慶)과 부인 장찬(張瓚)이 모두 거기대장군·의동삼사를 지낸 장자(張慈)는 하루씨(賀婁氏)를 사성 받은 것으로 보이는데,[151] 그의 신도비에는 다음과 같이 적혀 있다.

> (공은) … 국가의 관족이며, 군은 수성(首姓)이 되었으니 거기대장군·의동삼사로 기가하였으며 습작하여 공이 되었다. 식읍이 합 일천육백 호로 증봉되었으며 약관에 등조(登朝)하니 소리를 전하여 부르는 (傳呼의) 깊은 총애를 받았다.[152]

즉 장자의 가문은 사성을 통해 국가의 특정한 관직을 맡는 족이 되었고,

---

149 『周書』 卷19 豆盧寧傳, pp.308~309, "昌黎徒何人. 其先本姓慕容氏 前燕之支庶也. 高祖勝, 以燕. (衍文?) 皇始初, 歸魏 授長樂郡守, 賜姓豆盧氏. 或云避難改焉".

150 『庾子山集』 卷14 「周柱國楚國公岐州刺史慕容公神道碑」, p.897. 그리고 豆盧寧의 弟 豆盧永恩의 神道碑에도 "本姓慕容 燕文明帝皝之後也 … 尙書府君改姓豆盧 筮仕於魏 … 祖代 … 父長 … 周朝以兄弟佐命, 義存追遠"(『庾子山集』 卷14 「周隴右總管長史贈太子少保豆盧公神道碑」, p.924)이라 하고 있다.

151 王仲犖, 「鮮卑姓氏考(上)」[『文史』 30(北京: 中華書局, 1988)], p.59에서는 西魏-北周시대에 張慈에게 賀婁氏가 賜姓된 것으로 추정하고 있다.

152 『庾子山集』 卷14 『周車騎大將軍賀婁公神道碑』, p.868, "公 … 國家官族, 君爲首姓, 起家車騎大將軍·儀同三司, 襲爵爲公, 增邑合一千六百戶. 弱冠登朝, 傳呼甚寵". 그리고 『隴右金石錄』, 臺北: 文海出版社, 1977; 『石刻史料新編』 第1輯 21冊, p.15978에도 『賀婁公慈神道碑』가 있다.

그는 '관족'으로서 수성의 위치에 있었기 때문에 거기대장군·의동삼사로 기가하게 되었다는 것이다. 이 같은 여러 사례로 볼 때, 사성을 받는다는 것은, 즉 '관족이 되는 것'이라 해도 무리가 없을 듯하다. 따라서 사성과 관족은 밀접한 관련이 있는 것이다. 이와 같이 사성의 결과가 관족화라고 한다면, 그러면 '관'은 어떤 등급의 관일지가 문제가 된다. 우선 신위와 장자의 신도비에서는 적어도 거기대장군 이상의 관직을 받았다. 서위-북주시대 사성자의 대부분이 거기대장군·의동삼사 이상의 군직을 받았다는 점에서 당시의 관족이란 거기대장군·의동삼사 이상의 관직을 가지는 가문이라고 해도 무방하다. 물론 이러한 원칙에서 벗어난 것도 간혹 보인다.[153] 그러나 그것은 사성 시행 초기의 일이었다. 이처럼 사성이 갖는 중요한 기능과 의미를 정사를 통해서는 간취할 수가 없다.

다음으로 석각자료를 통해 부병제의 형성 과정에 있어서 중요한 의미를 갖는 향병집단 조직화의 문제를 이해할 수 있다. 부병제가 대국적으로 보아서 향병집단 조직화의 산물이라고 본다면, 이들 각급 장관(將官) 및 부료는 어떤 기준으로 그리고 어떤 경과를 거쳐 정서화되었으며, 그들이 영도하는 향병은 어떤 형태로 구성되고 있는가가 관건이다. 그 점과 관련하여 석각자료인 「대수개부의동삼사용산공(□질)묘지명[大隋開府儀同三司龍山公(□質)墓誌銘]」이 큰 도움을 준다.

공의 휘는 질이며 자는 홍직(弘直)으로 청주 낙안인이다. … 주조는 (공에게) 대도독을 제수하였다. 용문공(龍門公)은 (공을) 선보하여 의동을 겸하게 하고 향단 오백 인을 거느리고 삼협(三硤)을 수애(守隘)하도록 하였다. 대상 2년에 용산현 개국공으로 제수되었다. 개황 9년에는 원수(元帥) 조국공(趙國公)의 평진군(平

153 예컨대 王德은 行雍州事로, 韓褒는 丞相錄事參軍으로 賜姓되는 등 數例가 있으나 이것은 대체로 六軍이 성립되기 이전인 530년대의 賜姓 사례에서 보인다.

陳軍)에 종군하여 제일훈으로 개부의동삼사로 제수되고 식읍이 사백 호로 증봉되었다.[154]

이처럼 □질이라는 호우(豪右)가 의동에 임명되어 '향단(鄕團)' 500명을 통령하는 구체적인 예가 그의 묘지명에 보이고 있다. 이 묘지는 사천 백제성 부근에서 출토된 것이며 용문공은 신주총관용문군공왕술(信州總管龍門郡公王述)이고, □질은 그에 의해서 의동으로 선보(選補)되었는데[155] 그것은 □질이 파협호우(巴硤豪右)였기 때문이다.[156] 그가 의동으로 선보된 것은 아마 대상 2년(580) 직전의 일로 보이는데,[157] 이것으로 북주 말 당시 '향단'의 실재가 확증됨과 동시에 그것과 의동과의 관계, 의동의 영병(領兵)의 실태 등의 문제를 상당 부분 해명할 수 있게 되었다. 물론 향단은 향병으로 편성된 것이었다.

이것은 다시 부병군단을 구성하는 병사의 병원은 무엇인가라는 문제와 연결된다. 종래 향병의 통솔자를 의동삼사로 보고, 따라서 향병을 부병군단의 구성원으로 직접 연결시키는, 즉 향병=부병설이 유력하였다.[158] 그러나 이

154 『八瓊室金石補正』 卷26 「大隋開府儀同三司龍山公墓誌」(『石刻史料新編』 第1輯 6冊, p.4413); 趙萬里,『漢魏南北朝墓誌集釋』(臺北: 鼎文書局, 1972 影印) 卷8 圖版399, "公 諱質 字弘直 青州樂安人也 … 公周朝授大都督. 龍門公選補兼儀同 領鄕團五伯人 守隘三硤 大象二年蒙授龍山縣開國公. 開皇九年從元帥趙國公平陳 第一勳蒙授開府儀同三司 增邑肆伯戶".

155 당시 總管은 儀同 이하 官爵을 스스로 選補할 수 있었다(『周書』 卷30 于翼傳, pp.525~526, "尋徙豫州總管 給兵五千人 馬千疋以之鎭 幷配開府及儀同等二十人 … 儀同以下官爵承制先授後聞").

156 王仲犖, 『北周六典』下冊 卷10(北京: 中華書局, 1979) 夏官府條, p.333.

157 □質의 경력을 보면 우선 趙國公 楊素(당시 楊素는 信州總管이었다. 『隋書』 卷48 楊素傳, p.1282)를 따라 平陳戰에 참가한 후 그 勳功으로 開府儀同三司로 되었고, 또 墓誌銘에 "歲在戊午 七月卄日 遘喪于家 春秋六十七"(p.4413)이라 한 것으로 볼 때 그의 주된 活動 시기는 北周末 隋初이다.

158 濱口重國, 「西魏の二十四軍と儀同府」, 1966, pp.197~200. 즉 濱口는 散官인 儀同三司가 평소 大都督 帥都督 都督 등을 거느리는데, 地方 望族 출신자를 뽑아서 地方의 鄕兵統率을 맡는 實職에 임명하였다. 따라서 처음에는 각 都督이 곧 鄕兵의 長이 되는 경우가 많았지만, 二十四軍이 編成되는 大統 16년경에는 전부 儀同三司로서 향병의 장으로 했다고 설명

묘지명에서 볼 때, 향단에 편성된 향병이 의동에 의해 통솔되고 있는 것은 분명하지만[159] 그렇다고 신주총관(信州總管)에 선보되었던 의동이 중앙 24군의 계통에 속하는 것이라는 확증은 찾을 수 없다.[160] 그리고 향단이 좌우위 등 제위에 소속되어 숙위에 상번하게 되는 것은 수 초가 되어야 하지만,[161] 부병제가 성립하는 대통 16년 전후 시기에 향수가 모두 의동삼사의 자격으로 향병을 영도하고 있다고 보기는 어렵다. 따라서 종래 학계에서는 부병제의 병원을 향병에서 곧장 찾기보다 일반 주현민의 징병제에 근거하고 있다고 보는 주장이 제시되기도 하였다.[162] 사실 향병이란 용어는 사료상 북위 말 동란기에 나타나 주로 서위시대를 다룬 사료에 많고, 수의 개황 중에 약간 보이다가 그 이후 소멸한다.[163] 따라서 서위-북주시대에는 부병과는 별도로 향병이 있고, 즉 향병은 원래 부병과 별개로 존재하다가 그중 일부분이 부병 조직 계통에 예속되었던 데 불과하고, 수에 이르러 향단이 비로소 전면적으로 부병 계통 아래로 통합되었다는 설이[164] 제기되었다. 즉 당시 군사는 두 종류로 (보루식) 성안에 거주하는 군방병과 향간 전야에 산거하는 향병, 즉 향단병으로 나눌 수 있다는 것이다. 원래 서위의 주력부대는 북진지중(北鎭

하였다.

159 『周書』 卷37 王悅傳, p.580, "魏廢帝二年(553) …. 以儀同領兵還鄉里"에서도 儀同으로서 本鄉의 鄉兵을 이끄는 예를 볼 수 있다.

160 王仲犖은 鄉兵을 府兵이라기보다 오히려 州郡之兵으로 보았다(『北周六典』 下册 卷10 夏官府條, p.332).

161 『通典』 卷29 職官11 武官下 折衝府條, p.809, "隋初左右衛, 左右武衛, 左右武候各領軍坊鄉團, 以統戎卒".

162 菊池英夫, 「北朝軍制に於ける所謂鄉兵について」, 『重松先生古稀記念 九州大學東洋史論叢』, 1957.

163 菊池英夫, 「北朝軍制に於ける所謂鄉兵について」, 1957, p.111.

164 唐長孺, 「魏周府兵制度辨疑」, 『魏晋南北朝史論叢』(北京: 三聯書店, 1955), pp.277~279. 즉 唐長孺는, 西魏 24군은 당초 鮮卑系軍士를 주로 한 軍制로 일반의 징병에 기초를 두게 된 것은 뒷날의 단계로, 鄉兵은 府兵과 별개의 것이고 양자가 같이 발전해 간 것으로 고찰한다. 양자는 北周 建德 3년 군제 개혁에 의해서 부병과 아울러 近衛에 上番하게 됨으로써 이른바 府兵制의 구성요소가 된다고 보았다.

之衆)인 갑사(甲士), 즉 기병 위주로 조직되었고 대통 9년(543) 망산전(邙山戰) 후 병원의 확대를 위한 관롱호우(關隴豪右)의 향병과의 합작을 개시한 후, 이러한 합작 과정은 오랜 시일을 거친 후 향단의 보편화와 군방(軍坊)의 폐기로 귀결되어 일체화된다고 보는 것[165]이 합리적이다. 따라서 부병제가 성립되었다고 해서 향병을 이끄는 향수(鄕帥)가 모두 의동삼사로 임명되었다는 것은 합리적인 해석이 아니다. 사료에 보이는 북위 말 이래 향병의 실태는 지방호족을 중핵으로 하는 자위단적(自衛團的) 향리의 가족이나 부곡이었으며, 이들 규모는 다양했을 것이다. 따라서 이들 자생적 지방 무장세력을 수관(授官)에 의해서 파악·동원하는 과정에서 그 집단의 규모나 병력에 따라서 주어진 군직의 상하가 결정되었을 것이다.[166] 이런 까닭으로 위로부터의 일정한 규격과 규정에 의해서 제도화하는 작업이 하부로부터 자연발생한 자위단적인 조직과 언제 어떻게 접합하고 그것이 변질되어 가는가 하는 점의 규명이 요청된다. 우리는 앞의 묘지명에서 보이는 의동인 '□질' 이 이끄는 향단은 500명이라는 명확히 한정된 숫자에 의해서 조직된, 말하자면 인위적인 향병의 성격을 엿볼 수 있다. 이처럼 석각자료는 부병제를 연구하는 데 중요한 근거를 제시하고 있다.

5. 유연(柔然) 등 내륙아시아 초원유목제국의 관제와 석각자료

1999년 산서성 태원에서 발견된 우홍(虞弘)의 묘지명은 많은 학자들의 관심을 받은 석각자료이다. 그의 묘지 가운데 특히 관심을 끄는 부분은 우홍의 본국이라 한 '어국(魚國)'과 유연 등 북방유목세계의 관제 부분이다. 그 묘지명을 보면 다음과 같은 구절이 나온다.

165 唐長孺, 「魏周府兵制度辨疑」, 1955, pp. 277~279.

166 毛漢光, 「西魏府兵史論」, 『中國中古政治史論』, 臺北: 聯經出版事業公司, 1990, p.258.

祖□奴栖, 魚國領民酋長. 父君陁, 茹茹國莫賀去汾達官, 使魏□□□□朔州刺史, … 茹茹國王, … □□□□, 年十三, 任莫賀弗, 銜命波斯·吐谷渾. 轉莫緣, 仍使齊國.[167]

먼저 어국에 대해서 알아보자. 이것에 대해 서북민족,[168] 계호(稽胡),[169] 유연,[170] 월지(月氏)[171] 등 여러 다양한 학설이 제시되었다. 그런데 대체로 북조-수당-오대시대까지 중국사에서 중요한 역할을 한 소그드인 계열의 국가라는 데에 의견이 모아지는 것 같다. 사실 소무구성(昭武九姓) 속에는 어국(魚國)이라는 나라는 없다. 소그드인의 본토는 중앙아시아 아무르강(阿姆河: Oxus)과 시르다리야강(錫爾河: Syr Dar'ya) 사이의 자라프샨강(Zarafshan: 粟特水) 유역, 하중지구(Transoxiana)라 불리는, 다시 말하면 서양 고전 문헌에서 말하는 '소그드(粟特)지구(Sogdiana)'로 그 중요 범위는 현재의 우즈베키스탄이고, 일부분은 타지키스탄과 키르기스탄에 속해 있다. 소그드지구에는 여러 오아시스(Oasis: 綠洲)에 크고 작은 성방국가(城邦國家)가 분포하고 있었으니 그 가운데 사마르칸트(Samarkand)를 중심으로 하는 강국(康國)이 제일 크고, 부하라(Bukhara)를 중심으로 하는 안국(安國)이 비교적 큰 편에 속하였다. 그 외 수트리쉬나(Sutrishna: Usrushna: 蘇對沙那)에 위치한 동조국(東曹國), 케부드하나(Kebudhana: 劫布呾那)의 조국(曹國), 이쉬티칸(Ishtikan: 瑟底痕)의 서조국(西曹國), 마이무륵(Maimargh: 弭秣賀)의 미국(米國), 쿠샤니아(Koshania: 屈霜你迦)의 하국(何國), 카산나(Kasanna: 羯霜那)의 사국(史國:

167 「大隋故儀同虞公墓誌」(山西省考古研究所等, 『太原隋虞弘墓』, 北京: 文物出版社, 2005), pp.89~90.

168 榮新江, 『中古中國與外來文明』, 北京: 三聯書店, 2001, pp.169~170.

169 林梅村, 「稽胡史迹考—太原新出隋代虞弘墓誌的幾個問題」, 『中國史硏究』 2002-1, pp.71~84.

170 羅豊, 『胡漢之間—"絲綢之路"與西北歷史考古—』, 2004, pp.405~422.

171 周偉洲, 「隋虞弘墓誌釋證」, 榮新江·李孝聰主編, 『中外關係史: 新史料與新問題』, 北京: 科學出版社, 2004, pp.247~257.

Kesh), 차즈(Chaj: 赭時/Tashkend)의 석국(石國) 등이다. 여기에 어국은 없다. 그러나 이들 나라는 때로는 합쳐지고 나누어지기도 하여 반드시 9개 나라만은 아니었다는 것이 증명된 것이다. 어국이 어디냐는 논란이 있지만, 민이 어성(魚姓)을 쓰는 서역 국가가 있었다는 것이 우홍의 묘지명을 통해 새삼 알려지게 된 것이다.

다음으로 관제인데 우홍의 부친인 군타(君陁)가 여여(茹茹: 유연)에서 여러 관직을 담당하였기 때문에 유연의 관제 연구에 중요한 근거를 제공하고 있다.[172] 즉 4개 정도의 명호가 보인다. 막하(하)거분[莫賀(何)去汾]·달관(간)[達官(干)]·막하불(莫賀弗)·막연(莫緣) 등이 그것이다. 이 명호에 대한 해석은 이미 나풍(羅豊)·주위주(周偉洲) 등에 의해 어느 정도 해석되었다. 물론 이들 명호는 중국 정사에도 나오지만 산견되고 있어 그 직능에 대한 명쾌한 해답을 얻기가 힘들다. 먼저 막하(하)거분에 대해서는 『북사』에 모두 네 차례,[173] 『위서』에도 세 차례 나오고 있다.[174] 달관(達官)은 돌궐 관제 중에 '달간(達干)'의 형식으로 자주 보이지만,[175] 이 달관도 『주서』[176]와 『북사』에 각각 한 차례 나올 뿐이다.[177] 아울러 막하불(莫賀弗)은 『북사』에 나오지만 유연 고유의 제도라기보다는 거란의 관제로 나타나고 있다.[178] 『주서』 고막해전(庫莫

---

172 羅新,「虞弘墓誌所見的柔然官制」,『中古北族名號硏究』, 2009, pp.108~132.

173 『北史』 卷98 蠕蠕傳, p.3256, "太和元年四月, 遣莫何去汾比拔等來獻良馬·貂裘."; p.3258, "光初, 醜奴母遣莫何去汾李具列等絞殺地萬."; p.3261, "婆羅門遣大官莫何去汾·俟斤丘升頭六人, 將兵二千隨具仁迎阿那瓌, …";『北史』 卷98 高車傳, p.3275, "彌俄突遣其莫何去汾屋引叱賀真貢其方物." 등이다.

174 『魏書』 卷103 蠕蠕傳, p.2296, "太和元年四月, 遣莫何去汾比拔等來獻良馬·貂裘."; p.2298, "正光初, 醜奴母遣莫何去汾李具列等絞殺地萬, …"; p.2301, "婆羅門遣大官莫何去汾·俟斤丘升頭六人將兵二千隨具仁迎阿那瓌, …";『魏書』 卷103 高車傳, p.2311, "彌俄突遣其莫何去汾屋引叱賀真貢其方物".

175 羅豊,『胡漢之間—"絲綢之路"與西北歷史考古—』, 2004, p.412~414.

176 『周書』 卷2 文帝(宇文泰)紀下, p.35, "茹茹乙旃達官寇廣武. 五月, 遣柱國趙貴追擊之, 斬首數千 …".

177 『北史』 卷5 魏本紀5, p.183, "(西魏 恭帝)元年夏四月, 蠕蠕乙旃達官寇廣武".

178 『北史』 卷94 契丹傳, pp.3127~3128, "契丹舊怨其侵軼, 其莫賀弗勿干率其部落, 車三千乘·

奚傳)과 『북사』 해전(奚傳)에 오부(五部)의 하나로 막하불이 나온다.[179] 이것은 『위서』나 『북사』의 오락후전에는 막불(莫弗)로 표기된다.[180] 막연(莫緣)은 『북사』,[181] 『주서』,[182] 『수서』[183] 등에 나오는데, 『위서』[184]에는 하나의 기사가 두 차례 나올 뿐이다. 이처럼 유연의 관직들이 여러 중국 정사에서 산견되지만, 이것들이 어떤 역할을 하는 것이며, 서로 어떤 관련이 있는지 파악하기가 쉽지 않았다.

우홍 묘지명에 보이는 네 가지 관호는 유연·고차·선비와 돌궐·회골 그리고 몽골 등 순수 유목제국의 자체 관제에 대한 자료인 동시에 북조-수당시대 등 유목 출신이 세운 왕조들의 관제 연구에도 많은 도움이 된다. 여기서 주목할 부분은 명호 각각에 대한 직무보다는 내륙아시아 초원유목세계의 관호의 구성 형식의 특이성이라고 여겨진다. 내륙아시아 초원유목세계의 (관)명호는 대체로 관호(官號: appellation)+관칭(官稱: 官職: title) 두 부분으로 구성된다. 예컨대 막하(하)거분달관[莫賀(何)去汾達官]은 관호인 막하(하)거

衆萬餘口, … 隋開皇四年, 率莫賀弗來謁.";『北史』卷11 隋本紀上 高祖紀上, p.410, "(開皇四年)五月癸酉, 契丹主莫賀弗遣使請降, 拜大將軍.";『北史』卷94 室韋傳, p.3130, "其部落渠帥號乞引莫賀咄. 每部有莫何弗三人以貳之."

179 『周書』卷49 異域上 庫莫奚傳, p.899, "後種類漸多, 分為五部: 一曰辱紇主, 二曰莫賀弗, 三曰契箇, 四曰木昆, 五曰室得.";『北史』卷94 奚傳, p.3127, "其後種類漸多, 分為五部: 一曰辱紇主, 二曰莫賀弗, 三曰契箇, 四曰木昆, 五曰室得".

180 『魏書』卷100 烏洛侯傳, p.2224, "夏則隨原阜畜牧. 多豕, 有穀麥. 無大君長, 部落莫弗皆世為之. 其俗繩髮, 皮服, 以珠為飾.";『北史』卷94 烏洛侯傳, p.3132, "夏則隨原阜畜牧. 多豕, 有穀麥. 無大君長, 部落莫弗皆世為之. 其俗繩髮, 皮服, 以珠為飾. 部落莫弗, 皆世爲之".

181 『北史』卷98 蠕蠕傳, p.3265, "乃召其大臣與議之, 便歸誠於東魏. 遣其俟利·莫何莫緣游大力等朝貢, 因為其子菴羅辰請婚".

182 『周書』卷33 趙文表傳, p.582, "文表慮其為變, 遂說突厥使羅莫緣曰: '后自發彼藩, 已淹時序, 途經沙漠, 人 …'";『北史』卷69 趙文表傳, p.2405, "文表慮其為變, 遂說突厥使羅莫緣曰: '后自發彼蕃, 已淹時序, 途經沙漠, 人 …'".

183 『隋書』卷84 北狄 突厥傳, p.1873, "俟利伐退走入磧, 啟民上表陳謝曰: '大隋聖人莫緣可汗, 憐養百姓, 如天無不覆也, 如地無不載也. …'";『北史』卷99 突厥傳, p.3297, "俟利伐退走入磧. 啟人上表陳謝曰: '大隋聖人莫緣可汗, …'".

184 『魏書』卷9 肅宗紀, p.229, "冬十有一月乙酉, 蠕蠕莫緣梁賀侯豆率男女七百人來降.";『魏書』卷105-1 天象志1, p.2341, "蠕蠕莫緣梁賀侯豆率男女七百口來降".

분과 관칭인 달관(達官)의 합성어이다. 이처럼 관칭을 수식하는 관호와 관칭의 조합은 유연 등 내륙아시아 초원유목세계에서 흔히 보이는 관명 형식이다. 막하(莫賀)는 돌궐 노니문(魯尼文: Runic) 비문의 bagha의 음역(音譯)이며, 거분(去汾)은 탁발선비의 성무황제(聖武皇帝) 힐분(詰汾)[185]과 유사한 호칭으로 본다.[186] 달관은 돌궐 관제 중에서 가장 자주 보이는 칭호의 하나이다.[187] 이것은 앞에서 본 북위시대의 근시관 등에서 '특정직능'+'관(칭)'='관명'에도 보이는 특징이다.

유연에서는 군주와 대신은 그 행능(行能)에 기초하여 즉위할 때에 장식적 칭호인 '관호'를 붙인다. 이는 중국의 시호와 같은 것이지만 중국의 시호는 사후에 붙이지만 관호는 생시에 붙이는 차이가 있다.[188] 예컨대 사륜(社崙)이 구두벌(丘豆伐: '駕馭開張' 의미의 관호)+가한(관칭: 황제의 의미)[189]으로, 곡률(斛律)이 애고개(藹苦蓋: '資質美好' 의미의 관호)+가한으로, 대단(大檀)이 모한흘승개(牟汗紇升蓋: '制勝' 의미의 관호)[190]+가한으로, 그 형식을 띠는 것과 같다. 이러한 형식의 내륙아시아 유목세계의 관행이 중국에도 영향을 끼쳤다. 당대에 나타난 황제의 존호(尊號: 徽號)가 그것이다. 존호는 중국의 고제가 아니었다.[191] 중국고대의 군주의 칭호는 황, 제, 왕 등 한 자였는데[192] 특

185 『魏書』 卷1 序紀, p.2, "聖武皇帝諱詰汾.獻帝命南移, 山谷高深, 九難八阻, 於是欲止. … 歷年乃出. 始居匈奴之故地".

186 羅新, 「虞弘墓誌所見的柔然官制」, 2009, pp.112~114.

187 羅豊, 『胡漢之間—"絲綢之路"與西北歷史考古—』, 2004, p.150.

188 『北史』 卷98 蠕蠕傳, p.3251, "蠕蠕之俗, 君及大臣因其行能, 卽爲稱號, 若中國立諡. 旣死之後, 不復追稱".

189 『魏書』 卷103 蠕蠕傳, p.2291, "於是自號丘豆伐可汗, '丘豆伐'猶魏言駕馭開張也, '可汗'猶魏言皇帝也".

190 周偉洲, 『敕勒與柔然』, 上海: 上海人民出版社, 1983, pp.154~157.

191 『舊唐書』 卷139 陸贄傳, p.3792, "上謂贄曰: '往年羣臣請上尊號「聖神文武」四字; 今緣寇難, 諸事並宜改更, 眾欲朕舊號之中更加一兩字, 其事何如?' 贄奏曰: '尊號之興, 本非古制. … 不可近從末議, 重益美名.'"; (唐)封演撰, 『封氏見聞記』, 卷4 尊號, p.26, "秦·漢以來, 天子但稱皇帝, 無別徽號. … 則天以女主臨朝, 苟順臣子一時之請, 受尊崇之號, 自後因爲故事".

192 『舊唐書』 卷139 陸贄傳, p.3792, "贄曰: '古之人君稱號, 或稱皇·稱帝, 或稱王, 但一字而已;

수한 경우를 제외하고는 존호가 없었다. 그런데 황제에게 재상이 백관을 이끌고 존호를 올리는 것이 당대 고종 시기에 시작되어 무측천 시기에 성행하고, 현종 시기에 제도화되었다고 본다.[193] 무후(武后)가 성모신황(聖母神皇)으로,[194] 고종이 천황(天皇)으로,[195] 중종이 응천신룡황제(應天神龍皇帝)가 된 것이 그것이다.[196] 현종 때에는 제도화되어 생전에 6차에 걸쳐 존호가 주어졌으니 개원 27년에 주어진 '개원성문신무황제(開元聖文神武皇帝)'가 그 하나이다.[197] 이처럼 유목의 전통이 당대에 큰 영향을 주었다.

至暴秦, 乃兼皇帝二字, 後代因之, 及昏僻之君, 乃有聖劉·天元之號.'".

193 『資治通鑑』 卷229 唐紀45 德宗 建中 4年(783) 11月條, p.7389, "羣臣請更加尊號一二字. 上以問(陸)贄, 贄上奏, 以爲不可, 其略曰: '尊號本非古制(胡注曰: 上尊號, 事始於開元元年) ….' 又曰: '嬴秦德衰, 兼皇與帝, 始總稱之; 流及後代, 昏僻之君, 乃有聖劉·天元之號(胡注曰: 聖劉見 … 漢哀帝建平二年. 天元見 … 陳宣帝太建十一年) ….'"; 羅新, 「從可汗號到皇帝尊號」, 『中古北族名號硏究』, 2009, p.227.

194 『舊唐書』 卷6 則天皇后本紀 垂拱 4年, p.119, "五月, 皇太后加尊號曰聖母神皇".

195 『舊唐書』 卷5 高宗本紀 上元 元年, p.99, "秋八月壬辰 … 皇帝稱天皇, 皇后稱天后".

196 『新唐書』 卷4 中宗本紀 景龍 元年, p.110, "八月丙戌, 上尊號曰應天神龍皇帝, 皇后曰順天翊聖皇后".

197 『舊唐書』 卷9 玄宗本紀 開元 27年, p.210, "二月己巳, 加尊號開元聖文神武皇帝".

결론

이 책은 중국 위진남북조 수당시대의 호한 문제 가운데 사회적·경제적·문화적 측면의 전개를 논한 것이다. 토지제도인 균전제(均田制)가 경제적인 측면이라면, 「목란시(木蘭詩)」를 분석하여 목란의 종군 등 활동 시기, 활동 지점 등을 추정하고, 대당제국 내에서의 번인생활을 분석·정리한 것은 사회적인 측면에 해당된다. 또한 묘지명을 비롯한 석각자료를 이용하여 호한 문제를 분석한 것은 문화적인 측면에 속한다고 할 수 있다.

제1장 「계구수전제(計口受田制)와 북위(北魏) 균전제(均田制)」에서는 북위시대에 시행된 균전제가 유목민 특유의 정복지 경영의 형태에서 비롯되었으며, 그 경영 방식은 새외에서의 활동 시기부터 시행해 왔던 할당생산제 방식에 근간을 두고 있다고 보았다. 그렇다고 균전제가 오로지 호족의 영향에 의해서 성립된 제도는 아니었고, 한족적인 균분의 정신을 계승했다는 점을 밝혔다. 한족적 전통과 당시 호족의 관행, 그리고 호족정권이 당면한 여러 가지 상황 등이 함께 고려되어 균전제가 성립된 것이다. 다시 말하면, 북위 균전제의 특징을 가장 전형적으로 나타내는 것이 계구수전제의 시행이며, 화

북 통일 이후 북위가 시행한 일련의 토지정책은 이 계구수전제의 정신을 유지하면서 보편적인 토지이념[均分]을 첨가시켜 가는 과정이었다고 보았다. 즉 균전제는 계구수전적인 배당생산제의 계승과 정비인 동시에 피정복자[中原 漢族]의 오랜 희망인 '균분'을 혼합시킨 것으로 결과적으로 호한혼합의 전제(田制)로 출현한 것이다.

필자가 가장 강조하고 싶은 것은 균전제를 단순히 하나의 토지제도로 이해해서는 그 제도의 원류와 그 제도가 가지는 고유의 특징을 제대로 파악할 수 없다는 점이다. 당시 정권이 취한 신분제, 관료제, 도시·촌락제도 등을 모두 고려하여 종합적으로 분석해야 할 뿐만 아니라 요·금·원·청 등 정복왕조 계열의 여러 왕조가 취한 정책도 아울러 같이 참고해야 한다고 본다.

균전제를 단순한 전제로만 볼 것이 아니라 호족왕조인 오호십육국·북조의 중원통치책의 하나로 파악하고자 하였다. 그 특징은 한정된 인력으로 가장 많은 효과를 산출하는 생산체제인 '할당생산체제'를 그 특징으로 꼽을 수 있다. 따라서 할당생산제의 특징을 세밀하게 분석하였다. 철저한 독과제의 채용, 주식을 생산하는 노전(露田) 외에 상·마·조 등 작물별 생산의 강제 등 여러 면에서 균전제가 할당생산제의 성격을 강하게 유지하고 있음을 밝힐 수 있었다.

작물별 생산을 위해 '상전' 등 전토를 구별한 것은 북위시대가 처음이다. 균전제 실시 과정에서 당시 민을 구사하는 원칙은 바로 '분(分)과 예(藝)' 그리고 '역(力)과 업(業)'의 상칭이라는 말에 잘 표현되어 있다. 이 가운데 역과 업을 합치시키는 것은 중국 고래의 전통일 뿐만 아니라 일반적인 토지정책이라 할 수 있지만 '분(토지)과 예(작물)'의 합치는 이 시대에 새삼 강조된 독특한 정책이다. 이것이 균전제가 중국 역대 토지제도사에서 갖는 특징인 것이다.

제2장 「북위의 대민정책과 균전제」에서는 북위왕조의 대민정책 전반과

관련하여 균전제 출현의 과정을 논하였다. 그간 균전제에 대한 연구는 실로 다양하게 진행되어 왔지만 균전제가 과연 어떤 토지제도였는가 하는 그 구체상은 이제까지 잘 드러나지 않았다. 필자도 주로 그 성립기인 북위시대에 한정해서 균전제에 대한 글을 썼는데 성립기의 모습에서 그 제도의 출현의 진면목을 발견할 수 있을 것이라고 기대했기 때문이었다. 그리고 기왕의 학계에 제출된 연구경향과는 좀 다른 시각에서 균전제를 분석하려고 하였다. 균전제가 북조부터 수당시대의 통치 과정에서 나타난 대민정책의 하나인 만큼 당시에 출현하여 시행된 다른 제도와 비교하여 종합적인 시각에서 연구 검토할 필요가 있다고 본다.

그래서 당시 독특한 도시구조인 방장제와 다양한 예속민호가 출현한 신분제 등을 균전제를 해석하는 방증자료로써 아울러 고찰해 보았다. 즉 방장제는 수공업자를 중심으로 하는 대도시민정책이었다면 균전제는 선비 탁발족의 대중원 통치 과정에서 나타난 계구수전제의 연장선상에 있는 대농민정책으로 볼 수 있다. 따라서 계구수전제 혹은 균전제와 방장제는 비슷한 대민정책의 방향에서 출현했다고 볼 수 있다. 수공업자에게 주거지를 지정하고 생산할 상품을 배정하여 독과생산을 시키기 위해서 방장제가 출현했다면, 농민에게 곡, 상, 유, 조 등의 생산을 할당 독려하기 위해 계구수전제를 채용하였으며 그런 과정에서 균전제가 출현한 것이다.

어떤 제도의 출현은 그 시대가 갖고 있는 독특한 시대적 요청과 그것을 성립시킬 수 있는 시대적 환경과 직결되어 있다. 이런 생산체제를 가동한 것은 한정된 인민으로 가장 많은 생산량을 산출해낼 수 있는 가장 유효한 생산체제였다는 뜻이다. 이런 생산체제를 가동하여 당시 국가가 필요로 하는 통치자원을 확보하려 했고, 또 이런 생산체제를 원활하게 가동하기 위해서는 가능한 한 다량의 건전한 농민이 유지되어야 하였다. 그리하여 그들에게 생산물의 적절한 안배가 필요했던 것이다. 균전제에서 가장 중시했던 생산품은 비단이었다. 이는 비단이 유목민의 독자적인 수요도 있었지만 당시 실크로드를 통한 동서무역품으로써 그 수요가 증대되었기 때문이다.

북위 때 특히 국내외에서 비단의 수요가 폭발적으로 발생하였다. 우선 북위 국내에서도 비단의 수요가 늘어났을 뿐만 아니라 동서 교역상에서 비단이 차지하는 비중도 점점 늘어났다. 중국의 특산물인 비단은 서양인에게도 널리 알려졌지만, 먼저 많은 비단을 필요로 한 것은 가한의 '지손(只孫)'이라는 행사였다. 아울러 유목민의 통치계층에서도 대량으로 수요되었다. 무엇보다도 동로마제국을 비롯한 서방 제국의 수요는 유목군주들에게 막대한 이익을 가져다주었다. 따라서 북위 통치자로서는 비단 생산이 특히 수지맞는 산업이었다. 중국 고대에 비단은 값비싼 상품이었다. 금(비단), 견(명주), 사(명주실)의 가격 차이 또한 컸다. 특히 여러 색깔의 실을 섞어 짠 무늬 있는 비단[錦]은 그 가격이 금과 같았다고 한다. 이런 대내외 환경 속에서 출현한 북위 정부는 균전제를 창제하였고, 균전제는 바로 이 비단 생산을 위해서 만들어진 제도라 해도 무리가 없다.

이처럼 북위가 대민정책으로 인민에게 특정한 생산품을 할당하여 생산시키는 이른바 할당생산체제를 채택한 것은 유목민족이 새외에서의 생활 과정에서 흔히 실시한 것이기 때문이다. 또 유목민족들이 중원에 진입하여 통치하던 다른 시대에도 빈번하게 사용했던 방법이었다. 그들이 앞선 한인왕조보다 동서무역에 더욱 적극적이었던 것은 보다 유연하고 넓은 세계인식을 갖추었고 상거래에서 유목민족 출신이 갖는 능력이 발휘된 결과였다. 이상과 같은 조건들이 합쳐져서 이민족국가인 북위에서 균전제가 출현·실시된 것이다.

제3장 「목란시(木蘭詩)의 시대—북위 효문제 시기 대유연전쟁과 관련하여—」는 유명한 악부 중 하나인 「목란시」에 대해 여러 가지 논점에서 다양한 학설이 제기되어 왔던 것을 시구 하나하나를 근거에 의거하여 재검토하였다. 그

과정에서 여러 시대의 문헌뿐만 아니라 고고학적 발굴사료를 근거로 하여 「목란시」가 어느 시대 어느 전쟁을 배경으로 묘사된 것인지, 특히 주인공 목란이 어떤 민족적 · 계급적 배경을 가지고 전쟁에서 활약하였는지를 규명하려 하였다.

먼저 점병자인 가한과 상사의 주체인 천자가 동일인인가 별개인가의 문제에 대해 검토하였다. 그리하여 가한과 천자는 동일인이라는 것을 여러 사료를 근거로 논증하였다. 그동안 학계에서 소홀히 다루었던 북위 황제의 성격에 대해서 자세하게 검토하여 북위 황제들은 철저한 가한의식을 가지고 있었고, 다시 말하면 가한 겸 황제(천자)였다는 사실을 진술 사료뿐만 아니라 고고 발굴 사료를 근거로 증명하였다.

다음으로 목란이 12년 종군 후 받았던 '책훈십이전'과 '상서랑'이 어느 시대 사실에 부합하는지를 살폈다. 책훈십이전이 제도적으로 정비된 시대는 당대이지만 그것으로 해결될 문제가 아니라는 점을 지적하였다. 즉 이것은 '12'라는 숫자에 중점이 두어진 것이 아니라 우전(優轉), 즉 우선적으로 진급시킨다는 의미로 해석하여 반드시 당대의 현실로 볼 필요가 없었음을 지적하였다. 그런데 목란이 받았던 관직인 상서랑은 『위서』 관씨지(官氏志)에 태화(太和) 17년에 반포된 전령(前令)에는 종5품중으로 기록되어 있지만, 태화 23년(499)에 반포된 후령(後令)에는 상서랑이라는 관직 자체가 사라진다는 점에서 필자가 목란이 활동한 시기로 상정한 연대와 상서랑의 존속 시기와 들어맞는다는 것을 확인할 수가 있었다. 그리고 상사를 행하였던 장소인 명당은 이전에는 당대에서 처음 설치된 것으로 정리되었으나 북위 효문제 시기에 이미 설치되었던 사실을 사료와 고고 발굴 조사 결과로 논증하였다.

시구 중에 나오는 지명인 흑산두와 토벌의 대상인 연산호도 엄격한 논증의 대상이었는데, 먼저 흑산두의 흑산이란 북위군의 유연 정벌의 출발점이 되었던 운중(雲中)으로 보았다. 이곳은 특히 492년 북위의 마지막 대유연통

타작전(對柔然痛打作戰)을 위한 군대의 출발점이었음을 논증함으로써 그 장소의 확실성을 확보할 수 있었다. 연산호의 연산을 유연의 가한정이 있는 연연산(燕然山: 현재 몽골인민공화국 杭愛山)에 비정하였는데, 그에 따라서 목란의 종군 대상이었던 연산호는 바로 유연이었음을 논증하였다.

목란의 가향을 혁련하의 도성이었던 통만성(統萬城)이라고 비정하고 목란의 가속은 수군성거(隨軍城居)하는 세병적(世兵的) 성격을 갖는 병호인 성민(城民)이었다고 보았다. 목란은 호족 출신으로 한족의 생활습속을 일부 획득한 호한융합의 인간상을 가지고 있었다는 점을 확인하였다. 특히 목란은 집에서는 베틀에 앉고, 거울을 보며 화장을 하고, 그러면서도 삭방에서 기병(騎兵)으로서 활약하는 등 전쟁에 종군하였으니 목란 자신이 전형적인 호한융합의 모습을 보여주고 있음을 밝혔다. 목란은 여성의 사회활동이 활발했던 북위시대의 인물로 효문제 시기인 485~492년의 유연 정벌에 종군했던 북족민 출신으로 한족의 농경문화를 습득한 여인이었다고 보았다.

제4장 「대당제국 내 번인(蕃人)의 생활」은 대당세계제국 내에 들어와 살았던 외국인, 즉 번인(蕃人)의 생활상을 다룬 것이다. 당왕조는 호한(胡漢) 양족이 위진남북조시대를 거치면서 체득한 역사적 경험을 바탕으로 하여 만든 제국이었다. 따라서 대당제국은 호한복합사회였으며 제국의 도성 장안은 호한 양족이 만들어 낸 합작품이었다.

그 일익을 담당하였던 호족을 필두로 하는 외국인, 즉 번인은 어떤 삶을 영위하였을까? 대당제국에서는 종족적 차별이 거의 없었다. 그래서 세계 각처에서 수많은 외국인이 모여들었다. 물론 그들에게 거주와 활동에서의 무한정의 자유가 허용된 것은 아니었지만 고국에서 활동하는 것보다 제국에서 머물러 살기를 원하였다.

대당제국은 세계인들이 와서 살고 싶을 만큼 매력 있는 곳이었다. 그들을 유혹하는 것은 단순히 물질적 풍요만이 아니었다. 선진 문명이 거기에 있었다. 역사상 전례 없는 제도의 발전, 사상과 종교에 대한 포용, 그리고 창의력이 넘치는 예술이 거기에 있었다. 그곳으로부터 가장 최신의 불교교리, 최신의 시(詩) 형식, 권위 있는 제도의 최신 모델뿐 아니라 심지어는 가장 새로운 복식(服式)과 헤어스타일까지 나왔다.

당의 문화는 선진적이었고, 또 보편성을 갖고 있었다. 문화의 선진성과 보편성은 세계제국의 필수조건이다. 대당제국이 이 양자를 획득할 수 있었던 것은 앞선 시대가 배출한 다양한 문화의 가닥을 함께 묶었기 때문이다. 호한 간의 충돌과 갈등에서 공존을 지향하던 위진남북조시대의 역사적 경험이 당인을 '세계인'으로, 당왕조를 '세계제국'으로 만들었던 것이다.

외국인이 당에서 생활하는 것이 마냥 용이한 것은 아니었다. 그러나 지금부터 천 수백 년 전에 외국인의 생활환경이 그 정도가 되기도 쉽지 않다. 외국 유학생들에게 생활비를 주고, 외국인들이 국가공무원이 될 수 있는 시험제도를 따로 마련한 나라가 현재 지구상에 몇 나라나 되겠는가? 물론 당이 그런 '꿈의 나라'로 비쳐진 시기는 그리 길지 않았고, 당의 문화가 곧바로 현재의 중국을 탄생시킨 것은 아니지만, 중국 문화의 다양성 확충과 동아시아 공동문화 형성에 기여한 공은 홀시할 수 없다.

제5장 「위진남북조시대 묘장습속(墓葬習俗)의 변화와 묘지명(墓誌銘)의 유행」에서는 농경민인 한족의 상장문화의 하나인 묘지명이 왜 유목색이 짙은 북조시대에 와서 완성 단계로까지 발전하고 또 왜 남조에 비해 크게 유행하게 되었는가를 살펴보았다. 먼저 묘지명의 주 사용자인 십육국·북조시대 집권 통치층인 유목민족 출신들의 장속을 고찰하면서 그 원인을 찾고자 하였다. 잘 알다시피 유목민족의 대표적인 장속은 소장(燒葬)이었다. 그러나 십육국에서 북조 말까지 유행한 것은 허장과 잠매였다. 이것은 공개리에 비물(備物)을 매장하는 '허장'과, 실제 시신을 비밀리에 매장하는 '잠매'를 통해 적어도 한 사람당 2개 이상의 묘를 만든 것이다. 허장도 그렇지만 잠매의

경우도 봉분이 없거나 크지 않았다. 북위 초기의 제릉(지역)인 금릉(金陵)에도 봉분이 전혀 없는 평분(平墳)이 대부분인 것은 그런 이유 때문이다. 이것은 위진-남조식의 제릉과는 다르고, 사실 '제릉'이라 부르기도 어려운 형태이다. 『문헌통고』에서 위진남북조 역대 왕조의 제릉을 열거하면서 십육국 부분을 뺀 것은 이런 이유일 것이다. 그러면 왜 유목민족은 중원으로 진입한 이후 허장-잠매라는 독특한 매장법을 시행하게 되었는가? 우선 초원에서 유목민족의 주된 매장법은 '깊이 매장하고 땅을 평평하게 하는[深葬平土]' 형태로 매장 후에 '흔적을 없애기 위해 분총을 남기지 않는[滅迹, 不留墳冢]' 것이었다. 유목민족은 이동생활을 주로 하기 때문에 정착하는 농경민족과는 달리 '수묘(守墓)'에 어려움이 있었다. 따라서 매장 시에 시신이 어디에 묻혀 있는지를 타인이 알지 못하게 하는 방법을 찾을 수밖에 없었다. 인구가 적은 초원에서는 번거로운 형식의 허장을 굳이 취할 필요가 없었다. 그러나 중원 진입 이후에는 초원의 환경과는 달리 만인의 주시하에 장례를 치러야 했고 정치적·사회적 시국 불안이 더해져 허장과 잠매라는 장법 채용을 촉발시켰을 것이다. 따라서 허장과 잠매는 유목민족 구습 그 자체는 아니지만, 유목민족 특유의 매장법의 연장선상에서 출현한 것이었다. 이 경우 대부분 봉분이 없고, 봉분을 만든다 해도 석각 등 묘전 석조물을 두지 않았다. 묘주의 신상을 굳이 밝히는 구조물이 필요 없기 때문이다. 생존 시 사용하던 모든 것을 태우거나 땅 속에 묻어버리는 것은 유목민의 습속이다. 따라서 남조 제릉에서 흔히 보이는 석각이 십육국-북조시대에는 보이지 않는다.

묘지명은 금비령 이후 묘비가 변조되어 지하로 들어간 것이다. 초기의 묘지명이 구조상 묘비의 형식을 띠는 것은 그런 이유에서이다. 묘비는 분명 한족의 문화이다. 그럼에도 남조에서는 묘지명이 많이 출토되지 않는다. 남조와 북조의 묘지명의 출토 수나 각종 금석 관계 서적에 재록된 건수의 차이는 엄청나게 크다. 그 이유는 어디에 있을까? 우선 남조에서는 금비령을 위주로 하는 이른바 박장령의 영향을 들 수 있다. 조위시대에 처음으로 박장령이 반포된 이후 서진-동진을 거쳐 양(梁)대까지 단속적으로 이 금령이 반포되었다. 따라서 박장은 남조 전 시대에 걸쳐 그 상장문화에 상당히 영향을 끼친 것으로 보인다. 그에 비해 십육국-북조시대는 한 번도 박장령이 반포된 적이 없다. 오히려 과도하게 사치스러운 장례가 치러진 경우도 많았다. 공신과 권신·행신의 경우 대개 국가의 후원 아래 후장이 행해졌다. 후장을 할 때는 묘비를 세우면 묘지명보다 더 화려하고 빛났을 것이다. 그런데 지상의 석조물이 부장품으로 모두 지하로 들어갔다. 북조에서 묘지명 사용을 주도한 계층은 북위의 황실인 원씨[元(拓跋)氏]였다. 그들이 이른바 '한화(중화화)'된 결과 한족의 상장문화인 묘지명을 수용한 것도 사실이다. 그러면 왜 묘비가 아니라 묘지명이었느냐에 대한 설명으로는 석연치 않다. 여기에서 '한화'만을 가지고 설명되지 않는 부분이 있다. 그들이 묘지명을 굳이 사용한 것은 그들의 중원 진입 이후의 장속인 허장·잠매의 습속과 관련이 있다고 여겨진다. 그리고 효문제의 낙양 천도 이후 급작스럽게 묘지명이 유행한 것으로 보인다. 여기에 효문제가 대천인(代遷人)들에게 구지(舊地) 대북(代北)으로의 귀환을 금지하고 본적을 '하남 낙양인'으로 할 것을 명령한 것도 일부 작용하였을 것이다. 효문제가 사자의 이력을 나타내는 묘지명의 사용을 부추겼을 가능성도 있다. 그리고 피장자 본인도 타향에 묻힌 자기 자신을 천년 후에 확인해 줄 수 있는 거의 유일한 진술 자료가 묘지명일 것이기 때문에 그것을 선호했을 가능성도 있다.

남조의 제릉의 두드러진 특징은 무엇보다 화려한 묘전 석각이라는 구조물의 설치이다. 신수(神獸)-석주(石柱: 華表)-묘비(墓碑)가 하나의 세트로 된 것이 가장 전형적인 형태이다. 이것은 현재 육조문화를 대표하는 예술품으로 치부되고 있다. 석주(화표)는 그 형식상 북조 묘지명의 지개에 해당하며, 묘비는 지석에 해당한다. 그런데 묘전에 있는 석주나 묘비의 역할을 하는 묘지명을 다시 만들어 지하에 넣은 것은 부자연스런 일이 아닐 수 없다. 그리고 지하에 묻는 묘지명이란 중국의 전통적인 상례에도 맞지 않는다. 즉『예경(禮經)』에 존재하지 않는 물건이기 때문이다.

이상과 같은 연유로 북조에는 묘지명이 유행하고 남조에는 묘전 석각이 유행하였다. 이런 것이 남북조의 묘장문화의 전통으로 자리 잡았다. 이런 전통은 통일왕조인 수당제국시대에 와서 종합화된다. 당대 제릉과 그 배장묘에서 쉽게 볼 수 있듯이 지상에는 묘전 석각이 설치되고, 지하에는 묘지명 등이 매장된 것이다. 묘장제도의 호한체제라 할 수 있다.

제6장「위진남북조-수당시대 장속(葬俗)·장구(葬具)의 변화와 묘비·묘지명—특히 묘지명의 자료적 성격—」에서는 먼저 장속과 장구의 변화를 살펴보았다. 위진남북조시대에 출현하여 수당시대에 최성기를 이루는 묘지명의 사료적 가치를 중점적으로 다루었다.

묘지명은 장속의 변화에 따라 나타난 장구의 하나이다. 여러 장구들 가운데 묘비와 묘지명은 가장 유사한 것이다. 물론 묘비가 기공(紀功)의 성격이 강하고, 묘지명은 표지(標識)의 성격이 강하지만 묘지명 문학이 난숙기에 들어선 당대, 특히 당 후기가 되면 그 서술상의 구별은 그리 크지 않다. 묘지명의 사회적 유행과 관련하여 필자가 남달리 관심을 가졌던 것은, 남조의 여러 왕조보다 중원 북조의 왕조에서 크게 유행한 이유와 수·당대에 와서 묘지명과 묘비가 병존하는 문제를 어떻게 해석할 것이냐의 문제였다. 묘지명은 금비령 반포 이후 비의 대체 장구로서 먼저 남조에서 출현했지만, 예제와 합치되지 않는다는 인식의 영향으로 사용이 보편화되지 못한 데 비해, 북조에서는 동진-남조처럼 금비령이 반포된 적이 없었지만, 유목민족의 고유 장속, 즉 허장(虛葬)·잠매(潛埋) 습속과 농경 한족의 비명(碑銘) 문화가 합쳐져 묘지명이 크게 유행하게 되었다고 추론하였다. 아울러 한대 이후 당 말까지 중국에서 발굴된 묘비와 묘지명을 계량적으로 시대별로 비교해 본 결과, 한대(특히 後漢)를 묘전(墓前) 장구와 비석의 시대라고 한다면, 동진-남조도 이 전통을 계승하였으며(물론 帝室의 墓葬文化에 한정), 북조는 묘지명 시대이고, 수·당시대는 묘비-묘지명 병존 시대라는 결론을 내렸다.

남조에서 묘비는 제실 구성원(태자-태자비 이상)에게만 허용된 것이었고, 소족(素族: 귀족사대부)에게는 묘지명만이 허락된 것으로 정리할 수 있는데, 예제에 없는 묘지명이 그렇게 선호될 수가 없었다. 아울러 남조 제왕의 능묘에는 묘지명 대신 애책이 들어가고, 그 외 진묘문이나 매지권 등이 납입되었을 가능성이 크다. 북조(특히 북위)에서는 사회적 등급에 따른 묘지명 크기 등에 대한 규정을 발견할 수 없으나 발굴된 현물을 볼 때 규정이 있었을 가능성이 있는데, 수대에 이르면 장구 등에 대한 신분별 규정이 명확하게 등장한다. 다만 묘지명의 경우 공개적인 묘비와는 달리 자의성이 보다 강하기 때문에 그런 규정이 엄격하게 준수되는 것이 어렵지 않았을까 여겨진다.

묘지명은 제작 이후 2차 가공이 불가능한 점에서 사료적 가치가 대단히 높지만, 자의성이 강한 만큼 기존 사료에 근거해서 이용해야 한다. 특히 묘비보다도 과장의 정도가 더 심할 가능성이 많기 때문에 주의를 기울일 필요가 있다.

중국 역대 왕조 가운데 '묘지명의 시대'는 북조와 수당시대였다. 묘지명의 이용자가 북위시대의 선비 탁발씨에서 점차 한족, 고관대작, 저명한 문사로 퍼져 나간 것이다. 유목민족이 도입하여 그 형식을 완성시키고, 또 유행·정착시킨 묘지명이 중국인의 보편적인 문화요소로 정착한 것은 호한문화가 융합된 한 사례로 볼 수 있다.

제7장 「위진남북조시대 석각자료와 '호(胡)'의 서술—특히 『위서』의 서술과 비교하여—」에서는 사료가 부족한 '호' 혹은 '호한' 문제를 다루는 과정에서 묘비·묘지명 등 석각자료가 갖는 중요성에 대해 주로 서술하였다. 위진남북조-수당시대를 살았던 사람들이 남긴 진술 사료 가운데 특히 '호' 측이

남긴 것은 거의 없기 때문에 이 시대에 대한 정확한 실상을 이해하는 데 커다란 장애가 된다. 이 시대에 대한 기술은 당연히 인구 구성상 대부분을 차지하고, 또 문자를 장악한 한족 문인·역사가들이 남긴 글이 대부분이었다. 이것은 사료의 엄청난 공백이다. 몽골 쿠빌라이 정권이 성립한 1260년대 이후 몽골역사에 대한 해석은 한문사료를 중심으로 하는 연구와 『집사(集史)』 등 이슬람 측 사료를 중심으로 하는 연구를 기반으로 양측의 사료를 종횡으로 대조하여 일방적인 입장을 넘어선 연구들이 작금에 쏟아져 나오고 있다. 그에 비해 필자가 연구하는 시대, 특히 북위의 경우는, 호족에 대한 편견과 멸시의 입장에서 서술한 한문사료에만 의존할 수밖에 없어 이 시대에 대한 그간의 연구는 심한 왜곡을 피할 길이 없었다. 그런 면에서 개인 기록이지만 일종의 전기 형식인 묘지명 등 석각자료는 나름의 진실성이 있다고 할 것이다.

석각자료는 역대 어느 시대보다 당대의 것이 가장 많다. 금석문의 자수가 정사의 그것을 능가하는 것은 역대 왕조 중 당각이 갖는 독특한 특징이지만, 위진남북조의 경우 당대와 비교할 수는 없어도 석각자료가 갖는 질적인 면에서의 중요성은 과소평가할 수 없다. 『위서』의 서술상의 문제점을 생각하면 오호십육국·북조시대사 연구에 있어서 석각자료의 중요성은 두말할 필요가 없는 것이다.

이 시대의 역사를 분석하고 해명하는 데 석각자료가 어떤 사료보다도 이용가치가 있다. 특히 호한관계의 해명에 있어서 석각자료의 효용성은 매우 높다. 먼저 도성제도를 해명함에 있어 이전에 북위 초기 수도인 평성에서 실시된 방장제를 진한시대 이후의 이제(里制)와 유사한 것으로 이해해 왔지만, 필자는 석각자료, 특히 묘지명에 나타난 묘주의 생·주·몰지의 기록을 이용하여 방장제가 이제의 단순한 계승물이 아니라는 점을 분명히 밝힐 수 있었다.

다음은 관제에 관한 해명인데 종래 학계에서는 가한호의 등장을 유연(柔然)에서 시작되었다고 정리하였다. 그러나 고고학적 발견으로 인해 북위의 대국(代國)시대부터 그 수장들이 가한호를 사용하였고, 북위 황제도 가한이라는 의식을 여전히 강하게 가지고 있었다는 점을 밝힐 수 있었다. 그리고 유목민족이 세운 왕조 특유의 통치권의 계승권리에 대한 범주를 표시하는 관칭인 동시에 신분인 '직근(直勤)'은 『송서』·『남제서』 등에는 나오지만 정작 『위서』 등 북조 정사에는 나오지 않는다. 그런데 석각자료인 「문성제남순비(文成帝南巡碑)」와 묘지명에 그 서술이 보여 그 기능을 알 수 있게 되었다. 그리고 효문제의 「적비간비(弔比干碑)」에는 '직근'의 명호가 보이지 않아 효문제의 관제 개혁에 의해 이 관함이 폐지되었음을 고증할 수 있었다. 그리고 호족왕조에서의 근시관(近侍官) 가운데 호제(胡制)의 하나인 중산관(中散官)에 대하여 황제(문성제)의 순행에 수종(隨從)한 관원을 기록한 「문성제남순비」를 이용하여 『위서』 등에서 한제(漢制)로 기록된 호제(胡制)에 대해 그 기능과 역할을 분명하게 밝힐 수 있었다. 다음으로 『위서』에는 전혀 언급이 없고 『남제서』 위로전에 기록된 '□□진(眞)'이라는 관직의 기능을 해명하는 데 석각자료는 대단히 유효한 도움을 주었다. '□□진'은 몽골어·투르크어로 '특정 사물을 맡는', '어떤 특성 임무를 행하는' 관직명의 접미어이다. 『원사』 병지에 나오는 '적(赤: či)'과 동일한 기능을 수행하는 관직이다. 즉 북위의 '□□진' → (당대의 直官) → 원대의 '□□적'으로 연결되는 것이다. 북위의 이 제도는 「문성제남순비」를 통해 그 진면목을 알 수 있다.

아울러 부병제의 운용에서 사성(賜姓)을 통해 국가의 특정한 관직을 맡는 '관족(官族)'이 되어 거기대장군·개부의동삼사의 관을 받고 치부(置府: 개부)하게 되는 구조를 석각자료를 통해 밝힐 수 있었고, 내륙아시아 초원세계의 관호가 중국 내지 정권의 관제에 어떤 영향을 주었는가도 석각자료를 이용하여 밝힐 수 있었다.

이상에서 밝힌 '호(胡)' 관련 사료는 그 정사인 『위서』에는 매우 왜곡되어 있다. 잘 알다시피 북제시대 위수(魏收)가 찬한 『위서』는 예사(穢史)라 지칭될 정도로 사실 관계가 왜곡되어 재록되어 있다. 호족의 활동이 가장 활발한 시기 중 하나인 북위시대의 정사가 그 시대를 심히 곡필하였던 것이다. 그렇다고 『위서』의 기록을 모두 무시할 수도 없는 가운데 그 보완적인 측면에서 석각자료가 가지는 의미는 대단히 크다고 할 수 있다.

부록

북위(北魏) 균전법령(均田法令) 전석(箋釋)

『위서』 권110 식화지에 실려 있는 북위 효문제 태화 9년(485) 10월에 반포된 균전령의 전문을 교주한 것이다. 판본은 북경 중화서국에서 발행한 표점교감본 『위서』를 사용하였다. 참고한 문헌은 다음과 같다.

참고문헌

* 朴漢濟, 「北魏均田制와 胡漢體制」, 『東洋史學研究』 24, 1986(이하 '朴漢濟, 1986'으로 약칭).
* 金鐸敏, 「均田制下에서 田種의 性格과 受田의 意味—北朝 均田制를 중심으로—」, 『歷史學報』 109, 1986.
* 金鐸民, 『中國土地經濟史研究』, 고려대학교출판부, 1998.
* 金裕哲, 「均田制와 均田體制」, 서울大 東洋史學科研究室編, 『講座中國史』 II, 知識產業社, 1989.
* 金聖翰, 「西魏 均田制하의 麻田의 성격—計帳戶籍文書에 대한 분석을 통하여」, 『東洋史學研究』 55, 1996.
* 金聖翰, 『均田制하의 永業田(桑田·麻田)의 性格—給田基準額과 租·課와의 관련을 중심으로—」, 고려대 박사학위논문, 1996. 12(이하 '金聖翰, 1996-2'로 약칭)
* 金聖翰, 『중국토지제도사연구』, 서울: 신서원, 1998.
* 白允穆, 「桑田法規의 疑難點에 대한 一考察」, 慶星大學校 中國問題研究所, 『中國問題研究』 7, 1995.
* 白允穆, 「北魏 均田制에 있어서 民이 受田對象과 受田順序에 대하여」, 『嶺南史學』 14, 1996.
* 白允穆, 『北魏 均田制 研究—受田 관련 內容을 중심으로—』, 高麗大學校 大學院 史學科 博士學位論文, 2001.
* 陳登原, 『中國土地制度史』, 上海: 商務印書館, 1932(臺北: 臺灣商務印書館, 1975 臺三版).
* 唐長孺, 「北魏均田制中的幾個問題」, 『魏晋南北朝史論叢 續編』, 北京: 三聯書店, 1959.
* 高敏, 「北魏均田法令校勘與試釋」, 『社會科學戰線』 編輯部編, 『中國古史論集』, 長春:吉林人民出版社, 1981.
* 嚴耕望, 『中國地方行政制度史』, 臺北: 中央研究院歷史語言研究所, 1963.

* 王鑁,「對北魏均田法條文的解析」,『魏晉隋唐史論集』1, 北京: 中國社會科學出版社, 1981.
* 武建國,「試論均田制中永業田的性質」,『歷史研究』1981-4.
* 高敏,『魏晉南北朝社會經濟史探討』, 北京: 人民出版社, 1983.
* 韓國磐,『隋唐的均田制度』, 上海: 上海人民出版社, 1984.
* 李伯重,「略論均田法的'桑田二十畝'與'課種桑五十根'」,『魏晉南北朝隋唐史』(人民大學複印報刊資料. 이하 'K22'로 약칭) 1984-12.
* 張尙謙,「北魏均田法和'均田制'」, "K22" 1987-10.
* 張維訓,「從桑田麻田到永業田的變化」,『中國社會經濟史研究』1986-2.
* 袁昌隆,「永業田'身終不還'幷非遺産繼承制」, "K22" 1986-2.
* 楊際平,『均田制新探』, 厦門: 厦門大學出版社, 1991.
* 陳連慶,『《晉書 · 食貨志》校注《魏書 · 食貨志》校注』, 長春: 東北師範大學出版社, 1999.
* 清水泰次,「北魏均田考」,『東洋學報』20—2, 1932.
* 宮崎市定,「晉武帝の戸調式に就いて」,『東亞經濟研究』19-4, 1935(『アジア史研究』, 京都: 同朋舍, 1957에 再收).
* 玉井是博.「唐時代の土地問題管見」,『支那社會經濟史研究』, 東京: 岩波書店, 1942.
* 吉田虎雄,『魏晋南北朝租税の研究』, 大阪: 大阪屋號, 1943.
* 松本善海,「北魏の均田法 譯注」,『東洋史料集成』, 東京: 平凡社, 1956.
* 曾我部靜雄,『均田法と税役制度』, 東京: 講談社, 1963.
* 西村元佑,『中國經濟史研究』, 京都: 東洋史學會, 1969.
* 越智重明,「北魏の均田制をめぐつて」,『史淵』108, 1972.
* 堀敏一,『均田制の研究』, 東京: 岩波書店, 1975.
* 米田賢次郎,「華北乾地農法より見た北魏均田法規一解釋—『齊民要術』の背景その2—」,『中國農業技術史研究』, 京都: 同朋舍, 1989.

제1조

諸男夫十伍以上 受露田四十畝 婦人二十畝 奴婢依良. 丁牛一頭受田三十畝 限四牛. 所授之田率倍之 三易之田再倍之 以供耕作及還受之盈縮.

〈訓譯〉 여러[1] 男夫[2] 15세 이상은 露田[3] 40畝를 받는다. 婦人은[4] 20畝, 奴·婢는 良(人)에 따른다.[5] 丁牛[6]는 1頭 당 30畝를 받는데, 4牛으로 한정한다.[7] 所授之田은 대개 그것을 倍하고,[8] 三易之田[9]은 그것을 再倍하여[10] 耕·作(休)[11] 및 還受의 盈과 縮에 供한다.[12, 13]

〈번역〉 무릇 男夫가 15세 이상이 되면 露田 40무를 받고, 婦人은 20무를 받으며, 奴와 婢는 良人의 규정에 따른다. 丁牛는 1마리당 30무를 받되, 4마리로 한정한다. 주어지는 田은 대개 그 규정액의 倍를 주고, 三易之田의 경우는 그 규정액에 다시 倍를 주어서 耕作과 休作, 즉 輪作 및 還受 때에 넘치거나 모자라는 것에 보충 공급한다.

---

1 '諸'는 고정적이지 않은 多數를 표시한다. 條마다 '諸'로 시작하는 것은 당시 法律文書의 관례이며『唐律』역시 '諸'를 사용하고 있다.『明律』에서야 비로소 '諸'字 대신 '凡'字를 사용하였다(陳連慶, 1999, p.276).

2 男夫는 기혼 男子. 北魏는 15~69세가 丁男이다(陳連慶, 1999, p.276; 堀敏一, 1975, p.167). 이에 대해 均田令의 受田對象者가 모두 일률적이지 않다고 주장하는 학자도 있다. 張尙謙은 露田과 麻田의 受田 대상자와 第4條의 "諸初受田者 男夫一人給田二十畝"의 桑田 受田 대상이 구분되어야 한다고 주장하였다(張尙謙, 1987, p.42). 金聖翰은 北魏 均田制의 남자 受田 대상은 15세 이상의 中男과 18세 이상의 丁男의 두 종류가 있다고 주장하였다(金聖翰, 1988, p.98). 白允穆도 露田·麻田과 桑田의 受田 대상이 다름을 지적하였다(白允穆, 1995, p.35).

3『通典』卷1 食貨1 田制上 및『册府元龜』卷495 邦計部13 田制에는 露田을 '不栽樹者 謂之露田'이라 注하고 있다. 후에 '口分田'에 해당한다. 高敏은 露田과 桑田을 서로 다른 토지 소유권 형태로 보았다. 露田은 國有土地에 속하며 倍田과 麻田은 본질적으로 露田에 속하고 桑田은 私有土地에 속한다고 보았다. 그 근거로 第1條와 第2條의 露田 및 倍田의 還受규정, 第7條의 麻田 還受규정을 제시하고 있다(高敏, 1981, pp.259~260).

4 '(課年에 달한)一般女性'說과 '旣婚女性'說로 나누어져 있다. 玉井市博과 金鐸敏은 일반 여

성으로 보았고(玉井市博; 1942 및 金鐸民; 1986), 金裕哲과 堀敏一은 '旣婚女性'이라고 해석하였다(金裕哲, 1989, p.169; 堀敏一, 1975, pp168~173.).

5 漢代에는 이미 奴·良으로 구분하였는데, 후세에 良賤으로도 칭해졌으며, 정치적·경제적 대우는 모두 같지 않았다. 北魏시대 鮮卑貴族과 漢族大姓은 奴婢를 대량 소유하였으며, 寺院에도 佛圖戶가 있었다. 奴婢의 受田규정은 그들의 이익을 보장하는 것이었다. 西晉시대에는 蔭客의 수를 제한하였는데, 北魏시대에는 奴婢授田은 전혀 제한이 없었다. 따라서 奴婢가 많으면 많을수록 점유하는 토지도 넓어졌다. 이는 奴婢 소유주의 이익을 규정한 것이다. 北齊의 均田은 奴婢의 숫자를 제한하였다(『隋書』 食貨志, "奴婢受田者 親王止三百人 嗣王止二百人 第二品嗣王已下及庶姓王止一百五十人 正三品已上及王宗止一百人 七品已上限止八十人. 奴婢限外不給田者皆不輸."; 陳連慶, 1999, p.277).

6 丁牛는 노동력이 있는 소. 日本은 稅法上 耕牛는 만 2세가 되면 성숙되었다고 하여 사용 가능 연한을 6년으로 규정하였다(松本善海, 1956 → 陳連慶, 1999, p.277에서 재인용).

7 『隋書』 卷24 食貨志에 실려 있는 北齊 武成帝 河淸 3年(564)令에는 "限止四牛"라 되어 있고, 『資治通鑑』 卷169 陳紀3 文帝 天嘉 5年(564) 3月條, p.5240의 胡三省注에 "按五代志, 丁牛一頭受田六十畝, 限止四年. 丁牛者, 勝耕之牛, 牧牛者得受其田"이라 되어 있다. 淸水泰次는 4匹이라면 四牛가 아니라 '四頭'라고 써야 옳고, 사람과 같이 牛도 丁年을 두었다고 보는 것이 옳다고 보았다. 堀敏一도 丁牛의 起耕力을 保持하는 年限을 4년으로 보았다(堀敏一, 1975, pp.179~181). 金鐸敏도 동의하고 있다(金鐸民, 1986).

8 '倍田'이라 한다. 처음 四十畝의 分은 '正田'이라 한다. 河淸 3年令에 "一夫受露田八十畝, 婦四十畝"라 되어 있다. 이것이 隋에도 그대로 수용되고 있다. 陳連慶은 '倍之'를 土地를 두 배로 준다고 해석하였다. 즉 40畝를 받도록 규정되어 있으면(應受四十畝者) 80畝를 준다는 뜻으로 보았다. 北齊 均田制에서 男夫는 露田 80畝, 婦人 40畝를 받는데, 수는 이 제도를 이어받았던 것이다. 胡三省은 이를 1년 耕作·1년 休耕의 "一易之田"으로 파악하였다(陳連慶, 1999, p.277).

9 3年마다 1회 경작하는 토지를 말한다(金鐸敏, 1986.). 陳連慶은 '再易'으로 바꾸어야 한다고 보았다. 즉 1년 耕作·2년 休耕의 토지를 말한다. 『漢書』 食貨志에는 "民受田, 上田夫田每 中田夫二百田每 下田夫三百田每 . 歲耕種者爲不易上田 休一歲者爲一易中田 休二歲者爲再易下田."이라 하여 土地를 上中下로 나누어 上田은 不易之田으로 매년 耕種하고, 中田은 1년 耕種, 1년 休耕, 下田은 1년 耕種, 2년 休耕하였다. 즉 근본적으로 三易之田은 없었다. 胡三省의 "三易之田 三年耕然後復故."는 믿을 수 없다고 보았다(陳連慶, 1999, p.278).

10 三易之田을 受田한 경우 男夫와 奴는 120畝, 婦人과 婢는 60畝, 丁牛는 90畝가 된다.

11 『通典』에는 '耕休'라 되어 있다. 正·倍의 區別은 당시 1年 耕作 1年 休閑이라는 農法에 대응하기 위한 조치였다고 생각됨으로 『通典』이 합당하다.

12 金聖翰·白允穆·楊際平은 "以供耕作及還受之盈縮"을 "戶內에 2인 이상의 受田 자격자가 있어 그 가운데 1명이 受田 자격을 상실하여 그의 露田을 還田할 경우 그 露田을 戶內의 다른 受田 자격자의 不足分에 채우는 것"이라고 풀이하였다(金聖翰, 1998, pp.266~285; 白允穆, 2001, p.127; 楊際平, 1991, p.35).

13 白允穆은 이 규정이 露田 80畝의 半인 40畝는 윤작을 위해 존재한다고 보았다(白允穆, 2001, p.99 주 9) 참조).

제2조

諸民年及課則受田 老免及身沒則還田. 奴婢 牛隨有無以還受.

〈訓譯〉 여러[14] 民[15]은 年이 課에 미치면,[16] 곧 田을 받고, 老에 (이르러) (課가) 免해지거나[17] 身이 沒하면 곧 田을 (返)還한다. 奴·婢와 牛는 有無에 따라서 환수한다.[18]

〈번역〉 무릇 民은 그 年齡이 課年에 미치면, 곧 田을 받고, 老年에 이르러 (課가) 免해지거나 그 사람이 죽게 되면 곧 그 田을 返還한다. 奴·婢와 牛는 그 有無에 따라서 환수한다.[19]

제3조

諸桑田不在還受之限 但通入倍田分. 於分雖盈 沒則還田 不得以充露田之數. 不足者以露田充倍.

〈訓譯〉 여러 桑田[20]은 還受에 限(界 안)에 있지 않다.[21] 但 통틀어서 (露田의)[22] 倍田의 分[23]에 넣는다.[24] 分에 비록 盈(넘치)하더라도 (沒하면 곧 田을 환수하지만[25]) 露田의 數에 充當할 수 없다. 足하지 않는 자는 露田으로써(가지고) 倍

---

14 『通典』과 『冊府元龜』에는 '諸' 자가 없다. 독립된 條가 아니라고 본 것이다.

15 『通典』에는 '民' 자가 '人' 자로 되어 있다.

16 이를 '課年'이라 한다. 北魏시대는 15~69세이다. '老年'의 경우 北魏令은 北齊令보다 5年이, 唐令보다 10年이 길고, '課年'의 경우 北魏令이 北齊令보다 3年이, 唐令보다 5年이 빨리 시작된다(『通典』 卷7 歷代盛衰戶口 丁中 "北齊武成河淸三年乃令, 男子十八以上六十五以下爲丁, 十六以上十七以下爲中, 六十六以上爲老. … 大唐武德七年定令, 男女始生爲黃, 四歲爲小, 十六爲中, 二十爲丁, 六十爲老.").

17 '老免'은 제7조의 규정에 의한, 즉 70세가 되었을 때라고 생각된다. 즉 北魏의 丁은 15~69세이다.

18 奴婢와 牛가 있으면 受田하고, 없으면 還田한다는 뜻. 還受는 고정된 시기에 해야 하며, 수시로 還受할 수는 없다. 土地授受制度는 후에 尙書令 任城王澄이 修訂하였다(『魏書』 卷19中 任城王澄傳, "奏墾田授受之制, 甚有綱貫, 大便於時"; 『魏書』 卷57 崔挺傳附子孝芬傳, "熙

平中, 元澄奏地制八條, 孝芬所參訂也."; 陳連慶, 1999, p.278). 堀敏一은 제3조에서 旣有桑田이 이 還受의 범위에 있지 않다고 규정한 점을 들어 제2조가 露田의 규정이라고 본 반면(堀敏一, 1975, p.158), 김성한은 給田이 보장된 토지는 桑田이며, 北齊 河淸 3年令의 "率二十八受田, 輸租·課, 二十充兵, 六十免力役, 六十六退田, 免租·調"의 규정이 北齊 均田制의 모든 受田에 적용되는 것처럼 北魏 均田法 제2조도 露田에만 적용되는 규정이 아니라 桑田과 麻田도 대상으로 삼은 還田과 受田에 관한 규정으로 보았다(김성한, 1998, p.100).

19 이상 第1條와 第2條는 국유토지의 성격을 지닌 露田에 관한 조항이며, 第2條는 第1條에 속하고 이를 보충하는 조항이다(高敏, 1981, pp.256~258).

20 桑田은 桑과 기타 樹木을 심는 토지이다. 民戶가 長期占有하여 受田하지만 還受하지 않아서 후에 永業田으로 개칭되었다(陳連慶, 1999, pp.278~279). 桑田은 3條·4條·6條에 관련 규정이 보인다(朴漢濟, 1986, p.60). 唐長孺는 이 桑田을 均田制 실시 이전에 원래 있었던 토지였다고 했고(唐長孺, 1959, p.25), 王鑀은 父祖에게서 물려받은 桑田, 즉 私有土地라고 하였다(王鑀, 1981, p.53). 張尙謙은 사람들이 원래 점유하고 있었던 토지라고 하였고(張尙謙, 1987, p.41), 高敏은 桑田은 均田制 이전에 가지고 있던 旣有地라고 하였다(高敏, 1981, pp.201~202). 金裕哲과 金鐸民은 桑田을 旣有地인 熟田으로 보았다(金裕哲, 1989, p.162; 金鐸民, 1986, p.138).

21 백윤목은 旣有桑田은 이 규정에서 受田도 還田도 되지 않는 성격의 토지라고 하였다(백윤목, 2001, p.44).

22 唐長孺, 堀敏一, 曾我部靜雄가 이런 견해이다(唐長孺, 1959 p.25; 堀敏一, 1975, p.161; 曾我部靜雄, 1963, p.76). 그러나 金鐸敏은 '桑田의 倍田分'으로 본다(金鐸民, 1986, pp.145~146). 그 이유는 ① 만약 家內의 桑田이 40畝라면 그 家는 露田의 倍田에 대한 受田權이 없어지기 때문이며, ② 倍田分이 부족하면 露田으로 倍田分에 충당한다고 하였는데, 이는 正田, 즉 露田을 가지고 豫備的이고 附隨的인 倍田에 충당한다는 뜻이 되어버려 本末이 顚倒되어 버린다고 설명한다.

23 "但通入倍田分"의 '通入'을 『册府元龜』에서는 '見人'으로 표현하였고 '分'은 '數'로 되어 있다.

24 高敏은 "但通入倍田分"이 桑田 20畝가 倍田의 안에 있다는 뜻이 아니라 均田制 이전에 대량의 桑田을 가지고 있던 사람이 每夫가 應受할 桑田 20畝를 제외하고 다수의 나머지는 倍田 40畝의 수를 보상하도록 사용할 수 있다고 해석하였다(高敏, 1981, p.266). 旣有桑田으로 受田者의 倍田分을 채울 때 倍田分보다 먼저 旣有桑田 중에서 男夫 一人 桑田 20畝를 채웠다는 주장(朴漢濟, 1986, p.60; 王鑀, 1981, p.53; 宮崎市定, 1957, p.146)과 均田法 第3條에서는 오직 旣有桑田으로 受田者의 倍田分 40畝를 채웠다는 주장이 있다. 후자는 旣有桑田 40畝를 채운 倍田 중에 桑田 20畝가 포함되어 있다는 견해(金鐸民, 1986, p.199; 金聖翰, 1996, p.7; 韓國磐, 1984, pp.68~69)와 倍田分으로 채운 40畝는 단지 倍田分이라는 견해(張尙謙, 1987, p.41)로 나뉜다. 白允穆은 "諸桑田不在還受之限 但通入倍田分"을 "諸桑田不在還受之限(12세의 初受田者의 男夫에게는 旣有桑田으로 定分의 桑田 20畝를 채우고, 初受田者 男夫가 進丁受田者가 되면, 즉 15세의 男夫가 되면, 남는 旣有桑田으로써) 但通入倍田分"이 된다고 풀이하였다(白允穆, 2001, p.129).

25 『通典』과 『册府元龜』에는 "沒則還田"이라는 구절이 없다. 이것이 들어가면 의미가 통하지 않는다. 宮崎市定은 1行이 30자씩 쓰는 책에서 바로 1行 前의 "身沒則還田" 중의 4자가 筆寫과정 중에 混入한 것으로 본다(高敏, 1981, p.262; 唐長孺, 1959, pp.24~25; 宮崎市定, 1935).

(田)에 충당한다.[26]

〈번역〉 무릇 桑田은 還受 규정의 限界 안에 있지 않다. 但 통틀어 露田의 倍田의 分量에 넣는다. 分量이 비록 넘치더라도 (죽으면 곧 田을 환수하지만) 露田의 數에 充當할 수는 없다. 不足한 자는 露田으로써 (倍田의 분량에) 충당한다.

제4조

諸初受田者 男夫一人給田二十畝 課蒔餘 種桑伍十樹 棗伍株 楡三根. 非桑之土 夫給一畝 依法課蒔楡棗. 奴各依良. 限三年種畢 不畢奪其不畢之地. 於桑楡地分雜蒔餘果及多種桑楡者不禁.

〈訓譯〉 여러 처음으로 田을 받은 자는[27] 男夫[28] 1人에 田 20畝를 (支)給하여(주고)[29] 餘種을 蒔(모종, 移植)하는 것을 課한다.[30] 桑은 50樹,[31] 棗는 5株, 楡는 3根(을 심는다.)[32] 桑을 심을 수 없는 地(땅)에는 夫마다 1畝를 給하여[33] 法에 의해 楡와 棗를 蒔하는 것을 課한다. 奴는 각각 良의(기준에) 따른다.[34] 3년을 限(정)해서 種하는(심는) 것을 畢(마치)하도록 한다. 畢하지 못하면 그 畢하지 못한 땅을 뺏는다.[35] 桑・楡의 땅의 分에 雜해서 餘果(桑이나 楡 이외의

26 "家內의 桑田이 倍田分에 不足하면 露田으로 補充한다". 高敏은 桑田이 倍田보다 많으면 夫의 應受 露田으로 계산하는 것이 아니라 桑田의 分이 비록 倍田보다 많더라도 露田의 數에 포함하지 않는다는 뜻으로 해석하였다. 즉 北魏의 均田令은 地主의 土地私有制를 건드리지 않고 地主의 私有土地를 均田制의 표준에 넣은 것이라고 주장하였다. 『文獻通考』 田賦考에도 "觀其立法 所受者露田 諸桑田不在還受之限. 意桑田必是人戶世業 是以栽植桑楡其上 而露田不栽樹 則似所種者 皆荒閑無主之田. 必諸遠流配謫,無子孫及戶絶者墟宅, 桑田盡爲公田 以供授受 則固非盡奪富者之田以予貧人也."라고 하여 均田法令은 '富者之田'을 건드리지 못했음을 지적하고 있다(高敏, 1981, pp.263~264). 朴漢濟는 원래 충분한 토지를 소유하고 있었던 豪族 및 富民이 受田하는 경우, 자기의 旣所有地 중에서 成年男子 一人에 20무씩의 토지를 桑田으로 할당하고, 자기 旣所有地에서 桑田分을 제하고 난 나머지는 다시 그것을 倍田分으로 할당한다고 하였다(朴漢濟, 1986, p.60).

27 朴漢濟, 金鐸民, 高敏, 唐長孺, 宮崎市定은 '初受田者'는 私有地를 갖지 않은 貧民의 경우로 본다(朴漢濟, 1986, p.60; 金鐸民, 1986, p.154; 高敏, 1981, p.263; 唐長孺, 1959, p.26; 宮崎

市定, 1957, p.197). 김성한은 太和 9년 처음으로 受田 자격을 가지게 된 15세부터 70세까지의 男子(男夫와 奴)와 均田制 시행 이후 15세가 되어 受田 자격을 가진 모든 자를 지칭한다고 하였다(김성한, 1998, p.118).

28 朴漢濟와 堀敏一은 初受田者 男夫를 15세 이상의 課年에 달한 男夫 이상(丁男)으로 보고 있다(朴漢濟, 1986, p.60; 堀敏一, 1975, p.167). 백윤목은 "初受田者 男夫"를 均田制가 처음 시행될 때는 12세 이상의 男夫를 포함하며, 시행 이후에는 12세가 되어 桑田을 受田하는 男夫를 지칭한다고 보았다(백윤목, 2001, p.17).

29 桑田 20畝의 世業과 不還이 高敏, 袁昌隆, 堀敏一은 재배작물의 성격에서(高敏, 1981, p.206; 袁昌隆, 1986, p.78; 堀敏一, 1975, pp.159~160), 朴漢濟는 既所有地의 桑田化와 국가에서 初受田者 男夫에게 지급하는 官有地인 荒閑無主田의 桑田化가 均田制에서 일원화하는 과정에서 나타났다고 보았다(朴漢濟, 1986, p.64). 金聖翰은 桑田 20畝는 桑·楡·棗와 곡물을 함께 심은 토지로 桑 4畝, 楡棗 1畝, 곡물 15畝로 나눌 수 있다고 보았다(金聖翰, 1996-2, p.185). 白允穆도 桑·楡·棗의 分은 5畝이고 곡물의 分은 15畝로 해석하였다(白允穆, 1996, p.13). 李伯重은 桑田이 일반적으로 桑을 심고 그 사이에 곡물을 재배하는 桑糧間作地라고 해석하였다(李伯重, 1984, p.23).

30 '課蒔餘種' 4자도 이해하기 어려운 문장이다. 『册府元龜』에서는 '課種桑'으로 되어 있어 '課蒔餘 種桑' 5자 중 '蒔餘' 2자가 없다. 이것도 후에 '課蒔楡桑'이나 '雜蒔餘果' 등의 문장이 분입된 것일지도 모른다. 蒔는 移秧한다는 뜻이다. 高敏은 "課蒔餘種桑五十樹"를 "課蒔餘 種桑五十樹"로 띄어 읽어 "初受田"한 사람이 20畝의 桑田을 얻은 후 먼저 힘을 다하여 露田을 耕種한 후 남은 여력이 있으면 자기의 桑田을 經營할 것을 허락한다는 뜻으로 풀이하였다(高敏, 1981, p.266).

31 金聖翰은 桑 50樹를 재배하는 데 19畝가 필요하고 楡 3根과 棗 5株를 재배하는 데 1畝가 필요하다고 보았다(金聖翰, 1998, p.269).

32 宮崎市定은 '每畝'를 넣어 읽어야 한다고 주장한다(宮崎市定, 1957). 『通典』에 보이는 唐 開元 25年(737)令에 "每畝課種桑五十根以上, 楡棗各十根以上, 三年種畢"(『通典』 卷2 食貨2, p.30)라는 문장이 있고, 또 '非桑之土'에도 夫마다 1畝를 주어 法에 의해 楡棗를 심도록 한 것을 볼 때 '每畝'가 들어가는 것이 합당하다. 그러나 高敏과 唐長孺는 20畝에 함께 심어야 하는 수량으로 파악하였다(高敏, 1981, pp.265~266; 唐長孺, 1959, pp.26~27).

33 高敏은 "非桑之土 夫給一畝"가 "麻布之土"의 문제를 가리킨다고 보았다. "麻布之土"의 初受田者는 桑田, 즉 私有土地 1畝만을 주어 楡·棗를 심도록 했다는 뜻이다(高敏, 1981, pp.267~268).

34 『册府元龜』에서는 '奴各依良'이 '各依權限'이라 되어 있다. 宮崎市定은 '奴客'으로 보아 奴隷로서 戶를 갖는 자, 즉 部曲과 같은 자라 보았다. 즉 奴隷는 賣買되는 자이므로 世業의 桑田을 주었을 경우, 다른 사람에게 轉賣될 때 지장이 있다는 이유에서이다. 高敏은 每 夫 桑田 20畝 受田의 규정이 男奴에도 적용된다고 보았다. 즉 第3條에서 桑田을 倍田으로 충당하는 조항과 함께 이는 地主나 奴隷 소유자의 권익을 보호한 규정으로 보았다(高敏, 1981, p.268).

35 高敏은 '畢'과 '不畢'의 표준이 桑 50樹, 棗 5株, 楡 3根을 심을 수 있느냐 없느냐에 있지, 20畝의 桑田에 이를 전부 심느냐 심지 못하느냐에 있지 않다고 보았다(高敏, 1981, p.266).

과일)를 蒔하거나, (규정보다)많이 桑과 楡를 심는 것은 禁하지 않는다.[36]

〈번역〉 무릇 처음으로 田을 받은 자는 男夫 1人에 田 20畝를 지급하여 주고 餘種을 모종할 것을 부과한다. 桑은 50樹, 棗는 5株, 楡는 3根을 심는다. 桑을 심을 수 없는 땅에는 每夫에게 1畝를 지급하여 法에 따라 楡와 棗를 모종할 것을 부과한다. 奴는 각각 良의 기준에 따른다. 3년으로 한정해서 심는 것을 마치도록 한다. 마치지 못하면 그 마치지 못한 땅의 분량을 뺏는다. 桑·楡을 심어야 할 땅의 분량에 섞어서 餘果(桑이나 楡 이외의 과일)를 모종하거나, (규정보다) 많이 桑과 楡를 심는 것은 금하지 않는다.[37]

제5조

諸應還受之田 不得種桑楡棗果 種者以違令論 地入還分.

〈訓譯〉 여러 마땅히 돌려주어야 할 田(應還之田)은[38] 桑, 楡, 棗, (餘)果[39]를 種(심을)할 수 없고, 種하는 자는 違令(令을 違反)으로 論하고, 땅은 還의 分에 넣는다.[40]

〈번역〉 무릇 마땅히 돌려주어야 할 田(應還之田)은 桑, 楡, 棗, (餘)果를 심을 수 없고, 심는 자에게는 違令(令을 違反)한 것으로 논하고, 땅은 환수의 분량에 넣는다.

제6조

諸桑田皆爲世業 身終不還 恒從見口. 有盈者無受無還 不足者受種如法. 盈者得賣其盈 不足者得買所不足. 不得賣其分 亦不得買過所足.

〈訓譯〉 여러 桑田은 모두 世業으로 하고[41] 身이 終해도 還하지 않는다. 항상 見[42](現在)의 口(數)에 따른다.[43] 盈(넘침)이 있는[44] 자는[45] 受(받는 것)도 없고, 還(돌려주는 것)도 없다.[46] 足하지 않는 자는[47] 種하는 것을 受(받는 것), 法과 같이 한다.[48] 盈한 자는 그 盈한 것을 팔 수가 있다.[49] 足하지 않은 자는 足하지 않은 것을 살 수가 있다.[50] 그 分을 팔 수가 없고, 역시 足한 바를 넘어서

36 『通典』에는 '夫給一畝' 이하를 "依法課蒔餘果及多種桑楡者不禁"이라고 끝내고 있어, 『魏書』 食貨志보다 26자가 적다.

37 金鐸民은 桑田이 荒閑無主田이었고, 국가가 강제로 桑·楡·棗를 심고, 이를 어겼을 때 강제 반납하는 것으로 보아 荒閑田의 熟田化를 유도하는 국가의 적극적인 개간정책으로 이해하였다(金鐸民, 1986, p.155). 朴漢濟는 이 규정과 第5條 "諸應還受之田 不得種桑楡棗果 種者以違令論 地入還分."의 규정을 근거로 국가가 露田과 桑田을 엄격히 구별하기 위한 의도가 있었다고 보았다(朴漢濟, 1986, pp.61~62).

38 露田·倍田·麻田 등을 가리킨다. 이러한 토지 위에 나무를 심는 것을 不許하였다(陳連慶,1999, p.279).

39 '桑楡棗果' 4자 중 『册府元龜』에서는 '楡' 자가 없다.

40 '地人還分'은 아래 조항에 넣어야 한다는 주장도 있다(陳登原, 『中國土地制度史』, p.108). 高敏은 이 第5條가 第4條의 보충이라고 보았다(高敏, 1981, p.258).

41 '世業'을 『通典』과 『册府元龜』에서는 '代業'이라 하였다. 즉 '世業田'을 말하는데 唐代는 唐 太宗 李世民의 避諱를 위해 '永業田'이라 하였다.

42 見은 '現'과 통한다.

43 '恒從見口'의 '恒'이 『册府元龜』에서는 '常'이라 되어 있다. 이하 조항의 '恒' 자를 모두 '常'으로 쓰고 있다. 高敏은 '恒從見口'는 均田制 실행 과정 중 他鄕에 流移하다가 고향으로 돌아온 流民들과 그들이 버리고 간 토지를 점유한 사람들 사이의 토지 분쟁에 관한 조항으로 현재 土地를 소유한 사람이 土地 소유권을 인정받는다는 뜻으로 해석하였다. 이 또한 强宗豪族의 農民桑田 侵占에 유리한 규정이라고 하였다(高敏, 1981, p.2981).

44 高敏은 '有盈'을 每 夫 20畝의 토지를 초과하는 상태로 보고, 倍田 40畝를 초과할 때를 반드시 '有盈'으로 볼(唐長孺, 1959, p.27) 필요는 없다고 하였다. 이 때문에 第3條 '于分雖盈'의 '盈'만이 倍田 40畝를 초과함을 지칭한다는 것이다(高敏, 1981, pp.269~270).

45 규정상 얻어야 하는 數目을 초과한 民戶(陳連慶, 1999, p.280).

46 高敏은 '恒從見口'와 '有盈者無受無還' 규정을 地主階級에 유리한 조항으로, 대토지를 장기적으로 私有함을 보증하고 人口 增減의 영향을 받지 않도록 한 것으로 보았다(高敏, 1981, p.269).

47 규정상 받아야 하는 數目에 달하지 못한 民戶(陳連慶, 1999, p.280).

48 均田令의 규정에 따라 受田하고 種樹해야 함을 뜻한다(陳連慶, 1999, p.280).

49 高敏은 '盈者得賣其盈'은 桑田 액수를 초과한 두 부류의 사람을 지칭한다고 보았다. 이러한 부류는 나머지를 팔 수도 있지만 반드시 팔 필요는 없다(高敏, 1981, p.270).

50 高敏은 '不足者得買所不足'은 반드시 부족분을 사서 메꿀 필요가 없다고 해석하였다. 따라

살 수도 없다.[51]

〈번역〉 무릇 桑田은 모두 世業의 田으로 하고 그 몸이 죽어도 환수하지 않는다. 항상 현재의 口(數)에 따른다. 그 양에 넘침이 있는 자는 더 받는 것도 없고, 되돌려주는 것도 없다. 부족한 자는 심는 田을 받는 것을 법에 따라 한다. 넘치는 자는 그 넘치는 것을 팔 수가 있다. 부족한 자는 부족한 양만큼 살 수가 있다. 그 분량을 팔 수가 없고, 또 족한 바(규정된 양)를 넘어 살 수도 없다.[52]

제7조

諸麻布之土 男夫及課 別給麻田十畝 婦人伍畝 奴婢依良. 皆從還受之法.

〈訓譯〉 여러 麻布의 땅(麻布之土)[53]은 男夫가 課(年)에 미치면[54] 따로이 麻田[55] 10무를 (支)給한다.[56] 婦人은 5무이다. 奴·婢는 良(人)의 (기준)에 따른다.[57] 모두 還受의 法에 따른다.[58]

〈번역〉 무릇 麻布의 땅(麻布之土)에서는 男夫가 課年에 미치게 되면 따로이

서 桑田에서 규정된 한도 안에서의 賣買를 허락하여 '不得賣其分' 혹은 '不得買過所足'하게 하였다.

51 法令은 桑田이 많으면 팔고, 적으면 [사서] 補充하도록 許可하면서 한편으로는 팔 수 있는 田과 額外買地를 제한하였다. 그 결과 制限이 具文이 되어 賣買가 현실화되었다. 陳連慶은 이 규정은 土地賣買의 돌파구를 열었다고 보았다(陳連慶, 1999, p.280). 朴漢濟, 武建國, 玉井是博, 堀敏一은 이 규정을 賣買의 제한조항으로 보았다. 그리고 私有田인 桑田이 賣買 과정에서 큰 제약이 있어 국가의 규제를 상당히 강하게 받는 不完全한 私有田으로 해석하였다(朴漢濟, 1986, p.62; 武建國, 1981, p.114; 玉井是博, 1942, p.18; 堀敏一, 1975, p.163). 백윤목은 桑田 매매의 1차적인 기능은 受田者마다 定分의 桑田을 가지게 하는 것이며, 다음으로 桑田의 축적과 토지의 桑田化를 방지하기 위한 것이라고 풀이하였다(백윤목, 2001, p.94의 주 122) 참조).

52 高敏은 第6條를 桑田 관련 조항의 개괄과 보충이라고 보았다(高敏, 1981, p.258).

53 『魏書』 食貨志, pp.2852~2853에 "太和八年 … 所調各隨其土所出. 其司·冀·雍·華·定·相·泰·洛·豫·懷·兗·陝·徐·青·齊·濟·南豫·東兗·東徐十九州 貢綿絹及絲, 幽·平·并·肆·岐·涇·荊·涼·梁·汾·秦·安·營·豳·夏·光·郢·東泰·司州萬年·雁門·上谷·靈丘·廣寧·平涼郡·懷州邵上郡之長平 … 皆以麻布充稅"라 되어 있다. '麻布之土'는 주변 군이 많다. 朴漢濟는 桑田地區[桑田鄕]은 19州, 非桑之土[麻田鄕]는 18州였으며, 桑田鄕 가운데 司州(후기의 恒州·朔州·燕州)·懷州·泰州(이상 후기의 司州)·東徐州·雍州·華州의 8州 일부 郡과 縣은 麻田鄕에 속하여 中原의 桑田과 麻田지구는 각각 반 정도를 차지한다고 보았다(朴漢濟, 1964, p.64).

54 백윤목은 第4條 楡棗田의 受田 대상인 男夫와 第7條 麻田 受田 대상인 '男夫及課'가 다르다고 보았다. 양자가 시간적인 차이를 보이므로 '別給麻田十畝'라고 규정했다고 이해하였다(백윤목, 2001, p.21). 그리고 麻田의 受田 대상인 "課年에 달한 男夫('男夫及課')"는 麻鄕의 初受田者 男夫로서 楡棗田을 受田했다가 15세가 된 男夫(課年에 달한 男夫)라고 해석하였다. 요컨대 麻鄕의 初受田者 男夫에게 麻田이 지급되지 않았지만, 그가 課年에 달하면 麻田이 지급된다는 것이다(上同, pp.82~84).

55 金聖翰은 '還受에 관한 법'이 北魏 均田法의 第2條에만 해당하는 것이 아니라 '桑田은 還受의 범주에 있지 않다'고 한 均田法 第3條에도 해당하여 이 第7條의 麻田에는 還受되는 麻田과 還受되지 않는 麻田이 있다고 추론하였다. 환언하면 均田農民의 旣保有地가 麻田이 되면 不還受田이 되지만 均田制 시행으로 새로 受田된 麻田은 還受田이 된다(金聖翰, 1996, pp.33~34). 그러나 白允穆은 第7條의 麻田이 均田制 시행으로 새로 受田된 麻田으로 보고 第7條의 麻田은 모두 還受된다고 해석하였다. 그리고 이 第7條의 麻田은 受田된 토지이며, 麻鄕에서 初受田者 男夫가 楡棗田 1畝를 受田했다가 課年에 달하면 이 토지 이외에 별도로 麻田 10畝를 受田하였다고 보았다(白允穆, 2001, pp.74~75).

56 '別給' 2자를 『册府元龜』에서는 '列給'이라고 쓰고 있다. 堀敏一은 '別給'을 第4條의 "非桑之土 夫給一畝 依法課蒔楡棗"의 '一畝' 외에 "別給麻田十畝"했다고 해석하였다(堀敏一, 1975, p.159). 朴漢濟는 '別給'은 桑田에 해당되는(旣所有田인) 田土 20畝를 支給한 뒤의 사실로 받아들이는 것으로 해석하였다. 그렇게 되면 男夫 1人이 所有할 수 있는 면적은 麻田을 제외하면 桑·麻土가 일치하게 된다는 것이다(朴漢濟, 1986, p.65). 曾我部靜雄은 露田과 桑田을 지급하고 별도로 麻田을 지급한 것으로(曾我部靜雄, 1963, p.77), 張尙謙은 露田을 지급하고 다시 麻田을 지급한 것으로(張尙謙, 1987, p.44) 堀敏一과 王籛은 第4條의 "非桑之土 夫給一畝 依法課蒔楡棗"의 桑을 재배하지 않는 "非桑之土(麻布之土)"에서 楡·棗를 심을 1畝의 토지를 지급하고 별도로 麻田을 지급한 것으로 이해하였다(堀敏一, 1975, p.159; 王籛, 1981, p.55).

57 金鐸民과 金聖翰은 奴婢 受田에 대한 課의 대상을 民調制에서 奴婢가 아니라 "奴任耕 婢任績者 八口當未娶者四"로 규정했기 때문에 奴와 婢가 개별적으로 受田하고 개별적으로 課했다고 추정하였다(金鐸民, 1986, pp.144~145; 金聖翰, 1998, pp.104~105). 그러나 白允穆은 이에 회의적인 견해를 피력하였다(白允穆, 2001, p.142).

58 越智重明은 均田令 第3條와 第6條의 桑田規程 뒤에 第11條의 狹鄕 규정에 나오는 "無桑之鄕 準此爲法"이라는 구절이 탈루되었을 것이라고 전제하고 麻土之鄕의 桑田과 동일 성격의 私有田이 있었을 것이라고 주장하였다(越智重明, 1972, p.66). 朴漢濟도 越智重明의 주장의 결론에만 동의하고 있다(朴漢濟, 1986, p.64).

麻田 10무를 지급한다. 婦人은 5무이다. 奴·婢는 良(人)의 기준에 따른다. 모두 還受의 法에 따른다.[59]

제8조

諸有舉户老小癃殘無授田者 年十一已上及癃[60]者各授以半夫田 年踰七十者不還所受 寡婦守志者 雖免課亦授婦田.

〈訓譯〉 여러 戶를 들어서 老·小[61]·癃·殘[62]만이(있어서) 田을 받을(授) 자가 없는 집이 있다면,[63] 年 11已上[64] 및 癃者[65]에게[66] 각각 授(주는)[67] 것을 半夫의 田(量)으로[68] 하고,[69] 年 70을 넘은 자도 受(받은)한 바를 還하지 않는다.[70] 寡婦로서 志를 지킨 자는[71] 비록 課(役)가 免해지지만,[72] 역시 婦田을 준(授)다.[73]

〈번역〉 무릇 全戶 내에 老·小·癃·殘만이 있어서 田을 받을 자격이 있는 자가 없는 집이 있다면, 나이 11세 이상 및 癃者에게 각각 주는 것을 半夫의 田量으로 하고, 나이 70세를 넘은 자도 받은 것을 환수하지 않는다. 寡婦로서 그 뜻을 지킨 자에게는 비록 課役은 免하여 주기도 하지만, 그대로 婦田을 지급한다.

제9조

諸還受民田 恒以正月. 若始受田而身亡 及賣買奴婢牛者 皆至明年正月乃得還受.

〈訓譯〉 여러 民의 田을[74] 還受하는(돌려받는) 데는 항상 正月로 한다.[75] 만약 처음 전을 받아 身이 亡하거나, 奴·婢와 牛를 賣買하는 자는 모두 明年(다음 해) 正月에 이르러 마침내 還受할 수 있다.

〈번역〉 무릇 民의 田을 환수하는 것은 항상 正月을 기점으로 한다. 만약 처음 田을 받고는 몸이 없어지거나(죽거나), 奴·婢와 牛를 賣買하는 자의 경우는 모두 다음해 正月에 이르러 마침내 환수할 수 있다.

제10조

諸土廣民稀之處 隨力所及 官借民種蒔. 役有土居者 依法封授.

〈訓譯〉 여러 땅이 넓고 民[76]이 드문[77] 곳은 力이 미치는 바에 따라서 官은 民[78]

---

59 이 조항은 桑을 심을 수 없는 지역에 지급하는 麻田의 對象·年齡·數量 및 還受 방법을 나타낸 조항이다(高敏, 1981, p.257).

60 『通典』에는 '癃'를 '疾'로 쓰고 있다.

61 70여 세 이상을 老, 14세 이하를 小라 불렀다(陳連慶, 1999, p.280).

62 '癃殘' 2자를 『通典』 및 『冊府元龜』에서는 '殘疾'이라 쓰고 있다.

63 '無授田者'의 '授' 자를 『通典』과 『冊府元龜』에서는 모두 '受' 자로 쓰고 있다.

64 堀敏一은 11~14세를 '中男'이라 하였다(堀敏一, 1975, pp.167~168).

65 '癃者' 2자를 『通典』에서는 '廢疾者'라 쓰고, 『冊府元龜』는 '須疾者'라 쓰고 있다. 김택민은 老·小·癃·殘 가운데 老와 殘(疾)者가 제외되고 있다는 점에서 北魏 均田令이 엄밀한 실행을 위해서 만들어진 것이라기보다 대강의 원칙을 정한 형식적인 법령일 가능성이 있다고 하였다(金鐸民, 1986, p.140 주 4).

66 金聖翰은 小·癃이 受田하는 토지는 戶主일 경우 桑田·麻田·露田이고 戶主가 아닐 경우 露田으로 보았다.

67 '各授以半夫田'을 『冊府元龜』에서는 '各受以半夫田'이라 쓰고 있다.

68 半夫田은 20무가 된다.

69 露田·倍田·桑田(혹은 麻田)을 일반 男夫의 半을 취하는 것을 가리킨다(陳連慶, 1999, p.280).

70 令文은 '老免'을 규정하고 있는데, 이는 기준을 완화한 것이다(陳連慶, 1999, p.280).

71 남편이 죽고 改嫁하지 않은 婦女를 지칭한다(陳連慶, 1999, p.280).

72 租課를 면제함을 뜻한다(陳連慶, 1999, p.280).

73 '亦授婦田'의 '授' 자를 『通典』, 『冊府元龜』 모두 '受' 자로 쓰고 있다.

74 '民田'을 『通典』에는 '人田'이라 쓰고, 『冊府元龜』에는 '民' 자가 없다.

75 農業季節을 고려하여 春耕 이전에 진행하기 위한 의도로 보인다(陳連慶, 1999, p.280).

76 『通典』에는 '民' 자가 '人' 자로 쓰여 있다.

77 寬鄕을 지칭한다. 耕種者가 경작할 수 있는 만큼 경작할 수 있도록 하여 制限를 가하지 않았다(陳連慶, 1999, p.280).

78 '民' 자를 『通典』과 『冊府元龜』에는 '人' 자로 쓰고 있다.

에 빌려서[79] 種蒔하도록 한다. 후에 와서 사는 자가 있으면[80] 法에 의거해서 封授한다.[81]

〈번역〉 무릇 땅이 넓고 백성이 적은 곳은 힘이 미치는 한도에 따라서 官은 民의 힘을 빌려서 심고 파종하도록 한다. 뒷날 와서 사는 자가 있으면 法에 의거해서 일정한 양을 지정하여 준다.

제11조

諸地狹之處 有進丁受田而不樂遷者 則以其家桑田爲正田分 又不足不給倍田 又不足家內人別減分. 無桑之鄉 準此爲法. 樂遷者聽逐空荒 不限異州他郡 唯不聽避勞就逸. 其地足之處 不得無故而移.

〈訓譯〉 여러 땅이 좁은 곳에서는[82] 丁에 나아가 田을 받고[83] 遷(옮겨가는 것)을 즐거워하지[84] 않는 자는[85] 곧 그 家의 桑田[86]으로 正田[87]의 分으로 한다.[88] (그래도 또 充足되지 않으면[89]) 倍田을 (支)給하지 않는다.[90] 또 充足되지 않으면 家內의 人마다 따로이 減한다.[91] 桑이 없는 鄉도[92] 이에 準해서 法으로 한다.[93]

79 官府가 土地를 人民에게 빌려주어 耕種하고 租를 징수하였다. 이는 均田令의 土地 還受 이외의 또다른 土地 분배 형식이고 均田令 가운데 가장 허점이 많다. 실제로 이 토지는 대개 豪强이 壟斷하였다. 이는 北齊시대에 더욱 두드러졌다. 『關東風俗傳』에는 "河渚山澤有可墾者 肥饒之處 悉是豪勢 或借或請 編戶之人 不能一壟."이라 하여 豪勢人家가 합법적인 방법을 통해 壟斷이 가능했음을 보여준다. 이 土地의 租率은 未詳이다(陳連慶, 1999, p.281).

80 『魏書』에 '役有土居者'라 되어 있지만 의미가 통하지 않고, 『通典』과 『冊府元龜』에는 '後有來居者'라 되어 있다.

81 '依法封授'의 '授' 자는 『冊府元龜』에서는 '受' 자로 쓰고 있다. 白允穆은 이 규정으로 볼 때, 受田 대상자의 所有 勞動力이 均田法에 규정된 '地足之處'의 受田 基準額을 경작하고도 잉여 노동력[游力]이 있다고 해석하였다(白允穆, 2001, p.97 주 5) 참조).

82 狹鄉을 지칭한다. 宮崎市定과 朴漢濟는 均田制 시행 이후에는 '地狹之處'는 進丁受田者에게 지급할 官有地가 없는 곳으로 보았다(宮崎市定, 1957, p.199; 朴漢濟, 1986, p.66).

83 宮崎市定과 松本善海는 '進丁受田'은 '進丁無田'의 잘못이라고 하지만(宮崎市定, 1957, p.197; 松本善海, 1056, p.165, 註(4) 참조), '進丁受田'이라는 용어는 第13條에도 나오고, 15

세가 되어 그 자격을 획득한다는 뜻으로 해석된다. 백윤목은 初受田者 男夫와 進丁受田者는 다르다고 보았다. 즉 進丁受田者는 丁으로 토지를 受田하는 課年에 달한 15세의 受田者를 지칭하고 初受田者 男夫는 課年에 달하기 이전인 12세에 桑田과 楡棗田을 受田하는 자를 지칭한다고 주장하였다(백윤목, 2001, p.18).

84 '樂遷'은 狹鄕(규정대로 수전이 되지 않는 땅)에서 寬鄕으로 移住를 志願하는 것을 말한다.

85 高敏은 이 구절을 均田法令 制定者가 均田 후 출현할 수 있는 새로운 상황에 대해 미리 정해 둔 규정이라고 보았다(高敏, 1981, p.270).

86 '其家桑田'의 桑田은 進丁受田者 當家 소유의 桑田 20畝(西村元佑, 1969, p.138), 旣受田者의 桑田(朴漢濟, 1986, p.66), 旣有桑田(高敏, 1983, p.209; 백윤목, 2001, p.110 주 23)으로 보는 견해로 나뉜다.

87 露田을 가리킨다(陳連慶, 1999, p.281). 金鐸民은 이 正田을 桑田의 正田分으로 이해하여 地狹之鄕의 受田者는 桑田의 正田分만을 受田하였다고 보았다(金鐸民, 1998, p.139).

88 "則以其家桑田分爲正田分"의 '其' 자는 『册府元龜』에는 없다. 高敏은 이 구절을 따로 露田을 지급하는 것이 아니라 家內의 桑田이 露田을 충족시킬 때 정부는 倍田만을 지급함을 뜻한다고 보았다(高敏, 1981, p.270). 張維訓은 이 구절에서 桑田을 桑·棗·楡를 재배하는 桑田으로 인식하고 受田者에게 桑田보다 露田의 正田分을 우선 지급했다고 하였다(張維訓, 1986, p.48). 朴漢濟는 桑田을 희생시켜 露田을 우선 확보하는 것으로 인식하고 均田制가 전국적으로 실시되었다면 課田의 형태인 露田이 桑田에 비해 우선 지급되었을 것으로 추정하였다(朴漢濟, 1986, p.66). 張維訓은 桑·麻·棗를 專種하고 세습되었던 私有田인 桑田이 正田化하여 재배작물도 곡물로 변하였으며, 世業의 성질도 없어져서 완전히 露田이 되었다고 보았으며(張維訓, 1987, p.48), 高敏과 堀敏一은 桑田의 성격을 가지고 지목으로써만 露田分에 통산된다고 하였다(高敏, 1981, p.209; 堀敏一, 1975, pp.185~186).

89 高敏은 '又不足'을 "旣有桑田으로 進丁受田者의 露田의 正田分을 삼고 官有地로 進丁受田者의 倍田을 지급했는데, 進丁受田者의 倍田分으로 지급할 官有地가 없으면"으로(高敏, 1983, p.209), 王鑁은 "旣有桑田으로써 進丁受田者의 正田分과 倍田分을 삼는 데 잉여 旣有桑田이 倍田分에 不足하면 그 충족되지 않는 倍田分을 官有地로써 지급한다. 그런데 官有地가 없어서 충족되지 않는 倍田分을 지급할 수 없으면"으로(王鑁, 1981, pp.55~56), 김성한은 "旣有桑田으로써 進丁受田者의 桑田의 正田分을 충당하기에 부족하면"으로 풀이하였다(김성한, 1996-1, pp.6~9). 吉田虎雄은 '又不足'을 衍文으로 본다(吉田虎雄, 1943). 아마도 다음에 나오는 '又不足'이 혼입된 것 같다. 宮崎市定은 다음에 '不給倍田'이 따라오는데, 그것으로 일단락되지 않고, 아래의 '又不足'에 이어지지 않기 때문에 '不給倍田'의 '不' 자를 衍字로 본다.

90 白允穆은 '不給倍田'을 "以不給倍田爲正田分"으로 해석하였다(白允穆, 2001, pp.111~112).

91 '人別減分'의 사례는 西魏 大統 13년(547) 戶籍이 가장 이른 사례이다. 戶籍 殘卷에 의하면 戶主 侯老生은 麻田 10畝와 正田 20畝를 받았다. 戶主의 妻 鄧延臈는 麻田 5畝, 正田 10畝를 받았다. 당시 正田(露田)의 액수는 규정의 1/2이다. 牛 1頭는 田 20畝를 받는데, 이는 규정의 2/3이다(陳連慶, 1999, p.281). 金鐸敏은 앞의 第3條에서 '桑田의 倍田'이 되어야 하는 이유로 이 조항을 든다. "狹鄕에서 進丁한 자가 寬鄕으로 遷徙하기를 원하지 않을 때에 家內의 桑田을 正田分으로 하고, 그래도 부족하면 倍田을 지급하지 않는다."로 해석하고, 이때의 正田은 倍田分을 포함하지 않는 露田, 즉 '男夫 40무, 婦人 20무'를 의미하는데 이

遷하는 것을 즐거이 하는 자는 空荒으로 逐하는 것을 聽(허락)한다. 異州·他郡에 限하지 않는다. 다만 勞(힘든 것을)를 避해서 逸(편안함)을 나아가는 것을 허락하지 않는다. 그 땅으로써 충족되는 곳은 이유없이 이동할 수 없다.[94]

〈번역〉 무릇 땅이 좁은 지역에서는 정년(丁年)이 되면 田을 받고는 옮겨가는 것을 즐거이 하지 않는 자에게는 곧 그 家의 桑田으로 正田의 분량으로 한다. (그래도 또 充足되지 않으면) 倍田을 지급하지 않는다. 또 充足되지 않으면 家內의 人마다 따로 감량한다. 桑이 생산되지 않는 지방도 이에 준해서 法으로 삼는다. 옮겨가는 것을 즐거이 하는 자를 空荒한 곳으로 내쫓는 것을 허락한다. 다른 州· 다른 郡에만 한정하지 않는다. 다만 힘든 것을 피해서 편안한 곳으로 가는 것을 허락하지 않는다. 그곳의 땅만으로 충족되는 곳에서는 이유 없이 이동할 수 없다.

제12조

諸民有新居者 三口給地一畝 以爲居室 奴婢伍口給一畝. 男女十伍以上 因其地分 口課種菜伍分畝之一.

〈訓譯〉 여러 民[95]이 新居[96]를 갖는 자는 3口마다 地 1畝를 (支)給하고, 居室로 하도록(만들도록) 한다. 奴·婢는 5口마다 1畝를 (支)給한다.[97] 男女 15세 이상은 그 땅의 分에 因하여 口마다 5分하는 畝의 1[98]에 菜를 種하는 것을[99] 課한다.[100]

〈번역〉 무릇 民으로 新居를 갖게 된 자는 3口마다 토지 1畝를 지급하여 居室을 만들도록 한다. 奴·婢는 5口마다 1畝를 지급한다. 男女 나이 15세 이상은 그 땅의 분량에 따라서 口에 배정된 이랑(畝)의 1/5에 菜를 심는 것을 부과한다.

제13조

諸一人之分 正從正 倍從倍 不得隔越他畔. 進丁受田者 恒從所近. 若同時俱受 先貧後富. 再倍之田 放此爲法.

〈訓譯〉 여러 1人의 分, 正은 正에 따르고, 倍는 倍에 따라,[101] 他의 畔에 隔越할 수가 없다.[102] 丁으로 나아가 田을 받는 자는 항상 近에 따른다.[103] 만약 동

경우 家內의 桑田을 正田分으로 하는 것이므로, 露田의 受田은 없게 된다고 해석하였다(金鐸民, 1986). 白允穆은 "家內人別減分"은 "家內人別減分 以家內人別減分爲正田分"으로 해석하였다(白允穆, 2001, p.113의 주 29) 참조).

92 '無桑田之鄕'의 '無' 자는 『册府元龜』에서는 '家' 자로 쓰고 있다.

93 高敏은 '準此爲法'을 근거로 無桑之鄕도 "諸地狹之處 有進丁受田而不樂遷者 則以其家桑田爲正田分 又不足不給倍田 又不足家內人別減分." 할 수 있다고 보았다. 즉 無桑之鄕도 桑田을 가질 수 있다고 보았다. 따라서 桑田은 桑을 심는 토지가 아니라 私有土地의 代名詞로 쓰였다는 것이다(高敏, 1981, pp.270~271). 백윤목은 '無桑之鄕 準此爲法'의 '準此爲法'은 桑鄕에서 桑田(旣有桑田)으로써 進丁受田者의 正田分을 삼듯이 麻鄕에서도 마를 재배하는 麻田을 가지고 正田分을 삼은 것이 아니라, 麻鄕에서도 旣有桑田을 가지고 正田分으로 삼은 것으로 해석하였다. 그리고 麻鄕에서도 進丁受田者의 正田分을 旣有桑田으로 삼기 부족하면 旣受田者의 倍田으로, 다음은 旣受田者의 正田으로 삼았을 것으로 추정하고 있다(백윤목, 2001, pp.114~115 주 33) 참조).

94 朴漢濟는 이 조항을 私有田의 성격을 지닌 桑田을 희생시키면서 國有田인 露田分을 개개인에게 지급하겠다는 의지가 발현되어 대국적으로 均田制에 土地公有主義가 관철된 예증으로 파악하였다(朴漢濟, 1986, p.66).

95 '民' 자를 『通典』과 『册府元龜』에서는 '人' 자로 쓰고 있다.

96 新居는 園宅地를 지칭하며 宅地와 부근의 園田을 포함한다. 均田令은 사람 수에 따라 토지를 분배하는데, 西魏 戶籍 중의 居住薗(園과 같음)宅은 사람 수의 많고 적음에 관계없이 일률적으로 1畝를 주었다(陳連慶, 1999, p.282).

97 '奴婢五口給一畝'의 '給' 자는 『册府元龜』에는 없다.

98 陳連慶은 '五分畝之一'을 1畝의 1/5로 보았다(陳連慶, 1999, p.282).

99 '種菜'를 『册府元龜』에서는 '種矣'라 쓰고 있다.

100 이 제12조는 園宅地에 관한 내용으로 淸水泰次와 曾我部靜雄은 이 규정을 宅地 1畝 외에 菜地 또는 園地 1/5畝가 주어진 것으로 해석한다(淸水泰次, 1932; 曾我部靜雄, 1963). 반면 堀敏一은 남녀의 연령 구분 없이 3口에 1무의 園宅地가 지급되었다고 보았고(堀敏一, 1975, p.160), 米田賢次郎은 '3口 1畝'의 '口'가 15세 이상의 남녀를 지칭한다고 해석하였다(米田賢次郞, 1989, p.444).

101 '倍從倍'의 '倍' 자를 『册府元龜』에서는 '陪' 자로 쓰고 있다.

102 金鐸敏은 "무릇 1인의 受田分은 正田은 正田에 따르고, 倍田은 倍田에 따르며, 正田을 倍田으로 하고 倍田을 正田으로 할 수 없다."고 해석한다(金鐸民, 1986).

시에 함께 받는 것에는 貧한 것을 앞으로 하고, 富한 것을 뒤로 한다. 再倍의 田도[104] 이에 따라(放=倣) 法으로 한다.

〈번역〉 무릇 1人의 수전의 분량은 正田은 正田에 따르고, 倍田는 倍田에 따르게 하여, 다른 田의 경계로 넘어갈 수는 없다. 丁年으로 나아가 田을 받게 된 자는 항상 가까운 시일에 시행한 예를 따른다. 만약 동시에 함께 받는 일이 생겼을 때에는 貧한 자를 먼저 하고, 富한 자를 뒤로 한다. 再倍의 田도 이에 따르는 것을 法으로 한다.

제14조

諸遠流配謫 無子孫 及户絶者 墟宅·桑楡盡爲公田 以供授受. 授受之次 給其所親 未給之間 亦借其所親.

〈訓譯〉 여러 遠流 配謫된 자 가운데 子孫이 없거나 戶가 絶한 자[105]의 墟宅 桑楡는 모두 公田으로 하여 授受에 供한다. 授受의 次는[106] 그 親한 바에 給한다. 아직 給하지 않은 사이에는 역시 그 親한 바[107]에 借한다(빌려준다).[108]

〈번역〉 무릇 멀리 유배되었거나 귀양가게 된 자 가운데 子孫이 없거나 戶가 끊어진 자의 墟宅과 桑, 楡를 심은 땅은 모두 公田으로 하여 앞으로 지급할 분량에 공급한다. 지급 순서는 가까운 친척에게 먼저 지급하는 것으로 한다. 아직 (정식으로) 지급하지 않았다면 역시 그 가까운 친척에게 먼저 빌려준다.[109]

제15조

諸宰民之官 各隨地給公田 刺史十伍頃 太守十頃 治中·別駕各八頃 縣令·郡丞六頃. 更代相付. 賣者坐如律.

〈訓譯〉 여러 宰民의 官은[110] 각각의 땅(부임지)에 (따라서) 公田[111]을 (支)給한다.[112] 刺史는 15頃, 太守는 10頃, 治中·別駕[113]는 각각 8頃, 縣令·郡丞[114]은

103 '恒從所近'의 '恒' 자를 『冊府元龜』에서는 '常' 자로 쓰고 있다.

104 '再倍之田'의 '倍' 자를 『冊府元龜』에서는 '陪' 자로 쓰고 있다.

105 본인이 原籍에 있지 않거나 家鄕에 子孫이 없는 경우, 戶絶者라 하여 가족이 존재하지 않는 경우를 모두 포괄한다. 中華書局 標點本은 이를 "諸遠流配謫, 無子孫, 及戶絶者"로 병렬로 보았으나 잘못이다(陳連慶, 1999, p.282).

106 "以供授受 授受之次"의 구절에서 『冊府元龜』에서는 '授受' 하나가 빠져 있다.

107 '遠流配謫無子孫及戶絶者'와 관계가 비교적 가까운 親屬을 지칭한다. 均田令 가운데 半夫田의 규정과 貧者를 먼저, 富者를 나중에 授田하는 규정과 本條의 규정은 貧弱者를 예우하는 규정 등을 鮮卑農村공동체의 舊習으로 보는 사람도 있다(陳連慶, 1999, p.282).

108 朴漢濟는 이 조항에서 公田인 露田은 당연히 회수되고, 私田인 宅地와 桑田 역시 회수하여 公田으로 한다고 해석하였다. 즉 露田 대신 宅地와 桑田을 언급한 것은 宅地와 桑田의 私有田的 성격을 드러낸 것으로 이해하였다(朴漢濟, 1986, p.62).

109 이상 第8~14條의 7개 條는 均田制의 구체적인 집행 방법과 집행 과정 중 각종 특수한 상황을 보충하는 특수 조항이다(高敏, 1981, p.257).

110 '宰民'의 '民' 자는 『通典』과 『冊府元龜』 모두 '人' 자로 되어 있다. 宰民은 직접 民을 接하는 관이라는 뜻으로 지방관이다. 州郡縣의 各級 官吏를 지칭한다(陳連慶, 1999, p.283).

111 職公田이라고도 불린다. 관리가 재직 기간에는 그 수익을 享用할 수 있으나 이직할 때에는 후임 관리에게 이를 넘겨주어야 하였다. 『通典』 卷36 直前 公廨田條에는 "後魏孝文太和五年(481) 州刺史, 郡太守 並官節級給公田."의 구절이 있는데 本條와 동일한 기사이다. 이외에 職分公田도 있다. 『通典·食貨典』 卷2 田制下 引關東風俗傳曰에는 "魏令 職分公田不問貴賤 一人一頃 以供芻秣. 自宣武出獵以來 始以永賜 得聽賣買."라는 구절이 있는데, 이 職分公田은 私有를 허가한 것이며 이후의 官人 永業田이다.

112 '各隨地給公田'의 '地' 자는 『冊府元龜』에서는 '所' 자로 되어 있다. 그러나 『冊府元龜』 卷505 邦計部 俸祿門에서는 이 條를 인용하면서 "各隨近給公田"이라 하였고, 『通典』에는 "各隨匠給公田"이라 하였다.

113 治中과 別駕는 州의 高級幕僚이며, 治中從事와 別駕從事가 원래의 명칭이다. 魏는 漢制를 계승하여 諸州에 別駕從事와 治中從事 각 1人을 두었고, 兩晉 역시 이를 계승하였다. 漢代 別駕의 職은 매우 重하였고, 魏晉 이래 別駕는 州의 上綱이 되어 幕僚들의 右에 處하였다. 이 때문에 당시 論者들은 그 職이 刺史의 半을 居한다고 하였다(『太平御覽』 卷23 引庾亮 『答郭遜書』). 治中은 여러 曹의 문서를 관장하였고, 職은 別駕 다음이었다. 北魏官制는 魏晉의 그것을 이어받아 明元帝 시기에 이미 別駕를 설치하였고, 그 職은 州佐의 우두머리에 해당하였으며, 州의 사무도 아마 반드시 副署하였을 것이다. 治中의 位는 別駕의 다음이었다. 또 別駕와 治中은 本州人을 임명하는 것이 관례지만, 他州人이 임용되는 예외도 보인다(嚴耕望, 1963, pp.537~602; pp.862~866).

114 太守의 副官. 太守가 임무를 집행하지 못하면 例에 따라 郡丞이 代理한다(陳連慶, 1999, p.283).

각각 6頃으로 한다.[115] 吏代에는 서로 付하는 것으로 하고, 파는 자는 坐[116]하는 것을 律과 같이 한다.[117]

〈번역〉 무릇 宰民의 官에게는 각각의 부임지에 따라서 公田을 지급한다. 刺史는 15頃, 太守는 10頃, 治中과 別駕는 각각 8頃, 縣令과 郡丞은 각각 6頃으로 한다. 교체 때에는 서로 넘기는 것으로 하고, 팔아먹은 자에게는 벌을 주는 것은 법률에 규정된 것과 같이 한다.[118]

115 刺史는 州의 長官. 治中 別駕는 모두 그 次官. 太守는 郡의 長官. 郡丞은 그 次官. 縣令은 縣의 장관. 이것이 후에 官人職分田으로 發展한다.

116 坐는 법률용어로 罪에 빠진 것을 뜻한다. 사람에게 벌을 매기는 것[科人] 역시 坐라 한다(陳連慶, 1999, p.284).

117 第15條는 지방관에게 公田을 授與하는 규정이다. 관리의 俸祿에 대한 규정은 隋唐時期 均田令의 '職分田'에 해당한다. 따라서 『通典』은 이 條 말미에 '職分田起於此'라 注를 붙이고 있다. 『册府元龜』 卷505 邦計部에는 이 條를 '俸祿門'에 넣었다(高敏, 1981, p.257).

118 高敏은 均田制 관련 15條를 5개의 유형, 즉 ① 第1~2條, ② 第3~6條, ③ 第7條, ④ 第8~14條, ⑤ 第15條로 나누고 ①~③ 유형은 병렬 관계이며, ④ 유형은 ①~③ 유형을 보충하는 관계이고, ⑤ 유형은 단독유형이라고 구분하였다(高敏, 1981, pp.257~258).

中文摘要

本书收集了在魏晋南北朝、隋唐时期胡汉问题中涉及社会方面的几篇论文。在这些论文中,“社会”的用语范围很广,包括经济、文化等方面。比如,土地制度的均田制属于经济方面,透过这方面可知,计口受田制、均田制如何出现、发展及其对后世产生什么影响等;而文学作品的木兰诗属于社会方面,在木兰诗的分析中,得出木兰何时从军、在何地活动等内容,从而联想到大唐帝国内番人过着何种生活。除此之外,笔者认为通过墓志铭的石刻资料来分析胡汉问题的应属于文化方面。

首先,笔者在《计口受田制与北魏均田制》一文中分析探讨了北魏均田制在怎样的环境下出现的。换言之,拓跋统治者建立北魏后,多次采取军事征伐和徙民措施,随后实行计口受田制。均田制是在计口受田制的理念下实行的。笔者特别强调均田制是一种由以征服者身份的游牧民族经营征服地区时所采取的土地制度。这种制度作为“分担生产制”或“摊派生产制”早在塞外时就已出现且实行。然而,我们发现均田制并非仅有游牧民族(胡族)的习俗特点,因为只有胡族的作用和影响是不会出现这种制度的。其制度的产生必然关系到汉族的土地观念和当时胡族政权所面临的政治环境。均田制在中国土地制度史上有像“计口受田”一样的特点。与此同时,北魏统一北方后实行一系列土地政策都体现出“计口受田”一样的土地观念。那么,均田制是在这个基础上使土地均分思想趋于成熟时出现的。总之,均田制的出现不仅意味着“计口受田”的“分担生产制”更加完备,而且更加丰富了被征服的中原汉族向来最大的愿望即“土地均分”理念。从此,均田制作为胡汉混合的土地制度出现在历史舞台上。

在这里，我们特别要注意的是，如果均田制单纯以一种纯粹的土地制度去认识的话，是不能正确把握其制度的源流及其所固有的特点。笔者认为不仅要对当时北魏的身份制、官僚制以及都市、村落制度等进行综合分析，而且有必要参考辽、金、元、清朝等征服王朝的土地制度，才能全面理解均田制。

笔者将均田制看成五胡十六国—北朝等胡族王朝统治中原汉族的一种方式。均田制具有“分担生产体制”的特点，合理利用有限的劳动力，以产生最大的效益。可见均田制最大的特点是“分担生产制”。实际上，“计口受田制”经过①亲政－②掠夺、徙民－③计口受田－④劝课农桑（赋予所分担的土地数量、生产总量）－⑤督励生产－⑥量校收入－⑦殿最－⑧赏赐等八个阶段而产生并实行下去。据此，均田制表现出“督课制”的精神，不仅有生产主食的露田，而且有生产桑、麻、枣等个副食的桑田、麻田等，以确保维持“分担生产制”的特点。

为了生产特种经济作物，北魏在中国历史上首次以作物的不同设置了“桑田”等田地。另外，北魏统治者在实施均田制的过程中，如何遵守驱使“民”的原则，这体现在“分”和“艺”、“力”和“业”的相互调和。“分”指土地的区分，“艺”指作物的技术；“力”指提高生产，“业”指从事耕作。其中，“力”和“业”的相配反映着“均分”之精神，既是中国古来土地传统呈现出来的样子，又是一般土地制度实行下去的方式。与此同时，“分”和“艺”的调和使均田制具有自身的特点。这就是均田制在中国历代土地制度史上具有独一无二的特点。

《北魏统治人民之策与均田制》一文在北魏各种统治人民政策中，特别强调了均田制的出现及其原因。迄今为止，实际上均田制的研究“汗牛充栋”。然而，我们发现均田制具有“均分”精神，除此之外，尚未显示它应属于何种土地制度。笔者相信均田制的特点一定在其成立的过程中呈现出来。这是指“计口受田”之精神。因此，笔者不同于一些以往学术界的研究倾向，换了角度分析探讨了均田制。均田制作为一种北朝至隋唐中实行的统治人民之策，有必要与其他土地制度以综合、全面的角度去研究作比较。

由此，笔者在认识均田制的过程中，特别关注了当时以都市构造的“坊墙制”与以各种隶属民户为代表的身份制。这些史实成为解释均田制的旁证资料。如果“坊墙制”是一种以统治手工业者为主的都市人民之策的话，均田制则是拓跋鲜卑在统治中原的过程中接受“计口受田”之精神，对汉族农民采取的一种政策。那么，计口受田制、均田制、坊墙制是在不同时间、环境下对胡汉人民采取何种统治之策时出现的。手工业者被安置在都市内的某个区域，有生产特种商品的义务。拓跋统治者为了使他们督课生产，设置坊墙制。另外，主要让汉族农民分担生产谷物以及桑、榆、枣等经济作物，采取计口受田制和均田制。据悉，五胡十六国时已出现以各种不同隶属民为代表的身份制，到北朝时，其身份制都在分担生产制的精神下继续发展。显然，它与均田制间有相似之处。

笔者认为历史上任何一个制度的出现应关系到那个时代所特有的时代精神、环境。这种生产体制得以实施，显示出人数有限的人民在最大限度上生产最多的作物。国家政权决定运转的生产体制，同时需要它继续维持下去。那么，对拓跋统治者而言，有必要确保统治资源即汉族农民，甚至需要更多汉族农民的流入。因此，国家政权强制“民”，以及时生产经济作物。据悉，在均田制的实施中，最为受到重视的是丝绸的生产。这是因为当时对丝绸有较大的消费需求。

我们发现当时在北魏国内外大大增加对丝绸的消费需求。之所以如此，是因为一、北魏统治者对丝绸的需求比以前更强烈；二、通过丝绸之路进行的东、西方交易，丝绸确实占据重要的地位。丝绸作为中国的特产品，为西方人民广泛知晓，随之其需求大大增加。除此之外，游牧民族也开始对丝绸产生浓厚的兴趣，尤其得到统治阶层广泛喜爱。而可汗实行“只孙”活动也增加了对丝绸的需求。与此同时，东罗马帝国在内的西方帝国对丝绸的需求自然而然地给游牧君主带来巨大的经济效益。由此可知，对当时北魏统治者而言，丝绸的生产确实有不少经济利润。据悉，中国自古以来丝绸就是贵重物品。但是，锦、绢、丝间有较大的差价。特别是，锦因为有各种颜色混合在一起，在价格上和黄金相当。在这种国内外的环境下，北魏统治者创制了均田制。总之，均田制毫无疑问是为了生产丝绸而开创的。

据上述，北魏统治者在多个统治人民之策中，采取“分担生产体制”的均田制是游牧民族曾在塞外生活环境中已实行过的。其实，这种制度在游牧民族进入中原统治时多次被采用。游牧民族之所以比过去汉朝从事更为积极的东、西方贸易，是因为他们在广阔的世界观和商业交易中发挥自身独有的特点。在异民族王朝即北魏，如上各种因素混合在一起均田制才能实施下去。

笔者在《木兰诗的时代—关于北魏孝文帝时期对柔然的战争》一文中着重论述了著名乐府之一木兰诗是在什么时期、什么战争作为背景而完成的。特别是，笔者在分析木兰诗每一诗句的基础上，对主人公木兰以何种民族、阶级等背景参与战争进行了论证。以往学术界对木兰诗提出过各种看法。笔者在这一文中有所论述，其内容如下：

首先，我们在木兰诗中发现可汗是“点兵者”，天子则是“赏赐”的主体。那么，可汗与天子是不是同一人还是个别人？笔者引用各种史料论证了可汗和天子是同一人。以往学术界忽视北魏皇帝具有何种性质等问题。笔者认为北魏皇帝确实具有可汗意识，他们既称可汗又称皇帝（天子），通过文献资料、考古发掘得以证实。

其次，我们看到木兰在12年从军后得到“策勋十二转”和“尚书郎”等官职。那么，木兰生活在什么时期? “策勋十二转”在典章制度中得以完善应在唐朝。然而，笔者认为“策勋十二转”中的重点不是“十二”数字，而是“转”或“优转”指优先晋升之意。那么，其官职并非指唐朝的。另外，我们根据《魏书、官氏志》发现“尚书郎”是在太和前令有从五品中，而在太和后令已不见其官职。据此，笔者认为木兰活动的时间应在孝文帝在位时期(485年至492年间)，这与尚书郎的存废时间正好吻合。除此之外，“赏赐”是在明堂进行的。根据文献资料和考古发掘可证实明堂是唐朝以前即在北魏孝文帝时已设置。

再次，我们在木兰诗中看到“黑山头”的地名以及被讨伐对象的“燕山胡”。笔者相信黑山是指云中，是北魏军征伐柔然的出发地。尤其是，北魏在492年最后对柔然进行军事征伐时，黑山成为征伐军的出发地。另外，燕山是指柔然的可汗庭所设置的地方即燕然山(今蒙古人民共和国杭爱山)。由此可知，木兰从军的征伐对象正是燕山胡即柔然。

最后，笔者论证了木兰的家乡是赫连夏的都城即统万城，同时她家属是因“随军城居”是具有世兵性质的兵户即“城民”。特别是，木兰在家里作织布，对着镜子作化妆，同时在朔方之地作为一名骑兵参与战争。这些显示着木兰本人已成为胡汉民族融合的典型例子。就木兰从军而言，北魏时期女性毕竟是很积极参与社会活动的。总之，木兰在北魏孝文帝在位的485年至492年间为了征伐柔然而替父从军，是以北族出身的最典型的事例。

据悉，有关木兰的争论从宋代以来一直延续至今。笔者的这次研究并非解决目前的所有问题。我们认为考证文学作品应需要文学家的努力，同时需要历史学者的协助。

木兰诗的诗歌原型应是在北魏时期完成，而后到唐朝时因符合当时时代背景有所改动。因此，在木兰诗中包含着唐朝的一些"用语"。无论如何，我们通过木兰诗中的一些用语可知其诗歌应在北魏时完成。

笔者在《大唐帝国内蕃人的生活》一文中分析了来到大唐帝国的外国人即蕃人的生活。首先，笔者推测蕃人数量多少，据此认知他们在当时唐朝全人口中占多少比率；其次，笔者把蕃人的活动领域可分为军队、官界、商业等方面；再次，笔者分析蕃人在法律上受到怎样待遇；最后，笔者说明从整体上看蕃人的各种活动对唐朝社会产生怎样影响，由此引起唐朝社会多大变化等问题。

笔者经过研究后得出如下的认识。唐朝是胡、汉族经过魏晋南北朝赢得历史经验，之后相互依靠、进行合作而建立起的。因此，大唐帝国的社会是胡、汉族相互融合的开放社会，其都城长安正是由胡、汉族相互合作而营建的。

在营建长安城中，那些承担任务的以胡族为首的蕃人度过怎样的生活？我们发现在大唐帝国内种族间没有任何差别。因此，世界各地不少外国人都涌入大唐帝国。他们虽在居住和活动上未能获得无限自由，但都愿意生活在大唐帝国内。

据悉，对世界各国人民而言，大唐帝国具有他们向往而想过来居住的无穷魅力。我们认为吸引他们的并不是物质上的丰饶而是先进的文明。我们发现历史上前所未有的制度之繁荣，思想和宗教之崛起，创意丰富的艺术都在大唐帝国内。除此之外，最先进的佛教教理、最新颖的诗歌形式、最权威的制度模范，还有最时髦的服饰和发型都在那里。

我们知道大唐文化既有先进性又有普遍性。这种在文化上的先进性、普遍性都是世界帝国所必须具备的条件。大唐帝国之所以拥有这种文化特点，是因为把从前朝代所完成的多种文化融合在一起。胡、汉族经过魏晋南北朝，相互间的冲突和纠纷日益趋于共存共乐。这种历史经验使唐人、唐朝转变为“世界人”、“世界帝国”。

外国人生活在唐朝内，这并不是容易的事情。然而，唐朝却在千几百年前已给外国人提供如此方便的生活环境也是难能可贵的。当今世界上有哪个国家能给外国留学生提供生活费，同时允许他们参加科举考试，成为国家公务员？当然，唐朝度过“梦想般的国家”的时期不会很长，同时其文化不能直接影响到当今中国的诞生，但对中国文化多种多样，同时形成东亚地区的共同文化意识都起到至关重要的作用。

《魏晋南北朝时期墓葬习俗的变化与墓志铭的流行》一文主要论证了如下内容：墓志铭作为农耕汉族丧葬文化的内容之一，为何在游牧民族所建的北朝内得以发展完善，甚至比南朝更为流行？首先，其原因应从五胡十六国—北朝处于统治阶层的游牧民族的葬俗中寻找。之所以如此，是因为墓志铭主要由他们使用。据悉，游牧民族最代表的葬俗是烧葬。然而，我们发现在从五胡十六国至北朝末年较为流行的是“虚葬”和“潜埋”。“虚葬”是指公开对死者的一些物品进行埋葬，“潜埋”是指秘密对死尸进行埋葬。它们都为死者建立两个以上的坟墓。“潜埋”和“虚葬”一样不用建立封坟，但如果要增修封坟，其规模较小。我们在北魏初皇帝陵墓区即金陵区内像“平坟”一样看不到一些“封坟”。这种现象完全不同于魏晋—南朝的皇帝陵墓。其实从外部的形状来看，难以判断它是“帝陵”。马端临在《文献通考》中列举了魏晋南北朝各朝代的帝陵，但很可能有如上原因就删除了五胡十六国的帝陵。那么，游牧民族进入中原后，为什么采取以“虚葬”和“潜埋”为代表的埋葬方式？首先，我们想到的是，他们在草原之地以“深葬平土”的方式进行埋葬。这都是为了达到“灭迹不留坟冢”的目的。游牧民族由于是移动生活，和农耕民族不同，难以保持“守墓”。因此，他们进行埋葬时，有意地隐蔽死尸埋在何处。与此同时，我们发现在人口稀少的草原之地不需要采取较为繁杂的埋葬方式。然而，游牧民族进入中原后，面临与以往不同的环境，是有必要在万人的注目下进行葬礼的。魏晋南北朝政治、社会上的不安因素更加突出，使他们多次采用“虚葬”和“潜埋”等葬法。由此可想，“虚葬”和“潜埋”虽不是游牧民族自身的葬法，但他们特有的葬法却在接触中原文化后开始出现。在这种情况下，他们不会建立封坟。他们即使建立封坟，其规模不会太大，同时不会在陵墓前修建石刻等石造物。当然，不需要修建那些石造物，以暴露墓主的身份。生前使用过的物品全部焚烧或埋地，这是游牧民的习俗。正是因为这样，在南朝帝陵中得以修建的石造物不会出现在五胡十六国—北朝时期。

据悉，禁碑令实施后，墓碑其形状有所改变而进入地下。墓志铭是在这种背景下出现的。初期墓志铭在其结构上因如上原因而非常类似于墓碑。墓碑确实体现出汉族的文化传统。我们发现很少出土南朝时的墓志铭。从出土墓志铭的数量以及记录在各种金石文书籍的数量来看，南朝和北朝间存在着很大的差距。其原因何在？首先，使我们想到的是，南朝受到以禁碑令为代表的所谓“薄葬令”的影响。自从薄葬令首次由曹魏颁布以来，经过两晋至南梁继续实行下去。可以想象，薄葬令在整个南朝的丧葬文化中留下相当大的影响。与南朝不同，薄葬令在五胡十六国—北朝时却没有颁布下去，甚至有时出现更为华丽或超规模的葬礼。大多功臣、权臣、倖臣在国家的支持下进行了厚葬。在这种环境下，地面的石造物作为陪葬品开始进入地下。

据悉，北朝时积极使用墓志铭的正是北魏皇族拓跋氏。他们是否被“汉化”或“中华化”后，开始接受以汉族丧葬文化为代表的墓志铭？目前的研究未能证实他们为何只接受墓志铭，而不是墓碑。其实，如果要进行厚葬而修建墓碑的话，肯定比做成墓志铭更为显得华丽、炫耀。那么，我们发现这种现象的出现是不能只用“汉化”其问题来解释清楚的。笔者认为他们决定使用墓志铭是因为在进入中原后从前的“虚葬”和“潜埋”发挥着积极作用。与此同时，我们看到孝文帝迁都洛阳后，墓志铭突然急速地流行起来。之所以如此，孝文帝的诏令应起到一定作用，就是说，他禁止“代迁人”回归代北，下令他们的籍贯转变为“河南洛阳”。那么，我们可以推测孝文帝有可能鼓励代迁人使用墓志铭，以记录他们生前的履历经过。除此之外，他们本身很可能把墓志铭作为记录他们生前的唯一资料而埋在地下，以开始使用墓志铭。

南朝帝陵中最显著的特点在于陵墓前修建较为华丽的石刻。神兽—石柱(指华表)—墓碑形成一套最典型的形状。目前，这些石刻已成为代表六朝文化的艺术品。据悉，石柱、墓碑从各个形状看相当于北朝墓志铭中的志盖、志石。无论如何，为何把起过石柱、墓碑作用的墓志铭埋在地下？我们对此感到疑惑，是因为这种现象并不符合中国传统的丧葬礼仪。墓志铭却在《礼经》中并非有记录。

如上可见，墓志铭流行于北朝，而不同于北朝，南朝在陵墓前增修石刻物。我们发现墓志铭、石刻物作为南、北朝的墓葬文化保留下来。之后，到隋唐时，这种墓葬文化走上了统一。就是说，在唐代帝陵及其陪葬墓内，可看到地上有石刻物，地下有墓志铭。最典型的事例莫过于永泰公主墓，它作为乾陵的陪葬墓，呈现出南、北朝葬俗的统一。

笔者在《魏晋南北朝—隋唐时期葬俗、葬具的变化与墓碑、墓志铭—以分析墓志铭在资料上的性质问题为主》一文中论述了墓志铭从魏晋南北朝时开始出现一直到隋唐时兴盛的全过程，同时分析了它在史料上具有怎样的价值。笔者在论述墓志铭的相关问题前，首先对中国古代葬俗的特点及其有关葬具的变迁进行了有效的分析。换言之，笔者对相关问题进行了如下的分析：第一，封土、陪葬墓如何出现；第二，墓前的石刻物作为葬具之一如何开始修建，同时棺、椁作为墓中或圹中的葬具怎样使用并得以变化；第三，“哀册”或“哀策”作为墓志铭的叙述方式具有怎样的特点；最后，是对整体墓志铭的问题进行论述。

据悉，墓志铭是随着葬俗的变化而出现的一种葬具。在各种葬具中，墓碑和墓志铭颇为相似。当然，墓碑和墓志铭分别记录墓主的功绩，且标识其墓属于哪个墓主而出现。然而，到晚唐时，墓志铭上的文字越来越多，以进入“墓志铭文学”的烂熟期。如此看来，两者在其叙述方面似乎未有区别。我们发现墓志铭是在这种环境下出现的，即禁碑令在曹魏时颁布，从前建立在墓前的墓碑开始进入墓内。那么，墓志铭为何流行起来，具有怎样的特点？ 笔者对此格外关注以下内容：一，墓志铭为什么不在江南汉族王朝内，而在中原胡族王朝内广泛流行起来；二，及至隋唐朝时为什么墓志铭和墓碑相互并立并存。笔者认为，禁碑令颁布后墓志铭作为一种葬具，取代墓碑开始出现于南朝内，然而南方士族因这种葬具不符合中国传统礼制，所以不可普遍接受使用。反而，不同于东晋－南朝，北朝具有“虚葬”和“潜埋”等游牧民族固有的葬俗，同时与农耕汉族的碑铭文化相结合，最终使墓志铭得以广泛流行。另外，笔者对于出土从汉朝至晚唐间的墓碑和墓志铭作出数字统计后发现，汉朝(指东汉)应属于墓前葬具和碑石的时代；东晋－南朝只限于帝室的墓葬文化，应属于继承汉朝葬俗文化的时代；北朝应属于墓志铭的时代；隋唐朝应属于墓碑—墓志铭并立并存的时代。如上所述，墓志铭能在北朝－隋唐时流行，直接关系到游牧民族的葬俗。

笔者认为在南朝时，墓碑可使用在太子、太子妃以上的帝室成员中，墓志铭则在贵族士大夫中得以允许而使用，然而发现墓志铭不符合传统礼制，最终得不到他们的喜欢使用。除此之外，我们看到“哀策”可取代墓志铭，同时镇墓文、买地券等物品开始放入帝王陵墓中。北魏不同于南朝，虽然没有资料证实墓志铭大小是否按照墓主生前身份上的高低而决定，但从挖掘出的实物来看很可能存在着与此相关的规定。到隋朝时，葬具的使用上才有身份上的明确规定。无论如何，墓志铭不同于墓碑，由于有较强的恣意性，很大可能难以推行这种规定。

墓志铭因完成后没有进行第二次加工而其史料上的价值较高，但发现恣意性较强，所以一定要根据不同资料而慎重采用。笔者再次强调的是，墓志铭在叙述内容上比墓碑更为夸张，因此使用时有必要特别注意。

在中国历代王朝中，北朝—隋唐朝莫过于所谓“墓志铭的时代”。而且唐朝以后墓志铭的制作、纳入等事情受到很大的影响。为什么唐朝以后墓志铭受到衰落，这需要进行相关研究。另外，我们发现墓志铭的使用发生在以汉族出身的高官贵族之中。当然为何出现这种情况，这需要引起相关学者们的重视。墓志铭原来不是游牧民族固有的葬具，但却是他们广泛使用，同时完善其形式，最终成为“中国人”的普遍文化要素。这种事实确实是胡汉文化交融中的最典型的例子。

《魏晋南北朝时期石刻资料与对“胡”的叙述—以<魏书>为中心》一文对于在“胡”或“胡汉”问题的论述中墓碑、墓志铭等石刻资料的使用到底具有何种重要性进行了有效的分析。尤其是，在北朝的资料中“胡族”似乎没有留下文献资料，这给要认识当时历史真相的我们带来很大的困难。据悉，当时的记录都是由掌握文字的汉族文人或史学家而留下的。然而，我们发现自从1260年蒙古忽必烈政权建立以来，对于整个蒙古历史的解释可分为二：一，以汉文史料为中心；二，以《集史》等穆斯林史料为中心。笔者认为，双方史料相互纵横对照而采取的研究已超出偏执而趋于史料上的均衡。这种事情完全不同于北朝史的研究。正是因为如此，一些北朝史的研究已失去均衡的观点，不可避免出现歪曲。从这个角度看，墓志铭在内的石刻资料可给当时历史的记录作出补充或纠正。

台湾历史语言研究所出刊的《唐代墓志铭汇编附考》(1-19;1984-

1994)是对于国民党撤退台湾前在中国大陆搜集的石刻拓片25000余张以及以后挖掘的石刻拓片进行综合考释的。然而，在墓志铭的墓主中，90%以上的人物尚未记录在正史中。比如新、旧唐书的纪传以及附传中有记载的共2624人，在碑志中却其人数超过两倍。与此同时，碑志上的字数比两唐书多得多，这确实是在历代王朝中唐朝石刻所具有的特点。虽然魏晋南北朝的石刻资料无法和唐朝的进行比较，但从石刻资料的数量和质量来看也不能忽视它所具有的历史意义。笔者曾多次提出《魏书》在叙述上存在着多种问题，但石刻资料在五胡十六国—北朝史的研究中无不质疑其重要性。

据悉，中国的大多资料都属于"后时资料"，墓志铭则属于按年、月、日记录的"同时资料"，也是没有进行润色的"生资料"。除此之外，我们发现墓志铭在身份上具有不分贵贱、上下所通用的普遍性以及庶民性的成分。确实有如此优势，但在叙述上有不少夸张，应该慎重使用。

石刻资料毕竟受到它在史料方面的局限性，但在分析、解释当时历史时应具有比任何资料更为重要的利用价值。特别是，笔者在解释胡汉关系中对石刻资料的重要性作出了较高的评价。首先，是关于都城制度的解释。在北魏平城所实行的"坊墙制"向来被理解为类似于秦汉以后的"里制"。然而，笔者通过石刻资料中墓志铭上墓主的生时、住地、殁地等记录明确证实了"坊墙制"不是单一继承"里制"的。

其次，是关于官制的解释。笔者在这里解释了四个官制问题：第一，从前学术界主张可汗号是柔然第一次使用的。然而，由于考古发现，从拓跋代国起其首领使用可汗号，后来北魏皇帝也具有较强的可汗意识。第二，"直勤"是指在游牧民族所建的王朝中表示统治者特有的继承权力的官职。其官职不在《魏书》等北朝正史中，而在《宋书》、《南齐书》等南朝史书中记录。然而，"直勤"写在《文成帝南巡碑》与其他墓志铭中，更为确认其功能。另外，我们在孝文帝的《吊比干碑》中找不出“直勤”，这意味着经过官制改革后其官职已废止。第三，《魏书》等史书对胡族王朝的近侍官之一“中散官”以及皇帝随从官员都用汉族官职而记载，但笔者却利用《文成帝南巡碑》证实了它们确实属于胡族官职，同时找出它们的功能和作用。第四，“□□真”不在《魏书》中，而在《南齐书、魏虏传》中记录。笔者通过石刻资料证实它的功能，以显示石刻资料解释历史问题多么重要。“□□真”是蒙古语、土耳其语中“担任特定任务”或“实行什么特定任务”，而表示具有相关职责的官名的结尾词。在《元史、兵志》中记载着“赤(či)”，具有和“□□真”相同的功能。换言之，笔者认为北魏的“□□真”经过唐代的“直官”，可直接连接到元代的“□□赤”。那么，“□□真”确实是通过《文成帝南巡碑》来找出它的真面目的。

最后，是关于府兵制的解释方面能否利用石刻资料。在府兵制的建立及其运用中，“赐姓”的作用无不质疑。笔者通过石刻资料证实了某人以“赐姓”成为担任国家某个特定官职的“官族”，之后再次担任车骑大将军、开府仪同三司等官职，最后可以“开府”的整个结构。另外，内陆亚洲草原世界的官号对中国内地政权的官制造成怎样的影响，也可以通过石刻资料进行分析。

附錄《北魏均田法令笺释》一文对在《魏书、食货志》中孝文帝太和九年(485)十月颁布的均田令进行了校注与翻译。笔者所采用的《魏书》是由北京中华书局出版发行的标点校勘本。据悉，均田制共有15条法令条文。北齐、隋唐的均田制都根据其法令，结合当时时代环境进行修改而完成。迄今为止，有不少论文、书籍根据其法令对均田令进行过解释和研究。我们发现有几条令文按学者们的理解不同得出了不同的解释。笔者在这一文中对学者们的不同解释作出一个个注释，同时提出若干看法。这为研究均田制奠定基础。

참고문헌

참고문헌은 각 장마다 정리하였다. 사료, 사론, 유서(類書), 문집, 논문, 저서 순서로 배열하였으며, 국문, 중문, 일문, 영문 순서로 배열하였다. 같은 부류는 출판된 연대순으로 배열하였다.

제1장

『漢書』, 『晉書』, 『南齊書』, 『魏書』, 『周書』, 『北史』, 『新唐書』, 『新五代史』, 『遼史』, 『元史』(이상 中國 正史는 北京의 中華書局이 간행한 標點校勘本을 이용하였다).

(宋)司馬光撰, 宋遺民胡三省注, 『資治通鑑』(臺北: 世界書局, 『新校資治通鑑注』本 1977, 第7版).

(唐)杜佑撰, 『通典』(北京: 中華書局, 1988, 點校本).

(淸)趙翼撰, 王樹民校證, 『廿二史箚記』(北京: 中華書局, 1984).

『册府元龜』(臺北: 臺灣中華書局, 1981 臺三版).

(元)朱禮, 『漢唐事箋』(北京: 中華書局, 1991年刊 『叢書集成』本).

(元)馬端臨撰, 『文獻通考』(北京: 中華書局, 1986).

閔斗基, 「前漢의 陵邑徙民策」, 『歷史學報』 9, 1957.

閔斗基, 「前漢의 京畿統治策」, 『東洋史學硏究』 3, 1969.

朴漢濟, 「北魏均田制의 成立과 胡漢體制」, 『東洋史學硏究』 24, 1986.

金斗鉉, 「遼東支配期 누르하치의 對漢人政策—'計丁授田'과 '編丁立莊'策의 再檢討—」, 『東洋史學硏究』 25, 1987.

朴漢濟, 「北魏王權과 胡漢體制」, 『中國中世胡漢體制硏究』, 서울: 一潮閣, 1988.

金鐸敏, 「北魏 太和 이전의 胡族의 編制와 經濟的 基盤」, 『歷史學報』 124, 1989.

白允穆, 「所謂計口受田에 관한 一考察—그 名稱을 中心으로—」, 『釜山史學』 25·26(合), 1994.

崔在容, 「西漢京畿制度的特徵」, 『歷史硏究』 1996-4.

朴漢濟, 「五胡 赫連夏國의 都城 統萬城의 選址와 그 構造—胡族國家의 都城經營方式—」, 『東洋史學硏究』 69, 2000.

朴漢濟, 「中國歷代首都의 類型과 社會變化—唐宋變革期를 中心으로—」, 『歷史와 都市』(서울: 서울大學校出版部, 2000).

Vladimirtsov, Boris Iakovlovich, 주채혁 역, 『몽골사회제도사』(서울: 대한교과서주식회사,

1990).

김성한,『중국토지제도사연구—중세의 균전제』(서울: 신서원, 1998).

金鐸民,『中國土地經濟史硏究』(서울: 고려대학교출판부, 1998).

余遜,「讀魏書李冲傳論宗主制」,『歷史語言硏究所集刊』 20-下, 1948.

唐長孺,「拓跋國家的建立及其封建化」,『魏晉南北朝史論叢』(北京: 三聯書店, 1955).

徐仲舒,『試論周代田制及其社會性質』, (原載『四川大學學報』 1955-2),『中國的奴隸制與封建制分期問題論文選集』(北京: 三聯書店, 1956).

唐長孺,「拓跋國家的建立及其封建化」,『魏晉南北朝史論叢』(北京: 三聯書店, 1955).

唐長孺,「均田制度的產生及其破壞」,『中國歷代土地制度問題討論集』(北京: 三聯書店, 1957).

王仲犖,「北魏初期社會性質與拓跋宏的均田」,『中國歷代土地制度問題討論集』(北京: 三聯書店, 1957).

李亞農,「周族的氏族制與拓跋族的前封建制」,『李亞農史論集』(上海: 上海人民出版社, 1962).

周一良,「領民酋長與六州都督」,『魏晉南北朝史論集』(北京: 中華書局, 1963).

勞榦,「論魏孝文之遷都與華化」,『勞榦學術論文集(甲編上)』(臺北: 藝文印書館, 1976).

逯耀東,「北魏平城對洛陽規建的影響」,『從平城到洛陽—拓跋魏文化轉變的展開』(臺北: 聯經出版事業公司, 1979).

何玆全,「漢魏之際封建說」,『歷史硏究』 1979-1.

賀昌群,「漢唐間封建國家土地所有制和均田制」,『賀昌群史學論著選』(北京: 中國社會科學出版社, 1985).

付永聚,「民族互化凝唐人」,『中國唐史學會第六屆年會暨國際唐史學術硏討會 提出論文』, 1995.

劉精誠,「北魏的新民」,『北朝硏究』 1996-1.

周偉洲,「"胡漢體制"與"僑舊體制"論—評朴漢濟敎授關于魏晉南北朝隋唐史硏究的新體系—」,『中國史硏究』 1997-1.

李凭,「論宗主督護」,『北魏平城時代』(北京: 社會科學文獻出版社, 1999).

馬長壽,『烏桓與鮮卑』(上海: 上海人民出版社, 1962).

金發根,『永嘉亂後北方的豪族』(臺北: 商務印書館, 1964).

符拉基米爾佐夫,『蒙古社會制度史』(劉榮焌譯, 北京: 中國社會科學出版社, 1980 中譯本).

韓國磐,『北朝隋唐的均田制度』(上海: 上海人民出版社, 1984).

陳守實,『中國古代土地制度關係史稿』(上海: 上海人民出版社, 1984).

嚴耀中,『北魏前期政治制度』(長春: 吉林敎育出版社, 1990).

劉淑芬,『六朝的城市與社會』(臺北: 臺灣學生書局, 1992).

陳連慶,『魏書食貨志校注』(長春: 東北師範大學出版社, 1999).

岡崎文夫,「魏晉南北朝を通じる北支那に於ける田土問題綱要」,『南北朝に於ける社會經濟制度』(東京: 弘文堂, 1935).

河地重造,「北魏王朝の成立とその性格について―徙民政策の展開から均田制へ」,『東洋史研究』 12-5, 1953.

田村實造,「均田法の系譜―均田法と計口受田制との關係」,『史林』 45-6, 1962.

古賀登,「北魏三長攷」,『東方學』 31, 1965.

西村元佑,「北魏の均田制度―均田制成立期の問題」,『中國經濟史研究―均田制度篇』(京都: 東洋史研究會, 1968).

田村實造,「中國征服王朝について」,『中國征服王朝の研究(中)』(京都: 京都大學東洋史研究會, 1971).

曾我部靜雄,「井田法と均田法」,『中國律令史の研究』(東京: 吉川弘文館, 1971).

宮崎市定,「晉武帝の戶調式に就て」,『アジア史研究(第一)』(京都: 同朋舍, 1975).

谷川道雄,「均田制の理念と大土地所有」,『中國中世社會と共同體』(東京: 國書刊行會, 1976).

谷川道雄,「自營農民と國家との共同體的關係―北魏の農業政策を素材として」,『名古屋大學東洋史論叢』 6, 1980.

朴漢濟,「北魏 洛陽社會と胡漢體制―都城區劃と住民分布を中心に―」,『お茶の水史學』 34, 1991.

大櫛敦弘,「前漢'畿輔'制度の展開」,『出土文物による中國古代社會の地域的硏究』, 平成2·3年度科學硏究費補助金 一般硏究(B)硏究結果報告書(代表: 日本 愛媛大學 牧野修二教授), 1993.

佐川英治,「北魏的兵制與社會―從'兵民分離'到'軍民分籍'―」,『魏晋南北朝隋唐史資料』(武漢: 武漢大學出版社, 1996).

妹尾達彥,「都市の生活と文化」,『魏晋南北朝隋唐時代史の基本問題』(東京: 汲古書院, 1997).

島田正郞,『遼代社會史研究』(東京: 三和書房, 1952).

宮崎市定,『九品官人法の研究―科擧前史―』(京都: 同朋舍, 1956).

田村實造,『中國征服王朝研究(上)』(京都: 京都大學東洋史研究會, 1964).

堀敏一,『均田制の研究』(東京: 岩波書店, 1975).

松本善海,『中國村落制度の史的研究』(東京: 岩波書店, 1977).

河原正博,『漢民族華南開發史研究』(東京: 吉川弘文館, 1984).

佐竹靖彥,『唐宋變革の地域的研究』(京都: 同朋舍, 1990).

大島立子,『モンゴルの征服王朝』(東京: 大東出版社, 1992).

大室幹雄,『檻獄都市』(東京: 三省堂, 1994).

Wolfram Eberhard, *Conquerors and Rulers: Social Forces in Medieval China*, Leiden: E. J. Brill, 1970.

K. Wittfogel and Feng Chia-Sheng, *History of Chinese Society; Liao(907-1125)*,

Philadelphia: The American Philosophical Society, 1949.
Peter K. Bol, Seeking Common Ground: Han Literati under Jurchen Rule, *Harvard Journal of Asiatic Studies* 47-2, 1987.

제2장

『漢書』, 『後漢書』, 『三國志』, 『晉書』, 『南齊書』, 『魏書』『周書』, 『北史』, 『隋書』, 『新唐書』, 『元史』.
(北齊)顔之推撰, 『顔氏家訓』(王利器, 『顔氏家訓集解本』(北京: 中華書局, 1993).
(淸)趙翼撰 · 王樹民校證, 『廿二史箚記』(北京: 中華書局, 1984).
(北齊)楊衒之撰, 『洛陽伽藍記』(上海: 上海古籍出版社, 1958/1978, 范祥雍校注, 『洛陽伽藍記校注』本).
『太平御覽』(臺北: 商務印書館, 1974).
『太平廣記』(北京: 中華書局, 1961).
(淸)魏源, 『聖武記』(北京: 中華書局, 1984).
『回疆志』(臺北: 成文出版社 1968年刊, 中國方志叢書 西部地方1).
『高宗實錄』(北京: 中華書局, 1986).
(元)馬端臨撰, 『文獻通考』(北京: 中華書局, 1986).
(北魏)賈思勰, 『齊民要術』(繆啓愉 校釋, 北京: 農業出版社, 1998年刊 『齊民要術校釋』本).
『說文解字注』(臺北: 藝文印書館, 1976).
諸橋轍次, 『大漢和辭典』(東京: 大修館書店, 1955).
(後漢)劉熙撰, 『釋名』(上海: 上海古籍出版社, 1989, 王先謙補, 『釋名疏證補』).
(元)陶宗儀撰, 『輟耕錄』(臺北: 世界書局, 1978).
李玠奭, 「元代儒戶에 대한 一考察—戶籍을 中心으로—」, 『東洋史學硏究』 17, 1982.
朴漢濟, 「北魏均田制의 成立과 胡漢體制」, 『東洋史學硏究』 24, 1986.
朴漢濟, 「胡漢體制의 展開와 그 構造」, 서울大學校 東洋史學硏究室編, 『講座中國史 2』(서울: 知識産業社, 1989).
李成珪, 「秦의 地方行政組織과 그 性格—縣의 組織과 그 機能을 中心으로—」, 『東洋史學硏究』 31, 1989.
朴漢濟, 「北魏 洛陽社會와 胡漢體制—都城區劃과 住民分布를 중심으로」, 『泰東古典硏究』 6, 1990.
朴漢濟, 「北魏 均田制成立의 前提—征服君主의 資源確保策과 督課制」, 『東亞文化』 37, 1999.
金浩東, 「古代遊牧國家의 構造」, 서울大學校 東洋史學硏究室編, 『講座中國史 2』(서울: 知識

產業社, 1989).

朴漢濟,「北魏王權과 胡漢體制」,『中國中世胡漢體制硏究』(서울: 一潮閣, 1988).

朴漢濟,「北魏 戰役 · 掠奪 · 班賜表」,『中國中世胡漢體制硏究』(서울: 一潮閣, 1988).

朴漢濟,「五胡 赫連夏國의 都城 統萬城의 選址와 그 構造—胡族國家의 都城經營方式—」,『東洋史學硏究』69, 2000.

辛聖坤,「南北朝時代 官私隸屬民에 관한 硏究」, 서울大學校 大學院 東洋史學科 博士學位論文, 1995.

Wolfgang Franke 저, 金源模 역,『東西文化交流史』(서울: 檀國大出版部, 1991).

장 피에르 드레주 저, 이은국 역,『실크로드—사막을 넘은 모험자들—』(서울: 시공사, 1995).

장-노엘 로베르 저, 조성애 역,『로마에서 중국까지』(서울: 이산, 1998).

수잔 휫필드 저, 김석희 역,『실크로드 이야기』(서울: 이산, 2001).

정수일,『고대문명교류사』(서울: 사계절, 2001).

唐長孺,「魏晋至唐官府作場及官府工程的工匠」,『魏晋南北朝史論叢續編』(北京: 三聯書店, 1959).

史念海,「黃河流域蠶桑事業盛衰的變遷」,『河山集』(北京: 三聯書店, 1963).

周一良,「領民酋長與六州都督」,『魏晋南北朝史論集』(北京: 中華書局, 1963).

黃淸連,「元代戶計的劃分及其政治社會地位」,『國立臺灣大學歷史學系學報』2, 1975.

逯耀東,「北魏平城對洛陽規建的影響」,『從平城到洛陽—拓跋魏文化轉變的歷程—』(臺北: 聯經出版事業公司, 1979).

何玆全,「漢魏之際封建說」,『歷史硏究』1979-1.

湯明檖,「元代田制戶籍賦役略論」,『史學論集』(廣州: 廣州人民出版社, 1980).

李伯重,「略論均田法的‘桑田二十畝’與‘課種桑五十根’」,『魏晉南北朝隋唐史』(人民大學 複印報刊資料) 1984-12.

賀昌群,「漢唐間封建國家土地所有制和均田制」,『賀昌群史學論著選』(北京: 中國社會科學出版社, 1985).

周一良,『魏晋南北朝史札記』(北京: 中華書局, 1985).

朱姶姶,「坊里的起源及其演變」,『中國古都硏究』3(杭州: 浙江人民出版社, 1987).

康樂,「北魏的‘河西’」,『大陸雜誌』84-4, 1992.

李學江,「大夏國都統萬城興起的地理基礎」,『西北史地』1992-1(總44).

鄒逸麟,「有關我國歷史上蠶桑業的幾個歷史地理問題」, 復旦大學中文系編,『選堂文史論苑』(上海: 上海古籍出版社, 1994).

田餘慶,「獨孤部落離散問題—北魏‘離散部落’個案考察之二—」,『慶祝鄧廣明教授九十華誕論文集』(石家壯: 河北教育出版社, 1997).

田餘慶,「賀蘭部部落離散問題—北魏‘離散部落’個案考察之一—」,『歷史硏究』1997-2.

田餘慶,「北魏後宮子貴母死之制的形成和演變」,『國學研究』(北京大學中國傳統文化研究中心) 5, 1998.
陳海濤,「漢唐之際粟特地區諸國與中原王朝的關係」,『敦煌學輯刊』(蘭州) 1999-1.
黃清連,『元代戶計制度研究』(國立臺灣大學文史叢刊 45)(臺北: 國立臺灣大學文學院, 1977).
賀業鉅,『考工記營國制度硏究』(北京: 中國建築工業出版社, 1985).
沈福偉,『中西文化交流史』(上海: 上海人民出版社, 1985).
劉淑芬,『六朝的城市與社會』(臺北: 臺灣學生書局, 1992).
鄭學檬主編,『中國賦役制度史』(厦門: 厦門大學出版社, 1994).
康樂,『從西郊到南郊—國家祭典與北魏政治』(臺北: 稻鄉出版社, 1995).
高敏,『魏晋南北朝兵制研究』(鄭州: 大象出版社, 1998).
王仲犖,『金泥玉屑叢考』(北京: 中華書局, 1998).
陳連慶,『魏書食貨志校注』(長春: 東北師範大學出版社, 1999).
李凭,『北魏平城時代』(北京: 社會科學文獻出版社, 2000).
吉田虎雄,「北魏の租調」,『魏晋南北朝租税の研究』(大阪: 屋號書店, 1943).
江上波夫,「匈奴の飲食」,『ユウラシア古代北方文化—匈奴文化論考』(東京: 山川出版社, 1948).
河地重造,「北魏王朝の成立とその性格について—徙民政策の展開から均田制へ—」,『東洋史研究』12-5, 1953.
前田正名,「北魏官營貿易に關する考察—西域貿易の展開を中心として—」,『東洋史研究』13-6, 1955.
宮崎市定,「漢代の里制と唐代の坊制」,『東洋史研究』21-3, 1962.
曾我部靜雄,「都市里坊制の成立」,『中國及び古代日本における鄉村形態の變遷』(東京: 吉川弘文館, 1963).
前田正明,「五胡十六國と河西-前涼を中心として」,『歷史教育』15-5·6, 1967.
塚本善隆,「北魏の僧祇戶·佛圖戶」,『支那佛教史研究—北魏編』(東京: 清水弘文堂書房, 1969).
白鳥庫吉,「東胡民族考」,『塞外民族史研究 上(白鳥庫吉全集 4)』(東京: 岩波書店, 1970).
護雅夫,「古代における東西文物の交流」,『漢とローマ』(東京: 平凡社, 1970).
五井直弘,「後漢王朝と豪族」,『岩波講座 世界歷史』4 古代4(東京: 岩波書店, 1970).
西村元佑,「北魏の均田制度」,『中國經濟史研究—均田制度篇』(京都: 京都大學東洋史研究會, 1970).
豊崎 卓,「均田地割考」,『山本(達郎)博士還曆記念東洋史論叢』(東京: 山川出版社, 1972).
古賀昭岑,「北魏における徙民と計口受田について」,『九州大學東洋史論集』1, 1973.
佐藤圭四郎,「北魏時代における東西交涉」,『東西文化交流史』(松田壽男博士古稀紀念出版委員會編, 東京: 雄山閣, 1975).

松本善海,「北魏における均田三長兩制の制定をめぐる諸問題」,『中國村落制度の史的研究』(東京: 岩波書店, 1976).
古賀昭岑,「北魏の部族解散について」,『東方學』59, 1980.
渡邊信一郎,「分田農民論」,『中國古代社會論』(東京: 青木書店, 1986).
妹尾達彦,「唐代長安の店鋪立地と街西の致富譚」,『布目潮渢博士古稀記念論集—東アジアの法と社會』(東京: 汲古書院, 1990).
韓昇,「北魏の桑田について」,『(日本)唐代史硏究會會報』5, 1992.
妹尾達彦,「都市の生活と文化」,『魏晋南北朝隋唐時代史の基本問題』(東京: 汲古書院, 1997).
大島立子,「元朝漢民族支配の一考察—軍戶を中心として」,『(東京女子大學)史論』23, 1971.
岡崎文夫,『魏晋南北朝通史』(東京: 弘文堂, 1932).
佐口 透,『十八—九世紀 東トルキスタン社會硏究』(東京: 吉川弘文館, 1963).
矢守一彦,『都市プランの硏究』(東京: 大明堂, 1970).
堀敏一,『均田制の硏究』(東京: 岩波書店, 1975).
前田正名,『平城の歷史地理學的硏究』(東京: 風間書房, 1979).
內藤みどり,『西突厥史の硏究』(東京: 早稲田大學出版部, 1987).
Henry Yule & Henri Cordier, "Cathay and the Way Thither: Being a Collection of Medieval Notices of China" vol I, London: Printed for the Hakhiyl Society, 1916.
W. B. Henning, The Date of the Sogdian Ancient Letters, *BSOAS* XII, London, 1948.
W. W. Tarn, *The Greeks in Bactria and India*, Cambridge: Cambridge University Press, 1951.
Wolfram Eberhard, *A History of China*, Berkeley: University of California Press, 1977.
Boodberg, The Language of the To-Pa Wei, *Selected Works of Peter A. Boodberg*, Berkeley: University of California Press, 1979.
Peter Hopkirk, "Foreign Devils on the Silk Road—The Search for the Lost Cities and Treasures of chinese Central Asia", Oxford: Oxford University Press, 1980.
Pearce Scott, "Status, Labour and Law: Special Service Households under the Northern Dynasties", HJAS 51-1, 1991.

제3장

『晋書』,『南齊書』,『梁書』,『南史』,『魏書』,『隋書』,『舊唐書』,『新唐書』,『宋史』.
(北齊)楊衒之撰,『洛陽伽藍記』(上海: 上海古籍出版社, 1958/1978, 范祥雍校注,『洛陽伽藍記校注』本).
(北齊)顔之推撰,『顔氏家訓』(王利器,『顔氏家訓集解本』(北京: 中華書局, 1993).
『太平寰宇記』(臺北: 文海出版社, 1970).
(宋)司馬光撰, 宋遺民胡三省注,『資治通鑑』(臺北: 世界書局,『新校資治通鑑注』本 1977 第7版).
(唐)杜佑撰,『通典』(北京: 中華書局, 1988 點校本).
(元)馬端臨撰,『文獻通考』(北京: 中華書局, 1986).
『文苑英華』(臺北: 新文豊出版公司, 1979).
陳傅良,『歷代兵制』(江蘇廣陵古籍刻印社 1990년 淸刊本 影印本).
(淸)顧炎武撰,『日知錄』(石家莊: 花山文藝出版社, 1990, 呂宗力校點,『日知錄集釋』本).
朴漢濟,「北魏王權과 胡漢體制」,『中國中世胡漢體制硏究』(서울: 一潮閣, 1988).
朴漢濟,「北魏의 對外政策과 胡漢體制」,『中國中世胡漢體制硏究』(서울: 一潮閣, 1988).
胡雲翼著, 張基槿譯『中國文學史』(서울: 大韓教科書株式會社, 1974).
姚大榮,「木蘭從軍時地表微」,『東方雜誌』22-2, 1925.
吳穎,「木蘭詩的思想性」, 王瑤 等著,『樂府詩硏究論文集』, 北京: 作家出版社, 1957.
黃震云,「木蘭詩作者考」,『徐州教育學院學報 哲社版』1988-4.
羅根澤,「〈木蘭詩〉產生的時代和地點」,『羅根澤古典文學論文集』, 上海: 上海古籍出版社, 1985.
江慰廬,「談談怎樣硏究木蘭詩」,『文學遺產 增刊』1, 1955.
徐中舒,「木蘭歌再考」,『東方雜誌』22-14, 1925.
蕭滌非,「從杜甫 白居易 元稹詩看木蘭詩的時代」,『文學遺產 增刊』1, 1955.
李純勝,「木蘭詩考」,『大陸雜誌』31-12, 1965.
繆鉞,「北朝之鮮卑語」,『讀史存稿』(香港: 三聯書店, 1978).
何茲全,「府兵制前的北朝兵制」,『讀史集』(上海: 上海人民出版社, 1982).
米文平,「鮮卑石室的發現與初步硏究」,『文物』1982-2.
孫蕾,「魏孝文帝是宋襄公第二碼?」,『齊魯學刊』1984-4.
黃燦章,「花木蘭竝不姓'花'」,『人民日報』1991년 4월 10일 7면.
王銀田,「北魏平城明堂遺址硏究」,『中国史硏究』2000-1.
王銀田,「北魏平城明堂遗址再硏究」, 中国魏晋南北朝史学会大同平城北朝硏究会编,『北朝硏究』第二辑(北京: 燕山出版社, 2000).
王銀田,「大同市北魏平城明堂遗址1995年的发掘」,『考古』2001-3.
唐長孺,「木蘭詩補證」,『唐長孺社會文化論叢』(武漢: 武漢大學出版社, 2001).
中國社會科學院 歷史硏究所 資料編寫組編,『柔然資料輯錄』(北京: 中華書局, 1962).
北京大學 中國文學史教硏室 選注,『魏晉南北朝文學史參考資料』(香港: 中華書局, 1986).
兪廷燮『癸巳存稿』(臺北: 臺灣商務印書館, 1968 國學基本叢書本).
范文瀾,『中國通史』(北京: 人民出版社, 1978).

翦伯贊,『中國史綱要』(北京: 人民出版社, 1979).
『樂府詩集』(北京: 中華書局, 1979).
庾信撰・倪璠注・許逸民校點,『庾子山集注』(北京: 中華書局, 1980).
余冠英,『樂府詩選』(北京: 人民文學出版社 1962原刊 / 臺北: 華正書局, 1981 影印).
辛志賢等編注,『漢魏南北朝詩選注』(北京: 北京出版社, 1981).
逯欽立輯校,『先秦漢魏晉南北朝詩』(北京: 中華書局, 1983).
周偉洲,『敕勒與柔然』(上海: 上海人民出版社, 1983).
王曉衛・劉昭祥,『歷代兵制淺說』(北京: 解放軍出版社, 1986).
萬繩楠,『魏晉南北朝文化史』(合肥: 黃山書社, 1989).
白鳥庫吉,「弱水考」,『塞外民族史研究下』(白鳥庫吉全集 5)(東京: 岩波書店, 1970).
谷川道雄,「北魏末の內亂と城民」,『隋唐帝國形成史論』(東京: 筑摩書房, 1971).
內田吟風,「柔然族に關する研究」,『北アジア史研究— 鮮卑柔然篇』(京都: 同朋舍, 1975).
前田正名,『平城の歷史地理學的研究』(東京: 風間書房, 1979).

제4장

『史記』,『後漢書』,『三國志』,『晉書』,『宋書』,『南史』,『隋書』『舊唐書』,『新唐書』.
『全唐詩』(北京: 中華書局, 1960).
(宋)李昉等編,『太平廣記』(北京: 中華書局, 1961).
『太平寰宇記』(臺北: 文海出版社, 1970).
(宋)沈括,『夢溪筆談』(香港: 中華書局, 1971, 胡道靜 校注本).
韓致奫,『海東歷史』(서울: 景仁文化社, 1973).
(宋)司馬光撰, 宋遺民胡三省注,『資治通鑑』(臺北: 世界書局,『新校資治通鑑注』本 1977 第7版).
『貞觀政要』(上海: 上海古籍出版社, 1978).
白居易,『白居易集』(北京: 中華書局, 1979).
(唐)劉餗撰,『隋唐嘉話』(北京: 中華書局, 1979).
『樂府詩集』(北京: 中華書局, 1979).
(日本)眞人元開,『唐大和上東征傳』(北京: 中華書局, 1979).
『册府元龜』(臺北: 臺灣中華書局, 1981 臺三版).
元稹,『元稹集』(北京: 中華書局, 1982).
『全唐文』(北京: 中華書局, 1983).
(唐)長孫無忌等撰・劉俊文點校,『唐律疏議』(北京: 中華書局, 1983).

金富軾撰 · 李丙燾譯注, 『三國史記』(서울: 乙酉文化社, 1983).
(唐)姚汝能撰, 『安祿山事跡』(上海: 上海古籍出版社, 1983).
(唐)劉肅撰 · 許德楠 / 李鼎霞點校, 『大唐新語』(北京: 中華書局, 1984).
(唐)玄奘, 『大唐西域記』(北京: 中華書局, 1985 季羡林等 校注本).
韓愈, 『韓昌黎文集校注』(上海: 上海古籍出版社, 1986).
(宋)王讜, 『唐語林』(北京: 中華書局, 1987 周勛初 校證本).
安鼎福, 『東史綱目』(서울: 景仁文化社, 1987).
(唐)杜佑撰, 『通典』(北京: 中華書局, 1988 點校本).
(漢)史游, 『急就篇』(長沙: 岳麓書社, 1989).
『宋刑統』(北京: 中國書店, 1990).
(宋)宋敏求, 『長安志』(北京: 中華書局, 1990年刊 『宋元方志叢刊』 1 所收).
(宋)王溥撰, 『唐會要』(上海: 上海古籍出版社, 1991).
崔致遠, 『崔文昌侯全集』(서울: 成均館大學校 大東文化硏究院, 1991).
(唐)李林甫等撰 · 陳仲夫點校, 『唐六典』(北京: 中華書局, 1992).
(宋)宋敏求編, 『唐大詔令集』(上海: 學林出版社, 1992).
王維, 『王右丞集』(上海: 上海古籍出版社, 1992).
(日本)釋圓仁撰 · 白化文等校注, 『入唐求法巡禮行記』(北京: 花山文藝出版社, 1992 校注本).
慧超, 『往五天竺國傳』(北京: 中華書局, 1994).
(唐)陳鴻祖, 『東城老父傳』(石家莊: 河北教育出版社, 1994).
『陶齋藏石記』[(清)端方撰, 清宣統元年石印本](中國東方文化硏究會歷史文化分會編, 『歷代碑誌叢書』 第12册, 南京: 江蘇古籍出版社, 1998).
(五代)孫光憲, 「北夢瑣言」(北京: 中華書局, 2002).
(宋)張禮撰, 『游城南記』(西安: 三秦出版社, 2003, 史念海 · 曹爾琴校注本).
愛宕元譯注, 『游城南記』(京都: 京都大學學術出版會, 2004).
卞麟錫, 「唐宿衛制度에서 본 羅 · 唐關係—唐代 '外人宿衛'의 一硏究—」, 『史叢』 11, 1966.
金奎晧, 「唐代의 異民族活動과 그 對策」, 東國大學校 博士學位論文, 1986.
李文基, 「百濟 黑齒常之 父子 묘지명의 검토」, 『韓國學報』 64, 1991.
朴漢濟, 「魏晋南北朝隋唐史硏究를 위한 하나의 方法」, 『金文經敎授停年退任紀念동아시아사연구논총』(서울: 혜안, 1996).
金相範, 「唐代 後半期 揚州의 發展과 外國人社會」, 『中國史硏究』 48, 2007.
朴漢濟, 「唐代 六胡州의 設定과 그 의미— '降民'의 配置와 驅使의 一方法—」, 『中國學報』 59, 2009.
李基天, 「唐前期 唐朝의 蕃將 관리와 諸衛將軍號 수여」, 서울대학교 석사학위논문, 2011.
장희권, 「타자의 통합과 배제—전지구화와 한국의 로컬의 일상」, 『독일어문학』 56, 2012.

申瀅植,「新羅의 宿衛外交」,『韓國古代史의 新硏究』(서울: 一潮閣, 1984).
엔닌 저, 김문경 역주,『엔닌의 입당구법순례행기』(서울: 중심, 2001).
김호동,『동방 기독교와 동서문명』(서울: 까치, 2002).
지배선,『유럽문명의 아버지 고선지 평전』(서울: 청아출판사, 2002).
권덕영,『재당신라인사회 연구』(서울: 일조각, 2005).
지배선,『중국 속 고구려 왕국, 齊』(서울: 청년정신, 2007).
邱添生,「唐朝起用外族人士的硏究」,『大陸雜誌』38-4, 1969.
嚴耕望,「新羅留唐學生與僧徒」,『唐代史硏究叢稿』(香港: 新亞硏究所, 1969).
張建國,「唐代重用蕃人之硏究」,『臺北市立女子師範專科學校署期部學報』2, 1971.
傅樂成,「唐代夷夏觀念之演變」,『漢唐史論集』(臺北: 聯經出版事業公司, 1977).
陳寅恪,「論唐代之蕃將與府兵」,『金明館叢稿初編』(上海: 上海古籍出版社, 1980).
傅樂成,「隋唐時期在中國史上的地位」,『時代的追憶論文集』(臺北: 時報文化事業出版有限公司, 1984).
高明士,「賓貢科的起源與發展—兼述科擧的起源與東亞士人出身之路」,『唐史論叢』6(西安: 陝西人民出版社, 1995).
牛致功,「圓仁目睹的新羅人—讀『入唐求法巡禮行記』札記—」,『唐代碑石與文化硏究』(西安: 三秦出版社, 2002).
成琳,「唐代民族關係中的質子制度硏究」, 陝西師範大學碩士學位論文, 2008.
陸宣玲,『唐代質子硏究』, 陝西師範大學碩士學位論文, 2008.
馬馳,「『唐兩京城坊考』中所見仕唐蕃人族屬考」,『史念海先生八十壽辰學術文集』(西安: 陝西師範大學出版社, 1996).
姜維東,「唐麗戰爭中的蕃將」,『長春師範學院學報』2002-1.
向達,『唐代長安與西域文明』(北京: 三聯書店, 1957).
王國維,『觀堂集林』(北京: 中華書局, 1959).
陳寅恪,『唐代政治史述論稿』(上海: 上海古籍出版社, 1982).
毛漢光,『唐代墓誌銘彙編附考』第1冊(臺北: 中央硏究院 歷史語言硏究所, 1984).
章羣,『唐代蕃將硏究』(臺北: 聯經出版社, 1986).
張永祿,『唐都長安』(西安: 西北大學出版社, 1987).
章羣,『唐代蕃將硏究續集』(臺北: 聯經出版社, 1990).
陳鐵民,『王維新論』(北京: 北京師範學院出版社, 1990).
馬馳,『唐代蕃將』(西安: 三秦出版社, 1990).
戴爭,『中國古代服飾簡史』(北京: 輕工業出版社, 1988).
方亞光,『唐代對外開放初探』(合肥: 黃山書社, 1998).
牛致功,『安祿山·史思明評傳』(西安: 三秦出版社, 2000).

姜維東,『唐東征將士事迹考』(長春: 吉林文史出版社, 2003).

葛承雍,『唐韻胡音與外來文明』(北京: 中華書局, 2006).

畢波,『中古中國的粟特胡人』(北京: 中國人民大學出版社, 2011).

中村久四郎,「廣東の商胡及び廣東長安を連絡する水路舟運の交通」,『東洋學報』10-2, 1920.

中村久四郎,「唐時代の廣東」,『史學雜誌』28-3・6, 1927.

玉井是博,「唐時代の外國奴一特に新羅奴に就いて」,『支那社會經濟史研究』(東京: 岩波書店, 1942).

中田薰,「唐代法に於ける外國人の地位」,『法制史論集』第3卷(東京: 岩波書店, 1943).

池田溫,「8世紀 中葉における敦煌のソグド人聚落」,『ユーラシア文化研究』1, 1965.

石田幹之助,「西域の商胡`重價を以て寶物を求める話一唐代支那に廣布せる一種の說話に就いて一」,「再び胡人採寶譚に就いて」,「胡人買寶譚補遺」,『長安の春』(東京: 平凡社, 1967).

石田幹之助,「天寶10載の差科簿に見ゆる敦煌地方の西域系住民に就いて」,『東亞文化叢考』(東京: 東洋文庫, 1973).

那波利貞,「唐代の敦煌地方に於ける朝鮮人の流寓に就いて」,『文化史學』8・9・10, 1954~1956.

仁井田陞,「中華思想と屬人法主義および屬地法主義」,『中國法制史研究一刑法』(東京: 東京大學出版會, 1959).

內藤儁輔,「唐代中國に於ける朝鮮人の活動について」,『朝鮮史研究』, 東洋史研究會, 1961.

谷口哲也,「唐代前半期の蕃將」,『史朋』9, 1978.

仁井田陞,『中國法制史研究一法と慣習, 法と道德一』(東京: 東京大學出版會, 1964).

池田溫,「唐朝處遇外族官制略考」,『隋唐帝國と東アジア世界』(東京: 汲古書院, 1979).

堀敏一,「中國に來往した人々」,『中國と古代東アジア世界』(東京: 岩波書店, 1993).

妹尾達彦,「唐長安人口論」,『堀敏一先生古稀記念中國古代國家と民衆』(東京: 汲古書院, 1995).

山下將司,「隋唐初河西ソグド軍團一天理圖書館藏『文館詞林』「安修仁墓碑銘」殘卷をぐつて」,『東方學』110, 2005.

桑原騭藏,『唐宋時代に於けるアラブ人の支那通商の概況殊に宋末の提擧市舶西域人蒲壽庚の事蹟』(東京: 岩波書店, 1929).

石田幹之助,『長安の春』(東京: 東洋文庫, 1967).

原田淑人,『唐代の服飾』(東京: 東洋文庫, 1971).

(日本)唐代史研究會,『隋唐帝國と東アジア世界』(東京: 汲古書院, 1979).

谷川道雄,『增補隋唐帝國形成史論』(東京: 筑摩書房, 1998).

古瀨奈津子,『遣唐使の見た中國』(東京: 吉川弘文館, 2003).

森安孝夫,『シルクロードと唐帝國』(『興亡の世界史 05』)(東京: 講談社, 2007).
氣賀澤保規編,『遣隋使がみた風景—東アジアからの新視點—』(東京: 八木書店, 2012).
A. C. Moule, *Christians in China before the year 1500*, London: Society for Promoting Christian Knowledge, 1930.
Edwin O Reischauer, Note on T'ang Dynasity Sea Routes, *Harvard Journal of Asiatic Studies 5-2*, 1940.
Edward H. Schafer, The Golden Peaches of Samarkand: A Study of T'ang Exotics, Berkely: University of California Press, 1963.
Arthur F. Wright and Denis Twitchett, Introduction, *Perspectives on the T'ang*, New Haven: Yale University Press, 1973.
Jacob D'Ancona, *The City of Light*, London: Little, Brown and Company, 1997(오성환 · 이민아 역,『빛의 도시』, 서울: 까치글방, 2000).

제5장

『史記』,『漢書』,『後漢書』,『三國志』,『晉書』,『宋書』,『魏書』,『南史』,『北史』.
(北魏)酈道元撰,『水經注』(臺北: 世界書局, 1970).
『太平御覽』(臺北: 商務印書館, 1975).
(宋)司馬光撰, 宋遺民胡三省注,『資治通鑑』(臺北: 世界書局,『新校資治通鑑注』本 1977 第7版).
(梁)劉勰,『文心雕龍』(北京: 人民文學出版社, 1978).
(南宋)彭大雅撰 · 徐霆疏證,『黑韃史略』(北京: 中華書局, 1985).
(元)陶宗儀,『輟耕綠』(北京: 中華書局, 1985).
(元)馬端臨撰,『文獻通考』(北京: 中華書局, 1986).
(明)王行,『墓銘擧例』(『石刻史料新編』第3輯 40冊, 서울: 法仁文化社, 1987 影印).
王昶,『金石萃編』(『石刻史料新編』第1輯 一般類, 서울: 法仁文化社, 1987 影印).
(唐)張彦遠撰,『法書要錄』(北京: 中華書局, 1985).
(淸)梁玉繩,『誌銘廣例』(北京: 中華書局, 1985).
『文選』(上海: 上海古籍出版社, 1986).
(淸)顧炎武撰,『日知錄』(石家莊: 花山文藝出版社, 1990, 呂宗力校點,『日知錄集釋』本).
(淸)趙翼撰,『陔餘叢考』(石家莊: 河北人民出版社, 1990).
(南宋)呂祖謙,『大事記一附通釋解題』7(北京: 中華書局, 1991).
(南宋)鄭思肖著, 陳福康 點校,『鄭思肖集』(上海: 上海古籍出版社, 1991).
『墨子』(北京: 中華書局, 1993,『墨子校注』本).

『顔氏家訓』(王利器撰,『顔氏家訓集解』, 北京: 中華書局, 1993).
(淸)葉昌熾撰, 柯昌泗評,『語石 · 語石異同評』(考古學專刊丙種第四號)(北京: 中華書局, 1994).
(淸)葉昌熾,『語石』卷4,「王氏萃編(『金石萃編』卷9).
羅振玉,『石交錄』[羅振玉,『貞松老人遺稿』甲集, 1941年版(編輯委員會編,『民國叢書』第五編 96, 上海書店, 1996 影印)].
(後漢)崔寔,『政論』(淸 嚴可均 輯,『全後漢文』, 北京: 商務印書館, 1999).
『禮記』(『禮記正義』, 北京: 北京大學出版社, 2000).
(明)葉子奇,『草木子』(『明淸筆記史料』87, 北京: 中國書店, 2000).
(唐)封演撰, 趙貞信校注,『封氏見聞記校注』(北京: 中華書局, 2005).
(明)吳訥,『文章辨體』.
(淸)梁玉繩,『誌銘廣例』.
(淸)顧炎武,『金石文字記』.
(淸)端方,『陶齋藏石記』.
朴漢濟,「北魏王權과 胡漢體制」,『中國中世胡漢體制研究』(서울: 一潮閣, 1988).
洪廷妸,「魏晉南北朝時代 '凶門柏歷'에 대하여」,『魏晉隋唐史研究』10(서울: 2003).
南京市文物保管委員會,「南京老虎山晉墓」,『考古』1959-6.
朱希祖,「六朝陵墓調查報告書」(上海: 上海書店, 1992),『民國叢書』第4編 87.
南京市文物保管委員會,「南京戚家山東晉謝鯤墓發掘簡報」,『文物』1965-6.
南京市文物保管委員會,「南京人台山東晉王興之夫婦墓發掘報告」,『文物』1965-6.
京市文物保管委員會,「南京象山東晉王丹和二 · 四號墓發掘簡報」,『文物』1965-10.
山西省大同市博物館 · 山西省文物工作委員會,「山西大同石家寨北魏司馬金龍墓」,『文物』 1972-3.
南京市博物館,「南京象山5號 · 6號 · 7號墓淸理簡報」,『文物』1972-11.
黎瑤勃,「遼寧省北票縣西官營子北燕馮素弗墓」,『文物』1973-3.
宿白,「北魏洛陽城和北邙陵墓—鮮卑遺迹輯錄之三—」,『文物』1978-7.
大同市博物館 · 山西省文物工作委員會,「大同方山北魏永固陵」,『文物』1978-7.
黃明蘭,「洛陽北魏景陵位置的確定和靜陵位置的推測」,『文物』1978-7.
鐘長發 · 寧篤學,「武威金沙公社出土前秦建元十二年墓表」,『文物』1981-2.
吳天穎,「漢代買地券考」,『考古學報』1982-1.
始皇陵秦俑坑考古發掘隊,「秦始皇陵西側趙背戶村秦刑徒墓」,『文物』1982-3.
趙超,「墓志溯源」,『文史』21, 1983.
曹汎,「北魏劉賢墓誌」,『考古』1984-7.
曹永年,「說"潛埋虛葬"」,『文史』31, 1988.
劉鳳君,「南北朝石刻墓誌形制探源」,『中原文物』1988-2.

大同市博物館,「大同東郊北魏元淑墓」,『文物』1989-8.

中國社會科學院考古研究所洛陽漢魏城隊 · 洛陽古墓博物館,「北魏宣武帝景陵發掘報告」,『考古』1994-9.

洛陽市鐵路北站編組站聯合考古發掘隊,「元賽因赤答忽墓的發掘」,『文物』1996-2.

南京市博物館 · 雨花區文化局,「南京南郊六朝謝琉墓」,『文物』1998-5.

南京市博物館 · 雨花區文化局,「南京南郊六朝謝溫墓」,『文物』1998-5.

南京市博物館,「南京象山8號 · 9號 · 10號墓發掘簡報」,『文物』2000-7.

南京市博物館,「南京呂家山東晉李氏家族墓」,『文物』2000-7.

山西省考古研究所 · 大同市考古研究所,「大同市北魏宋紹祖墓發掘簡報」,『文物』2001-7.

劉長旭,「十六國 北朝游牧民族的水崇拜與投尸入河習俗稽釋—以拓跋鮮卑族爲主要對象—」,『社會科學輯刊』2002-3.

任昉,「集新出土墓誌之大成展傳統文化之精華—『新中國出土墓誌』整理工作的回顧與前瞻」,『中國文物報』2005年 7月 13日 第4版).

李森,「新見北齊張潔墓誌考證」,『考古與文物』2008-1.

趙萬里,『漢魏南北朝墓誌集釋』(臺北: 鼎文書局, 1975 影印本).

楊樹達,『漢代婚喪禮俗考』(臺北: 華世出版社, 1976 臺一版).

馬衡,『中國金石學概要』下,『凡將齋金石叢編』(北京: 中華書局, 1977).

毛漢光,『唐代墓誌銘彙編附考』(臺北: 中央研究院 歷史語言研究所專刊 81, 1984~1994).

周一良,『魏晋南北朝史札記』(北京: 中華書局, 1985).

楊寬,『中國古代陵寢制度史研究』(上海: 上海古籍出版社, 1985).

趙超編,『漢魏南北朝墓誌彙編』(天津: 天津古籍出版社, 1992).

羅宗鎮,『六朝考古』(南京: 南京大學出版社, 1994).

趙超,『中國古代石刻概論』(北京: 文物出版社, 1997).

黃景略等,『中華文化通志, 宗教與民俗典=喪葬陵墓志』(上海: 上海人民出版社, 1998).

徐吉軍,『中國喪葬史』(南昌: 江西高校出版社, 1998).

趙超,『中國墓誌通論』(北京: 紫金城出版社, 2003).

張同印,『隋唐墓誌書蹟研究』(北京: 文物出版社, 2003).

董新林,『中國古代陵墓考古研究』(福州: 福建人民出版社, 2005).

任常泰,『中國陵寢史』(臺北: 文津出版社, 2005).

王志杰,『茂陵與霍去病墓石雕』(西安: 三秦出版社, 2005).

劉鳳君,『美術考古學概論』(濟南: 山東大學出版社, 2002).

王宏理,『誌墓金石源流』(北京: 中國文史出版社, 2002).

羅振玉,『遼居稿』(延世大 所藏 線裝本).

水野淸一,「墓誌について」,『書道全集』6 中國南北朝 II (東京: 平凡社, 1958).

中田勇次郎,「中國の墓誌」,『中國墓誌精華』(東京: 中央公論社, 1975).
日比野丈夫,「墓誌の起源について」,『江上波夫教授古稀紀念論文集(民族・文化編)』(東京: 山川出版社, 1977).
福原啓郎,「西晉の墓誌の意義」,『中國中世の文物』(礪波護編, 京都: 京都大學人文科學硏究所, 1993).
中砂明德,「唐代の墓葬と墓誌」,『中國中世の文物』(礪波護編, 京都: 京都大學人文科學硏究所, 1993).
久田麻實子,「墓誌銘の成立過程について一北魏墓誌銘の意義」,『中國學誌』 14, 1999.
川本芳昭,『魏晉南北朝時代の民族問題』(東京: 汲古書院, 1998).
中村圭爾,『六朝江南地域史硏究』(東京: 汲古書院, 2006).

第6장

『史記』,『漢書』,『後漢書』,『三國志』,『晉書』,『宋書』,『南齊書』,『梁書』,『魏書』,『周書』,『北史』,『隋書』,『舊唐書』,『新唐書』,『新五代史』,『宋史』.
(梁)劉勰,『文心雕龍』(北京: 人民文學出版社, 1958).
『全唐詩』(北京: 中華書局, 1960).
(北魏)酈道元撰,『水經注』(臺北: 世界書局, 1970).
『大唐開元禮』(東京: 汲古書院, 1972).
『太平御覽』(臺北: 商務印書館, 1975 臺3版).
『禮記』(『十三經註疏』, 臺北: 藝文印書館本, 1976).
『白居易集』(北京: 中華書局, 1979).
『文苑英華』(臺北: 新文豊出版社, 1979).
『册府元龜』(臺北: 臺灣中華書局, 1981 臺三版).
『全唐文』(北京: 中華書局, 1983).
(淸)趙翼撰,『廿二史箚記』(北京: 中華書局, 1984 王樹民 考證本).
(元)馬端臨撰,『文獻通考』(北京: 中華書局, 1986).
『永樂大典』(北京: 中華書局, 1986).
『文選』(上海: 上海古籍出版社, 1986).
韓愈,『韓昌黎文集校注』(上海: 上海古籍出版社, 1986).
(唐)杜佑撰,『通典』(北京: 中華書局, 1988 點校本).
(宋,)周密撰,『癸辛雜識別集下』(北京: 中華書局, 1988).
(宋)高承,『事物紀原』(北京: 中華書局, 1989, 點校本).

(後漢)劉熙撰,『釋名』(上海: 上海古籍出版社, 1989, 王先謙補,『釋名疏證補』).

『晉令輯存』(西安: 三秦出版社, 1989).

(淸)顧炎武,『日知錄』(石家莊: 花山文藝出版社, 1990, 呂宗力校點,『日知錄集釋』本).

(淸)趙翼撰,『陔餘叢考』(石家莊: 河北人民出版社, 1990).

(宋)王溥,『唐會要』(上海: 上海古籍出版社, 1991).

(唐)李林甫等撰 · 陳仲夫點校,『唐六典』(北京: 中華書局, 1992).

(宋)宋敏求編,『唐大詔令集』(上海: 學林出版社, 1992).

『墨子』(北京: 中華書局, 墨子校注本, 1993).

(唐)李翺,『李文公集』(上海: 上海古籍出版社, 1993).

(淸)陳立,『白虎通疏證』(北京: 中華書局, 1994).

葉昌熾撰 柯昌泗評,『語石 · 語石異同評』(北京: 中華書局, 1994).

(唐)封演撰,『封氏見聞記』(北京: 中華書局, 2005).

(淸)王鳴盛,『十七史商榷』(上海: 上海書店, 2005).

金英心,「武零王陵 誌石」,『譯註韓國古代金石文』1(고구려 · 백제 · 낙랑 편)(韓國古代社會研究所編, 서울: 駕洛國史蹟開發研究院, 1992).

丁載勳,「突厥第二帝國時期(682~745) 톤유쿠크의 役割과 그 位相—〈톤유쿠크 碑文〉의 분석을 중심으로」,『東洋史學研究』44, 1994.

김택민,「중국 고대 守陵 제도와 율령—고구려 守墓人 제도에 대한 참고자료」,『史叢』78, 2013.

朴漢濟,「魏晉南北朝時代 墓葬習俗의 變化와 墓誌銘의 流行」,『東洋史學研究』104, 2008.

趙晟佑,「後漢魏晉 鎭墓文의 종교적 특징과 道敎—五石을 중심으로—」,『東洋史學研究』117, 2011.

高國抗 저, 오상훈 등 역,『중국사학사』하(서울: 풀빛, 1998).

川合康三 저, 심경호 역,『중국의 자전문학』(서울: 소명, 2002).

傅斯年,「歷史語言研究所工作之旨趣」(『歷史語言研究所集刊』1, 1928).

李思春,「唐武三思之鎭墓石」,『人文雜誌』1958-2.

武伯倫,「唐永泰公主墓誌銘」,『文物』1963-1.

徐苹芳,「唐宋墓葬中的明器神煞與墓儀制度—讀〈大漢原陵秘藏經〉札記」,『考古』1963-2.

山西大同市博物館等,「山西大同石家寨北魏司馬金龍墓」,『文物』1972-3.

陝西省文物管理委員會 · 醴泉縣昭陵文物管理所,「唐阿史那忠墓發掘報告」,『考古』1977-2.

陳寅恪,「論唐高祖稱臣於突厥事」,『寒柳堂集』(上海: 上海古籍出版社, 1980).

王鑁,「唐初之騎兵—唐室之掃蕩北方群雄與精騎之運用—」,『王鑁隋唐史論稿』(北京: 中國社會科學出版社, 1981).

鍾長發 · 寧篤學,「武威金沙公社出土前秦建元十二年墓表」,『文物』1981-2.

羅宗眞,「南京新出土梁代墓誌評述」,『文物』1981-12.

南京博物院,「南京堯化門南朝梁墓發掘簡報」,『文物』1981-12.

南京博物院,「南京梁桂陽王蕭融夫婦合葬墓」,『文物』1981-12.

山西大同市博物館・馬玉基,「大同市小站村花圪臺北魏墓淸理簡報」,『文物』1983-8.

宮大中,「東漢帝陵及神道石刻」,『中國古都硏究』(杭州: 浙江人民出版社, 1989).

山西大同市博物館,「大同東郊北魏元淑墓」,『文物』1989-8.

何漢南,「南朝陵墓石柱的來歷」,『文博』1992-1.

師商城博物館,「河南省偃師兩座北魏墓發掘簡報」,『考古』1993-5.

黃明蘭,「洛陽西漢畫像空心磚槪述」,『畫像磚石刻墓誌硏究』(鄭州: 中州古籍出版社, 1994).

黃明蘭,「從洛陽出土北魏石棺和石棺床看世俗藝術中的石刻線畫」,『畫像磚石刻墓誌硏究』(鄭州: 中州古籍出版社, 1994).

李朝陽,「呂他墓表考述」,『文物』1997-10.

葛承雍,「唐昭陵六駿與突厥葬俗硏究」,『中華文史論叢』60, 1999.

葛承雍,「唐昭陵・乾陵蕃人石像與"突厥化"問題」,『歐亞學刊』3, 2002.

余扶危・王建華・余黎星,「洛陽出土隋唐以前墓誌名稱略說」, 趙振華主編,『洛陽出土墓誌硏究文集』(北京: 朝華出版社, 2002).

趙超,「試談北魏墓誌的等級制度」, 趙振華主編,『洛陽出土墓誌硏究文集』(北京: 朝華出版社, 2002).

宿白,「西安地區唐墓壁畫的布局和內容」, 陝西歷史博物館編,『唐墓壁畫硏究論集』(西安: 三秦出版社, 2003).

張慶捷,「入鄕隨俗與難忘故土—入華粟特人石葬具槪觀—」, 榮新江・張志淸主編,『從撒馬爾干到長安—粟特人在中國的文化遺迹—』(北京: 北京圖書館出版社, 2004).

牛致功,「有關高力士的幾個問題—讀高力士的〈神道碑〉及〈墓誌銘〉」,『唐代史學與墓誌硏究』(西安: 三秦出版社, 2006).

曹印雙,「從墓誌看唐代處士階層信仰格局」,『宗教學硏究』2006-4.

蔣愛花,「唐人壽命水平及死亡原因試探—以墓誌資料爲中心—」,『中國史硏究』2006-4.

涂宗呈,「中古墓誌死亡用語札記」,『早期中國史硏究 1』(臺北: 早期中國史硏究會), 2009.

葛承雍,「唐貞順皇后(武惠妃)石槨浮雕線刻畫中的西方藝術」,『唐硏究』16(北京: 北京大學出版社, 2010).

苗霖霖,「北魏後宮墓誌等級制度探試」,『史林』2010-5.

松下憲一,「北魏墓誌的等級制度考略」,『中國魏晋南北朝史學會第十屆年會暨國際學術硏討會論文集』(太原: 北岳文藝出版社, 2012).

楊瑾,「唐武惠妃墓石槨紋飾中的外來元素初探」,『四川文物』2013-3.

陳爽,「出土墓誌所見中古譜牒探迹」,『中國史硏究』2013-4.

李錦綉,「方陣·精騎與陌刀—隋唐與突厥戰術研究—」,『晉陽學刊』 2013-4.
尹波濤,「北魏時期楊播家族建構祖先譜系過程初探—以墓誌爲中心—」,『中國史研究』 2013-4.
張建林,「唐代帝陵陵園形制的發展與演變」,『考古與文物』 2013-5.
李明·耿慶則,「『唐昭容上官氏墓誌』箋釋—兼談唐昭容上官氏墓相關問題—」,『考古與文物』 2013-6.
倪潤安,「南北朝墓葬文化的正統論爭」,『考古』 2013-12.
趙超,「試論隋代的壁畫墓與畫像磚墓」,『考古』 2014-1.
陳仲玉,「論宋代金石學之發達及其價値」,『食貨』 復刊 2-9.
馮吾現,「從洛陽出土墓誌談中國的墓誌文化」(趙振華主編,『洛陽出土墓誌研究文集』, 北京: 朝華出版社, 2002).
王國維,「宋代之金石學」,『國學論叢』 1-3(『王國維遺書』, 上海: 上海書店, 2011).
鄭德坤·沈維鈞,『中國明器』(北平: 哈佛燕京社, 1933).
岑仲勉,『隋唐史』(北京: 高等教育出版社, 1957).
『石刻題跋索引』(『石刻史料新編』 第1輯 30冊, 서울: 法仁文化社, 1987 影印).
岑仲勉,『突厥集史(下冊)』(北京: 中華書局, 1958).
趙萬里,『漢魏南北朝墓誌集釋』(臺北: 鼎文書局, 1972 影印).
楊家駱,『廿五史述要』(臺北: 世界書局, 1977).
陸和九,『中國金石學』(臺北: 明文書局, 1981).
河南省文物研究所等編,『千唐誌齋藏誌(上·下)』(北京: 文物出版社, 1984).
毛漢光,『唐代墓誌銘彙編附考』 第1冊(臺北: 中央研究院 歷史語言研究所, 1984).
周一良,『魏晋南北朝史札記』(北京: 中華書局, 1985).
『六朝墓誌檢要』(上海: 上海書畵出版社, 1985).
『金石錄校證』(上海: 上海書畵出版社, 1985).
廖彩樑,『乾陵稽古』(合肥: 黃山書社, 1986).
劉慶柱·李毓芳,『西漢十一陵』(西安: 陝西人民出版社, 1987).
張鴻傑主編,『咸陽碑石』(西安: 三秦出版社, 1990).
溫大雅,『大唐創業起居注』(上海: 上海古籍出版社, 1990).
郝本性編,『隋唐五代墓誌彙編—河南卷』(天津: 天津古籍出版社, 1991).
孫機,『漢代物質文化資料圖說』(北京: 文物出版社, 1991).
周紹良,『唐代墓誌彙編(上·下)』(上海: 上海古籍出版社, 1992).
『昭陵碑石』(西安: 三秦出版社, 1993).
中國文物研究所·河南省文物研究所編,『新中國出土墓誌—河南(壹)上冊』(北京: 文物出版社, 1994).
『全唐文補遺』 第1輯(西安: 三秦出版社, 1994).

羅宗鎭,『六朝考古』(南京: 南京大學出版社, 1994).

李域錚,『陝西古代石刻藝術』(西安: 三秦出版社, 1995).

趙超,『中國古代石刻概論』(北京: 文物出版社, 1997).

秦公·王春元,『秦說碑帖』(北京: 中國青年出版社, 1997).

蔡鴻生,『唐代九姓胡與突厥文化』(北京: 中華書局, 1998).

『全唐文補遺』 第7輯(西安: 三秦出版社, 2000).

羅 宗眞主編,『魏晋南北朝文化』(上海: 學林出版社, 2000).

王雙懷,『荒冢殘陽—唐代帝陵研究—』(西安: 陝西人民教育出版社, 2000).

周紹良·趙超,『唐代墓誌彙編續集』(上海: 上海古籍出版社, 2001).

羅 二虎,『漢代畵像石棺』(成都: 巴蜀書社, 2002).

趙振華主編,『洛陽出土墓誌研究文集』(北京: 朝華出版社, 2002).

中國社會科學院考古研究所·河北省文物研究所編著,『磁縣灣漳北朝壁畵墓』(北京: 科學出版社, 2003).

羅維明,『中古墓誌詞語研究』(廣州: 暨南大學出版社, 2003).

楊寬,『中國古代陵寢制度史研究』(上海: 上海人民出版社, 2003).

李德喜·郭德維,『中國喪葬建築文化』(武漢: 湖北教育出版社, 2004).

陝西省考古研究所等編著,『唐新城長公主墓發掘報告』(北京: 科學出版社, 2004).

拜根興·樊英峰,『永泰公主與永泰公主墓』(西安: 三秦出版社, 2004).

陝西省考古研究所等編著,『唐新城長公主墓發掘報告』(北京: 科學出版社, 2004).

陝西省考古研究所等編著,『唐節愍太子墓發掘報告』(北京: 科學出版社, 2004).

陝西省考古研究所,『唐李憲墓發掘報告』(北京: 科學出版社, 2005).

黃金明,『漢魏晉南北朝誄碑文研究』(北京: 人民文學出版社, 2005).

山西省考古研究所等編,『太原隋虞弘墓』(北京: 文物出版社, 2005).

曾良,『隋唐出土墓誌文存—研究及整理』(濟南: 齊魯書社, 2007).

姚美玲,『唐代墓誌詞匯研究』(上海: 華東師範大學出版社, 2008).

柏亞東,『唐代墓誌詞語通釋』(上海: 華東師範大學出版社, 2008).

李梅田,『魏晉北朝墓葬的考古學研究』(北京: 商務印書館, 2009).

水野清一,「墓誌について」,『書道全集』 6, 1958.

那波利貞,「唐代の長安城內の朝野人の生活に浸潤したる突厥風習に就きての小攷」,『甲南大學文學會論集』 27, 1965.

富谷至,「黃泉の國の土地賣買—漢魏六朝買地券考—」,『大阪大學教養部研究輯錄(人文·社會科學)』 36, 1987.

中砂明德,「唐代の墓葬と墓誌」,『中國中世の文物』(礪波護編, 京都: 京都大學人文科學研究所, 1993).

福原啓郞,「西晉の墓誌の意義」,『中國中世の文物』(京都: 京都大學人文科學研究所, 1993).
久田麻實子,「墓誌銘の成立過程について」,『中國學誌』 14, 1999.
任昉,「新出土墓誌の集大成・傳統文化の精華—『新中國出土墓誌』編纂の回顧と展望—」,『東アジア石刻研究 1』(東京: 明治大學東アジア石刻文物研究所, 2005).
關尾史郎,『中國西北地域出土鎭墓文集成(稿)』, 新潟大學「大域的文化システムの再構成に關する資料學的研究」プロジエクト, 2005.
石見清裕,「唐代チユルク人墓誌とその史料的價値」, 氣賀澤保規編,『中國石刻資料とその社會—北朝隋唐期を中心に—』(東京: 汲古書院, 2007).
窪添慶文,「墓誌の起源とその定型化」, 伊藤敏雄編,『魏晋南北朝史と石刻史料研究の新展開—魏晋南北朝史像の再構成に向けて』, 平成18—20年度科學研究費補助金[基礎研究(B)];「出土史料による魏晋南北朝史像の再構築」, 大阪: 大阪教育大學, 2009.
關尾史郎,「敦煌新出鎭墓瓶初探—『中國西北地域出土鎭墓文集成(稿)』補遺(續』」,『西北出土文獻研究』 9(新潟: 西北出土文獻研究會, 2011).
仁井田陞,『唐令拾遺』(東京: 東京大學出版會, 1964).
來村多加史,『唐代皇帝陵の研究』(東京: 學生社, 2001).
加地有定,『中國唐代鎭墓石の研究—死者の再生と崑崙山への昇仙—』[大阪: かんぽう(官報), 2005].
窪添慶文,「墓誌の起源とその定型化」,『立正史學』 105, 2009.
氣賀澤保規,『復刻洛陽出土石刻時地記—附 解說・所載墓誌碑刻目錄—』(東京: 汲古書院, 2002).
林俊雄,『ユーラシアの石人』(東京: 雄山閣, 2005).
中村圭爾,『六朝江南地域史研究』(東京: 汲古書院, 2006).
氣賀澤保規,『新版唐代墓誌所在總合目錄(增訂版)』(東京: 汲古書院, 2009).
東潮,『高句麗壁畵と東アジア』(東京: 學生社, 2011).

제7장

『後漢書』,『晉書』,『宋書』,『南齊書』,『陳書』,『魏書』,『北齊書』,『周書』,『北史』,『隋書』,『舊唐書』,『新唐書』,『元史』.
『太平御覽』(臺北: 商務印書館, 1975).
(北齊)楊衒之撰,『洛陽伽藍記』(上海: 上海古籍出版社, 1958/1978, 范祥雍校注,『洛陽伽藍記校注』本).
(淸)趙翼撰, 王樹民校證,『廿二史箚記』(北京: 中華書局, 1984).

(宋)司馬光撰, 宋遺民胡三省注,『資治通鑑』(臺北: 世界書局,『新校資治通鑑注』本 1977 第7版).
(唐)杜佑撰,『通典』(北京: 中華書局, 1988, 點校本).
(北魏)酈道元撰,『水經注』(臺北: 世界書局, 1970).
施蟄存撰,『水經注碑錄』(天津: 天津古籍出版社, 1987).
『八瓊室金石補正』(『石刻史料新編』 第1輯 一般類, 서울: 法仁文化社, 1987 影印).
「集古錄跋尾提要」,『欽定四庫全書提要』(『石刻史料新編』, 서울: 法仁文化社, 1987 影印).
『石刻史料新編』(서울: 法仁文化社, 1987 影印).
周紹良,『唐代墓誌彙編(上)』(上海: 上海古籍出版社, 1992).
『金石錄校證』(上海: 上海書畵出版社, 1985).
趙萬里,『漢魏南北朝墓誌集釋』(臺北: 鼎文書局, 1972 影印).
陸和九,『中國金石學』(臺北: 明文書局, 1981).
王昶,『金石萃編』(『石刻史料新編』 第1輯 一般類, 서울: 法仁文化社, 1987 影印).
趙超,「漢魏南北朝墓誌彙編』(天津: 天津古籍出版社, 1992).
馬衡,『凡將齋金石叢考』(北京: 中華書局, 1977).
余嘉錫,『四庫提要辨證』(北京: 中華書局, 1980).
中國文物研究所·河南省文物研究所編,『新中國出土墓誌－河南(壹)上册』(北京: 文物出版社, 1994).
河南省文物研究所等編,『千唐誌齋藏誌(上·下)』(北京: 文物出版社, 1984).
庾信撰·倪璠注·許逸民校點,『庾子山集注』(北京: 中華書局, 1980).
(淸)陳立,『白虎通疏證』(北京: 中華書局, 1994).
『隴右金石錄』(『石刻史料新編』 第1輯 21册, 서울: 法仁文化社, 1987 影印).
『八瓊室金石補正』(『石刻史料新編』 第1輯 6册, 서울: 法仁文化社, 1987 影印).
趙萬里,『漢魏南北朝墓誌集釋』(臺北: 鼎文書局, 1972).
(唐)封演撰·趙貞信校注,『封氏見聞記校注』(北京: 中華書局, 2005).
毛漢光,『唐代墓誌銘彙編附考 1』(臺北: 中央研究院 歷史語言研究所, 1984).
(後漢)劉熙撰,『釋名』(上海: 上海古籍出版社, 1989, 王先謙補,『釋名疏證補』).
(梁)劉勰,『文心雕龍』(北京: 人民文學出版社, 1958).
朴漢濟,「木蘭詩의 時代－北魏 孝文帝時期 對柔然戰爭과 關聯하여－」,『五松李公範先生停年紀念東洋史論叢』(서울: 知識産業社, 1993).
朴漢濟,「西魏·北周時代 胡漢體制의 展開－胡姓再行의 經過와 그 意味－」(『魏晉隋唐史研究』 1, 1994).
崔珍烈,「北魏의 種族政策－'部族解散'의 實狀과 對'部落首領'政策을 中心으로－」,『魏晉隋唐史研究』 10, 2003.

朴漢濟,「魏晉南北朝時代 墓葬習俗의 變化와 墓誌銘의 流行」,『東洋史學硏究』104, 2008.
崔珍烈,『北魏皇帝 巡行과 胡漢社會』(서울: 서울大學校出版文化院, 2011).
金浩東,「몽골帝國의 世界征服과 支配: 巨視的 試論」,『歷史學報』217, 2013.
傅斯年,「歷史語言硏究所工作之旨趣」(『歷史語言硏究所集刊』1, 1928).
唐長孺,「魏周府兵制度辨疑」,『魏晋南北朝史論叢』(北京: 三聯書店, 1955).
山西大同市博物館等,「山西大同石家寨北魏司馬金龍墓」,『文物』1972-3.
山西省考古硏究所·靈丘縣文物局,「山西靈丘北魏文成帝〈南巡碑〉」,『文物』1977-12.
逯耀東,「北魏平城對洛陽規建的影響」,『從平城到洛陽—拓跋魏文化轉變的歷程』(臺北: 聯經出版事業公司, 1979).
米文平,「鮮卑石室的發現與初步硏究」,『文物』1981-2.
瞿林東,「設《魏書》非‘穢史’」,『江漢論壇』, 北京師範大學史學硏究所, 1985.
王仲犖,「鮮卑姓氏考(上)」,『文史』30(北京: 中華書局), 1988.
毛漢光,「西魏府兵史論」,『中國中古政治史論』(臺北: 聯經出版事業公司, 1990).
朴漢濟,「西魏北周時代的賜姓與鄕兵的府兵化」,『歷史硏究』1993-4(總第224期).
偃師商城博物館,「河南省偃師兩座北魏墓發掘簡報」,『考古』1993-5.
山西省考古硏究所·靈丘縣文物局,「山西靈丘北魏文成帝《南巡碑》」,『文物』1997-12.
李錦綉,「唐代直官制」,『唐代制度史略論稿』(北京: 中國政法大學出版社, 1998).
張慶捷·郭春梅,「北魏文成帝《南巡碑》所見拓跋職官初探」,『中國史硏究』1999-2.
張劍,「關于北魏洛陽城里坊的幾個問題」,『漢魏洛陽故城硏究』(北京: 科學出版社, 2000).
山西省考古硏究所·太原市考古硏究所·晉源區文物旅遊局,「太原隋代虞弘墓清理簡報」,『文物』2001-1.
劉浦江,「遼朝‘橫帳’考—兼論契丹部族制度」,『北大史學』8, 2001.
陝西省考古硏究所,「西安發現的北周安伽墓」,『文物』2001-1.
林梅村,「稽胡史迹考—太原新出隋代虞弘墓誌的幾個問題」,『中國史硏究』2002-1.
楊軍凱,「入華粟特聚落首領墓葬的新發現—北周涼州薩寶史君墓石槨圖像初探」, 榮新江·張志淸主編,『從撒馬爾干到長安』(北京: 北京圖書館出版社, 2004).
張金龍,「北魏文成帝《南巡碑》所見禁衛武官制度」,『魏晉南北朝禁衛武官制度硏究』(北京: 中華書局, 2004).
周偉洲,「隋虞弘墓誌釋證」, 榮新江·李孝聰主編,『中外關係史: 新史料與新問題』(北京: 科學出版社, 2004).
羅新,「跋北魏太武帝東巡碑」,『北大史學』11, 2005.
張莉,「『魏書』‘穢史’說必須推翻」,『運城學院學報』24-1, 2006.
羅新,「北魏直勤考」,『中古北族名號硏究』(北京: 北京大學出版社, 2009).
羅新,「北魏孝文帝吊比干碑的立碑時間」,『中古北族名號硏究』(北京: 北京大學出版社, 2009).

羅新,「虞弘墓誌所見的柔然官制」,『中古北族名號硏究』(北京: 北京大學出版社, 2009).

羅新,「從可汗號到皇帝尊號」,『中古北族名號硏究』(北京: 北京大學出版社, 2009).

涂宗呈,「中古墓誌死亡用語札記」,『早期中國史硏究 1』(臺北: 早期中國史硏究會, 2009).

熊偉,「魏周'官族'資格認定的再檢討—兼與韓國學者朴漢濟先生商榷—」,『廣西社會科學』2011-7(總193).

馮吾現,「從洛陽出土墓誌談中國的墓誌文化」(趙振華主編,『洛陽出土墓誌硏究文集』, 北京: 朝華出版社, 2002).

王國維,「宋代之金石學」,『國學論叢』1-3(『王國維遺書』, 上海: 上海書店, 2011).

陳仲玉,「論宋代金石學之發達及其價值」,『食貨』復刊 2-9.

林旅芝,『鮮卑史』(香港: 波文書局, 1973).

鄭欽仁,『北魏官僚機構硏究』(臺北: 牧童出版社, 1976).

曾資生,『中國政治制度史』(重慶: 南方印書館, 1947; 臺北: 啓勝書局, 1979).

王仲犖,『北周六典』下册(北京: 中華書局, 1979).

周偉洲,『敕勒與柔然』(上海: 上海人民出版社, 1983).

馬長壽,『碑銘所見前秦至隋初的關中部族』(北京: 中華書局, 1986).

萬繩楠(整理),『陳寅恪魏晋南北朝史講演錄』(合肥: 黃山書社, 1987).

謝維揚,『中國早期國家』(杭州: 浙江人民出版社, 1995).

米文平,『鮮卑石室尋訪記』(濟南: 山東畵報出版社, 1997).

陳爽,『世家大族與北朝政治』(北京: 中國社會科學出版社, 1998).

傅熹年主編,『中國古代建築史 第二卷, 兩晉・南北朝・隋唐・五代建築』(北京: 中國建築工業出版社, 2001).

榮新江,『中古中國與外來文明』(北京: 三聯書店, 2001).

羅豊,『胡漢之間—"絲綢之路"與西北歷史考古—』(北京: 文物出版社, 2004).

山西省考古硏究所等,『太原隋虞弘墓』(北京: 文物出版社, 2005).

张之恒,『中国考古通論』(南京: 南京大學出版社, 2009).

李鴻賓,『中古墓誌胡漢問題硏究』(銀川: 寧夏人民出版社, 2014).

菊池英夫,「北朝軍制に於ける所謂鄕兵について」,『重松先生古稀記念 九州大學東洋史論 叢』, 1957.

濱口重國,「西魏の二十四軍と儀同府」,『秦漢隋唐史の硏究』上(東京: 東京大學出版會, 1966).

白鳥庫吉,「東胡民族考」,『塞外民族史硏究 上』(白鳥庫吉全集 4)(東京: 岩波書店, 1970).

白鳥庫吉,「可汗及可敦稱號考」,『塞外民族史硏究 下』(白鳥庫吉全集 5)(東京: 岩波書店, 1970).

白鳥庫吉,「弱水考」,『塞外民族史硏究 下』(白鳥庫吉全集 5)(東京: 岩波書店, 1970).

町田隆吉,「北魏太平眞君四年拓跋燾石刻祝文をめぐつて—可汗・可敦の稱號を中心として—」,『アジア諸民族における社會と文化』(東京: 國書刊行會, 1984).

朴漢濟,「北魏洛陽社會と胡漢體制—都城區劃と住民分布を中心に—」.『お茶の水史學』34, 1991.

岩本篤志,「'齊俗'と'恩倖'—北齊社會の分析」,『史滴〈早稲田大學〉』18, 1996.

川本芳昭,「內朝制度」,『魏晋南北朝時代の民族問題』(東京: 汲古書院, 1998).

川本芳昭,「北魏文成帝南巡碑について」,『九州大學東洋史論集』28, 2000.

朴漢濟,「胡族的中原統治與北魏的均田制」,『中國の歷史世界—統合のシステムと多元的發展—第1回中國史學會國際學術會議研究報告集』(東京: 東京都立大學出版會, 2002).

向井佑介,「北魏の考古資料と鮮卑漢化」,『東洋史研究』68-3, 2009.

朴漢濟,「東魏-北齊時代の鄴都の都城構造—立 地と用途, その構造的な特徵—」,『中國史學』(京都: 朋友書店) 20, 2010.

佐川英治,「東魏北齊革命と『魏書』の編纂」,『東洋史研究』64-1, 2005.

岡田和一郎,「北齊國家論序說—孝文體制と代體制」, 九州大學,『東洋史論集』39, 2011.

大室幹雄,『檻獄都市—中國中世の世界芝居と革命』(東京: 三省堂, 1994).

氣賀澤保規編,『新版唐代墓誌銘所在綜合目錄(增訂版)』, 2009.

氣賀澤保規,『復刻洛陽出土石刻時地記—附 解說·所載墓誌碑刻目錄—』(東京: 汲古書院, 2002).

Elman R. Service, *Profiles in Ethnology*, New York: Harper Collins Publishers, 1978.

Peter A. Boodberg, A Turkish' Word in the Hsiung-nu Language, *Selected Works of Peter A. Boodberg*, Berkeley: University of California Press, 1979.

Peter A. Boodberg, The Language of the To-Pa Wei, *Selected Works of Peter A. Boodberg*, Berkeley: University of California Press, 1979.

찾아보기

ㄹ

ㅁ

ㅈ

ㅊ

ㅋ

박한제 (朴漢濟)

서울대학교 동양사학과를 졸업하고 같은 대학원에서 석사 및 박사 학위를 받았다. 1985~2012년 서울대학교 동양사학과 교수로 재직하였으며, 현재 명예교수로 있다. 2000~2002년에 한국중국학회 회장, 2005~2007년에 한국동양사학회 회장을 지냈다. 저서로 『중국중세호한체제연구』(1988), 『유라시아 천년을 가다』(공저, 2002), 『아틀라스 중국사』(주편, 2007), 『대당제국과 그 유산—호한통합과 다민족국가의 형성』(2015), 『중국 도성 건설과 입지—수당 장안성의 출현전야』(2019), 『중국 중세도성과 호한체제』(2019), 『중국중세 호한체제의 정치적 전개』(2019)가 있다. 역서로 『진인각, 최후의 20년』(공역, 2008), 역주서로 『이십이사차기』(전 5권, 2009), 답사기행기로 『박한제 교수의 중국 역사기행』(전 3권, 2003)이 있으며, 중국 중세 민족 관계 논문이 다수 있다. 제49회 한국출판문화상(번역 부문, 2008), 제3회 서울대학교 학술연구상(2010), 우호동양사학저작상(2017)을 수상하였다.

중국중세 호한체제의 사회적 전개

1판 1쇄 펴낸날 2019년 12월 23일

지은이 | 박한제
펴낸이 | 김시연

펴낸곳 | (주)일조각
등록 | 1953년 9월 3일 제300-1953-1호(구 : 제1-298호)
주소 | 03176 서울시 종로구 경희궁길 39
전화 | 02-734-3545 / 02-733-8811(편집부)
02-733-5430 / 02-733-5431(영업부)
팩스 | 02-735-9994(편집부) / 02-738-5857(영업부)
이메일 | ilchokak@hanmail.net
홈페이지 | www.ilchokak.co.kr

ISBN 978-89-337-0766-1 93910

값 42,000원

* 이 도서의 국립중앙도서관 출판예정도서목록(CIP)은 서지정보유통지원시스템 홈페이지(http://seoji.nl.go.kr)와 국가자료종합목록 구축시스템(http://kolis-net.nl.go.kr)에서 이용하실 수 있습니다.
(CIP제어번호: CIP2019048394)